Die Registersachen

Handelsregister
Genossenschafts-, Vereins-, Güterrechts-, Muster-, Schiffs- und Schiffsbauwerks-Register
in der gerichtlichen Praxis

Von

Dr. A. Brand und **Meyer zum Gottesberge**
Landgerichtspräsident Amtsgerichtsrat und Registerrichter

Dritte
verbesserte und vermehrte Auflage

Springer-Verlag Berlin Heidelberg GmbH
1929

Preis RM. 29.50. Partiepreis für 25 Ex. je RM. 23.50.

ISBN 978-3-662-37162-6 ISBN 978-3-662-37877-9 (eBook)
DOI 10.1007/978-3-662-37877-9
Softcover reprint of the hardcover 3rd edition 1929

Vorwort zur dritten Auflage.

Die erste Auflage des Buches erschien im Jahre 1906 und war vom Erstherausgeber allein bearbeitet. Mehr als 20 Jahre später gaben die Unterzeichneten gemeinsam die zweite Auflage des Buches heraus. Diese erschien im April 1927 und war bereits im Herbst 1928 vollständig vergriffen. Dieser unerwartet schnelle Absatz der zweiten Auflage ist wohl darauf zurückzuführen, daß es sonst an einer vollständigen systematischen Darstellung des Registerwesens in seiner gegenwärtig geltenden Gestalt in Preußen fehlt.

Das vorliegende Buch erörtert in seiner neuen Auflage ebenso wie in den beiden früheren Auflagen das gesamte Registerwesen in systematischer Bearbeitung. Um den umfangreichen Stoff übersichtlicher zu gestalten und um Wiederholungen zu vermeiden, sind in einem allgemeinen, sämtliche Register umfassenden Teil alle diejenigen Vorschriften zusammengefaßt, die für die gesamte Registertätigkeit Geltung haben. Die dem Handelsregister gewidmete Darstellung ist eingeleitet durch die für dieses Register allgemeine Bedeutung beanspruchenden Lehren von der Kaufmannseigenschaft, der Firma, dem Niederlassungsort und der Prokura.

Das Buch ist im wesentlichen für die Praxis des täglichen Lebens bestimmt. Es ist daher kurz, jedoch unter Anstrebung möglichster Vollständigkeit gefaßt. Von eingehenden Erörterungen wissenschaftlicher Streitfragen und umfassender Verarbeitung der einschlägigen Literatur mußte abgesehen werden, um dem Buche nicht seine Handlichkeit zu nehmen; jedoch ist, um den wissenschaftlichen Wert des Werkes zu heben und dem Benutzer die Nachprüfung der zahlreichen Streitfragen zu ermöglichen, in der neuesten Auflage auch das wichtigste Schrifttum in größerem Umfange berücksichtigt worden als dies in den beiden ersten Auflagen geschehen ist. Auf eine vollständige Berücksichtigung der oberstrichterlichen Rechtsprechung und Veranschaulichung des Stoffes durch zahlreiche, in die Darstellung eingeflochtene Beispiele von Anträgen, Verhandlungen und Verfügungsentwürfen ist nach wie vor besonders Bedacht genommen worden.

Die neue Auflage des Buches berücksichtigt alle neuen Vorschriften und Entscheidungen, die seit der zweiten Auflage ergangen sind; ohne deren Kenntnis ist eine erfolgreiche Bearbeitung der Registersachen weder für den Richter noch auch für den Rechtspfleger oder Registerführer möglich. Auch die

Notare, die Industrie- und Handelskammern und das rechtsuchende Publikum, insbesondere die Kaufmannschaft bedürfen, wie die tägliche Erfahrung lehrt, dringend eines den neuesten Stand der Gesetzgebung und Rechtsprechung berücksichtigenden Ratgebers und Führers durch das immer unübersichtlicher gewordene Gebiet des Registerwesens.

Die abermalige Neubearbeitung des vorliegenden Werkes dürfte deshalb einem dringenden, praktischen Bedürfnis entsprechen. Dabei sind dem Werke die praktischen Erfahrungen zugute gekommen, die der mitunterzeichnete Registerrichter in langjähriger täglicher Beschäftigung mit Registersachen gesammelt hat.

Ausführlicher als in den beiden ersten Auflagen sind die Kosten-, Stempel- und Steuervorschriften behandelt worden, deren Beherrschung erfahrungsgemäß große Schwierigkeiten bereitet.

Die Bedürfnisse der Praxis ließen es endlich wünschenswert erscheinen, auch in der dritten Auflage im Anhang die amtlichen Muster für alle gerichtlichen Register abzudrucken.

Möge das Buch auch in seiner neuen, erweiterten Gestalt sich als treuer Helfer und Berater für alle erweisen, die sich mit Registersachen befassen müssen.

Duisburg, im April 1929.

A. Brand. Th. Meyer zum Gottesberge.

Inhaltsverzeichnis.

Seite

A. Allgemeiner Teil.

Erster Abschnitt.

Die Verfassung der Registergerichte.

Zweiter Abschnitt.

Das Verfahren bei den Registergerichten.

Siebenter Abschnitt.

Das Pfandrechtsregister für Schiffsbauwerke.

Abkürzungen.

a. a. O. = am angegebenen Orte.
Abs. = Absatz.
abw. = abweichend.
a. E. = am Ende.
AG = Aktiengesellschaft oder (mit folgendem Gesetz) Ausführungsgesetz.
AV = Allgemeine Verfügung.
ALR = Allgemeines Landrecht für die preußischen Staaten.
AM = anderer Meinung
Anm. = Anmerkung.
Art. = Artikel.
AufsRG = Reichsgesetz, betr. Entsendung von Betriebsratsmitgliedern in den Aufsichtsrat, vom 15. Februar 1922 (RGBl. I 209).
BayObLG. = Bayerisches Oberstes Landesgericht.
Bd. = Band.
Bek. = Bekanntmachung.
Bem. = Bemerkung.
Beschl. = Beschluß.
BGB = Bürgerliches Gesetzbuch.
Brand = das Handelsgesetzbuch mit Ausschluß des Seerechts. Kommentar von Arthur Brand. Berlin 1911.
BRG = Betriebsrätegesetz vom 4. Februar 1920 (RGBl. I 147).
Brodmann = Gesetz betr. die Gesellschaften mit beschränkter Haftung. Kommentar von Erich Brodmann. Berlin 1924.
BSchG = Gesetz, betreffend die privatrechtlichen Verhältnisse der Binnenschiffahrt, vom 20. Mai 1898 (RGBl. 868).
Buko = Personal- und Dienstordnung für das Büro der preußischen Justizbehörden (Gerichte, Arbeitsgerichte und Staatsanwaltschaften) nebst der Dienstordnung für die Kanzlei vom 1. März 1928 (JMBl. 173).
Cohn = Das Handels- und Genossenschaftsregister. Von Theodor Cohn, 3. Aufl. Berlin 1910.
D = Denkschrift zum Entwurf eines HGB in der Fassung der dem Reichstage gemachten Vorlage. Berlin 1897.
DGKG = Deutsches Gerichtskostengesetz.
DJZ = Deutsche Juristenzeitung.
DNotVZ = Zeitschrift des Deutschen Notarvereins.
Düringer-Hachenburg = Das Handelsgesetzbuch. Kommentar von A. Düringer und M. Hachenburg. 2. Aufl. Mannheim 1908ff.
DVO oder DurchfV = Durchführungsverordnung.
EG (mit folgendem Gesetz) = Einführungsgesetz.
EntlVfg = Entlastungsverfügung vom 1. März 1928 (JMBl. 140).
Entsch. = Entscheidung.
Erl. = Erlaß.
FGG = Reichsgesetz über die Angelegenheiten der freiwilligen Gerichtsbarkeit vom 17. Mai 1898 (RGBl. 189).

FlaggG = Gesetz, betreffend das Flaggenrecht der Kauffahrteischiffe, vom 22. Juni 1899 (RGBl. 319).
FM = Preußischer Finanzminister.
GBO = Grundbuchordnung.
GBV oder GBVO = Verordnung über Goldbilanzen vom 28. Dezember 1923 (RGBl. I 1253).
GenG = Gesetz, betreffend die Erwerbs- und Wirtschaftsgenossenschaften vom 17./20. Mai 1898 (RGBl. 810).
GenRegVO = Verordnung über das Genossenschaftsregister vom 22. November 1923 (RGBl I 1123).
Ges = Gesetz.
GeschO = Geschäftsordnung für die Geschäftsstellen der Amtsgerichte vom 18. Februar 1914 (JMBl 197), in der am 1. April 1928 gültigen Fassung.
GewO = Reichsgewerbeordnung.
GmbH = Gesellschaft mit beschränkter Haftung.
GmbHG = Gesetz, betreffend die Gesellschaften mit beschränkter Haftung vom 17./20. Mai 1898 (RGBl 846).
Goldmann = Das Handelsgesetzbuch. Kommentar von Samuel Goldbaum. Berlin 1901—1906.
Goldmann FormBuch = Formularbuch für die freiwillige Gerichtsbarkeit. 14. bis 17. Aufl. Herausgegeben von Goldmann, Heinitz, Loewenfeld und Zander. Berlin 1928.
Goldschmit = Die Aktiengesellschaft. Handelsgesetzbuch § 178 bis § 319. Von Friedrich Goldschmit. München 1927.
Gruchot = Beiträge zur Erläuterung des Deutschen Rechts, begründet von Gruchot.
GS = Gesetz-Sammlung für die Preußischen Staaten.
GVG = Gerichtsverfassungsgesetz.
HGB = Handelsgesetzbuch.
i. d. F. = in der Fassung.
JFG = Jahrbuch für Entscheidungen in Angelegenheiten der freiwilligen Gerichtsbarkeit und des Grundbuchrechts. Herausgegeben von Ring. Fortsetzung der Sammlungen KGJ und RJA.
JM oder PrJM = Preußischer Justizminister.
JMBl = Preußisches Justizministerialblatt.
JMV = Justizministerialverfügung.
JurRdsch = Juristische Rundschau, herausgegeben von Otto Lindemann, Eugen Friedrich u. a.
i. Verb. = in Verbindung.
JW = Juristische Wochenschrift, Organ des Deutschen Anwaltsvereins.
KassenO = Kassenordnung.
KG = Kammergericht.
KGaA = Kommanditgesellschaft auf Aktien.
KGJ = Jahrbuch für Entscheidungen des Kammergerichts in Sachen der freiwilligen Gerichtsbarkeit. Herausgegeben von Johow und Ring. Mit Band 53 (1922) beendet und seit 1924 fortgesetzt in JFG.
Knitschky-Rudorff = Die Seegesetzgebung des Deutschen Reiches von Knitschky und Rudorff. 3. Aufl. 1902.
Koenige-Petersen = Kommentar zum Privatversicherungsgesetz. 3. Aufl. Berlin 1927.
KO = Reichskonkursordnung.
KVG = Kapitalverkehrsteuergesetz vom 8. April 1922 (RGBl I 354) mit Abänderungen.
KVAB = Ausführungs- und Durchführungsbestimmungen zum Kapitalverkehrssteuergesetz vom 22. Juli 1927.

Lehmann-Ring = Kommentar zum Handelsgesetzbuch von Karl Lehmann und Viktor Ring. 2. Aufl. von Karl Lehmann. Berlin 1913, 1914.

Liebmann-Saenger = Kommentar zum Reichsgesetz betr. die Gesellschaften mit beschränkter Haftung. Von J. Liebmann und A. Saenger. 7. Aufl. Berlin 1927.

LZ = Leipziger Zeitschrift für deutsches Recht.

Makower = Kommentar zum Handelsgesetzbuch von H. Makower. 13. Aufl., bearbeitet von F. Makower. Berlin 1906.

Makower-Loewe = Gesetz betr. die privatrechtlichen Verhältnisse der Binnenschiffahrt und Flößerei. Von H. Makower. 6. Aufl., bearbeitet von E. Loewe. Berlin 1923.

MSchG = Gesetz, betreffend das Urheberrecht an Mustern und Modellen vom 11. Januar 1876 (RGBl 11).

Neukamp-Becker = Das Reichsgesetz betr. die Gesellschaft mit beschränkter Haftung. Kommentar von Ernst Neukamp. 5.—7. Aufl. von Karl Becker. Berlin 1922.

OLG = Oberlandesgericht oder (mit folgenden Zahlen) Rechtsprechung der Oberlandesgerichte auf dem Gebiete des Zivilrechts. Von Mugdan und Falkmann.

Parisius-Crüger = Das Reichsgesetz betr. die Erwerbs- und Wirtschaftsgenossenschaften. Von Ludolf Parisius. 10. Aufl. bearbeitet von Hans Crüger und Adolf Crecelius. Berlin 1926.

PfRSchG = Gesetz über die Bestellung von Pfandrechten an im Bau befindlichen Schiffen vom 4. Juli 1926 (RGBl I 367).

Pinner = Das deutsche Aktienrecht. Kommentar zu Buch 2 Abschnitt 3 und 4 HGB von Albert Pinner. Berlin 1899.

Planck = Bürgerliches Gesetzbuch nebst Einführungsgesetz. Erläutert von Planck. Herausgegeben in Verbindung mit anderen von Strohal. 4. Aufl. Berlin 1913ff.

PrFGG = Preußisches Gesetz über die Angelegenheiten der freiwilligen Gerichtsbarkeit vom 21. September 1899 (GS 249).

PrGKG = Preußisches Gerichtskostengesetz.

PrivVersG = Gesetz über die privaten Versicherungsunternehmungen vom 12. Mai 1901 (RGBl 139) mit Abänderungen.

Recht = Das Recht. Rundschau für den Deutschen Juristenbund.

RFGG = siehe FGG.

RG = Reichsgericht oder (mit folgenden Zahlen) Entscheidungen des Reichsgerichts in Zivilsachen.

RGBl = Reichsgesetzblatt.

RGRKomm = Kommentar zum Bürgerlichen Gesetzbuch. Herausgegeben von Reichsgerichtsräten. 6. Aufl. Berlin 1928.

RGSt = Entscheidungen des Reichsgerichts in Strafsachen.

Ritter = Das Handelsgesetzbuch. Erläutert von Ritter. Berlin 1910.

RJA = Entscheidungen in Angelegenheiten der freiwilligen Gerichtsbarkeit und des Grundbuchrechts. Zusammengestellt im Reichsjustizamt. Mit Band 16 (1922) beendet und seit 1924 in JFG fortgesetzt.

RJM = Reichsjustizminister.

RMBl = Reichsministerialblatt.

ROHG = Entscheidungen des Reichsoberhandelsgerichts (25 Bände).

RVerf = Reichsverfassung.

RVG = Reichsvereinsgesetz vom 19. April 1908 (RGBl 151).

RVerkM = Reichsverkehrsminister.

RVO = Reichsversicherungsordnung vom 15. Dezember 1924 (RGBl 779) i. d. F. der Bek. vom 9. Januar 1926 (RGBl I 9).

RVfg = Rundverfügung des Preußischen Justizministers.
S. = Seite.
s. = siehe.
Schlegelberger = Kommentar zu den Gesetzen über die Angelegenheiten der freiwilligen Gerichtsbarkeit von Franz Schlegelberger. 3. Aufl. Berlin 1927.
Staub = Kommentar zum Handelsgesetzbuch von Hermann Staub. 12. und 13. Aufl. Berlin 1926. (Einleitung und §§ 1—104 bearbeitet von Felix Bondi; §§ 105—342 bearbeitet von Albert Pinner; §§ 343—473 bearbeitet von Heinrich Koenige).
Staub-Hachenburg = Staubs Kommentar zum Gesetz betr. die Gesellschaften mit beschränkter Haftung. 5. Aufl. unter Mitarbeit von Fritz Bing und Walter Schmidt bearbeitet von Max Hachenburg. Berlin u. Leipzig 1926, 1927.
Staudinger = Kommentar zum Bürgerlichen Gesetzbuch. Herausgegeben in Gemeinschaft mit anderen von Julius v. Staudinger. 9. Aufl. München 1925—1929.
Strauß = Handelskammern und Handelsregister von Otto Sobernheim. 2. Aufl. bearbeitet von Walter Strauß. Berlin 1926.
str. = streitig.
UnlWG = Reichsgesetz gegen den unlauteren Wettbewerb vom 7. Juni 1909.
V. = Verfügung.
VglO = Gesetz über den Vergleich zur Abwendung des Konkurses (Vergleichsordnung) vom 5. Juli 1927 (RGBl I 139).
VO = Verordnung.
vgl. = vergleiche.
Weizsäcker-Lorenz = Formularbuch für die freiwillige Gerichtsbarkeit von Weizsäcker und Lorenz. 2. Aufl. 1904.
WZG = Reichsgesetz zum Schutze der Warenbezeichnungen vom 12. Mai 1894. Neue Fassung vom 7. Dezbr. 1923 (RGBl II 445).
z. B. = zum Beispiel.
ZBlFG = Zentralblatt für freiwillige Gerichtsbarkeit und Notariat sowie Zwangsversteigerung, herausgegeben von Lobe.
ZBH = Zentralblatt für Handelsrecht, herausgegeben von Friedrich Goldschmit u. Wilh. Beutner.
ZPO = Zivilprozeßordnung.
Ztschr. f. HR. = Zeitschrift für das gesamte Handelsrecht, begründet von L. Goldschmidt.

A. Allgemeiner Teil.

Erster Abschnitt.

Die Verfassung der Registergerichte.

§ 1. Die Registerbeamten.

Für die Führung aller gerichtlichen Register sind in Preußen die Amtsgerichte zuständig. Es werden daher bei den Amtsgerichten folgende Register[1]) geführt:

1. Das Handelsregister. § 8 HGB, § 125 FGG.
2. Das Genossenschaftsregister. § 10 GenG.
3. Das Vereinsregister. § 55 BGB.
4. Das Güterrechtsregister. § 1558 BGB.
5. Das Musterregister. § 9 MSchG.
6. Das Schiffsregister. § 120 BSchG, § 4 FlaggG.
7. Das Pfandrechtsregister für Schiffsbauwerke. § 2 Ges. v. 4. Juli 1926 (RGBl I S. 367).

Die Bearbeitung der auf diese Register bezüglichen Geschäfte liegt bei den Amtsgerichten dem Richter und dem Registerführer ob.

Die den festangestellten Richtern eines Amtsgerichts obliegenden Registerarbeiten können auch Gerichtsassessoren übertragen werden. §§ 3, 4 AGGVG. Auch Referendare, die im Vorbereitungsdienste seit mindestens einem Jahr und drei Monaten beschäftigt sind, können im Falle des Bedürfnisses durch die Justizverwaltung mit der zeitweiligen Wahrnehmung der dem Richter obliegenden Registergeschäfte beauftragt werden. § 2 AGGVG; RVfg v. 15. Februar 1926 (I 9250). Es kann aber auch den Referendaren, welche jene Vorbereitungszeit von mindestens einem Jahr und drei Monaten hinter sich haben, durch den Richter, dem sie zur Ausbildung überwiesen sind, die selbständige Erledigung einzelner registerrichterlicher Geschäfte übertragen werden. Von dieser Vorschrift

---

[1]) Das Börsengesetz vom 22. Juni 1896, welches in § 54 die Führung je eines Börsenregisters für Waren und für Wertpapiere vorschrieb, ist durch das Börsengesetz vom 27. Mai 1908 ersetzt. Damit ist das Börsenregister beseitigt. Ebenso hat auch das Wassergenossenschaftsregister seine Wirksamkeit verloren, nachdem durch § 399 Nr. 11 des preuß. Wassergesetzes vom $\frac{\text{7. April 1913}}{\text{14. April 1914}}$ das Gesetz betr. Bildung von Wassergenossenschaften vom 1. April 1879 aufgehoben ist und damit vom 1. Mai 1914 ab die freien Wassergenossenschaften als solche zu bestehen aufgehört haben. (Vgl. auch KGJ **49** 129.)

soll aber nur für die Abhaltung von Terminen Gebrauch gemacht werden. JMVfg v. 9. Dezember 1879 (JMBl 466).

Die dem Urkundsbeamten der Geschäftsstelle bei der Führung des öffentlichen Registers obliegenden Geschäfte gehören z. T. zu denen des schwierigen Bürodienstes (Arbeitsrate A) § 32 I Ziff. 1, 5, 9 Buko vom 1. März 1928, z. T. zu denen des einfacheren Bürodienstes (Arbeitsrate B) § 33 Ziff. 1, 2 Buko. Vgl. auch AV vom 1. Februar 1928 (JMBl 44). Inwieweit Beamte des einfacheren Bürodienstes im schwierigen Bürodienst und Kanzleibeamte im einfacheren Bürodienst beschäftigt werden können, ergeben die §§ 31 und 36 der Buko; wegen der Verwendung von Angestellten im einfacheren Bürodienst vgl. die RVfg vom 15. Februar 1928 — I 12 356[1]). Der mit den Amtsobliegenheiten eines Registerführers zu beauftragende Urkundsbeamte der Geschäftsstelle wird vom Aufsichtsrichter durch schriftliche Anordnung bestimmt. § 1 Nr. 1 und 4 GeschO.

Nach der AV vom 9. November 1910 (JMBl 393) und vom 31. Juli 1920 (JMBl 407) hat der Bürobeamte bei den dem Richter obliegenden schriftlichen Arbeiten durch Entwürfe Hilfe zu leisten.[2]) Vgl. auch § 32 II Ziff. 13 Buko. Für die Bearbeitung der Registersachen kommen folgende Geschäfte in Betracht:

a) ohne besondere Anordnung:

1. Verfügungen auf Eintragung in das Handelsregister A,

2. Verfügungen auf Eintragung in das Musterregister,

3. Verfügungen auf Eintragung in die Liste der Genossen,

4. Verfügungen auf Einreichung von Urkunden gemäß §§ 259, 260, 265 HGB, § 40 GmbHG, §§ 33 Abs. 2, 58 GenG,

5. Verfügungen auf Eintragung des Eigentumswechsels (ohne gleichzeitige Pfandbestellung), der Verlegung des Heimatortes in das See- oder Binnenschiffsregister,

6. Verfügungen auf Eintragung der Gütergemeinschaft oder Gütertrennung;

b) auf besondere Anordnung der Aufsichtsbehörde (Landgerichtspräsidenten), wobei dem Oberlandesgerichtspräsidenten bei längerer als dreimonatiger Dauer Anzeige zu erstatten ist:

1. Verfügungen auf Eintragung in das Handelsregister B, soweit sie lediglich den Wechsel in der Person von Geschäftsführern oder die Eintragung oder das Erlöschen einer Prokura betreffen,

2. Verfügungen auf Eintragung in das Vereinsregister.

Nach Maßgabe der vorgenannten AVn und der AV vom 8. Februar 1928 (JMBl 94) können ferner die Richter und Bürobeamten durch die Kanzlei entlastet werden.

---

[1]) Abgedruckt bei Thiesing-Weber, Der mittlere Justizdienst, S. 223.

[2]) Es ist eine Neufassung dieser Bestimmungen in Aussicht genommen. Vgl. RVfg. vom 22. Februar 1929. I 12 351.

Die dem Richter obliegenden Registergeschäfte werden auch bei den mit mehreren Richtern besetzten Amtsgerichten regelmäßig nur einem Richter übertragen. Nur bei einigen besonders großen Amtsgerichten werden die Registersachen nach der Art der Register unter zwei oder mehrere Amtsrichter verteilt. Die Übertragung der Registergeschäfte auf einen oder mehrere Richter erfolgt durch das Präsidium (nicht etwa durch den Präsidenten) des Landgerichts im voraus auf die Dauer eines Geschäftsjahres, das mit dem Kalenderjahr übereinstimmt. § 23 AGGVG.

Mehrere Richter desselben Amtsgerichts vertreten sich wechselseitig in der durch das Präsidium des Landgerichts im voraus bestimmten Reihenfolge. Die Vertretung der Amtsrichter durch Richter benachbarter Amtsgerichte kann von der Justizverwaltung im voraus angeordnet werden. Eine solche Anordnung muß erfolgen bei Amtsgerichten, die nur mit einem Richter besetzt sind. § 24 AGGVG Abs. 2 Satz 2. Sie wird vom Oberlandesgerichtspräsidenten erlassen (AV vom 19. Juli 1925, JMBl 136). — In besonderen Fällen kann das Landgericht aus praktischen Gründen die Erledigung der Registersachen auch einem anderen Amtsgerichte zuweisen, wenn die Vertretung nicht durch Richter desselben Amtsgerichts erfolgen kann. § 24 AGGVG.

Die AV vom 28. Mai 1923 (JMBl 401) zur Ausführung des Reichsgesetzes zur Entlastung der Gerichte vom 11. März 1921 (RGBl 229) und des preuß. Gesetzes betr. die Übertragung richterlicher Geschäfte in Grundbuchsachen auf die Urkundsbeamten der Geschäftsstelle vom 14. Dezember 1920 (GS 1921 S. 75) — Entlastungsverfügung — i. d. Fassung der AV vom 8. Dezember 1925 (JMBl 426), mehrfach geändert und neu gefaßt am 1. März 1928 (JMBl 140), gestattet die Beauftragung gewisser Beamten des mittleren Dienstes als Rechtspfleger mit der selbständigen Erledigung richterlicher Geschäfte in Registersachen[1]). Voraussetzung ist zunächst die Entscheidung des Landgerichts- (Amtsgerichts-) präsidenten, ob und in welchem Umfange eine Entlastung des Registerrichters eintreten soll. Zur selbständigen Wahrnehmung geeignet sind (§ 31 a. a. O.):

a) die Aufforderung zur Einreichung von Urkunden gemäß §§ 244, 259, 260, 265 HGB, §§ 40, 52 GmbHG, §§ 33 Abs. 2, 58 GenG und die darauf zu erlassende Verfügung,

b) die gesamte Bearbeitung des Handelsregisters A,

c) die Bearbeitung des Handelsregisters B, soweit es sich handelt um

1. den Vermerk über Errichtung oder Aufhebung einer Zweigniederlassung im Register der Hauptniederlassung (§ 131 RFGG),

2. die Eröffnung des Konkursverfahrens,

3. die Löschung einer Gesellschaft nach Beendigung der Liquidation,

---

[1]) Die Geschäfte gehören zu denen des schwierigen Bürodienstes (Arbeitsrate A) § 32 I Ziff. 1 BuKo.

4. den Wechsel in der Person der Geschäftsführer, Vorstandsmitglieder, ihrer Stellvertreter oder der Liquidatoren sowie die Erteilung oder das Erlöschen einer Prokura,

5. die Bestimmung über die Aufbewahrung der Bücher und Schriften nach Beendigung der Liquidation (§ 302 HGB, § 74 GmbHG),

d) die Bearbeitung des Genossenschaftsregisters, soweit es sich handelt um

1. den Vermerk über Errichtung oder Aufhebung einer Zweigniederlassung im Register der Hauptniederlassung (§§ 131, 147 RFGG, § 19 II der Verordnung vom 22. November 1923 (RGBl I 1123),

2. die Eröffnung des Konkursverfahrens,

3. die Löschung einer Genossenschaft nach Beendigung der Liquidation,

4. den Wechsel in der Person der Vorstandsmitglieder oder ihrer Stellvertreter oder der Liquidatoren,

5. die Bestimmung über die Aufbewahrung der Bücher und Schriften nach Beendigung der Liquidation,

6. die Bestellung von Revisoren,

7. die Führung der Liste der Genossen,

e) die Bearbeitung von Anträgen auf Eintragung in das Musterregister,

f) die Bearbeitung von Anträgen auf Eintragung in das Güterrechtsregister, soweit es sich nicht um altrechtliche Güterstände oder um ausländische Ehegatten handelt,

g) die Bearbeitung des Vereinsregisters, soweit es sich handelt um

1. die Eröffnung des Konkursverfahrens,

2. den Wechsel in der Person der Vorstandsmitglieder oder Liquidatoren,

3. die erneute Bestellung eines Vorstandsmitgliedes (§ 67 BGB),

4. die Eintragung der Entziehung der Rechtsfähigkeit und der Auflösung des Vereins (§§ 43, 73, 74 Abs. 3 BGB),

h) die Erledigung von Anträgen auf Erteilung beglaubigter Abschriften, auch auszugsweiser Abschriften, sowie von Zeugnissen und Bescheinigungen aus den Registern, soweit sie dem Richter zusteht, sowie die Erteilung tatsächlicher Auskünfte aus den Registern und Registerakten.

Zur selbständigen Wahrnehmung geeignet ist ferner (§ 32 a. a. O.) die Bearbeitung des See- und Binnenschiffsregisters[1]) unter entsprechender Anwendung der auf die Grundbuchsachen bezüglichen Vorschriften der §§ 23 bis 25, 26a bis c.

Der Landgerichtspräsident (Amtsgerichtspräsident) kann die Entlastung für einen beliebigen Teil der bezeichneten Geschäfte oder auch für alle diese Geschäfte anordnen.

---

[1]) Der § 32 EntlVfg findet auch auf das Pfandrechtsregister für Schiffsbauwerke Anwendung. Erlaß des JM vom 1. Oktober 1928 — I 1447.

Die selbständige Wahrnehmung der übertragenen Geschäfte erfolgt nach Maßgabe der Geschäftsverteilung durch Beamte, welche die in § 1 des Gesetzes vom 18. Dezember 1927 (GS 209) vorgesehene Prüfung bestanden haben oder nach § 4 daselbst diesen Beamten gleichstehen. Den vorbezeichneten Beamten stehen gleich:

a) Beamte, die im richterlichen Vorbereitungsdienst mindestens 6 Monate beschäftigt gewesen sind,

b) Ruhegehalts- und Wartegeldempfänger, die als Bürohilfsarbeiter beschäftigt werden und den in Abs. 1 § 1 EntlVfg bezeichneten Beamten in ihrer letzten Stellung im Justizdienst angehörten.

Soweit eine Entlastung angeordnet ist, hat die Vorlegung der Eingänge, die richterliche Geschäfte betreffen, in den Fällen des § 31 zu unterbleiben mit Ausnahme der Eingänge, betreffend den Wechsel von Vorstandsmitgliedern und ihren Stellvertretern bei Aktiengesellschaften und Kommanditgesellschaften auf Aktien, sowie betreffend das Güterrechtsregister, während in Schiffsregistersachen die Eingänge entsprechend den für Grundbuchsachen erlassenen Vorschriften zu behandeln sind[1]). Soweit hiernach die Eingänge dem Richter vorzulegen sind, kann sich dieser die Erledigung der Geschäfte im Einzelfalle ganz oder teilweise vorbehalten. Der Vorbehalt soll erfolgen, soweit dies in § 32 bestimmt ist, im übrigen, wenn nach seinem pflichtmäßigen Ermessen die Sache wegen rechtlicher Schwierigkeiten oder wegen tatsächlicher Verwickelung oder wegen der großen Tragweite der Entscheidung nicht zu den Geschäften einfacherer Art gehört. Der Richter kann auch, soweit eine Vorlegung der Eingänge nicht zu erfolgen hat, sich ausnahmsweise die Erledigung im Einzelfalle vorbehalten.

Der Richter darf sich bei Prüfung der Frage, ob das Geschäft zu den übertragenen gehört sowie ob ein Vorbehalt erfolgen soll, auf die Einsichtnahme des Eingangs und der miteingereichten Urkunden beschränken, es sei denn, daß sich aus ihnen Anlaß zu Zweifeln ergibt; bestehen hiernach keine Bedenken gegen die selbständige Wahrnehmung des Geschäfts durch den Rechtspfleger, so ist der Richter für dessen Ausführung nicht verantwortlich.

Ist ein Geschäft wegen einer Rechtsfrage als schwieriger anzusehen, so kann der Registerrichter bestimmen, wie zu der Rechtsfrage Stellung zu nehmen ist, und im übrigen von dem Vorbehalt absehen; diese Bestimmung ist für den Rechtspfleger bindend, dem nunmehr die weitere Bearbeitung der Sache nach Maßgabe der richterlichen Verfügung obliegt. Innerhalb der durch die Verfügung des Richters gezogenen Grenzen handelt der Rechtspfleger selbständig.

---

[1]) Auf Grund der in dem Erlaß des JM. vom 24. Januar 1929 (I 1831) erteilten Ermächtigung kann der OLGPr. bestimmen, inwieweit darüber hinaus eine Vorlegung der Eingänge unterbleiben kann.

Soweit eine Vorlegung der Eingänge zu erfolgen hat, macht der Richter aktenkundig, daß die Eingänge vorgelegt worden sind, und zwar:

a) bei übertragenen Sachen, die er sich nicht vorbehalten will, durch ein „Gesehen" oder „Ges.",

b) bei übertragenen Sachen, die er sich vorbehalten will, und bei nicht übertragenen Sachen durch ein „V." (Vorbehalt). Diesen Vermerken ist Unterschrift oder Namenszeichen mit Tagesangabe beizufügen.

Der Rechtspfleger soll die ihm übertragenen Sachen dem Richter vorlegen:

a) wenn sich bei ihrer Bearbeitung rechtliche Schwierigkeiten ergeben,

b) wenn er von einer ihm bekannten Stellungnahme des Richters abweichen will,

c) wenn sich ergibt, daß der Richter sich die Sache nach § 32 vorbehalten soll,

d) wenn die Änderung einer Entscheidung oder Verfügung des Rechtspflegers verlangt wird,

e) wenn eine Mitteilung oder Anfrage an eine ausländische Behörde oder ein Bericht an das Justizministerium erforderlich wird.

Bei allen nach außen gehenden Schriftstücken in Angelegenheiten, die dem Richter gesetzlich obliegen, ist als Behörde, von der sie ausgehen, das Amtsgericht zu bezeichnen. Der Unterschrift ist die Amtsbezeichnung des Beamten und gegebenenfalls die Eigenschaft als Rechtspfleger beizufügen (also z. B. Amtsgerichtsrat oder Justizinspektor als Rechtspfleger). Besteht das übertragene Geschäft in der Aufnahme einer Urkunde, so ist in dieser die Amtsbezeichnung des Beamten sowie seine Eigenschaft als Rechtspfleger anzugeben.

Die Gültigkeit eines vom Registerrichter wahrgenommenen Geschäfts wird dadurch nicht berührt, daß es dem Rechtspfleger zur selbständigen Erledigung übertragen war. Dagegen hat ein vom Rechtspfleger selbständig wahrgenommenes Geschäft nur dann die Wirksamkeit eines richterlichen Geschäfts, wenn es ihm zur Zeit der Vornahme übertragen war. Im übrigen siehe noch die Vfg vom 29. Mai 1923 (JMBl 410).

§ 2. Ausschließung der Registerbeamten von der Registertätigkeit. Haftung für Versehen.

I. Die Registerbeamten, und zwar der Richter ebenso wie der Registerführer, sind in Fällen, in denen sie selbst beteiligt sind oder zu einem Beteiligten in nahen Beziehungen stehen, von der Ausübung ihrer Tätigkeit kraft Gesetzes ausgeschlossen. Hiernach müssen die Registerbeamten ihre Tätigkeit unterlassen in Sachen, in denen sie selbst beteiligt sind, oder in denen sie zu einem Beteiligten in dem Verhältnis eines Mitberechtigten oder Mitverpflichteten stehen, ferner in Sachen ihrer Ehefrauen, auch wenn die Ehe nicht mehr besteht, in Sachen einer

Person, mit der sie in gerader Linie oder im zweiten Grade der Seitenlinie verwandt oder verschwägert sind, und in Sachen, in denen sie als Vertreter eines Beteiligten bestellt oder als gesetzliche Vertreter eines solchen aufzutreten berechtigt sind. § 6 FGG, Art. 1, 2 PrFGG. Daher darf z. B. der Registerführer die Anmeldung der Firma seines Bruders nicht entgegennehmen.

Nehmen die Beamten entgegen diesen Vorschriften Geschäfte vor, so sind diese zwar deshalb nicht ungültig, § 7 FGG; es ist aber die Beschwerde im Aufsichtswege zulässig und die Beamten können unter Umständen disziplinarisch bestraft werden.

An die Stelle des kraft Gesetzes ausgeschlossenen Beamten tritt sein ordnungsmäßiger Stellvertreter.

Die Registerbeamten können[1]) sich auch wegen Befangenheit der Ausübung ihres Amtes enthalten; die Ablehnung eines Beamten durch einen Beteiligten ist nicht angängig.

Insoweit die Registerbeamten als Urkundspersonen tätig werden, kommen die §§ 170 bis 172 FGG in Betracht. So kann z. B. der Richter, der gesetzlicher Vertreter des Gläubigers ist, nicht eine die Bestellung eines Schiffspfandrechts für den Gläubiger enthaltende Urkunde aufnehmen. (KGJ **20** A 184.)

II. Die Haftung der Registerbeamten[2]) für die ihnen bei ihrer Amtstätigkeit unterlaufenen Versehen bestimmt sich nach § 839 BGB.

Eine Vernachlässigung ihrer Amtspflichten macht sie auch disziplinarisch verantwortlich. Ein Anlaß zu disziplinarischem Einschreiten wird nur bei vorsätzlichen und solchen fahrlässigen Amtsverletzungen gegeben sein, die sich, wie z. B. fortgesetzte Verzögerungen, grobe, sich häufende Versehen verschiedenster Art u. dgl., als Dienstvergehen im engeren Sinne darstellen.

§ 3. Sachliche Zuständigkeit der Registerbeamten.

Die Registerbeamten haben folgende Obliegenheiten:

1. Der Registerführer hat die Anmeldungen zur Eintragung in die Register sowie die zur Aufbewahrung bei dem Gerichte bestimmten Zeichnungen von Unterschriften entgegenzunehmen, wenn sie persönlich bei Gericht bewirkt werden. Der Richter hat sich der Aufnahme nur zu unterziehen, wenn bei dem Registerführer die zur Beurteilung der Verhältnisse erforderliche Rechtskenntnis nicht zu erwarten ist. §§ 128, 147, 159, 161 FGG; § 1 AV v. 7. Novbr. 1899; Art. 1 AV v. 8. Novbr. 1899; Art. 2 AV v. 6. Novbr. 1899; § 3 Abs. 1 AV v. 11. Dezbr. 1899.

---

[1]) Ob sie sich für befangen halten, ist ihrem pflichtmäßigen Ermessen überlassen. (RJA **2** 172; JFG **3** 205 [OLG Karlsruhe]).

[2]) Der mit der selbständigen Erledigung richterlicher Geschäfte beauftragte Rechtspfleger tritt auch hinsichtlich der Verantwortlichkeit an die Stelle des Richters (§ 6 Abs. 3 der EntlVfg vom 1. März 1928, JMBl 140).

Werden die auf die Eintragung eines Schiffspfandsrechts und eines Schiffsbauwerkspfandrechts abzielenden Bewilligungen oder die sonstigen zu der Eintragung erforderlichen Erklärungen vor dem Registergericht abgegeben, so ist das Protokoll von dem Richter aufzunehmen. § 107 Abs. 1 FGG; § 3 Abs. 3 AV v. 11. Dezbr. 1899; § 2 AV v. 10. Juli 1926.

2. Der Richter oder der Registerführer haben alle auf eine Eintragung gerichteten Anträge oder Ersuchen in Schiffspfandsachen und in Schiffsbauwerkspfandsachen entgegenzunehmen und den Zeitpunkt auf den Schriftstücken zu vermerken, in dem der Antrag bei dem Registergericht eingeht. § 100 Abs. 1 FGG; § 4 Abs. 1 AV v. 11. Dezbr. 1899; § 2 AV v. 10. Juli 1926; § 5 Z. 12 GeschO. Näheres vgl. unten § 152. Auch Eingaben und Verhandlungen, in denen ein Antrag auf Eintragung in das Musterregister enthalten ist, müssen vom Richter oder vom Registerführer mit dem Vermerke versehen werden, an welchem Tage und zu welcher Stunde sie bei dem Gericht eingegangen sind. §§ 2, 3 AusfVO v. 29. Febr. 1876.

3. Der Richter, unter Umständen — nach Maßgabe der Entlastungsverfügung vom 1. März 1928 (JMBl 140) — auch der Rechtspfleger, hat auf die zum Zwecke der Eintragung bewirkten Anmeldungen und auf alle die Register betreffenden Gesuche und Anträge die Verfügung zu erlassen. Er hat insbesondere die Eintragungen in das Register und die erforderlichen Bekanntmachungen zu verfügen sowie die im § 9 Abs. 3 HGB, § 69 BGB, § 162 RFGG und in den §§ 33, 34 GBO sowie §§ 4, 5 PfRSchG erwähnten Bescheinigungen und Zeugnisse auszustellen. Die Ausfertigung der Bescheinigungen und Zeugnisse erfolgt nach Art. 18 PrFGG. Die Eintragung ist von dem Richter auch dann anzuordnen, wenn sie von dem Beschwerdegericht oder gemäß §§ 143, 147, 159, 161 FGG verfügt ist. § 2 AV v. 7. Novbr. 1899; Art. 1 Abs. 1 AV v. 8. Novbr. 1899; Art. 3 AV v. 6. Novbr. 1899; § 3 Abs. 1 AV v. 11. Dezbr. 1899; § 2 AV v. 10. Juli 1926.

4. Der Richter und der Registerführer haben dafür Sorge zu tragen, daß die gesetzlich vorgeschriebenen Anmeldungen, Zeichnungen der Unterschriften und Einreichung von Schriftstücken zu den Registern erfolgen. Auch haben sie darüber zu wachen, daß niemand sich im Handelsverkehr einer ihm nicht zukommenden Firma bedient. § 37 HGB. Die Durchführung dieser beaufsichtigenden Tätigkeit[1]) erfolgt in dem von dem Richter geleiteten Ordnungsstrafverfahren; vgl. Näheres unten § 14.

5. Der Registerführer hat die Eintragungen in die Register zu bewirken, mit seiner Unterschrift zu versehen und die verfügten Bekannt-

[1]) Eine allgemeine Kontrolle über Kaufleute und Handelsgesellschaften steht dem Registerrichter nicht zu. Seine rechtspolizeilichen Befugnisse sind durch die gesetzlichen Bestimmungen genau begrenzt. Eine ausdehnende Auslegung der letzteren ist nicht zulässig (KGJ **46** 163).

machungen herbeizuführen. Auch hat er die Beglaubigung von Abschriften der Eintragungen und der zum Register eingereichten Schriftstücke vorzunehmen. §§ 6, 7 AV v. 7. Novbr. 1899; Art. 1 Abs. 1 AV v. 8. Novbr. 1899; Art. 5 AV v. 6. Novbr. 1899; § 3 Abs. 1 AV v. 11. Dezbr. 1899.

6. Der Richter hat endlich eine Reihe von Einzelbefugnissen, die mit der Registertätigkeit im Zusammenhange stehen[1]). §§ 145 Abs. 1 und 148 Abs. 1 FGG.

Hervorzuheben ist folgendes:

a) Der Richter hat in den Fällen der §§ 146 Abs. 2, 147, 161 Abs. 2, 295 Abs. 2 u. 3, 302 Abs. 4 sowie 320 Abs. 3 HGB, § 66 Abs. 2 u. 3 GmbHG, § 47 PrivVersG und § 83 Abs. 3 u. 4 GenG die Liquidatoren zu ernennen und abzuberufen.

b) Ferner hat er in gewissen Fällen die Person oder den Ort zu bestimmen, wo die Bücher und Papiere einer aufgelösten Handelsgesellschaft oder Genossenschaft aufbewahrt werden sollen. §§ 157 Abs. 2, 161 Abs. 2, 302 Abs. 2, 320 Abs. 3 HGB, § 74 GmbHG, § 93 GenG; auch kann er die Aktionäre und die Gläubiger einer Aktiengesellschaft sowie die Genossen, deren Rechtsnachfolger und die Gläubiger einer Genossenschaft zur Einsicht der Bücher und Papiere ermächtigen. § 302 Abs. 3 HGB, § 93 GenG.

c) Er kann ferner nach den §§ 166 Abs. 3 und 338 Abs. 3 HGB auf Antrag eines Kommanditisten oder eines stillen Gesellschafters[2]), [3]), wenn wichtige Gründe vorliegen, die Mitteilung einer Bilanz[4]) oder sonstiger Aufklärungen sowie die Vorlegung der Bücher und Papiere der Gesellschaft jederzeit anordnen.

d) Er hat in gewissen Fällen Revisoren zu ernennen, die bei Aktiengesellschaften und bei Kommanditgesellschaften auf Aktien den Hergang der Gründung, die Bilanz oder gewisse, nicht länger als zwei Jahre zurückliegende Vorgänge und bei Genossenschaften deren Einrichtungen und Geschäftsführung zu prüfen haben. §§ 192 Abs. 3, 266 Abs. 2 und 320 Abs. 3 HGB; § 61 Abs. 1 GenG.

e) Er kann in gewissen Fällen die Aktionäre einer Aktiengesellschaft oder die Genossen einer Genossenschaft zur Berufung der General-

---

[1]) In einzelnen Fällen tritt nach § 31 der EntlVfg vom 1. März 1928 der Rechtspfleger an die Stelle des Richters.

[2]) Nach Auflösung der stillen Gesellschaft kann einem solchen Antrage des stillen Gesellschafters nicht mehr stattgegeben werden; vielmehr ist dann der stille Gesellschafter gezwungen, sein etwaiges Recht im Prozeßwege zu suchen. KGJ **28** A 56.

[3]) Das Gericht kann den stillen Gesellschafter auch ermächtigen, bei der Prüfung der Bilanz einen — regelmäßig vom Registergericht auszuwählenden — Sachverständigen zuzuziehen. KGJ **30** A 121.

[4]) Mit der „Bilanz" ist nicht etwa bloß eine Zwischenbilanz, sondern auch die ordentliche Jahresbilanz gemeint. KGJ **30** A 121.

versammlung oder zur Ankündigung des Gegenstandes der Beschlußfassung ermächtigen, auch zugleich über die Führung des Vorsitzes in der Versammlung Bestimmung treffen. §§ 254 Abs. 3 und 320 Abs. 3 HGB; § 45 Abs. 3 GenG.

f) Er kann im Falle des § 268 Abs. 2 HGB zur Führung gewisser Rechtsstreitigkeiten die von der Minderheit der Generalversammlung bezeichneten Personen zu Vertretern bestellen.

7. Wegen der vom Registerrichter von Amts wegen vorzunehmenden Löschungen vgl. unten §§ 23, 60.

8. Das Registergericht des deutschen Erbauungshafens eines Kauffahrteischiffes kann behufs der ersten Überführung eines neuen Schiffes in einen anderen Hafen ein Flaggenzeugnis mit beschränkter Gültigkeitsdauer ausstellen. § 12 Abs. 2 FlaggG.

§ 4. Örtliche Zuständigkeit der Registerbeamten.

1. Die Zuständigkeit der Registergerichte erstreckt sich auf alle in ihrem Bezirke befindlichen Handelsniederlassungen, sowie auf die Handelsgesellschaften, Versicherungsvereine auf Gegenseitigkeit, Genossenschaften und Vereine, die im Bezirke des Registergerichts ihren Sitz haben. §§ 13, 106 Abs. 1, 161 Abs. 2, 195, 320 Abs. 3 HGB; § 7 Abs. 1 GmbHG; § 30 Abs. 1 PrivVersG; § 10 Abs. 1 GenG; § 55 BGB. Jedoch begründen auch die Zweigniederlassungen der kaufmännischen Betriebe usw. einen selbständigen Gerichtsstand bei dem Amtsgericht, in dessen Bezirke sich die Niederlassung befindet. Dies gilt selbst dann, wenn sich die Hauptniederlassung im Auslande befindet. § 13 Abs. 1 u. 3 HGB.

2. Die Eintragungen im Güterrechtsregister haben bei den Amtsgerichten zu geschehen, in dessen Bezirke der Mann seinen Wohnsitz hat. § 1558 Abs. 1 BGB.

3. Für die Zuständigkeit des Amtsgerichts in Schiffsregistersachen ist entscheidend der Heimatsort oder Heimatshafen[1])[2]) des Schiffes, d. h. der Ort, von dem die Schiffahrt oder Seefahrt mit dem Schiffe betrieben wird. § 122 BSchG; § 6 Abs. 1 FlaggG; § 18 Abs. 3 AV v. 11. Dez. 1899.

---

[1]) Soll die Seefahrt von einem ausländischen Hafen oder von einem Hafen eines Konsulargerichtsbezirkes aus betrieben werden oder fehlt es an einem bestimmten Heimatshafen, so steht dem Reeder die Wahl des inländischen Registers frei. Hat der Reeder weder seinen Wohnsitz noch seine gewerbliche Niederlassung im Bezirke des Registergerichts, so ist er verpflichtet, einen im Bezirke des Registergerichts wohnhaften Vertreter zu bestellen, der die nach diesem Gesetze für den Reeder begründeten Rechte und Pflichten gegenüber dem Registergerichte wahrzunehmen hat. Die Verpflichtung zur Bestellung eines Vertreters fällt weg, wenn das Registergericht seinen Sitz und der Reeder seinen Wohnsitz oder seine gewerbliche Niederlassung im Reichsgebiete hat. § 6 Abs. 2 FlaggG.

[2]) Wegen der Zuständigkeit des Registergerichts des deutschen Erbauungshafens für Ausstellung des Flaggenzeugnisses vgl. oben § 3 Nr. 8.

Jedoch ist die Führung des Seeschiffsregisters den Amtsgerichten in Königsberg i. Pr., Elbing, Stettin, Kiel, Altona, Itzehoe, Schleswig, Flensburg, Harburg, Geestemünde (jetzt Wesermünde-Geestemünde in Wesermünde) und Emden für diejenigen Amtsgerichtsbezirke übertragen, für die das Schiffsregister bisher bei ihnen geführt wurde. Dem Amtsgericht in Stettin ist auch für die sonstigen am Großschiffahrtswege Berlin-Stettin belegenen Amtsgerichtsbezirke die Führung des Seeschiffsregisters zugewiesen. Außerdem ist die Führung des Seeschiffsregisters

für den Bezirk des Amtsgerichts in Bergen a. Rügen dem Amtsgericht in Stralsund,

für die an dem Dortmund-Ems-Kanale belegenen Amtsgerichtsbezirke dem Amtsgericht in Emden,

für die am Rhein belegenen, zu den Landgerichtsbezirken Cleve, Krefeld, Düsseldorf und Duisburg gehörigen Amtsgerichtsbezirke dem Amtsgericht in Düsseldorf,

für die übrigen am Rhein belegenen Amtsgerichtsbezirke dem Amtsgericht in Köln

übertragen. Für den Amtsgerichtsbezirk in Wilhelmshaven ist das Seeschiffsregister bei dem Amtsgericht Wilhelmshaven statt wie bisher bei dem Amtsgericht Emden zu führen. §18 Abs. 1 u. 2 AV v. 11. Dez. 1899; AV v. 9. März 1907 (JMBl 58), v. 23. März 1914 (JMBl 471) und v. 4. Nov. 1920 (JMBl 602).

Die — zum Zwecke der Pfandbestellung nötige — Anlegung und Führung des Pfandrechtsregisters für Schiffsbauwerke erfolgt durch das als Schiffsregisterbehörde zuständige Amtsgericht des Erbauungsorts. §2 PfRSchG, §1 AV v. 10. Juli 1926.

4. Die Eintragungen in das Musterregister haben bei dem Amtsgerichte der Hauptniederlassung des Urhebers und, falls der Urheber eine eingetragene Firma nicht besitzt, bei dem Amtsgerichte seines Wohnortes zu erfolgen. Urheber, die im Inlande weder eine Niederlassung, Haupt- oder Zweigniederlassung (RGDJZ **09** 771), noch einen Wohnsitz haben, müssen die Anmeldung und Niederlegung des Musters oder Modells bei dem Handelsgerichte, jetzt dem Amtsgerichte in Leipzig bewirken. §9 Abs. 2 u. 3 MSchG.

5. Regelmäßig steht die Führung aller Register einem jeden Amtsgerichte für seinen Gerichtsbezirk zu. Jedoch hat die preußische Justizverwaltung ebenso wie für das Seeschiffsregister (vgl. oben Nr. 3) auch für die übrigen Register von der ihr in §125 Abs. 2 FGG (§10 Abs. 2 GenG, §9 Abs. 1 MSchG), §1558 Abs. 2 BGB und §120 Abs. 2 BSchG eingeräumten Befugnis, die Führung des Registers für mehrere Amtsgerichtsbezirke einem Amtsgericht zu übertragen, mehrfach Gebrauch gemacht[1]). So ist angeordnet, daß zu führen haben:

[1]) Das Gesetz gestattet nicht, die Führung des Vereinsregisters für mehrere Amtsgerichtsbezirke einem Amtsgericht zu übertragen.

a) Das Amtsgericht Berlin-Mitte das Handels-, Genossenschafts-, Güterrechts-, Muster- und Binnenschiffsregister für die Bezirke der Amtsgerichte Berlin-Schöneberg, Berlin-Tempelhof, Berlin-Wedding, Charlottenburg, Berlin-Lichterfelde, Berlin-Lichtenberg, Berlin-Pankow, Neukölln und Berlin-Weißensee.

b) Das Amtsgericht Düsseldorf das Handels-, Genossenschafts-, Binnenschiffs- und Musterregister für den Bezirk des Amtsgerichts Düsseldorf-Gerresheim.

c) Das Amtsgericht Köln das Handels-, Genossenschafts-, Binnenschiffs- und Musterregister für den Bezirk des Amtsgerichts Köln-Mülheim a. Rh.

d) Das Amtsgericht Essen das Handels-, Genossenschafts-, Binnenschiffs- und Musterregister für den Amtsgerichtsbezirk Essen-Borbeck.

e) Das Amtsgericht Duisburg das Handels-, Genossenschafts- und Musterregister für den Amtsgerichtsbezirk Duisburg-Ruhrort.

f) Das Amtsgericht Duisburg-Ruhrort das Binnenschiffsregister für die Amtsgerichtsbezirke Duisburg und Hamborn.

AV d. JM vom 19. April 1906 (JMBl 123), vom 21. Mai 1909 (JMBl 125), vom 24. Juni 1914 (JMBl 557), vom 24. April 1915 (JMBl 86) und vom 21. Januar 1922 (JMBl 28)[1]).

§ 5. Ausschluß der Öffentlichkeit. Sitzungspolizei.

1. Die Verhandlungen, die vor dem Registerrichter zur Aufnahme von Anträgen und sonstigen Erklärungen sowie als mündliche Verhandlungen im Ordnungsstrafverfahren stattfinden, sind nicht öffentlich. Nur die unmittelbar Beteiligten haben ein Recht auf Anwesenheit. Anderen Personen kann die Anwesenheit nur mit Zustimmung aller Beteiligten gestattet werden.

2. Die Aufrechterhaltung der Ordnung bei den Verhandlungen in Registersachen liegt dem Richter ob. Er kann die Beteiligten und die übrigen zu den Verhandlungen zugelassenen Personen, die den zur Aufrechterhaltung der Ordnung erlassenen Befehlen nicht gehorchen, aus dem Verhandlungszimmer entfernen, auch zur Haft abführen und während einer näher zu bestimmenden Zeit, die 24 Stunden nicht übersteigen darf, festhalten lassen.

3. Machen sich die Personen bei der Verhandlung einer Ungebühr schuldig, so kann der Richter gegen sie, vorbehaltlich der strafgerichtlichen Verfolgung, eine Ordnungsstrafe in Geld oder bis zu 3 Tagen Haft festsetzen und sofort vollstrecken lassen. In allen diesen Fällen muß der Richter seinen Beschluß nebst dessen Veranlassung in das Protokoll aufnehmen. Gegen einen bei der Verhandlung beteiligten Rechtsanwalt, der sich ungebührlich benimmt, kann der Richter eine Ordnungsstrafe nicht festsetzen.

---

[1]) Von den genannten Gerichten, denen die Führung des Binnenschiffsregisters übertragen ist, ist auch das Pfandrechtsregister für Schiffsbauwerke zu führen. § 1 AV vom 10. Juli 1926.

Die Vollstreckung der verhängten Ordnungsstrafen hat der Registerrichter unmittelbar zu veranlassen.

Gegen die Festsetzung einer Ordnungsstrafe ist binnen der Frist von einer Woche nach der Bekanntmachung der Entscheidung Beschwerde zulässig, die an das dem Registergericht übergeordnete Oberlandesgericht zu richten ist. § 8 FGG; §§ 177 bis 179, 181 bis 185 GVG; § 88 AG GVG.

4. Wohl zu unterscheiden von den wegen Ungebühr vor Gericht verhängten Strafen sind die Strafen, die der Richter im Ordnungsstrafverfahren (s. unten § 14) verhängt. Der Rechtspfleger ist zur Androhung und Verhängung von Ordnungsstrafen nicht befugt (§ 10 der Entlastungsverfügung vom 1. März 1928, JMBl 140).

§ 6. Gerichtssprache. Dolmetscher.

Die Gerichtssprache ist die deutsche. Die Verhandlungen vor dem Richter werden in deutscher Sprache geführt; ist ein Beteiligter des Deutschen nicht mächtig, so muß ein Dolmetscher zugezogen werden, auf dessen Vereidigung die Parteien verzichten können. Der Zuziehung eines Dolmetschers bedarf es nicht, wenn der Richter der fremden Sprache, in der sich der Beteiligte erklärt, mächtig ist. Art. 1 PrFGG; §§ 8, 9 FGG; §§ 184 bis 191 GVG.

Bei der gerichtlichen Beurkundung von Rechtsgeschäften gelten für die Zuziehung von Dolmetschern besondere Vorschriften. §§ 179 ff. FGG[1]).

Auch die dem Registergericht eingereichten Urkunden, z. B. die schriftlichen Aufkündigungen der Genossen, müssen in deutscher Sprache abgefaßt sein; denn die gemäß § 8 FGG auch auf dem Gebiete der freiwilligen Gerichtsbarkeit geltende Bestimmung des § 186 GVG über die Gerichtssprache bezieht sich nicht bloß auf die gerichtlichen Verhandlungen und die gerichtlichen Verfügungen und Entscheidungen, sondern auf den gesamten Geschäftsverkehr mit den Gerichtsbehörden. (KGJ **39** A 133.) Deutsche Übersetzungen von Urkunden in fremder Sprache werden im allgemeinen nur zulässig sein, wenn sie als öffentliche oder öffentlich beglaubigte Urkunden im Sinne des § 415 ZPO angesehen werden können.

§ 7. Gerichtsferien.

Die Gerichtsferien, die vom 15. Juli bis 15. September dauern, sind auf die Registersachen ohne Einfluß. Die Registersachen vertragen keinen Aufschub und werden daher auch während der Ferien ausnahmslos bearbeitet. Ist der an sich zuständige Registerbeamte beurlaubt, so tritt für ihn sein amtlicher Vertreter ein. § 10 FGG; § 199 GVG; § 91 AG GVG.

---

[1]) Vgl. auch Brand-Schnitzler: Die Grundbuchsachen in der gerichtlichen Praxis, 4. Auflage, S. 331 ff. Berlin, Julius Springer. 1928; Oberneck: Notariatsrecht 8.—10. Aufl., S. 227 ff.; s. ferner Dolmetscherordnung vom 15. Februar 1928 (JMBl 100).

Zweiter Abschnitt.

Das Verfahren bei den Registergerichten.

§ 8. Die leitenden Grundsätze des Registerwesens. Die Bedeutung der Registereintragungen.

1. Die Führung gerichtlicher Register ist vorgeschrieben, damit gewisse tatsächliche und rechtliche Verhältnisse, die für den Verkehr von besonderer Bedeutung sind, in einer zuverlässigen und vollständigen Weise beurkundet (registriert) werden, jederzeit vom Publikum durch Einsichtnahme der Register und seiner Unterlagen bequem festgestellt werden können und tunlichst auch durch die öffentlichen Bekanntmachungen allgemein bekannt werden. Die jedermann zugänglichen Register bezwecken also die Erhöhung der Verkehrssicherheit. Diese Gesichtspunkte treten beim Handelsregister mit besonderer Schärfe hervor. Dieses ist von den zahlreichen öffentlichen Registern vor allem dazu bestimmt, dem privatrechtlichen Verkehr zu dienen und dessen Sicherheit zu fördern. (RG **93** 283; KGJ **23** A 77.) Gerade der auf den Umsatz der Güter gerichtete Verkehr, der ohne weitgehende Kreditgewährung nicht denkbar ist, bedarf besonderen Schutzes gegen Verdunkelungen und Verschleierungen der Rechtslage.

2. Der Zweck der Register kann natürlich nur erreicht werden, wenn alle beteiligten Personen, Gesellschaften und Verbände die erforderlichen Anmeldungen zum Register bewirken und hierbei auch die gesetzlich vorgeschriebenen Unterlagen der Anmeldungen beibringen. Es mußte deshalb der Registerrichter für berechtigt und verpflichtet erklärt werden, darüber zu wachen, daß die Register dem wahren Rechtszustand entsprechen (KGJ **28** A 44) und zur Erreichung dieses Zweckes solche Beteiligte, die ihrer Anmeldungspflicht nicht nachkommen, zur Erfüllung ihrer Pflichten zu zwingen. Dieser Zwang wird im Ordnungsstrafverfahren (s. unten § 14) durchgeführt. Nur für das Güterrechtsregister und das Musterregister besteht kein Zwang zur Anmeldung; denn diese Register beurkunden Verhältnisse, deren Bekanntwerden nicht durch das allgemeine Verkehrsinteresse, sondern das Verlangen einzelner Privatpersonen gefordert wird. Auch für das Pfandrechtsregister für Schiffsbauwerke besteht nach § 3 Satz 2 des Ges. vom 4. Juli 1926 keine Anmeldungsverpflichtung.

Für das Seeschiffsregister werden die Anmeldungen im ordentlichen Strafverfahren erzwungen und das Ordnungsstrafverfahren beschränkt sich auf Einreichung gewisser Urkunden (s. unten § 142).

3. Die Eintragungen in die Register beweisen im allgemeinen nur, daß die zur Anmeldung Verpflichteten vor dem Registergerichte gewisse Erklärungen in der vorgeschriebenen Form abgegeben haben. Ob diese Erklärungen wahr sind, also den Tatsachen entsprechen, kann und wird im allgemeinen vom Registergerichte nicht festgestellt werden. Der Register-

richter ist in der Regel auf die Prüfung der formalen Voraussetzungen, die das Gesetz für die Eintragung verlangt, beschränkt, während ihm die Prüfung der Wahrheit der urkundlich belegten Tatsachen versagt ist[1]). Er ist nicht für befugt zu erachten, ohne besondere Veranlassung oder auf bloße Vermutungen hin eine Anmeldung zu beanstanden und von dem Anmeldenden den Nachweis für die Richtigkeit seiner Erklärung zu verlangen, wird diese vielmehr regelmäßig ohne weiteres als wahrheitsgemäß anzunehmen haben. (Denkschrift zum HGB S. 25; KGJ **30** A 109; **39** A 122; **41** 132; **46** 164.) Es können daher auch die Register keinen sicheren Aufschluß darüber geben, ob die in ihnen enthaltenen Angaben wahr sind. (RGSt **18** 180; RG **1** 243.) Hierdurch scheint der Nutzen der Register in Frage gestellt zu werden. Es kommt jedoch in Betracht, daß in den weitaus meisten Fällen von den Beteiligten der Wahrheit entsprechende Angaben gemacht werden; ferner ist der Registerrichter in Zweifelsfällen, wenn sich für ihn erhebliche begründete Bedenken gegen die Richtigkeit der angemeldeten Tatsachen ergeben[2]) (OLG **27** 343; JFG **1** 202), berechtigt, nach § 12 FGG die zur Feststellung der Tatsachen erforderlichen Ermittlungen von Amts wegen anzustellen und von den Beteiligten die ihm erforderlich erscheinenden Nachweise für die Richtigkeit ihrer Erklärungen zu verlangen; auch ist er sowohl berechtigt wie verpflichtet, Tatsachen, deren Unrichtigkeit er als dargetan erachtet, von der Eintragung auszuschließen. Man wird ihm nicht zumuten dürfen, daß er Tatsachen, deren Unwahrheit gerichtskundig ist, gar nicht bestehende Rechtsverhältnisse, gesetzwidrige und rechtsunwirksame Vorgänge, nichtige Gesellschafterbeschlüsse u. dgl. in das Handelsregister einträgt und so wissentlich zur Täuschung des Publikums mitwirkt. (KGJ **41** 132.) Endlich aber muß der Erklärende die von ihm zum Register behauptete Tatsache Dritten gegenüber als wahr gegen sich gelten lassen, wenn sie eingetragen und bekannt gemacht worden ist. (ROHG **3** 412; **24** 320; RG **1** 243; **9** 91; vgl. auch RG **40** 146; **50** 431.)

4. Die Eintragungen in die Register verfolgen aber mitunter noch besondere Zwecke[3]). Im allgemeinen beurkundet allerdings die Eintragung nur gewisse Tatsachen von rechtlicher Bedeutung, ohne daß sie Rechtsverhältnisse unmittelbar begründet, ändert oder aufhebt (rechtfeststellende, sog. deklaratorische Eintragung). So ist z. B. die Vollkaufmannseigenschaft im Falle des § 1 HGB nicht von der Eintragung abhängig; die offene Handelsgesellschaft besteht auch ohne Eintragung; das Eigentum an einem registerpflichtigen Schiffe wird auch ohne Eintragung erworben. In bestimmten Einzelfällen aber wird auch die rechtliche Wirksamkeit

---

[1]) Vgl. Brand, Das Prüfungsrecht und die Prüfungspflicht des Registerrichters in ZBH 1928, S. 97ff. Als Sonderabdruck erschienen im Verlag von Carl Heymann, Berlin W 8.

[2]) Vgl. auch Cohn JW **25** 268.

[3]) Vgl. z. B. auch noch die §§ 26 Abs. 2 und 159 Abs. 2, 287 HGB.

gewisser Vorgänge erst durch die Eintragung herbeigeführt. So wird in den Fällen der §§ 2 u. 3 Abs. 2 HGB die Kaufmannseigenschaft erst durch die Eintragung der Firma in das Handelsregister begründet. Die Aktiengesellschaft, die Kommanditgesellschaft auf Aktien und die Gesellschaft mit beschränkter Haftung entstehen erst durch die Eintragung in das Register. §§ 200, 320 Abs. 3 HGB; § 11 GmbHG. Ferner werden die Generalversammlungsbeschlüsse dieser Gesellschaften, die eine Änderung des Gesellschaftsvertrages zum Gegenstande haben, erst durch die Eintragung in das Register wirksam. §§ 277 Abs. 3, 287 Abs. 1, 304 Abs. 4, 320 Abs. 3, 332 Abs. 2 HGB; §§ 11, 55 Abs. 3 GmbHG. Man spricht in diesen Fällen von einer konstitutiven oder rechterzeugenden Wirkung der Eintragungen[1]). Natürlich wird das Rechtsverhältnis nicht allein durch die Eintragung begründet; die Eintragung ist nur eine der rechterzeugenden Tatsachen und bildet oft den Schlußstein des Rechtsverhältnisses. Auch die Vereine, deren Zweck nicht auf einen wirtschaftlichen Geschäftsbetrieb gerichtet ist, erlangen erst durch die Eintragung Rechtsfähigkeit. § 21 BGB. Das Schiffspfandrecht ferner entsteht auch erst durch die Eintragung in das Schiffsregister. § 1260 Abs. 1 BGB. Eine besondere Bedeutung hat für die Beteiligten die Eintragung in das Musterregister. Denn der Urheber eines Musters oder Modells genießt den Schutz gegen Nachbildung nur dann, wenn er es zur Eintragung in das Musterregister angemeldet hat. §§ 1, 7 MSchG. Ähnlich ist die Wirkung der Eintragung in das Seeschiffsregister. Auch hier verschafft erst die Eintragung ein Recht, nämlich auf Führung der Reichsflagge. § 10 FlaggG.

5. In allen Fällen hat endlich die Eintragung in die Register die Bedeutung einer Vermutung für die Richtigkeit der eingetragenen Tatsachen. (RG JW **1898** 202 Nr. 16; KGJ **34** A 126). Dies ist besonders in Rechtsstreitigkeiten von Wichtigkeit, da derjenige, der die Unrichtigkeit der registrierten Tatsache behauptet, beweispflichtig ist.

6. Die Beteiligten können nicht beliebige Tatsachen in den Registern vermerken lassen; vielmehr ist der Kreis der eintragungsfähigen Tatsachen gesetzlich begrenzt. (KGJ **29** A 217; **35** A 154; JFG **1** 280; **2** 194 [BayObLG]; **5** 218 [OLG Dresden]; RG **85** 138.) Es können deshalb z. B. der gesetzliche Vertreter, der Inhaber des ehemännlichen oder elterlichen Verwaltungs- und Nutznießungsrechts, der Testamentsvollstrecker, der Handlungsbevollmächtigte, der nicht Prokurist ist, nicht in das Handelsregister eingetragen werden. Es können ferner auch z. B. nicht ohne weiteres, sondern nur soweit dies die Gesetze vorschreiben, die Veränderungen, die in den eingetragenen Tatsachen eintreten, in den Registern vermerkt werden. (KGJ **29** A 217.)

---

[1]) Staub, Anhang zu § 8 Anm. 13, weist darauf hin, daß die Eintragung auch in diesen Fällen daneben die — oben besprochene — allgemeine beurkundende Bedeutung habe.

Die Anmeldungen und Zeichnungen.

§ 9. Die bei der Anmeldung und Zeichnung beteiligten Personen. Bevollmächtigte. Das Antragsrecht der Notare. Gesetzliche Vertreter. Genehmigung des Vormundschaftsgerichts und des Ehemannes.

1. Die zur Anmeldung der registerpflichtigen Tatsachen und zur Zeichnung berechtigten und verpflichteten Personen lassen sich allgemein nicht bezeichnen. Sie bestimmen sich nach der rechtlichen Natur und dem Inhalte der zur Anmeldung kommenden Tatsachen und sind daher im besonderen Teile dieser Darstellung bei der Besprechung der einzelnen Register angegeben.

2. Die Anmeldungen können auch durch Bevollmächtigte erfolgen, die sich durch Vorlegung einer Vollmacht auszuweisen haben. Die Zeichnungen dagegen werden um ihrer selbst willen vorgenommen und müssen daher stets von den Verpflichteten persönlich erfolgen; Zeichnung durch einen Bevollmächtigten ist unzulässig. Auch der Prokurist kann den Prinzipal hierbei nicht vertreten. Denn die Zeichnung der Unterschrift dem Gerichte gegenüber dient dem Zweck, eine Feststellung der Echtheit der im Handelsverkehr abgegebenen Unterschriften für die beteiligten Kreise zu ermöglichen. (RG **54** 171; KGJ **22** A 89; **23** A 77; JFG **2** 175.) Diese Bedeutung der Unterschriftzeichnung macht, sofern sie nicht persönlich bei dem Gericht bewirkt wird, die urschriftliche Einreichung erforderlich und es würde die Ausfertigung einer gerichtlichen oder notariellen Urkunde trotz des § 129 Abs. 2 BGB nicht genügen können (JFG **2** 175).

3. Eine besondere Stellung nehmen die Notare ein. Haben diese nämlich die zu einer Registereintragung erforderliche Erklärung beurkundet oder beglaubigt, so gelten sie als ermächtigt[1]), im Namen der zur Anmeldung Verpflichteten die Eintragung zu beantragen. §§ 129, 147 Abs. 1, 159, 161 Abs. 1 FGG. Hierbei ist aber zu beachten, daß das Antragsrecht des Notars nur dazu dient, die Tätigkeit des Registergerichts insoweit zu veranlassen, als es dem Inhalte der von ihm, dem Notar, beurkundeten oder beglaubigten Erklärung entspricht. Der Notar kann aber nicht materielle Grundlagen des Antrages ersetzen, ergänzen oder gar abändern. (KGJ **31** A 221; **41** 136.)

4. Eine andere Stellung als die Bevollmächtigten nehmen die gesetzlichen Vertreter ein. Sie bedürfen natürlich keiner besonderen Vollmacht[2]).

I. Minderjährige eheliche Kinder werden von dem Vater kraft der elterlichen Gewalt gemäß §§ 1627, 1630 BGB vertreten. Ein durch

---

[1]) Das Antragsrecht der Notare enthält nur eine Vermutung, deren Widerlegung zulässig ist (KGJ **21** A 276).

[2]) Der Prokurist als solcher ist zur Vertretung bei der Anmeldung nicht befugt, da er nur Vertreter in bezug auf den Geschäftsbetrieb ist.

nachfolgende Ehe oder durch eine Verfügung der Staatsgewalt für ehelich erklärtes Kind steht dem ehelichen Kinde gleich und wird wie dieses durch den Vater vertreten. §§ 1719, 1736 BGB.

Eine durch einen Vater für seine minderjährigen Kinder bewirkte Anmeldung zum Handelsregister wird z. B. lauten:

Amtsgericht. Berlin, den 6. März 1927.

Es erschien vor dem Unterzeichneten der Kaufmann Max Lustig in Berlin, Potsdamer Str. 6 wohnhaft.

Er ist dem Unterzeichneten bekannt. Er erklärte:

Unter Nr. 21365 der Abt. A des Handelsregisters ist meine Ehefrau Klara Lustig, geborene Ehrenbaum, als Inhaberin der Firma:

Klara Lustig

eingetragen. Meine Ehefrau ist verstorben und nach dem anbei in Ausfertigung überreichten Erbscheine des Amtsgerichts Berlin-Mitte vom 2. Februar 1927 von ihren beiden, aus der Ehe mit mir hervorgegangenen Kindern Artur, geboren am 9. Januar 1922, und Gertrud, geboren am 20. September 1923, beerbt worden. Ich melde zur Eintragung in das Handelsregister an, daß meine beiden Kinder als Erben der bisherigen Firmeninhaberin das Geschäft unter unveränderter Firma in ungeteilter Erbengemeinschaft weiter betreiben und während ihrer Minderjährigkeit von mir, ihrem Vater, vertreten werden.

Der Erschienene zeichnete hierauf als gesetzlicher Vertreter seiner Kinder für diese die Firma wie folgt:

Klara Lustig

Er erklärte schließlich noch:

Das Gewerbekapital beträgt .... RMark, der Gewerbeertrag .... RMark[1])

v. g. u.

Max Lustig.

Lehmann, Justizobersekretär als Urkundsbeamter der Geschäftsstelle[2]).

Zu beachten ist hierbei, daß Lustig als gesetzlicher Vertreter seiner beiden Kinder nicht allein die Anmeldung, sondern auch die Firmenzeichnung zu bewirken hat (KGJ **20** A 160). Die Geburtstage der Kinder werden zweckmäßig mit eingetragen und bekanntgemacht, damit jeder ersehen kann, wann die Vertretungsbefugnis des Vaters beendet ist.

In Ausnahmefällen tritt an die Stelle des Vaters ein Pfleger. §§ 1628, 1630, 1795 BGB. So steht dem Vater die Vertretung der Kinder insoweit nicht zu, als nach § 1795 BGB ein Vormund von der Vertretung des Mündels ausgeschlossen ist. § 1630 Abs. 2 BGB.

---

[1]) Über die Auskunftspflicht der Finanzämter und Gewerbesteuerausschüsse über Gewerbekapital und Gewerbeertrag für Zwecke der Gebührenberechnung vgl. AV vom 7. August 1926 (JMBl 286).

[2]) In den Reichsgesetzen, den preußischen Gesetzen, den Verordnungen und den Allgemeinen Verfügungen sind die Bezeichnungen „Gerichtsschreiberei", „Gerichtsschreiber" und „Gerichtsdiener" durch die Bezeichnungen „Geschäftsstelle", „Urkundsbeamter der Geschäftsstelle" und „Gerichtswachtmeister" ersetzt. Vgl. das Reichsgesetz vom 9. Juli 1927 (RGBl I 175) und die VO vom 30. November 1927 (RGBl I 334), ferner das preuß. Gesetz vom 30. November 1927 (GS 201) und die VO vom 9. Dezember 1927 (GS. 204) sowie die AV. vom 4. Februar 1928 (JMBl 92).

Die Mutter kann für den Vater auftreten, wenn der Vater an der Ausübung der elterlichen Gewalt tatsächlich verhindert ist, oder wenn seine elterliche Gewalt ruht. § 1685 BGB. Der Registerrichter wird in solchen Fällen eine Bescheinigung des Vormundschaftsrichters über das Vorliegen solcher Tatsachen verlangen müssen.

Nach der Scheidung der Ehe behält der Vater selbst dann das alleinige Recht zur Vertretung des Kindes, wenn er für allein schuldig erklärt ist.

Ein an Kindesstatt angenommenes Kind wird durch den Annehmenden, nicht mehr durch den bisherigen gesetzlichen Vertreter vertreten. §§ 1760, 1761 BGB. Der Annehmende wird sich dem Registerrichter gegenüber durch Vorlegung des vom zuständigen Amtsgerichte bestätigten Adoptionsvertrages zu legitimieren haben.

Die vom Vater oder Adoptivvater für sein Kind bewirkten Anmeldungen setzen in gewissen Fällen voraus, daß das Vormundschaftsgericht seine Genehmigung zu den angemeldeten Rechtsakten gegeben hat.

So bedarf der Vater der Genehmigung des Vormundschaftsgerichts zur Erteilung einer Prokura und zu einem Vertrage, der auf den entgeltlichen Erwerb oder die Veräußerung eines Erwerbsgeschäfts[1]) gerichtet ist, sowie zu einem Gesellschaftsvertrage, der zum Betriebe eines Erwerbsgeschäfts eingegangen wird. §§ 1643 Abs. 1, 1822 Nr. 3 u. 10 BGB. Auch der Vertrag, durch den eine Gesellschaft mit beschränkter Haftung unter Beteiligung eines Minderjährigen errichtet wird, bedarf gemäß §§ 1643 Abs. 1, 1822 Nr. 3 u. 10 BGB der vormundschaftsgerichtlichen Genehmigung (KJA **12** 233; KGJ **34** A 89; **44** 142; OLG **13** 315). Ebenso ist zu der Erklärung, durch die ein Vater in Vertretung seines Kindes einer Genossenschaft beitritt, die Genehmigung des Vormundschaftsgerichts erforderlich, selbst wenn es sich um eine solche mit beschränkter Haftpflicht handelt (KGJ **30** A 149). Auch ein neues Erwerbsgeschäft soll er im Namen des Kindes nicht ohne Genehmigung des Vormundschaftsgerichts beginnen. § 1645 BGB.

Streitig ist, ob der Registerrichter berechtigt oder verpflichtet ist, vor der Eintragung den Nachweis der vormundschaftsrichterlichen Genehmigung zu fordern, oder ob er sich mit der einfachen Behauptung

[1]) Die Abtretung der Geschäftsanteile eines Minderjährigen an einer ein Erwerbsgeschäft betreibenden Gesellschaft mit beschränkter Haftung kann sich nach den Umständen des Einzelfalles als ein auf Veräußerung eines Erwerbsgeschäfts gerichteter und somit der vormundschaftsgerichtlichen Genehmigung bedürfender Vertrag darstellen. (JFG **3** 206; DNotVZ **1927** 599 [KG]; dagegen u. a. Hachenburg, JW **1926** 600). Ferner ist für einen Vertrag über Ausscheiden eines minderjährigen Gesellschafters aus einer offenen Handelsgesellschaft gemäß § 1822 Ziff. 3 BGB vormundschaftsgerichtliche Genehmigung erforderlich (RG JW **1929** 630). Ebenso bedarf der Erwerb eines Geschäftsanteils einer Gesellschaft mit beschränkter Haftung durch einen Minderjährigen nach § 1822 Ziff. 10, unter Umständen auch nach Ziff. 3 BGB der Genehmigung des Vormundschaftsgerichts (DNotVZ **1927** 529 [KG]).

des Vaters, daß die Genehmigung erteilt sei, zu begnügen hat. Der richtigen Ansicht nach wird der Richter jedoch diesen Nachweis von dem Vater fordern müssen, da sonst leicht die Interessen der Minderjährigen gefährdet werden könnten. Der Registerrichter hat also, ehe er die Eintragung der angemeldeten Tatsachen vornimmt, zu prüfen, ob der Vormundschaftsrichter die Genehmigung dem Vater gegenüber erklärt hat; vgl. § 1828 BGB. Handelt es sich um Verträge, so muß er weiter noch feststellen, ob die Genehmigung durch den Vater dem anderen Teile gemäß § 1829 BGB mitgeteilt ist. (Vgl. KGJ **34** A 49; **38** A 62.) Anders liegt die Sache bei dem Beginn eines neuen Erwerbsgeschäfts. Wie § 1645 BGB ergibt, liegt in diesem Falle nur eine Ordnungsvorschrift („soll") vor, so daß der Vater das Erwerbsgeschäft namens des Kindes auch ohne Genehmigung des Vormundschaftsgerichts wirksam begründen kann. Es kann deshalb auch das Registergericht die Eintragung der Firma eines vom Vater für das Kind errichteten Erwerbsgeschäfts nicht wegen der fehlenden Genehmigung des Vormundschaftsgerichts beanstanden. Das Registergericht wird zwar in solchen Fällen dem Vormundschaftsgerichte durch Mitteilung des Sachverhalts Gelegenheit zum Eingriff zu bieten haben; für die Registerführung muß aber entscheiden, daß die Begründung des Geschäfts gültig ist (KGJ **20** A 160).

II. Minderjährige eheliche Kinder werden von der Mutter kraft der elterlichen Gewalt vertreten, wenn der Vater gestorben oder für tot erklärt ist, oder wenn er die elterliche Gewalt verwirkt hat und die Ehe aufgelöst ist. § 1684 BGB. Auch sonst übt in gewissen Fällen die Mutter an Stelle des Vaters die elterliche Gewalt aus; vgl. 1685 BGB. In Ausnahmefällen tritt an die Stelle der Mutter ein Pfleger. §§ 1628, 1630, 1795 BGB.

Die Mutter bedarf der Genehmigung des Vormundschaftsgerichts in denselben Fällen wie der Vater. Ist der Mutter ein Beistand (§§ 1867 ff. BGB) bestellt, so bedarf sie dessen Genehmigung innerhalb seines Wirkungskreises zu jedem Rechtsgeschäfte, zu dem ein Vormund der Genehmigung des Vormundschaftsgerichts oder des Gegenvormundes bedarf. § 1690 Abs. 1 BGB. Will also z. B. die Mutter das von ihrem minderjährigen Kinde betriebene Handelsgeschäft verpachten, so muß sie hierzu die Genehmigung des Beistandes einholen; vgl. § 1822 Nr. 4 BGB. Ausgenommen sind Rechtsgeschäfte, welche die Mutter schon nach den Vorschriften über die elterliche Gewalt nicht ohne Genehmigung des Vormundschaftsgerichts vornehmen kann. § 1690 Abs. 1 Satz 2 BGB. Die Mutter braucht also z. B. nicht die Genehmigung des Beistandes, wohl aber des Vormundschaftsgerichts einzuholen, wenn sie für das von ihrem minderjährigen Kinde betriebene Handelsgeschäft einen Prokuristen bestellen will. §§ 1686, 1643, 1822 Nr. 11 BGB. Der Beistand kann ebenso wie das Vormundschaftsgericht seine Genehmigung nur der Mutter gegenüber erklären. § 1690 Abs. 1 Satz 3, § 1828 BGB. Die Genehmigung des Beistandes wird, soweit sie von ihm nicht zu erlangen ist, durch die Genehmigung des Vormundschaftsgerichts ersetzt. § 1690 Abs. 2 BGB. Eine andere Stellung hat der Beistand natürlich, wenn ihm die Verwaltung des Kindesvermögens gemäß § 1693 BGB vom Vormundschaftsgericht übertragen ist; er hat dann die Rechte und Pflichten eines Pflegers, so daß er unter Ausschluß der Mutter gesetzlicher Vertreter des Kindes ist. § 1693 BGB. Dem Registerrichter gegenüber legitimiert sich der Beistand durch Vorlegung seiner Bestallung.

Der Registerrichter hat zu beachten, daß eine allgemeine tatsächliche Vermutung weder für die uneingeschränkte elterliche Gewalt der Mutter, noch für die Bestellung eines Beistandes spricht. Er muß nach verständigem Ermessen entscheiden, ob Grund zu der Annahme vorliegt, daß ein Beistand bestellt sei oder nicht; er kann hierbei auch Auskünfte von den Beteiligten oder von dem zuständigen Vormundschaftsrichter einziehen (OLG **5** 5). Er kann also nicht in jedem Falle den urkundlichen Nachweis fordern, daß kein Beistand bestellt sei. (Vgl. KGJ **31 A** 370 [OLG Rostock].)

Die Mutter kann ihre Kinder natürlich nicht vertreten, wenn sie selbst noch minderjährig ist; in diesem Falle vertritt die Kinder ein besonders zu bestellender Vormund. § 1696 BGB. Hat sich die Mutter wieder verheiratet, so hat sie nach § 1697 BGB die elterliche Gewalt verloren, so daß ebenfalls wieder ein besonderer Vormund zur Vertretung der Kinder berufen ist. Häufig wird die Mutter zur Vormünderin ihrer Kinder bestellt; sie vertritt dann ihre Kinder nicht auf Grund der elterlichen Gewalt, sondern als Vormünderin. Es kommen dann auf sie die unten unter III abgehandelten Vorschriften zur Anwendung.

III. Minderjährige uneheliche Kinder, minderjährige eheliche Kinder, die nicht unter elterlicher Gewalt stehen, z. B. weil beide Eltern tot sind, und entmündigte Volljährige werden durch ihren Vormund vertreten. § 1793 BGB. Dieser muß sich dem Registerrichter gegenüber durch Vorlegung seiner Bestallung ausweisen. — In gewissen Fällen ist der Vormund von der Vertretung ausgeschlossen; vgl. § 1795 BGB.

Der Genehmigung des Vormundschaftsgerichts bedarf der Vormund u. a. zur Erteilung einer Prokura, zu einem Pachtvertrage über einen gewerblichen Betrieb, zu einem Vertrage, der auf den entgeltlichen Erwerb oder die Veräußerung eines Erwerbsgeschäftes gerichtet ist, sowie zu einem Gesellschaftsvertrage, der zum Betriebe eines Erwerbsgeschäfts eingegangen wird. § 1822 Nr. 11, 4 u. 3 BGB. Auch soll[1]) der Vormund nicht ohne Genehmigung des Vormundschaftsgerichts ein neues Erwerbsgeschäft im Namen des Mündels beginnen oder ein bestehendes Erwerbs-

[1]) Nur Ordnungsvorschrift; die Eintragung des Mündels in das Register ist auch ohne Genehmigung des Vormundschaftsgerichts zulässig. KGJ **20 A** 160; vgl. auch oben unter Nr. I.

geschäft des Mündels auflösen. § 1823 BGB. Wegen des Nachweises der vormundschaftsrichterlichen Genehmigung dem Registerrichter gegenüber gilt das oben S. 19 Gesagte auch hier.

IV. In den Fällen der §§ 1909 bis 1914 BGB kann ein Pfleger als gesetzlicher Vertreter für seine Pflegebefohlenen auftreten. Auch er weist sich dem Registerrichter gegenüber durch seine Bestallung aus. In dieser müssen seine Befugnisse im einzelnen angegeben sein. Der Pfleger bedarf in denselben Fällen der Genehmigung des Vormundschaftsgerichts wie der Vormund.

§ 10. Die Form der Anmeldungen, Anträge und Zeichnungen. Die Form der Vollmachten.

1. Die Anmeldungen, Anträge und Zeichnungen zu den Registern sind in der Regel in öffentlich beglaubigter Form zu bewirken. Dies gilt insbesondere für das Handelsregister (§ 12 HGB), für das Vereinsregister (§ 77 BGB) und für das Güterrechtsregister (§ 1560 Satz 2 BGB). Die Anmeldungen und Zeichnungen müssen also in diesen Fällen schriftlich abgefaßt und der Unterschrift nach von der zuständigen Behörde oder einem zuständigen Beamten oder Notar beglaubigt werden. Wird die Erklärung von dem Aussteller mit Handzeichen unterzeichnet, so ist die Beglaubigung des Handzeichens erforderlich und genügend. In der Beglaubigung von Unterschriften liegt nicht die Beurkundung eines Rechtsgeschäfts (KGJ **20** A 185), wie auch die Anmeldung zum Handelsregister regelmäßig keinen rechtsgeschäftlichen Charakter hat. (JFG **1** 187). Daher finden die §§ 168ff. FGG bei Beglaubigungen keine Anwendung[1]).

Für die Beglaubigung der Unterschriften und Handzeichen sind die Amtsgerichte und die Notare zuständig, für die Beglaubigung eines Handzeichens auch der Rechtspfleger und für die Beglaubigung einer Unterschrift in Preußen und dem preußischen Gebietsteil Pyrmont auch der Urkundsbeamte der Geschäftsstelle; siehe Art. 60 PrFGG i. d. F. der VO vom 9. Dezember 1927 (GS 204), § 31 k der Entlastungsverfügung[2]). Die Beglaubigungsbefugnis haben ferner für gewisse Fälle u. a. auch die Konsuln. Die Konsuln müssen bei der Beglaubigung eine besondere Urkunde über die Anerkennung der vollzogenen Unterschrift unter Zuziehung von zwei Zeugen aufnehmen. §§ 16, 17 Ges. v. 8. Nov. 1867 (BGBl 137). Sind die Konsuln aber zur Ausübung der Gerichtsbarkeit befugt, so

[1]) Hieraus folgt z. B., daß sich die Ausschließung der Urkundspersonen nicht nach § 170ff., sondern nach § 6 FGG richtet.

[2]) Art. I § 2 des Gesetzes über die Zuständigkeit der rheinischen Notare vom 2. Januar 1924 (GS 5) in der Fassung des Gesetzes vom 13. Dezember 1926 (GS 319) schließt die Zuständigkeit der Amtsgerichte für die öffentliche Beglaubigung von Unterschriften und Handzeichen im früheren Geltungsbereich des rheinischen Rechts aus. Das Gesetz bleibt in Kraft bis 31. Dezember 1929.

können sie die Beglaubigung durch einen einfachen mit Datum, Unterschrift und Siegel oder Stempel versehenen Vermerk bewirken.

Die Beglaubigung einer Unterschrift darf nur erfolgen, wenn die Unterschrift in Gegenwart der Urkundsperson vollzogen oder anerkannt wird; die Urkundsperson muß also mit dem Unterzeichner stets persönlich verhandeln und kann nicht ohne weiteres eine ihr als richtig erscheinende Unterschrift beglaubigen. Sie muß sich auch von der Identität des Erschienenen mit dem in der Unterschrift Bezeichneten Gewißheit verschaffen, da ja bei Nichtprüfung der Identität der Beglaubigungsvermerk sinnlos ist und die Tatsache der Beglaubigung zugleich die Beurkundung enthält, daß die Identität geprüft ist.

Die Beglaubigung erfolgt durch einen unter die Unterschrift zu setzenden Vermerk. Dieser Vermerk muß die Bezeichnung desjenigen, der die Unterschrift vollzogen oder anerkannt hat, enthalten, den Ort und den Tag der Ausstellung angeben, sowie mit Unterschrift und Siegel oder Stempel versehen sein. Diese Vorschriften finden auf die gerichtliche oder notarielle Beglaubigung des Handzeichens entsprechende Anwendung. § 183 FGG.

Der Beglaubigungsvermerk lautet also z. B.:

Die vorstehende Unterschrift des Kaufmanns Karl Lustig in Berlin wird hiermit beglaubigt.
Berlin, den 23. Oktober 1926.
Amtsgericht Berlin-Mitte.
(Siegel des Amtsgerichts.) Müller.

In dem Vermerk braucht nicht gesagt zu werden, daß die Beglaubigung auf Grund der in Gegenwart des Richters erfolgten Vollziehung oder Anerkennung der Unterschrift erfolgt ist (KGJ **20** A 133). Im Falle der Beglaubigung einer Unterschrift durch den Urkundsbeamten der Geschäftsstelle soll der Vermerk jedoch eine derartige Angabe enthalten. Art. 60 Abs. 4 PrFGG.

Bei Änderungen der Urkunde muß die Änderung besonders vom Aussteller unterschrieben und diese Unterschrift nochmals beglaubigt werden. (KGJ **22** A 127; **29** A 116; **35** A 227.)

Beglaubigungen von Unterschriften und Handzeichen werden nicht registriert. Bleibt bei Gericht kein Vorgang zurück, so ist ein kurzer Vermerk zu fertigen, der die zur Berechnung und Einforderung der Kosten erforderlichen Angaben enthält. Die Vermerke werden zu Sammelakten genommen und jährlich fortlaufend numeriert. § 42 Ziff. 18 der GeschO.

Werden von der Urkundsperson Wahrnehmungen gemacht, die geeignet sind, Zweifel an der unbeschränkten Geschäftsfähigkeit der Person zu begründen, deren Unterschrift oder Handzeichen beglaubigt werden soll, so soll dies in dem Beglaubigungsvermerke festgestellt werden. Art. 60 Abs. 3 PrFGG. So kann z. B. in dem Vermerk angeführt werden, daß die Unterschrift einer Person beglaubigt ist, die sich in einer Irrenanstalt befindet. (KGJ **20** A 277.) Die Geschäftsfähigkeit des Unterschreibenden hat die Urkundsperson nicht zu bescheinigen.

Auch die Firma des Kaufmanns gilt im Handelsverkehr als Name und kann beglaubigt werden. Die Firmenzeichnung muß neben der Unterschrift besonders beglaubigt werden, und der Vermerk über die Beglaubigung muß ausdrücklich erkennen lassen, daß der Zeichnende die Firma persönlich vollzogen, nicht nur anerkannt habe. RG **54** 168; KG RJA **5** 49; OLG Dresden OLG **22** 157; a. M. KG RJA **3** 192.

Hiernach wäre der Beglaubigungsvermerk zu fassen:

Es wird hiermit beglaubigt, daß der Kaufmann Karl Meier die vorstehende Firmenzeichnung und seine Unterschrift eigenhändig gefertigt hat.

Das BayObLG (OLG **43** 274) hält die Formvorschrift des § 12 Abs. 2 HGB nach den Umständen des Einzelfalls, z. B. bei Anmeldung zahlreicher Zweigniederlassungen, das Kammergericht (JFG **2** 173 u. OLG **43** 295) ein für allemal durch Einreichung einer öffentlich beglaubigten Abschrift der öffentlich beglaubigten oder gerichtlich oder notariell beurkundeten Anmeldung für erfüllt, da es nicht auf das Bild der Unterschrift ankomme, sondern auf die Tatsache, daß die Anmeldung von dem Anmeldenden überhaupt unterschrieben sei und die Feststellung dieser Tatsache auch eine sich auf die Unterschriftsbeglaubigung erstreckende beglaubigte Abschrift ermögliche[1]).

2. Der unter 1. behandelten öffentlich beglaubigten Form ist in allen Fällen rechtlich gleichbedeutend die gerichtliche oder notarielle Beurkundung der Anmeldungen oder Anträge zu den Registern[2]). Von einer gerichtlichen oder notariellen Beurkundung spricht man, wenn die Erklärungen von den Beteiligten vor einem Richter oder einem Notar abgegeben und dort beurkundet werden. Die Beurkundungsform macht den aufgenommenen Rechtsakt selbst zu einem öffentlich beurkundeten, während bei der öffentlich beglaubigten Form die Erklärungen selbst privatschriftlich abgegeben und nur die unter ihnen befindliche Unterschrift von einem Richter oder Notar beglaubigt wird.

Im Registerverkehr ist die Form der gerichtlichen oder notariellen Beurkundung[3]) selten. Sie findet sich aber stets bei Beurkundung von Ehe-

---

[1]) Zustimmend Schlegelberger Anm. 4 zu § 128 FGG; abw. Altschul DNotVZ **1925** 241.

[2]) Eine solche gerichtliche Beurkundung darf nach Ansicht des Reichsgerichts das Registergericht, bei dem eine in formell ungültiger Art erfolgte Anmeldung eingegangen ist, gemäß § 2 RFGG von dem Amtsgericht eines andern deutschen Landes im Wege der Rechtshilfe nicht fordern. RG **58** 94. Dagegen mit Recht OLG Hamburg DJZ **1901** 440; KG KGJ **45** 164; OLG Dresden OLG **30** 384; OLG Karlsruhe OLG **40** 2; vgl. auch RG JW **1910** 717; OLG Frankfurt OLG **14** 328.

[3]) Über die bei den Beurkundungen zu beobachtenden Vorschriften wird auf Brand-Schnitzler, „Die Grundbuchsachen in der gerichtlichen Praxis", 4. Aufl., 321 ff. und Oberneck, Das Notariatsrecht 8.—10. Aufl., S. 156 ff. verwiesen.

verträgen, in denen gleichzeitig Anträge zum Güterrechtsregister gestellt werden, und häufig bei den auf das Schiffspfandrecht und das Schiffsbauwerkspfandrecht bezüglichen Eintragungsbewilligungen; vgl. § 1434 BGB; § 107 Abs. 1 FGG.

3. Die Anmeldungen, Anträge und Zeichnungen zu den Registern können nun aber in der Regel auch zu Protokoll der Geschäftsstelle des Registergerichts bewirkt werden. §§ 128, 147, 159, 161 FGG; Art. 2 AV vom 6. November 1899. Geschäftsstellen anderer Gerichte sind in Handels-, Genossenschafts-, Vereins- und Güterrechts-Registersachen von der Entgegennahme dieser Erklärungen und Zeichnungen ausgeschlossen. Die alleinige Zuständigkeit des Urkundsbeamten der Geschäftsstelle des Registergerichts ist darauf zurückzuführen, daß nur dieser in der Lage ist, durch Einsicht des Registers etwaige Unrichtigkeiten der Anmeldungen oder Zeichnungen sofort festzustellen und die Beteiligten hierauf hinzuweisen.

Zum Schiffsregister können Anmeldungen zum Protokoll der Geschäftsstelle eines jeden Amtsgerichts erfolgen. § 1 AV vom 11. Dezember 1899. Soweit das Schiffspfandrecht in Frage kommt, wird regelmäßig ein Urkundsbeamter der Geschäftsstelle zur Aufnahme der Erklärungen überhaupt nicht befugt sein[1]); vielmehr muß hier der Richter oder Notar die Urkunde entweder selbst aufnehmen oder doch der Unterschrift nach beglaubigen. § 107 Abs. 1 FGG.

4. Besonders erleichterte Formen gelten für das Schiffsregister und das Musterregister. Die Anmeldungen zu diesen Registern[2]) können nämlich auch in bloß privatschriftlicher Form erfolgen. § 1 AV vom 11. Dezember 1899; Bek. v. 29. Februar 1876 abg. durch die VO vom 7. Februar 1923 (RMBl 190)[3]).

5. Besonders zu erwähnen sind die für das Genossenschaftsregister gegebenen Formvorschriften. Die Anmeldungen zu diesem Register sind in den Hauptfällen (vgl. §§ 10, 11, 14, 16, 28, 78, 79, 85 Abs. 2, 93a Abs. 2. 133, 143 GenG), wenn sie nicht zum Protokoll der Geschäftsstelle des Registergerichts erfolgen, in beglaubigter Form zu bewirken. Die Beglaubigung kann aber hier außer von den Notaren und den sonst zuständigen Behörden oder Beamten auch von den Gemeindevorstehern oder den Polizeibehörden bewirkt werden, ohne daß es der Zuziehung von Zeugen bei dem Vorgang bedürfte. § 8 Abs. 1 VO vom 22. November

---

[1]) Vgl. jedoch § 32 der Entlastungsverfügung vom 1. März 1928 (JMBl 140, oben S. 3).

[2]) Mit Ausnahme natürlich der auf Eintragung eines Pfandrechts in das Schiffsregister gerichteten Anmeldungen.

[3]) Durch diese Verordnung ist § 5, Satz 2 Bek. vom 29. Februar 1876 (JMBl 194) aufgehoben, wonach die Anmeldungen zum Musterregister in öffentlich — auch durch die Polizeibehörde — beglaubigter Form einzureichen oder zum Protokoll des Registerführers zu erklären waren, dem die Identität des nicht bekannten Antragstellers durch einen bekannten und glaubhaften Zeugen nachzuweisen war.

1923. (RGBl I 1123.) Im übrigen ist für die Anzeigen und Erklärungen zum Genossenschaftsregister oder zur Liste der Genossen eine besondere Form nicht vorgeschrieben. Es sind daher z. B. die Einreichungen, Anzeigen und Versicherungen in bezug auf den Beitritt und das Ausscheiden von Genossen sowie auf ihre Beteiligung mit weiteren Geschäftsanteilen und die Anzeigen bei Einreichung der Bekanntmachung der Bilanzen und der Bescheinigung des Revisors über die stattgehabte Revision formfrei statthaft. §§ 15 Abs. 2, 33 Abs. 2, 63 Abs. 2, 69, 71 Abs. 2, 76 Abs. 2, 77 Abs. 2, 89, 137 Abs. 2, 138 GenG. Solche Einreichungen und Anzeigen können also in bloß privatschriftlicher Form erfolgen; es ist dann aber die ordnungsmäßige Zeichnung durch den Vorstand oder die Liquidatoren erforderlich. Werden die Anzeigen persönlich bei Gericht bewirkt, so wird über den Vorgang nur ein Vermerk unter Bezeichnung der erschienenen Vorstandsmitglieder oder Liquidatoren zu den Akten aufgenommen. § 7 VO vom 22. November 1923. S. näheres unten im besonderen Teil, zweiter Abschnitt.

6. Auch bei den von einer juristischen Person des öffentlichen Rechts ausgehenden schriftlichen Anmeldungen zum Handelsregister (z. B. gemäß § 36 HGB) ist die Einhaltung der Form des § 12 HGB erforderlich. Es reicht also nicht aus, daß die anmeldende Behörde in der für ihre Willenserklärung vorgeschriebenen Form und unter Beidrückung des Amtssiegels oder Stempels zum Zwecke der öffentlichen Beglaubigung die Anmeldung bewirkt (RJA **11** 24; JFG **1** 186).

7. Die Vollmachten sind regelmäßig denselben Formvorschriften unterworfen wie die Anmeldungen selbst. § 12 Abs. 2 Satz 1 HGB. Es bedürfen deshalb z. B. auch die Vollmachten zur Anmeldung in das Vereinsregister der öffentlichen Beglaubigung (KGJ **26** A 232). Die Vollmacht muß ausdrücklich auf eine solche Anmeldung gerichtet, also entweder eine Sondervollmacht oder eine ausdrücklich zur Vertretung bei Anmeldungen der fraglichen Art ermächtigende allgemeine Vollmacht sein (KG RJA **4** 31; **8** 130). Zeichnungen können durch Bevollmächtigte nicht erfolgen.

8. Die Anmeldung zur Eintragung in die Register, insbesondere in das Handelsregister, ist grundsätzlich widerruflich. Der Widerruf bedarf nicht der für die Anmeldung vorgeschriebenen Form, sofern nicht das Gesetz ausdrücklich etwas anderes bestimmt, wie der § 109 FGG für die Zurücknahme von Eintragungsanträgen zum Schiffsregister (KG OLG **43** 205); dagegen erfordert die Zurücknahme des Widerrufs einer Anmeldung zum Handelsregister die Form des § 12 HGB (OLG **43** 299).

§ 11. Feststellung der Identität und der Geschäftsfähigkeit der Beteiligten.

Gehen die Anmeldungen und Anträge in öffentlich beurkundeter oder beglaubigter Form bei dem Registergericht ein, so hat bereits die Urkundsperson die erforderliche Feststellung der Identität und Geschäftsfähigkeit der Anmeldenden oder Antragsteller geprüft. Der Registerrichter braucht also in eine Prüfung nach dieser Seite hin nicht mehr einzutreten. Anders liegt die Sache, wenn die Anmeldungen und Anträge unmittelbar beim Registergericht angebracht werden. In diesem Falle muß die Prüfung der gedachten Punkte beim Registergericht, und zwar regelmäßig durch den Urkundsbeamten der Geschäftsstelle, der die Erklärungen entgegennimmt, erfolgen. Das aufzunehmende Protokoll muß also eine Angabe darüber enthalten, ob der Richter oder der Urkundsbeamte der Geschäftsstelle die Beteiligten kennt, oder, wenn dies nicht der Fall ist, auf welche Weise er sich Gewißheit über ihre Persönlichkeit verschafft hat. § 176 Abs. 3 FGG. Die sicherste Art der Feststellung der Persönlichkeit der Erschienenen ist die durch den sogenannten Erkennungszeugen. Dieser ist eine der Urkundsperson bekannte und glaubwürdige Persönlichkeit, die den Erschienenen als den bezeichnet, für den er sich ausgibt. Über die Grundlage seiner Kenntnis von der betreffenden Persönlichkeit braucht die Urkundsperson den Erkennungszeugen im allgemeinen nicht zu befragen (RG **81** 157). Der Vermerk im Protokoll lautet z. B.:

> **Die Persönlichkeit des Erschienenen wurde durch den persönlich bekannten Justizwachtmeister Karl Müller von hier festgestellt.**

Der Erkennungszeuge braucht den Vermerk der Anerkennung des Erschienenen nicht zu unterschreiben (KGJ **21** A 188). Immerhin empfiehlt es sich im Interesse des beurkundenden Beamten, den Anerkennungsvermerk durch den Identitätszeugen unterschreiben zu lassen. Der Erkennungszeuge kann sich alsbald nach der Feststellung der Persönlichkeit des Erschienenen entfernen; er braucht bei der Verlesung, Genehmigung und Unterzeichnung der Urkunde nicht anwesend zu sein (KGJ **21** A 188).

Ist eine Vorstellung der Beteiligten durch einen solchen Zeugen nicht möglich, so müssen sich die Erschienenen durch Urkunden ausweisen, die auf ihren Namen lauten und von öffentlichen, insbesondere staatlichen kommunalen, kirchlichen usw. Behörden unter Siegel und Unterschrift ausgestellt sind. So genügen z. B. Militärpässe, Steuerzettel, Jagdscheine und ähnliche Legitimationspapiere. Solche Urkunden bieten gegenüber den von Privatpersonen ausgestellten Schriftstücken eine größere Gewähr, da die ausstellenden Behörden ebenfalls die Identität zu prüfen pflegen.

Es genügt aber nicht die Bezeichnung der Beweismittel nach Kategorien (Erkennungszeugen, Urkunden); vielmehr müssen die konkreten Beweismittel angegeben werden (KGJ **31** A 245). Jedoch darf das Gericht, wenn ein Beteiligter in der Urkunde in zweifelsfreier Weise als erschienen aufgeführt wird, die Urkunde als geeignete Grundlage einer Eintragung nicht deshalb beanstanden, weil das Protokoll keine Angabe darüber enthält, ob die Urkundsperson den Beteiligten kennt oder in welcher Weise sie sich Gewißheit über dessen Persönlichkeit verschafft hat (KGJ **36** A 151). Die abweichende Ansicht bei KGJ **20** A 177; **23** A 5 ist aufgegeben.

Kann sich die Urkundsperson die Gewißheit über die Persönlichkeit der Beteiligten nicht verschaffen und wird trotzdem von den Erschienenen die Aufnahme der Verhandlung verlangt, so ist zwar die Verhandlung aufzunehmen, dabei aber der Sachverhalt und dasjenige, was etwa zur Feststellung der Persönlichkeit beigebracht ist, in dem Protokolle zu vermerken. § 176 Abs. 3 FGG. Eine etwa beantragte Eintragung in das Register darf in solchen Fällen nicht eher bewirkt werden, als bis die Identität nachträglich nachgewiesen ist.

Einer ausdrücklichen Feststellung im Protokolle, daß die Beteiligten die zu der Anmeldung usw. erforderliche Geschäftsfähigkeit oder Einsicht besitzen, bedarf es nicht. Es ist also nicht erforderlich, im Eingange der Protokolle zu sagen:

„Es erschienen geschäftsfähig usw."

Nur für den Fall, daß während oder nach der Beurkundung vor Abgabe der Unterschrift (RG **85** 337) begründete Zweifel darüber entstehen, ob ein Beteiligter die erforderliche Geschäftsfähigkeit oder Einsicht besitzt, sollen die Zweifel den Beteiligten mitgeteilt und der Inhalt der Mitteilung sowie die von den Beteiligten darauf abgegebenen Erklärungen in dem Protokolle festgestellt werden. Art. 40 Abs. 1 PrFGG. Die Eintragung in die Register kann stets erst erfolgen, wenn die Zweifel beseitigt sind.

§ 12. Die Legitimation der Erben im Registerverfahren.

Für das Handelsregister ist im § 12 Abs. 2 Satz 1 HGB vorgeschrieben, daß die Rechtsnachfolger eines Beteiligten die Rechtsnachfolge, soweit tunlich, durch öffentliche Urkunden nachzuweisen haben. In der Regel wird also der Nachweis der Erbfolge dem Handelsregisterrichter durch eine Ausfertigung des vom zuständigen Nachlaßgericht ausgestellten Erbscheins erbracht werden. §§ 2353ff. BGB. Die Vorlegung einer beglaubigten Abschrift des Erbscheins wird meist nicht genügen; denn ein Erbschein, von dem nur eine beglaubigte Abschrift vorgelegt wird, kann schon eingezogen und deshalb kraftlos sein. (KGJ **26** A 92; OLG **4** 132; **6** 479.)

An Stelle des Erbscheins genügt zum Nachweise des Erbrechts auch eine Verfügung von Todes wegen (Testament, Erbvertrag), die in einer öffentlichen Urkunde enthalten ist. §§ 2238ff.; §§ 2274ff. BGB. Eine solche öffentliche Urkunde liegt vor, wenn das Testament vor einem Richter oder Notar errichtet ist; diese Errichtung kann in der Weise erfolgen, daß der Erblasser dem Richter oder Notar seinen letzten Willen mündlich erklärt oder eine Schrift offen oder verschlossen mit der mündlichen Erklärung übergibt, daß sie seinen letzten Willen enthalte. § 2238 BGB. In einem solchen Falle nimmt der Nachlaßrichter oder Notar über die Errichtung des Testaments ein Protokoll auf, verschließt es nebst Anlagen, insbesondere im Falle der Errichtung durch Übergabe einer Schrift, nebst dieser Schrift mit dem Amtssiegel, versieht es mit einer das Testament näher bezeichnenden Aufschrift und bringt es in die besondere amtliche Verwahrung des Gerichts. §§ 2240, 2246 BGB. Soll der Nachweis des Erbrechts durch ein solches öffentliches Testament oder einen Erbvertrag geführt werden, so muß dem Registerrichter die Verfügung von Todes wegen und das vom Nachlaßgericht über die Eröffnung der Verfügung aufgenommene Protokoll (§§ 2260, 2273, 2300 BGB) in Ausfertigung oder beglaubigter Abschrift vorgelegt werden. Befinden sich die Urschriften dieser Urkunden bei den Akten desselben Gerichts, wenn auch einer anderen Abteilung, so genügt eine Bezugnahme auf diese Akten. In diesem Falle hat der Registerrichter die Testaments- oder Erbvertragsakten einzusehen und durch einen Vermerk in den Registerakten auf die Testaments- oder Erbvertragsakten hinzuweisen. (KGJ **20** A 289.)

Können die Beteiligten wegen der Kürze der zur Verfügung stehenden Zeit oder aus anderen Gründen die ihr Erbrecht dartuenden öffentlichen Urkunden nicht beschaffen, so muß sich der Registerrichter, wenn besondere Umstände, z. B. Dringlichkeit der Anmeldung, es erfordern, auch mit anderen Beweisen der Rechtsnachfolge begnügen. In solchen Fällen wird z. B. auch ein privatschriftlich gemäß § 2231 Nr. 2 BGB errichtetes Testament zum Ausweis der Erben genügen können.

Diese, zunächst nur für das Handelsregister entwickelten Grundsätze werden in Ermangelung anderweiter Vorschriften auch für das die übrigen Register betreffende Verfahren gelten müssen.

§ 13. Die Stellung der Vorerben, der Testamentsvollstrecker[1]) und der Vermächtnisnehmer im Registerverfahren.

1. Häufig wird in Testamenten ein Erbe in der Weise eingesetzt, daß er erst Erbe wird, nachdem zuerst ein anderer Erbe geworden ist. § 2100 BGB. Man spricht dann von Vorerben und Nacherben. Besonders die wechselseitigen Testamente unter Ehegatten werden regelmäßig dahin gefaßt, daß der überlebende Ehegatte Vorerbe und die aus der Ehe hervorgegangenen Kinder Nacherben sein sollen. Häufig wird auch das Nacherbrecht der Kinder dadurch beschränkt, daß sie sich nach der Bestimmung des Erblassers mit dem begnügen müssen, was von der Erbschaft nach dem Tode des überlebenden Ehegatten noch übrig sein wird. § 2137 Abs. 1 BGB. Man spricht in letzterem Falle von befreiten Vorerben.

Der Registerrichter muß beachten, daß der Vorerbe über den Nachlaß, z. B. ein dazu gehöriges Handelsgeschäft, Binnenschiff usw., nach § 2112 BGB verfügen kann, soweit sich nicht aus den §§ 2113 bis 2115 BGB ein

---

[1]) Vgl. auch Bondi, „Der Testamentsvollstrecker des Kaufmanns", ZBH 1926 Nr. 8/9.

anderes ergibt; von diesen die Verfügungsbefugnis des Vorerben einschränkenden Vorschriften interessiert hier nur die Bestimmung, daß seine Verfügung über einen Erbschaftsgegenstand, die unentgeltlich oder zum Zwecke der Erfüllung eines vom Vorerben erteilten Schenkungsversprechens erfolgt, im Falle des Eintritts der Nacherbfolge insoweit unwirksam ist, als sie das Recht des Nacherben vereiteln oder beeinträchtigen würde. § 2113 Abs. 2 BGB. Dies gilt auch, wenn es sich um einen befreiten Vorerben handelt. § 2136 BGB.

2. Ist von dem Erblasser ein Testamentsvollstrecker ernannt, so vertritt dieser die Erben vor dem Registerrichter. Der Testamentsvollstrecker verfügt an Stelle der Erben und für sie über die Nachlaßgegenstände. Den Erben ist eine Verfügung über den Nachlaß untersagt. § 2211 BGB. Der Testamentsvollstrecker muß aber, bevor er über Nachlaßgegenstände verfügen kann, sein Amt durch Erklärung gegenüber dem Nachlaßgericht angenommen haben und in der Lage sein, dies dem Registerrichter nachzuweisen (KGJ **25** A 278; **40** 196). Er weist sich dem Registerrichter gegenüber durch Vorlegung einer Ausfertigung des betreffenden Testaments nebst Eröffnungsprotokoll aus. Ist das Testament nicht in einer öffentlichen Urkunde enthalten, so wird er sich durch ein ihm gemäß § 2368 BGB vom Nachlaßgericht über seine Ernennung zu erteilendes Zeugnis auszuweisen haben; vgl. § 36 Abs. 2 GBO, welche Vorschrift auf das Registerverfahren entsprechend anzuwenden sein wird.

3. Der Vermächtnisnehmer kann nicht auf Grund der letztwilligen Verfügung dem Registerrichter gegenüber über den vermachten Gegenstand, z. B. ein Handelsgeschäft oder Schiff, verfügen. Vielmehr wird nach § 2174 BGB durch das Vermächtnis für ihn nur das Recht begründet, von dem beschwerten Erben die Übertragung des vermachten Objekts zu fordern. Es müssen also stets die Erben im Verfahren vor dem Registerrichter mitwirken.

§ 14. Das Ordnungsstrafverfahren.

1. Das Ordnungsstrafverfahren bezweckt, die Beteiligten zur Anmeldung der registerpflichtigen Tatsachen, zur Zeichnung der Unterschriften und Einreichung von Schriftstücken nötigenfalls unter Anwendung von Zwangsmitteln zu veranlassen[1]). Ohne ein solches Verfahren könnte der

[1]) Das Ordnungsstrafverfahren ist nur in den gesetzlich vorgesehenen Fällen zulässig. Es können daher z. B. die Beteiligten im Ordnungsstrafverfahren nicht angehalten werden, die Berichtigung einer im Register eingetragenen Unrichtigkeit, z. B. einer unrichtigen Standesbezeichnung oder Wohnsitzangabe bei der Bezeichnung des Firmeninhabers, herbeizuführen (OLG **7** 342; KGJ **29** A 113). Auch kann ein Ordnungsstrafverfahren gegen die Mitglieder des Aufsichtsrats, z. B. zur Herbeiführung der Berufung der Generalversammlung nicht eingeleitet werden; ein solches ist nur gegen die Mitglieder des Vorstandes und insoweit auch gegen die gemäß § 248 Abs. 2 HGB. in den Vorstand entsandten Aufsichtsratsmitglieder und die Liquidatoren zulässig (KGJ **42** 167).

oben im § 8 gekennzeichnete Zweck der Registerführung, gewisse für die Allgemeinheit wichtige Vorgänge zur öffentlichen Kenntnis zu bringen, nicht erreicht werden. Denn die Erfahrung lehrt, daß die Beteiligten in zahllosen Fällen die erforderlichen Anmeldungen, teils aus Nachlässigkeit, teils aus Unkenntnis der einschlägigen Vorschriften, teils aber auch absichtlich, unterlassen.

2. Das Ordnungsstrafverfahren stellt sich hiernach als ein staatliches, von Parteianträgen völlig unabhängiges Zwangsverfahren dar, das der Registerrichter unverzüglich einleiten muß, sobald ihm ein sein Einschreiten rechtfertigender Sachverhalt glaubhaft bekannt geworden ist. § 132 FGG. Dieses eigenartige, dem hierfür ausschließlich zuständigen Amtsgericht überwiesene Verwaltungsverfahren hat einen streng formellen Charakter und ist wesentlich im öffentlichen Interesse verordnet (KGJ **31** A 203). Es darf daher von dem Registerrichter weder aus eigenem Antriebe, noch auf Wunsch der Beteiligten anders gestaltet oder im Falle des Bedürfnisses seiner Anwendung durch Einschlagung eines anderen Verfahrens umgangen werden (KGJ **37** A 183, 190).

Fälle, in denen der Registerrichter einzuschreiten hat, sind nur bei den das Handels-, Genossenschafts-, Vereins- und Schiffsregister betreffenden Angelegenheiten möglich. Beim Güterrechts-, Schiffsbauwerks- und Musterregister gibt es ein solches Zwangsverfahren nicht, weil bei diesen Registern die Anmeldung in das Belieben der Beteiligten gestellt ist.

3. Von einer straffen Durchführung des Ordnungsstrafverfahrens in allen in Betracht kommenden Fällen hängt die Vollständigkeit und Zuverlässigkeit der Registerführung wesentlich ab. Der Registerrichter wird aber nur selten und meist nur an kleinen Orten unmittelbar Kenntnis von den in Betracht kommenden Vorgängen, z. B. der Neubegründung, dem Verkaufe oder dem Erlöschen einer registerpflichtigen Firma erhalten. Regelmäßig ist er daher auf die Mitwirkung anderer Behörden angewiesen. So sind nach § 126 FGG die Organe des Handelsstandes[1]), also insbesondere die Industrie- und Handelskammern verpflichtet, die Registergerichte behufs der Verhütung unrichtiger Eintragungen sowie behufs der Berichtigung und Vervollständigung des Handelsregisters zu unterstützen. In den weitaus meisten Fällen leitet denn auch der Handelsregisterrichter das Ord-

---

[1]) Zu den Organen des Handelsstandes gehören nicht die Handwerkskammern (KGJ **32** A 117), die Innungen (KGJ **21** A 245), die Revisionsverbände der Genossenschaften (JW **1924** 1190) und die gewerblichen Verbände zur Wahrung gewerblicher Interessen (OLG **12** 201); vgl. Schlegelberger Anm. 2 zu § 126 FGG.

nungsstrafverfahren auf Grund solcher Mitteilungen der Organe des Handelsstandes ein[1])[2]).

Auch die Finanzämter und die Gewerbesteuerausschüsse haben den Registergerichten Auskunft über die steuerlichen Verhältnisse von Kaufleuten oder Unternehmungen, insbesondere auf dem Gebiete der Gewerbe- und Umsatzsteuer zu erteilen, soweit sie diese Auskunft zur Verhütung unrichtiger Eintragungen in das Handelsregister sowie zur Berichtigung und Vervollständigung des Handelsregisters benötigen. (AV d. JM vom 7. August 1926, JMBl 286).

Ferner haben aber auch die Gerichte, die Beamten der Staatsanwaltschaft, die Polizei- und Gemeindebehörden sowie die Notare von den zu ihrer amtlichen Kenntnis gelangenden Fällen einer unrichtigen, unvollständigen oder unterlassenen Anmeldung zum Handels- oder Genossenschaftsregister dem Registergerichte Mitteilung zu machen. Art. 3 Abs. 1 AGHGB. Die Aufsichtsbehörde, in Preußen der Regierungspräsident bzw. in Berlin der Polizeipräsident, hat dem Registergerichte Mitteilung zu machen von jeder Erteilung der Erlaubnis zum Geschäftsbetriebe eines Versicherungsvereins auf Gegenseitigkeit (§ 30 Abs. 2 PrivVersG) und von der Genehmigung des Beschlusses des obersten Organs eines solchen Vereins, der die Auflösung des Vereins zum Gegenstande hat (§ 43 Abs. 3 a. a. O.), und von der Untersagung des Geschäftsbetriebes (§ 67 Abs. 3 a. a. O.).

Für das Schiffsregister fehlte es früher an Vorschriften über die von den beteiligten Behörden den Registergerichten zu machenden Mitteilungen. Die Folge war, daß bei den auf das Schiffsregister bezüglichen Angelegenheiten das Ordnungsstrafverfahren nur höchst selten eingeleitet werden konnte, da das Registergericht keine Mittel besaß, um sich die erforderliche Kenntnis von dem Vorhandensein eintragungspflichtiger Binnenfahrzeuge zu verschaffen. Dieser wenig erfreuliche Zustand ist durch die gemeinsame Verfügung des Finanzministers, des Ministers für Handel und Gewerbe und des Ministers der Öffentl. Arbeiten vom 2. Mai 1904 (JMBl 187) geändert. Nunmehr ist in Preußen jede Eichbehörde verpflichtet,

---

[1]) Die Handelskammern haben auch ein lebhaftes finanzielles Interesse daran, daß alle Vollkaufleute in das Handelsregister eingetragen werden. Denn zu den Kosten der Handelskammern beizutragen, sind nur die Kaufleute verpflichtet, die als Inhaber einer Firma in einem der für den Bezirk der Handelskammer geführten Handelsregister eingetragen sind. § 3 Abs. 2 preuß. Ges. über die Handelskammern vom $\frac{\text{vom 24. Februar 1870}}{\text{19. August 1897}}$ (GS 97, 355) abg. durch Ges. vom 2. Juni 1902 (GS 161), 14. Januar 1921 (GS 223) und VO vom 1. April 1924 (GS 194).

[2]) Entscheidungen über Anträge und Beschwerden aus § 126 FGG sind gebührenfrei. Gemeinsch. V des Finanz-, Justiz- und Handelsministers vom 16. Nov. 1899 (JMBl 347). Über den Umfang der Gebührenfreiheit vgl. ferner KGJ **29** B 3; KG Recht **1908** Nr. 2225.

in vierteljährlichen Zeitabschnitten, und zwar spätestens am 1. August, 1. November, 1. Februar und 1. Mai für die vorangegangenen Kalendervierteljahre den Registergerichten des Heimatsorts der geeichten Schiffe die Eintragungen in das Verzeichnis der Eichungen und Eichprüfungen unter Verwendung des für dieses Verzeichnis vorgeschriebenen Musters auszugsweise mitzuteilen. In die Spalte „Bemerkungen" des Musters sind Name und Wohnort der Schiffseigentümer einzutragen. Bei Dampfschiffen und anderen Schiffen mit eigener Triebkraft, deren Tragfähigkeit 15 t oder weniger beträgt, und bei sonstigen Schiffen mit höchstens 20 t Tragfähigkeit hat die Mitteilung zu unterbleiben. Ebenso ist, wenn in einem Kalenderquartal eintragungspflichtige Schiffe nicht geeicht sein sollten, eine Mitteilung hierüber nicht erforderlich.

Auf Grund eines Abkommens zwischen den einzelnen Ländern haben auch die deutschen Eichbehörden außerhalb Preußens den preußischen Registergerichten nach Maßgabe der AV vom 19. März 1914 (JMBl 287) von dem Ergebnisse der von ihnen vorgenommenen Eichung oder Eichprüfung eines in Preußen beheimateten Binnenschiffes Mitteilung zu machen[1]).

Auf diese Weise kann das Registergericht nunmehr leicht feststellen, welche registerpflichtigen Schiffe bisher noch nicht zur Eintragung angemeldet sind.

4. In allen Fällen hat der Registerrichter zu beachten, daß der sein Einschreiten rechtfertigende Sachverhalt ihm in *glaubhafter* Weise bekannt geworden sein muß. Inwieweit eine Glaubhaftmachung erfolgt ist, hat er nach verständigem Ermessen frei zu beurteilen[2]) (KGJ **27** A 56). Die ihm von den zuständigen Behörden, z. B. den Industrie- und Handelskammern und den Eichbehörden, zugegangenen Mitteilungen werden regelmäßig zur Glaubhaftmachung genügen. Trägt aber der Richter Bedenken, auf solche oder andere Mitteilungen hin das Ordnungsstrafverfahren einzuleiten, so bleibt es ihm unbenommen, gemäß § 12 FGG zunächst weitere zur Feststellung der Tatsachen erforderliche Ermittelungen zu veranstalten und die geeignet erscheinenden Beweise aufzunehmen. Er kann also insbesondere die Beteiligten über den Sachverhalt hören, sich die Handelsbücher, Fakturen, Mietsverträge, Gewerbesteuerquittungen vorlegen lassen, Zeugen und Sachverständige vernehmen und Behörden, z. B. Polizei- und Gemeindebehörden sowie die Industrie- und Handelskammern[3]) um

---

[1]) Vgl. auch das Ges. vom 21. Mai 1927 (RGBl **II** 355) betr. das Übereinkommen über die Eichung der Binnenschiffe.

[2]) *Endgültig* wird über die Registerpflicht erst in dem sich anschließenden Verfahren entschieden (KGJ **30** A 116).

[3]) In Fällen, in denen es zweifelhaft erscheint, ob der Betrieb als eintragungspflichtiges Handelsgewerbe oder als ein nicht eintragungspflichtiges Handwerk anzusehen ist, empfiehlt sich die Anhörung der Handwerkskammer neben derjenigen der Industrie- und Handelskammer (AV vom 8. März 1926, JMBl 84).

Auskunft ersuchen[1]). Auch sind die Steuerbehörden nach Art. 3 Abs. 2 AGHGB verpflichtet, ihm über die Anmeldung und die Abmeldung steuerpflichtiger Gewerbe, über das Ergebnis der Veranlagung zur Gewerbesteuer sowie über später eingetretene Veränderungen Auskunft zu erteilen.

Beispiel.

Die Industrie- und Handelskammer in X teilt dem Amtsgericht in Lobau[2]) mit, daß seit kurzem in Lobau unter der Firma Heinrich Boltz ein Kolonialwarengeschäft betrieben würde, das registerpflichtig sei.

Der zuständige Registerrichter, Amtsgerichtsrat Schmidt, hat schon häufig Einkäufe in diesem Geschäft gemacht und hierbei den Eindruck gewonnen, daß der Gewerbebetrieb des Boltz über den Umfang des Kleingewerbes nicht hinausgehe. § 4 Abs. 1 HGB. Er trägt daher Bedenken, auf Grund der Mitteilung der Industrie- und Handelskammer das Ordnungsstrafverfahren gegen Boltz einzuleiten. Er stellt also zunächst Ermittelungen über den Umfang des Kolonialwarengeschäfts an. Zu diesem Zwecke lädt er Boltz vor und vernimmt ihn eingehend über folgende Punkte: das im Geschäft verwendete Gewerbekapital, den Jahresumsatz, den Gewerbeertrag, die Größe und Beschaffenheit der zum Betriebe bestimmten Räumlichkeiten sowie den für diese entrichteten Mietzins, die Zahl der im Geschäfte verwendeten Angestellten, das Maß der Inanspruchnahme von Kredit unter Wechselverkehr, endlich die Art der Gestaltung der geschäftlichen Beziehungen zu den Lieferanten, den Kunden und den etwaigen Angestellten (KGJ **22** A 276). Aus den glaubhaften Angaben des Boltz in Verbindung mit den vorgelegten Geschäftsbüchern, Verträgen, Rechnungen und sonstigen Schriften gewinnt der Amtsgerichtsrat Schmidt die Überzeugung, daß der Geschäftsbetrieb des Boltz seiner inneren Natur und seinem geringen Umfange nach nicht einen in kaufmännischer Weise eingerichteten Geschäftsbetrieb erfordert, also nicht registerpflichtig ist. Er bescheidet daher die Industrie- und Handelskammer unter Mitteilung der Gründe (vgl. KGJ **27** A 96) abschlägig; die Industrie und Handelskammer könnte nach § 126 Abs. 1 FGG gegen diesen Bescheid das Rechtsmittel der Beschwerde erheben.

Der Amtsgerichtsrat Schmidt hätte in unserem Beispiel natürlich noch andere Beweise erheben können, wenn ihm die Angaben des Boltz nicht glaubhaft oder nicht ausreichend erschienen wären. So hätte er z. B. die zuständige Polizeiverwaltung oder Steuerbehörde um Auskunft ersuchen, die Angestellten des Boltz, seinen Vermieter u. a. als Zeugen vernehmen können u. dgl.

5. Erachtet der Registerrichter ein sein Einschreiten rechtfertigendes Sachverhältnis für glaubhaft gemacht, so hat er das in den §§ 132ff. FGG näher abgehandelte Ordnungsstrafverfahren einzuleiten. Das Verfahren der §§ 132ff. FGG gilt nicht nur für das Handelsregister, sondern ist auch für das Genossenschaftsregister, das Vereinsregister und das Schiffsregister für anwendbar erklärt. § 160 GenG; § 159 FGG; § 127 BSchG und § 15 FlaggG.

[1]) Das Amtsgericht ist der eigenen Ermittlungspflicht nicht überhoben, wenn der Industrie- und Handelskammer im Rahmen ihrer bloß unterstützenden Tätigkeit die erforderliche Aufklärung, z. B. infolge der Auskunftsverweigerung der Beteiligten, nicht gelingt (JFG 1 200; vgl. auch KGJ **26** A 212).

[2]) Die örtliche Zuständigkeit des Registergerichts ist eine ausschließliche (KGJ **31** A 201, 206).

Das Registergericht hat zunächst dem Beteiligten[1]) unter Androhung einer Ordnungsstrafe aufzugeben, innerhalb einer bestimmten Frist, die, solange sie noch nicht abgelaufen ist, auf Antrag oder von Amts wegen verlängert werden kann, seiner gesetzlichen Verpflichtung nachzukommen oder die Unterlassung mittels Einspruchs gegen die Verfügung zu rechtfertigen. § 132 Abs. 1 FGG. Die Ordnungsstrafe beträgt mindestens eine und höchstens eintausend RMark[2]). (Art. II der VO über Vermögensstrafen und Bußen vom 6. Februar 1924 [RGBl I 44] in Verb. mit § 2 Abs. 1 der II. DurchfV zum Münzgesetz vom 12. Dezember 1924 [RGBl I 775].) Das Kammergericht hat in ständiger Rechtsprechung daran festgehalten, daß die gemäß §§ 132 und 140 FGG erlassenen Verfügungen dem Wortlaut des Gesetzes genau angepaßt werden müssen, weil sie die Grundlage für die demnächstige Bestrafung sind. Die formgerechte, dem Gesetz entsprechende Durchführung des Verfahrens ist derart wesentlich, daß ein diesem nicht genügendes Verfahren auch nicht zur Verhängung einer Strafe oder zu deren Aufrechterhaltung in höherer Instanz führen darf, und zwar selbst dann nicht, wenn die Beteiligten eine diesbezügliche Rüge unterlassen. Insbesondere bildet die Androhung einer Ordnungsstrafe in bestimmter Höhe und die Fristsetzung einen unerläßlichen Bestandteil einer ordnungsmäßigen gerichtlichen Verfügung; auch ist es für unzulässig zu erachten, daß das Verfahren über die Verpflichtung des Beteiligten zu einer Anmeldung und über seine Bestrafung wegen Nichtanmeldung getrennt stattfindet (OLG **5** 274; **12** 412; KGJ **22** A 11; **31** A 203; **37** A 177 u. 183; **49** 138).

Beispiel:

Die zuständige Industrie- und Handelskammer hat dem Amtsgericht in Potsdam mitgeteilt, daß der in Potsdam wohnende Metzgermeister Georg Krause ein registerpflichtiges Gewerbe betreibe.

Das Amtsgericht in Potsdam erläßt darauf unter dem 20. September 1926 an Krause folgende Verfügung:

Es wird Ihnen aufgegeben, innerhalb einer mit der Zustellung dieser Verfügung beginnenden Frist von zwei Wochen bei dem unterzeichneten Gerichte die Firma[3]) des von Ihnen betriebenen Geschäfts und den Ort der Niederlassung zur Eintragung anzumelden, sowie Ihre Firma zur Auf-

---

[1]) Das Ordnungsstrafverfahren in Vereinsregistersachen ist gegen die Mitglieder des Vereinsvorstandes persönlich, nicht gegen den Vereinsvorstand als Organ zu betreiben (KGJ **26** A 232; OLG **15** 306 [BayOLG]). Ebenso können Ordnungsstrafen nicht gegen die offene Handelsgesellschaft, sondern nur gegen die Gesellschafter verhängt werden (KGJ **31** A 207). Kommen mehrere Personen als Beteiligte in Frage, so kann sich das Ordnungsstrafverfahren nur gegen die Ungehorsamen richten (RJA **9** 47,50).

[2]) Eine Umwandlung der Geldstrafe in Freiheitsstrafe ist unzulässig. Die Geldstrafe kann erst nach Ablauf der Beschwerdefrist vollstreckt werden.

[3]) Die Wahl einer bestimmten Firma kann der Registerrichter hierbei nicht vorschreiben, vielmehr steht es in firmenrechtlicher Beziehung im freien Belieben des Kaufmanns, wie er die Firma bilden will, sofern er nur die Vorschriften der § 17 ff. HGB erfüllt (JFG **5** 216).

bewahrung bei dem Gerichte zu zeichnen oder die Unterlassung mittels Einspruchs gegen diese Verfügung zu rechtfertigen. Andernfalls wird eine Ordnungsstrafe von 20 (zwanzig) Reichsmark gegen Sie festgesetzt werden.

Die Anmeldung und die Zeichnung der Firma sind persönlich bei dem Gerichte zu bewirken oder in öffentlich beglaubigter Form einzureichen.

Der Einspruch kann durch schriftliche Eingabe oder zum Protokolle der Geschäftsstelle erhoben werden.

Zugleich werden Sie aufgefordert, Ihre Gewerbesteuerpapiere vorzulegen[1])[2]).

Eine von dem Urkundsbeamten der Geschäftsstelle zu unterschreibende und mit dem Gerichtssiegel oder Stempel zu versehende Ausfertigung dieser Verfügung wird dem Krause zugestellt. Wegen der Zustellung und Berechnung der gestellten Frist vgl. unten § 28.

6. Die Beschwerde gegen die vorgeschilderte nach § 132 Abs. 1 FGG erlassene Verfügung ist unzulässig. § 132 Abs. 2 FGG[3])[4]). Es soll hierdurch eine Teilung des Verfahrens dahin verhütet werden, daß zunächst im Instanzenzuge die grundsätzliche Frage zum Austrage gelangt, ob eine Verpflichtung des Beteiligten zur Befolgung der betreffenden gesetzlichen Vorschrift besteht oder nicht, und daß erst, wenn dies rechtskräftig feststeht, die Bestrafung des Beteiligten wegen Nichtbefolgung dieser Vorschrift erörtert wird. Es soll vielmehr in einem einheitlichen Verfahren über jene Verpflichtung und die Bestrafung des Beteiligten verhandelt und entschieden werden (KGJ **22** A 8).

Der Beteiligte kann sich gegenüber der Verfügung nur in folgender Weise verhalten:

a) er genügt innerhalb der bestimmten Frist der an ihn ergangenen Aufforderung; oder

b) er erhebt innerhalb der bestimmten Frist Einspruch; oder

c) er veranlaßt innerhalb der bestimmten Frist nichts, indem er weder der Aufforderung nachkommt, noch Einspruch erhebt.

---

1) Die Vorlegung dieser Papiere (Anmeldungsschein, Zuschrift über die Steuerveranlagung, Steuerquittung) ist zur Prüfung der Eintragungsfähigkeit des Gewerbes zweckmäßig. Die Papiere sind auch wegen des Kostenansatzes, der sich nach dem Gewerbekapital und Gewerbeertrag richtet, wichtig und dienen bei der Anmeldung zum Ausweis der Beteiligten. Nach der GewerbesteuerVdg vom 23. November 1923 (GS 519) bestehen für die Veranlagung der Gewerbesteuer kumulative Maßstäbe. Einerseits erfolgt die Veranlagung nach Maßgabe des Gewerbeertrags, und andererseits wahlweise nach dem Gewerbekapital oder nach der Lohnsumme.

2) Vgl. AV vom 25. Juni 1928 (JMBl 310) über die Änderung des Vordrucks RS Nr. 33.

3) Die falsche Bezeichnung schadet aber nicht. Es ist daher, sofern nicht besondere Bedenken obwalten, die von dem Beteiligten eingelegte Beschwerde als Einspruch zu behandeln (KGJ **31** A 165; vgl. auch JFG **5** 214).

4) Auch gegen eine Verfügung des Registergerichts, durch die ein Beteiligter ohne Einleitung des förmlichen Ordnungsstrafverfahrens zur Erfüllung seiner Anmeldungspflicht aufgefordert wird, ist die Beschwerde nicht zulässig (KGJ **37** A 190 und RJA **16** 77).

7. Genügt der Beteiligte innerhalb der gestellten Frist der Aufforderung zur Anmeldung und Zeichnung, so verliert die Strafandrohung ohne weiteres ihre Wirksamkeit und das Verfahren ist beendet, da sein Zweck erreicht ist. Würde also in vorstehendem Beispiel Krause die Firma des von ihm betriebenen Gewerbes und den Ort der Niederlassung bei dem Amtsgericht in Potsdam innerhalb der zweiwöchigen Frist zu Protokoll des Registerführers dieses Gerichts zur Eintragung angemeldet und dort auch seine Firma zur Aufbewahrung bei dem Gerichte gezeichnet haben, so hätte damit das Ordnungsstrafverfahren gegen ihn sein Ende gefunden.

8. Erhebt der Beteiligte innerhalb der gestellten Frist, also rechtzeitig Einspruch[1]), so hat das Gericht, wenn sich der Einspruch ohne weiteres als begründet erweist, seine Verfügung aufzuheben[2]). Würde also z. B. ein zur Anmeldung seines Schiffes aufgeforderter Schiffseigner unter der durch behördliche Bescheinigungen glaubhaft gemachten Behauptung, daß sein Schiff inzwischen untergegangen sei, Einspruch erheben, so würde der Richter seine die Anmeldung des Schiffes anordnende Verfügung aufheben, da ohne weiteres ersichtlich ist, daß für den Beteiligten keine Verpflichtung zur Anmeldung mehr besteht.

9. Erweist sich aber der rechtzeitig erhobene Einspruch nicht ohne weiteres als begründet, so hat das Gericht zur Erörterung der Sache den Beteiligten zu einem Termine zu laden[3]). Es wird sich häufig nicht mit den eigenen Angaben des mit der Ordnungsstrafe Bedrohten begnügen können; vielmehr wird es gemäß § 12 FGG die erheblichen Tatsachen in Zweifelsfällen auch objektiv durch Vernehmung von Zeugen und Sachverständigen sowie durch Einholung von Auskünften der zuständigen Behörden feststellen müssen (KGJ 21 A 68, 247).

[1]) Der Einspruch kann formlos, also privatschriftlich oder zum Protokoll der Geschäftsstelle eines beliebigen Amtsgerichts (§ 11 FGG) erhoben werden. — Der Einspruch setzt voraus, daß der Beteiligte die Verpflichtung zur Anmeldung leugnet. Hat aber jemand angeführt, daß die von ihm angemeldete Firma eintragungsfähig, die Zurückweisung dieser Anmeldung mithin ungerechtfertigt sei, so liegt darin eine Beschwerde über die Zurückweisung, nicht ein Einspruch gegen die Aufforderung zur Anmeldung der Firma, auch wenn der Rechtsbehelf als Einspruch bezeichnet ist. KGJ 27 A 216.

[2]) Wird in einem solchen Falle auf Beschwerde der Handelskammer das Amtsgericht vom Landgericht angewiesen, dem Ordnungsstrafverfahren Fortgang zu geben, so findet gegen den landgerichtlichen Beschluß keine weitere Beschwerde des mit der Ordnungsstrafe Bedrohten statt. Das Amtsgericht muß vielmehr erst den Termin abhalten und dann entscheiden. KGJ 22 A 8. Bei der erneuten Entscheidung über einen Einspruch ist das Registergericht an die Gründe des Beschwerdegerichts nicht gebunden. KGJ 26 A 217. Hatte das Amtsgericht den Termin bereits vor Aufhebung seiner Verfügung abgehalten, und hält das Landgericht auf die Beschwerde der Handelskammer den Einspruch für unbegründet, so hat das Landgericht selbst den Einspruch zu verwerfen und über die Straffestsetzung zu entscheiden. KGJ 22 A 13.

[3]) Die Ladung ist durch förmliche Zustellung zu bewirken. Die Verhandlung ist nicht öffentlich.

10. Erscheint der Beteiligte in dem Termine, so wird mit ihm die Angelegenheit erörtert. Seine Angaben werden, soweit dies erforderlich oder zweckmäßig erscheint, zu Protokoll genommen. Der Termin findet vor dem Registerrichter statt[1]). Die Zuziehung eines Protokollführers ist nicht erforderlich, da es sich um eine Angelegenheit der freiwilligen Gerichtsbarkeit handelt. Natürlich kann der Richter gemäß Art. 2 Abs. 2 PrFGG einen Protokollführer zuziehen, wenn dies zur sachgemäßen Erledigung der Sache, so z. B. bei umfangreichen und verwickelten Fällen zweckmäßig ist. Die Beteiligten können mit einem Beistand in dem Termine erscheinen. Sie können sich auch, soweit nicht das Registergericht das persönliche Erscheinen anordnet, durch Bevollmächtigte vertreten lassen. Die Bevollmächtigten haben auf Anordnung des Gerichts oder auf Verlangen eines Beteiligten die Bevollmächtigung durch eine öffentlich beglaubigte Vollmacht nachzuweisen. § 13 FGG.

Das Gericht ist auf das Vorbringen und die Anträge der Beteiligten nicht beschränkt. Es ist vielmehr berechtigt und verpflichtet, die objektive Wahrheit der einschlägigen Verhältnisse zu ermitteln, und in der Auswahl der Beweismittel ist es in keiner Weise beschränkt. Die Vorschriften der Zivilprozeßordnung finden in dieser Hinsicht keine Anwendung. Der Registerrichter hat daher eine viel freiere Stellung als der Zivilprozeßrichter. Einen strikten Nachweis der tatsächlichen Behauptungen braucht er nicht zu verlangen; vielmehr kann er sich mit einer Glaubhaftmachung begnügen. Es ist ihm unbenommen, schon auf Grund der eigenen, ihm glaubhaft erscheinenden Angaben der Beteiligten das Sachverhältnis für festgestellt zu erachten; andererseits kann er auch Auskünfte von Behörden einziehen sowie Zeugen und Sachverständige vernehmen. Er kann entscheiden, auch ohne die Beteiligten zuvor über die angestellten Ermittlungen und die erhobenen Beweise gehört zu haben (KGJ **30** A 288 [OLG Hamburg]). Die Vorschriften der ZPO über den Zeugenbeweis (§§ 373 bis 401), über den Beweis durch Sachverständige (§§ 402 bis 414) und über das Verfahren bei der Abnahme von Eiden (§§ 478 bis 484) finden im registergerichtlichen Ordnungsstrafverfahren entsprechende Anwendung. Jedoch entscheidet über die Beeidigung eines Zeugen oder Sachverständigen, unbeschadet der §§ 393, 402 ZPO, das Ermessen des Gerichts. Auch kann behufs der Glaubhaftmachung einer tatsächlichen Behauptung ein Beteiligter zur Versicherung an Eidesstatt zugelassen werden. § 15 FGG. Hieraus ergibt sich, daß das Einspruchsverfahren mitunter nicht in einem Termine zu Ende geführt werden kann. In schwierigen und verwickelten

---

[1]) Zur Verlegung des Termins ist der Registerrichter in der Regel selbst dann nicht verpflichtet, wenn der Beteiligte am persönlichen Erscheinen verhindert ist und dies glaubhaft macht. In der Ablehnung des Antrags auf Terminsverlegung liegt keine Beeinträchtigung des rechtlichen Gehörs (KG DNotVZ **1928** 186).

Registersachen können wiederholt Vertagungen zur Erhebung weiterer Beweise erforderlich werden.

11. Erscheint der Beteiligte in dem Termine, zu dem er geladen ist, nicht, so wird nicht etwa der Einspruch ohne weiteres als unbegründet verworfen, sondern es wird nach Lage der Sache entschieden. § 134 Abs. 2 FGG (KGJ **4** 23). Hat also der Beteiligte schon vor dem Termin in einem Schriftsatz Darlegungen gemacht, die eine Handhabe und Veranlassung für Beweiserhebungen darbieten, so erhebt der Richter die Beweise, auch wenn der Beteiligte in dem Termine nicht erschienen ist. Dies folgt aus der Natur des Ordnungsstrafverfahrens, das auf Erzielung eines objektiv richtigen Sachverhalts gerichtet ist. Ein Versäumnisverfahren im Sinne der ZPO findet also nicht statt.

12. Wird nach erfolgter Verhandlung der Einspruch für begründet erachtet, so ist die erlassene Verfügung aufzuheben. § 135 Abs. 1 FGG. Die entstandenen Kosten fallen in diesem Falle der Staatskasse zur Last.

13. Erweist sich dagegen der Einspruch als unbegründet[1]), so hat das Gericht ihn zu verwerfen und die angedrohte Strafe festzusetzen, den Beteiligten auch zugleich in die Kosten des Verfahrens zu verurteilen. §§ 135 Abs. 2, 138 FGG. Das Gericht kann aber, wenn die Umstände es rechtfertigen, z. B. wenn es sich um rechtlich zweifelhafte Verhältnisse handelt und der Beteiligte in gutem Glauben gewesen ist, von der Festsetzung einer Strafe absehen oder eine geringere als die angedrohte Strafe festsetzen. § 135 Abs. 2 FGG. Wird eine Strafe nicht festgesetzt, so fallen auch die Kosten nicht dem Beteiligten, sondern der Staatskasse zur Last. Das Gericht kann sich nicht etwa auf die Verwerfung des Einspruchs beschränken und sich die Entscheidung darüber, ob die angedrohte Strafe festzusetzen ist oder ob es die Umstände rechtfertigen, von der Straffestsetzung abzusehen oder eine geringere als die angedrohte Strafe zu bestimmen, ausdrücklich oder stillschweigend vorbehalten. Denn es soll derselbe Richter, der in dem zur Erörterung der Sache bestimmten Termine mit dem Beteiligten verhandelt, nicht nur über die Verwerfung des Einspruchs, sondern auch über die Straffestsetzung und insbesondere auf Grund des bei der Verhandlung gewonnenen Eindrucks darüber befinden, ob der Beteiligte in gutem Glauben gehandelt hat und deshalb straffrei zu lassen oder zu einer milderen als der angedrohten Strafe zu verurteilen ist (KGJ **27** A 72).

Gleichzeitig mit der Verwerfung des Einspruchs hat das Gericht eine erneute Verfügung nach § 132 FGG zu erlassen. Es hat also

[1]) Gegen die Androhung einer einheitlichen Ordnungsstrafe zur Erzwingung mehrerer selbständiger Verpflichtungen bestehen keine rechtlichen Bedenken (RJA **11** 220). Sie hat aber zur Folge, daß, wenn eine der Auflagen zu Unrecht erfolgt ist, damit die Strafandrohung in ihrer Gesamtheit hinfällig wird und die angedrohte Ordnungsstrafe nicht festgesetzt werden darf (KG KGJ **5** 11; Recht **1927** Nr. 166).

dem Beteiligten unter Androhung einer neuen Ordnungsstrafe wiederum aufzugeben, binnen einer bestimmten Frist seiner gesetzlichen Verpflichtung nachzukommen oder die Unterlassung mittels Einspruchs gegen die neue Verfügung zu rechtfertigen. Die in der neuen Verfügung bestimmte Frist beginnt aber erst mit dem Eintritte der Rechtskraft der Verwerfung des Einspruchs, d. h. also erst nach endgültiger Erledigung der Angelegenheit in den Rechtsmittelinstanzen oder nach Ablauf der für die sofortige Beschwerde bestimmten zweiwöchigen Frist, die mit dem Zeitpunkte zu laufen beginnt, in dem die Verfügung dem Beschwerdeführer bekannt gemacht worden ist. Ist also z. B. der erhobene Einspruch im Termin am 6. März 1926 verworfen und ist diese Entscheidung dem Beteiligten sofort in dem Termine zu Protokoll bekannt gemacht (§ 16 Abs. 3 FGG), so beginnt, wenn keine sofortige Beschwerde eingelegt wird, die in der neuen nach § 132 FGG erlassenen Verfügung bestimmte Frist mit dem 21. März 1926.

14. Das Verfahren im Falle eines erhobenen Einspruchs erläutert folgendes

Beispiel[1]):

Der Metzgermeister Georg Krause in Potsdam, dem die Verfügung des Amtsgerichts vom 20. September 1926 (s. oben S. 35) am 30. September 1926 zugestellt ist, erhebt am 10. Oktober 1926, also noch innerhalb der ihm gesetzten Frist von 2 Wochen, Einspruch gegen die Verfügung zu Protokoll der Geschäftsstelle des Amtsgerichts in Potsdam. Zur Begründung seines Einspruchs führt er folgendes, ebenfalls zu Protokoll, an:

„Ich bin Handwerker; auch erfordert mein Betrieb weder nach Art, noch nach Umfang kaufmännische Einrichtungen; ich verkaufe nur selbstverarbeitete und zugerichtete Waren; ich bin im Betriebe mittätig und beschäftige im Handwerke zwei Gesellen und zwei Lehrlinge; ich besorge den Ladenverkauf persönlich mit meiner Frau, meiner Tochter und einer Mamsell; ich halte einen Kutscher und besitze zwei Pferde; Maschinen- oder sonstigen Kraftbetrieb verwende ich nicht. Das Gewerbekapital beträgt 20000 RMark. Der Umsatz betrug im Jahre 1925 etwa 60000 RMark. Ich bin zur Gewerbesteuer nach einem Ertrage von 5000 RMark veranlagt. An Geschäftsbüchern führe ich nur ein die Kunden enthaltendes Kontobuch und ein Kassabuch. Bankkredit nehme ich in meinem Betriebe nicht in Anspruch, auch findet in ihm kein Wechselverkehr statt."

Auf dieses Protokoll verfügt der zuständige Registerrichter, Amtsgerichtsrat Schmidt, da ihm der Einspruch nicht ohne weiteres begründet erscheint, er also zur Aufhebung seiner Verfügung vom 20. September 1926 keine Veranlassung findet, folgendes:

1. Termin zur Erörterung der Sache wird auf den 24. Oktober 1926 vormittags 10 Uhr anberaumt.

2. Zu laden zu diesem Termine der Metzgermeister Krause.

P., 12. Oktober 1926. Schm.

---

[1]) Das Beispiel ist der Entscheidung bei KGJ **21** A 68 entnommen.

Im Termin am 24. Oktober 1926 zieht der Amtsgerichtsrat Schmidt mit Rücksicht auf den voraussichtlich größeren Umfang der aufzunehmenden Erklärungen einen Protokollführer zu. Krause erscheint in dem Termin nicht[1]); dagegen tritt für ihn der Rechtsanwalt Salburg aus Potsdam unter Überreichung einer privatschriftlichen Vollmacht auf. Der Richter läßt den Rechtsanwalt Salburg zur Verhandlung zu und findet auch keine Veranlassung, von ihm nach § 13 FGG eine öffentliche Beglaubigung der Unterschrift unter der Vollmacht zu verlangen. Der Rechtsanwalt Salburg nimmt Bezug auf die von seinem Auftraggeber bereits zu Protokoll der Geschäftsstelle erklärte Begründung des Einspruchs und führt noch weiter aus:

Krause sei, obwohl nach § 1 Abs. 1 Nr. 1 HGB Kaufmann, doch, solange er das Gewerbe handwerksmäßig betreibe, Handwerker im Sinne des § 4 HGB und deshalb dem Firmenzwange nicht unterworfen, selbst wenn der Betrieb über den Umfang des Kleingewerbes hinausgehe; da er ohne Maschinen arbeite, nur zwei Gesellen, zwei Lehrlinge und einen Kutscher für die Schlächterei beschäftige, auch nichts dafür erbracht sei, daß er große Fleischlieferungen an Institute usw. übernehme, oder daß er große Vieheinkäufe auf Kredit oder gegen Wechsel vornehme, so stehe weder ein über den Rahmen des Handwerks hinausgehender Gewerbebetrieb, noch auch ein den Umfang des Kleingewerbes überschreitender Betrieb in Frage; in letzterer Hinsicht komme zwar in erster Reihe der Jahresumsatz in Betracht; mit Rücksicht auf die Kostspieligkeit der von Krause verwerteten Ware sei aber ein Umsatz von jährlich 60000 RMark nicht so hoch, daß er dem Begriffe des Kleingewerbes widerspräche.

Der Amtsgerichtsrat Schmidt läßt diese Ausführungen des Rechtsanwalts zu Protokoll nehmen und verkündet darauf einen ebenfalls in das Protokoll aufzunehmenden Beschluß, nach dem über den Umfang und die Art des gewerblichen Unternehmens des Krause noch nähere, im einzelnen bezeichnete Ermittelungen durch Einholung von Auskünften der zuständigen Polizei- und Steuerbehörden und durch Vorlegung der Bücher und Geschäftspapiere des Krause angestellt werden sollen; insbesondere sollen jene Behörden mitteilen, welche Menschen-, Maschinen- und sonstige Kräfte in dem Gewerbe Verwendung finden, welche Räumlichkeiten für die Lagerung, Herrichtung und Verwertung der Waren zur Verfügung stehen und welchen Betrag die Gewerbesteuer ausmacht. Aus den vorzulegenden Büchern soll festgestellt werden, wie sich das Gewerbekapital des Unternehmens stellt, welche Ausgaben für Anschaffungen und Löhne gemacht werden, wie hoch die Einnahmen und der Gewinn sind, in welcher Weise die geschäftlichen Beziehungen zu den Lieferanten, Kunden und sonstigen Beteiligten angebahnt und abgewickelt werden und endlich ob Kredit unter Wechselverkehr in Anspruch genommen und gewährt wird.

Nach Eingang der Auskünfte und Prüfung der vorgelegten Bücher und Schriften wird, da ein neuer Termin zur mündlichen Erörterung der Sache nicht erforderlich erscheint, der Einspruch des Krause durch Beschluß als unbegründet verworfen. In den dem Beschlusse beigegebenen Gründen wird ausgeführt: Krause sei allerdings in erster Linie Handwerker; jedoch sei er deshalb nicht von der Verpflichtung befreit, für sein Gewerbe eine Firma in das Handelsregister eintragen zu lassen. Denn nach § 2 HGB unterliege er, da sein die Grenzen des Handwerks überschreitender Betrieb nach Art und Umfang einen in kaufmännischer Weise eingerichteten Geschäftsbetrieb erfordere, dem Registerzwang. Der Betrieb des Krause zeige aber sowohl nach Art als nach dem Umfange entschieden kaufmännischen Charakter. Die vorgelegten Bücher und Schriften hätten ergeben, daß in dem Geschäft häufig Kredit unter Wechselverkehr in Anspruch genommen werde und die geschäftliche

[1]) Der Registerrichter kann nicht das persönliche Erscheinen der Beteiligten unter Zurückweisung des Bevollmächtigten anordnen; vgl. Marcus, DJZ **1903** 494.

Auseinandersetzung mit dem großen Lieferanten- und Kundenkreis eine zum Teil nur allmähliche und rechtlich verwickelte sei. Hieraus folge, daß die Art des Betriebes kaufmännische Einrichtungen, insbesondere kaufmännische Buchführung, periodische Aufstellung von Inventur und Bilanz, Zurückbehaltung von Abschriften der abgesandten und Aufbewahrung der empfangenen Geschäftsbriefe sowie Beschäftigung eines kaufmännisch geschulten Personals erfordere.

Aber auch der Umfang des Unternehmens gehe über den eines Kleingewerbes hinaus. Das Gewerbekapital habe sich nach den angestellten Ermittelungen als nicht unbeträchtlich herausgestellt, und wenn auch Maschinenkräfte in dem Betriebe nicht in größerem Umfange verwendet würden, so sei doch die Zahl der in dem Betriebe beschäftigten Personen erheblich und die für die Lagerung, Herrichtung und Verwertung der Waren zur Verfügung stehenden Räume seien für einen Großbetrieb bestimmt. Endlich spreche auch die Höhe des Umsatzes sowie des letztjährigen Reingewinns in Verbindung mit der Gewerbesteuer für einen erheblichen Umfang des Unternehmens. In dem Beschlusse heißt es am Schlusse:

> **„Aus den vorstehenden Gründen wird der Einspruch des Krause als unbegründet verworfen und eine Ordnungsstrafe von zwanzig RM gegen ihn festgesetzt; auch wird er gemäß § 139 FGG in die Kosten des Verfahrens verurteilt.**
>
> **Gleichzeitig wird er hiermit aufgefordert, binnen einer neuen, mit dem Eintritte der Rechtskraft der Verwerfung des Einspruchs beginnenden Frist von einer Woche bei dem unterzeichneten Gerichte die Firma des von ihm betriebenen Geschäfts und den Ort der Niederlassung zur Eintragung anzumelden, sowie seine Firma zur Aufbewahrung bei dem Gerichte zu zeichnen oder die Unterlassung mittels erneuten Einspruchs gegen diese Verfügung zu rechtfertigen. Andernfalls wird eine Ordnungsstrafe von 50 (fünfzig) RM gegen ihn festgesetzt."**

Dieser Beschluß wird nicht dem Krause selbst, sondern seinem Bevollmächtigten, Rechtsanwalt Salburg[1]), in Ausfertigung zugestellt und Krause hat nun die Wahl, ob er gegen den Beschluß innerhalb einer mit der Zustellung beginnenden Frist von 2 Wochen die sofortige Beschwerde einlegen oder ob er der Aufforderung nachkommen und die Anmeldung und Zeichnung bewirken will.

15. Veranlaßt der Beteiligte innerhalb der ihm in der ersten Verfügung gesetzten Frist nichts[2]), d. h. erhebt er während dieser Zeit weder Einspruch[3]), noch bewirkt er die Anmeldung und Zeichnung, so ist gegen ihn, dem gleichzeitig die Kosten des Verfahrens aufzuerlegen sind, die angedrohte Strafe festzusetzen und zugleich die frühere Verfügung unter Androhung einer erneuten Ordnungsstrafe zu wiederholen. In gleicher Weise ist fortzufahren, bis der gesetzlichen Verpflichtung genügt oder Einspruch erhoben wird. §§ 133, 138 FGG. Die Verfügungen und Beschlüsse sind, wie die erste Verfügung, zuzustellen.

---

[1]) So Marcus DJZ **1903** 494, dagegen Josef Recht **1904** 101.

[2]) Der von einem Beteiligten, z. B. von einem Gesellschafter eingelegte Einspruch kommt dem anderen Mitbeteiligten nicht zugute, sofern nicht nach Lage der Sache der „Beschwerdeführer" als dessen Bevollmächtigter zu gelten hat (KGJ **31** A 206).

[3]) Dem ist gleich zu behandeln der Fall der Zurücknahme eines erhobenen Einspruchs.

Beispiel:

1. Beschluß.

Die durch die Verfügung vom 20. September 1926 gegen den Metzgermeister Georg Krause in Potsdam für den Fall der nicht erfolgenden Anmeldung seiner Firma zur Eintragung in das Handelsregister angedrohte Ordnungsstrafe von 20 RMark wird hiermit festgesetzt, da weder die Anmeldung erfolgt noch gegen die Verfügung vom 20. September 1926 Einspruch erhoben ist. Zugleich wird Krause in die Kosten des Verfahrens verurteilt.

Potsdam, den 12. Oktober 1926.

Amtsgericht
Schmidt,
Amtsgerichtsrat

2. Neue Anmeldungsaufforderung mit 50 RMark Strafe und 2 Wochen Frist.

3. Beschluß zu 1, und Vfg zu 2, sind dem Krause zuzustellen.

4. Strafe und Kosten sind einzufordern.

5. Nach 2 Wochen.

P., 12. Oktober 1926. Schm.

16. Wird der Auflage erst nach Ablauf der Frist genügt, so kann gleichwohl die angedrohte Ordnungsstrafe nicht mehr festgesetzt werden. Es folgt dies einmal aus dem Charakter der Strafe, die nicht als Sühne für bewiesenen Ungehorsam, sondern als Zwang zur Beugung des Willens der Beteiligten gedacht ist, sodann auch daraus, daß nach § 133 FGG mit der Festsetzung der Strafe zugleich eine erneute Strafandrohung zu verbinden ist, dies aber unmöglich ist, wenn der Beteiligte inzwischen das von ihm Verlangte getan hat (KGJ **40** 83; **41** 36; abw. KGJ **26** A 75)[1]. Die festgesetzte Strafe ist auf die sofortige Beschwerde des Beteiligten, der die Anordnung des Registergerichts nach Erlaß des Straffestsetzungsbeschlusses aber vor der Entscheidung des Landgerichts befolgt hat, von diesem selbst dann aufzuheben, wenn die Ordnungsstrafe bereits gezahlt oder eingezogen ist (KGJ **48** 117). Auch die rechtskräftig verhängten Ordnungsstrafen können nicht mehr beigetrieben werden, wenn der Beteiligte die Anordnung des Registergerichts erfüllt hat. In diesem Falle ist die Straffestsetzung trotz der formellen Rechtskraft des Festsetzungsbeschlusses wegen veränderter Umstände aufzuheben und für einen Gnadenerweis wegen der Strafe in der Regel kein Raum (Gutachten des KG JMBl **1929** 36). Wird verspätet Einspruch erhoben, so ist der Einspruch wegen dieses Mangels ohne Eingehen auf die Sache selbst zu verwerfen und das Ordnungsstrafverfahren weiterzuführen (KGJ **49** 140).

17. Nur dem Beteiligten, der ohne sein Verschulden, z. B. infolge einer längeren Geschäftsreise verhindert war, die Frist einzuhalten[2]), ist auf seinen Antrag die Wiedereinsetzung in den vorigen Stand zu

---

[1]) A. M. u. a. Cohn S. 151 und Josef ZBH **1928** 24 und DRZ **17** 271.

[2]) Gegen die Versäumnis des Termins, in dem über den Einspruch verhandelt werden soll, gibt es keine Wiedereinsetzung.

erteilen, wenn er innerhalb der gestellten Frist nach der Beseitigung des Hindernisses Einspruch einlegt und die Tatsachen, die die Wiedereinsetzung begründen, glaubhaft macht. Jedoch wird eine Versäumung der Frist, die in dem Verschulden eines Vertreters ihren Grund hat, als eine unverschuldete nicht angesehen. Gegen die Entscheidung über den Antrag findet die sofortige Beschwerde statt. Nach dem Ablauf eines Jahres, von dem Ende der versäumten Frist an gerechnet, kann die Wiedereinsetzung nicht mehr beantragt werden. §§ 137, 22 Abs. 2 FGG.

18. Wird in dem vorstehend erörterten Falle des § 133 FGG gegen die wiederholte Verfügung Einspruch erhoben und dieser für begründet erachtet, so kann das Gericht, auch das dem Einspruch stattgebende Beschwerdegericht, wenn die Umstände es rechtfertigen, zugleich die früher festgesetzte Strafe aufheben oder an deren Stelle eine geringere Strafe festsetzen. § 136 FGG.

19. In allen Fällen findet gegen den Beschluß, durch den die Ordnungsstrafe festgesetzt oder der Einspruch verworfen wird, die *sofortige Beschwerde* (vgl. unten § 35) statt. § 139 FGG. Ist die Strafe nach § 133 FGG festgesetzt, so kann die Beschwerde nicht auf Gründe, für deren Geltendmachung der Einspruch gegeben ist, also nicht darauf gestützt werden, daß die Verfügung, durch die die Strafe angedroht worden ist, nicht gerechtfertigt gewesen sei (§ 139 FGG; OLG **4** 464; **5** 275); denn es hätte ja gegen die Verfügung, wenn sie nicht für richtig erachtet wurde, innerhalb der gesetzten Frist Einspruch erhoben werden können. Es kann aber der Beteiligte unter Anerkennung seiner Verpflichtung zu der verlangten Anmeldung usw. gegen die Straffestsetzung im Beschwerdewege geltend machen, daß ein Fall der Versäumnis nicht vorgelegen habe, z. B. weil er wegen einer Geschäftsreise die Anmeldung nicht habe früher bewirken können; denn eine unverschuldete Fristversäumnis soll nicht bestraft werden (KGJ **26** A 75).

§ 15. Das Ordnungsstrafverfahren im Falle unbefugten Gebrauchs einer Firma.

Wer eine nach den §§ 17ff. HGB ihm nicht zustehende Firma gebraucht, ist von dem Registerrichter zur Unterlassung ihres Gebrauchs durch Ordnungsstrafen[1]) anzuhalten. § 37 Abs. 1 HGB[2]). Unter Gebrauch im Sinne des § 37 sind alle sich unmittelbar auf den Geschäftsvertrieb beziehenden Maßnahmen zu verstehen, die erkennen lassen, daß die Benutzung der Firma

[1]) Es ist eine Ordnungsstrafe im Betrage von 1 bis 1000 RMark zulässig. Art. II der Vdg vom 6. Februar 1924 (RGBl I 44) in Verb. mit § 2 Abs. 1 der II. DurchfV zum Münzgesetz vom 12. Dezember 1924 (RGBl I 775).

[2]) § 37 Abs. 1 HGB findet auch entsprechende Anwendung, wenn der Kaufmann als Vergleichsschuldner nicht den vorgeschriebenen Zusatz „im Vergleichsverfahren" führt § 37 VglO. Bei Gebrauch eines bloßen Etablissementsnamens, der sog. Geschäftsbezeichnung, ist die **Vorschrift** unanwendbar (KG JW **1926** 2095).

bei dem Geschäftsbetrieb beabsichtigt wird. Der Gebrauch einer Bezeichnung als Firma setzt voraus, daß sich jemand in seiner Eigenschaft als Kaufmann an die Allgemeinheit wendet und zu erkennen gibt, daß er unter einer näher bezeichneten Firma seine Geschäfte betreibt (ROHG **14** 186; RG **55** 123; KGJ **45** 168; KG JW **1926** 2930). Ein solcher Firmengebrauch kann erfolgen durch die Verwendung der Firma, die Benutzung als Firma erscheinender Worte[1]) auf dem Ladenschilde (KGJ **35** A 145; **42** 161), in Zeitungsanzeigen (OLG Stuttgart Recht **1918** Nr. 268; OLG München DJZ **1910** 543; KG OLG **9** 245; KGJ **42** 161), auf Geschäftspapieren (RG **95** 294), Plakaten (KGJ **49** 101), Empfehlungskarten, Preislisten, durch Briefunterzeichnung und Veröffentlichung im Adreßbuch und Fernsprechteilnehmerverzeichnis (KGJ **45** 168; KG JW **1926** 2930). Eine Benutzung der Firma stellt auch das Bestehenlassen der Firmeneintragung im Handelsregister dar[2]) (RG **95** 294). Ein unbefugter Gebrauch einer Firma liegt nicht vor, wenn nur einzelne Bestandteile daraus gebraucht werden (OLG **30** 389; vgl. auch JW **1900** 133 Nr. 12), oder wenn im gewöhnlichen Verkehr bei der Firma einer Gesellschaft mit beschränkter Haftung die zusätzliche Bezeichnung „mit beschränkter Haftung" in der Abkürzung „m. b. H." verwandt wird (KGJ **36** A 127; RJA **16** 82). Ebenso rechtfertigt der Gebrauch einer an sich zulässigen Firma, die zu Täuschungszwecken gewählt wird, nicht die Einleitung des Ordnungsstrafverfahrens (RG Recht **1910** Nr. 381). Es muß sich um einen Verstoß gegen firmenrechtliche Vorschriften handeln, nicht gegen andere gesetzliche Bestimmungen, z. B. das Wettbewerbsgesetz (§ 16) oder das Warenzeichengesetz (§ 14). In diesem Falle steht dem in seinem privaten Rechte verletzten Dritten nur ein Vorgehen nach § 37 Abs. 2 HGB frei (KGJ **33** A 130; **41** 144; RJA **11** 195; JFG **5** 214).

Gegen einen Firmenmißbrauch hat das Registergericht von Amts wegen einzuschreiten, sobald es hiervon durch Anzeigen von Behörden oder sonst in glaubhafter Weise Kenntnis erhält. Die Tätigkeit des Registergerichts kann, wie von den Organen des Handelsstandes, so auch von jedem berechtigten Dritten, insbesondere dem durch den unbefugten Gebrauch der Firma in seinem eigenen Firmenrecht Verletzten angeregt werden (JFG **5** 230 [BayObLG]). Beim Vorhandensein mehrerer Beteiligter hat das Gericht festzustellen, ob der Verstoß von einzelnen oder von allen begangen ist (KGJ **49** A 104). Zu einem Einschreiten genügt die Tatsache des unbefugten Gebrauchs einer Firma; der etwaige gute Glaube

---

[1]) Vgl. hierzu KG Recht **1925** Nr. 1305; **1928** Nr. 2272.

[2]) Z. B. im Falle des Ausscheidens eines Gesellschafters einer offenen Handelsgesellschaft, dessen Name in der Firma enthalten ist und der der Fortführung der Firma widerspricht. Wird in diesem Falle die Firma nicht den §§ 18, 19 HGB entsprechend geändert, so kann der Registerrichter nach § 37 Abs. 1, nicht dagegen nach § 31 Abs. 2 HGB einschreiten (KGJ **48** 122).

schützt nicht (OLG München OLG **21** 368; vgl. RG **7** 279; **9** 104; **25** 5; JW **1903** 342; Recht **1913** Nr. 1794). Zu beachten ist aber, daß § 37 Abs. 1 HGB nur die mißbräuchliche Verwendung einer Firma treffen will, durch welche das öffentliche Interesse, insbesondere das der Geschäftswelt irgendwie beeinträchtigt oder gefährdet wird (KGJ **36** A 127). Zu einem Einschreiten gegen eine Firmenführung, die eine solche Beeinträchtigung nicht mit sich bringt, soll der Registerrichter durch jene Vorschrift nicht veranlaßt werden (RG Recht **1928** Nr. 2272).

Der Richter hat auch einzuschreiten, wenn Minderkaufleute oder Nichtkaufleute sich einer kaufmännischen Firma bedienen (KGJ **31** A 149; **33** A 115; **35** A 147; **38** A 158; **42** 161; **53** 95).

Auf das Verfahren finden die oben im § 14 abgehandelten Vorschriften der §§ 132 bis 139 FGG Anwendung. Es ist jedoch in der nach § 132 FGG zu erlassenden Verfügung dem Beteiligten unter Androhung einer Ordnungsstrafe aufzugeben, sich des Gebrauchs der Firma zu enthalten oder binnen bestimmter Frist den Gebrauch der Firma mittels Einspruchs gegen die Verfügung zu rechtfertigen[1]). Die Ordnungsstrafe wird nur festgesetzt, wenn kein Einspruch erhoben oder der erhobene Einspruch rechtskräftig verworfen ist und der Beteiligte nach der Bekanntmachung der Verfügung dieser zuwidergehandelt hat. § 140 FGG[2]). Ist die Strafe rechtskräftig festgesetzt, so muß sie wegen des nach der Bekanntmachung der Untersagungsverfügung begangenen Verstoßes, ohne daß es auf das Verhalten des Betroffenen nach der Straffestsetzung ankommt, vollstreckt werden. In diesem Falle kommt aber Straferlaß oder Strafmilderung im Gnadenwege in Frage. AV vom 26. August 1919 (JMBl 405). Ist das Strafandrohungsverfahren formungültig, z. B. wegen Nichtladung der Beteiligten zu einem Einspruchstermin, so kann auch bei rechtskräftiger Strafandrohung eine Straffestsetzung nicht erfolgen (KG JurRdsch **1926** Nr. 898).

Beispiel:

Der Kaufmann Karl Schroeder in Berlin, Chausseestr. 100, betreibt dort seit dem 1. Januar 1927 unter der Firma „Karl Schroeder" ein Agenturgeschäft; er bedient sich seitdem dieser zum Handelsregister angemeldeten Firma. Die Industrie- und Handelskammer in Berlin, der Mitteilung von der neuangemeldeten Firma gemacht ist, stellt fest, daß in Berlin bereits eine völlig gleichlautende Firma „Karl Schroeder" seit dem Jahre 1890 besteht und auch in das Handelsregister eingetragen ist. Sie teilt dies dem Amtsgericht Berlin-Mitte mit. Dieses stellt aus dem Handelsregister Abteilung A fest, daß die Mitteilung der Industrie- und Handelskammer zutrifft. Da nun nach § 30 HGB sich jede neue Firma von allen an demselben

---

[1]) Der Registerrichter kann nur die Führung der benutzten Firma verbieten, nicht aber zugleich anordnen, daß der Beteiligte eine bestimmte andere Firma zu führen habe (KGJ **37** A 182).

[2]) Was das Verhältnis des § 140 zum § 142 FGG anlangt, so tritt ersterer dem Mißbrauch der Beteiligten, letzterer dem unrichtigen Verfahren des Registergerichts entgegen. Vgl. Schlegelberger Anm. 21 zu § 140 FGG; OLG Karlsruhe OLG **42** 193.

Orte bereits bestehenden und in das Handelsregister eingetragenen Firmen deutlich unterscheiden muß und ein Kaufmann, der mit einem bereits eingetragenen Kaufmanne die gleichen Vornamen und den gleichen Familiennamen hat, sich dieser Namen als seiner Firma nur unter Beifügung eines jede Verwechslung mit jener Firma ausschließenden Zusatzes bedienen darf, so erweist sich der Gebrauch der Firma „Karl Schroeder" für den neuerdings in das Handelsregister eingetragenen Inhaber als unzulässig. Das Gericht erläßt darauf folgende Verfügung an den in Berlin, Chausseestr. 100, wohnenden Kaufmann Karl Schroeder:

„Es wird Ihnen aufgegeben, sich des ferneren Gebrauchs der Firma „Karl Schroeder", die in gleichlautender Form bereits seit dem Jahre 1890 in Berlin besteht und auch zum Handelsregister angemeldet ist, bei Vermeidung einer Ordnungsstrafe von 10 RMark gemäß § 30 HGB zu enthalten oder binnen einer mit der Zustellung dieser Verfügung beginnenden Frist von 2 Wochen den Gebrauch der Firma mittels Einspruchs gegen diese Verfügung zu rechtfertigen.

Der Einspruch kann durch schriftliche Eingabe oder zum Protokoll der Geschäftsstelle erhoben werden."

Eine vom Registerführer zu unterschreibende und mit dem Gerichtssiegel oder Stempel zu versehende Ausfertigung dieser Verfügung wird Schroeder zugestellt.

Die Beschwerde gegen diese Verfügung ist unzulässig (vgl. auch OLG Hamburg JFG 5 198).

Erhebt Schroeder innerhalb der Frist keinen Einspruch und bedient er sich auch der Firma nicht weiter, so ist zwar die angedrohte Ordnungsstrafe nicht festzusetzen; es ist aber dann ein neues Verfahren gemäß §§ 132ff. FGG gegen ihn einzuleiten, um die Anmeldung und Zeichnung einer *vorschriftsmäßigen* Firma zu erzwingen.

Erhebt Schroeder innerhalb der Frist keinen Einspruch, gebraucht er aber die Firma nach der Bekanntmachung der Verfügung weiter, so wird die Ordnungsstrafe von 10 RMark gegen ihn festgesetzt und gleichzeitig wird ihm in einer neuen Verfügung aufgegeben, sich des Gebrauchs der Firma zu enthalten oder binnen bestimmter Frist den Gebrauch der Firma mittels Einspruchs zu rechtfertigen. — Erhebt Schroeder rechtzeitig gegen die erste Verfügung Einspruch, so finden die §§ 134ff. FGG entsprechende Anwendung. Wird der Einspruch für begründet erachtet, so ist die Verfügung aufzuheben und Schroeder ist in dem Weitergebrauch der Firma nicht mehr behindert. Wird aber der Einspruch verworfen, so wird die angeordnete Ordnungsstrafe nur festgesetzt, wenn Schroeder sich inzwischen der Firma weiter bedient hat und die Verwerfung des Einspruchs rechtskräftig geworden ist.

§ 16. Aussetzung der Verfügung des Registergerichts bei streitigen Rechtsverhältnissen.

1. Das Registergericht kann, wenn eine von ihm zu erlassende Verfügung von der Beurteilung eines streitigen Rechtsverhältnisses abhängig ist, die *Verfügung aussetzen*, bis über das Verhältnis im Wege des *Rechtsstreites entschieden* ist[1]). Es kann, wenn der Rechtsstreit nicht anhängig ist, einem der Beteiligten eine Frist zur Erhebung der Klage bestimmen. §§ 127, 147, 159 und 161 FGG. Diese Befugnisse stehen auch dem *Landgerichte* zu, sei es, daß es im Falle der §§ 143, 144 FGG, sei

[1]) Gegen den Aussetzungsbeschluß, von dem die Beteiligten zu benachrichtigen sind, steht dem Antragsteller die Beschwerde zu (KGJ **47** 252 [ObLG München]).

es, daß es auf erhobene Beschwerde an die Stelle des Registergerichts tritt (KGJ **29** A 83).

Von diesen Befugnissen kann das Gericht nicht etwa nach seinem Belieben und nicht schon deshalb, weil das ihm beigebrachte Material zur Entscheidung nicht ausreicht, sondern nur nach pflichtmäßigem Ermessen aus besonders triftigen sachlichen Gründen in den geeigneten Fällen Gebrauch machen (KGJ **21** A 243; **29** A 83; RJA **10** 24; **12** 60; **13** 230; KG DNotVZ **1927** 128).

2. Behauptet also z. B. A, daß er mit B einen Gesellschaftsvertrag über Errichtung einer offenen Handelsgesellschaft geschlossen habe, bestreitet aber B dies mit der Behauptung, daß nur eine stille Gesellschaft zustande gekommen sei, so kann der Registerrichter zwar auch selbst die zur Aufklärung des Sachverhaltes erforderlichen Ermittelungen gemäß § 12 FGG veranstalten; er kann aber auch nach § 127 FGG jede weitere Verfügung aussetzen, bis im Wege des Rechtsstreits darüber entschieden ist, ob eine offene Handelsgesellschaft oder eine stille Gesellschaft gegründet ist. Wenn der Rechtsstreit noch nicht anhängig ist, kann der Richter dem A oder dem B eine Frist zur Erhebung der Klage gegen den anderen bestimmen. Verstreicht die Frist fruchtlos, erhebt also der hierzu Veranlaßte die Klage nicht, so muß nunmehr der Registerrichter die erforderlichen Ermittelungen selbst anstellen. Wird ferner z. B. das Einschreiten des Registerrichters gemäß § 31 Abs. 1 HGB verlangt, so kann der Antragsteller nur ausnahmsweise, etwa, wenn die Zustimmung des ursprünglichen Firmenträgers zur Fortführung der Firma streitig ist, durch Aussetzung der Verfügung zur Klageerhebung aus § 37 Abs. 2 HGB veranlaßt werden. Besteht Streit, ob ein eintragungspflichtiges Gewerbe vorliegt und ob überhaupt ein Recht zur Firmenführung besteht, so darf das Registergericht nicht aussetzen, hat vielmehr selbst zu entscheiden (KG DNotVZ **1927** 128).

3. Handelt es sich ferner z. B. um die Eintragung eines Generalversammlungsbeschlusses einer Aktiengesellschaft, so kann die Tatsache allein, daß gegen den Beschluß eine Anfechtungsklage erhoben ist, die Aussetzung nach § 127 FGG nicht rechtfertigen. Es bedarf vielmehr der Prüfung, ob die Anfechtung in tatsächlicher und rechtlicher Hinsicht so begründet ist, daß mit der demnächstigen Nichtigkeitserklärung des Beschlusses zu rechnen ist; auch wenn sich hiernach berechtigte Zweifel an der Gültigkeit des Beschlusses ergeben, ist ferner zu erwägen, ob die Eintragung des Beschlusses so folgenschwer sein würde, daß die Aussetzung zur Vermeidung der Verletzung wesentlicher Interessen geboten erscheint[1]).

---

[1]) Diese Rechtsgrundsätze sind niedergelegt bei KGJ **21** A 240; vgl. auch KGJ **39** A 122; OLG **28** 337 [BayObLG]. Etwas abweichend hiervon nimmt das KG in einer anderen Entscheidung (KGJ **28** A 238) an, daß der Registerrichter zweckmäßig die Eintragung solcher Beschlüsse, z. B. über die Erhöhung des Grundkapitals, bis zur rechtskräftigen Entscheidung über die gegen die Beschlüsse gerichtete Anfechtungsklage auszusetzen habe.

4. Von der Aussetzungsbefugnis des § 127 FGG kann aber überhaupt nicht Gebrauch gemacht werden, wenn zur Vermeidung wesentlicher Nachteile eine sofortige Entscheidung durch die Verhältnisse nötig wird; so kann z. B. die Verfügung über die Eintragung des angemeldeten Ersatzes des alleinigen Vorstandes einer Aktiengesellschaft durch eine andere Person nicht ausgesetzt werden, da insoweit eine sofortige sachliche Entscheidung geboten ist.

§ 17. Die Stellung des Registerrichters zu Entscheidungen des Prozeßgerichts.

1. Im allgemeinen ist der Registerrichter an die Entscheidungen des Prozeßrichters in keiner Weise gebunden.

2. Für den Handelsregisterverkehr bestehen jedoch Ausnahmen.

Wenn nämlich durch eine rechtskräftige oder vollstreckbare Entscheidung des Prozeßgerichts die Verpflichtung zur Mitwirkung bei einer Anmeldung zum Handelsregister oder ein Rechtsverhältnis, worüber eine Eintragung zu erfolgen hat, gegen einen von mehreren bei der Vornahme der Anmeldung Beteiligten festgestellt ist, so genügt zur Eintragung die Anmeldung der übrigen Beteiligten[1]). § 16 Abs. 1 HGB.

Der Registerrichter hat hiernach die Entscheidungen des Prozeßgerichts nur unter folgenden Voraussetzungen zu berücksichtigen:

a) Es muß sich um rechtskräftige oder doch vorläufig vollstreckbare Entscheidungen handeln; vgl. §§ 705ff. ZPO. Außer Urteilen kommen also auch noch einstweilige Verfügungen[2]) (§§ 935ff. ZPO) in Betracht. Dagegen gehören Vergleiche und vollstreckbare Urkunden (§ 794 ZPO) nicht zu den Entscheidungen (KGJ **34** A 121).

b) Die Entscheidung muß aussprechen entweder:

aa) Die Verpflichtung zur Mitwirkung bei einer Anmeldung zum Handelsregister oder:

bb) Die Feststellung eines Rechtsverhältnisses, über das eine Eintragung zu erfolgen hat.

Liegen die Voraussetzungen zu a) und b) vor, so braucht der, gegen den sich die Entscheidung richtet, bei der Vornahme der Anmeldung beim Registerrichter nicht mitzuwirken; vielmehr wird dessen Mitwirkung durch die dem Registerrichter in Ausfertigung vorzulegende Entscheidung ersetzt,

---

[1]) Ein zur Mitwirkung bei der Anmeldung nicht Berufener kann die Eintragung auf Grund des § 16 nicht herbeiführen (Denkschrift S. 34), ist vielmehr auf die gewöhnliche Zwangsvollstreckung gemäß § 894 ZPO angewiesen (RJA **10** 253).

[2]) Das Registergericht ist nicht befugt, eine einstweilige Verfügung auf ihre Rechtmäßigkeit nachzuprüfen; es hat nur zu prüfen, ob die in der Verfügung getroffene Anordnung eintragungsfähig ist (KGJ **53** 91).

und es genügt, daß die übrigen Beteiligten die Anmeldung gemäß § 12 HGB bewirken[1]).

3. Beispiele:

a) A hat behauptet, mit B einen Gesellschaftsvertrag über Gründung einer offenen Handelsgesellschaft geschlossen zu haben; B hat dies bestritten und behauptet, es sei nur eine stille Gesellschaft zustande gekommen und er, B, sei bei dem von A betriebenen Unternehmen nicht persönlich haftender, sondern nur stiller Gesellschafter; er hat sich auch geweigert, bei der Anmeldung einer aus ihm und A bestehenden offenen Handelsgesellschaft mitzuwirken. Auf die Klage des A ist B durch rechtskräftiges Urteil der Kammer für Handelssachen beim Landgericht in X verurteilt, bei der Anmeldung einer aus A und B als persönlich haftenden Gesellschaftern bestehenden offenen Handelsgesellschaft zum Handelsregister mitzuwirken. A meldet dann unter Vorlegung des rechtskräftigen Urteils die offene Handelsgesellschaft mit der Firma A und B zum Handelsregister an. Der Richter muß nunmehr von der Vorschrift des § 108 Abs. 1 HGB, wonach die Anmeldungen von sämtlichen Gesellschaftern zu bewirken sind, absehen und sich mit der Anmeldung des A begnügen. Im übrigen ist er natürlich berechtigt und verpflichtet, die Anmeldung des A auf alle sonstigen Erfordernisse hin zu prüfen und muß sie zurückweisen, wenn sich ein Mangel ergibt. Denn die Entscheidung des Prozeßgerichts bindet den Registerrichter nur insoweit, als er die Anmeldung nicht um deswillen beanstanden darf, weil B bei der Anmeldung nicht mitwirkt.

b) Nehmen wir an, daß in dem im vorstehenden Beispiele behandelten Falle das rechtskräftige Urteil in seinem Tenor das Bestehen der offenen Handelsgesellschaft A und B, also eines Rechtsverhältnisses, ausdrücklich festgestellt hätte, so wäre der Registerrichter bei der Prüfung der von A unter Überreichung des Urteils bewirkten Anmeldung in seiner Entscheidung insoweit durch den Spruch des Prozeßrichters gebunden, als er die Errichtung der offenen Handelsgesellschaft A und B ohne weiteres als dargetan erachten müßte und zu einer eigenen Prüfung in dieser Hinsicht nicht befugt wäre. Im übrigen wäre er aber auch in diesem Falle in seiner Entscheidung völlig frei.

Für den Fall der Eintragungsfähigkeit eines im Klagewege rechtskräftig[2]) festgestellten Rechtsverhältnisses — wie in dem unter b gegebenen Beispiele — ist der Registerrichter unter Umständen verpflichtet, von Amts wegen die Beteiligten zur Eintragung des Rechtsverhältnisses in das Handelsregister anzuhalten. Da eine in bürgerlichen Rechtsstreitigkeiten ergangene Entscheidung aber nur Recht unter den Parteien schafft und keine objektive Feststellung trifft (KGJ **4** 36; **51** 6), so wird man den Registerrichter nur dann für verpflichtet halten müssen, zur Erzwingung der Anmeldung des Rechtsverhältnisses einzuschreiten, wenn er unter Berücksichtigung aller Umstände für nachgewiesen erachtet, daß ein Rechtsverhältnis jener Art vorliegt.

4. Wird die Entscheidung des Prozeßgerichts, auf Grund deren die Eintragung erfolgt ist, aufgehoben, so ist dies auf Antrag eines der

---

[1]) Das Prozeßgericht kann die Eintragung weder anordnen, noch darum ersuchen (KGJ **4** 36).

[2]) Ist die Entscheidung nur vorläufig vollstreckbar, so ist ein Einschreiten von Amts wegen auf alle Fälle unzulässig.

Beteiligten[1]) in das Handelsregister einzutragen. § 16 Abs. 1 Satz 2 HGB. Dieser Fall wird besonders dann eintreten, wenn ein für vorläufig vollstreckbar erklärtes Urteil, auf Grund dessen etwas eingetragen ist, in einer höheren Instanz aufgehoben wird; es kann dann jeder Beteiligte, nicht bloß der obsiegende Teil, die Eintragung verlangen.

5. Ist endlich durch eine rechtskräftige oder vollstreckbare Entscheidung des Prozeßgerichts die Vornahme einer Eintragung für unzulässig erklärt, so darf die Eintragung nicht gegen den Widerspruch desjenigen erfolgen, der die Entscheidung erwirkt hat. § 16 Abs. 2 HGB. Der Widerspruch des obsiegenden Teils kann formlos, also privatschriftlich oder mündlich zu Protokoll der Geschäftsstelle erfolgen; eine Ausfertigung der prozeßgerichtlichen Entscheidung ist beizufügen.

6. Für die formelle Behandlung der vorstehend erörterten Anträge ist hervorzuheben, daß, wenn eine Eintragung auf Grund einer rechtskräftigen oder vollstreckbaren Entscheidung des Prozeßgerichts erfolgt, dies bei der Eintragung im Register zu vermerken ist. Wird die Entscheidung, auf Grund deren die Eintragung erfolgt ist, aufgehoben, so ist die Aufhebung in dieselbe Spalte des Registers einzutragen. § 25 AV vom 7. November 1899.

§ 18. Die Verfügungen des Registergerichts, insbesondere die Eintragungsverfügungen.

1. Die Verfügung auf die Anmeldungen zur Eintragung und auf alle das Register betreffenden Gesuche und Anträge liegt dem Richter[2]) ob. Er hat insbesondere die Eintragungen in das Register und die erforderlichen Bekanntmachungen zu verfügen. Die Eintragung hat er auch dann anzuordnen, wenn sie von dem Beschwerdegericht oder nach § 143 FGG verfügt ist.

Die Eintragungsverfügung hat den Wortlaut der Eintragung, für die beim Genossenschaftsregister geführte Liste der Genossen den Inhalt der Eintragungen festzustellen; der Wortlaut der öffentlichen Bekanntmachung ist insoweit anzugeben, als ihr Inhalt von dem der Eintragung verschieden ist. Wird eine Eintragung abgelehnt, so sind die Gründe der Ablehnung mitzuteilen. Bei leicht behebbaren Hindernissen darf der Antrag nicht sofort zurückgewiesen werden, es ist vielmehr durch Erlaß einer Zwischenverfügung den Anmeldenden Gelegenheit zu geben, der Beanstandung abzuhelfen (KGJ **50** 1; JFG **5** 212). Einem einheitlich gestellten Antrage kann das Gericht nicht zu einem Teil entsprechen und ihn im übrigen ablehnen,

---

[1]) Das Prozeßgericht kann die Eintragung weder anordnen noch darum ersuchen.

[2]) Vgl. jedoch §§ 2ff., 31, 32 der Entlastungsverfügung vom 1. März 1928 (JMBl 140, oben § 1).

vielmehr ist in einem solchen Falle die gesamte Anmeldung zurückzuweisen (JFG **5** 237, 280).

§§ 2, 4 u. 5 AV vom 7. November 1899; §§ 2 u. 3 Abs. 3 GenRegVO; Art. 1 AV vom 8. November 1899; § 1 Bek. vom 12. November 1898; Art. 3 u. 4 AV vom 6. November 1899; § 3 Abs. 1 u. 7 AV vom 11. Dezember 1899.

2. Zu beachten ist auch die allgemeine Vorschrift des § 18 FGG. Wenn nämlich das Gericht eine von ihm erlassene Verfügung nachträglich für ungerechtfertigt erachtet, so ist es berechtigt, sie zu ändern; soweit aber eine Verfügung nur auf Antrag erlassen werden kann und der Antrag zurückgewiesen worden ist, darf die Änderung nur auf Antrag erfolgen. Zu der Änderung einer Verfügung, die der sofortigen Beschwerde unterliegt, also z. B. der auf Festsetzung einer Ordnungsstrafe oder Verwerfung des Einspruchs lautenden Verfügung, ist das Gericht nicht befugt.

§ 19. Die Ausfertigung gerichtlicher Verfügungen. Zeugnisse über die Rechtskraft solcher Verfügungen.

1. Die den Beteiligten bekannt zu machenden gerichtlichen Verfügungen werden, soweit nicht eine mündliche Eröffnung zu Protokoll erfolgt, in Ausfertigung mitgeteilt. Die Ausfertigungen sind von dem Urkundsbeamten der Geschäftsstelle zu unterschreiben und mit dem Gerichtssiegel zu versehen. Art. 18 PrFGG.

2. Zeugnisse über die Rechtskraft einer Verfügung sind von der Geschäftsstelle des Gerichts erster Instanz zu erteilen. § 31 FGG i. d. F. der VO vom 30. November 1927 (RGBl I 334).

§ 20. Die Eintragungen in die Register.

Allgemeine Vorschriften[1]).

1. Für jede Abteilung des Handelsregisters, sowie für die Genossenschaften, die Vereine, die Güterrechtsverhältnisse der Ehegatten, die Seeschiffe, die Binnenschiffe, die Pfandrechte an im Bau befindlichen Schiffen, die Muster und Modelle, ist je ein besonderes Register nach den angeordneten Formularen anzulegen. Die Register werden in einem oder mehreren dauerhaft gebundenen Bänden geführt. Jeder Band einer Abteilung usw. erhält entsprechend der Reihenfolge der Anlegung eine römische Ziffer und ist mit laufenden Seitenzahlen zu versehen. §§ 17, 18 AV vom 7. November 1899; Art. 2 AV vom 8. November 1899; §§ 2, 7 Bek. vom 12. November 1898; § 12 AV vom 11. Dezember 1899; §§ 2, 5, 6 AV vom 10. Juli 1926.

---

[1]) Die besonderen Vorschriften sind bei der Besprechung der einzelnen Register abgehandelt.

2. Die Eintragungen in die Register und in die Liste der Genossen bewirkt der Registerführer. Die Eintragungen sind deutlich und ohne Abkürzungen zu schreiben; in den Registern darf nichts radiert oder sonst unleserlich gemacht werden.

3. Jede Firma, jede Genossenschaft und jeder Verein ist unter einer fortlaufenden Nummer — beim Handelsregister unter einer in derselben Abteilung fortlaufenden Nummer — in das Register einzutragen.

Für die eine Firma, eine Genossenschaft und einen Verein betreffenden Eintragungen sind zwei gegenüberstehende Seiten des Registers zu verwenden. Für spätere Eintragungen sind geeignetenfalls, insbesondere bei den in Abteilung B des Handelsregisters eingetragenen Gesellschaften und juristischen Personen, sowie bei Genossenschaften und Vereinen die erforderlichen Seiten freizulassen. Für die ein Ehepaar betreffenden Eintragungen in das Güterrechtsregister war früher eine Seite des Registers zu verwenden. Nunmehr ist jede Seite des Güterrechtsregisters für zwei Ehepaare bestimmt. Der Raum ist durch einen Querstrich in der Mitte der Seite abzutrennen, der beim Neudruck der Vordrucke mit herzustellen ist. Die untere Seitenhälfte erhält die Seitenzahl mit dem Unterscheidungsbuchstaben A (also Seite 1, 1A, 2, 2A usw.). In der Übergangszeit sind in den zurzeit noch nicht abgeschlossenen Bänden zunächst die Eintragungen in der bisherigen Weise, je eine auf der Seite, fortzuführen. Nach Vollschreibung ist die untere Hälfte, beginnend mit Band I, für die weiteren Eintragungen zu benutzen, soweit die vorhandenen Eintragungen nicht schon in die untere Hälfte hineinreichen. Neue Bände dürfen erst angelegt werden, wenn sämtliche bei dem Amtsgericht vorhandenen Registerbände dementsprechend wieder verwendet worden sind[1]).

§ 20 Abs. 1 u. 2 AV vom 7. November 1899; § 12 Abs. 2 GenRegVO; Art. 2 Abs. 2 AV vom 8. November 1899; §§ 8, 12 Bek. vom 12. November 1898; Art. 16 AV vom 6. November 1899; AV vom 25. Februar 1924.

4. Jede Eintragung in die Register ist mit einer laufenden Nummer zu versehen und mittels eines alle Spalten des Formulars durchschneidenden Querstrichs von der folgenden Eintragung zu trennen. Erfolgen mehrere Eintragungen gleichzeitig, so erhalten sie nur eine laufende Nummer.

5. Jede Eintragung soll den Tag, an dem sie erfolgt ist, angeben, mit der Unterschrift des Registerführers versehen werden und eine

---

[1]) Besonderes gilt für das Schiffsregister: Nach § 13 AV vom 11. Dezember 1899 erhält nämlich jedes Schiff ein besonderes Blatt, jedes Blatt eine besondere Ordnungsnummer. Diese bestimmt sich nach der Reihenfolge der unter fortlaufender Zahl zu bewirkenden Eintragungen. Diese Vorschrift gilt entsprechend auch für das Pfandrechtsregister für Schiffsbauwerke. § 2 AV vom 10. Juli 1926.

Verweisung auf die Stelle der Registerakten enthalten, wo sich die ihr zugrunde liegende gerichtliche Verfügung befindet[1]), z. B.:

$$\frac{2\,\mathrm{H\,R\,A}\,12}{3}$$

9. Januar 1927.
Lehmann.

Die Eintragungen in das Schiffsregister und das Pfandrechtsregister unterschreibt außer dem Registerführer auch der Richter. Sind die Voraussetzungen der Entlastungsverfügung (JMBl **1928** 140) gegeben, so sind die Eintragungen in diesen beiden Registern von dem Rechtspfleger und — als Registerführer — von einem zweiten Bürobeamten oder einem vom Behördenvorstand ermächtigten Büroangestellten oder Kanzleibeamten zu unterzeichnen. §§ 25, 32 der EntlVfg.

Die Eintragung ist unter Bezeichnung des Tages, an dem sie erfolgt ist, von dem Registerführer in den Registerakten bei der Eintragungsverfügung zu vermerken.

§ 130 Abs. 1 FGG; §§ 6, 19, 21 u. 22 AV vom 7. November 1899; § 2 Abs. 2 u. 14 GenRegVO; Art. 1 AV vom 8. November 1899; §§ 2, 3 u. 4 Bek. vom 12. November 1898; Art. 5, 6 u. 9 AV vom 6. November 1899; §§ 14 Abs. 1 u. 16 AV vom 11. Dezember 1899; AV vom 10. Juli 1926.

Die Eintragungen in Genossenschafts-, Schiffs- und Pfandrechtsregistersachen sind besonders zu beschleunigen. § 2 Abs. 2 GenRegVO und § 2 AV vom 11. Dezember 1899; AV vom 10. Juli 1926.

6. Für das Handels- und Genossenschaftsregister gilt die besondere Vorschrift, daß, wenn die Firma geändert wird, ohne daß die übrigen Eintragungen eine wesentliche Änderung erfahren, dies in der Spalte, wo die bisherige Firma eingetragen war, zu vermerken ist. Andernfalls ist die neue Firma unter einer neuen Nummer an einer andern Stelle des Registers einzutragen; dabei ist an dieser auf die bisherige Stelle und an der letzteren auf die neue Stelle zu verweisen. § 20 Abs. 3 AV vom 7. November 1899; Art. 2 Abs. 2 AV vom 8. November 1899.

Ist also z. B. im Handelsregister Abteilung A bei Nr. der Firma 20 unter Nr. 1 der Eintragungen in Sp. 2 die Firma „Karl Schulze" eingetragen und soll ohne Änderung der übrigen Eintragungen im Register vermerkt werden, daß die Firma in „Karl Schulze Nachf." abgeändert ist, so wird in Sp. 2 unter der nächst offenen Nummer der Eintragungen vermerkt:

Die Firma ist in:

Karl Schulze Nachf.

geändert.

---

[1]) Für das Vereins- und Güterrechtsregister ist bestimmt, daß bei jeder Eintragung am Schlusse die gedachte Verweisung zu erfolgen hat. § 4 Abs. 1 Bek. vom 12. November 1898.

7. Überflüssige Eintragungen in die Register sind zu vermeiden. So dürfen z. B. nicht alle Befugnisse des Prokuristen, die ihm schon kraft Gesetzes zustehen, im Handelsregister aufgeführt werden (KGJ **25** A 250).

8. Über den Inhalt der Eintragungen vgl. unten §§ 56ff. Die Eintragungen in die Register erfolgen regelmäßig auf Antrag, nur ausnahmsweise von Amts wegen; über Eintragungen von Amts wegen vgl. unten §§ 23, 60.

§ 21. Eintragung von Änderungen und Löschungen.

Änderungen des Inhalts einer Eintragung sowie Löschungen sind unter einer neuen laufenden Nummer in diejenige Spalte des Registers einzutragen, in der sich die zu ändernde oder zu löschende Eintragung befindet. Eine Eintragung, die durch eine spätere Eintragung ihre Bedeutung verloren hat, ist nach Maßgabe der Anordnung des Richters rot zu unterstreichen.

§ 23 Abs. 1 AV vom 7. November 1899; Art. 2 Abs. 2 AV vom 8. November 1899; § 5 Bek. vom 12. November 1898; Art. 7 Abs. 1 AV vom 6. November 1899.

Eine Eintragung in das Genossenschaftsregister oder in die Liste der Genossen, die durch eine spätere Eintragung ihre Bedeutung verloren hat, ist rot zu unterstreichen oder in einer ihre Leserlichkeit nicht beeinträchtigenden Weise zu durchstreichen. § 10 GenRegVO.

Beispiele:

1. Im Handelsregister A ist unter Nr. der Firma 319 zu Nr. der Eintragungen 1 in Sp. 2 die Firma Karl Schulze und in Sp. 3 als Inhaber der Kaufmann Karl Schulze, Berlin, eingetragen. Es soll jetzt in das Register eingetragen werden, daß die unveränderte Firma auf den Kaufmann Andreas Schlüter in Berlin übergegangen ist. Es wird dann unter der nächst offenen Nummer der Eintragungen in Sp. 3 vermerkt:

Andreas Schlüter, Kaufmann, Berlin.

Außerdem ist auf Anordnung des Richters die Eintragung in Sp. 3 zu Nr. 1, also die Worte „Karl Schulze, Kaufmann, Berlin" rot zu unterstreichen.

2. Im Handelsregister A ist unter Nr. der Firma 520 zu Nr. der Eintragungen 5 in Sp. 4 vermerkt, daß dem Karl Lehmann in Berlin Prokura erteilt ist. Es soll nun die Prokura gelöscht werden. Es wird zu diesem Zwecke unter der nächst offenen Nr. der Eintragungen in Sp. 4 vermerkt:

Die Prokura des Karl Lehmann ist erloschen.

Gleichzeitig wird auf Anordnung des Richters der zu Nr. 5 in Sp. 4 eingetragene Prokurenvermerk rot unterstrichen.

§ 22. Berichtigung von Schreibfehlern und Unrichtigkeiten.

1. Schreibfehler und ähnliche offenbare Unrichtigkeiten[1]), die in einer Eintragung vorkommen, sind neben dieser Eintragung in der Spalte

[1]) Vgl. auch AV vom 29. September 1916 (JMBl 295) über Niederschlagung von Kosten bei Beseitigung von vermeidbaren Fremdwörtern in gerichtlichen Registern.

„Bemerkungen“ nach Maßgabe der Anordnung des Richters zu berichtigen. Die Berichtigung, die jederzeit von Amts wegen erfolgen kann, ohne daß es eines Verfahrens nach § 142 FGG. bedarf, ist den Beteiligten, in Vereinsregistersachen dem Vorstande, den Liquidatoren oder dem Konkursverwalter des Vereins, in Güterrechtsregistersachen den Ehegatten bekanntzumachen. Die öffentliche Bekanntmachung kann unterbleiben, wenn die Berichtigung einen offenbar unwesentlichen Punkt der Eintragung betrifft. § 24 AV vom 7. November 1899; § 24 GenRegVO; § 5 Abs. 2 Bek. vom 12. November 1898. Art. 8 AV vom 6. November 1899.

Beispiel:

Im Handelsregister Abt. A ist zu Nr. der Firma 567 unter Nr. 1 der Eintragungen die Firma Karl Runge und als Inhaber der Kaufmann Friedrich Runge eingetragen. Die Eintragung des Vornamens „Friedrich“ des Inhabers beruht auf einem offenbaren Versehen, was aus der Anmeldung klar hervorgeht; statt „Friedrich“ muß es „Karl“ heißen. Es wird dann auf Anordnung des Richters unter Nr. 1 der Eintragungen in Sp. 8 (Bemerkungen) folgendes eingetragen:

Der Inhaber der Firma heißt mit Vornamen nicht Friedrich, sondern Karl.

H R A 567
3

9. Januar 1927.
Lehmann.

Diese Berichtigung ist dem Inhaber der Firma mitzuteilen und auch öffentlich bekanntzumachen, da sie einen wesentlichen Punkt der Eintragung betrifft.

2. In Schiffsregistersachen werden Schreibfehler und ähnliche offenbare Unrichtigkeiten nach Maßgabe der richterlichen Anordnung in derselben Spalte berichtigt, in der sie erforderlich werden. Die Berichtigung ist hier ebenfalls den Beteiligten bekannt zu machen, außerdem aber auch baldtunlichst auf den Schiffsurkunden zu vermerken. § 14 AV vom 11. Dezember 1899.

3. Besonderes gilt für die Liste der Genossen. Schreibfehler und ähnliche offenbare Unrichtigkeiten, die hier in einer Eintragung vorkommen, sind vom Gerichte durch einen Vermerk in der letzten Spalte zu berichtigen. Ferner ist, wenn die Unwirksamkeit einer Eintragung durch eine übereinstimmende Erklärung des beteiligten Genossen und des Vorstandes der Genossenschaft in beglaubigter[1]) Form anerkannt oder durch rechtskräftiges Urteil festgestellt wird, dies auf Antrag eines der beiden Teile in der letzten Spalte einzutragen. § 36 GenRegVO.

---

[1]) Die Beglaubigung erfolgt außer durch Notare, Gerichte usw. auch durch die Gemeindevorsteher und Polizeibehörden. § 8 Abs. 1 GenRegVO.

§ 23. Löschungen unzulässiger Registereintragungen.

1. Ist eine Eintragung[1]) in das Handels-, Genossenschafts-, Vereins- oder Güterrechtsregister oder in die beim Genossenschaftsregister geführte Liste der Genossen[2]) bewirkt, obwohl sie wegen Mangels einer wesentlichen Voraussetzung unzulässig war, so kann das Registergericht[3]) sie von Amts wegen löschen. §§ 142, 147, 159, 161 FGG; § 9 Abs. 2 GenRegVO. Die Einleitung des Löschungsverfahrens ist nicht in das freie Belieben des Gerichts gestellt. Ob es von der Löschungsbefugnis Gebrauch machen will, ist eine Frage seines pflichtgemäßen Ermessens im einzelnen Falle (OLG **5** 445 [BayObLG]; RJA **10** 13). Es hat vor allem die Bedeutung der Eintragung und Löschung für die Beteiligten und das öffentliche Interesse zu berücksichtigen und wird nur bei völlig zweifels- und bedenkenfreier Sach- und Rechtslage zur Löschung schreiten und gegebenenfalls den Beteiligten die Klarstellung im Prozeßwege überlassen (RJA **15** 314). Voraussetzung des Einschreitens ist das Vorliegen eines Mangels eines gesetzlichen Erfordernisses, sofern dieser Mangel ein sachlicher ist. Es muß also zur Zeit der beabsichtigten Löschung (RJA **13** 45) eine zur Zeit ihrer Vornahme sachlich unrichtige oder der materiellen Voraussetzung entbehrende Eintragung bestehen, deren Richtigstellung im öffentlichen Interesse oder im Interesse der Beteiligten liegt (RJA **12** 61; **16** 101)[4]). Liegt ein sachlicher Mangel vor, so steht der Umstand, daß die Eintragung auf Grund einwandfreien Verfahrens bewirkt ist, der Löschung nicht entgegen (KGJ **34** A 125). Ein verfahrensrechtlicher Verstoß[5]) kann die Löschung einer rechtsfeststellenden Eintragung wegen Mangels einer wesentlichen Voraussetzung nur dann begründen, wenn die Eintragung der wirklichen materiellen Rechtslage nicht entspricht, das Register also inhalt-

---

[1]) Auch eine Löschung kann das Registergericht beseitigen, wenn sie unzulässig war und das Gericht ihre Beseitigung nach den Gesamtumständen im öffentlichen Interesse oder im Interesse der Beteiligten nach pflichtgemäßem Ermessen für geboten erachtet (KGJ **31** A 150; RJA **11** 216; **16** 101; JFG **1** 260).

[2]) Vgl. JFG **2** 267 (OLG Dresden); **4** 250 (KG).

[3]) Wegen einer in das Handelsregister der Zweigniederlassung bewirkten Eintragung kann das Registergericht der Zweigniederlassung selbständig das Löschungsverfahren einleiten, wenn es die Zulässigkeit der Eintragung selbständig zu prüfen hatte (RJA **12** 225).

[4]) Was insbesondere die Firma betrifft, so ist deren Löschung gemäß §§ 142 ff. FGG zulässig, wenn die Firmenbildung gegen die Vorschriften der §§ 18 ff., 30 HGB verstößt oder wenn die Firma für das Gewerbe eines gemäß § 4 HGB nicht eintragungsfähigen Minderkaufmanns oder gar für jemand eingetragen ist, der überhaupt kein Gewerbe betreibt (KGJ **28** A 41; **31** A 147, 154; **37** A 201). Dagegen ist die Löschung einer Firma im Registerverfahren wegen Verstoßes gegen § 16 UnlWG vom 7. Juli 1906 für unzulässig zu erachten (KGJ **41** 114). Teile einer Firma können nicht gelöscht werden (KG JW **1925** 2489; a. M. Trojan DNotVZ **1927** 121; Josef JW **1926** 600).

[5]) Z. B. ein Verstoß gegen die Formvorschrift des § 12 HGB (KGJ **27** A 67; **28** A 228), oder gegen die §§ 108 Abs. 1, 160 HGB (RJA **12** 61; **16** 105).

lich unrichtig ist (KGJ **48** 115; OLG **28** 338; **43** 202; JFG **2** 198), während rechtsbegründende Eintragungen, wenn sie unter Verletzung verfahrensrechtlicher Vorschriften erfolgt sind, wegen dieses Mangels nach §§ 142ff. FGG gelöscht werden können (KGJ **48** 115). Daß die Eintragung vom Amtsgericht auf Anweisung des Landgerichts als Beschwerdeinstanz vorgenommen wurde, steht der Einleitung des Löschungsverfahrens nicht im Wege (KGJ **47** 108), da die Entscheidungen in Handelsregistersachen der materiellen Rechtskraft nicht fähig sind.

2. Eine in das Handelsregister eingetragene Aktiengesellschaft oder Kommanditgesellschaft auf Aktien kann als nichtig gelöscht werden, wenn die Voraussetzungen vorliegen, unter denen nach den §§ 309, 310 HGB die Nichtigkeitsklage erhoben werden kann. Das gleiche gilt für eine in das Handelsregister eingetragene Gesellschaft mit beschränkter Haftung, wenn die Voraussetzungen vorliegen, unter denen nach den §§ 75, 76 GmbHG die Nichtigkeitsklage erhoben werden kann. § 144 Abs. 1 FGG. Ebenso kann auch eine in das Genossenschaftsregister eingetragene Genossenschaft als nichtig gelöscht werden, wenn die Voraussetzungen vorliegen, unter denen nach den §§ 94, 95 GenG die Nichtigkeitsklage erhoben werden kann. § 147 Abs. 2 FGG. Auch bei der Löschung gemäß § 144 FGG (z. B. wegen Unzulässigkeit der Firma; KGJ **35** A 168; **41** 110; JFG **1** 192; OLG **46** 288) ist zu beachten, daß das Registergericht zur Einleitung eines solchen Löschungsverfahrens nicht verpflichtet ist, auch wenn die Voraussetzungen gegeben sind. Es wird deshalb unter Umständen davon Abstand nehmen, wenn die Löschung der Firma, die lange Jahre unbeanstandet bestanden hat (KG DNotVZ **1928** 187), niemand nützt, für die Gesellschaft aber unverhältnismäßige Nachteile zur Folge haben würde (KGJ **44** 154; RJA **10** 13).

3. Es kann auch ein in das Handelsregister oder das Genossenschaftsregister eingetragener Beschluß der Generalversammlung einer Aktiengesellschaft, Kommanditgesellschaft auf Aktien, sowie einer Genossenschaft oder der Versammlung der Gesellschafter einer Gesellschaft mit beschränkter Haftung als nichtig gelöscht werden, wenn der Beschluß durch seinen Inhalt zwingende Vorschriften des Gesetzes verletzt und seine Beseitigung im öffentlichen Interesse erforderlich erscheint. §§ 144 Abs. 2, 147 Abs. 3 FGG. Die Löschung solcher Beschlüsse von Amts wegen ist aber nicht schon deshalb zulässig, weil sie unter Verletzung der Vorschriften über die Abstimmung zustande gekommen sind (KGJ **28** A 311 [OLG Rostock]; **30** A 141), oder weil sie nicht mit der erforderlichen Stimmenmehrheit gefaßt sind (KGJ **37** A 152; JFG **3** 217 [OLG Dresden]). So sind z. B. die von der Generalversammlung einer Genossenschaft unter Mitwirkung zweier Nichtmitglieder gefaßten Beschlüsse nur wegen dieser Mitwirkung dann nicht als ungültig anzusehen, wenn die Teilnahme der Nichtmitglieder an der Beschlußfassung für das Ergebnis der Abstimmung belanglos war (KGJ **28**

A 311; **30** A 141). § 144 Abs. 2 FGG ist nicht schon dann anwendbar, wenn das Registergericht die Eintragung eines Generalversammlungs- oder Gesellschafterbeschlusses als solche vorgenommen hat. Es ist vielmehr zu prüfen, ob auch wirklich ein solcher Beschluß vorliegt. Der Beschluß muß von einer wirklichen, nicht nur von einer vermeintlichen Generalversammlung oder Gesellschafterversammlung gefaßt sein (JFG **3** 207)[1]). Erfolgt z. B. die Einberufung einer Versammlung nicht durch die dafür zuständigen Organe, sondern durch Personen, die nach Gesetz oder Satzung zur Einberufung nicht befugt sind, so liegt in Wahrheit eine Generalversammlung überhaupt nicht vor (KG Recht **1928** 672).

4. Die Löschung geschieht in vorstehenden Fällen durch Eintragung des Vermerkes „Von Amts wegen gelöscht"[2]). Bei Aktiengesellschaften, Kommanditgesellschaften auf Aktien, Gesellschaften mit beschränkter Haftung und Genossenschaften erfolgt die Löschung durch Eintragung eines Vermerkes, der die Gesellschaft oder Genossenschaft oder den Beschluß als nichtig bezeichnet[3]). Das gleiche gilt, wenn die Gesellschaft, die Genossenschaft oder der Beschluß durch rechtskräftiges Urteil für nichtig erklärt ist. § 23 GenRegVO; s. unter 10.

5. Das Gericht hat aber zuvor den Beteiligten[4]) von der beabsichtigten Löschung zu benachrichtigen und ihm zugleich eine angemessene Frist, die bei der Löschung von Aktiengesellschaften, Kommanditgesellschaften auf Aktien, Gesellschaften mit beschränkter Haftung und Genossenschaften und ihrer Beschlüsse nach den §§ 144 Abs. 3 und 147 Abs. 4 FGG mindestens drei Monate betragen soll, zur Geltendmachung eines Widerspruchs zu bestimmen[5]). § 142 Abs. 2 FGG.

Das Gericht hat sich nicht nur vor Erlaß seiner Verfügung darüber schlüssig zu machen, ob die vorhandenen Grundlagen die Löschung an sich

---

[1]) Trifft die Sondervorschrift des § 144 FGG nicht zu, so findet auch auf die oben unter Nr. 2 und 3 aufgeführten juristischen Personen die allgemeine Vorschrift des § 142 FGG Anwendung (KGJ **27** A 232; **44** 140; JFG **3** 206), während sich die Voraussetzungen für die Zulässigkeit der amtlichen Löschung dieser juristischen Personen und deren Generalversammlungs- und Gesellschafterbeschlüsse ausschließlich nach § 144, nicht daneben nach § 142 FGG richten (KGJ **27** A 236; **47** 108; JFG **1** 253). Enthält z. B. der Gesellschaftsvertrag einer GmbH die Angabe einer unzulässigen Firma, ist also ein Grund zur Löschung der Gesellschaft selbst nach § 144 Abs. 1 FGG gegeben, so kann nur ein Löschungsverfahren aus dieser Vorschrift hergeleitet werden, nicht aber ein Verfahren aus § 142 mit dem Ziel auf bloße Löschung der Firma (JFG **4** 198).

[2]) § 26 AV vom 7. November 1899; § 9 GenRegVO.

[3]) § 34 Abs. 2 AV vom 7. November 1899; § 22 Abs. 2 GenRegVO.

[4]) Beteiligte im Sinne der §§ 142, 144 FGG sind nicht die Gesellschafter einer Gesellschaft mit beschränkter Haftung oder einer Aktiengesellschaft, sondern nur die durch ihre gesetzlichen Vertreter (Geschäftsführer bzw. Vorstand) vertretenen Gesellschaften (RJA **11** 33).

[5]) Auf die Einhaltung der Frist kann von den Beteiligten verzichtet werden (OLG **22** 195; RJA **11** 33; KGJ **47** 108).

rechtfertigen, sondern es muß auch in der Verfügung zum Ausdruck bringen, daß die Löschung mit Sicherheit zu erwarten ist, wenn kein Widerspruch erfolgt oder dieser die bisherige Stellungnahme des Gerichts nicht erschüttern kann. Ebenso wie die gemäß §§ 132, 140 FGG erlassenen, auf Festsetzung von Ordnungsstrafen abzielenden Verfügungen dem Wortlaut des Gesetzes genau angepaßt werden müssen (vgl. oben § 14), muß dieses auch für eine Verfügung aus § 142ff. FGG gelten, die die Grundlage für eine so einschneidende Maßregel wie die Löschung z. B. einer Gesellschaft bilden soll (KGJ **49** A 138).

Soll eine Aktiengesellschaft, eine Kommanditgesellschaft auf Aktien oder eine Gesellschaft mit beschränkter Haftung als nichtig gelöscht werden, so ist in der Benachrichtigung, sofern der Mangel bis zur Löschung geheilt werden kann, auf diese Möglichkeit ausdrücklich hinzuweisen. Ebenso ist, wenn eine Genossenschaft von Amts wegen als nichtig gelöscht werden soll, in der der Genossenschaft zuzustellenden Verfügung ausdrücklich darauf hinzuweisen, daß der Mangel bis zur Löschung durch Beschluß der Generalversammlung gemäß § 95 Abs. 2 bis 4 GenG geheilt werden kann. § 22 Abs. 1 GenRegVO.

6. W i d e r s p r u c h e r h o b e n, so entscheidet über ihn das Gericht. Gegen die den Widerspruch zurückweisende Verfügung findet die sofortige Beschwerde statt.

Die Löschung darf nur erfolgen, wenn Widerspruch nicht erhoben, oder wenn die den Widerspruch zurückweisende Verfügung rechtskräftig geworden ist. Auch wenn kein Widerspruch erhoben ist, ist es dem Gericht immer noch freigestellt, von der Löschung abzusehen, wenn es diese bei nochmaliger Prüfung nicht als gerechtfertigt ansieht. Nimmt das Gericht aber die Löschung vor, so kann diese Löschung nicht wegen Fehlens eines materiellen Löschungsgrundes im Wege eines neuen Löschungsverfahrens beseitigt werden. Denn wesentliche Voraussetzung für die Löschung einer Löschung ist nicht das Fehlen eines materiellen Löschungsgrundes, sondern allein die Nichterhebung des Widerspruchs. Nur Einwendungen, die auf das Fehlen dieser Voraussetzung gegründet sind, z. B. eine dem Gesetz nicht entsprechende Fristsetzung zur Erhebung des Widerspruchs oder der Nichtablauf der Frist bei Vornahme der Löschung, können zu einem neuen Löschungsverfahren mit dem Ziel der Beseitigung der Löschung führen. Liegt die andere Voraussetzung vor, unter der nach §§ 141 Abs. 4, 142 FGG die Löschung erfolgen darf, ist nämlich im Falle der Erhebung des Widerspruchs eine ihn zurückweisende Verfügung rechtskräftig geworden, so ist eine Abstandnahme von der Löschung nur dann möglich, aber auch geboten, wenn der Löschungsgrund nach Rechtskraft der Verfügung fortgefallen ist (z. B. durch Änderung der unzulässigen Firma). Nur dann könnte eine gleichwohl bewirkte Löschung im neuen Löschungsverfahren wieder beseitigt werden (JFG **1** 260).

Von der erfolgten Löschung ist auch das Gericht einer jeden Zweigniederlassung zwecks Eintragung der Löschung von Amts wegen zu benachrichtigen.

7. Die Löschung kann auch von dem Landgerichte verfügt werden, das dem Registergericht im Instanzenzuge vorgeordnet ist[1]); aber auch das Landgericht darf nicht etwa sofort die Löschung anordnen, sondern hat zunächst die Beteiligten von der beabsichtigten Löschung zu benachrichtigen und ihnen zugleich eine Frist zur Geltendmachung eines Widerspruches zu bestimmen. Gegen die einen Widerspruch zurückweisende Verfügung des Landgerichtes findet die sofortige Beschwerde an das Oberlandesgericht statt. Diese Beschwerde ist nicht die weitere, sondern die erste auf § 19 Abs. 1 FGG beruhende, über die gemäß §§ 143 Abs. 2, 199 Abs. 2 FGG und Art. 7, 8 PrFGG in Preußen das Kammergericht entscheidet (KGJ **28** A 234; **31** A 152; **41** 158; **48** 139; RJA **16** 85; JFG **1** 255, 260). Die weitere Beschwerde ist ausgeschlossen.

Vgl. zu Nr. 1 bis 7: §§ 142, 143, 147, 159, 161 FGG; § 34 Abs. 1 AV vom 7. November 1899.

8. Beispiel:

Im Handelsregister Abt. A ist als Firma einer neubegründeten offenen Handelsgesellschaft eingetragen: Friedrich Zingel Söhne, Berliner Schirmfabrik. Das Amtsgericht bemerkt anläßlich der Verfügung einer neuen Eintragung bei dieser Firma, daß die Firma dem § 18 Abs. 2 HGB nicht entspricht, da sie den Anschein erweckt, als ob sie ursprünglich Friedrich Zingel geheißen hätte und der Zusatz „Söhne" ein Rechtsnachfolgerverhältnis andeuten sollte, während sie tatsächlich die Firma einer neu entstandenen offenen Handelgesellschaft darstellt. Auch enthält sie nicht, wie im § 19 Abs. 1 HGB vorgeschrieben, den Namen wenigstens eines der Gesellschafter, sondern macht nur die Gesellschafter durch eine Beschreibung kenntlich[2]). Die Eintragung der Firma hätte also seinerzeit nicht erfolgen dürfen, da sie dem Gesetze zuwiderlief. Das Registergericht ist deshalb verpflichtet, die Firma von Amts wegen zu löschen. Es darf nun aber die Löschung, obwohl sie unbedenklich erscheint, nicht ohne weiteres vorgenommen werden. Vielmehr sind zunächst die Gesellschafter von der beabsichtigten Löschung der Firma zu benachrichtigen und es ist ihnen zugleich eine angemessene Frist zur Geltendmachung eines Widerspruchs zu bestimmen. Die Löschung darf erst erfolgen, wenn die Gesellschafter innerhalb der gesetzten Frist keinen Widerspruch erheben, oder wenn die ihren Widerspruch zurückweisende Verfügung rechtskräftig geworden ist. Es ist dann gemäß §§ 23 Abs. 1, 26 AV vom 7. November 1899 unter einer neuen laufenden Nummer in Sp. 2 des Registers zu vermerken:

Die Firma ist von Amts wegen gelöscht.

Gleichzeitig wird auf Anordnung des Richters die zu Nr. 1 in Sp. 1 eingetragene Firma „Friedrich Zingel Söhne, Berliner Schirmfabrik" rot unterstrichen.

9. Das in den §§ 142 ff. FGG geordnete, vorstehend geschilderte Verfahren kommt übrigens nicht nur bei Löschungen von Amts wegen,

---

[1]) Auch das im Löschungsverfahren mit einer Beschwerde befaßte Landgericht kann über die Löschung als Gericht erster Instanz entscheiden (KGJ **31** A 152; JFG **1** 260 (KG); **2** 194 (ObLG München), 267 (OLG Dresden).

[2]) KGJ **28** A 39.

sondern auch dann zur Anwendung, wenn ein von der angeblich unzulässigen Eintragung berührter Dritter, oder auch ein Organ des Handelsstandes die Löschung betreibt (KGJ **28** A 40, 61, 231; **31** A 153; **33** A 142; **37** A 196; **41** 157; JFG **5** 280 [OLG München])[1]. Der Zweck der Vorschriften ist nämlich, zu verhüten, daß die Löschung stattfindet, ohne daß dem von ihr zunächst Betroffenen Gelegenheit zu Einwendungen gegeben ist. Deshalb darf auch in diesen Fällen die Löschung erst erfolgen, entweder wenn der Beteiligte durch Versäumnis der ihm zur Erhebung des Widerspruchs gewährten Frist sein Einverständnis mit der Löschung stillschweigend zu erkennen gegeben hat, oder wenn sein innerhalb der Frist erhobener Widerspruch durch rechtskräftige Entscheidung zurückgewiesen ist[2].

Beispiel:[2]

Führt ein Mitglied einer eingetragenen Genossenschaft, das die Mitgliedschaft aufgekündigt hat (s. unten § 120) über die angeblich unrichtige Eintragung des Tages seines Ausscheidens in die Liste der Genossen mit dem Antrag auf Eintragung eines andern Tages Beschwerde, so kann zwar das Landgericht, auch ohne daß das Amtsgericht über diesen Antrag entschieden hat, auf ihn eingehen. Das Landgericht darf aber alsdann nicht ohne Anhörung der Genossenschaft die Berichtigung anordnen. Die verlangte Eintragung kann nur so erfolgen, daß die bisherige Eintragung des Datums in der den Tag des Ausscheidens enthaltenden Sp. 9 der Genossenliste gelöscht und das neue Datum dort anderweit eingetragen wird[3]; vgl. auch unten § 120.

Stellt der Dritte, der durch die Eintragung in seinem eigenen Rechte beeinträchtigt wird, den Löschungsantrag schon vor erfolgter Eintragung, so darf der Antrag nicht mit der Begründung abgewiesen werden, daß die zu erhebenden Einwendungen nicht während des Stadiums der inneren richterlichen Erwägung, sondern erst nach geschehener Eintragung angebracht werden dürfen. Denn es müssen unter allen Umständen unnötige Eintragungen vermieden werden (KGJ **28** A 63).

10. Besonderes gilt, wenn die Nichtigkeit einer Aktiengesellschaft usw., oder eines Beschlusses dieser Gesellschaft usw. im Wege der Klage festgestellt ist. Ist dann das die Nichtigkeit aussprechende Urteil rechtskräftig, so ist es vom Vorstande der Aktiengesellschaft usw. bei Vermeidung von Ordnungsstrafen zur Eintragung in das Handelsregister oder in das Genossenschaftsregister und zwar beim Gerichte jeder Haupt- und jeder Zweigniederlassung anzumelden[4]. Das Urteil ist einzutragen und die Eintragung zu veröffentlichen. §§ 309, 273 HGB; § 75 GmbHG; §§ 96, 51 Abs. 5,

---

[1] Gegen die Ablehnung einer Löschungsanregung ist die einfache Beschwerde nach §§ 19, 20 FGG gegeben (KGJ **28** A 40; **31** A 152; **37** A 196; **41** 157; RJA **7** 186; **9** 254; OLG **44** 231). Das Beschwerderecht steht einem bloßen Gläubiger nicht zu (KG JRdsch **1927** Nr. 1427).

[2] KGJ **28** A 58, 231; **30** A 141.

[3] KGJ **28** A 58, 231; **30** A 141.

[4] Neben dem Offizialverfahren nach §§ 273, 14 HGB ist für einen privatrechtlichen Löschungsanspruch der Aktionäre kein Raum (RG **108** 41).

157 GenG. Die Löschung erfolgt auch hier (vgl. Nr. 4) durch Eintragung eines Vermerks, der die Gesellschaft, die Genossenschaft oder den Beschluß als nichtig bezeichnet. § 277 HGB. Der Registerrichter ist übrigens an ein die Klage auf Nichtigkeitserklärung der Gesellschaft oder eines Beschlusses abweisendes Urteil nicht gebunden; er kann vielmehr selbständig die Nichtigkeit feststellen und im Register vermerken. Er kann aber auch das Löschungsverfahren während des Schwebens des Nichtigkeitsrechtsstreites aussetzen. § 127 FGG; s. oben § 16. War der Beschluß noch nicht eingetragen, so erübrigt sich eine Eintragung des Urteils; es unterbleibt dann nur die Eintragung des nichtigen Beschlusses.

11. Wegen Eintragung der Nichtigkeit und Löschung von Gesellschaften und Genossenschaften aus Anlaß der Umstellung siehe VO vom 21. Mai 1926 (RGBl I 248, 254) und dazu RVfg vom 31. Januar 1928 (I 202).

§ 24. Übertragung der Eintragungen an eine andere Stelle des Registers.

Sind bei den eine Firma, eine Genossenschaft oder einen Verein betreffenden Eintragungen so zahlreiche Änderungen eingetreten, daß hierdurch die Übersichtlichkeit des Registers erheblich beeinträchtigt wird, so sind die noch gültigen Eintragungen unter einer neuen Nummer an eine andere Stelle des Registers zu übertragen; dabei ist an dieser auf die bisherige Nummer und Stelle und an der letzteren auf die neue Stelle zu verweisen.

Die Übertragung ist den Beteiligten, bei Vereinsregistersachen dem Vorstande des Vereins, den Liquidatoren oder dem Konkursverwalter unter Mitteilung von dem Inhalte der neuen Eintragung bekanntzumachen.

Bestehen Zweifel über die Art oder den Umfang der Übertragung, so sind die Beteiligten vorher zu hören.

§ 28 AV vom 7. November 1899; Art. 2 Abs. 2 AV vom 8. November 1899; Art. 18 AV vom 6. November 1899.

§ 25. Verlegung einer Firma, eines Vereins oder Schiffes aus dem Bezirke des Registergerichts.

1. Wird die Hauptniederlassung eines Einzelkaufmanns oder der Sitz einer Handelsgesellschaft oder juristischen Person aus dem Bezirke des Registergerichts verlegt[1]) und besteht im Bezirke dieses Gerichts auch keine Zweigniederlassung, so sind bei der Eintragung der Verlegung in die Sp. 2 des Handelsregisters alle die Firma betreffenden Eintragungen rot zu unterstreichen. § 27 AV vom 7. November 1899.

Ebenso sind bei der in Sp. 2 des Vereinsregisters zu bewirkenden Eintragung der Verlegung des Sitzes eines eingetragenen Vereins aus dem

[1]) Die Verlegung hat nicht zur Folge, daß die Firma erlischt (RG **20** 171; KGJ **44** 152; OLG **40** 178; JFG **2** 253).

Bezirke des Registergerichts alle den Verein betreffenden Eintragungen rot zu unterstreichen. Art. 17 AV vom 6. November 1899.

Beispiel:

Die persönlich haftenden Gesellschafter der offenen Handelsgesellschaft in Firma Tormin & Co. mit dem bisherigen Sitze in Berlin melden zum Handelsregister an, daß der Sitz der Gesellschaft nach Stuttgart verlegt sei und in Berlin auch keine Zweigniederlassung bestehen bleibe. Es ist dann in Sp. 2 des Handelsregisters Abt. A unter der nächst offenen laufenden Nr. einzutragen:

Der Sitz der Gesellschaft ist nach Stuttgart verlegt.

Gleichzeitig sind alle die Firma Tormin & Co. betreffenden Eintragungen rot zu unterstreichen.

2. Besondere Vorschriften gelten im Falle der Verlegung des Heimatshafens oder des Heimatsorts eines Schiffes aus dem Registerbezirke; vgl. §§ 11, 30 Abs. 1, 40 AV vom 11. Dezember 1899. Näheres s. unten § 149.

§ 26. Bekanntmachung der Eintragungen an die Beteiligten.

1. Jede Eintragung in das Register ist demjenigen, der sie beantragt hat, bekannt zu machen. §§ 130 Abs. 2, 147, 159 u. 161 FGG.

Von jeder Eintragung in das Genossenschaftsregister oder in die Liste der Genossen ist ferner auch dem Vorstand oder den Liquidatoren Nachricht zu geben. Eintragungen im Genossenschaftsregister einer Zweigniederlassung, die zu veröffentlichen sind, sind von Amts wegen dem Registergericht der Hauptniederlassung mitzuteilen. Dieses gibt, sobald ihm die Mitteilungen von den Registergerichten sämtlicher Zweigniederlassungen zugegangen sind und die Eintragung im Genossenschaftsregister der Hauptniederlassung bewirkt ist, dem Vorstand oder den Liquidatoren von der Eintragung Nachricht; eine Benachrichtigung durch das Registergericht der Zweigniederlassung findet nicht statt. Von der Ablehnung einer beantragten Eintragung hat das Gericht, das die Eintragung ablehnt, dem Vorstand oder den Liquidatoren Nachricht zu geben. § 3 Abs. 1 GenRegVO.

Von einer Eintragung in das Güterrechtsregister sind in allen Fällen beide Ehegatten zu benachrichtigen. § 161 Abs. 2 FGG.

Die Eintragungen in das Schiffsregister sind, auch soweit sie sich nicht auf Pfandrechte beziehen, außer dem Antragsteller auch dem eingetragenen Eigentümer und allen aus dem Schiffsregister ersichtlichen Personen bekanntzumachen, zu deren Gunsten die Eintragung erfolgt ist oder deren Recht durch sie betroffen wird. § 121 FGG; § 6 Abs. 1 AV vom 11. Dezember 1899.

2. In allen Fällen können die Beteiligten auf die Bekanntmachung verzichten. §§ 130 Abs. 2 Satz 2, 147 Abs. 1, 159, 161 FGG; § 6 Abs. 1 Satz 2 AV vom 11. Dezember 1899; § 121 Satz 2 FGG.

3. Die Bekanntmachung der Eintragungen hat, soweit tunlich, unter Benutzung von Vordrucken zu erfolgen. Der Urkundsbeamte der Ge-

schäftsstelle hat die Bekanntmachungen zu unterschreiben und in den Akten bei der gerichtlichen Verfügung zu vermerken, wem die Bekanntmachung zur Beförderung übergeben und wann die Übergabe erfolgt ist.

Soweit nach den bestehenden Vorschriften die Zusendung durch die Post zu bewirken ist, sind zu den Bekanntmachungen, die eine Eintragung in das Handels-, Genossenschafts- und Vereinsregister betreffen, regelmäßig Postkarten zu verwenden, auf deren Rückseite sich der Vordruck befindet. Zu Bekanntmachungen, die eine Eintragung in das Güterrechtsregister betreffen, sollen Postkarten nicht verwendet werden.

Auch die nach § 3 Abs. 1 GenRegVO dem Vorstand oder den Liquidatoren zu gebenden Nachrichten und die in den Fällen der §§ 15, 72, 76, 77, 93c, 137 GenG weiter vorgeschriebenen Benachrichtigungen von Genossen und von Gläubigern oder Erben eines Genossen können ohne Förmlichkeiten, insbesondere durch einfache Postsendungen erfolgen. Für die Benachrichtigungen von Eintragungen in die Liste der Genossen sind Vordrucke[1]) zu verwenden, deren Ausfüllung dem Urkundsbeamten der Geschäftsstelle obliegt; diese Benachrichtigungen sind in der Regel mittels einer Postkarte zu bewirken, auf deren Rückseite sich der Vordruck befindet. Nach Ziffer III der AV vom 10. Mai 1921 (JMBl 307) soll durch Verhandlung mit dem Vorstand der Genossenschaft darauf hingewirkt werden, daß auf die Benachrichtigungen von Eintragungen in die Liste (Beitritt, Ausscheiden usw.) verzichtet wird.

Auch die Bekanntmachungen in Schiffsregistersachen können ohne Förmlichkeiten, insbesondere durch einfache Postsendung, erfolgen.

§ 13 AV v. 7. November 1899; § 3 Abs. 2 GenRegVO; Art. 12 AV v. 6. November 1899; § 6 Abs. 2 AV vom 11. Dezember 1899.

4. In einzelnen Fällen müssen außer den unmittelbar Beteiligten gewisse Behörden von der Eintragung benachrichtigt werden[2]).

a) Wenn der Bezirk des Registergerichts zu dem Bezirk einer Industrie- und Handelskammer oder einer der im § 44 des Gesetzes über die Handelskammern vom $\frac{\text{24. Februar 1870}}{\text{19. August 1897}}$ (GS 1897 S. 355) bezeichneten kaufmännischen Korporationen gehört, so ist diesen durch den Registerführer Mitteilung zu machen:

aa) von der Eintragung einer neuen Firma in das Register unter Bezeichnung des Ortes der Niederlassung oder des Sitzes der Gesellschaft, und bei Einzelkaufleuten, offenen Handelsgesellschaften, Kommanditgesellschaften und Kommanditgesellschaften auf Aktien unter Bezeichnung der Inhaber oder der persönlich haftenden Gesellschafter;

[1]) Vgl. AV vom 18. Dezember 1917 (JMBl 391); RV vom 1. März 1919 (I 7251).

[2]) Bei manchen Gerichten ist es üblich, die Postbehörde von der Eintragung neuer Firmen zu benachrichtigen.

bb) von der Änderung einer eingetragenen Firma, der Inhaber oder der persönlich haftenden Gesellschafter sowie des Ortes der Niederlassung oder des Sitzes der Gesellschaft;

cc) von dem Erlöschen einer Firma.

Die Mitteilung[1]) erfolgt nach dem Schlusse jedes Kalendermonats mittels Übersendung von Listen nach den der AV vom 7. November 1899 beigegebenen Mustern. In der Spalte „Bemerkungen" sind im Falle der Ziffer 4a)aa) auch der Geschäftszweig und die Lage der Geschäftsräume nach Straße und Hausnummer, im Falle der Ziffer 4a) bb) Veränderungen dieser Tatsachen mitzuteilen, jedoch nur insoweit, als sie dem Registergericht von den Anmeldenden bekanntgegeben sind.

Im unmittelbaren Anschluß an die Eintragung in das Register ist von dem Registerführer ein Vermerk in den Listen zu machen.

Gehört der Bezirk des Registergerichts nur teilweise zu dem Bezirk einer Industrie- und Handelskammer oder einer kaufmännischen Korporation, so ist der Umfang der Mitteilungen entsprechend zu beschränken. § 14 AV v. 7. November 1899 i. d. F. der AV v. 15. Mai 1923 (JMBl 376).

b) Die Registergerichte haben zwecks Verwaltung der Gesellschaftssteuer dem für ihren Sitz zuständigen Finanzamt von allen Eintragungen Mitteilung zu machen[2]), soweit die Eintragungen betreffen:

aa) die Errichtung, Firmenänderung, Auflösung, Liquidation und Löschung von Aktiengesellschaften, Kommanditgesellschaften auf Aktien oder Gesellschaften mit beschränkter Haftung;

bb) die Erhöhung des Grund- oder Stammkapitals solcher Gesellschaften;

cc) den Eintritt eines persönlich haftenden Gesellschafters in eine Kommanditgesellschaft auf Aktien;

dd) die Errichtung einer Kommanditgesellschaft, zu deren persönlich haftenden Gesellschaftern eine Kapitalgesellschaft gehört, die Erhöhung von Kommanditeinlagen bei solchen Gesellschaften sowie den Eintritt eines neuen Kommanditisten in eine solche Gesellschaft;

ee) den Eintritt einer Kapitalgesellschaft als persönlich haftender Gesellschafter in eine Kommanditgesellschaft;

ff) die Errichtung, Firmenänderung und Löschung einer inländischen Niederlassung einer ausländischen Gesellschaft, die den Kapitalgesellschaften im Sinne des § 3 KVG vom 8. April 1922 (RGBl I 354) entspricht.

---

[1]) Die Mitteilung ist nicht gebührenpflichtig. Dagegen hat das Organ des Handelsstandes für eine ihm auf seinen Antrag erteilte Abschrift des Handelsregisters Schreib- und Postgebühren zu entrichten (KGJ **29** A 133).

[2]) Über die Pflichten der Gerichte und Notare hinsichtlich der Kapitalverkehrssteuer vgl. AV vom 10. März 1923 (JMBl 216), 20. März 1923 (JMBl 289), 23. Dezember 1924 (JMBl 1925 16), 17. März 1925 (JMBl 124), 1. Mai 1926 (JMBl 178), 1. November 1927 (JMBl 330).

Zu den Mitteilungen ist der als Anlage zu II A 3 der AV vom 10. März 1923 (JMBl 216) abgedruckte Vordruck zu verwenden. § 12 KVAV vom 22. Juli 1927 (Reichsministerialblatt 283; JMBl 1927 S. 330).

Zwecks Veranlagung zur Körperschaftssteuer sind ferner nach §§ 48, 49 der Ausf.-Best.[1]) zum Körperschaftssteuergesetz vom 8. Mai 1926 (RGBl 361) — mitgeteilt durch die AV vom 30. Oktober 1926 (JMBl 387) — dem Finanzamt durch Übersendung einer Ausfertigung des für die Veröffentlichung im Reichsanzeiger bestimmten Auszugs Mitteilung zu machen von jeder Eintragung in das Genossenschafts- oder Vereinsregister, die eine Gründung, Kapitalerhöhung oder -herabsetzung, Änderung der Gesellschaftsform oder des Vorstandes, Auflösung, Liquidation oder Löschung betrifft. Bei gemeinnützigen und mildtätigen Vereinigungen sind auch Änderungen der Bestimmungen der Satzung über die Verzinsung und Gewinnberechtigung der Einlagen und die Verwendung des bei der Auflösung vorhandenen Vermögens mitzuteilen.

c) Von allen Eintragungen in den Spalten 1—9 des Binnenschiffsregisters ist dem Statistischen Reichsamt (Binnenschiffsregister) nach näherer Maßgabe der AV vom 9. November 1926 (JMBl 392) und vom 7. Dezember 1928 (JMBl 461) Mitteilung zu machen.

d) Die Eintragung einer Zweigniederlassung ist von Amts wegen dem Registergerichte der Hauptniederlassung mitzuteilen. § 131 FGG.

e) Das Genossenschaftsregistergericht hat von der Eintragung eines beitretenden Genossen, der Eintragung oder Vormerkung des Austritts, der Ausschließung oder des Todes von Genossen, sowie von der Eintragung weiterer Geschäftsanteile in die Liste der Genossen dem Gerichte einer jeden Zweigniederlassung zur Berichtigung der dort geführten Liste Mitteilung zu machen. Ebenso ist die Eintragung der Auflösung einer Genossenschaft, der Verschmelzung von Genossenschaften sowie der Eröffnung des Konkursverfahrens zu dem Genossenschaftsregister einer jeden Zweigniederlassung mitzuteilen. § 158 GenG.

f) Gehört ein Ort oder eine Gemeinde (§ 30 HGB, § 57 BGB, § 3 Abs. 2 GenG) zu den Bezirken verschiedener Registergerichte[2]), so hat jedes Registergericht die an dem Orte oder in der Gemeinde bestehenden,

[1]) Zu den Ausführungsbestimmungen ist zu bemerken, daß nach § 66 Abs. 1 BGB nur die Veröffentlichung der ersten Eintragung eines Vereins, und zwar nur der Tatsache der Eintragung des Vereins unter Bezeichnung des Namens und des Sitzes, und zwar in Preußen durch den öffentlichen Anzeiger des Reg. Amtsblatts vorgeschrieben ist (vgl. auch unten § 130), daß ferner u. a. von einer Kapitalerhöhung oder herabsetzung bei Vereinen und Genossenschaften (bei letzteren kommt nur die „Haftsumme" in Frage) keine Rede sein kann.

[2]) Wegen Vereinigung solcher Orte s. AV vom 2. und 12. Dezember 1899 (JMBl 557, 803), 30. Juli 1900 (JMBl 529), 25. September 1903 (JMBl 229), 25. Juli 1908 (JMBl 273), 5. Mai 1913 (JMBl 145), 2. März 1923 (JMBl 197) und die Zusammenstellung der Firmenbzirke vom 2. März 1923 (JMBl 197) und die Ergänzung vom 5. November 1924 (JMBl 384).

in das Register eingetragenen Firmen, einschließlich der Firmen der eingetragenen Genossenschaften, soweit es noch nicht geschehen ist, sowie die Namen der an dem Orte oder in der Gemeinde errichteten Vereine, die in das Vereinsregister eingetragen werden, den anderen beteiligten Registergerichten mitzuteilen und diese von jeder entsprechenden neuen Firmeneintragung, sowie von jeder Änderung und Löschung der Firmen sowie der Genossenschaften und von den Namensänderungen und Löschungen, die bei jenen Vereinen eingetragen werden, unverzüglich zu benachrichtigen. Dies gilt auch dann, wenn der betreffende Ort zu mehreren deutschen Ländern gehört. § 15 AV vom 7. November 1899; Art. 15 AV vom 6. November 1899; Art. 6 AV vom 8. November 1899.

§ 27. Öffentliche Bekanntmachung der Registereintragungen.

1. Die Eintragungen in das Handels- Genossenschafts-, Vereins-, Güterrechts- und Musterregister werden auf Grund der Verfügung des Richters bzw. Rechtspflegers öffentlich bekannt gemacht; die Eintragungen werden, soweit nicht das Gesetz etwas anderes vorschreibt, ihrem ganzen Inhalte nach veröffentlicht.

§ 10 Abs. 1 HGB; § 156 GenG.

2. Die Eintragungen in das Handels-, Genossenschafts- und Musterregister werden durch den Deutschen Reichsanzeiger bekanntgemacht. Die Eintragungen in das Handelsregister sind außerdem durch mindestens ein anderes Blatt bekanntzumachen. Für die Bekanntmachungen aus dem Genossenschaftsregister kann das Gericht auf Antrag des Vorstandes neben dem Reichsanzeiger noch andere Blätter bestimmen. Es können dies andere als die für die Bekanntmachungen aus dem Handelsregister dienenden Blätter sein[1]).

3. Das Registergericht hat in Handels- und im Falle des Antrags des Vorstandes in Genossenschaftsregistersachen jährlich im Dezember das Blatt oder die Blätter zu bezeichnen, in denen außer im Reichsanzeiger während des nächsten Jahres die Bekanntmachung der Eintragungen in das Register erfolgen soll. Wird das Handelsregister (Genossenschaftsregister) bei einem Gericht von mehreren Richtern geführt und einigen sie sich über die Bezeichnung der Blätter nicht, so wird die Bestimmung von dem im Rechtszuge vorgeordneten Landgericht getroffen; ist bei diesem Landgericht eine Kammer für Handelssachen, so tritt diese an die Stelle der Zivilkammer. Der Registerrichter kann die für die Veröffentlichungen bestimmten Blätter frei wählen[2]).

---

[1]) Nicht zu verwechseln mit den Bekanntmachungen des Gerichts sind die der Gesellschaften, die in den im Gesellschaftsvertrage bezeichneten Blättern erfolgen (§§ 182, 322 HGB; § 10 GmbHG).

[2]) RG 58 429. Beschwerde gegen die Verfügung des Registerrichters über die Auswahl der Blätter ist nicht zulässig. KGJ 31 A 367 (ObLG München).

4. Die Bezeichnung der Blätter erfolgt bis auf weiteres durch einwöchigen Aushang an der Gerichtstafel des Registergerichts sowie durch Anzeige an die Handelskammer und die Handwerkskammer, zu deren Bezirk das Registergericht gehört. AV vom 11. Dezember 1923 (JMBl 753).

Eine Bekanntmachung der für die Veröffentlichungen bestimmten Blätter durch das Reichsjustizamt im Reichsanzeiger findet nicht mehr statt. § 9 der Verordnung vom 14. Februar 1924 (RGBl I 119).

5. Im Laufe des Jahres müssen alle Bekanntmachungen in den ausgewählten Blättern erfolgen, damit jeder, der auch nur eins dieser Blätter hält, alle vom Registergericht ausgehenden Bekanntmachungen erfahren kann. Es ist also unzulässig, im Laufe des Jahres einem der auserwählten Blätter die Einrückung der Bekanntmachungen zu entziehen[1]).

Hört eines der für die Bekanntmachungen aus dem Genossenschaftsregister bestimmten Blätter im Laufe des Jahres zu erscheinen auf, so hat das Gericht unverzüglich ein anderes Blatt zu bestimmen und öffentlich bekannt zu machen.

Vgl. zu Nr. 1 bis 5: § 10 HGB, § 11 HGB i.d.F. des Gesetzes vom 4. Februar 1925; § 156 GenG i.d.F. der Gesetze vom 12. Mai 1923 und 4. Februar 1925; §§ 4, 5 GenRegVO.

6. Die Eintragungen in das Vereins- und Güterrechtsregister werden nur durch das für die Bekanntmachungen des Registergerichts allgemein bestimmte Blatt, also in Preußen regelmäßig durch den öffentlichen Anzeiger zum Regierungsamtsblatt der zuständigen Regierung, veröffentlicht. § 66 BGB; § 1562 Abs. 1 BGB; AV vom 11. November 1926 (JMBl 397).

7. Der Richter, unter Umständen auch der Rechtspfleger, soweit ihm die Bearbeitung der Register übertragen ist, hat die Veröffentlichung einer Eintragung zu veranlassen, sobald die Eintragung erfolgt ist und ohne daß eine andere Eintragung abgewartet werden darf. Er hat in seiner Verfügung den Wortlaut der öffentlichen Bekanntmachung insoweit anzugeben, als ihr Inhalt von dem der Eintragung verschieden ist. Der Registerführer hat die verfügten Bekanntmachungen herbeizuführen.

Auf eine leicht verständliche und knappe Fassung der öffentlichen Bekanntmachungen[2]) ist Bedacht zu nehmen. Erfolgen mehrere Bekanntmachungen desselben Gerichts gleichzeitig, so sind sie tunlichst zusammenzufassen. Der Bezeichnung des Gerichts ist keine Namensunterschrift beizufügen. Überflüssige Absätze sind zu vermeiden. Die Spalten-

[1]) Cohn, S. 24.

[2]) Beispiele für Bekanntmachungen sind im besonderen Teil dieses Buches gegeben. Die AV vom 9. Mai 1902 (JMBl 110) und vom 19. Oktober 1909 (JMBl 349) empfiehlt im Interesse möglichster Ersparung von Einrückungsgebühren besonders für die Bekanntmachungen aus dem Genossenschafts- und dem Handelsregister, eine knappe Fassung. Vgl. auch AV vom 11. November 1926 (JMBl 397) für das Vereins- und Güterrechtsregister.

überschriften des Registers, die Unterschrift des Registerführers, die Verfügung, durch welche die Eintragung angeordnet ist, die Geschäftsnummer, sowie etwaige bei der Eintragung erfolgte Verweisungen auf andere Stellen des Registers oder auf Aktenstellen sind nicht zu veröffentlichen.

Dagegen ist stets der Tag der Eintragung in das Register mitzuveröffentlichen. Zur Erhöhung der Übersichtlichkeit empfiehlt die AV vom 15. Juni 1925 (JMBl 235) bei Bekanntmachungen aus dem Handelsregister die Firma durch Fettdruck hervorzuheben, wobei jedoch zur Vermeidung unnötiger Kosten nur noch solcher Fettdruck anzuwenden ist, welcher die gleiche Höhe hat wie der übrige Satz.

Die Bekanntmachung ist in jedem Blatte nur einmal zu bewirken; ihr Wortlaut ist vor der Absendung an die Blätter dem Richter zur Genehmigung vorzulegen.

Mit dem Ablaufe des Tages, an dem das letzte der die Bekanntmachung enthaltenden Blätter erschienen ist, gilt die Bekanntmachung als erfolgt. § 10 Abs. 2 HGB; §§ 5, 6, 11, 12 AV vom 7. November 1899; § 156 GenG; § 4 GenRegVO; Art. 1 u. 5 AV vom 8. November 1899; Art. 5, 10 u. 11 AV vom 6. November 1899.

8. Die Eintragungen in das Schiffsregister werden nicht veröffentlicht. § 6 Abs. 3 AV vom 11. Dezember 1899.

§ 28. Zustellungen und Fristen.

1. Die Zustellung von gerichtlichen Verfügungen kommt besonders häufig im Ordnungsstrafverfahren (vgl. oben § 14) vor. Die Bekanntmachung von Verfügungen, in denen eine Frist gestellt ist, erfolgt durch Zustellung nach den für die Zustellung von Amts wegen geltenden Vorschriften der ZPO. Für die Bewirkung der Zustellung hat also der Urkundsbeamte der Geschäftsstelle zu sorgen; die vom Gerichtswachtmeister, Gerichtsvollzieher oder Postboten aufgenommene Zustellungsurkunde gelangt zu den Akten. § 16 FGG; §§ 208 bis 213 ZPO. Durch Einsicht in die Zustellungsurkunde kann der Zeitpunkt der Zustellung genau bestimmt werden. Ist ein Bevollmächtigter bestellt, so ist unter entsprechender Anwendung des § 176 ZPO diesem zuzustellen.

2. Einem Anwesenden kann die Verfügung zu Protokoll bekannt gemacht werden; auf Verlangen ist ihm eine Abschrift der Verfügung zu erteilen. § 16 Abs. 3 FGG. Die Bekanntmachung zu Protokoll erfordert nur, daß die Verfügung mündlich dem Anwesenden bekannt gemacht und diese Bekanntmachung in einem, sei es von dem Urkundsbeamten der Geschäftsstelle oder dem Richter aufgenommenen Protokoll bezeugt wird. Es ist also zulässig, daß im Ordnungsstrafverfahren den Beteiligten, nachdem sie das Protokoll im Einspruchstermin unterschrieben haben, die Bekanntmachung mündlich eröffnet und dies in folgender Form im Protokolle vermerkt wird:

Beschlossen und verkündet:

Es wird unter Verwerfung des Einspruchs eine Ordnungsstrafe von 10 RMark gegen den Erschienenen festgesetzt. Der Erschienene wird in die Kosten des Verfahrens verurteilt (KGJ 22 A 16).

3. Die verfügte Frist beginnt erst mit Ablauf des Tages, an dem die Verfügung zugestellt ist; sie endigt mit dem Ablaufe des letzten Tages. Fällt das Ende der Frist auf einen Sonntag oder allgemeinen Feiertag, so endigt die Frist mit dem Ablaufe des nächstfolgenden Werktages. § 17 FGG; §§ 187ff. BGB. Der Lauf der Frist wird durch die Gerichtsferien nicht gehemmt. § 10 FGG.

§ 29. Die Kosten-, Stempel- und Steuervorschriften. Das Armenrecht.

I. Kosten. 1. Die in Handels-[1])[2]), Vereins-, Güterrechts- und Schiffsregistersachen[3])[4]) zu erhebenden Gebühren sind in den §§ 69—76 PrGKG geregelt. Daneben gelten aus dem I. Teile des PrGKG die allgemeinen Bestimmungen des 1. Abschnitts, einzelne Gebührenvorschriften des 2. Abschnittes, aus dem 8. Abschnitt die Gebührenvorschriften des § 101 für das Ordnungsstrafverfahren in Registersachen und des § 102 für Erledigung einzelner handelsrechtlicher Angelegenheiten. Aus dem 9. Abschnitt ist § 105 Abs. 1 PrGKG hervorzuheben, wonach im Gegensatz zu früheren Bestimmungen die Beurkundung von Anmeldungen zum Handels-, Vereins- und Güterrechtsregister nach § 33 PrGKG gebührenpflichtig ist, während die Anmeldung zu anderen Registern sowie die Aufnahme von Gesuchen, Anträgen und Beschwerden gebührenfrei bleiben.

Für die sonstigen hier in Frage kommenden Beurkundungen gelten die Gebühren und Wertvorschriften der §§ 32 bis 41, 46 PrGKG, wobei zu bemerken ist, daß nach § 34 Abs. 2 PrGKG Abtretungen von Geschäftsanteilen einer G. m. b. H. kostenrechtlich als zweiseitige Verträge zu behandeln sind. Die einzelnen Gebührensätze, die mit 2 RM beginnen,

---

[1]) Bei Beurkundungen, Anmeldungen und Eintragungen von Umstellungen nach der Goldbilanzverordnung bestimmt die VO vom 27. August 1924 in der Fassung der VO vom 23. Oktober 1924 (RGBl I 693, 717) für die Gebührenberechnung ermäßigte Werte, welche gemäß § 2 a. a. O. auch für Beschlüsse, Anmeldungen und Eintragungen des Ausgleichs des Kapitalentwertungskontos maßgebend bleiben.

[2]) Gerichtsgebühren für Bescheinigungen, beglaubigte Abschriften und Auszüge, die den Beteiligten aus Anlaß des Industriebelastungsgesetzes erteilt werden, können niedergeschlagen werden (Erlaß vom 18. März 1925, AV vom 22. April 1925; JMBl 162, 163).

[3]) Für Auszüge aus dem Schiffsregister sind nach Wegfall des Zeugnisstempels nur noch Schreibgebühren zu erheben. § 106 Abs. 2 PrGKG.

[4]) Sondervorschriften über das Kostenwesen bei Führung des Registers für Pfandrechte eines im Bau befindlichen Schiffes (Schiffsbauwerks) enthält die VO vom 2. August 1926 (GS 246).

bei einem Werte von 90000 RM bis 100000 RM 160 RM betragen und für jede weitere Wertsteigerung von je 10000 RM um je 12 RM Gebühren steigen, sind im § 32 PrGKG bestimmt. Zu berechnen ist für Beurkundungen einseitiger Erklärungen oder einseitiger Verträge nach § 33 die volle Gebühr des § 32, für Beurkundung zweiseitiger Verträge und für die im § 46 genannten Beurkundungen (z. B. Beschlüsse von Generalversammlungen usw.) das Zweifache der vollen Gebühr des § 32, für Unterschriftsbeglaubigungen $^2/_{10}$ und für Beurkundung der im § 37 genannten Erklärungen (z. B. Zustimmung einzelner Teilnehmer, Eintragungs- und Löschungsbewilligungen und Anträge) sowie bei Verlosungen und Auslosungen für das Einzählen von Losen (§ 46 Abs. 4) $^5/_{10}$ der vollen Gebühr des § 32 PrGKG. Werden mehrere Erklärungen in einer Verhandlung beurkundet, so ist § 39 PrGKG zu beachten. Die den Gebührenstufen des § 32 PrGKG für Beurkundungen zugrunde zu legende Wertberechnung ist u. a. durch §§ 22, 38, 39, 46 PrGKG bestimmt. Wird auf Verlangen einer Partei oder mit Rücksicht auf die Art der Rechtshandlung letztere außerhalb der Geschäftsstelle vorgenommen, so wird unter Anrechnung etwaiger Reisekosten und Tagegelder die Zusatzgebühr des § 51 PrGKG erhoben.

2. Obige Vorschriften gelten auch für die Notare mit der Maßgabe, daß für die Anfertigung des Entwurfs die für die Beurkundung selbst bestimmte Gebühr zu berechnen ist und daß bei der demnächstigen Beurkundung und Unterschriftsbeglaubigung, wenn letztere nicht an mehr als einem Tage erfolgt, eine Erhöhung dieser Entwurfsgebühr nicht eintritt. § 9 GebO f. Not. Für die Beurkundungen am Krankenlager, an Sonn- und Festtagen sowie in der Zeit von 19 bis 8 Uhr erhalten die Notare eine weitere Zusatzgebühr gemäß § 6 GebO f. Not.

Wegen Aufstellung der Kostenberechnungen, in welchen u. a. der Wert des Gegenstandes und die zur Anwendung gebrachten Gebühren- und Stempelvorschriften anzugeben und welche vom Notar zu unterschreiben sind, sowie wegen Einforderung der Kosten ist § 24 GebO f. Not. zu beachten. Der Landgerichtspräsident kann den Kostenansatz des Notars von Amts wegen berichtigen und auf Antrag seine Gebühren und Auslagen festsetzen. Die Entscheidung erfolgt gebührenfrei. Gegen die Entscheidung ist, soweit sie nicht die Zulässigkeit von Schreibgebühren betrifft, die sofortige Beschwerde an das Kammergericht zulässig. § 25 GebO f. Not. Abweichend von der Gebührenordnung kann für die im § 26 GebO f. Not. aufgeführten Geschäfte des Notars durch Vertrag die Vergütung festgesetzt werden, welche den Auftraggeber jedoch nur bei schriftlicher Zustimmung bindet. Für den Fall, daß die Grenze der Mäßigung überschritten ist, kann die Vergütung im Prozeßwege bis auf die allgemeinen Gebührensätze herabgesetzt werden. § 26 ³ GebO f. Not.

3. Die Gebühren für Eintragungen im Handelsregister (§ 69 PrGKG) sind, soweit nicht für die Eintragung von Aktiengesellschaften,

Gesellschaften m. b. H. und Kommanditgesellschaften auf Aktien sowie für Eintragung eines Beschlusses über Erhöhung und Herabsetzung des Gesellschaftskapitals auf Grund der Sondervorschrift des § 69 Nr. 3a PrGKG der nach dem Gesellschaftskapitale bzw. nach dem Betrage der Erhöhung oder Herabsetzung zu berechnende höhere Gebührensatz des § 32 in Frage kommt, nach 5 Gebührenstufen abgestuft, und zwar a) für Einzelkaufleute zu 160, 80, 40, 20 und 4 RM und b) für Gesellschaften zu 320, 160, 80, 40 und 8 RM. Dabei sind für die Eintragung von Veränderungen (spätere oder sonstige Eintragungen) und für die Eintragung einer Prokura $^6/_{10}$, für die Löschung einer Einzelfirma und für die Löschung einer Prokura $^3/_{10}$ und für 1. Bescheinigungen, begl. Abschriften und Auszüge aus dem Handelsregister $^1/_{10}$ der Gebührenstufen zu a) und für wiederholte Bescheinigungen usw. 2 RM zu erheben, und zwar bezüglich Firma und Prokura besonders. Diesen 5 Gebührenstufen liegt das Gewerbekapital bzw. der Gewerbeertrag zugrunde, die erforderlichenfalls gemäß § 15 Nr. 7 Kassenordnung in der Fassung der AV vom 7. August 1926 (JMBl 286) beim Gewerbesteuerausschuß bzw. Finanzamt festzustellen sind. Bei Eintragungen in das Handelsregister einer Zweigniederlassung sind die besonderen Bestimmungen des § 70 PrGKG zu beachten. Die Einsicht in das Handelsregister ist nach § 73 PrGKG gebührenfrei.

4. Für die 1. Eintragung eines Vereins in das Vereinsregister ist nach § 74 PrGKG das Zweifache der vollen Gebühr des § 32 PrGKG, für die Eintragungen, welche sich auf Mitglieder des Vorstandes oder Liquidatoren beziehen, sowie für die Löschung des Vereins die halbe Gebühr des § 32 und für sonstige Eintragungen die volle Gebühr des § 32 PrGKG zu berechnen. Für 1. Bescheinigungen, beglaubigte Abschriften und Auszüge aus dem Vereinsregister ist $^1/_{10}$ der Gebühr des § 32 und für wiederholte Bescheinigungen usw. 2 RM in Ansatz zu bringen. Der diesen Gebühren zugrunde zu legende Wert ist nach § 22 PrGKG zu bestimmen und beträgt 3000 RM, ausnahmsweise höher oder niedriger, jedoch nicht über 100000 RM und nicht unter 200 RM.

5. Für die Eintragungen in das Güterrechtsregister wird nach dem Werte des nach Abzug des Hausrats verbleibenden reinen Vermögens nach § 75 PrGKG der volle Gebührensatz des § 32 PrGKG und für die 1. Bescheinigung, beglaubigte Abschrift, Auszug aus dem Güterrechtsregister $^1/_{10}$ dieser Gebühr und für wiederholte Bescheinigungen usw. 2 RM berechnet.

6. Für die Eintragung eines Schiffes und für die Eintragung eines neuen Eigentümers werden gemäß § 76 erhoben nach dem Werte des Schiffes: $^5/_{10}$ der Gebühr des § 32 PrGKG, für die Eintragung sonstiger Veränderungen nach einem gemäß § 22 PrGKG zu bestimmenden Werte (Regelwert 3000 RM) ebenfalls $^5/_{10}$, für Eintragung von Pfandrechten und Abtretungen nach dem Betrage des Pfandrechts $^5/_{10}$ und für Eintragung sonstiger Pfandrechtsänderungen und für Löschungen von Pfandrechten

$^5/_{20}$, für den Schiffsbrief nach dem Werte des Schiffs $^2/_{10}$ und für Vermerke von Veränderungen auf dem Briefe $^1/_{10}$ des Gebührensatzes des § 32 PrGKG ebenfalls nach dem Werte des Schiffs. Die Löschung des Schiffs ist gebührenfrei, ebenso Bescheinigungen, beglaubigte Abschriften und Auszüge, für welche nur Schreibgebühren in Ansatz kommen.

Die Gebühren für die Eintragung von Verpfändungen eines im Bau befindlichen Schiffes (Schiffsbauwerkes) und für die Eintragung von Veränderungen und Löschungen dieser Pfandrechte sind nach der Verordnung vom 2. August 1926 (GS 246) die gleichen wie bei den entsprechenden Eintragungen im Schiffsregister. Gebührenfrei sind die im § 2 dieser Verordnung erwähnten Geschäfte.

7. Für die Eintragung in das Genossenschaftsregister oder in die Liste der Genossen mit Einschluß der Vormerkungen, sowie für die Verhandlung und Entscheidung 1. Instanz über Anträge auf solche Eintragungen werden Gebühren nicht erhoben. Die Einziehung von Auslagen findet nach §§ 71 bis 73 des DGKG statt. Jedoch werden in Erweiterung dieser Vorschriften Post- und Schreibgebühren in allen Fällen, also auch für Benachrichtigungen über Eintragungen in die Liste der Genossen, zum Ansatz gebracht. § 159 GenG, § 11 d. VO vom 22. November 1923 (RGBl I 1123).

Weiter gilt auch hier § 101 PrGKG für das Ordnungsstrafverfahren (§ 101 Abs. 5 PrGKG), ferner § 102 PrGKG für einzelne Entscheidungen und Geschäfte (Bestellung von Revisoren, Ermächtigung zur Einberufung von Generalversammlungen, Auflösung von Genossenschaften). Im Beschwerdeverfahren kommt § 105 Abs. 3 PrGKG zur Anwendung. Für Bescheinigungen und Auszüge aus dem Genossenschaftsregister kommen nach Wegfall des Zeugnisstempels nur noch Schreibgebühren zum Ansatz. § 106 Abs. 2 PrGKG.

8. In Musterregistersachen wird für jede Eintragung und Niederlegung eines einzelnen Musters oder Modells, insofern die Schutzfrist für nicht länger als 3 Jahre beansprucht wird, eine Gebühr von 1 RMark für jedes Jahr erhoben. Bei Niederlegung von Paketen ermäßigt sich diese Gebühr auf 10 Pfg. für jedes darin enthaltene Muster oder Modell[1]); sie beträgt jedoch für jedes Jahr und jedes Paket mindestens 1 RMark. Nimmt der Urheber eine längere Schutzfrist in Anspruch, so hat er für jedes weitere Jahr bis zum 10. Jahre einschließlich eine Gebühr von 2 RMark, vom 11. bis 15. Jahre eine Gebühr von 3 RMark für jedes einzelne Muster oder Modell zu entrichten[2]). Für jeden Eintragungsschein sowie für jeden sonstigen Auszug aus dem Musterregister beträgt die Gebühr 1 RMark.

[1]) Die Gebührenermäßigung für Pakete fällt bei der verlängerten Schutzfrist fort. Beschluß des KG vom 11. Januar 1919 (JMBl 282); vgl. auch KGJ **32** B 3.

[2]) Bei Erhebung der Gebühr für Verlängerung der Schutzfrist ist § 16 Nr. 8 KassenO zu beachten.

Alle Eingaben, Verhandlungen, Atteste, Beglaubigungen, Zeugnisse, Auszüge usw., welche Eintragungen in das Musterregister betreffen, sind stempelfrei. Die Aufnahme von Anträgen auf Eintragung ist nach § 105 Abs. 1 PrGKG gebührenfrei. § 12 MSchG in der Fassung des Ges. vom 21. Oktober 1922 (RGBl II 774) und der VO vom 21. Dezember 1923 (RGBl II 494).

9. § 105 Abs. 2 und 3 PrGKG bestimmt die Gebühren für Zurücknahme und Zurückweisung von Anträgen und die Gebühren im Beschwerdeverfahren.

10. Das Schreibwerk ist im allgemeinen durch die Gebühren abgegolten. Jedoch sind u. a. Schreibgebühren einzuziehen in den Fällen der persönlichen und sachlichen Gebührenfreiheit §§ 7, 8 PrGKG, für die auf Antrag erteilten Ausfertigungen und Abschriften sowie für Abschriften zurückgegebener Urkunden (§ 109 PrGKG). Bei Beurkundung zweiseitiger Erklärungen sind 2 Ausfertigungen oder Abschriften, bei sonstigen Beurkundungen 1 Ausfertigung oder 1 Abschrift gemäß § 110 Abs. 3 PrGKG schreibgebührenfrei. Die Beglaubigung der bei den Akten zurückzuhaltenden Abschriften erfolgt gebühren- und stempelfrei, § 109 Abs. 2 PrGKG. Nach § 110 Abs. 1 PrGKG beträgt die Schreibgebühr für die Seite 30 Pfg. Porto wird nicht berechnet. Wegen sonstiger Auslagen siehe §§ 109 ff. PrGKG.

11. Zur Zahlung der Kosten ist der Antragsteller, bei Geschäften, welche von Amts wegen betrieben werden, derjenige, dessen Interesse dabei wahrgenommen wird (§ 1), und ferner derjenige, welcher sie übernommen hat (§ 4), verpflichtet. Zur Deckung der Gebühren und Auslagen kann bei Antragsgeschäften ein Gebühren- und Auslagenvorschuß erhoben und die Vornahme einer Handlung von Zahlung eines Auslagenvorschusses abhängig gemacht werden, ebenso die Aushändigung von Ausfertigungen und Abschriften und die Rückgabe überreichter Urkunden von Zahlung der Kosten und Stempel. § 6 PrGKG. Die persönliche und sachliche Gebührenfreiheit bestimmen §§ 7 und 8 PrGKG. Sie entbindet jedoch nicht von Zahlung barer Auslagen und Schreibgebühren.

12. Über Erinnerungen gegen den gerichtlichen Kostenansatz entscheidet zunächst das Gericht gebührenfrei durch Beschluß. Gegen diesen Beschluß, den das Gericht abändern kann, ist Beschwerde an das Landgericht und gegen dessen Entscheidung, falls ein neuer selbständiger Beschwerdegrund vorliegt oder die Entscheidung auf einer Verletzung des Gesetzes beruht, weitere Beschwerde an das Kammergericht zulässig. §§ 24 bis 27 PrGKG.

II. Preußische Stempelsteuer. Das Pr. Stempelsteuergesetz (LStG) in der Fassung der Bekanntmachung vom 27. Oktober 1924 (GS 627) und der ihm beigefügte Tarif findet in Registersachen Anwendung insbesondere auf Duplikate (Nebenausfertigungen) sowie gerichtlich oder notariell beglaubigte Abschriften stempelpflichtiger Urkunden Tarifstelle 4: 3 RMark Stempel, jedoch nicht über den zur stempelpflichtigen Urkunde selbst erforderlichen Stempel hinaus; Eheverträge TSt 5 — $^1/_{10}$ vH des Vermögens; gerichtliche und notarielle Protokolle über Verlosungen und Ziehungen TSt 12 Ia — 30 RMark, über Generalversammlungen von Aktiengesellschaften oder von Kommanditgesellschaften auf Aktien TSt 12 Ib — 50 RMark, und über Versammlungen der Gesellschafter von Gesellschaften mit beschr. Haftung TSt 12 Ic — 20 RMark; Notariatsurkunden TSt 12 II 1 der tarifmäßige Geschäftsstempel, sonst und in allen Fällen mindestens 3 RMark. Stempelfrei sind jedoch u. a. Notariatsurkunden über Anmeldungen zum Handels-, Vereins-, Genossenschafts- oder Güterrechtsregister TS 12 II 2; Vollmachten TSt 19 — $^1/_{10}$vH des Wertes bzw. in bestimmten Fällen ein Viertel davon. Die Höhe des Stempels ist beschränkt auf 1000 RMark, bzw. ein Viertel davon, also 250 RMark. Ges. vom 26. Juli 1926 (GS 233)[1]. Bei nicht schätzbaren Werten, insbesondere bei Vollmachten zur Ausübung des Stimmrechts in Gesellschaften aller Art beträgt der Vollmachtstempel 1,50 RMark nach TSt 19 3.

Die Einziehung des Stempels zu den Gerichtskosten ist auf die in §§ 30, 54 PrGKG erwähnten Fälle beschränkt. §§ 29, 30, 54, 110 Abs. 2 PrGKG.

Von Wichtigkeit für die geschäftliche Behandlung der Stempelsteuer sind ferner die Ausführungsbestimmungen des FM vom 19. Januar 1926 (FMBl 9ff.) und die gemeinschaftliche Verfügung des JM und FM vom 19. Januar 1926 über gerichtliche Landesstempelsachen (LStV) — JMBl 17ff. — Diese weisen unter anderem auch den Gerichten und Notaren hinsichtlich der Prüfungspflicht, der Stempelerhebung und -entwertung und hinsichtlich der Stempelvermerke auf Urkunden, Ausfertigungen und Abschriften verantwortungsvolle Aufgaben zu.

III. Kapitalverkehrssteuer[2]. Nach dem Kapitalverkehrssteuergesetz (KVG) vom 8. April 1922 (RGBl I 354), welches insbesondere durch die 2. Steuernotverordnung vom 19. Dezember 1923 Art. V (RGBl I 1221 ff.), durch die Verordnung vom 14. September 1924 Art. II (RGBl I 707) und durch die Gesetze vom 10. August 1925 (RGBl I 241) und 15. Juli 1926 (RGBl I 415) wesentliche Änderungen auch hinsichtlich der Steuersätze erfahren hat, unterliegen (nach § 2) der Gesellschaftssteuer: a) Kapitalgesellschaften (I A § 3 KVG), b) andere Erwerbsgesellschaften (I B § 16 KVG), c) die übrigen juristischen Personen und Personenvereinigungen (I C § 24 KVG).

---

[1]) Gemäß RundErl vom 28. Juli 1926 und AV vom 6. August 1926 (FMBl 287) kann auch in zurückliegenden Einzelfällen eine Ermäßigung des Vollmachtstempels auf obige Höchstbeträge aus Billigkeitsgründen erfolgen.

[2]) Das Kapitalverkehrssteuergesetz ist unter Berücksichtigung der in der Zwischenzeit eingetretenen Veränderungen neu herausgegeben im Reichsfinanzministerium. Vertrieb durch den Verlag Carl Heymann, Berlin W 8.

Über Verwaltung der Steuer, über Zuständigkeit, Gegenstand der Versteuerung, Entstehung der Steuerschuld, über Berechnung und Erhebung der Steuer, über das Verfahren und über Steuerbefreiungen sind die Ausführungs- und Durchführungsbestimmungen (KVAB) vom 22. Juli 1927 (Reichsm. Blatt 233 (auszugsweise abgedruckt JMBl 1927 330ff.) und die AV vom 10. März 1923 (JMBl 216, 217), — bezüglich Abschnitt II ersetzt durch die AV vom 1. November 1927 (JMBl 330) — ergangen, welche durch die AV vom 20. März 1923 (JMBl 289), vom 23. Dezember 1924 (JMBl 1925 16), vom 17. März 1925 (JMBl 124) und vom 1. Mai 1926 (JMBl 178, 179) erläutert und ergänzt sind.

Diese Vorschriften, insbesondere die neuen Ausführungs- und Durchführungsbestimmungen vom 22. Juli 1927 (JMBl 330ff.) enthalten in Ausführung der §§ 73—75 KVG auch Bestimmungen über die Mitwirkung der Behörden, Beamten und Notare zwecks Erhebung der Steuer und sind aufs genaueste zu beachten. Sie verpflichten insbesondere die Registerbehörden, Registerführer und Notare zur Erteilung von Urkundenabschriften und zur Bescheinigung darüber auf den Urschriften, zur Aufnahme von steuerwichtigen Erklärungen, ferner zur Abhängigmachung der Aushändigung der Urkunden Ausfertigungen und beglaubigten Abschriften von der Bestätigung des Finanzamts über den Eingang der Abschrift oder von seiner Zustimmung. Die Eintragungen der in §§ 11 und 23 KVAB genannten Rechtsvorgänge im Handelsregister sind nur zulässig, wenn die Unbedenklichkeitsbescheinigung[1]) des Finanzamts vorliegt. Von den im § 12 KVAB bezeichneten Eintragungen betreffend Kapitalgesellschaften und von Eintragungen von Umstellungsbeschlüssen nach der Goldbilanzverordnung ist dem Finanzamt die vorgeschriebene Mitteilung zu machen; in dieser muß auch angegeben werden, von welchem Notar oder Gericht der Vertrag oder Beschluß beurkundet ist und ob die in § 11 vorgeschriebene Bescheinigung des Finanzamts (Datum, Geschäftsnummer) vorgelegen hat. § 12 KVAB. Dagegen bedarf es solcher Mitteilungen nicht über Eintragungen der § 23 Abs. 1 KVAB erwähnten Art (z. B. über Eintragungen betreffend offene Handelsgesellschaften, Kommanditgesellschaften, Genossenschaften, Vereine u. a.). § 23 Abs. 2 KVAB.

Die Steuer ist in der Regel nach Feststellung durch das Finanzamt an die Finanzkasse bar zu zahlen.

Bei Kapitalgesellschaften (KVG I A § 3) wird die Steuer nach den durch Art. V der 2. Steuernotverordnung, durch die VO vom 14. September 1924 Art. II und das Ges. vom 10. August 1925 er-

---

[1]) Unbedenklichkeitsbescheinigungen sind nicht erforderlich für Eintragungen der Umstellungsbeschlüsse und der Durchführung des Ausgleichs des Kapitalentwertungskontos. AV vom 1. Mai 1926 (JMBl 178).

mäßigten[1]) Sätzen der §§ 11—13 KVG durch das Finanzamt festgestellt und eingezogen.

Bei den unter I B § 16 KVG genannten anderen Erwerbsgesellschaften[2]) beträgt die auf volle Reichsmark nach oben abzurundende Steuer für die im § 17 KVG erwähnten Rechtsvorgänge, sofern darüber eine Urkunde errichtet ist, und zwar für jede Urkunde besonders, 5 vT des nach § 21 KVG zu berechnenden Wertes, mindestens jedoch gemäß § 22 KVG in der Fassung der 2. Steuernotverordnung zu Urkunden über Errichtung einer offenen Handelsgesellschaft und Kommanditgesellschaft 20 RMark, bei Urkunden über Errichtung der übrigen Gesellschaften 10 RMark, bei Urkunden über den Beitritt neuer Gesellschafter und die Erhöhung der Einlagen der Gesellschafter 10 RMark, bei Urkunden über den Beitritt eines Genossen zu einer als Erwerbsgesellschaft geltenden Erwerbs- und Wirtschaftsgenossenschaft und über die Beteiligung eines Genossen auf weitere Geschäftsanteile bei einer solchen Genossenschaft 1 RMark. Befreit ist die Errichtung von Stiftungen.

Bei stillen Gesellschaften beträgt die Gesellschaftssteuer für die § 23 KVG genannten Rechtsvorgänge, sofern darüber eine Urkunde errichtet und sofern der Inhaber des Handelsgewerbes keine Kapitalgesellschaft ist, 5 vT, mindestens jedoch 5 RMark.

Bei den unter I C § 24 KVG bezeichneten inländischen juristischen Personen und Personenvereinigungen[3]), die weder als Kapitalgesellschaften noch als Erwerbsgesellschaften anzusehen sind, beträgt die Steuer gemäß § 24 KVG in der Fassung des Art. V der 2. Steuernotverordnung für die erstmalige Feststellung und Anerkennung der Satzung oder des Gesellschaftsvertrages, sofern darüber eine Urkunde errichtet ist, 5 RMark, bei eingetragenen, einem Revisionsverbande angehörenden Erwerbs- und Wirtschaftsgenossenschaften mit Beschränkung auf ihren Mitgliederkreis 3 RMark. Letztere bleiben jedoch unter den § 24 Abs. 3 KVG angegebenen Voraussetzungen (Gemeinnützigkeit usw.) steuerfrei.

---

[1]) Weitere Ermäßigungen sehen vor: die Verordnungen über die Gesellschaftssteuer bei Aufstellung von Goldbilanzen vom 1. Dezember 1924 (RGBl I 762) nebst Nachträgen sowie für Verschmelzungen von Kapitalgesellschaften und für Sanierungen das Ges. vom 31. März 1926 (RGBl I 185).

[2]) Bis auf weiteres werden nach § 90 b KVG (in der Fassung der 2. Steuernotverordnung) die in den §§ 16 bis 24 KVG geregelten Steuern nicht erhoben, mit Ausnahme der für offene Handelsgesellschaften, Kommanditgesellschaften und inländische Niederlassungen ausländischer Gesellschaften, welche den offenen Handelsgesellschaften und Kommanditgesellschaften entsprechen, bestimmten Steuern. Hinsichtlich der stillen Gesellschaften (§ 23 KVG) ist die Erhebung der Steuer jedoch, soweit die Steuerschuld nach dem 1. Juni 1925 entstanden ist, mit Wirkung vom 1. Juni 1925 ab wieder angeordnet. VO vom 27. April 1925 (RGBl I 60).

[3]) Die in I C § 24 KVG geregelten Steuern werden nach § 90 b KVG bis auf weiteres nicht erhoben.

Als Urkunden gelten auch die gesetzlich vorgeschriebenen Registeranmeldungen, so daß die Steuer zu der Registeranmeldung erhoben wird, wenn über den Rechtsvorgang selbst eine besondere Urkunde nicht errichtet ist.

Nach § 110 der Ausf.- und Durchf.-Bestimmungen (JMBl 1927 S. 335) werden Nachprüfungen der Urkunden durch Beamte oder Beauftragte des Finanzamts (Prüfer) in den Geschäftsräumen der zu prüfenden Stellen innerhalb der bei diesen ortsüblichen Geschäftsstunden vorgenommen. Der Prüfer ist verpflichtet, einen mit Lichtbild und Dienstsiegel versehenen Ausweis vorzuzeigen. Behörden, Beamte und Notare sind verpflichtet, ihre Akten, Bücher und sonstigen Schriftstücke, sowie die darüber geführten Listen und Register vorzulegen.

IV. Armenrecht. Auf das Armenrecht in Registersachen finden hinsichtlich der Kosten und Stempel die § 114ff. ZPO sowie die Vorschriften der §§ 34—36 der Rechtsanwaltsordnung entsprechende Anwendung. Art. 1 PrFGG, § 14 RFGG.

Durch die Bewilligung des Armenrechts erlangt der Antragsteller die einstweilige Befreiung von der Berichtigung der rückständigen und künftig erwachsenden Gerichtskosten einschließlich der Gebühren der Beamten, der den Zeugen und Sachverständigen zu gewährenden Vergütung und der sonstigen baren Auslagen sowie der Stempelsteuer. Auch die vorläufig unentgeltliche Beiordnung eines Rechtsanwalts ist zulässig. Die Frage, ob eine Erstattungspflicht der Staatskasse hinsichtlich der Gebühren und Auslagen des Rechtsanwalts besteht, ist streitig. KG 1a Z.S.v. 4. Januar 1927 1aX 1196/26.

§ 30. Die Registerakten.

1. Für jede Firma, jede eingetragene Genossenschaft, jeden eingetragenen Verein, jede die Güterrechtsverhältnisse eines Ehepaares betreffende Eintragung, für jedes Schiff, jede Musterregistersache und für jedes Schiffsbauwerk werden neben dem Register besondere Akten gehalten.

2. In die Registerakten sind aufzunehmen die zur Eintragung in die Register bestimmten Anmeldungen nebst den ihnen beigefügten Schriftstücken, insbesondere den Zeichnungen von Unterschriften, die sonstigen dem Gericht eingereichten Urkunden und Belege[1])[2]), ferner die

---

[1]) Die Anträge, Schriftstücke und Verfügungen, auf Grund deren die Eintragung in die eine besondere Beilage zum Genossenschaftsregister bildende Liste der Genossen stattfindet, werden nicht zu den Registerakten genommen, sondern mit der laufenden Nummer, unter der der Genosse in die Liste eingetragen ist, versehen und, nach Jahrgängen gesammelt, gesondert aufbewahrt. § 27 Abs. 4 GenRegVO.

[2]) Werden mehrere Eintragungen, die zu verschiedenen Registernummern gehören, durch eine gemeinschaftliche Bekanntmachung veröffentlicht, so sind die Schriften und Belegblätter, die sich auf die Sammelbekanntmachung

gerichtlichen Verfügungen sowie die Mitteilungen anderer Behörden und die Nachweise über die Bekanntmachungen. Zu den Registerakten sind auch die Schriften über solche richterliche Handlungen zu nehmen, die, ohne auf eine Tätigkeit bei der Registerführung unmittelbar abzuzielen, doch mit dem in dem Register vermerkten rechtlichen Verhältnis im Zusammenhange stehen, z. B. Erteilung von Zeugnissen über den Registerinhalt, Ernennung von Vorstandsmitgliedern und Liquidatoren, Einberufung und Beurkundung von Generalversammlungen, Verhängung von Ordnungsstrafen u. dgl.

Auskünfte der Finanzämter und der Gewerbesteuerausschüsse, die für Zwecke der Gebührenberechnung gemäß § 15 Abs. 7 der Kassenordnung oder von den Registergerichten zur Verhütung unrichtiger Eintragungen in das Handelsregister (§ 126 FGG und § 3 der AV vom 7. November 1899) erfordert sind, sind nicht zu den Registerakten zu nehmen, sondern für jede Registerabteilung zu einem Sammelhefte zu vereinigen, das ständig unter Verschluß zu halten und dessen Einsicht nur den mit der Registerführung und mit der Kostenberechnung befaßten Beamten zu gestatten ist. § 50 Nr. 16 GeschO in der Fassung der AV vom 7. August 1926 (JMBl 286).

3. Werden Urkunden, die zu dem Register einzureichen waren, zurückgegeben, so ist eine beglaubigte Abschrift zurückzubehalten[1])[2]). In der Abschrift können diejenigen Teile der Urkunde, welche für die Führung des Registers ohne Bedeutung sind, weggelassen werden; der Richter bzw. der Rechtspfleger bestimmt den Umfang der Abschrift. Ist die Urkunde in anderen der Vernichtung nicht unterliegenden Akten des Amtsgerichts enthalten, so genügt eine Verweisung auf die anderen Akten[3]).

Vgl. zu Nr. 1 bis 3: § 50 Nr. 7 GeschO; § 9 AV vom 7. November 1899; § 13 GenRegVO; §§ 10, 15 Bek. vom 12. November 1898; § 10 AV vom 11. Dezember 1899; § 3 Bek. vom 29. Februar 1876.

---

beziehen, zu der Blattsammlung der in der Bekanntmachung zuerst genannten Registernummer zu nehmen. In den übrigen Blattsammlungen (zutreffendenfalls in dem unter Ziffer 4 erwähnten Belegheft) ist zu vermerken, wo sich die Belegblätter befinden. § 50 Nr. 9 GeschO.

[1]) Für die beglaubigten Abschriften sind nur Schreibgebühren zu erheben; sonst sind sie gebühren- und stempelfrei. **KGJ 22** B 34.

[2]) Im Sinne des § 9 der AV vom 7. November 1899 und des § 9 HGB sind als zum Handelsregister einzureichende Urkunden und Schriftstücke nicht nur solche zu verstehen, deren Einreichung durch besondere handelsrechtliche Vorschriften angeordnet ist, sondern auch alle Belege und Unterlagen für die Eintragungen, also namentlich die Anmeldungen, Firmenzeichnungen und die sonstigen Urkunden, die den Anmeldungen beizufügen sind, Erbscheine usw. (**KGJ 22** A 89; **42** 146).

[3]) Diese Vorschrift des § 9 Abs. 3 AV vom 7. November 1899 findet keine Anwendung, wenn ein Amtsgericht als Registergericht tätig ist, dem die Führung des Registers für mehrere Amtsgerichtsbezirke übertragen ist, und die Urkunde in den Akten eines anderen zum gemeinschaftlichen Handelsregisterbezirke gehörigen Amtsgerichts enthalten ist (**KGJ 42** 146).

4. Die Registerakten sind in der Regel nur Blattsammlungen[1]); nur im Falle des Bedürfnisses, insbesondere wenn zahlreiche und umfangreiche Anträge zu erwarten sind, z. B. bei Aktiengesellschaften, Vereinen, Genossenschaften, sind Hüllen aus Aktendeckelpapier zu verwenden. Der Richter kann anordnen, daß eine zu der Abteilung B des Handelsregisters, zu dem Vereins- oder zu dem Genossenschaftsregister gehörende Blattsammlung in mehreren Bänden zu führen ist, z. B. daß für die Schriftstücke, die sich auf die Satzung, auf die Mitglieder des Vorstandes und die Liquidatoren, auf die Eintragungen in die Liste der Genossen usw. beziehen, je ein besonderer Band angelegt wird. Diese Bände werden durch a, b, c usw. bezeichnet. Die Belegblätter über öffentliche Bekanntmachungen und die den Anträgen der Vorstände von Genossenschaften auf Eintragung oder Löschung in der Liste der Genossen beiliegenden Stücke (Beitrittserklärungen usw.) können, zu einem besonderen Hefte vereinigt, der Blattsammlung beigefügt werden. Auf das Heft ist auf dem Umschlage der Blattsammlung unter dem Nummernverzeichnisse durch den Vermerk „BH" (Belegheft) hinzuweisen. § 50 Nr. 1, 3, 4 u. 8 GeschO.

5. Den Registerakten kann, wenn sie einen größeren Umfang annehmen, nach näherer Anordnung des Richters eine Inhaltsübersicht vorgeheftet werden. Die Inhaltsübersicht ist nach den einzelnen Gegenständen, auf die sich die Schriftstücke beziehen, zu ordnen; sie wird bei Registerakten, die in mehreren Bänden geführt werden, für jeden Band besonders angelegt. § 50 Nr. 5 GeschO.

6. Das Aktenzeichen wird durch die abgekürzte Bezeichnung des Registers und die Eintragungsnummer vertreten; bei den zu den Güterrechtsregistern gehörigen Blattsammlungen tritt an die Stelle der Eintragungsnummer die durch mehrere Bände fortlaufende Seitenzahl, und zwar, falls die dasselbe Ehepaar betreffenden Eintragungen auf einer späteren Seite fortgesetzt sind, die erste Seitenzahl[2]). Hierbei sind folgende Abkürzungen eingeführt:

HRA = Handelsregister Abteilung A,
HRB = Handelsregister Abteilung B,
Gn R = Genossenschaftsregister,
VR = Vereinsregister[3]),

---

[1]) Die zu einem Bande des Registers gehörigen Blattsammlungen werden nach der Nummernfolge der Eintragungen in besonderen, mit der Bezeichnung des Registerbandes versehenen Fächern aufbewahrt. § 50 Nr. 2 GeschO.

[2]) Als Seitenzahl gilt auch die Seitenzahl mit dem Unterscheidungsbuchstaben A (Art. 19a der AV vom 6. November 1899 in der Fassung der AV vom 25. Februar 1924).

[3]) Die Vereinsregisterakten sind mit dem Namen des Vereins und mit der Nummer zu versehen, die der Verein im Register führt. § 10 Abs. 1 Bek. vom 12. November 1899.

GR = Güterrechtsregister,
SSR = Seeschiffsregister,
BSR = Binnenschiffsregister,
Pf R Sch = Pfandrechtsregister für Schiffsbauwerke,
MR = Musterregister.

§ 7 Nr. 6 GeschO, § 1 AV vom 10. Juli 1926.

7. Über die Erteilung von Zeugnissen des Inhalts, daß eine gewisse Eintragung im Register nicht vorhanden sei, sind, insoweit die eingehenden Schriftstücke nicht zu vorhandenen Registerakten genommen werden können, Sammelakten zu führen. § 50 Nr. 10 GeschO.

8. Gehört ein Ort oder eine Gemeinde zu den Bezirken verschiedener Registergerichte, so ist bei jedem der beteiligten Gerichte ein Generalaktenstück zu halten, zu dem das Verzeichnis der in den Registern der anderen beteiligten Gerichte eingetragenen Firmen aus diesem Orte oder aus dieser Gemeinde sowie die Nachrichten über die neue Eintragung solcher Firmen zu nehmen sind. Dem Aktenstück ist ein alphabetisches Firmenverzeichnis vorzuheften. § 50 Nr. 11 GeschO.

9. Die Register selbst werden dauernd aufbewahrt. Die Registerakten[1]) dürfen erst dann vernichtet werden, wenn 30 Jahre seit dem Tage vergangen sind, an dem alle Eintragungsvermerke, auf die sich der Aktenband bezieht, in den Registern gelöscht sind. Die Handelsregisterakten über Einzelfirmen sind jedoch bereits nach 10 Jahren seit dem genannten Tage zur Vernichtung geeignet.

Auch die beim Genossenschaftsregister zu führende Liste der Genossen ist dauernd aufzubewahren. Die nach Jahrgängen gesammelten Anträge, Schriftstücke und Verfügungen, auf Grund deren die Eintragung in die Liste stattgefunden hat, können nach Ablauf von 30 Jahren seit Löschung der Genossenschaftsfirma vernichtet werden. § 16 Ziff. 5, § 17 Ziff. 2, § 18 Ziff. 4 der Vorschriften über die Vernichtung von Akten, Registern und Urkunden bei den Justizbehörden vom 31. Dezember 1927 (JMBl 1928 S. 3ff.); §§ 25, 37 GenRegVO.

10. Zu den Registern sind alphabetische Verzeichnisse der Namen und Firmen zu führen. Für die beiden Abteilungen des Handelsregisters besteht ein gemeinschaftliches Namen- und Firmenverzeichnis[2]); im Falle des Bedürfnisses können für beide Abteilungen gesonderte Verzeichnisse geführt werden. Nach der Löschung der Eintragungen ist der Name der Firma, wenn aber die Löschung sich nur auf einzelne von mehreren Re-

---

[1]) Die Bezeichnung „Akten" begreift auch Blattsammlungen in sich. § 34 der Vorschriften vom 31. Dezember 1927.

[2]) In dem Verzeichnisse sind alle Namen und Firmen, also auch die Namen der Prokuristen, der Vorstandsmitglieder von Aktiengesellschaften und Genossenschaften, der Geschäftsführer von Gesellschaften m. b. H. usw. aufzuführen. RVfg vom 25. Juni 1901 — I 4235.

gisternummern bezieht, der Hinweis auf die Registernummer rot zu unterstreichen; auch ist im Falle einer gesonderten Führung bei einer Übertragung aus einer Abteilung in die andere in den Namen- und Firmenverzeichnissen auf den Übergang durch einen Vermerk hinzuweisen. In dem für das Vereinsregister zu führenden alphabetischen Verzeichnis sind bei jedem Vereine außer der laufenden Nummer die Seiten anzugeben, wo er im Register eingetragen ist; haben mehrere Vereine den gleichen Namen, so ist die Bezeichnung des Sitzes beizufügen. Für das Güterrechtsregister ist das Namenverzeichnis nach dem Namen der Ehemänner unter Angabe der Seite des Registers, und zwar stets einheitlich für den ganzen Gerichtsbezirk, zu führen; neben dem Namen des Ehemannes ist auch der Vorname und der Geburtsname der Frau anzugeben. § 50 Nr. 13 GeschO; RVfg vom 25. Juni 1901 — I 4235; §§ 11, 16 Bek. vom 12. November 1898 (JMBl 299). Zu dem Musterregister ist ein Verzeichnis zu führen, das die eingetragenen Namen oder Firmen in alphabetischer Reihenfolge enthält. § 2 Bek. vom 29. Februar 1876.

Die Oberlandesgerichtspräsidenten können anordnen, daß die Namensverzeichnisse zu den öffentlichen Registern in Form einer Kartensammlung zu führen sind. AV vom 7. Januar 1928 (JMBl 16).

11. Die Oberlandesgerichtspräsidenten sind ermächtigt, für die Amtsgerichte ihres Bezirks, bei denen nach den örtlichen Verhältnissen die Führung von Tabellen eine Erleichterung des Geschäftsverkehrs mit sich bringen würde, anzuordnen, daß

a) bei den zu der Abt. B des Handelsregisters, zu den Schiffsregistern und zu dem Vereinsregister gehörenden Akten eine Tabelle zu halten ist,

b) bei den zu der Abt. A des Handelsregisters gehörenden Akten auf von Fall zu Fall zu treffende Anordnung des Richters eine Tabelle zu halten ist; die Anordnung soll nur ergehen, sofern in der Registersache bereits mehr als sechs Eintragungsverfügungen ergangen sind. Die Tabelle muß mit dem Register wörtlich übereinstimmen. Die Sorge für die Übereinstimmung liegt dem Beamten ob, der die Geschäfte des Urkundsbeamten der Geschäftsstelle bei der Führung der öffentlichen Register wahrnimmt. Die Tabelle ist in einen Umschlag von starkem Papier zu heften und unter dem Deckel des letzten Aktenbandes zu verwahren.

AV vom 7. Januar 1928 (JMBl 16).

§ 31. Das Eingangsregister für Registerangelegenheiten.

1. In das bei jedem Amtsgericht zu führende Eingangsregister („ER") für Registerangelegenheiten sind solche Anträge auf Eintragung in ein Register aufzunehmen, die sich nicht auf eine bereits vorhandene Eintragung beziehen, ausgenommen die dem Urkundsbeamten der Geschäftsstelle unbedenklich erscheinenden Anträge, welche vorbehaltlich späterer Berichtigung alsbald die aus der Nummernfolge der Registereintragungen

sich ergebende Nummer der künftigen Eintragung erhalten[1]). Ein in dieser Weise behandelter Eintragungsantrag ist im Falle der richterlichen Beanstandung unter Berichtigung des Aktenzeichens nachträglich aber gleichfalls in das Eingangsregister einzutragen[2]). Ferner sind darin Schriftstücke einzutragen, die solche auf die Führung der öffentlichen Register sich beziehende Angelegenheiten betreffen, für die besondere Registerakten noch nicht angelegt sind. Insbesondere ist z. B. das Ordnungsstrafverfahren (oben § 14) dann in das Eingangsregister für Registerangelegenheiten einzutragen, wenn dadurch eine neue Registereintragung erst herbeigeführt werden soll, während es zu den Registerakten (oben § 30) gehört, wenn die Ergänzung, die Berichtigung oder die Löschung einer schon vorhandenen Eintragung in Frage kommt. § 51 Nr. 1 u. 2 GeschO.

2. Die mit den eingehenden Schriften anzulegenden Blattsammlungen gehen zu den Registerakten, wenn der in das Eingangsregister eingetragene Antrag demnächst durch Eintragung in eines der öffentlichen Register erledigt ist. Das bisherige Aktenzeichen ist zu durchstreichen und die Abgabe im Eingangsregister (Spalte 7) zu vermerken. § 51 Nr. 3 GeschO.

3. Mitteilungen der Industrie- und Handelskammern oder der kaufmännischen Korporationen, die sich nicht auf eine einzelne Firma beziehen, sind zu Generalakten zu nehmen. Der Richter kann anordnen, daß auszugsweise Abschriften einer solchen Mitteilung zu Registerakten zu nehmen oder behufs Einleitung einer neuen Angelegenheit des Aktenregisters vorzulegen sind. § 51 Nr. 4 GeschO.

§ 32. Einsicht der Register und der Registerakten. Abschriften und Auskünfte.

1. Die sämtlichen Register und die beim Genossenschaftsregister geführte Liste der Genossen sind öffentlich. Die Einsicht ist während der gewöhnlichen Dienststunden, nicht bloß während der sogenannten Sprechstunden, von der Geschäftsstelle ohne richterliche Anordnung jedem zu gestatten. Von dem Nachweise eines Interesses oder gar eines rechtlichen Interesses darf also die Gestattung der Einsicht nicht abhängig gemacht werden. Dasselbe unbeschränkte Recht auf Einsicht gilt auch für die zu den Registern eingereichten Schriftstücke[3]).

---

[1]) Die Nummer ist gleichzeitig unter kurzer Bezeichnung der Angelegenheit im Register mit Bleistift vorzumerken. § 51 Nr. 1 Satz 2 GeschO.

[2]) In diesem Falle hat die Löschung des vorläufigen Bleistiftvermerks im Register zu erfolgen. Die hierdurch freigewordene Stelle und Nummer ist demnächst für einen anderen Antrag zu verwenden, auch wenn inzwischen weitere Eintragungen erfolgt sind. § 51 Nr. 1 Satz 3 und 4 GeschO.

[3]) Die Einsicht der Registerakten ist also nur soweit ohne weiteres zulässig, als es sich um die zu den Registern eingereichten Schriftstücke oder um sonstige Unterlagen der Eintragung handelt. Cohn, S. 11; OLG 2 396; KGJ 22 A 89.

§ 9 Abs. 1 HGB; § 156 GenG; § 79 BGB; § 1563 BGB; § 5 FlaggG; § 121 BSchGes; § 11 MSchG; § 3 Nr. 4 GeschO; § 8 AB vom 7. November 1899; Art. 1 Abs. 1 AB vom 8. November 1899; Art. 14 AB vom 6. November 1899; § 26 Abs. 1 GenRegBO.

2. Beim Musterregister erstreckt sich das Recht der Einsicht auch auf die nicht versiegelten Muster und Modelle. Wird darüber gestritten, ob ein Muster oder Modell gegen Nachbildung geschützt ist, können zur Herbeiführung der Entscheidung auch die versiegelten Pakete vom Registergericht geöffnet werden. § 11 Ges. vom 11. Januar 1876.

3. Beim Güterrechtsregister können nur diejenigen Schriftstücke eingesehen werden, auf die bei den Eintragungen in das Güterrechtsregister Bezug genommen ist. Hierher gehört z. B. das Verzeichnis der zum Vorbehaltsgute gehörenden Gegenstände.

4. Aus dem Rechte der Einsicht folgt, daß sich jeder aus den Registern und Akten Auszüge und Abschriften anfertigen kann.

5. Von den Eintragungen können gegen Erlegung der Kosten ohne Nachweis eines besonderen Interesses Abschriften gefordert werden, die auf Verlangen zu beglaubigen sind[1][2]; in diese Abschriften sind die rot unterstrichenen Eintragungen nur aufzunehmen, soweit dies beantragt oder nach den Umständen angemessen ist. Anträge auf Erteilung von Abschriften aus den Registern und aus den Listen der Genossen sind von dem Urkundsbeamten der Geschäftsstelle selbständig zu erledigen, der jedoch in Zweifelsfällen die Entscheidung des Richters einzuholen hat. Diese Vorschrift findet aber keine Anwendung bei Anträgen auf Erteilung beglaubigter Abschriften aus dem Schiffsregister und beglaubigter auszugsweiser Abschriften aus den übrigen Registern. AB vom 27. Dezember 1911 (JMBl 1912 S. 3). Soweit hiernach die Erledigung derartiger Anträge dem Richter zusteht, kann sie auch dem Rechtspfleger übertragen werden. §§ 31 i, 32, 23e der EntlBfg (JMBl 1928 S. 140).

Von den zum Handels- und Genossenschaftsregister eingereichten

---

[1]) Die Beglaubigung von Abschriften der Eintragungen und der zum Register eingereichten Schriftstücke liegt dem Urkundsbeamten der Geschäftsstelle ob. Art 35 PrFGG; § 7 AB vom 7. November 1899; Art. 13 AB vom 6. November 1899. Dagegen sind die beglaubigten Abschriften aus dem Schiffsregister von dem Richter und dem Urkundsbeamten der Geschäftsstelle zu unterschreiben. Art. 29 Abs. 3 PrFGG. Tritt nach Maßgabe der EntlBfg an Stelle des Richters der Rechtspfleger, so unterzeichnet dieser mit einem zweiten Bürobeamten oder einem vom Behördenvorstand ermächtigten Büroangestellten oder Kanzleibeamten. §§ 32, 23a der EntBfg vom 1. März 1928. Wird eine auszugsweise Abschrift erteilt, so sind bei der Beglaubigung die Vorschriften der Art. 47, 57 Abs. 3 und 59 PrFGG zu beobachten. § 7 Abs. 2 AB vom 7. November 1899. Vgl. auch § 9 Abs. 2 AB vom 11. Dezember 1899.

[2]) Gegen die Abgabe von Abschriften der ganzen Handelsregister an die Industrie- und Handelskammern bestehen grundsätzliche Bedenken. JMB vom 28. Februar 1908, I 1374.

Schriftstücken[1]) kann eine auf Verlangen zu beglaubigende[2]) Abschrift gefordert werden, sofern ein berechtigtes Interesse glaubhaft gemacht wird[3]); der Begriff des berechtigten Interesses deckt sich nicht mit dem des rechtlichen Interesses, so daß eine Abschrift der Schriftstücke auch solche Personen verlangen können, die nur ein tatsächliches (wirtschaftliches) Interesse an den Abschriften haben. Zu beachten ist, daß ein solches Recht auf Abschriften der zu den Registern eingereichten Schriftstücke bei dem Vereins-, Güterrechts-, Schiffs- und Musterregister nicht besteht. Hier sind also die Beteiligten auf die Einsicht der Register und Akten beschränkt und können nur von den Eintragungen selbst Abschriften verlangen.

§ 9 Abs. 2 HGB[4]); § 156 GenG; §§ 79, 1563 BGB; § 5 FlaggG; § 121 BSchGes; § 11 MSchG; § 23 Abs. 2 AV vom 7. November 1899; Art. 2 Abs. 2 AV vom 8. November 1899; Art. 7 Abs. 2 AV vom 6. November 1899; § 9 Abs. 1 AV vom 11. Dezember 1899.

6. Das Registergericht hat ferner die in den §§ 33, 34 GBO, § 69 BGB und § 164 ZwVG erwähnten Zeugnisse auszustellen. § 2 Abs. 1 AV vom 7. November 1899; Art. 1 AV vom 8. November 1899; Art. 3 Abs. 1 AV vom 6. November 1899; § 3 Abs. 2 AV vom 11. Dezember 1899.

7. Das Registergericht hat endlich auf Verlangen, ohne Nachweis eines besonderen Interesses, eine Bescheinigung darüber zu erteilen, daß bezüglich des Gegenstandes einer Eintragung weitere Eintragungen nicht vorhanden sind oder daß eine bestimmte Eintragung nicht erfolgt ist. Es sind dies die sog. Negativatteste. § 9 Abs. 2 HGB; § 156 GenG; § 162 FGG; § 8 AV vom 11. Dezember 1899[5]).

8. Hierüber hinaus ist das Gericht zur Erteilung von Auskünften aus den Registern nicht verpflichtet; es braucht also z. B. nicht auf Antrag zu bescheinigen, daß an einem bestimmten Tage eine bestimmte Person als alleiniger Vorstand einer Gesellschaft in das Handelsregister eingetragen war (KG im RJA 1 150). Das Gericht wird solche Auskünfte nur erteilen, wenn es sich um einfache, schnell und sicher zu erledigende Anfragen handelt. Im übrigen ist dem Richter zu empfehlen, solche Auskünfte wegen der

---

[1]) Vgl. Anm. 2 S. 80. [2]) Vgl. Anm. 1 S. 85.

[3]) Über Glaubhaftmachung vgl. §§ 294 ZPO, 15 Abs. 2 FGG. Ein berechtigtes Interesse hat z. B. der Aktionär, der Abschriften aus den zum Handelsregister eingereichten Urkunden der Aktiengesellschaft verlangen kann (RJA 16 98).

[4]) Diese Vorschriften finden auch auf die Liste der Genossen und auf die zu der Liste eingereichten Schriftstücke Anwendung. § 26 Abs. 2 GenRegVO.

[5]) Die Erledigung der Anträge auf Erteilung von Zeugnissen und Bescheinigungen aus den Registern, soweit sie dem Richter zusteht, und die Erteilung tatsächlicher Auskünfte aus den Registern und Registerakten kann dem Urkundsbeamten der Geschäftsstelle als Rechtspfleger übertragen werden. § 31 i der EntlVfg vom 1. März 1928. Die Ausfertigung der oben zu 6. und 7. erwähnten Zeugnisse und Bescheinigungen erfolgt nach Art. 18 PrFGG; sie werden also von dem Urkundsbeamten der Geschäftsstelle unterschrieben und mit dem Gerichtssiegel versehen. § 2 Abs. 1 AV vom 7. November 1899.

für den Fall ihrer Unrichtigkeit drohenden Schadensersatzansprüche abzulehnen und die Beteiligten auf die Vorschriften über die Einsichtnahme der Register usw. hinzuweisen.

9. Auch Behörden[1]) gegenüber ist das Registergericht nach den das Registerwesen betreffenden Vorschriften zur Erteilung von Auskünften nicht verpflichtet. Dagegen ist die Auskunftspflicht Behörden gegenüber nach dem öffentlichen Rechte Preußens nicht zu verneinen. (Vgl. § 38 VO vom 2. Januar 1849 [GS 1]; s. auch RG JW **1910** 717.) Es hat deshalb das Registergericht z. B. nach § 115 der Reichsversicherungsordnung den im Vollzuge des Gesetzes ergehenden Ersuchen der Versicherungs- und anderen öffentlichen Behörden sowie der Organe der Versicherungsträger um eine Auskunft über den Inhalt des Handelsregisters zu entsprechen (vgl. KGJ **27** A 214). Doch unterliegt die Feststellung der Verpflichtung nach Grund und Umfang im Beschwerdefalle nur der Entscheidung der vorgesetzten Dienstbehörde, nicht den gerichtlichen Beschwerdeinstanzen (KGJ **23** A 213).

Die Beschwerde in Registersachen.

§ 33. Die Zulässigkeit der Beschwerde.

1. Gegen die Verfügungen des Registergerichts findet das Rechtsmittel der Beschwerde statt. § 19 Abs. 1 FGG.

2. Beschwerdeberechtigt ist nicht jeder; die Beschwerde steht vielmehr nur dem zu, dessen Recht durch die Verfügung beeinträchtigt ist. § 20 Abs. 1 FGG. Das beeinträchtigte Recht kann sowohl dem Privatrecht als auch dem Gebiete des öffentlichen Rechts angehören (KGJ **21** A 181; **28** A 65; **44** 163). Es muß sich aber um ein bestimmtes, individuelles Recht, z. B. ein Firmen- Namen- oder ein sonstiges Recht handeln (KGJ **28** A 40; **37** A 199; **53** 93). Ein bloßes berechtigtes Interesse an der Änderung der richterlichen Verfügung reicht also nicht aus (KGJ **25** A 5; **33** A 142) und ein allgemeines Recht öffentlichrechtlicher Natur ohne bestimmte Beziehungen rechtlicher Art zu dem Beschwerdeführer genügt nicht zur Begründung der Beschwerdeberechtigung. Insbesondere ist in dieser Beziehung die Verletzung öffentlichrechtlicher Firmenvorschriften nicht für ausreichend zu erachten, um jedem, der ein wirtschaftliches Interesse an ihrer Beobachtung hat, ein Beschwerderecht zu verleihen. Vielmehr ist im Falle der Eintragung einer unzulässigen Firma dem Inhaber einer anderen Firma als solchem die Beschwerde nur dann zu gewähren, wenn gerade das ihm zustehende Firmenrecht als verletzt anzusehen ist und nicht bloß das allgemeine Interesse des Publikums. Ist z. B. ein Firmeninhaber

---

[1]) Das KG hat die Frage, ob nach geltenden Rechte der Registerrichter auf Verlangen einer Aufwertungsstelle Auskunft über den Inhalt einer Registereintragung zu erteilen hat, bejaht (JMBl 1926 S. 160.).

als Wettbewerber in seinem Recht gemäß §§ 3, 13 UnlWG vom 7. Juni 1909 dadurch verletzt, daß ein anderer unter Verstoß gegen § 18 Abs. 2 HGB eine ihm nicht zukommende, zur Täuschung der Allgemeinheit geeignete Firma führt, so ist er zur Einlegung der Beschwerde gegen die Ablehnung seines Antrages auf Einleitung des Löschungsverfahrens gemäß § 142ff. FGG nicht berechtigt[1][2], hat vielmehr seine Rechte gemäß §§ 1, 8, 16 UnlWG geltend zu machen (KGJ **37** A 199; **53** 93; abw. ObLG München JFG **1** 189); dagegen steht ihm gegen den ablehnenden Bescheid des Registerrichters die Beschwerde in dem Falle zu, daß sich eine später eingetragene Firma gemäß § 30 Abs. 1 HGB nicht deutlich von der seinigen unterscheidet (KGJ **37** A 199; JFG **5** 230 [BayObLG]).

Gegen Verfügungen in Registerangelegenheiten der Handelsgesellschaften, Genossenschaften und Vereine steht den einzelnen Gesellschaftern bzw. Mitgliedern in der Regel ein selbständiges Beschwerderecht nicht zu[3]). Nur ausnahmsweise, wenn ein Sonderrecht, ein eigenes Recht des einzelnen durch die Verfügung unmittelbar beeinträchtigt ist, ist ihm ein Beschwerderecht zuzubilligen. So ist mit Recht zugelassen: die Beschwerde des Aktionärs, wenn es sich um die Löschung eines Generalversammlungsbeschlusses handelt, gegen den er in der Versammlung Widerspruch zu Protokoll erklärt und demnächst Anfechtungsklage wegen Gesetzesverletzung erhoben hat (KGJ **28** A 231; **37** A 152), ferner die Beschwerde des Gesellschafters einer GmbH. für den besonderen Fall der Stellung von Anträgen aus §§ 29, 48 BGB (KGJ **34** A 169), sodann die Beschwerde eines Genossen zur Richtigstellung des Tages seines Ausscheidens (KGJ **28** A 58) und endlich die Beschwerde eines Vereinsmitgliedes in dem auf Löschung eines von ihm — als ungültig — angegriffenen Beschlusses der Mitgliederversammlung abzielenden Verfahren des Registergerichts. (KGJ **41** 157). Grundsätzlich macht es für die Beschwerdeberechtigung keinen Unterschied, ob die angefochtene Verfügung auf Antrag oder von Amts wegen erlassen ist. Die Beschwerde muß nicht nur dem Antragsteller, gegen den die Entscheidung unmittelbar ergangen ist, sondern jedem Beteiligten gewährt werden, der durch die ergangene Entscheidung in seinem Rechte betroffen wird und deshalb an deren Beseitigung ein Interesse hat. Soweit aber eine Verfügung nur auf Antrag erlassen werden kann und der Antrag zurückgewiesen worden ist, steht die Beschwerde nur dem Antragsteller zu. § 20 Abs. 2 FGG.

---

[1]) Auch der Gläubiger einer eingetragenen Firma hat auf Grund seines bloßen Forderungsrechtes in der Regel kein Beschwerderecht, um die Richtigstellung der im Handelsregister eingetragenen Rechtsverhältnisse dieser Firma durchzusetzen (KGJ **33** A 140; OLG **46** 287). [2]) Vgl. auch KGJ **21** A 245.

[3]) Vgl. wegen der Aktionäre: KG RJA **4** 147; **11** 30; OLG **8** 235; Recht **1904** 414; KGJ **37** A 152; wegen der Gesellschafter einer GmbH.: KGJ **34** A 166; RJA **11** 30; wegen der Genossen: KG Recht **1906** 866; JFG **3** 219 (OLG Dresden); wegen der Vereinsmitglieder: KGJ **41** 157.

3. Der Notar, der die zu einer Eintragung in ein Register, z. B. das Güterrechtsregister, erforderlichen Erklärungen beurkundet und im Namen der Beteiligten die Eintragung beantragt hat, kann gegen die die Eintragung ablehnende Verfügung des Amtsgerichts Beschwerde einlegen. §§ 161, 129, 124 FGG.

4. Besonders geregelt ist die Beschwerdeberechtigung der Organe des Handelsstandes[1][2]). Diese sind nämlich (vgl. auch oben § 14) berechtigt, Anträge behufs der Verhütung unrichtiger Eintragungen sowie behufs der Berichtigung und Vervollständigung des Handelsregisters[3]) bei den Registergerichten zu stellen und gegen Verfügungen, durch die über solche Anträge entschieden wird, das Rechtsmittel der Beschwerde zu erheben. § 126 Abs. 1 FGG[4]). Das Beschwerderecht der Organe des Handelsstandes ist also gegenüber der Regel des § 20 FGG dahin erweitert, daß es von einer Beeinträchtigung ihres Rechtes unabhängig ist; dagegen ist es nach anderer Richtung hin erheblich eingeschränkt. Denn es steht ihnen nach dem Wortlaut des § 126 Abs. 1 FGG nur gegen solche Verfügungen zu, durch die über einen von ihnen gestellten Antrag entschieden wird. (KGJ **28** A 206; OLG **12** 406.) Außerdem muß die Beschwerde einen der in § 126 FGG umschriebenen Gegenstände betreffen. (KGJ **34** A 133; JFG **1** 182 [OLG Karlsruhe].) Leitet also z. B. das Amtsgericht ohne Antrag der Handelskammer das Ordnungsstrafverfahren zum Zwecke der Anmeldung einer Firma ein, findet es aber nach Erörterung der Sache keine Veranlassung, eine Ordnungsstrafe festzusetzen und hebt es die strafandrohende Verfügung auf, so hat die Handelskammer kein Beschwerde-

---

[1]) Anderen Körperschaften und Verbänden steht ein entsprechendes allgemeines Beschwerderecht nicht zu. Dieses gilt auch für die Organe des Handwerkerstandes, insbesondere die Handwerkskammer. Unter Umständen ist aber ein Beschwerderecht für die Handwerkskammer gegeben, wenn ein von ihr zu wahrendes Schutzrecht z. B. dadurch verletzt ist, daß einem Handwerker bei einer Eintragung in das Handelsregister fälschlicherweise der Meistertitel beigelegt ist (KGJ **32** A 117).

[2]) Die Aufsichtsbehörden können zwar darauf hinwirken, daß Beschwerde eingelegt wird, aber im allgemeinen nicht selbständig Beschwerde erheben (KGJ **20** A 13; **28** A 63; **32** A 123); nur unter Umständen kann aus dem Aufsichtsrecht einer Behörde ein Beschwerderecht hergeleitet werden (KGJ **42** 187; **44** 163). U. a. hat das Aufsichtsamt für Privatversicherung ein Beschwerderecht bezüglich der Frage, ob ein Versicherungsunternehmen, insbesondere ein Versicherungsverein auf Gegenseitigkeit in das Handelsregister einzutragen ist (KGJ **32** A 123).

[3]) Des Handelsregisters selbst, nicht der Beilagen und Akten (OLG Karlsruhe JFG **1** 182). Vgl. dagegen Schlegelberger Anm. 3 zu § 126 FGG, der die Ansicht vertritt, daß zur Vervollständigung des Handelsregisters auch die Einreichung der zum Handelsregister z. B. gemäß § 259 Abs. 5 HGB einzuliefernden Urkunden gehört.

[4]) Der § 126 FGG findet für das Gebiet des Genossenschaftsregisters keine Anwendung (KG DNotVZ **1928** 244; Schlegelberger Anm. 1 zu § 147 FGG; Josef JW **1929** 675; **AM** BayObLG JFG **5** 266).

recht, obwohl sie jederzeit durch ihren Antrag die Einleitung eines neuen Ordnungsstrafverfahrens veranlassen kann. (KGJ **28** A 206.) Zu versagen ist ihr das Beschwerderecht z. B. auch für den Fall des § 140 FGG, 37 Abs. 1 HGB (KGJ **34** A 133; **35** A 150).

5. Das beeinträchtigte Recht, dessen Anerkennung im Beschwerdewege erstrebt wird, braucht nicht stets die Hauptsache zu betreffen. Vielmehr ist die Beschwerde auch nur wegen der Kosten[1]) einer gerichtlichen Entscheidung mit der Begründung zulässig, daß die Entscheidung unrichtig sei. Rechtsmittel aus dem preußischen Gerichtskostengesetze stehen dabei nicht in Frage. Auch ist es für die Zulässigkeit des Rechtsmittels ohne Bedeutung, ob die Partei den zur Hauptsache in der Vorinstanz gestellten Antrag nicht aufrechterhalten kann oder will (KGJ **22** A 3; vgl. OLG **5** 439).

6. Zu den Entscheidungen des Registergerichts, gegen die das Rechtsmittel der Beschwerde gegeben ist, gehört die eine Eintragung anordnende Verfügung des Richters nicht. Sie ist lediglich ein innerer Vorgang des Registergerichts, eine innerdienstliche Anweisung an den Urkundsbeamten der Geschäftsstelle, die den Beteiligten nicht bekanntgemacht wird. Aber auch gegen die in das Register erfolgte Eintragung findet, da sie keine Verfügung im Sinne des § 19 FGG ist, die Beschwerde nicht statt. Sie kann vielmehr nur im Wege des durch die §§ 142ff. FGG geordneten Löschungsverfahrens beseitigt werden[2]). (RJA **13** 30; **17** 110; KGJ **32** A 171; **41** 102, 158; JFG **1** 254, 261; **3** 219; **5** 233 [OLG Dresden]; OLG **25** 410; **33** 388.)

Auch gegen die Verfügung, durch welche eine Eintragung in die Liste der Genossen angeordnet ist, und gegen die Eintragung selbst gibt es kein Beschwerderecht (JFG **5** 271).

7. Auch gegen Eintragungen eines Pfandrechts in das Schiffsregister ist eine Beschwerde unzulässig. § 122 FGG; vgl. wegen der Beschwerde in Schiffspfandsachen auch unten § 152.

8. Hat das Gericht nicht auf einen Antrag entschieden, sondern nur in völlig unverbindlicher Weise einem Beteiligten auf dessen Anfrage, z. B. ob einem im Entwurfe vorgelegten, aber noch nicht gefaßten Beschlusse der Gesellschafter einer Gesellschaft mit beschränkter Haftung Eintragungsbedenken entgegenständen, seine Auffassung über die

[1]) Auch soweit die Gebührenpflicht und die Gebührenansätze in Handelssachen den Beschwerdegegenstand bilden, sind die Kammern für Handelssachen Beschwerdeinstanz (KGJ **31** B 18; abw. Marcus im ZBlFG VI, 406). Vgl. unten § 34.

[2]) Der als „Beschwerde" bezeichnete, auf Löschung der Eintragung abzielende Rechtsbehelf ist aber, da dessen falsche Bezeichnung unschädlich ist, vom Beschwerdegericht auch unter dem Gesichtspunkt des § 143 FGG, nämlich als Anregung an das Landgericht zu prüfen, die Löschung der Eintragung als Gericht 1. Instanz von Amts wegen zu verfügen (KGJ **28** A 233; **41** 106; **48** 138; JFG **1** 255; **5** 272).

Rechtslage zu erkennen gegeben, so ist kein Beschwerderecht gegeben, zumal noch gar nicht abzusehen ist, ob der Entwurf die Zustimmung der Gesellschafter finden wird. In einem solchen Falle ist kein Recht irgendeiner Person verletzt und ein Recht darauf, zu erfahren, wie das Registergericht sich im Falle der Anbringung eines Eintragungsantrages verhalten würde, steht niemandem zu (KGJ **25** A 247).

Eine Verfügung im Sinne des § 19 FGG liegt dagegen dann vor, wenn mit der Mitteilung der Rechtsansicht die Eröffnung verbunden wird, daß ein auf abweichender Ansicht beruhender, bereits angekündigter Antrag abgelehnt wird. Hat also z. B. der Registerrichter die ordnungsmäßige Anmeldung einer abgeänderten Firma beanstandet und auf die weitere Anfrage wegen Zulässigkeit einer nunmehr gewählten Firma geantwortet, daß auch der in Aussicht gestellten Anmeldung dieser neuen Firma aus den von ihm angeführten Gründen nicht stattgegeben werde, so ist gegen diese Verfügung die Beschwerde zulässig (KG OLG **40** 9).

§ 34. Das Beschwerdeverfahren.

1. Über die Beschwerde entscheidet eine Zivilkammer des Landgerichts, in dessen Bezirk das Registergericht seinen Sitz hat. Ist bei dem Landgericht eine Kammer für Handelssachen gebildet, so tritt für Handelssachen diese Kammer an die Stelle der Zivilkammer. §§ 19 Abs. 2, 30 Abs. 1 FGG. Zu den Handelssachen im Sinne des FGG gehören alle in den §§ 125 bis 158 FGG abgehandelten Materien, insbesondere also alle das Handels- und Genossenschaftsregister betreffenden Angelegenheiten[1]) (KGJ **20** A 123), sowie die durch § 145 FGG dem Registergericht übertragenen einzelnen Verrichtungen (vgl. oben § 3 Nr. 6). So ist also z. B. die Ernennung und Abberufung von Liquidatoren gemäß § 145 Abs. 1 FGG als Handelssache aufzufassen; dies gilt auch, wenn diese Ernennung und Abberufung bei Versicherungsvereinen auf Gegenseitigkeit erfolgt, da auch diese Vereine nach § 30 PrivVersG in das Handelsregister einzutragen sind (KGJ **24** A 209). Ebenso handelt es sich um eine Handelssache, wenn der Vorstand einer Aktiengesellschaft die Ausstellung eines Legitimationsattestes verlangt, aus dem sich die Bestimmungen des Gesellschaftsvertrages über die Vertretung der Gesellschaft und die Personen der Vertretungsberechtigten ergeben sollen (RJA **1** 85).

Dagegen entscheidet in Vereinssachen stets die Zivilkammer (KGJ **29** A 110).

2. Die Beschwerde kann bei dem Registergericht oder bei dem Beschwerdegericht eingelegt werden. § 21 Abs. 1 FGG. Die Be-

[1]) Handelssache im Sinne des FGG, insbesondere der §§ 30, 143 ist auch die Führung des Musterregisters (KGJ **39** A 140) und des Schiffsregisters, soweit es sich nicht um Eintragung oder Löschung von Schiffspfandrechten handelt (KGJ **48** 138).

schwerde kann also nicht nur, wie nach § 569 ZPO, bei der Behörde eingelegt werden, welche die angefochtene Entscheidung erlassen hat. An eine Frist ist sie im Gegensatz zu der sofortigen Beschwerde (unten § 35) nicht gebunden.

3. Die Einlegung der Beschwerde erfolgt durch Einreichung einer Beschwerdeschrift oder durch Erklärung zum Protokolle des Urkundsbeamten der Geschäftsstelle[1]) desjenigen Gerichts, dessen Verfügung angefochten wird, oder des Urkundsbeamten der Geschäftsstelle des Beschwerdegerichts. § 21 Abs. 2 FGG.

4. Die Beschwerde kann auf neue Tatsachen und Beweise gestützt werden. § 23 FGG. Das Beschwerdegericht kann eine vollständige Nachprüfung in tatsächlicher Beziehung vornehmen.

5. Erachtet schon das Registergericht die Beschwerde für begründet, so hat es ihr abzuhelfen. § 18 Abs. 1 FGG. Andernfalls legt es die Beschwerde mit den Registerakten dem Beschwerdegericht vor.

6. Die Beschwerde hat nur dann aufschiebende Wirkung, wenn sie gegen eine Verfügung gerichtet ist, durch die eine Strafe festgesetzt wird. § 24 Abs. 1 FGG. Es darf also z. B. die im Ordnungsstrafverfahren (vgl. oben § 14) festgesetzte Strafe noch nicht vollstreckt werden, wenn gegen die Strafverfügung Beschwerde eingelegt wird. Es kann aber auch das Registergericht in allen Fällen anordnen, daß die Vollziehung der angefochtenen Verfügung auszusetzen ist. § 24 Abs. 2 FGG.

7. Das Beschwerdegericht kann vor der Entscheidung eine einstweilige Anordnung erlassen; es kann insbesondere anordnen, daß die Vollziehung der angefochtenen Verfügung auszusetzen ist. § 24 Abs. 3 FGG.

8. Die Entscheidung des Beschwerdegerichts ist mit Gründen zu versehen und dem Beschwerdeführer mitzuteilen. § 25 FGG. (KGJ **27** A 56.)

9. Besonderes gilt für das Beschwerdeverfahren in Schiffspfandsachen (s. unter § 152).

§ 35. Die sofortige Beschwerde.

1. In einer Reihe von Fällen ist nicht die einfache, sondern nur die sofortige Beschwerde zulässig. Die sofortige Beschwerde findet z. B. statt:

a) Gegen den Beschluß, durch den im Ordnungsstrafverfahren (vgl. oben § 14) die Ordnungsstrafe festgesetzt oder der Einspruch verworfen wird. § 139 Abs. 1 FGG; § 159 FGG.

b) Gegen den Beschluß, durch den im Verfahren wegen unbefugten Gebrauchs einer Firma (vgl. oben § 15) eine Ordnungsstrafe festgesetzt wird. § 140 FGG[2]).

---

[1]) Nicht des Richters (KGJ **43** 1; RG **110** 311).

[2]) Die Beschwerde kann nur darauf gestützt werden, daß die Voraussetzung der Straffestsetzung fehle, daß also das vom Richter angenommene Zuwiderhandeln gegen das Verbot nicht erfolgt sei, während Einwendungen, zu deren Geltend-

c) Gegen die den Widerspruch gegen die Eintragung des Erlöschens einer Firma nach § 31 Abs. 2 HGB zurückweisende Verfügung. § 141 Abs. 3 FGG.

d) Gegen die den Widerspruch gegen die beabsichtigte Löschung einer unzulässigen Eintragung zurückweisende Verfügung des Amtsgerichts oder des Landgerichts[1]). § 142 Abs. 3; § 143 Abs. 2; § 147 FGG.

e) Gegen die Verfügung, durch die über den Antrag in den einzelnen dem Registergericht übertragenen, im § 145 FGG aufgeführten Angelegenheiten (vgl. oben § 3 Nr. 6) entschieden wird. § 146 Abs. 2 FGG; § 148 Abs. 1 FGG.

f) Gegen die Verfügung, durch die im Falle des § 37 BGB über das Verlangen, eine Mitgliederversammlung zu berufen, entschieden wird. § 160 FGG.

Findet gegen die Entscheidung in der Hauptsache die sofortige Beschwerde statt, so kann auch die Entscheidung über die Verpflichtung zur Tragung der Kosten nur mit der sofortigen Beschwerde angefochten werden. Art. 11 Abs. 1 PrFGG.

2. Während die einfache Beschwerde an keine Frist gebunden ist, muß die sofortige Beschwerde binnen einer Frist von zwei Wochen eingelegt werden. Die Frist beginnt mit dem Zeitpunkt, in welchem die Verfügung dem Beschwerdeführer bekannt gemacht worden ist. § 22 Abs. 1 FGG[2]).

3. Einem Beschwerdeführer, der ohne sein Verschulden verhindert war, die Frist einzuhalten, ist auf Antrag von dem Beschwerdegerichte die Wiedereinsetzung in den vorigen Stand zu erteilen, wenn er die Beschwerde binnen zwei Wochen nach der Beseitigung des Hindernisses einlegt und die Tatsachen, welche die Wiedereinsetzung begründen, glaubhaft macht. Eine Versäumnis der Frist, die in dem Verschulden eines Vertreters ihren Grund hat, wird nicht als eine unverschuldete angesehen. Gegen die Entscheidung über den Antrag findet die sofortige weitere Beschwerde (vgl. unten § 36) statt. Nach dem Ablauf eines Jahres, von dem Ende der versäumten Frist an gerechnet, kann die Wiedereinsetzung nicht mehr beantragt werden. § 22 Abs. 2 FGG.

---

machung der Einspruch gegeben ist, nicht zulässig sind, z. B. der Einwand des Beschwerdeführers, daß keine Firma, sondern eine Etablissementsbezeichnung vorliege (OLG Hamburg OLG **29** 304).

[1]) Hat das Landgericht als Gericht 1. Instanz gemäß § 143 Abs. 1 FGG den Widerspruch zurückgewiesen, so stellt sich das Rechtsmittel dagegen nicht als weitere, sondern gemäß § 143 Abs. 2 FGG als erste, und zwar sofortige, Beschwerde dar. Das Kammergericht, das gemäß § 199 Abs. 2 FGG in Verbindung mit Art. 7, 8 PrFGG in Preußen über die Beschwerde entscheidet, ist daher nicht auf die Prüfung beschränkt, ob die angefochtene Entscheidung auf einer Gesetzesverletzung beruht, kann vielmehr die Vorentscheidung auch nach der sachlichen Seite einer Nachprüfung unterziehen und neue Tatsachen berücksichtigen (KGJ **28** A 234; **44** 157; RJA **11** 193).

[2]) Über die Art der Bekanntmachung vgl. oben § 28.

4. Im übrigen finden auf die sofortige Beschwerde die über die einfache Beschwerde ergangenen Vorschriften entsprechende Anwendung.

5. In einigen, das Registerwesen betreffenden Fällen findet nicht die sofortige Beschwerde nach dem FGG, sondern die sofortige Beschwerde nach der ZPO statt. Dies Rechtsmittel ist z. B. nach §§ 60 Abs. 2, 71 Abs. 2 BGB gegeben, wenn die Anmeldung eines Vereins zur Eintragung in das Vereinsregister oder die Anmeldung der Satzungsänderung eines bereits eingetragenen Vereins zurückgewiesen wird, aus welchem Grunde (z. B. auch wegen des wirtschaftlichen Vereinszwecks) auch immer die Zurückweisung erfolgt (KGJ **20** A 8; **26** A 3; **39** A 144; **44** 163; RJA **14** 63; RG **47** 386; RG JW **1903** Beil. 113 Nr. 248; RG **84** 158). Der § 60 Abs. 2 BGB ist auch dann anzuwenden, wenn das Registergericht die Anmeldung nicht alsbald zurückweist, sondern zunächst durch Zwischenverfügung beanstandet (KG DNotVZ **1928** 247). Die sofortige Beschwerde nach Maßgabe der ZPO findet ferner statt, wenn dem Verein, dessen Mitgliederzahl unter drei herabgesunken ist, die Rechtsfähigkeit entzogen wird oder bei Genossenschaften, wenn durch Beschluß des Gerichts die Auflösung der Genossenschaft ausgesprochen wird. § 73 Abs. 1 BGB, § 80 Abs. 2 GenG.

§ 36. Die weitere Beschwerde.

1. Gegen die Entscheidung des Beschwerdegerichts ist das Rechtsmittel der weiteren Beschwerde[1]) zulässig, wenn die Entscheidung auf einer Verletzung des Gesetzes[2]) beruht[3])[4]). Die Vorschriften der §§ 550, 551, 561, 563 ZPO finden entsprechende Anwendung. § 27 FGG.

Erwägungen rein tatsächlicher Natur sind also der Nachprüfung des Gerichts der weiteren Beschwerde jedenfalls insoweit entzogen, als sie von einem Rechtsirrtum nicht beeinflußt gewesen sind. (RJA **4** 130.)

2. Über die weitere Beschwerde entscheidet in Preußen ein Zivilsenat des Kammergerichts. Hängt die Entscheidung nach der Auffassung des Kammergerichts von der Auslegung eines in seinem Bezirke

---

[1]) Vgl. AV vom 28. April 1911 (JMBl 177) betr. die Behandlung der weiteren Beschwerde in Angelegenheiten der freiw. Gerichtsbarkeit.

[2]) Die Verfügung des PrJM über die Führung des Handelsregisters ist eine Rechtsverordnung, durch deren Verletzung die weitere Beschwerde gerechtfertigt wird (KGJ **29** A 213).

[3]) Die Anordnung des Landgerichts, das dem Amtsgericht die Betreibung des amtlichen Löschungsverfahrens überträgt, ist keine mit der Beschwerde anfechtbare Entscheidung. Es ist daher gegen die in der Beschwerdeinstanz ergangene Anweisung des Landgerichts auch die weitere Beschwerde nicht zulässig (KGJ **37** A 194; RG **85** 276).

[4]) Hat das Landgericht als Beschwerdegericht die Eintragung in das Handelsregister angeordnet und ist die Eintragung dementsprechend erfolgt, so findet keine weitere Beschwerde mit dem Ziel der Löschung dieser Eintragung statt (KGJ **32** A 171).

nicht geltenden Gesetzes ab, so kann es die weitere Beschwerde demjenigen Oberlandesgerichte zur Entscheidung überweisen, zu dessen Bezirke das Landgericht gehört, das die angefochtene Entscheidung erlassen hat. Der Überweisungsbeschluß ist dem Beschwerdeführer bekanntzumachen. § 199 Abs. 2 FGG; Art. 7, 8 PrFGG.

Will das Kammergericht bei der Auslegung einer das Registerwesen betreffenden reichsgesetzlichen Vorschrift von der auf weitere Beschwerde ergangenen Entscheidung eines anderen — in der Regel außerpreußischen — Oberlandesgerichts, falls aber über die Rechtsfrage bereits eine Entscheidung des Reichsgerichts ergangen ist, von dieser abweichen, so hat es die weitere Beschwerde unter Begründung seiner Rechtsauffassung dem Reichsgerichte vorzulegen. Der Beschluß über die Vorlegung ist dem Beschwerdeführer bekanntzumachen. In solchen Fällen entscheidet über die weitere Beschwerde das Reichsgericht. § 28 Abs. 2 und 3 FGG. (RG RJA **5** 9; **6** 39; RG **68** 297.)

3. Die weitere Beschwerde kann bei dem Registergerichte, dem übergeordneten Landgericht oder dem Kammergericht eingelegt werden. Erfolgt die Einlegung durch Einreichung einer Beschwerdeschrift, so muß diese durch einen Rechtsanwalt unterzeichnet sein. Der Zuziehung eines Rechtsanwaltes bedarf es nicht, wenn die Beschwerde von einer Behörde, z. B. der Industrie- und Handelskammer (KGJ **40** 217) oder von dem Notar eingelegt wird, der in der Angelegenheit für den Beschwerdeführer einen Antrag bei dem Registergerichte gestellt hat. § 29 Abs. 1 FGG.

In Schiffspfandsachen bedarf es der Zuziehung eines Rechtsanwaltes nicht, wenn die Beschwerde von dem Notar eingelegt wird, der die zu der Eintragung erforderliche Erklärung beurkundet oder beglaubigt und im Namen eines Antragsberechtigten den Eintragungsantrag gestellt hat. § 124 FGG.

Die weitere Beschwerde kann auch zum Protokoll der Geschäftsstelle eines der drei Gerichte — Registergericht, übergeordnetes Landgericht, Kammergericht — eingelegt werden; Geschäftsstellen anderer Gerichte sind nicht zuständig (KG RJA **1** 3 u. 42). Ebensowenig kann die weitere Beschwerde zu Protokoll des Richters erster Instanz eingelegt werden (RG **110** 311; a. A. ObLG München JFG **1** 25). Auch dürfen die die weitere Beschwerde aufnehmenden Urkundsbeamten der Geschäftsstelle sich nicht etwa damit begnügen, einen vom Beschwerdeführer überreichten Schriftsatz nur mit der protokollarischen Eingangs- und Schlußformel zu versehen. (KGJ **22** A 202, OLG **25** 397.)

4. Das Registergericht und das Landgericht sind nicht befugt, der weiteren Beschwerde abzuhelfen. § 29 Abs. 3 FGG.

5. Im übrigen finden die Vorschriften über die Beschwerde entsprechende Anwendung. § 29 Abs. 4 FGG.

6. Soweit eine Verfügung der sofortigen Beschwerde unterliegt, findet

auch gegen die Entscheidung des Beschwerdegerichts die sofortige weitere Beschwerde statt. § 29 Abs. 2 FGG.

Soweit die sofortige Beschwerde nach der ZPO gegeben ist (vgl. oben § 35 unter Nr. 5) findet auch die sofortige weitere Beschwerde nach den Vorschriften der ZPO statt.

In diesen Fällen kommen also z. B. für die Form der weiteren sofortigen Beschwerde nicht die Bestimmungen der §§ 29, 21 FGG (s. oben), sondern die Formvorschriften der ZPO zur Anwendung. Es kann deshalb die weitere sofortige Beschwerde gegen den Beschluß des Landgerichts ohne Anwaltszwang durch Einreichung einer privatschriftlichen Beschwerdeschrift nach § 569 Abs. 2 und § 78 Abs. 2 ZPO gültig erhoben werden. Sie muß aber innerhalb einer Notfrist von zwei Wochen bei dem Landgerichte, von dem die angefochtene Entscheidung erlassen ist, oder beim Kammergericht eingelegt werden. §§ 569 Abs. 1; 577 Abs. 2 ZPO.

7. In Vereinsregistersachen findet auch nicht § 27 FGG, sondern § 568 Abs. 2 ZPO Anwendung. Es ist also gegen die Entscheidung des Beschwerdegerichts, soweit nicht in ihr ein neuer selbständiger Beschwerdegrund enthalten ist, keine weitere Beschwerde zulässig. Stimmt also z. B. das Landgericht mit dem Amtsgericht sachlich darin überein, daß die Eintragung des angemeldeten Vereins abzulehnen sei, weil der Vereinszweck auf einen wirtschaftlichen Geschäftsbetrieb gerichtet sei, so findet keine weitere Beschwerde statt. Dies gilt auch dann, wenn das Landgericht seine Entscheidung im einzelnen anders als das Amtsgericht die seinige begründet hat. Durch die Verweisung auf die ZPO ist aber lediglich die Art des Rechtsmittels bestimmt und der äußere Aufbau des Beschwerdeverfahrens geregelt, während es im übrigen bei den Verfahrensgrundsätzen der freiwilligen Gerichtsbarkeit sein Bewenden hat. Da mithin die §§ 28, 199 FGG auch in den Fällen der §§ 60, 73 BGB gelten, so steht die Entscheidung über die sofortige weitere Beschwerde auch in Vereinsregistersachen dem Kammergericht und nicht dem betreffenden Oberlandesgerichte zu. (KGJ **20** A 8; **26** A 3; **27** A 237; **39** A 144; **44** 163; RG **84** 158.)

B. Besonderer Teil.

Erster Abschnitt.

Das Handelsregister.

Vorbemerkung.

Das Handelsregister besteht in Preußen aus der Abteilung A und der Abteilung B.

In die Abteilung A werden eingetragen: die Firmen der Einzelkaufleute, die offenen Handelsgesellschaften und die Kommanditgesellschaften.

In die Abteilung B werden eingetragen: Die Aktiengesellschaften, die Kommanditgesellschaften auf Aktien, die Gesellschaften mit beschränkter Haftung, die Versicherungsvereine auf Gegenseitigkeit und die in den §§ 33, 36 HGB bezeichneten juristischen Personen.

§ 16 AV vom 7. November 1899; AV vom 20. Juni 1902 (JMBl 133).

I. Die Kaufmannseigenschaft.

§ 37. Übersicht.

Nach § 29 HGB ist jeder Kaufmann[1]) verpflichtet, seine Firma und den Ort seiner Handelsniederlassung bei dem Gericht, in dessen Bezirke sich die Niederlassung befindet, zur Eintragung in das Handelsregister anzumelden und seine Firma zur Aufbewahrung bei dem Gerichte zu zeichnen. Die Verpflichtung zur Anmeldung ist hiernach nur bei denjenigen Personen begründet, die:

a) Kaufmannseigenschaften haben und

b) in der Lage sind, eine Firma anzumelden.

Der Registerrichter muß also bei der — besonders im Ordnungsstrafverfahren (oben § 14) zu prüfenden — Frage, ob jemand handelsregisterpflichtig ist, zunächst die Kaufmannseigenschaft nach § 1 HGB und die

[1]) Auch die Standesherrn waren in Preußen, wenn sie Kaufleute waren, von dieser Verpflichtung nicht befreit; nur zugunsten des Reiches, eines Landes oder eines inländischen Kommunalverbandes ist im § 36 HGB ein Vorbehalt gemacht. KGJ **23** A 77; vgl. jetzt Art. 109 der RVerf vom 11. August 1919.

Firmenfähigkeit nach § 4 Abs. 1 HGB feststellen. Er hat also folgende Fragen zu prüfen:

a) Betreibt der Anmeldende ein Handelsgewerbe im Sinne des § 1 HGB?

b) Ist er ein Vollkaufmann, gehört er also nicht zu den Handwerkern sowie zu den Personen, deren Gewerbebetrieb nicht über den Umfang des Kleingewerbes hinausgeht?

Es sind nun aber nicht bloß Kaufleute registerpflichtig. Vielmehr sind auch gewisse gewerbliche Unternehmer, die nach allgemeiner Rechtsanschauung gemeinhin nicht als Kaufleute bezeichnet werden und deren Unternehmen auch nicht als Handelsgewerbe im Sinne des § 1 HGB zu erachten ist, verpflichtet, die Eintragung ihrer Firma nach den für die Eintragung kaufmännischer Firmen geltenden Vorschriften herbeizuführen. Diese Eintragungsverpflichtung ist für die bezeichneten Gewerbetreibenden nach § 2 HGB dann begründet, wenn das gewerbliche Unternehmen sowohl nach Art als nach Umfang einen in kaufmännischer Weise eingerichteten Geschäftsbetrieb erfordert. Hiernach hat der Registerrichter bei der Frage der Registerpflichtigkeit zu prüfen:

a) Betreibt die in Frage stehende Person oder Gesellschaft ein Handelsgewerbe im Sinne des § 1 HGB, d. h. ist sie Kaufmann? oder

b) Betreibt die Person oder Gesellschaft ein gewerbliches Unternehmen im Sinne des § 2 HGB? und

c) Ist die Person usw. weder ein Handwerker noch ein Minderkaufmann im Sinne des § 4 Abs. 1 HGB?

Die Registerpflichtigkeit deckt sich im allgemeinen mit der Registerfähigkeit. Es können also nur diejenigen Personen die Aufnahme im Handelsregister begehren, die zur Anmeldung verpflichtet sind. Nur für die Nebengewerbe eines land- oder forstwirtschaftlichen Betriebes besteht eine Ausnahme von diesem Grundsatz insofern, als auf dieses Nebengewerbe der § 2 HGB mit der Maßgabe Anwendung findet, daß der Unternehmer berechtigt, aber nicht verpflichtet ist, die Eintragung in das Handelsregister herbeizuführen. § 3 Abs. 2 HGB; vgl. auch unten § 40.

Auch im übrigen gelten für den Betrieb der Land- und Forstwirtschaft besondere Vorschriften. § 3 Abs. 1 HGB; vgl. unten § 40.

Den Kaufleuten stehen gleich die Handelsgesellschaften. § 6 HGB. Die offene Handelsgesellschaft und die Kommanditgesellschaft sind aber nur eintragungsfähig und eintragungspflichtig, wenn der Betrieb den Umfang des Kleingewerbes überschreitet; vgl. Näheres unten § 41. Dagegen sind die Aktiengesellschaften, die Kommanditgesellschaften auf Aktien und die Gesellschaften mit beschränkter Haftung stets eintragungsfähig und eintragungspflichtig, weil diese Gesellschaften als solche überhaupt erst durch die Eintragung entstehen. §§ 200, 320 HGB; § 11 GmbHG.

§ 38. Der Begriff der Kaufmannseigenschaft.

1. Wie im § 37 bemerkt, muß der Registerrichter vor der Eintragung einer Einzelperson in das Handelsregister zuerst prüfen, ob der Betreffende Kaufmann im Sinne des Handelsgesetzbuches ist.

2. Nach § 1 Abs. 1 HGB ist Kaufmann im Sinne des Handelsgesetzbuchs, wer ein Handelsgewerbe betreibt. Es ist also nicht etwa das Betreiben eines Handelsgeschäftes, sondern eines Handelsgewerbes der Kaufmannseigenschaft wesentlich. Es ist deshalb Kaufmann nicht bloß der, welcher eine geschlossene Zahl von Handelsgeschäften gewerbemäßig betreibt, sondern auch unter Umständen der, welcher ein kaufmännisch geführtes gewerbliches Unternehmen betreibt. Handelsgewerbe ist daher nicht bloß der gewerbemäßige Betrieb der in § 1 Abs. 2 HGB aufgezählten Geschäfte (der früheren absoluten und relativen Handelsgeschäfte), sondern nach § 2 HGB auch jedes andere kaufmännisch betriebene Gewerbe, sofern der Unternehmer in das Handelsregister eingetragen ist[1]).

3. Im einzelnen sind folgende Hauptbegriffsmerkmale für die Kaufmannseigenschaft anzuführen:

a) In subjektiver Hinsicht sind dem Kaufmannsbegriff keine Schranken gezogen. Jeder Rechtsfähige, also z. B. Frauen[2]), Minderjährige und die juristischen Personen (auch der Fiskus) sowie die offenen Handelsgesellschaften und die Kommanditgesellschaften können Kaufmannseigenschaft haben.

b) Ein Handelsgewerbe muß betrieben werden. Zur Gewerbemäßigkeit gehört, daß die Absicht nicht auf einzelne Geschäfte, sondern einheitlich auf einen ganzen Komplex von Geschäften gerichtet ist, und daß ferner die Absicht dahin geht, aus dieser fortgesetzten, gleichartigen Tätigkeit eine dauernde Einnahmequelle zu machen[3]) (RG **37** 287; **38** 20; **66** 51; KGJ **28** A 35; **33** A 111; **41** 118). Diese letzterwähnte Absicht muß auch nach außen, dem Publikum gegenüber hervortreten (ROHG **9** 436; **17** 157; **22** 303; RG JW **1894** 19).

Als Gewerbebetrieb ist also nicht zu erachten ein Handelsgewerbe, das nur die Selbstkosten decken will und aus irgendwelchen Gründen, z. B. aus Wohltätigkeit, in dieser uneigennützigen Weise betrieben wird[4]). Dagegen ist die Gewerbemäßigkeit auch dann vorhanden, wenn der Betrieb zwar wissenschaftlichen, religiösen, politischen oder gemeinnützigen Zwecken dient, aber trotzdem auf Erzielung von Gewinn gerichtet ist.

---

[1]) Staub Anm. 3; Brand Anm. 8 zu § 1.

[2]) Eine verheiratete Frau bedarf zum Betriebe des Handelsgewerbes nicht der Zustimmung des Ehemannes. Der Registerrichter ist daher nicht befugt, die Eintragung der Firma der Ehefrau von der Beibringung der Genehmigung des Ehemannes abhängig zu machen. Staub S. 16.

[3]) Ob tatsächlich Gewinn erzielt wird, ist unerheblich; es kommt nur auf die Absicht der Gewinnerzielung an.

[4]) Staub Anm. 7; Brand Anm. 4b zu § 1; RG **37** 297; KG Recht **1928** S. 12 Nr. 37.

Beispiele aus der Rechtsprechung.

aa) **Die Gewerbemäßigkeit des Betriebes eines Konsumvereins** folgt nicht daraus, daß der nur die billige Beschaffung von Waren für den persönlichen und den Haushaltsbedarf der Mitglieder bezweckende Verein aus dem jährlichen Geschäftsgewinn den Mitgliedern, die Waren entnommen haben, eine Dividende nach dem Verhältnisse der von ihnen für diese Waren bezahlten Preise gewährt. Zur Gewerbemäßigkeit gehört, daß die Absicht besteht, aus der einen Komplex von Geschäften umfassenden Tätigkeit eine dauernde Einnahmequelle zu machen. Eine solche Absicht liegt bei diesem Verein nicht vor. Die Dividende ist nicht eine den Mitgliedern aus einem Handel zufließende Einnahme, sondern Rückzahlung eines Teils des von ihnen für die Waren entrichteten Preises (KGJ **21** A 75).

bb) Ein Verein mit juristischer Persönlichkeit, dessen satzungsmäßiger Zweck die Pflege des kirchlichen Sinnes und Lebens ist, wird nicht dadurch zur Eintragung in das Handelsregister genötigt, daß er der Satzung entsprechend neben anderen Veranstaltungen eine Herberge für wandernde Handwerksgesellen, ein Kosthaus für junge Handwerker und ein Hospiz für Reisende mit Erzielung von Überschüssen der Einnahmen über die Ausgaben unterhält, sofern diese Unternehmungen nach der Art ihres Betriebes bestimmt und geeignet sind, den kirchlich-sittlichen Sinn und Wandel der Besucher zu fördern. Dagegen könnte der nicht gewerbliche Zweck des Vereinsganzen Unternehmungen von rein gewerblichem Charakter gegenüber dem Registerzwange nicht decken, wenn also diese Unternehmungen nur betrieben werden, um Einkünfte zur Durchführung des Vereinszwecks zu schaffen. Unterhielte also der Verein an sich dem Gewerbe zuzurechnende Betriebe, die mit dem kirchlich-sittlichen Leben überhaupt nichts zu schaffen hätten, so würde er sich insoweit zur Abwehr des Registerzwangs auf seinen satzungsmäßigen Zweck nicht berufen dürfen (KGJ **28** A 33).

cc) Eine (kommunale) Sparkasse betreibt ein Gewerbe, wenn ihr Betrieb auf Erzielung von regelmäßigen Überschüssen geht, die nicht zur Bildung von Reservefonds verwendet werden sollen, mag auch der eigentliche Zweck der Anstalt ein gemeinnütziger sein. (KGJ **21** D 13 [OLG Jena]; **33** A 109; DJZ **1911** 823 [SächsOVG]; RG **116** 227). Beim Vorliegen einer solchen Gewinnabsicht hat die Sparkasse Kaufmannseigenschaft im Sinne des § 1 HGB, wenn sie ihre regelmäßige Tätigkeit auch auf die Besorgung von eigentlichen Bankiergeschäften erstreckt (RG a. a. O. u. LZ **1928** 59).

Zum Begriffe der Gewerbemäßigkeit ist aber ferner eine Tätigkeit erforderlich, die mittels kaufmännischer oder doch technischer Kenntnisse und Fertigkeiten auf Gewinn abzielt. Fällt dagegen die Tätigkeit in den Bereich der Kunst und Wissenschaft, so ist das Unternehmen kein gewerbliches[1]). Der Arzt, der Rechtsanwalt und der Künstler (RG **75** 52)

---

[1]) Staub Anm. 9 zu § 1.

gehören deshalb regelmäßig nicht zu den Gewerbetreibenden (KGJ **21** A 252ff.; RG **39** 134). Insbesondere betreibt der Arzt als solcher im Sinne des HGB kein Gewerbe, sondern „dem Wesen der Sache und der allgemeinen Auffassung nach" einen wissenschaftlichen Beruf (RG **64** 157; **66** 139 u. 148; **68** 188; **70** 339; JW **1911** 376). Ist aber mit der Ausübung des ärztlichen Berufes der Betrieb einer Heilanstalt verbunden, so kann darin sehr wohl ein Gewerbebetrieb gefunden werden. Für die Abgrenzung ist entscheidend, ob der Betrieb der Anstalt selbständiges Mittel zur Erzielung einer dauernden Einnahmequelle ist, oder ob der Anstaltsbetrieb sich nur als Mittel zum Zweck unterordnet, die, wenn auch mit Gewinnbezug verbundene, Ausübung der ärztlichen Berufstätigkeit zu ermöglichen oder zu fördern. Gewerbemäßigkeit liegt z. B. nicht vor, wenn der Arzt die Anstalt nur für Lehrzwecke oder für die eigene Fortbildung oder wissenschaftliche Untersuchung oder zur Sicherung der sachgemäßen Ausübung seiner ärztlichen Tätigkeit hält; denn in diesem Falle will der Arzt zwar auch Geld verdienen, aber nur durch seine Berufstätigkeit als Arzt und nicht als Anstaltsunternehmer. Ist aber der Anstaltsbetrieb Selbstzweck, hat also der Arzt die Absicht, gerade aus der Gewährung von Aufenthalt und Unterhalt gegen Entgelt Gewinn zu ziehen, so liegt ein gewerbliches Unternehmen vor (KGJ **21** A 247; 254ff.; OLG **8** 89; RG **64** 157; **94** 109). Ähnlich liegen die Verhältnisse bei einem Schauspielunternehmen. Es ist möglich, daß der Unternehmer ein Theater nur betreibt, um seine sonstige literarische oder künstlerische Tätigkeit zu ermöglichen oder zu fördern. In der Regel ist aber der Betrieb wirtschaftlicher Selbstzweck. Das Unternehmen soll eine dauernde Einnahmequelle sein. Nur daneben werden ideelle Aufgaben gelöst (KGJ **26** A 212; vgl. auch OLG **8** 249 [OLG Dresden]).

c) Ein Handelsgewerbe muß vorliegen. Darüber, wann dies der Fall ist, vgl. unten § 39.

d) Das Handelsgewerbe muß betrieben werden. Es muß also begonnen haben.

e) Das Handelsgewerbe muß im Namen der betreffenden Person betrieben werden, so daß diese die Folgen der geschäftlichen Tätigkeit als unmittelbar Berechtigte oder Verpflichtete überkommt (KGJ **26** A 212; OLG Kolmar Recht **1911** Nr. 619; RG **13** 146; RJA **12** A 43 [OLG Karlsruhe]). Als Kaufmann gilt daher nicht nur derjenige, der das Geschäft selbst betreibt, sondern auch der, der es durch einen Vertreter führt. Deshalb ist z. B. nicht als Kaufmann anzusehen: der Prokurist, der Handlungsgehilfe, der Vorstand einer Aktiengesellschaft oder einer Genossenschaft, der Geschäftsführer einer Gesellschaft mit beschränkter Haftung, der Aktionär als solcher[1]), das Mitglied einer Gesellschaft mit beschränkter Haftung als solches (auch nicht als Inhaber sämtlicher Geschäftsanteile; RG **85** 383).

---

[1]) Staub Anm. 18 zu § 1.

Dagegen ist Kaufmann z. B. der Bevormundete, wenn der Vormund das Geschäft in dessen Namen betreibt.

Bei der Frage, wer als Geschäftsinhaber zu gelten habe, ist aber unerheblich, ob dem Betreffenden die gewerbliche Anlage zu Eigentum gehört oder nicht und ob der Ertrag des Unternehmens ganz oder teilweise an andere auszukehren ist und ob für Fehlbeträge andere einstehen (KGJ **26** A 212; **44** 331 [OLG Karlsruhe]). Es wird deshalb die Kaufmannseigenschaft nicht dadurch in Frage gestellt, daß der Gewerbetreibende wirtschaftlich nicht völlig selbständig, insbesondere nicht in der Wahl der Bezugsquellen frei ist, und daß er die Reineinnahmen des Geschäfts an dessen früheren Inhaber bis zur Tilgung des Erwerbspreises abführen muß. Bei den Wirten ist es z. B. ganz gewöhnlich, daß sie vertraglich verpflichtet sind, das Bier von einer bestimmten Brauerei zu beziehen (KGJ **23** D 14 [OLG München]). Überhaupt ist die Frage, für wessen Rechnung die Geschäfte geführt werden, von keiner entscheidenden Bedeutung (RG **37** 61; **99** 158; OLG **8** 248).

f) Das Handelsgewerbe muß endlich rechtsgültig betrieben werden. So kann z. B. ein Minderjähriger ohne Genehmigung des Vormundes kein Handelsgeschäft führen. Der Registerrichter muß also auch die allgemeinen Vorschriften über die Geschäftsfähigkeit, vgl. §§ 104ff., 1626ff. BGB, beachten; s. Näheres auch oben § 9.

§ 39. Die Handelsgewerbe.

Wie in § 38 unter Nr. 3c hervorgehoben wurde, gehört der Betrieb eines Handelsgewerbes stets zur Kaufmannseigenschaft. Wann ein Handelsgewerbe vorliegt, bestimmt das HGB in § 1 Abs. 2 und § 2.

I. Im § 1 Abs. 2 a. a. O. sind eine Reihe von Geschäften aufgeführt[1]), die jeden Gewerbebetrieb, der diese Geschäfte zum Gegenstand hat, ohne weiteres als ein Handelsgewerbe erscheinen läßt. Es sind dies die sog. Grundhandelsgeschäfte. Hierher gehören:

1. Die Anschaffung und Weiterveräußerung von beweglichen Sachen (Waren) oder Wertpapieren, ohne Unterschied, ob die Waren unverändert oder nach einer Bearbeitung oder Verarbeitung weiter veräußert werden.

Es sind deshalb z. B. Kaufleute, wenn unter Umständen auch nur Minderkaufleute: die Schankwirte[2]), Brauer, Müller, (OLG **6** 234), Fleischer

---

[1]) Die Geschäfte sind ausschließend aufgezählt; eine entsprechende Anwendung auf andere Geschäfte ist unzulässig. KGJ **23** A 85.

[2]) Auch die Schankwirtschaft beruht auf dem Ein- und Verkaufe von Speisen und Getränken, teils in unverändertem, teils in bearbeitetem Zustande. KGJ **22** A 276; RG JW **99** 494; **08** 148. So auch Orthal, DJZ **1903** 197. Abweichend Voß, DJZ **1903** 44, der unrichtig die Schank- und Gastwirte stets unter § 2 HGB einreihen will. Die Zimmervermieter (Hoteliers) sind keine Kaufleute nach § 1 HGB. KGJ **31** A 139; RG **82** 25.

(OLG **8** 94), Schneider (RG **51** 123), Tischler, Klempner, Schuhmacher, Uhrmacher (KGJ **49** 94), Gerber und Bäcker[1]), jedoch nur soweit als sie eigenes, von ihnen angeschafftes—nicht etwa ihnen übergebenes— Material be- oder verarbeitet weiterveräußern[2]). Dagegen gehören nicht hierher z. B. die Maurermeister und die Bauhandwerker, die nicht bewegliche Sachen veräußern, sondern in eine unbewegliche Sache (ein Grundstück) hineinarbeiten[3]). Diese Gewerbetreibenden können aber — wenn auch nicht nach § 1 Abs. 2 HGB — so doch nach § 2 a. a. O. Kaufleute sein.

2. Die Übernahme der Bearbeitung oder Verarbeitung von Waren für andere, sofern der Betrieb über den Umfang des Handwerks hinausgeht.

Hierher gehören z. B. die Übernahmegeschäfte der Färbereien (ROHG **1** 132), der Bleichen, Appreturanstalten, Spinnereien, Fabriken, Dampfwaschanstalten (RG Warn. **1910** Nr. 89), chemische Reinigungsanstalten (RGSt **22** 271; LZ **1910** 211), Dampfdreschmaschinen, Lohnmühlen, Lohnwebereien, Lohnholzschneidereien (OLG **16** 76 [OLG Dresden]) usw., sofern die Betriebe über das Handwerksmäßige hinausgehen; dagegen gehören nicht hierher die Werkverträge der Bauunternehmer, Bauhandwerker, der Künstler und Schriftsteller sowie die Geschäfte der Badeanstalten[4]).

In der gewerbsmäßigen Abgabe von Dampfdreschmaschinen durch den Eigentümer an Landwirte kann nach den tatsächlichen Verhältnissen, insbesondere wenn die Angestellten des Maschineneigentümers den Ausdrusch im großen und ganzen allein zu besorgen haben und keine erhebliche Mitwirkung des Personals der Landwirte stattfindet, ein Betrieb im Sinne der Nr. 2 gefunden werden. Anders wäre zu entscheiden, wenn die Maschinen den Landwirten nur zum Gebrauch vermietet würden (KGJ **23** A 85).

3. Die Übernahme von Versicherungen gegen Prämie. Es gehören hierher z. B. die Versicherungen gegen Feuer, Hagel, Unfall usw., sofern sie gegen eine Prämie eingegangen werden. Versicherungen auf Gegenseitigkeit sind ausgenommen (RG **14** 237).

4. Die Bankier- und Geldwechslergeschäfte. Die Geschäfte der Pfandleiher gelten nicht als Bankiergeschäfte, sie können aber unter § 2 HGB fallen (KGJ **27** A 201; RJA **11** 217; OLG **27** 293 [OLG Hamburg]); vgl. auch unten S. 107.

5. Die Übernahme der Beförderung von Gütern oder Reisenden zur See, die Geschäfte der Frachtführer oder der zur Beförderung von Personen zu Lande oder auf Binnengewässern bestimmten Anstalten (z. B. elektrische Straßenbahnen,

---

[1]) OLG **11** 371 (OLG Dresden); ROHG **4** 240. Weitere Beispiele bei Brand Anm. 10 b, bb, zu § 1; Schlegelberger Vorbem. zu § 132—140 FGG Anm. 9.

[2]) Staub Anm. 44 zu § 1.

[3]) Staub Anm. 48 zu § 1; RG LZ **14** 961.

[4]) Staub Anm. 57 und 58 zu § 1.

Dampfschiffe, Omnibus- und Kraftwagenvermietungsunternehmungen, nicht aber einfache Lohnkutscher), sowie die Geschäfte der Schleppschiffahrtsunternehmer.

6. Die Geschäfte der Kommissionäre, der Spediteure[1]) oder der Lagerhalter.

7. Die Geschäfte der Handlungsagenten (RJA **12** 51) oder der Handelsmakler[2]). Wer als Generalagent für mehrere gegen Prämie versichernde Gesellschaften an einem von ihren Sitzen verschiedenen Orte gegen den Bezug von Provisionen und sonstigen nicht festen Einkünften tätig ist, dort in selbst beschafften und bezahlten Geschäftsräumen mit eigenem Personal wirtschaftet, die Unkosten des Betriebs zu tragen hat usw., gilt als Handlungsagent, auch wenn er vertragsmäßig den Weisungen der Gesellschaftsdirektion folgen und seine Tätigkeit den betreffenden Gesellschaften ausschließlich widmen muß (KGJ **22** A 76; OLG **6** 507 [OLG Colmar]).

Theateragenturgeschäfte gehören nicht hierher; die Inhaber solcher Geschäfte können aber Kaufleute nach § 2 HGB sein[3]).

8. Die Verlagsgeschäfte sowie die sonstigen Geschäfte des Buch- und Kunsthandels. Hierher gehören z. B. auch der Kommissionsverlag (ROHG **16** 251) und der Zeitungsverlag[4]); ferner die Geschäfte des Sortimentsbuchhändlers und des Antiquariats, nicht dagegen der Leihbibliotheken (ROHG **23** 400). Die Geschäfte der letzteren können nur nach § 2 HGB Handelsgeschäfte sein.

9. Die Geschäfte der Druckereien, sofern ihr Betrieb über den Umfang des Handwerks hinausgeht. Hiermit sind nicht gemeint die Geschäfte der Kattun- und Zeugdruckereien, sondern die der Druckanstalten von literarischen und künstlerischen Erzeugnissen, auch die photographischen Anstalten, sofern nur ein größerer, nicht bloß handwerksmäßiger Betrieb vorliegt[5]).

Registerpflichtig sind die Inhaber der unter 1 bis 9 bezeichneten Handelsgewerbe nur insoweit, als sie nicht als Minderkaufleute (s. unten § 41) anzusehen sind.

II. Der unter I. gekennzeichnete Kreis der ohne weiteres als handelsgewerbliche zu bezeichnenden Unternehmungen wird durch § 2 HGB erheblich erweitert. Denn wenn auch die Voraussetzungen des § 1 Abs. 2

---

[1]) Über den Annoncenspediteur s. Staub Anm. 76 zu § 1.

[2]) Auch die auf Grund des Börsengesetzes bestellten Kursmakler sind Kaufleute und deshalb registerpflichtig. OLG **8** 245 (OLG Dresden); KGJ **17** 6.

[3]) Staub Anm. 77 zu § 1 und Anm. 4 zu § 93.

[4]) Staub Anm. 78 zu § 1.

[5]) Staub Anm. 81 zu § 1; dies gilt auch dann, wenn in der photographischen Anstalt die Vervielfältigung nicht auf dem Wege des eigentlichen Druckverfahrens stattfindet und dort nur auf Bestellung gearbeitet wird. KGJ **30** A 116.

HGB nicht vorliegen, so gilt doch jedes gewerbliche Unternehmen, das nach Art und Umfang einen in kaufmännischer Weise eingerichteten Geschäftsbetrieb erfordert[1]), als Handelsgewerbe im Sinne des HGB, und die Inhaber gelten als Vollkaufleute (KGJ **27** A 60; **49** 94), sofern die Firma des Unternehmers in das Handelsregister eingetragen ist[2]). Der § 2 HGB bezieht sich nicht nur auf Unternehmungen im Bereiche des Handelsgewerbes, sondern auf jedes gewerbliche Unternehmen, gleichviel ob es nach der Verkehrsanschauung dem Handel zuzurechnen ist oder nicht (KGJ **21** A 247, 250; **26** A 209). Nur die Handwerker als solche unterliegen niemals dem Eintragungszwang, also auch dann nicht, wenn ihr — sich in den Grenzen des Handwerks haltender — Gewerbebetrieb die Voraussetzungen des § 2 HGB erfüllt (KGJ **27** A 302; **35** A 142; **49** 94; RJA **4** 102 [BayObLG]; vgl. das Nähere unten § 41).

Ob das Unternehmen nach Art und Umfang einen kaufmännisch eingerichteten Geschäftsbetrieb erfordert, ist Frage des Einzelfalles und unter sorgfältiger Würdigung aller Umstände festzustellen.

a) Bei der Prüfung des Umfanges des Gewerbebetriebes sind zu berücksichtigen der Umsatz, das Anlage- und Betriebskapital des Unternehmers, die Zahl und Art der verwendeten gewerblichen Hilfsmittel, Menschen-, Maschinen- und sonstige Kräfte, die für die Lagerung, Herrichtung und Verwertung der Waren zur Verfügung stehenden Räumlichkeiten nach Größe, Beschaffenheit und Einrichtung, die Ausgaben für Anschaffungen und Löhne, die Höhe der Einnahme und des Gewinns, der Betrag der Gewerbesteuer, die Art des Zusammenwirkens der im Betriebe beschäftigten Personen, insbesondere der Grad der stattfindenden Arbeitsteilung und die persönliche Arbeitsleistung des Unternehmers, die Zahl der Lieferanten und Kunden usw. (KGJ **22** A 276; **27** A 60; RGSt DJZ **1904** 1188). Auch ist zu beachten, daß der Betrieb auch dann ein sehr umfangreicher sein kann, wenn der Unternehmer die Ware allmählich in kleinen Einzelposten gegen Barzahlung anschafft, und sie wieder im Kleinverkaufe abgibt (KGJ **21** A 68). Hervorzuheben bleibt noch, daß der Reingewinn allein zur Bestimmung des Umfangs nicht etwa maßgebend ist; vielmehr kann auch ein sehr umfangreicher Betrieb zeitweise einen geringen oder gar keinen Reingewinn ergeben, ohne daß er deshalb dem Kleingewerbe zuzuzählen ist (KGJ **27** A 201).

b) Der Umfang ist aber keineswegs allein entscheidend (KGJ **49** 94); es muß vielmehr auch die Art des Betriebes kaufmännische Einrichtungen

[1]) Ob im Einzelfalle das gewerbliche Unternehmen einen solchen Geschäftsbetrieb tatsächlich hat, ist gleichgültig. Allerdings wird man aus der Tatsache des Bestehens der kaufmännischen Einrichtungen meistens schließen können, daß sie auch nötig sind, während umgekehrt deren Fehlen im Zweifel auf ihre Entbehrlichkeit hinweist (BayObLG Recht **1917** Nr. 899).

[2]) Daß nur auf Bestellung gearbeitet wird, schließt die Anwendung des § 2 HGB nicht aus (KGJ **30** A 118).

erfordern (RGSt **34** 103; **35** 289; RG DJZ **1906** 1205; JW **1906** 205, 691; **1908** 343; KG OLG **2** 142; KGJ **21** A 68). Ein Unternehmen kann trotz sehr erheblichen Umfangs, also trotz der großen Anzahl und der erheblichen finanziellen Bedeutung der in seinem Betriebe geschlossenen Geschäfte, seiner ganzen Anlage nach so einfach und durchsichtig sein, daß sich besondere kaufmännische Einrichtungen völlig erübrigen (KG OLG **2** 142; KGJ **21** A 68; **23** A 85; RGSt DJZ **1904** 1188). Solche Einrichtungen, z. B. die kaufmännische Buchführung, die regelmäßige Aufstellung von Inventur und Bilanz, die Zurückbehaltung von Abschriften der abgesandten und die Aufbewahrung der empfangenen Geschäftsbriefe, sowie die dadurch mitveranlaßte Beschäftigung eines kaufmännisch geschulten Personals, setzen einen verwickelten kaufmännischen Organismus, d. h. eine komplizierte Art des Betriebes voraus. Der Betrieb wird aber verwickelt durch die nur allmähliche Anbahnung und Abwicklung geschäftlicher Beziehungen mit einem größeren Kreise von Lieferanten, Kunden und sonstigen Beteiligten, insbesondere auch durch die Inanspruchnahme und Gewährung von Kredit unter Wechselverkehr (KGJ **21** A 68; **22** A 276; RJA **1** 189).

Es brauchen nun aber nicht etwa alle diese für den Umfang und die Art des Betriebes aufgeführten Momente in jedem einzelnen Falle zusammenzutreffen, damit von einem Großbetriebe gesprochen werden kann; vielmehr genügt es, wenn der Betrieb seiner inneren Natur und seinem Charakter nach zu einer kaufmännischen Gliederung hindrängt (KGJ **22** A 276).

Die Voraussetzungen des § 2 HGB treffen u. a. regelmäßig zu auf größere industrielle Betriebe, in denen die vom Unternehmer selbst gewonnenen Rohstoffe verarbeitet werden, also z. B. auf Porzellanfabriken, Ziegeleien und Rübenzuckerfabriken, ferner auf gewisse Zweige der Urproduktion, wie Bergbau (RG JW **1904** 475), Betrieb von Brüchen, Gruben, Salinen (KGJ **26** A 209). So ist z. B. ein Betrieb, der mit 16 Beamten und 480 Arbeitern geführt wurde, in dem 350000 Mk. Jahreslöhne gezahlt wurden und für den eine Gewerbesteuer von 572 Mk. zu entrichten war, als unter § 2 HGB fallend erachtet worden (KGJ **23** A 77).

Auch größere Schauspielunternehmungen stellen sich bei ihren weit verzweigten geschäftlichen Beziehungen zu Bühnenschriftstellern, Verlegern, Schauspielern und sonstigen Angestellten, zu Lieferanten und zum Publikum als so verwickelte Betriebe dar, daß sie ohne die bewährten kaufmännischen Einrichtungen nicht ordnungsmäßig zu führen sind (KGJ **26** A 212; vgl. auch RG **41** 53; OLG **8** 247 [OLG Dresden]).

Ferner fallen auch die Bauunternehmer (RJA **1** 189; OLG **7** 145; RG **70** 30), Inhaber von Tiefbohrgeschäften (RG **60** 80), Maurermeister, sofern diese nicht lediglich Handwerker sind, unter § 2 HGB, so daß sie registerpflichtig sind, wenn ihr Unternehmen nach Art und Umfang kaufmännische Einrichtungen erfordert. Das Kammergericht (RJA **1** 189) hat z. B. in einem Falle keine kaufmännische Organisation für geboten erachtet, in dem es sich um einen Maurermeister handelte, der zwar durchschnittlich 50 Gesellen beschäftigte, jährlich 70000 Mk. Umsatz und 10000 Mk. Reineinkommen hatte, auch mit 120 Mk. zur dritten Gewerbesteuerklasse veranlagt war, aber keinen Wechselverkehr unterhielt und keinen kaufmännischen Kredit in Anspruch nahm. Wir sehen also auch in diesem Falle wieder, daß der Umfang des Betriebes durchaus nicht allein entscheidet.

Auch die Pfandleiher können unter den Voraussetzungen des § 2 HGB in Preußen nach dem Gesetze vom 17. März 1881 (GS 265), Art. 41 AG z. BGB registerpflichtig sein. Der Gewerbebetrieb eines Pfandleihers, der einen Jahresumsatz von 100000 Mk. und eine Reineinnahme von jährlich 6000 bis 7000 Mk. hatte, ist vom Kammergericht (KGJ **27** A 201; RJA **11** 217) als ein solcher von größerem Umfange bezeichnet worden.

Endlich gehören hierher die gewerbsmäßigen Grundstückshändler (KGJ **26** A 209; OLG **9** 238; **24** 110 [OLG Hamburg]), die Leihanstalten (für Bücher, Kostüme usw.), die Auskunftsbüros (KGJ **26** A 209), Annoncenbüros, Inkassobüros, Patentbüros, der Betrieb von Logierhäusern (KGJ **31** A 139) und die photographischen Anstalten, soweit sie nicht unter § 1 Nr. 9 HGB fallen (KGJ **30** A 116)[1]).

Die Inhaber der vorbezeichneten Gewerbebetriebe gelten aber, selbst wenn sonst alle Voraussetzungen des § 2 HGB vorliegen, nicht eher als Kaufleute, als bis ihre Firma in das Handelsregister eingetragen ist. Da sie durch Verzögerung ihrer Firmeneintragung sich den mit der Kaufmannseigenschaft verbundenen Verpflichtungen, insbesondere zur Buchführung leicht entziehen könnten, so hat das Gesetz derartige Unternehmer verpflichtet, die Eintragung ihrer Firma herbeizuführen. Die Erfüllung dieser Verpflichtung hat der Registerrichter im Ordnungsstrafverfahren (oben § 14) zu überwachen. In diesem Verfahren kommt zur Erörterung, ob die Voraussetzungen des § 2 HGB vorliegen.

§ 40. Die land- und forstwirtschaftlichen Betriebe und die dazugehörigen Nebengewerbe.

Die Betriebe der Land- und Forstwirte unterliegen besonderen Vorschriften.

1. Wird nur die reine Land- oder Forstwirtschaft betrieben, ohne daß ein gewerbliches Unternehmen damit nebenbei verbunden ist, so finden die §§ 1 und 2 HGB keine Anwendung, auch wenn der land- oder forstwirtschaftliche Betrieb an sich als ein Handelsgewerbe nach den §§ 1 und 2 a. a. O. anzusehen wäre. § 3 Abs. 1 HGB. Wenn also z. B. ein großer rein landwirtschaftlicher Betrieb, der sowohl nach Art als nach Umfang

[1]) Vgl. Staub Anm. 3; Brand Anm. 4 zu § 2, wo noch weitere Beispiele aufgezählt sind.

kaufmännische Einrichtungen erfordert, ohne ein Nebengewerbe geführt wird, so ist der Inhaber weder berechtigt noch verpflichtet, sich in das Handelsregister eintragen zu lassen.

2. Ist mit dem Betriebe der Land- oder Forstwirtschaft ein Unternehmen verbunden, das nur ein Nebengewerbe des land- oder forstwirtschaftlichen Betriebes darstellt und das nach Art und Umfang einen in kaufmännischer Weise eingerichteten Geschäftsbetrieb erfordert, so ist der Unternehmer berechtigt, aber nicht verpflichtet, die Eintragung in das Handelsregister herbeizuführen. § 3 Abs. 2 HGB. Fehlen also die Voraussetzungen des § 2 HGB, ist das Nebengewerbe entweder nach Art oder nach Umfang oder gar nach beiden Richtungen kein der kaufmännischen Gliederung bedürftiger Betrieb, so kann von einer Registereintragung überhaupt keine Rede sein.

Unter einem Nebengewerbe des land- oder forstwirtschaftlichen Betriebes versteht man ein Gewerbe, das an sich keinen landwirtschaftlichen Charakter hat, aber mit dem land- oder forstwirtschaftlichen Betriebe verbunden ist und in ihm die einzige oder Hauptstütze findet (RG **1** 267)[1]). Hierher gehören solche Gewerbe, bei denen die im land- oder forstwirtschaftlichen Hauptbetriebe gewonnenen natürlichen Bodenschätze, Waren oder Abfälle einer ferneren, sie wertvoller machenden Be- oder Verarbeitung unterzogen werden (RJA **2** 137). Hierunter fallen z. B. Kunstgärtnereien, Torfbereitung, Schieferbrüche, Sand-, Kies- und Kalkgewinnung, Tonröhrenfabrikation und Tongräbereien, Holzkohlengewinnung, Harz- und Pechgewinnung, Talgsiederei, Seifensiederei, Ölmüllerei, Holzzurichtung, Holzkonservierung, Mühlenbetrieb, Butter- und Käsereibereitung, Brauerei einfacher Biere (OLG **7** 380 [BayObLG]), Obstwein- und Essigfabrikation, Branntweinbrennerei[2]). Auch der Betrieb einer Ziegelei und einer Zementdachsteinfabrik gehört hierher (KGJ **22** A 82; **24** A 63; **27** A 206).

Alle diese Betriebe müssen aber im Verhältnisse zur Land- oder Forstwirtschaft von nebensächlicher Bedeutung sein; sie müssen in dieser ihre Stütze finden und als deren Ausfluß erscheinen (KGJ **24** A 63; **27** A 206). Dabei kommt nicht sowohl Umsatz und Ertrag als vielmehr Anlage- und Betriebskapital der beiden Gewerbe in Betracht. Es kann deshalb der Nebenbetrieb noch als solcher gelten, wenn er auch einen größeren Umsatz als die Land- oder Forstwirtschaft hat (KGJ **22** A 82; OLG **6** 233). Ein landwirtschaftliches Nebengewerbe verliert zwar diesen Charakter noch nicht dadurch, daß in ihm nicht ausschließlich organische Bodenerzeugnisse oder anorganische Bodenbestandteile des landwirtschaftlichen Besitztums des Unternehmers verarbeitet werden; aber die Bodenbestandteile müssen in

---

[1]) Vgl. über die Begriffsbestimmung der landwirtschaftlichen Nebenbetriebe auch § 918 RVO i.d.Fassg. vom 9. Januar 1926 (RGBl I 9).

[2]) Diese Beispiele wurden in der Reichstagskommission genannt. Staub Anm. 5 zu § 3.

der Hauptsache aus Grundstücken herrühren, die dem Unternehmer in erster Linie zu landwirtschaftlichen Zwecken, also zur Erzeugung organischer Rohstoffe, dienen. So kann z. B. eine Ziegelei, in der vornehmlich Ton verwendet wird, den der Unternehmer durch Kauf oder Pachtung von Tonlagern, also nicht landwirtschaftlicher Grundstücke erworben hat, zwar einen mit dem Betriebe der Landwirtschaft verbundenen Gewerbebetrieb darstellen; ein solches Gewerbe ist aber nicht mehr als Nebengewerbe des landwirtschaftlichen Betriebes, sondern als ein selbständiges Hauptgewerbe anzusehen. Die vom Landwirt auf seinem Grund und Boden gestochene Ziegelerde muß gegenüber der fremden, zur Verarbeitung in der Ziegelei angeschafften Erde überwiegen. Der Umstand allein, daß Betriebskapital, Betriebsanlagen, Arbeitskräfte und Tiere bald in diesem, bald in jenem Gewerbebetriebe zur Verwendung gelangen, ist nicht ausschlaggebend (KGJ **27** A 206).

3. Ist das vom Land- oder Forstwirte neben der Land- oder Forstwirtschaft betriebene Gewerbe nicht als Nebengewerbe, sondern als selbständiges Gewerbe anzusehen, so muß sich der Land- oder Forstwirt wegen dieses selbständigen Gewerbes in das Handelsregister eintragen lassen, vorausgesetzt, daß sonst die Erfordernisse der §§ 1 und 2 HGB vorliegen. Wird das von einem Landwirte betriebene Nebengewerbe ohne den Hauptbetrieb veräußert, so hört es auf, landwirtschaftliches Nebengewerbe zu sein, und unterliegt nunmehr gleichfalls den allgemeinen Vorschriften der §§ 1 und 2 HGB.

4. Ist die Eintragung des Land- oder Forstwirts nach Maßgabe der vorstehenden Erörterungen in das Handelsregister erfolgt, so findet eine Löschung der Firma selbst in dem Falle, daß die Eintragung im freien Belieben des Firmeninhabers stand, nur nach den allgemeinen Vorschriften statt, die für die Löschung kaufmännischer Firmen gelten. § 3 Abs. 2 Satz 2 HGB. Der eingetragene Land- oder Forstwirt kann also nicht ohne weiteres den Löschungsantrag stellen, sondern nur dann, wenn er sein Nebengewerbe aufgibt, wenn infolge Veränderung der Betriebsart oder des Betriebsumfanges keine kaufmännischen Einrichtungen mehr erforderlich sind u. dgl.

§ 41. Die Minderkaufleute.

Die sog. Minderkaufleute sind weder berechtigt noch verpflichtet, ihre Firma in das Handelsregister eintragen zu lassen[1]). § 4 HGB.

Der Registerrichter muß daher wissen, was man unter Minderkaufleuten versteht. Das Gesetz (§ 4 a. a. O.) kennt zwei Klassen von Minderkaufleuten: die Handwerker und diejenigen Personen, deren Gewerbebetrieb nicht über den Umfang des Kleingewerbes hinausgeht.

---

[1]) Sie haben sich im Handel ihres bürgerlichen Namens, d. h. ihres Zunamens und nach Belieben des Vornamens oder einer Abkürzung des letzteren zu bedienen (RJA **10** 135).

1. Handwerker im Sinne des § 4 HGB sind die Inhaber derjenigen Be- oder Verarbeitungsgewerbe, die unter § 1 Nr. 1 HGB fallen, d. h. diejenigen, welche Material anschaffen, um es nach der Be- oder Verarbeitung zu veräußern (KGJ **27** A 60), die sog. Warenhandwerker. Nicht in den Bereich des § 4 gehören die Inhaber der unter § 1 Nr. 1 fallenden Be- oder Verarbeitungsgewerbe, die sog. Lohnhandwerker und die Druckereihandwerker, welche beiden Gruppen, solange sie reine Handwerker sind, nach dem Wortlaut des § 1 Nr. 2 und Nr. 9 HGB überhaupt keine Kaufleute, mithin auch keine Minderkaufleute sind. Hierhin gehören ferner nicht die sog. Bauhandwerker, welche ebenfalls keine Grundhandelsgeschäfte betreiben (RGSt **28** 60; **33** 421; RG **14** 233; OLG **24** 110 [OLGMünchen]; vgl. auch KG JW **1926** 604 „Bauglaserei") und deshalb für § 4 HGB nicht in Betracht kommen. Aber auch die Warenhandwerker sind Minderkaufleute nur so lange, als sie Handwerker bleiben, ihr Gewerbebetrieb sich also in den Grenzen des Handwerks[1]) hält. Die Frage, ob ein Betrieb den Umfang des Handwerks überschreitet, bestimmt sich nicht nach der Größe, vielmehr schließt der Umstand, daß ein gewerbliches Unternehmen einen beträchtlichen Umfang hat, die Möglichkeit nicht aus, daß es handwerksmäßiges Unternehmen bleibt (KGJ **27** A 302 [OLG München]; RJA **9** 109). Entscheidend ist die Art, wie das Unternehmen geführt wird, wobei insbesondere das Verhältnis des Meisters zu seinen Gehilfen, die Art und das Maß der Arbeitsteilung, die Verwendung von Maschinenkraft und die Benutzung des Kredits im Wechselverkehr in Betracht kommen (KGJ **27** A 302 OLG München]; **35** A 143; **49** 94). Ist der Gewerbebetrieb nach seinem Gesamtcharakter, wozu neben der technischen auch die kaufmännische Seite gehört, kein handwerksmäßiger mehr, so wird er damit der Anwendung des § 4 HGB entzogen (KG JW **1926** 2930).

Beispiel:

B. nennt sich Fleischermeister und Inhaber einer Fabrik feiner Fleisch- und Wurstwaren; er betreibt sein Gewerbe in der Weise, daß er Vieh einkauft, es schlachtet und das so gewonnene Fleisch teils ohne besondere Bearbeitung oder Verarbeitung, teils nach einer solchen als Wurst verkauft. B. ist also nach § 1 Abs. 2 Nr. 1 HGB Kaufmann, da sein Gewerbebetrieb die Anschaffung und Weiterveräußerung von beweglichen Sachen, nämlich den Ankauf von Vieh und die Weiterveräußerung in bearbeitetem und verarbeitetem Zustand als Fleisch und Wurst, zum Gegenstande hat. Das Fleischergewerbe gehört aber nach seinem allgemeinen Charakter dem Handwerk an, da sowohl das Schlachten des Viehs und das Zerlegen der Tierkadaver zum Zwecke des Fleischverkaufs, als auch die Zubereitung von Wurst im allgemeinen eine handwerksmäßige Tätigkeit darstellen[2]). Bei der Frage, ob B.

---

[1]) Der Gegensatz zum Handwerksbetrieb ist Fabrikbetrieb, s. oben § 39. Die Merkmale des Fabrikbetriebes sind u. a. Arbeitsteilung, große Zahl von Arbeitern, ausgedehnter Maschinenbetrieb, ausgedehnte Räumlichkeiten, nichtpersönliches Mitarbeiten des Inhabers u. dgl. Häufig wird die Grenze zwischen Handwerks- und Fabrikbetrieb flüssig sein; vgl. KGJ **9** 11.

[2]) KGJ **27** A 60.

registerpflichtig ist, ist also nur zu prüfen, ob sein Gewerbebetrieb den Umfang des Handwerks überschreitet und ob, wenn dieses der Fall ist, sowohl der Umfang als auch die Art seines Betriebes kaufmännische Einrichtungen erfordert. Kommt der Registerrichter zu dem Ergebnisse, daß zwar der Umfang des Betriebes des B. ein sehr bedeutender ist und kaufmännische Einrichtung erfordert, daß aber die Art seines Betriebes eine sehr einfache und durchsichtige ist, er z. B. keinen Wechselverkehr unterhält usw. (vgl. oben § 39), so ist B. weder berechtigt, noch verpflichtet, sich eintragen zu lassen.

Unter die Handwerker fallen sonst noch z. B. die Schneider (ROHG **7** 237), die Bäcker (ROHG **4** 240), die Gerber (ROHG **2** 442), die Müller, die angeschafftes Getreide vermahlen (ROHG **11** 241), die Tischler (RG **20** 125) und die Brauer (ROHG **12** 97). Alle diese Gewerbetreibenden sind Minderkaufleute, wenn ihre Gewerbe sich in den Grenzen des Handwerks hält.

2. Die Kleingewerbetreibenden sind diejenigen Personen, deren Gewerbebetrieb nicht über den Umfang des Kleingewerbes hinausgeht. Nur die Inhaber der unter § 1 HGB fallenden Gewerbe können zu den Kleingewerbetreibenden gehören. Der Gewerbebetrieb muß so beschaffen sein, daß er sowohl wegen seines Umfangs als auch wegen seiner Art eine kaufmännische Einrichtung nicht erfordert (RG JW **1906** 205 u. 691; **1907** 55; **1908** 148; RGSt **34** 103; **35** 289; KGJ **49** 94; BayObLG Recht **1914** 812). Über den Begriff „Umfang" vgl. oben § 39.

Der Begriff des Kleingewerbes ist ebenso flüssig wie die Grenze zwischen Kleingewerbe und Großgewerbe. Eine zuverlässige Begrenzung ist wegen der Verschiedenheit der Verhältnisse nach Ort und Geschäftszweigen nicht möglich. So wird man z. B. in einer Gebirgsgegend jemanden als Großhändler ansehen, den man in der Seehandelsstadt als Krämer bezeichnen würde (KGJ **22** A 276).

Zu den Kleingewerbetreibenden gehören z. B. die Höker, Trödler, Hausierer, gewöhnliche Schiffer und die kleinen Gastwirte[1]).

Für den Erlaß von Bestimmungen, durch die die Grenze des Kleingewerbes gemäß § 4 Abs. 3 HGB näher festgesetzt wird, sind der Justizminister und der Minister für Handel und Gewerbe gemeinschaftlich zuständig. Vor dem Erlasse solcher Bestimmungen sind in der Regel die Organe des Handelsstandes gutachtlich zu hören. Art. 1 Abs. 1 AGHGB. In Preußen sind solche Bestimmungen bisher nicht ergangen.

Im polizeilichen Interesse müssen alle Gewerbetreibenden, die einen offenen Laden haben oder Gast- oder Schankwirtschaft betreiben, bei Vermeidung von Strafen ihren Familiennamen mit mindestens einem ausgeschriebenen Vornamen an der Außenseite oder am Eingange des Ladens oder der Wirtschaft in deutlich lesbarer Schrift anbringen. §§ 15a, 148 Nr. 14 GewO. Der Registerrichter hat die Beobachtung dieser Vorschriften nicht zu beaufsichtigen (KGJ **38** A 161). Vgl. unten § 42 Ziff. 3.

---

[1]) Staub Anm. 20 zu § 4.

II. Die Firma.

§ 42. Allgemeine Grundsätze.

1. Die **Firma eines Kaufmanns** ist der Name, unter dem er im Handel seine Geschäfte betreibt und die Unterschrift abgibt[1]). § 17 Abs. 1 HGB. Das Verkehrsinteresse erfordert, daß die Firma einen möglichst sicheren Rückschluß auf die Person des Inhabers, die rechtliche Natur des Unternehmens und die Art sowie den Umfang des Betriebes zuläßt. Deshalb darf ein Kaufmann seine Firma nicht beliebig wählen, sondern ist gezwungen, bei der Annahme einer Firma die in den §§ 18 bis 20 HGB enthaltenen Vorschriften zu beachten, die den **Grundsatz der Firmenwahrheit** aufstellen. Dieser ist bei der **Neubildung** von Firmen ohne Ausnahme durchgeführt[2]). Es bildet aber die Firma eines gut eingeführten Geschäfts in der Regel einen so wesentlichen Wertgegenstand, daß ihre Erhaltung auch **nach** dem Wechsel der Inhaber geboten erscheint. Jener Grundsatz ist deshalb in folgenden Fällen **durchbrochen**:

a) beim Erwerb eines bestehenden Handelsgeschäfts unter Lebenden oder von Todes wegen im Falle des § 22 Abs. 1 HGB;

b) bei der Übernahme eines Handelsgeschäfts auf Grund eines Nießbrauchs, eines Pachtvertrages oder eines ähnlichen Verhältnisses im Falle des § 22 Abs. 2 HGB;

c) bei der Aufnahme eines Gesellschafters in ein bestehendes Handelsgeschäft sowie beim Eintritt eines neuen Gesellschafters in eine Handelsgesellschaft und beim Ausscheiden eines Gesellschafters aus einer solchen. § 24 Abs. 1 HGB;

d) im Falle der Namensänderung des Geschäftsinhabers oder des in der Firma enthaltenen Namens eines Gesellschafters.

2. Die Vorschriften über die Firma finden auf **Handwerker** sowie auf Personen, deren Geschäftsbetrieb nicht über den Umfang des **Kleingewerbes** hinausgeht, keine Anwendung. § 4 HGB.

3. Kaufleute, die eine Handelsfirma führen, müssen im **polizeilichen** Interesse nicht nur ihren Familiennamen mit mindestens einem ausgeschriebenen Vornamen, sondern auch die Firma an der Außenseite oder am Eingange des Ladens oder der Wirtschaft in deutlich lesbarer Schrift anbringen; ist aus der Firma der Familienname des Geschäftsinhabers mit den ausgeschriebenen Vornamen zu ersehen, so genügt die Anbringung der Firma. Auf offene Handelsgesellschaften, Kommanditgesellschaften und Kommanditgesellschaften auf Aktien finden diese Vorschriften mit der Maß-

---

[1]) Auch der Handelsname genießt den Schutz des § 12 BGB. (RG **74** 114; **78** 102; **100** 186; **109** 213; **114** 90; **117** 218.)

[2]) Die **zur Zeit des Inkrafttretens des neuen HGB** im Handelsregister **bereits eingetragenen Firmen** können weitergeführt werden, soweit sie nach den bisherigen Vorschriften geführt werden durften. Art. 22 EGHGB. Vgl. unten § 43 Ziff. 8.

gabe Anwendung, daß für die Namen der persönlich haftenden Gesellschafter gilt, was wegen der Namen der Gewerbetreibenden bestimmt ist. Sind mehr als zwei Beteiligte vorhanden, deren Namen hiernach in der Aufschrift anzugeben wären, so genügt es, wenn die Namen von zweien mit einem das Vorhandensein weiterer Beteiligter andeutenden Zusatz aufgenommen werden. Die Polizeibehörde kann im einzelnen Falle die Angabe aller Beteiligten anordnen. Die Zuwiderhandlung gegen diese Vorschriften wird im öffentlichen Strafverfahren gerügt. §§ 15a Abs. 2 bis 4 und 148 Nr. 14 GewO. Der Registerrichter hat die Beobachtung dieser Vorschriften nicht zu überwachen (KGJ **38** A 161).

4. Ein Kaufmann (Vollkaufmann), hat von der Zustellung des Beschlusses über die Eröffnung des Vergleichsverfahrens bis zur Bekanntmachung des Beschlusses über die Beendigung des Vergleichsverfahrens seiner Firma den ausgeschriebenen Zusatz „im Vergleichsverfahren" beizufügen[1]). Auf den in § 15a GewO vorgesehenen Gebrauch der Firma findet die Vorschrift keine Anwendung. § 37 VglO vom 5. Juli 1927.

A. Ursprüngliche Firmen.

§ 43. Die ursprüngliche Firma eines Einzelkaufmanns.

1. Ein Kaufmann, der sein Geschäft ohne Gesellschafter oder nur mit einem stillen Gesellschafter betreibt[2]), hat seinen Familiennamen mit mindestens einem ausgeschriebenen Vornamen als Firma zu führen. § 18 Abs. 1 HGB[3]).

Will also z. B. der Kaufmann Karl Emil Schmidt eine Weinhandlung eröffnen, so kann er für sein neueröffnetes Geschäft nicht etwa eine beliebige Firma wählen, sondern er ist gezwungen, eine Firma zu führen, die aus seinem Familiennamen „Schmidt" und aus mindestens einem seiner beiden ausgeschriebenen Vornamen „Karl" oder „Emil" besteht. Er kann beide Vornamen in ausgeschriebener Form wählen, so daß dann die Firma lauten würde: „Karl Emil Schmidt". Er kann aber auch den einen von beiden Vornamen in der Firma abgekürzt verwerten, also schreiben: „K. Emil Schmidt" oder „Karl E. Schmidt". Endlich kann er sich aber auch mit einem der beiden Vornamen nach freier Wahl begnügen, so daß die Firma lauten könnte: „Karl Schmidt" oder „Emil Schmidt". Unerheblich ist, ob er seinen Rufnamen oder einen anderen Vornamen für die Firma verwertet[4]). Da-

[1]) Führt der Schuldner den Zusatz nicht, so findet § 37 Abs. 1 HGB entsprechende Anwendung. Der Registerrichter hat also den Schuldner gemäß §§ 140, 132—139 FGG durch Ordnungsstrafe (von 1 bis 1000 RMark) zum richtigen, d. h. mit Zusatz versehenen, Gebrauch seiner Firma anzuhalten.

[2]) Betreibt ein gesetzlicher Vertreter das Geschäft, z. B. ein Vater für sein Kind, so ist nur der Name des Vertretenen in die Firma aufzunehmen (KGJ **20** A 160).

[3]) Die zwingende Vorschrift des § 18 HGB behält auch ihre Bedeutung gegenüber § 16 UnlWG.

[4]) RG Gruchot **48** 623; BayObLG Recht **1928** Nr. 2271.

gegen dürfte die Firma nicht lauten: „K. Schmidt" oder „E. Schmidt". Auch ist der Vorname dem Familiennamen in der Regel voranzustellen[1]).

Diese Grundsätze gelten aber, wie wohl zu beachten bleibt, nur bei Neugründung eines Geschäfts. Würde etwa der Kaufmann Schmidt eine unter der Firma Arthur Müller betriebene Weinhandlung durch Kauf erwerben, so kämen die Vorschriften des § 22 HGB (vgl. unten § 50) in Betracht.

2. Was als Familienname zu erachten ist, richtet sich nach dem bürgerlichen Recht. Das eheliche Kind erwirbt deshalb durch die Geburt den Familiennamen nur so, wie er dem Vater nach dem Gesetze zustand, auch wenn der Vater behufs Eintragung des Geburtsfalls des Kindes einen anderen, vom Vater ohne Befugnis angenommenen Familiennamen angegeben und das Kind diesen anderen Namen seit der Geburt fortgeführt hat. Nur der danach dem Kinde rechtlich zukommende Name kann für eine vom Kinde begründete Firma verwendet werden (KGJ **24** A 163 [Schultz — nicht Szulc]).

Das uneheliche Kind ferner trägt den Namen der Mutter (§ 1706 BGB). Die Frau erhält durch Verheiratung den Familiennamen des Mannes; sie darf also nicht ihren Mädchennamen als Firma führen (s. Abs. 3 u. Nr. 5). Die geschiedene Frau behält den Familiennamen des Mannes, sie kann aber ihren Familiennamen wieder annehmen; war sie allein für schuldig erklärt, so kann der Mann ihr die Führung seines Namens untersagen; vgl. Näheres § 1577 BGB und RJA **8** 38. Das an Kindes Statt angenommene Kind erhält den Familiennamen des Annehmenden; wird das Kind von einer Frau angenommen, die infolge ihrer Verheiratung einen anderen Namen führt, so erhält es den Familiennamen, den die Frau vor der Verheiratung geführt hat. Das Kind darf dem neuen Namen seinen früheren Familiennamen hinzufügen, sofern nicht in dem Annahmevertrag etwas anderes bestimmt ist. § 1758 BGB (vgl. dazu RG **109** 244).

Unzulässig ist es, daß der Mann seinem Namen den seiner Ehefrau beifügt[2]) oder der Sohn den Familiennamen der Mutter (RG **42** 149)[3]). Dagegen kann die Ehefrau dem Namen ihres Ehemannes ihren Geburtsnamen hinzufügen; jedoch muß ohne weiteres erhellen, daß dies ihr Geburtsname ist. Sie kann also firmieren: „Anna Schmidt geborene Schäfer"; dagegen wäre eine Firma: „Anna Schmidt-Schäfer" unzulässig. Ebenso

---

[1]) Dieses hat insbesondere dann zu geschehen, wenn sonst die Erkennbarkeit leidet, z. B. wenn ein Kaufmann den Vornamen „Hugo" und den Familiennamen „Wilhelm" führt.

[2]) So anscheinend auch Staub Anm. 4 zu § 18; **A. M.** RG **16** 60.

[3]) OLG Hamburg hält die Hinzufügung des Familiennamens der Ehefrau oder der Mutter zu dem Familiennamen des Firmeninhabers jedenfalls dann für unzulässig, wenn der letztere auch als Vorname gebräuchlich ist und deshalb durch den Zusatz Unklarheit darüber entstehen würde, wie in Wahrheit der Familienname des Firmeninhabers lautet (KGJ **47** 240).

darf sie auch nicht bloß ihren Mädchennamen zur Firma benutzen, also nicht „Anna Schäfer“ firmieren (RG JW **1902** 27).

Adelsprädikate gelten jetzt nach Art. 109 Abs. 3 RV als Teil des Familiennamens. Es ist daher unzulässig, den Vornamen zwischen die bisherige Adelsbezeichnung und den übrigen Teil des Familiennamens einzuschieben[1]).

Führt ein Kaufmann einen aus mehreren Namen zusammengesetzten Familiennamen, so muß er den Namen in dieser Zusammensetzung in die Firma aufnehmen. Heißt also ein Kaufmann z. B. „Schmidt, genannt Barstein“, so muß es auch in der Firma „Schmidt, genannt Barstein“ heißen; eine Fassung „Schmidt-Barstein“ wäre unzulässig (KGJ **27** A 64).

3. Die Vornamen dürfen nicht willkürlich gewählt, müssen vielmehr so verwandt werden, wie der Betreffende sie mit Recht führt. Maßgebend ist der wirklich beigelegte Name, nicht die abweichende Eintragung im Personenstandsregister (KGJ **25** A 51; **26** C 89). Durch die Vorschrift des § 18 HGB wird nach dem Wortlaut nur eine Abkürzung durch einen nicht vollständig ausgeschriebenen Vornamen, nicht auch eine Abkürzung durch Umformung längerer Vornamen in kürzere untersagt. Der abgekürzte Vorname, der bisher nicht geführt wurde, kann nicht lediglich, um ihn in der Firma erscheinen zu lassen, angenommen werden. Ist aber der in der Firma enthaltene Vorname derjenige, dessen sich der Firmeninhaber im bürgerlichen Leben ständig bedient, so wird das durch § 18 Abs. 1 HGB zu schützende Interesse nicht verletzt. Es darf daher der Einzelkaufmann in seiner Firma einen ihm zustehenden Vornamen in der von ihm gebrauchten Verkleinerungsform („Willy“ statt „Wilhelm“) aufnehmen[2]) (JFG **2** 176; AM. KGJ **23** A 205; OLG **41** 190). Ebenso wird man auch die Verdeutschung fremdsprachlicher Vornamen jedenfalls dann für zulässig erachten müssen, wenn der Firmeninhaber den deutschen Namen im Leben tatsächlich gebraucht und unlautere Machenschaften nicht zu befürchten sind (LG München I JW **1915** 1459). Die Ehefrau hat neben ihrem Familiennamen einen ihr selbst zustehenden Vornamen zu führen, nicht einen solchen ihres Mannes (KG RJA **16** 78; Recht **1919** Nr. 121).

Diese Vorschriften über die Vornamen dienen nicht etwa zum Schutze des betreffenden Firmeninhabers gegen Verwechselungen, sondern dem Schutze der Allgemeinheit gegen Irreführungen (KGJ **23** A 205).

4. Selten, aber zulässig ist der Gebrauch des Namens in adjektivischer Form (KGJ **5** 21; vgl. auch RG **119** 201). Die Firma kann also z. B. lauten: „Karl Schmidtsche Weinhandlung“.

[1]) Vgl. auch RundErl des StaatsMin. vom 5. September 1928 (JMBl 409) betr. unerlaubte Namensführung und Titelverleihung durch Angehörige früherer Adelsfamilien.

[2]) So auch Staub Anm. 5, Makower Anm. IIb[1] zu § 18. **A.M.** Goldmann Anm. II 2a, Lehmann-Ring Anm. 5, Düringer-Hachenburg Anm. 5 zu § 18, Cohn JW **25** 1416; **27** 1556.

Die Firma muß aber in ihrem Hauptbestandteil den Familiennamen und mindestens einen ausgeschriebenen Vornamen des Firmeninhabers enthalten. Die Anführung des ausgeschriebenen Vornamens in einem besonderen, den Inhaber benennenden Zusatz, wie z. B. „G. W. Schmidt, Inhaber Gustav Schmidt" genügt nicht (KGJ **51** 112), ebenso auch nicht die Hinzufügung von Vor- und Familiennamen in Klammern (RJA **9** 91).

5. Wird ohne eine Änderung der Person der Name des Geschäftsinhabers geändert, so kann die bisherige Firma fortgeführt werden. § 21 HGB. Will also z. B. Fräulein Anna Schäfer, die ein Geschäft unter der Firma „Anna Schäfer" führt, sich mit dem Kaufmann Schmidt verheiraten und ihr Geschäft sodann weiterführen, so kann sie nach ihrer Verheiratung für ihr Geschäft dieselbe Firma „Anna Schäfer" beibehalten, obwohl sie jetzt Schmidt heißt. Sie wird dies z. B. in dem Falle tun, daß ihr Geschäft bisher gut gegangen ist und das Publikum dem unter der bisherigen Firma betriebenen Geschäft Vertrauen entgegengebracht hat. Natürlich könnte sie ihre Firma auch in „Anna Schmidt geborene Schäfer" ändern.

Auch wenn der Name infolge von Adoption, Legitimation und freiwilliger, meist nur mit staatlicher Genehmigung zulässiger Entschließung des bisherigen Namensträgers geändert wird, kann die bisherige Firma weitergeführt werden[1]).

6. Die Firma des neugegründeten Geschäfts braucht sich aber nicht auf Vor- und Familiennamen des Inhabers zu beschränken. Vielmehr kann der Firma ein Zusatz, der zur Unterscheidung der Person oder des Geschäfts dient, beigefügt werden, auch wenn er zur Kennzeichnung nicht erforderlich ist (RG JW **95** 359; KGJ **20** A 267). Die Zusätze können nach freier Wahl des Kaufmanns vor oder hinter seinen Namen gesetzt werden (KGJ **10** 15; **28** A 307 [OLG Stuttgart]); sie müssen aber als Firmenzusatz erkennbar sein und dürfen nicht wie ein Namensbestandteil erscheinen (KG Recht **1919** Nr. 120).

a) Zusätze, die zur Unterscheidung der Person dienen, sind z. B. Titel, wie der Doktor-, Professor- und Apothekertitel, ferner Wörter wie jun., sen., Vater, Sohn[2]).

b) Zusätze, die zur Unterscheidung des Geschäfts dienen, sind sehr zahlreich. Sie brauchen sich aber nicht auf den Geschäftszweig zu beschränken, auch sonst keine Beziehung zum Geschäft zu haben[3]) (KGJ **20** A 267; OLG **6** 342; RJA **11** 193). Zulässige Firmenzusätze sind z. B. Schuhwarenhaus, Robert Lietz; Berliner Reklamedruckerei, Max Lewin; Emil Schmidt, Weingroßhandlung; Albert Cohn, Sanitäts-Warenhaus; Hans

---

[1]) Über die Streitfrage, ob die für schuldig erklärte geschiedene Ehefrau ungeachtet der Untersagung seitens ihres früheren Ehemannes den in ihrer Firma enthaltenen Namen des Mannes weiterführen kann, vgl. Staub Anm. 4 zu § 18.

[2]) OLG 11 377 (Firma A.B. „Sohn" zulässig, wenn der Vater auch „A.B." hieß).

[3]) Die Frage ist bestritten. Vgl. Staub Anm. 9 zu § 18. **A.M.** u. a. Cohn S. 68.

Walter, Formularlager, Buchdruckerei und Verlagsanstalt; Konfiserie des Westens, Marie Schmidt; Zeitschriften-Verlag Berlin, Karl Krauß; Paul Redlich, Restauration Potsdamer Hauptbahnhof; Johann Jacob Latt, Restauration zu den vier Generationen; Blankenburger Dampfziegelei, Heinrich Peter; Belle-Alliance-Apotheke zum weißen Hirsch, Hermann Blüher; Versandhaus Omega, Rudolf Poscich.

Aus diesen Beispielen erhellt, daß der Etablissementsname, zu dessen Führung an sich auch Minderkaufleute befugt sind (KGJ **35** A 149), sehr häufig als Zusatz in die Firma aufgenommen wird, was auch durchaus zulässig ist (KGJ **28** A 307 [OLG Stuttgart]; KG DNotVZ **1912** 728). Es können auch willkürliche Zusätze gewählt werden wie: Goldene 110, Berliner Konkurrenzgeschäft Phönix (KGJ **20** A 267), Exzelsior, Merkur, Triumph, Fortuna u. dgl.[1]).

Ob Zusätze wie erste, allgemeine, einzige, städtisch, provinziell, privilegiert statthaft sind, hängt von der Beantwortung der Frage ab, ob die Zusätze den tatsächlichen Verhältnissen entsprechen, ob also wirklich die betreffende Firma die Zusätze „erste", „allgemeine" enthalten kann, ohne daß eine Täuschung des Publikums herbeigeführt wird[2]). Es kann deshalb z. B. eine Privatperson für eine von ihr betriebene Brauerei, die in keiner Beziehung zu der städtischen Verwaltung des Betriebsortes steht, nicht eine Firma dahin annehmen, daß dem Worte „Stadtbrauerei" der Name der Stadt angehängt und demnächst der Vor- und Familienname des Unternehmers hinzugefügt wird. Denn ein solcher Firmenzusatz ist geeignet, eine Täuschung des Publikums zu bewirken; ob eine solche Täuschung tatsächlich verursacht ist oder verursacht werden wird, ist gleich (KGJ **22** A 97).

7. Dagegen darf der Firma eines Einzelkaufmanns kein Zusatz beigefügt werden, der ein Gesellschaftsverhältnis andeutet oder sonst geeignet ist, eine Täuschung über die Art oder den Umfang des Geschäfts oder die Verhältnisse des Geschäftsinhabers herbeizuführen. § 18 Abs. 2 HGB[3]).

a) Ein Gesellschaftsverhältnis deuten Zusätze an wie: & Co., Gebrüder, Geschwister, Söhne, Erben u. dgl. Sie sind also bei der neuen Firma eines Einzelkaufmanns unzulässig.

b) Zusätze, die eine Täuschung über die Art oder den Umfang des Geschäfts oder die Verhältnisse des Geschäftsinhabers herbeiführen können, sind ebenfalls unstatthaft. Ob ein Zusatz täuschend ist, entscheidet die Ver-

---

[1]) Staub Anm. 12a zu § 18; **A.M.** Cohn S. 68.

[2]) Staub Anm. 12c zu § 18; Cohn S. 68.

[3]) Die Vorschrift des § 18 Abs. 2 HGB findet auf alle Firmen Anwendung, auch auf die der Handelsgesellschaften, z. B. der Aktiengesellschaften (RG **3** 166; KGJ **28** A 41) und der Gesellschaften mit beschränkter Haftung (KGJ **41** 109; **42** 155; JFG **1** 192), ferner auch auf Firmen von inländischen Zweigniederlassungen ausländischer Handelsunternehmungen (KGJ **42** 159).

kehrsauffassung (JFG **5** 198 [OLG Braunschweig], 203 [KG]). Er muß an sich, so wie er lautet, ohne Rücksicht auf bestehende Verhältnisse und Umstände, auf die er seinem Wortlaute nach nicht hinweist, eine Täuschung der in Rede stehenden Art zu erregen geeignet sein (RJA **4** 215ff. [OLG Stuttgart]).

Ein Zusatz, der nicht nach seinem Wortlaut, aber nach den bestehenden örtlichen Verhältnissen in den mit diesen mehr oder weniger bekannten Personen eine Täuschung über die Verhältnisse des Geschäftsinhabers hervorrufen kann, ist nicht nach § 18 Abs. 2 HGB unzulässig. Es ist deshalb die Firma „Bahnhof-Eisenbahnhotel E... L...." für zulässig erachtet worden, obwohl gewisse mit den Verhältnissen vertraute Personen auf die Meinung kommen konnten, es handele sich bei dem „Bahnhof-Eisenbahnhotel" um das an dem betreffenden Orte früher betriebene Eisenbahnhotel und L.... sei Inhaber des früheren Eisenbahnhotels, während es sich tatsächlich um ein neueröffnetes Hotel handelte (KGJ **28** A 307 [OLG Stuttgart]).

Dagegen sind, wie schon bemerkt, Zusätze, wie z. B. „städtisch", „provinziell" u. ähnl. unzulässig, wenn sie nicht auf einer wirklich bestehenden Beziehung des Unternehmens zu den Kommunalverbänden usw. beruhen (KGJ **22** A 97). Als nach § 18 Abs. 2 HGB unzulässig sind hiernach folgende Firmen anzusehen: „Thüringer Landes-Konservatorium in Erfurt Direktor W. H.", „Landwirtschaftliche Buchstelle für die Provinz Sachsen", „Gewerbliche Rechnungskammer" trotz des Zusatzes „ohne behördlichen Charakter" (KG DNotVZ **1925** 10).

Von häufig vorkommenden Firmenzusätzen seien hier genannt: Werk, Fabrik, Industrie, Treuhand, Bank, Haus, Zentrale sowie Orts- und Länderbezeichnungen. Der Zusatz „Werk" oder „Werke", zwischen welchen Bezeichnungen die Verkehrsanschauung keinen Unterschied macht (KG DNotVZ **1928** 188), darf nur von einem großindustriellen Unternehmen geführt werden, also von einem Unternehmen mit ausgedehnten maschinellen und Transportanlagen, einer bedeutenden Arbeiterzahl, eigens zu dem Betrieb bestimmten großen Räumen u. dgl. (KGJ **41** 109). Eine Ausnahme gilt nur für den Betrieb der Holz-, Erd- und Steinindustrie u. dgl., so daß u. a. die Bezeichnungen „Hammerwerk", „Marmorwerk", „Steinbruchwerke", „Ziegelwerk" und „Sägewerk" auch bei Nichtvorliegen eines Großbetriebes für zulässig zu erachten sind (JFG **3** 176; DNotVZ **1925** 11). Auch die Bezeichnung „Fabrik" erfordert einen Großbetrieb (OLG **34** 152). Sie ist natürlich ebenso wie der Zusatz „Werk" und „Industrie" unzulässig, wenn das Unternehmen nicht selbst Waren herstellt, sondern nur fertige Ware verkauft[1]) (KG DJZ **1921** 565; Recht 1928 Nr. 819). Unter

[1]) Ebensowenig darf z. B. eine Fahrradhandlung, die weder nach der Art noch nach dem Umfang ihres Geschäftsbetriebes einen börsenähnlichen Charakter hat, sich des Zusatzes „Fahrrad-Börse" bedienen (KGJ **29** A 86).

„Industrie" ist die gewerbliche Verarbeitung von Rohstoffen und Fabrikaten zu verstehen, die im Großen und mit den Hilfsmitteln des Maschinenwesens und der Arbeitsteilung betrieben wird (OLG Jena DNotVZ **1920** 50). Die Bezeichnung „Treuhand"[1]) ist nur für ein Unternehmen zulässig, welches Treuhandfunktionen[2]) ausübt (KG JFG **1** 192 unter Aufgabe seines in KGJ **42** 155 vertretenen entgegengesetzten Standpunktes). Über die Erfordernisse, welche an die Firmenbezeichnung „Bank"[1]) zu stellen sind, vgl. KGJ **33** A 122; **42** 151; OLG **16** 81; Recht **1923** Nr. 1037. Hiernach ist nach der Verkehrsauffassung unter „Bank" regelmäßig nur ein mit großem Kapital ausgestattetes, in einer handelsrechtlichen Form der juristischen Person betriebenes Unternehmen im Bereich des Bankiergewerbes zu verstehen. Es ist aber nicht ausgeschlossen, daß auch Unternehmungen von Einzelkaufleuten, offenen Handelsgesellschaften und Kommanditgesellschaften in ihren Firmen das Wort „Bank" aufnehmen, wenn sich ihr Geschäft als großkapitalistisches darstellt. Bei einer sich als „Bank" bezeichnenden Genossenschaft kann wegen des gesetzlich vorgeschriebenen Zusatzes „eingetragene Genossenschaft mit beschränkter Haftpflicht" von dem Erfordernis eines bedeutenden Betriebskapitals abgesehen werden (KG Recht **1923** Nr. 1037; OLG Karlsruhe OLG **44** 189; vgl. auch OLG **42** 209 „Siedlungsbank"). In der neueren Rechtsprechung wird vielfach die Ansicht vertreten, daß sich in der Beurteilung „hochtönender" Firmenbezeichnungen ein Wandel der Verkehrsauffassung dahin vollzogen habe, daß manche Zusätze, die der Verkehr früher bei dem Fehlen besonderer Voraussetzungen als irreführend angesehen hat, infolge ihres häufigen und unbeanstandeten Vorkommens in der ihnen früher beigelegten Bedeutung verblaßt seien (vgl. KG OLG **43** 278; DNotVZ **1925** 10; JFG **3** 176; BayObLG JW **1926** 1230; DNotVZ **1927** 122)[3]). Insbesondere wird für eine Reihe von Betriebsarten, namentlich für solche, die sich mit dem Verkaufe von Gegenständen des täglichen Bedarfs befassen, ein Verblassen des Wortes „Haus" angenommen und es werden daher die Worte „Möbelhaus", „Konfektionshaus", „Modehaus", „Leinenhaus", „Bettenhaus", „Zigarrenhaus", „Lebensmittelhaus" auch für kleinere Betrieb dieser Art als allgemein üblich bezeichnet (KG JFG **5** 202; BayObLG JW **1926** 1230;

[1]) Auf die Anhörung der Industrie- und Handelskammer zwecks Verhütung der Eintragung von täuschenden Firmenzusätzen ist besonders hingewiesen bei Anmeldung von Treuhandfirmen (AV vom 5. Februar 1923; JMBl 89) und von Bankunternehmungen (AV vom 4. Januar 1926; JMBl 3). Vgl. auch die Bek. des RJM vom 10. April 1922 über täuschende Firmenzusätze wie „Werk", „Fabrik" usw. (JMBl 1922 151). Für die Gutachten sollen nicht zu kurze Fristen gesetzt werden. AV vom 26. Juni 1925 (JMBl 246).

[2]) Das KG hat (in JFG **1** 192) die einzelnen Geschäfte aufgezählt, mit denen sich Treuhandgesellschaften befassen müssen. Vgl. über den Begriff „Treuhand" auch RG **84** 217; **99** 28; s. JFG **2** 178 (OLG München).

[3]) Vgl. dagegen die Aufsätze von Brand u. Bondi über „Mißstände im Firmenwesen" in Recht und Handel **1926** 531ff.; 613ff.

OLG Karlsruhe JFG **4** 166). Es mag zugegeben werden, daß in diesen Fällen der Firmenzusatz „Haus“ nicht in erster Linie auf einen besonders bedeutenden Umfang des Geschäfts hinweist, sondern darauf, daß es sich um ein Spezialgeschäft handelt, das sich ausschließlich mit den im Beisatz bezeichneten Waren befaßt (vgl. auch BayObLG OLG **46** 253). Gleichwohl wird man aber auch für diese Fälle als Verkehrsauffassung stets eine gewisse Bedeutung des sich „Haus“ nennenden Betriebes fordern (vgl. auch OLG Karlsruhe a. a. O.) und im übrigen stets von dem Grundsatz ausgehen müssen, daß der Verkehr unter „Haus“ auch heute noch in der Regel ein besonders großes, bedeutendes Unternehmen versteht[1]). Das gleiche hat von dem Wort „*Zentrale*“ zu gelten, von dem das RG (DNotVZ **1928** 189) annimmt, daß es meist als belangloser, nichtssagender Firmenbestandteil aufzufassen sei. Auch *geographische Zusätze* werden in der Rechtsprechung nicht mehr in dem Maße wie früher als irreführend angesehen. So sind für zulässig angesehen die Firmenzusätze „Westdeutscher Grudeherdvertrieb“, „Deutsch-Amerikanische Filmgesellschaft“ (RG DNotVZ **1925** 10), „Deutsch-Dänische Handelsgesellschaft“, „Mitteldeutsche Textil-Gesellschaft“ OLG **43** 279, 280). Eine *Ortsbezeichnung*, die nur als Bezeichnung der Niederlassung angesehen werden kann, als solche aber unrichtig ist, darf einer Firma nicht hinzugefügt werden (KGJ **29** A 210).

Sind aber die Zusätze wahr, so können sie gebraucht werden, auch wenn ein anderer Geschäftsinhaber sich an demselben Orte befindet, auf dessen Geschäft die Zusätze gleichfalls zutreffen. So ist z. B. der Umstand, daß eine Firma als Zusatz den örtlichen Sitz ihres Geschäfts gewählt hat, für eine andere Firma, die sich nach ihrem Gesamtnamen von jener genügend und dem Gesetze entsprechend unterscheidet, kein Hindernis, den gleichen örtlichen Sitz zusätzlich in ihre Firma aufzunehmen (RG **54** 183).

Die vorstehenden Grundsätze muß der Registerrichter genau kennen, damit nicht unzulässige und das Publikum täuschende Firmen und Firmenzusätze in das Handelsregister aufgenommen und im Verkehr gebraucht werden.

8. Eine wichtige Ausnahme besteht nach § 22 Abs. 1 EGHGB für die *vor dem 1. Januar 1900 registrierten Firmen*. Denn die nach früherem Recht zulässigen, nach den jetzigen Bestimmungen unzulässigen Firmen können dann, aber auch nur dann weitergeführt werden, wenn sie am 1. Januar 1900 im Handelsregister eingetragen waren. Die am 1. Januar 1900 nicht registrierten Firmen genießen nicht den Schutz des Art. 22

[1]) Vgl. hierzu auch OLG Karlsruhe (JFG **3** 202), das die Firma „Haus der Stoffe Gesellschaft mit beschränkter Haftung“ als zur Täuschung geeignet erachtet, wenn es sich nicht um ein Unternehmen von überragender Bedeutung mit einem großen, wohlgeordneten Lager und erheblichen Umsatz handelt. Unter „Kunstauktionshaus“ ist ein bedeutendes, großes Unternehmen zu verstehen, in dem von akademisch gebildeten Sachverständigen auf wirtschaftlicher Grundlage gearbeitet wird (JFG **5** 202).

Abs. 1 a. a. O. Es können also z. B. Firmen ohne Vornamen oder mit abgekürztem Vornamen, die am 1. Januar 1900 bereits im Handelsregister eingetragen waren, auch künftig weitergeführt werden[1]). Waren sie aber damals nicht eingetragen, so dürfen sie jetzt selbst dann nicht in das Handelsregister eingetragen werden, wenn sie lange vor dem 1. Januar 1900 bestanden haben (KGJ **27** A 216, 219; **41** 107) und eintragungsfähig und eintragungspflichtig waren (JFG **4** 164 [OLG München]).

§ 44. Die ursprüngliche Firma einer juristischen Person und eines Versicherungsvereins auf Gegenseitigkeit.

1. § 18 Abs. 1 HGB findet auf diejenigen juristischen Personen, die als Einzelkaufleute anzusehen sind, nicht ohne weiteres Anwendung, da sie keinen Vornamen und keinen Familiennamen haben. Jedoch dürfen auch die juristischen Personen zur Aufrechterhaltung des Grundsatzes der Firmenwahrheit sich nicht eine beliebige Firma wählen, sondern diese muß regelmäßig mit dem nach Gesetz oder Satzung ihr zustehenden Namen übereinstimmen (KGJ **17** 5; RG JW **1905** 721). Dagegen findet der § 18 Abs. 2 auch auf sie Anwendung. Sie dürfen also in ihre Firma keinen Zusatz aufnehmen, der das Publikum zu täuschen geeignet ist; insbesondere sind die eine persönliche Haftung einer oder mehrerer Personen ausdrückenden Zusätze unstatthaft. In der Regel ist die Firma der juristischen Person eine Sachfirma und vom Gegenstande des Unternehmens entlehnt.

Beispiele für Firmen juristischer Personen:

Deutsche-Samoa-Gesellschaft,
Kaoko-Land- und Minen-Gesellschaft,
Deutsche Landwirtschafts-Gesellschaft.

2. Für die privaten Versicherungsvereine auf Gegenseitigkeit (§§ 15 ff. PrivVersG) gilt folgendes: die Firma soll den Sitz des Vereins erkennen lassen; auch ist in der Firma oder in einem Zusatz auszudrücken, daß Versicherung auf Gegenseitigkeit betrieben wird. § 18 Abs. 2 PrivVersG. Es sind also z. B. folgende Firmen zulässig:

Nürnberger Frauenstift, Privatversicherungsverein auf Gegenseitigkeit mit dem Sitze in Nürnberg, oder
Prignitzer Viehversicherungs-Gesellschaft auf Gegenseitigkeit in Wittenberge.

Die Firma braucht nicht den ausgeschriebenen Zusatz „auf Gegenseitigkeit" oder „Versicherungsverein auf Gegenseitigkeit" zu enthalten; es genügen auch schon die Buchstaben: „a. G." (KGJ **26** A 69).

---

[1]) Soll die Firma später durch Beifügung eines Zusatzes geändert werden, so muß ein ausgeschriebener Vorname in sie aufgenommen werden (KGJ **39** A 102).

§ 45. Die ursprüngliche Firma einer offenen Handelsgesellschaft.

Die Firma einer offenen Handelsgesellschaft hat den Namen[1]) wenigstens eines der Gesellschafter mit einem das Vorhandensein einer Gesellschaft andeutenden Zusatz[2]) oder die Namen aller Gesellschafter zu enthalten. § 19 Abs. 1 HGB. Die Beifügung von Vornamen ist nicht erforderlich, auch bei weiblichen Gesellschaftern nicht, aber zulässig. Die Namen anderer Personen als der persönlich haftenden Gesellschafter dürfen in die Firma nicht aufgenommen werden. § 19 Abs. 3 und 4 HGB.

Die Firma kann also lauten:

Thyssen & Co., Gebrüder Hoppe, Geschwister Hoppe, Hoppe Vater und Sohn, L. & J. Hoppe, Möller & Schreiber, Karl Adermann & Cohen.

Besteht eine offene Handelsgesellschaft aus drei Personen, nämlich Müller, Schulze und Lehmann, so kann die Firma lauten:

Müller, Schulze und Lehmann, oder:
Müller, Schulze & Co., oder:
Müller & Co., oder:
Schulze & Co., usw.

Unzulässig wäre z. B. die Firma Müller & Schulze, da hierdurch der Anschein erweckt würde, als wenn nur Müller und Schulze die Gesellschafter seien. Auch hier kommt also wieder das Prinzip der Firmenwahrheit zur Geltung.

Wegen der der Firma einer offenen Handelsgesellschaft beigefügten Zusätze findet der § 18 Abs. 2 HGB entsprechende Anwendung (KGJ **28** A 39; vgl. auch oben § 43)[3]). Es sind also z. B. folgende Firmen zulässig:

Druckerei und Verlag Zschunke & Co.;
Schütze & Co., Inhaber Emil Schütze & C. v. Debski;
Berliner Backpulver-, ätherische Öle- und Essenzen-Fabrik Paul Schubert & Bock;
Internationales[4]) Patent-Verwertungs- und Ingenieur-Büro Manke & Co.;
Deutsche Kunststeinwerke Wauer & Co.;
Technisches Arbeitsbüro Spitz & Co.;
Schuhwarenhaus „Berliner Chic" Gustav Salomon & Co.

---

[1]) Name — auch Doppelname (OLG **41** 192) — in § 19 Abs. 1 HGB ist = Familienname in § 18 HGB; daher ist ein Pseudonym unzulässig (KGJ **35** A 150).

[2]) Als solcher ist auch die — allerdings im Handelsverkehr im allgemeinen nicht übliche — Abkürzung „& G" (= „und Gesellschafter") anzusehen (OLG Colmar RJA **14** 294 und Recht **1915** Nr. 2722).

[3]) Ein Verwandschaftsverhältnis (Vater, Sohn) darf nur angegeben werden, wenn dies den Tatsachen entspricht (RG **82** 166). Der an sich zulässige Zusatz „& Söhne" darf nicht gewählt werden, wenn einer der Söhne der Schwiegersohn ist (OLG **40** 180 [OLG Dresden]).

[4]) Die Firma muß aber tatsächlich internationale Beziehungen haben; sonst ist dieser Zusatz, da er eine Täuschung des Publikums herbeiführen könnte, unzulässig (OLG **27** 335 [BayObLG]).

Die reine Sachfirma ist hiernach ausgeschlossen, da, wie erwähnt, die Firma mindestens den Namen eines Gesellschafters enthalten muß (RG **82** 24).

Ebenso sind Firmen, die eine Täuschung des Publikums herbeiführen können, unzulässig. Eine neugegründete Firma darf deshalb z. B. nicht „Karl Zamba Söhne, Osnabrücker Schirmfabrik" lauten, da hierdurch der Anschein erweckt wird, als ob sie ursprünglich Karl Zamba geheißen hat und der Zusatz „Söhne" ein Rechtsnachfolgerverhältnis andeuten soll. Sie ist deshalb geeignet, eine Täuschung über die Art des Geschäfts herbeizuführen, indem sie dieses als ein altbegründetes erscheinen läßt und die Tatsache, daß es ein von den derzeitigen Inhabern ins Leben gerufenes ist, verdunkelt. Übrigens wäre die genannte Firma auch schon deshalb unstatthaft, weil die Inhaber nicht mit ihren Namen bezeichnet, sondern durch eine Beschreibung kenntlich gemacht sind (KGJ **28** A 39).

§ 46. Die ursprüngliche Firma einer Kommanditgesellschaft.

Die Firma einer Kommanditgesellschaft hat den Namen wenigstens eines persönlich haftenden Gesellschafters mit einem das Vorhandensein einer Gesellschaft andeutenden Zusatze zu enthalten. Dieser Zusatz ist auch dann notwendig, wenn alle persönlich haftenden Gesellschafter in der Firma genannt sind[1]). Die Beifügung von Vornamen ist nicht erforderlich. Die Namen anderer Personen als der persönlich haftenden Gesellschafter, also insbesondere der Kommanditisten (OLG **43** 280 [OLG München]), dürfen in die Firma nicht aufgenommen werden. § 19 Abs. 2 bis 4 HGB.

Die Firma kann also z. B. lauten:

Hugo Feist & Co.;
Kommanditgesellschaft Max Pack[2]).

Wegen der der Firma einer Kommanditgesellschaft beigefügten Zusätze findet der § 18 Abs. 2 HGB entsprechende Anwendung; vgl. oben § 43. Es sind also z. B. folgende Firmen zulässig:

Deutsche Zeitung, Friedrich Lange & Theilhaber;
Rethorner Dampfziegelei und Tonwarenfabrik F. Neumann & Co.;
Chiger & Co., Fabrik für Kontorbedarf.

Auch hier ist also die reine Sachfirma ausgeschlossen, da die Firma den Namen wenigstens eines persönlich haftenden Gesellschafters enthalten muß; Firma und Zusätze, die das Publikum über die wahre Sach-

---

[1]) Staub Anm. 2; Brand Anm. 3 zu § 19.

[2]) Das KG (KGJ **51** 122) hält die Firma „Müller & Meyer Gesellschaft mit beschränkter Haftung & Co. Kommanditgesellschaft" für zulässig, während umgekehrt das RG (RG **104** 342) als Firma einer Gesellschaft mit beschränkter Haftung die Firma „Kefersteinsche Papierhandlung Kommanditgesellschaft mit beschränkter Haftung" wegen der dadurch entstehenden unvermeidlichen Mißverständnisse und Unklarheiten für unzulässig erachtet.

lage irreführen könnten, sind ebenfalls unzulässig. Die Bezeichnung als Kommanditgesellschaft ist zulässig, aber nicht erforderlich.

§ 47. Die ursprüngliche Firma einer Aktiengesellschaft.

Die Firma einer Aktiengesellschaft ist in der Regel von dem Gegenstande des Unternehmens zu entlehnen[1]) und hat außerdem die Bezeichnung „Aktiengesellschaft" zu enthalten. § 20 HGB. Dem Gegenstande eines anderen Unternehmens darf sie nicht entlehnt sein; sie muß vielmehr den Gegenstand des von ihr betriebenen Unternehmens bezeichnen, damit jede Täuschung des Publikums vermieden wird. Der Zusatz „Aktiengesellschaft", der auch in anderer Schreibweise (Aktien-Gesellschaft) zulässig ist (RJA **11** 25 [OLG Hamburg]), darf nicht abgekürzt werden (RJA **4** 23; **9** 232); welche Stelle er in der Firma enthält, ist gleichgültig.

Da die Firma nur „in der Regel" von dem Gegenstande des Unternehmens zu entlehnen ist, so kann sie auch Personennamen enthalten (RJA **9** 183; RG LZ **12** 316). Diese brauchen nicht die Namen von Gründern zu sein (OLG **43** 303). Ausnahmen von der Sachfirma wird der Registerrichter in der Regel nur zulassen, wenn ein besonderes Interesse es rechtfertigt (KG Recht **1924** Nr. 1248).

Hiernach sind z. B. folgende Firmen zulässig:

Deutsche Petroleum-Aktiengesellschaft;
Aschersleben-Schneidlingen-Nienhagener Kleinbahn-Aktiengesellschaft;
Stahlwerks-Verband Aktiengesellschaft;
Berliner[2]) Spritfabrik, Aktiengesellschaft;
Siemens & Halske, Aktiengesellschaft;
Max Segall, Aktiengesellschaft;
Geo. Borgfeldt & Co., Aktiengesellschaft;
Allgemeine Deutsche Kommissionsbank Aktiengesellschaft[3]).

Wichtig sind die Übergangsvorschriften. Nach Art. 22 Abs. 2 EGHGB brauchen die am 1. Januar 1900 bestehenden Aktiengesellschaften nur dann den Zusatz „Aktiengesellschaft" in ihre Firma aufzunehmen, wenn die Firma aus Personennamen zusammengesetzt ist und nicht erkennen läßt, daß eine Aktiengesellschaft die Inhaberin ist (KGJ **20** A 40). Deshalb sind z. B. die Firmen: „Deutsche Bank", „A. Schaafhausenscher Bankverein", „Bonner Preußenkneipe", „Deutsche Grundkredit-Bank" u. ä. auch jetzt noch zulässig.

Die Firma der ausländischen Aktiengesellschaft (für das Inland wichtig wegen der inländischen Zweigniederlassungen, vgl. unten § 82)

---

[1]) Eine aus Anfangsbuchstaben (z. B. „Wumag" aus „Wagen- und Maschinenfabrik AG") gebildete Firma genügt diesem Erfordernis nicht; zulässig ist aber eine nach ihrem Warenzeichen benannte Firma (OLG **42** 210).

[2]) Dieser Zusatz über die Ortsbezeichnung ist nur zulässig, wenn er den tatsächlichen Verhältnissen entspricht. Eine in Breslau betriebene Spritfabrik dürfte also obige Firma nicht annehmen.

[3]) Vgl. KGJ **42** 151.

richtet sich nach dem ausländischen Rechte; doch muß sie, wenn sie aus Personennamen zusammengesetzt ist, erkennen lassen, daß es sich um eine Aktiengesellschaft handelt. Art. 22 Abs. 2 EGHGB.

§ 48. Die ursprüngliche Firma einer Kommanditgesellschaft auf Aktien.

Die Firma einer Kommanditgesellschaft auf Aktien ist in der Regel von dem Gegenstande des Unternehmens zu entlehnen und hat außerdem die Bezeichnung „Kommanditgesellschaft auf Aktien" zu enthalten. § 20 HGB. Auf den Gegenstand eines anderen Unternehmens darf sie sich nicht beziehen. Sie muß vielmehr den Gegenstand des von ihr betriebenen Unternehmens bezeichnen, damit eine Täuschung des Publikums vermieden wird. Der Zusatz: „Kommanditgesellschaft auf Aktien" darf nicht abgekürzt werden; ob er vor oder hinter die eigentliche Firma gesetzt wird, ist gleich.

Zulässig ist auch bei der Kommanditgesellschaft auf Aktien, daß statt des Gegenstandes des Unternehmens auch Personennamen in der Firma enthalten sind; daß diese Namen etwa die der persönlich haftenden Gesellschafter seien, ist nicht vorgeschrieben.

Hiernach sind z. B. folgende Firmen gestattet:

Böhmisches Brauhaus, Kommanditgesellschaft auf Aktien;
Kommanditgesellschaft auf Aktien Karl Hoffman & Co.

Für die Übergangszeit gilt das oben im § 47 für die Aktiengesellschaften Gesagte. Es sind also die Firmen: „Berliner Handelsgesellschaft" und „Direktion der Diskontogesellschaft" auch jetzt noch zulässig, obwohl sie die Bezeichnung „Kommanditgesellschaft auf Aktien" nicht enthalten; vgl. auch Art. 22 Abs. 2 EGHGB.

§ 49. Die ursprüngliche Firma einer Gesellschaft mit beschränkter Haftung.

Die Firma einer Gesellschaft mit beschränkter Haftung muß entweder von dem Gegenstande des Unternehmens entlehnt sein oder die Namen der Gesellschafter oder den Namen wenigstens eines derselben mit einem das Vorhandensein eines Gesellschaftsverhältnisses andeutenden Zusatze enthalten. § 4 GmbHG. Die Entlehnung von dem Gegenstande des Unternehmens ist bei einer Sachfirma ebenso wie die Benennung eines oder mehrerer Gesellschafter bei einer Personenfirma nur ein Mittel zur Schaffung eines Unterscheidungszeichens. Wenn die Sachfirma dem Gegenstande des Unternehmens entlehnt sein muß, so soll der Gefahr der Täuschungen begegnet werden, die entstehen können, wenn eine willkürliche, mit dem Gegenstande in gar keiner Beziehung stehende Sachbezeichnung gewählt wird. Der Wortlaut der Firma muß also eine, wenn auch nicht jedermann verständliche und allgemein erkennbare Beziehung gerade zu dem besonderen Gegenstande des Unternehmens aufweisen, den dieses mit zahlreichen anderen gemeinsam haben mag, der es aber von der Masse der sonstigen Unternehmungen abhebt. Diesem Erfordernis kann die Sachfirma auch dann genügen, wenn der Gegenstand nicht aus der Firma erkennbar erhellt (KG JFG **2** 246; **4** 194; JW **1927** 130[1]). Eine Entlehnung liegt aber dann nicht vor, wenn die Firma lediglich abstrakte Begriffe enthält, die nichts ihrem Unternehmen Eigentümliches andeuten, sondern allgemein für jedes Unternehmen zutreffen, z. B. die Firma „Wille und Weg" Gesellschaft mit beschränkter Haftung" (JFG **4** 194). Die Gesellschaft muß aber zur Zeit ihrer Entstehung satzungsmäßig den Gegenstand haben, nach welchem sie ihre Firma bildet[2]) (KGJ **52** 96; JFG **4** 197). Eine Sachfirma ist auch zulässig, wenn sie ein Warenzeichen enthält (OLG **42** 219). Was die Personenfirma betrifft, so muß auch hier der Name der wirkliche Name (Familienname) sein, so daß die Benutzung der Deck- und Künstlernamen in der Firma unzulässig ist (OLG **40** 178; vgl. aber OLG **42** 219 „Assi-Walda-Film-Gesellschaft mit beschränkter Haftung"). Es braucht diesem Namen aber weder der Vorname (KGJ **38** A 158) noch ein anderer Zusatz hinzugefügt werden, aus dem sich ergibt, ob der Gesellschafter männlichen oder weiblichen Geschlechts ist (KGJ **39** A 114). Der namengebende Gesellschafter braucht nicht eine physische Person zu sein, kann vielmehr auch eine Gesellschaft sein (RG **104** 343; KGJ **26** A 215; KG DNotVZ **1925** 52). Die Aufnahme des Namens anderer Personen als eines Gesellschafters ist unzulässig, und zwar auch dann, wenn er in einer Sachbezeichnung verwendet wird (OLG **19** 379; KGJ **35** A 167)[3]). Sind in der Personenfirma mehrere, aber nicht alle Gesellschafter benannt, so muß der ein Gesellschaftsverhältnis andeutende Zusatz klarstellen, daß die Genannten in einem Gesellschaftsverhältnis mit noch einer oder noch mehreren Personen und nicht nur untereinander stehen. Diese Aufgabe erfüllt aber das Wort „Gesellschaft" nicht. Es können daher A, B und C nicht eine Gesellschaft mit beschränkter Haftung unter der Firma „A & B Gesellschaft mit beschränkter

---

[1]) Das KG (JFG **2** 246) läßt die Firma „Aeriola Gesellschaft mit beschränkter Haftung" für eine Gesellschaft zu, die Radioapparate herstellt, von denen einer den Namen „Aeriola" führt. Es hat damit seinen früheren (in KGJ **30** A 145; **34** A 149) vertretenen Standpunkt aufgegeben, wonach es verlangte, daß aus der Sachfirma der Gegenstand des Unternehmens, wenn auch nicht erschöpfend, so doch im wesentlichen erhellen müsse. Im Schrifttum wird der Ansicht des KG von Fuld (Rdsch. f. GmbH **1925** 307) zugestimmt, während u. a. von Hachenburg (JW **1925** 802 u. GmbHG. § 4 Anm. 2a), Bing (JW **1927** 130) und Strauß (Handelskammern und Handelsregister 339) Bedenken dagegen erhoben werden.

[2]) Unzulässig ist daher die Firma „Electro-Industrie-Gesellschaft mit beschränkter Haftung" für eine Gesellschaft, die nicht selbst fabriziert (OLG Stuttgart Recht **1920** Nr. 3481).

[3]) Allerdings können als nach § 18 Abs. 2 HGB zum Zwecke der Individualisierung statthafte Zusätze auch historische oder solche Namen verwendet werden, welche eine symbolische Sachbedeutung haben (KGJ **35** A 167).

Haftung" gründen, die Firma muß vielmehr lauten: „A, B & Co. Gesellschaft mit beschränkter Haftung" oder „A, B & Co. mit beschränkter Haftung" oder dgl. (RJA **7** 35; JFG **1** 197). Die Verbindung von Sach- und Personenfirmen, die Verwendung von sog. gemischten Firmen ist zulässig (RJA **7** 35). Die Firma muß in allen Fällen die zusätzliche — vollausgeschriebene — Bezeichnung „mit beschränkter Haftung", die aber nicht notwendig am Schlusse zu stehen braucht und auch in Klammern zugefügt sein kann (KGJ **19** 15), enthalten. § 4 GmbHG. Vom Registerrichter ist streng darauf zu achten, daß im Gesellschaftsvertrag, in der Anmeldung zum Handelsregister, in der Eintragung und in der Bekanntmachung der Haftungszusatz, bei dem das Wort „Gesellschaft" nicht vorgeschrieben, allerdings in der Praxis meistens üblich ist, ausgeschrieben wird. Im Verkehr genügt die Abkürzung „G.m.b.H." oder „m.b.H.", jedenfalls ist sie allgemein üblich (RJA **10** 184 [OLG Hamburg]; OLG **19** 366; **21** 372; KGJ **36** A 127; **39** A 302). Unzulässig ist der Zusatz: „mit beschränkter H a f t p f l i c h t"[1]).

Gestattet sind nach dem auch hier zur Anwendung kommenden § 18 Abs. 2 HGB Zusätze, die zur Unterscheidung der Person und des Geschäfts dienen; vgl. oben § 43.

Hiernach sind folgende Firmen statthaft:

Verlag Deutscher Hausbücher, Gesellschaft mit beschränkter Haftung;

Bank für industrielle Unternehmungen, Gesellschaft mit beschränkter Haftung;

Sanatorien auf Madeira, Vorbereitungs-Gesellschaft mit beschränkter Haftung;

Norddeutsche Holzindustrie, Gesellschaft mit beschränkter Haftung;

Hamburger Speditionsbüro, Gesellschaft mit beschränkter Haftung;

Otto Happ & Co., Gesellschaft mit beschränkter Haftung;

Straßmann & Wolff, Gesellschaft mit beschränkter Haftung;

Buch- und Steindruckerei F. W. Rühnke & Co., Gesellschaft mit beschränkter Haftung;

Chemische Werke Friedlaender & Silberberg, Gesellschaft mit beschränkter Haftung.

Das Gesellschaftsverhältnis wird in der Regel durch den Zusatz: „Gesellschaft mit beschränkter Haftung" genügend ausgedrückt; es sind also zulässig z. B. folgende Firmen:

Max Bitzow, Gesellschaft mit beschränkter Haftung;

W. C. Paepke, Gesellschaft mit beschränkter Haftung;

Karl Rädicke, Spritfabrik, Gesellschaft mit beschränkter Haftung;

Chemische Werke Fritz Friedländer, Gesellschaft mit beschränkter Haftung.

Nach der Ansicht des Kammergerichts (KGJ **19** 15) kann in die Firma auch eine sinnbildliche Bezeichnung aufgenommen werden, die mit dem Gegenstande des Unternehmens in Zusammenhang zu bringen ist, und zwar unter Umständen selbst dann, wenn die Bezeichnung zugleich den Namen

[1]) Vgl. diesen Ausdruck in der Bezeichnung der G e n o s s e n s c h a f t e n mit beschränkter Haftpflicht (§ 2 Nr. 3 GenG).

einer nicht beteiligten Person darstellt und nach Lage des Falles ein Mißverständnis über diesen Gegenstand nicht hervorgerufen werden kann[1]). Es finden sich daher z. B. folgende Firmen eingetragen:

Iris, Gesellschaft mit beschränkter Haftung;

Waren- & Möbel-Kredithaus „Alle Tage anders", Gesellschaft mit beschränkter Haftung.

Gesellschaften mit reinen Phantasienamen können aber nicht in das Handelsregister eingetragen werden (IFG **4** 198).

Besondere Vorschriften gelten, wenn bei der Gründung der Gesellschaft ein Geschäft mit Firma erworben wird. Es kann nämlich die bisherige Firma mit dem Zusatze „mit beschränkter Haftung" mit oder ohne Nachfolgerzusatz beibehalten werden, und es brauchen weder die Namen der Gesellschafter, noch der Name wenigstens eines derselben mit einem das Vorhandensein eines Gesellschaftsverhältnisses andeutenden Zusatze in der Firma enthalten zu sein. § 4 Abs. 1 Satz 3 GmbHG. In solchem Falle erlischt die bisherige Firma nicht, sie besteht vielmehr bei der neugegründeten Gesellschaft mit beschränkter Haftung weiter fort (OLG **9** 246) und der Zusatz mit beschränkter Haftung, den die Firma erhalten muß (OLG **40** 193), macht sie nicht zu einer anderen (DIZ **1902** 202)[2]).

B. Abgeleitete Firmen.

§ 50. Fortführung der Firma bei völligem Wechsel der Geschäftsinhaber.

Der Grundsatz der Firmenwahrheit ist beim Erwerb eines bestehenden Handelsgeschäfts völlig durchbrochen. Wer nämlich ein bestehendes Handelsgeschäft unter Lebenden oder von Todes wegen erwirbt, darf für das Geschäft die bisherige Firma[3]) mit oder ohne

[1]) Ähnlich auch KG Recht **1906** Nr. 1849. Hier erachtet es Phantasienamen als Sachfirmen dann für ausreichend, wenn die darin liegende Kennzeichnung allgemein verstanden wird, während nach Ansicht des OLG Karlsruhe (IFG **2** 249) die Firma einer Gesellschaft mit beschränkter Haftung nicht aus einem reinen Phantasienamen mit dem Zusatz „Handelsgesellschaft mit beschränkter Haftung" bestehen kann.

[2]) Deshalb ist auch z. B. der frühere Inhaber einer Einzelfirma nicht verpflichtet, das Erlöschen der für ihn (im Handelsregister A) eingetragenen Firma anzumelden, vielmehr ist die auf die Gesellschaft übergegangene Firma im Handelsregister A von Amts wegen zu löschen (KGJ **44** 149). Es ist zwischen Löschung der Firma und Eintragung des Erlöschens der Firma wohl zu unterscheiden (KGJ **41** 305). Einer Bekanntmachung der Löschung, die keine rechtlich erhebliche Tatsache enthält, vielmehr nur eine registertechnische Maßnahme ist, bedarf es nicht (KGJ **44** 382)

[3]) Die Bestimmung des § 22 HGB setzt eine ordnungsmäßig gebildete Firma voraus, die der bisherige Geschäftsinhaber mit Recht geführt hat. Eine eingetragene Firma, die den gesetzlichen Vorschriften nicht entspricht und daher nicht hätte eingetragen werden dürfen und der Löschung nach § 142 FGG unterliegt, kann nicht nach § 22 HGB übertragen werden (KG Recht **1927** Nr. 1196).

Beifügung eines das Nachfolgerverhältnis andeutenden Zusatzes fortführen, wenn der bisherige Geschäftsinhaber oder dessen Erben in die Fortführung der Firma ausdrücklich willigen. § 22 Abs. 1 HGB[1]).

Wenn also z. B. der Kaufmann Karl Schulz das von ihm unter der Firma „Karl Schulz" betriebene Handelsgeschäft an den Kaufmann Fritz Müller verkauft und in dem Kaufvertrag in die Fortführung der Firma „Karl Schulz" durch den Erwerber Müller willigt, so kann Müller das Geschäft unter der bisherigen Firma weiterführen. Man kann also keiner Firma ohne weiteres ansehen, wer ihr Inhaber ist.

Im einzelnen sind, wie die oben angezogene gesetzliche Vorschrift ergibt, für die Zulässigkeit der Firmenfortführung durch den Erwerber folgende Punkte zu beachten:

1. Es muß sich um den Erwerb[2]) eines bestehenden Handelsgeschäfts handeln. Der Erwerbsakt kann ein Geschäft unter Lebenden, z. B. ein Kaufvertrag, eine Schenkung u. dgl., oder von Todes wegen, z. B. ein Testament, Erbvertrag oder die gesetzliche Erbfolge sein. Der Registerrichter wird bei einem Erwerbsakt unter Lebenden sich in der Regel mit der Erklärung der Beteiligten begnügen und die Vorlegung der betreffenden etwaigen Vertragsurkunde u. dgl. nicht verlangen.

Beispiel:

Amtsgericht. Berlin, den 6. März 1927.

Es erschienen vor dem Unterzeichneten:

1. Der Kaufmann Ludwig Bodenberg in Berlin, Lützowstr. 63.

2. Der Kaufmann Ernst Riemann in Berlin, Stralsunder Str. 33.

Die Persönlichkeit der Erschienenen wurde durch den dem Unterzeichneten bekannten Justizwachtmeister Richard Klein von hier anerkannt, wie dieser durch seine Unterschrift bezeugt.

Richard Klein.

Der Erschienene zu 1. erklärte:

Unter Nr. 972 der Abt. A des Handelsregisters bin ich als Inhaber der Firma:

Ludwig Bodenberg

eingetragen.

Ich habe das von mir unter dieser Firma bisher betriebene Geschäft an den Erschienenen zu 2. veräußert.

Ich willige darin, daß das Geschäft unter der bisherigen Firma mit oder ohne Beifügung eines das Nachfolgeverhältnis andeutenden Zusatzes fortgeführt wird.

Der Erschienene zu 2. erklärte:

Ich schließe mich dieser Erklärung an. Die Firma erhält einen Zusatz und lautet jetzt:

---

[1]) Das Gesetz ist auf den regelmäßigen Fall abgestellt, daß nur ein Geschäft übergeht und fortbetrieben wird. Erwirbt aber jemand zu seinem bisherigen Geschäft ein zweites hinzu und betreibt er beide fort, so kann er die Firma beider Geschäfte unter Vereinigung zu einer einheitlichen Firma beibehalten (KGJ **50** 236 [OLG Dresden]; **51** 114; RG LZ **1912** 316).

[2]) Über den Begriff „Erwerb" vgl. u. a. RG **37** 178; **63** 229; **99** 158.

Ludwig Bodenberg, Nachf. E. Riemann.
Die Geschäftsräume befinden sich Stralsunder Straße 33.
Der Erschienene zu 2. zeichnete hierauf die Firma wie folgt:
Ludwig Bodenberg, Nachf. E. Riemann.
Die Erschienenen erklärten sodann:
Wir melden zur Eintragung in das Handelsregister an, daß der Erschienene zu 2. Inhaber der Firma ist und daß die Firma jetzt, wie angegeben, lautet.
Das Gewerbekapital beträgt .... RMark und der jährliche Gewerbeertrag .... RMark[1]**.**
Die Kosten trägt der Erschienene zu 2.
v. u. g.
Ludwig Bodenberg. Ernst Riemann.
Reinhardt, Justizobersekretär.
als Urkundsbeamter der Geschäftsstelle.

Darauf ergeht folgende Verfügung:

1. Einzutragen in das Handelsregister Abt. A Nr. 972.
Sp. 1. 2.
Sp. 2 Die Firma lautet jetzt: Ludwig Bodenberg, Nachf. E. Riemann[2]**.**
Sp. 3 Ernst Riemann, Kaufmann, Berlin.
2. Ebenda sind folgende Eintragungen rot zu unterstreichen: unter Nr. 1 der Eintr. 1: in Sp. 2 die bisherige Firma und Sp. 3.
3. Öffentliche Bekanntmachung.
4. Bekanntmachung an
a) Bodenberg und Riemann,
b) die Industrie- und Handelskammer durch die Liste.
Berlin, 6. März 1927 Br.

Darunter vermerkt nach erfolgter Eintragung der Registerführer:

Eingetragen am 6. März 1927.
Reinhardt.

Beim Erwerbe von Todes wegen[3]) wird sich dagegen der Registerrichter nicht mit der einfachen Erklärung der Erschienenen, daß sie die Erben des bisherigen Geschäftsinhabers geworden seien[4]), begnügen, sondern

---

[1]) Wenn in der Anmeldung diese, nach den §§ 69, 72 PrGKG zur Berechnung der Gebühren erforderlichen Angaben nicht enthalten sind, hat der Registerführer die Beteiligten zur nachträglichen Einreichung dieser Angaben, geeignetenfalls unter Hinweis auf die Vorschriften des § 23 Abs. 2 PrGKG, aufzufordern. Wird der Aufforderung nicht genügt oder ergeben sich Bedenken gegen die Richtigkeit der in den Anmeldungen enthaltenen oder nachträglich beigebrachten Angaben, so hat der Registerführer den Vorsitzenden des Gewerbesteuerausschusses oder erforderlichenfalls das Finanzamt um Auskunft über den Gewerbeertrag oder das Gewerbekapital zu ersuchen. AV vom 7. August 1926 (JMBl 286).

[2]) Die Beifügung eines das Nachfolgeverhältnis andeutenden Zusatzes ist nicht als Änderung der Firma im Sinne des § 20 Abs. 3 AV vom 7. November 1899 anzusehen; die neue Firma braucht daher nicht unter einer neuen Nummer an einer anderen Stelle des Registers eingetragen zu werden. Weizsäcker-Lorenz S. 288.

[3]) Vgl. Cohn: „Über die Tätigkeit des Registerrichters bei der Firmenfortführung eines von Todes wegen erworbenen Handelsgeschäfts" JW **1926** 486 ff.

[4]) Die Anmeldung eines einzelnen Miterben, daß er aus dem zum Nachlaß gehörigen Geschäft ausgetreten sei, ist unwirksam (RJA **13** 226).

er wird Vorlegung des Testamentes, des Erbvertrages oder des Erbscheines verlangen müssen; vgl. § 12 Abs. 2 Satz 2 HGB und oben § 12.

Beispiel:

Amtsgericht. Berlin, den 9. Januar 1927.

Es erschien vor dem Unterzeichneten die Frau Witwe Johanna Hörichs geborene Anders in Berlin, Landsberger Allee 52.

Sie ist dem Unterzeichneten bekannt.

Sie überreichte Ausfertigung des wechselseitigen gerichtlichen Testamentes vom 22. Januar 1916 und der Eröffnungsverhandlung vom 23. September 1926 und erklärte:

Unter Nr. 356 der Abt. A des Handelsregisters ist mein Ehemann, der Kaufmann Bernhard Hörichs als Inhaber der Firma:

Bernhard Hörichs jun.

eingetragen.

Der Kaufmann Hörichs ist verstorben und nach dem in Ausfertigung überreichten Testamente von mir und seinen beiden Kindern, dem Kaufmann Walter Hörichs in Halle a. S. und dem am 29. Mai 1923 geborenen Anton Hörichs beerbt worden. Ich bin als Vorerbin mit freier Verwaltungs- und Verfügungsbefugnis dergestalt eingesetzt, daß sich die Kinder mit dem begnügen müssen, was nach meinem Tode von dem Nachlaß noch vorhanden ist.

Ich führe das Geschäft unter unveränderter Firma fort[1]).

Die Geschäftsräume befinden sich nach wie vor in Berlin, Landsberger Allee 52.

Ich zeichne die Firma, wie folgt:

Bernhard Hörichs jun.

Ich melde zur Eintragung in das Handelsregister an, daß ich jetzt die Inhaberin der Firma bin, und daß die Firma durch Erbgang auf mich als befreite Vorerbin des Nachlasses meines verstorbenen Ehemannes und auf meine beiden vorbezeichneten Kinder als Nacherben übergegangen ist.

Das Gewerbekapital beträgt .... RMark, der jährliche Gewerbeertrag .... RMark.

Die Kosten übernehme ich.

v. g. u.

Johanna Hörichs geb. Anders.

Reinhardt, Justizobersekretär

als Urkundsbeamter der Geschäftsstelle.

Hierauf wird verfügt:

1. Einzutragen in das Handelsregister Abt. A Nr. 356:

Sp. 1 2.

Sp. 3. Witwe Johanna Hörichs geb. Anders, Kaufmann, Berlin.

Sp. 5. Das Geschäft nebst Firma ist durch Erbgang auf die Witwe Johanna Hörichs geb. Anders in Berlin als befreite Vorerbin des Nachlasses des Kaufmanns Bernhard Hörichs übergegangen. Nacherben sind: 1. Der Kaufmann Walter Hörichs in Halle a. S. 2. Der am 29. Mai 1923 geborene Anton Hörichs in Berlin[2]).

---

[1]) Der Vorerbe bedarf nicht der Zustimmung des Nacherben (OLG 4 456).

[2]) Das KG hat die Eintragung der Miterben als solcher in das Handelsregister bei der Firma des Erblassers für statthaft erklärt (KG **15** 6; **22** A 281; **35** A 153; **48** 128; JFG **5** 210; vgl. auch RG **10** 101; **16** 339; **23** 166; A.M. Cohn JW **1926** 488). Das KG nimmt auch an, daß die als befreite Vorerbin eingesetzte Witwe das

2. Ebenda ist die Eintragung in Sp. 3 unter Nr. der Eintr. 1 rot zu unterstreichen.
3. Öffentliche Bekanntmachung.
4. Bekanntmachung an
a) die Witwe Hörichs und den Kaufmann Walter Hörichs,
b) die Industrie- und Handelskammer durch die Liste.
Berlin 9. Januar 1927. Br.

Die Person des Erwerbers ist für das Firmenrecht im allgemeinen bedeutungslos. Es kann daher z. B. auch eine offene Handelsgesellschaft[1]) das Geschäft eines Einzelkaufmanns mit dessen Firma oder ein Einzelkaufmann das Geschäft einer offenen Handelsgesellschaft mit deren Firma erwerben.

Beispiel:

Amtsgericht. Berlin, den 28. November 1927.

Es erschienen vor dem Unterzeichneten:
1. Der Kaufmann Karl Cohn in Berlin, Ritterstr. 12.
2. Der Kaufmann Robert Weiß in Berlin, Karlstr. 4.
3. Der Kaufmann Martin Kunz in Berlin, Bendlerstr. 15.

Die Erschienenen sind dem Unterzeichneten bekannt.

Der Erschienene zu 1. erklärte:

Unter Nr. 2285 der Abt. A des Handelsregisters bin ich als Inhaber der Firma Karl Cohn, Luxuspapierhandlung, eingetragen. Ich habe das von mir unter dieser Firma bisher in Berlin betriebene Geschäft an die Erschienenen zu 2. und 3. veräußert. Ich willige darin, daß das Geschäft unter der bisherigen Firma mit oder ohne Beifügung eines das Nachfolgeverhältnis andeutenden Zusatzes fortgeführt wird.

Die Erschienenen zu 2. und 3. erklärten:

Wir schließen uns dieser Erklärung an. Die Firma erhält einen Zusatz und lautet jetzt:

Karl Cohn Nachf. Luxuspapierhandlung.

Der Sitz der von uns begründeten offenen Handelsgesellschaft befindet sich in Berlin. Die Gesellschaft hat am 15. November 1927 begonnen.

Hierauf zeichneten die Firma nebst ihrer Namensunterschrift:

1. der Erschienene zu 2.:
Karl Cohn Nachf. Luxuspapierhandlung
Robert Weiß;
2. der Erschienene zu 3:.
Karl Cohn Nachf. Luxuspapierhandlung
Martin Kunz.

Die Erschienenen zu 2. und 3. erklärten:

Wir melden die vorbezeichnete Handelsgesellschaft zur Eintragung in das Handelsregister an. Wir melden ferner an, daß die Firma jetzt, wie angegeben, lautet.

Geschäft allein mit der Firma fortführen und als Inhaberin eingetragen werden kann, ohne daß es der Bewilligung der Nacherben oder der Genehmigung des Vormundschaftsgerichts bedarf (OLG **4** 456). Über die Fortführung des Geschäfts in „fortgesetzter Gütergemeinschaft" vgl. KGJ **26** A 220 u. RG JW **1926** 532.

[1]) Die offene Handelsgesellschaft kann nicht als Inhaberin einer Einzelfirma eingetragen werden, vielmehr sind die Gesellschafter einzutragen, die das Geschäft als offene Handelsgesellschaft fortsetzen (KGJ **23** A 96).

Das Gewerbekapital beträgt .... RMark, der Gewerbeertrag .. RMark.
Unsere Vermögenseinlagen betragen .... RMark.
Die Geschäftsräume befinden sich Chausseestr. 72.
Die Kosten sollen von der Gesellschaft eingezogen werden.

v. g. u.

Karl Cohn. Robert Weiß. Martin Kunz.
Reinhardt, Justizobersekretär
als Urkundsbeamter der Geschäftsstelle.

Darauf wird verfügt:

1. Einzutragen in das Handelsregister A Nr. 2285:
Sp. 1. 2.
Sp. 2. Die Firma lautet jetzt: Karl Cohn Nachf. Luxuspapierhandlung.
Sp. 3. Robert Weiß, Kaufmann, Berlin.
Martin Kunz, Kaufmann, Berlin.
Sp. 6. Offene Handelsgesellschaft. Die Gesellschaft hat am 15. November 1927 begonnen.
2. Rot zu unterstreichen sind von den Eintragungen unter Nr. 1: Sp. 2 die Worte: „Karl Cohn, Luxuspapierfabrik" und Sp. 3.
3. Öffentliche Bekanntmachung.
4. Nachricht
a) den drei Beteiligten,
b) der Industrie- und Handelskammer durch die Liste.

Berlin, 28. November 1927. Br.

Es kann ferner z. B. das unter der Firma „Karl Eisenach" betriebene Geschäft eines Einzelkaufmanns von letzterem an die offene Handelsgesellschaft[1]) C. Singer & Co. dergestalt veräußert werden, daß die offene Handelsgesellschaft künftig die Firma „Karl Eisenach" führt; sie muß dann freilich die frühere Firma „C. Singer & Co." aufgeben, da eine offene Handelsgesellschaft nicht zwei Firmen nebeneinander führen kann (KGJ **23** A 26; vgl. auch RG **85** 399; **99** 159; **113** 217).

Ebenso können die beiden Gesellschafter der offenen Handelsgesellschaft in Firma „Maschinenfabrik E. Franke & Co." das Geschäft mit Firma an den Einzelkaufmann Adolf Schulz mit der Maßgabe veräußern, daß dieser künftig die Firma „Maschinenfabrik E. Franke & Co." weiterführen kann.

Man kann also keiner Firma ansehen, ob sie die eines Einzelkaufmanns oder eine Gesellschaftsfirma ist.

2. Der Erwerb muß sich auf ein bestehendes Handelsgeschäft beziehen. Der Veräußerer muß also selbst ein Handelsgeschäft unter einer Firma bereits betrieben haben (RG **3** 120; **25** 1). Es wäre unzulässig, wenn jemand sich Warenvorräte usw. anschaffte, eine Firma annähme und dann sofort, ohne mit dem Betrieb des Geschäfts begonnen zu haben, das Geschäft nebst Firma veräußerte (RG **9** 1). Wohl zu beachten ist aber, daß das Geschäft, wenn es einmal betrieben worden ist, nicht unmittelbar mit dem Ende des Betriebes zu bestehen aufhört. Das Geschäft besteht

[1]) Der ein Handelsgeschäft eines Einzelkaufmanns Erwerbende und unter der bisherigen Firma Fortführende im Sinne des § 25 Abs. 1 HGB kann natürlich auch eine zu diesem Zwecke gegründete offene Handelsgesellschaft sein (RG **113** 308).

vielmehr so lange, als die zu seiner Fortführung geeigneten Vermögensstücke und Beziehungen noch vorhanden sind (OLG **38** 7 [BayObLG]; RG **110** 424), selbst wenn der Inhaber zeitweilig aufgehört hat, sie weiter zu pflegen[1]). So hört z. B. das Geschäft mit dem Eintritt der Liquidation nicht zu bestehen auf, so daß in diesem Falle die Firma noch veräußert werden kann. War die Firma irrtümlich gelöscht, weil zu Unrecht ein gänzlicher Untergang des Geschäfts angenommen wurde, so kann der, der das Geschäft fortsetzt, seinem Firmennamen einen auf die Nachfolgerschaft hinweisenden Firmenzusatz beifügen (BayObLG JW **29** 674).

3. Der Erwerb muß ferner ein Handelsgeschäft als Ganzes in seinem bisherigen Bestande betreffen mit dem, was zum Betrieb gerade dieses Geschäfts nach seiner Eigenart, in der es sich herausgebildet hatte und im Handelsverkehr hervortrat, gehört (RG **63** 229). Die Veräußerung eines Teils des Geschäfts genügt nicht; es ist also unzulässig, einen Teil des Geschäfts, z. B. einen einzelnen Geschäftszweig, mit dem Firmenrechte zu veräußern und einen anderen Teil mit dem Firmenrechte zurückzubehalten und so die Firma zu verdoppeln (KGJ **13** 28; **34** A 129; RG **56** 189; LZ **1907** 49; BayObLG OLG **24** 117). Der Vorbehalt eines verhältnismäßig untergeordneten Geschäftszweiges von geringfügiger Bedeutung schließt allerdings die Annahme, daß das seitherige Handelsgeschäft in seinem wesentlichen Teil übertragen worden ist, nicht aus (RG **63** 229).

4. Es muß sich bei dem Erwerb um das Geschäft eines Vollkaufmannes handeln. Wer also die Firma eines Minderkaufmanns kauft, erwirbt nicht das Recht zur Führung des Namens des Minderkaufmanns für sein Geschäft und er kann auch dies Recht nicht nachträglich durch Vergrößerung des Geschäfts oder sonstige Umwandlung in ein Vollkaufmannsgeschäft für sich begründen (KGJ **13** 27; **31** A 144; **41** 265 [OLG Jena]; RJA **9** 33). Dagegen ist es gleichgültig, ob die Firma eingetragen ist oder nicht (KGJ **5** 24; **13** 26; RJA **9** 33; 10 180; RG **65** 15). Wenn also ein Vollkaufmann nach § 1 HGB sein Geschäft mit Firma veräußert, so muß dies in das Register eingetragen werden, auch wenn die Firma bisher nicht eingetragen war[1])[2]). Dieser Fall kommt in der Praxis sehr häufig vor. Der diesbezügliche Eintragungsvermerk wird etwa lauten:

Der Kaufmann Karl Reinhardt hat das bisher unter der nicht eingetragenen Firma Otto Stolle betriebene Geschäft von dem bisherigen Inhaber Kaufmann Otto Stolle in Berlin erworben.

Bei Vollkaufleuten nach §§ 2 und 3 HGB (vgl. oben §§ 37ff.) ist natürlich die Eintragung Voraussetzung der Firmenübertragung, weil bei ihnen erst durch Eintragung die Kaufmannseigenschaft entsteht.

---

[1]) Staub Anm. 5 zu § 22.

[2]) Eine vor dem 1. Januar 1900 gültig gebildete, nach jetzigem Recht aber unzulässige, nicht eingetragene Firma (ohne ausgeschriebenen Vornamen!) kann von dem Erwerber auch nicht bei Hinzufügung seiner Firma fortgeführt werden (KGJ **41** 107; vgl. auch KGJ **27** A 216, 219; RG **41** 22).

5. Der bisherige Geschäftsinhaber oder dessen Erben müssen in die Fortführung der Firma ausdrücklich willigen[1]). Diese Einwilligungserklärung muß gleichzeitig mit dem Erwerbe des Geschäfts erfolgen (KGJ **12** 22; **13** 30; **15** 14; **28** A 310 [OLG Rostock]). Sie bedarf keiner bestimmten Form, es genügt vielmehr jede unmittelbare Äußerung des Zustimmungswillens. Ausgeschlossen sind nur sog. konkludente Umstände (RG JW **1911** 594). In der Einwilligungserklärung kann auch einschränkend bestimmt werden, daß die alte Firma entweder nur ohne Zusatz oder nur mit einem bestimmt gefaßten, das Nachfolgeverhältnis andeutenden Zusatze weitergeführt werden darf (ROHG **14** 187). Es sind auch Befristungen, z. B. Überlassung der Firma auf bestimmte Zeit oder für die Person des Erwerbers, und andere Beschränkungen bei der Bewilligung in die Fortführung der Firma rechtlich zulässig (RG **76** 263; JW **1911** 660; RJA **14** 44; OLG München Recht **1912** Nr. 1934). Im Zweifel ist die Gestattung der Firmenfortführung auf unbestimmte Zeit zu verstehen (RG **56** 189; **102** 22). Im Konkurse des Kaufmanns kann diese Bewilligung nur der Gemeinschuldner, nicht der Konkursverwalter erteilen (RG **9** 106; **58** 169; RJA **9** 46; KGJ **39** A 109). Es müssen also im Konkurse der Konkursverwalter und der Gemeinschuldner bei der Veräußerung des Geschäfts mitwirken, da jener nur das Geschäft, dieser nur die Firma veräußern kann[2]). In allen Fällen muß die Zustimmung des bisherigen Geschäftsinhabers oder dessen Erben dem Registerrichter nachgewiesen werden.

6. Die Firma kann nicht ohne das Handelsgeschäft, für welches sie geführt wird, veräußert werden. § 23 HGB[3]).

II. Geht die Firma auf einen neuen Geschäftsinhaber über, so besteht für diesen die Berechtigung, nicht etwa auch die Verpflichtung[4]) (KG in Z.Bl f. fr. Ger. **5** 322; RG **56** 189; OLG Braunschweig DNotVZ **1922** 71, OLG Dresden JFG **5** 215), die bisherige Firma mit oder ohne Beifügung eines das Nachfolgeverhältnis andeutenden Zusatzes fortzuführen. Vorausgesetzt ist aber hierbei, daß der Erwerber auch das bisherige Geschäft weiterführt, wobei allerdings eine Einschränkung oder Ausdehnung des Geschäfts außer Betracht bleibt, sofern nur die Grundlage des Geschäfts im wesentlichen dieselbe bleibt (RG JW **1902** 186). Der Erwerber kann

---

[1]) Der Gesetzgeber hat in § 22 HGB das Recht des Veräußerers, in die Fortführung der Firma zu willigen, schlechthin ausgesprochen, ohne es auf bestimmte Arten von Veräußerern zu beschränken, ohne insbesondere öffentlich-rechtliche Körperschaften, die ein in das Handelsregister eingetragenes Unternehmen betreiben, auszunehmen (JFG **1** 188 [OLG München]).

[2]) Staub Anm. 7 zu § 22; RG DNotVZ **1915** 794.

[3]) Der § 23 ist im Ausdruck ungenau; denn nach § 22 kann streng genommen nicht die Firma veräußert, sondern nur das Recht zum Gebrauch unter Verzicht auf eigene Weiterbenutzung einem anderen bewilligt werden (RG **107** 31).

[4]) Der Geschäftserwerber kann also auch seinen eigenen Namen als Firma gebrauchen. Vgl. auch JFG **5** 210.

also nicht das Geschäft aufgeben und für ein neues die erworbene Firma führen (RG **1** 261; JW **1911** 105; KG Recht **1905** 48). Unzulässig ist auch die Wiederaufnahme einer abgeleiteten Firma nach deren Löschung (KGJ **48** 119; OLG **24** 119 [OLG Hamburg]; JFG **3** 185 [OLG München]; vgl. auch RG **65** 14; **110** 422).

Beispiele für Firmen mit Nachfolgerzusatz sind folgende:

Otto Stolle Nachfolger.
L. Bodenberg, Nachf.
Rudolf Kalkofen, Nachf. A. Bückholz.
Friedrich Eichhorn, vormals A. Kunze.

Aus diesen Beispielen ergibt sich, daß die örtliche Anordnung gleichgültig ist und entweder die frühere Firma oder der Nachfolgerzusatz vorangestellt werden kann (RG LZ **10** 933; KGJ **41** 108). Andere als Nachfolgerzusätze — als solche können auch die Zusätze „Erben" oder „Söhne" gewählt werden — sind nicht gestattet. Die Firma ist grundsätzlich so fortzuführen, wie sie lautet; auch die Ausscheidung von Teilen der Firma ist nicht gestattet (RG **96** 195; **104** 342; KGJ **11** 393; **27** A 216, 219; **34** A 128; **53** 95; RJA **7** 199; **14** 44; OLG **27** 309). Hierbei kommt es jedoch nicht auf „wort- und buchstabentreue Gleichheit" an und ist „ein die Verkehrsauffassung außer acht lassender Formalismus" zu vermeiden (RG **113** 308)[1]).

Andere als Nachfolgerzusätze sind nicht gestattet. Es darf also der Firma z. B. nicht beigefügt werden: „Adler-Drogerie" oder „Apotheker" (KGJ **28** A 310 [OLG Rostock]). Dagegen ist der vom Erwerber gewählte Nachfolgerzusatz anders zu behandeln als sonstige Zusätze. Er kann, wenn sich die rechtliche Natur des Unternehmens ändert, wenn z. B. eine offene Handelsgesellschaft sich durch Ausscheiden des einen von zwei Gesellschaftern in das Geschäft eines Einzelkaufmanns umwandelt, geändert werden; jedoch müssen hierbei die den Grundsatz der Firmenwahrheit betreffenden Vorschriften beobachtet werden; ein Zwang zur Änderung besteht aber in solchen Fällen nicht. Es ist deshalb z. B. der nach Ausscheiden seines einzigen Mitgesellschafters im Geschäft verbleibende Gesellschafter trotz der eingetretenen Änderung zur Fortführung der bisherigen Firma mit der einzigen Einschränkung berechtigt, daß zur Fortführung des etwa in der Firma enthaltenen Namens des ausscheidenden Gesellschafters dessen Zustimmung erforderlich ist (KGJ **20** D 15 [OLG München]). Der Nachfolgerzusatz kann auch sonst der Sachlage entsprechend geändert werden (KGJ **53** 95); er kann nachträglich auch ganz fortgelassen werden, sofern nicht in die Fortführung der Firma nur mit dem Nachfolgerzusatz ausdrücklich gewilligt ist (ROHG **14** 87).

Unzulässig ist es, die übernommene Firma nachträglich zu ändern, wenn in der rechtlichen Gestaltung des Unternehmens keine Änderung

---

[1]) Das KG hält (DNotVZ **1925** 14) einen auf das Gründungsjahr hinweisenden Zusatz zu der sonst unveränderten Firma für zulässig.

eingetreten ist. § 18 Abs. 2 HGB bezieht sich nach der Stellung im Gesetz nur auf die ursprüngliche, nicht auf die übernommene Firma und ist im Falle des § 22 HGB nicht anwendbar (RG **96** 195; a. M. KG DNotVZ **1928** 190). Die Zustimmung des früheren Inhabers der Firma zu ihrer späteren Umänderung ist belanglos, weil ihm ein Verfügungsrecht über die Firma auch zugunsten des Erwerbers nicht mehr zusteht (KGJ **28** A 310 [OLG Rostock]).

Der Grundsatz der unveränderten Firmenfortführung gilt nicht für Zusätze, die nur auf die Gesellschaftsform hinweisen, insbesondere dann nicht, wenn das Geschäft von einer Gesellschaft übernommen wird, die ihrerseits nach § 20 HGB oder § 4 Abs. 2 GmbHG einen ihrer Verfassung entsprechenden anderen Zusatz aufnehmen muß (RG **104** 342).

Besondere Vorschriften gelten daher bei dem Übergange der Firma von Gesellschaften und auf Gesellschaften, da in diesen Fällen die Gefahr einer Täuschung des Publikums besonders nahe liegt. Erwirbt ein Einzelkaufmann oder eine offene Handelsgesellschaft von einer Aktiengesellschaft ein Geschäft, so kann die Fortführung der Firma ohne die Bezeichnung „Aktiengesellschaft" oder mit einem Nachfolgerzusatz erfolgen (RG **15** 110); dagegen dürfte die Firma nicht auch mit der Bezeichnung „Aktiengesellschaft" und ohne Nachfolgerzusatz weitergeführt werden, da hierdurch eine Täuschung des Publikums hervorgerufen werden könnte (vgl. auch OLG Hamburg LZ **1914** 1919; RJA **17** 83). Beim Erwerb des Geschäfts einer offenen Handelsgesellschaft oder Kommanditgesellschaft durch einen Einzelkaufmann wird man aber von einer Eignung der übernommenen Firma zur direkten Täuschung über das Fortbestehen eines Gesellschaftsverhältnisses jedenfalls dann nicht sprechen können, wenn die Firma zwar eine dem § 19 HGB entsprechende Fassung hat, aber eine ausdrückliche Angabe der Gesellschaftsform („offene Handelsgesellschaft", „Kommanditgesellschaft") vermeidet. Es ist daher die Fortführung der bisherigen Firma auch dann für statthaft zu erachten, wenn sie die Worte „Handelsgesellschaft" enthält (JFG **5** 206).

Eine bestehende Aktiengesellschaft oder Kommanditgesellschaft auf Aktien kann die Firma eines Einzelkaufmanns oder einer Handelsgesellschaft derart erwerben und fortführen, daß sie ihrer bisherigen Firma die neuerworbene Firma mit einem das Nachfolgeverhältnis andeutenden Zusatz hinzufügt oder unter Aufgabe ihrer eigenen Firma die erworbene Firma durch Änderung des Gesellschaftsvertrages als einzige Firma annimmt[1]); in letzterem Falle muß sie aber der neuerworbenen Firma den vollausgeschriebenen Zusatz „Aktiengesellschaft" oder „Kommanditgesellschaft auf Aktien" beifügen. § 22 Abs. 1 Satz 2 HGB[2]). Ähnliches gilt, wenn die

---

[1]) Staub Anm. 12 zu § 22.

[2]) Vgl. Keßler ZBl f. fr. Ger. **5** 210 ff.; JFG **1** 204.

Gesellschaft mit beschränkter Haftung von einem Einzelkaufmann oder einer offenen Handelsgesellschaft oder einer Kommanditgesellschaft ein Handelsgeschäft erwirbt; vgl. § 4 GmbHG[1]). Unzulässig ist es aber, daß eine der bezeichneten Gesellschaften neben ihrer bisherigen Firma die neuerworbene Firma fortführt, da diese Gesellschaften, deren Unternehmen ein einheitliches ist, nur eine Firma haben dürfen (RG **113** 213; KGJ **12** 22; **16** 5; **20** A 36; **32** A 301 [OLG München]; RJA **12** 222; OLG **41** 193; JFG **5** 222 [OLG Dresden]). Sie könnten die Firma des erworbenen Geschäfts neben ihrer bisherigen Firma nur für eine Zweigniederlassung verwerten (KGJ **20** A 36), es muß dann aber der übernommenen Firma ein Zusatz beigefügt werden, der sie als Zweigniederlassungsfirma kennzeichnet (RG **113** 213; DNotVZ **1927** 126)[2]). Ebenso können übrigens auch die offene Handelsgesellschaft und die Kommanditgesellschaft, mithin alle Handelsgesellschaften, nur eine Firma haben (RG **85** 399; **99** 159; RG JW **1926** 1961 ff.; OLG Hamburg OLG **19** 307; KG RJA **12** 122; **17** 92), so daß sie beim Erwerb eines Handelsgeschäfts dessen Firma nur weiterführen dürfen, wenn sie ihre bisherige Firma aufgeben[3]). Entscheiden sich diese Gesellschaften für die Beibehaltung ihrer eigenen Firma auch für das erworbene Geschäft dem Registergericht gegenüber, so begeben sie sich dadurch des Rechts auf Fortführung der erworbenen Firma (RG JW **1916** 961).

III. Wird ein Handelsgeschäft auf Grund eines Nießbrauchs, eines Pachtvertrages oder eines ähnlichen Verhältnisses übernommen, so finden die unter I. und II. entwickelten Vorschriften entsprechende Anwendung. Wird z. B. der Geschäftsbetrieb der im Handelsregister eingetragenen Firma „August Möller Söhne" an den Architekten Ernst Kramer verpachtet, so kann dieser mit Zustimmung der Inhaber des verpachteten Geschäfts die bisherige Firma mit oder ohne Beifügung eines das Nachfolgeverhältnis andeutenden Zusatzes fortführen. Die Firma des von Kramer gepachteten Geschäfts kann also z. B. lauten: „August Möller Söhne" oder „August Möller Söhne, Nachfolger Ernst Kramer". Während der Verpachtung ihres Geschäfts unter Überlassung der Firma an einen Pächter besteht eine Gesellschaft mit beschränkter Haftung weiter; sie muß daher bei der Verpachtung ihre Firma ändern, d. h. im Wege der Satzungsänderung eine andere Firma annehmen (OLG Stuttgart Recht **1917** Nr. 901 und OLG **41** 192 Anm. 1). Dasselbe gilt auch für Aktiengesellschaften und Kommanditgesellschaften auf Aktien (vgl. auch OLG **27** 300). Ebensowenig wie im Falle des Erwerbs eines bestehenden Handelsgeschäfts gemäß § 22 HGB können diese Gesellschaften bei Übernahme eines solchen auf Grund eines Pachtvertrages neben ihrer bisherigen Firma die des an sie verpachteten Geschäfts führen. Wollen sie an Stelle ihrer die andere, von

[1]) Vgl. auch KG Recht **1924** Nr. 1251.
[2]) Vgl. hierzu Breit JW **1926** 1961 und unten § 53.
[3]) Staub Anm. 12 zu § 22.

ihnen gültig erworbene Firma führen, so müssen sie eine dementsprechende Änderung des Gesellschaftsvertrages vornehmen (JFG **5** 222 [OLG Dresden]). Willigt der Verpächter nicht ausdrücklich in die Fortführung der Firma, so hat der Pächter eine eigene, den §§ 17 ff. HGB entsprechende Firma zu führen und anzumelden (RJA **11** 36)[1]).

Bei Rückgabe des Geschäfts nach beendetem Nießbrauch oder beendeter Pacht ist zugleich mit der Löschung des Nießbrauchers oder Pächters der frühere Geschäftsinhaber oder dessen Rechtsnachfolger als Inhaber der Firma wieder einzutragen, wozu es der Anmeldung beider Beteiligten bedarf (KGJ **39** A 107).

§ 51. Fortführung der Firma bei teilweisem Wechsel der Geschäftsinhaber.

Die bisherige Firma kann auch bei teilweisem Wechsel der Geschäftsinhaber fortgeführt werden. Drei Fälle kommen hier in Betracht:

1. Es tritt jemand in ein bestehendes Einzelkaufmannsgeschäft als Gesellschafter ein. Dem steht rechtlich gleich die Vereinigung des Einzelkaufmanns mit einem anderen zu einer offenen Handelsgesellschaft oder zu einer Kommanditgesellschaft (KJG **31** A 152).

2. Es tritt ein neuer Gesellschafter in eine Handelsgesellschaft ein, z. B. einer offenen Handelsgesellschaft tritt ein weiterer persönlich haftender Gesellschafter oder ein Kommanditist bei oder einer Kommanditgesellschaft tritt ein weiterer Komplementar oder Kommanditist bei.

3. Es scheidet ein Gesellschafter aus einer Handelsgesellschaft z. B. aus einer offenen Handelsgesellschaft infolge von Kündigung, Tod, Ausschluß gemäß § 140 und Übernahme des Geschäfts gemäß § 142 (RG **65** 379) oder Konkurs aus, oder es tritt aus einer Kommanditgesellschaft einer der Komplementare oder einer der Kommanditisten aus, oder endlich es übernimmt einer von mehreren Gesellschaftern das Geschäft allein und führt es als Einzelkaufmann weiter (KGJ **13** 31; ROHG **21** 192).

In allen drei Fällen kann[2]) ungeachtet der eingetretenen Veränderung die bisherige Firma fortgeführt werden[3])[4]). Jedoch bedarf es bei dem Aus-

[1]) War dem Pächter die Einwilligung zur Fortführung der bisherigen Firma erteilt, hat er aber eine neue Firma für das von ihm gepachtete Geschäft in das Handelsregister eintragen lassen, so kann der Registerrichter nicht deshalb gegen den Gebrauch der eingetragenen neuen Firma einschreiten, weil der Pächter dem Verpächter gegenüber zur Fortführung der alten Firma verpflichtet, nicht nur berechtigt sei (JFG **5** 212).

[2]) Voraussetzung ist stets, daß das Geschäft bestehen bleibt. RG **1** 261; KGJ **14** 245; Staub Anm. 2a zu § 24.

[3]) Auf diese Weise kann auch ein Einzelkaufmann zur berechtigten Führung einer Firma, die den Eindruck einer Gesellschaftsfirma erweckt, jedenfalls dann gelangen, wenn die Firma eine ausdrückliche Angabe einer bestimmten Gesellschaftsform, wie „offene Handelsgesellschaft", „Kommanditgesellschaft" nicht enthält (JFG **5** 206).

scheiden eines Gesellschafters, dessen Name in der Firma enthalten ist[5]), zur Fortführung der Firma der ausdrücklichen Einwilligung des Gesellschafters oder seiner Erben. § 24 HGB.

Beispiel zu 1:

Amtsgericht. **Berlin, den 23. März 1927.**

Es erschienen vor dem Unterzeichneten:

1. Der Kaufmann Max Brotzen in Berlin, Friedrichstr. 82.

2. Der Kaufmann Adolf Nothmann in Berlin, Potsdamer Str. 105.

Die Erschienenen sind dem Unterzeichneten von Person bekannt.

Sie erklärten:

Unter Nr. 562 der Abt. A des Handelsregisters ist der Erschienene zu 1. als Inhaber der Firma „Hermann Holde" eingetragen.

In das unter dieser Firma bisher in Berlin betriebene Geschäft ist der Erschienene zu 2. als persönlich haftender Gesellschafter eingetreten.

Die offene Handelsgesellschaft führt die bisherige Firma fort[6]).

Sie hat ihren Sitz in Berlin und hat am 15. März 1927 begonnen.

Wir melden die vorbezeichnete Handelsgesellschaft zur Eintragung in das Handelsregister an.

Die Geschäftsräume befinden sich Potsdamer Str. 105.

Hierauf zeichneten die Firma nebst ihren Namensunterschriften wie folgt:

1. der Erschienene zu 1.:

Hermann Holde
Max Brotzen;

2. der Erschienene zu 2.:

Hermann Holde
Adolf Nothmann.

Die Erschienenen erklärten ferner:

Das Gewerbekapital beträgt ...RMark, der Gewerbeertrag ...RMark.

Die Kosten sollen von der Gesellschaft eingezogen werden.

v. g. u.

Max Brotzen. Adolf Nothmann.

Neumann, Justizobersekretär
als Urkundsbeamter der Geschäftsstelle.

Darauf verfügt der Registerrichter bzw. der Rechtspfleger:

1. Einzutragen in das Handelsregister Abt. A Nr. 562:

Sp. 1. 4.
Sp. 3. Adolf Nothmann, Kaufmann, Berlin.
Sp. 6. Offene Handelsgesellschaft.

---

[4]) Ein der Sachlage nicht widersprechender Nachfolgezusatz kann der Firma zugefügt werden, obwohl das Gesetz zunächst nur die Fortführung der unveränderten Firma im Auge hat (KGJ **13** 31; RG **5** 113). Aus dem Nachfolgezusatz (§§ 22, 24 HGB) braucht nicht zu erhellen, ob ein vollständiger oder nur teilweiser Wechsel der Geschäftsinhaberschaft stattgefunden hat (JFG **2** 181).

[5]) Dies ist z. B. auch dann der Fall, wenn die Firma „Gebrüder E." lautet und einer der Brüder „E. G." ausscheidet (RG **65** 382; JW **1908** 461).

[6]) Würde die Firma geändert werden, so würden bei der Eintragung die §§ 29 Nr. 6 und 30 AV vom 7. November 1899 zu beachten sein; vgl. auch die Beispiele unten § 58.

Adolf Nothmann ist in das Geschäft als persönlich haftender Gesellschafter eingetreten. Die Gesellschaft hat am 15. März 1927 begonnen.
2. Öffentliche Bekanntmachung.
3. Bekanntmachung an
a) Brotzen und Nothmann,
b) die Industrie- und Handelskammer durch die Liste.
Berlin, 23. März 1927. Br.

Beispiel zu 2:

Amtsgericht. Berlin, den 20. September 1927.
Es erschienen vor dem Unterzeichneten:
1. Der Kaufmann Richard Hirsch in Berlin, Leipziger Str. 22.
2. Der Kaufmann Martin Goldmann in Berlin, Hausvogteiplatz 4.
3. Der Kaufmann Gustav Zamory in Berlin, Invalidenstr. 24.
Die Erschienenen sind dem Unterzeichneten von Person bekannt.
Sie erklärten:
Unter Nr. 221 der Abt. A des Handelsregisters sind wir, die Erschienenen zu 1. und 2. als Mitglieder der offenen Handelsgesellschaft Hirsch & Goldmann eingetragen.
Zur Eintragung in das Handelsregister melden wir an, daß der Erschienene zu 3. als persönlich haftender Gesellschafter in die Gesellschaft eingetreten ist, und daß die bisherige Firma fortgeführt wird.
Hierauf zeichnete die Firma nebst seiner Namensunterschrift der Erschienene zu 3. wie folgt:
Hirsch & Goldmann
Gustav Zamory.
Die Erschienenen erklärten ferner:
Das Gewerbekapital beträgt ....RMark, der Gewerbeertrag ....RMark.
Die Kosten bitten wir von der Gesellschaft einzuziehen.
v. g. u.
Richard Hirsch. Martin Goldmann.
Gustav Zamory.
Neumann, Justizobersekretär
als Urkundsbeamter der Geschäftsstelle.

Darauf wird verfügt:

1. Einzutragen in das Handelsregister Abt. A Nr. 221:
Sp. 1. 2.
Sp. 3 Gustav Zamory, Kaufmann, Berlin.
Sp. 6. Gustav Zamory ist in die Gesellschaft als persönlich haftender Gesellschafter eingetreten.
2. Öffentliche Bekanntmachung.
3. Bekanntmachung an
a) Hirsch, Goldmann, Zamory,
b) die Industrie- und Handelskammer durch die Liste.
Berlin, 20. September 1927. Br.

Beispiel zu 3:

Amtsgericht. Berlin, den 6. März 1927.
Es erschienen vor dem Unterzeichneten:
1. Der Kaufmann Max Lindner in Berlin, Französische Str. 44.
2. Der Kaufmann Hans Fürst in Berlin, Krausenstr. 11.
Die Erschienenen sind dem Unterzeichneten von Person bekannt.
Sie erklärten:

Unter Nr. 877 der Abt. A des Handelsregisters sind wir als Gesellschafter der offenen Handelsgesellschaft Lindner & Schrader eingetragen.

Zur Eintragung in das Handelsregister melden wir an:

Die Gesellschaft ist aufgelöst.

Ich, der Erschienene zu 2., führe das Geschäft unter unveränderter Firma fort.

Ich, der Erschienene zu 1., bin mit der Beibehaltung der Firma einverstanden[1]).

Die Geschäftsräume befinden sich Chausseestr. 82.

Der Erschienene zu 2. zeichnete sodann die Firma wie folgt:

Lindner & Schrader.

Die Erschienenen erklärten ferner:

Das Gewerbekapital beträgt ....RMark, der Gewerbertrag ....RMark.

Die Kosten übernimmt der Erschienene zu 2.

v. g. u.

Max Lindner. Hans Jürst.

Neumann, Justizobersekretär.
als Urkundsbeamter der Geschäftsstelle.

Darauf wird verfügt:

1. Einzutragen in das Handelsregister Abt. A Nr. 877:

Sp. 1. 4.

Sp. 5. Der bisherige Gesellschafter Hans Jürst ist alleiniger Inhaber der Firma.

Sp. 6. Die Gesellschaft ist aufgelöst.

2. Rot zu unterstreichen sind unter Nr. der Eintr. 1 die Spalte 6 und in Spalte 3 die Worte „Max Lindner, Kaufmann, Berlin".

3. Öffentliche Bekanntmachung.

4. Bekanntmachung an

a) Lindner & Jürst,

b) die Industrie- und Handelskammer durch die Liste.

Berlin, 6. März 1927. Br.

§ 52. C. Ausschließlichkeit der Firma.

1. Ein Kaufmann darf seine Firma nicht ausschließlich nach dem Grundsatze der Wahrheit ohne Rücksicht auf bestehende Firmen führen. Dies würde leicht zu Unbilligkeiten führen. Es muß sich vielmehr jede neue Firma von allen an demselben Ort oder in derselben Gemeinde bereits bestehenden und in das Handelsregister eingetragenen Firmen deutlich unterscheiden[2]). § 30 Abs. 1 HGB. Geschützt sind hiernach nur diejenigen zu Recht (RG **29** 69; RG KGJ **51** 119) bestehenden Firmen, die in das Handelsregister eingetragen sind; eine nichteingetragene Firma ist bei der Firmenwahl nicht zu beachten,

---

[1]) Diese Erklärung muß abgegeben werden, weil der Name des Lindner in der Firma enthalten ist.

[2]) Die Frage, ob eine Firma wegen nicht ausreichender Unterscheidungskraft nicht in das Handelsregister hätte eingetragen werden dürfen, ist der Nachprüfung durch den Prozeßrichter nicht entzogen (RG **75** 371; **103** 392).

auch wenn sie bereits angemeldet (OLG **43** 281) oder zu Unrecht gelöscht ist. Da als neue Firma die an dem betreffenden Ort oder in der betreffenden Gemeinde[1]) noch nicht eingetragene angesehen wird, so muß ein Kaufmann, der sein Geschäft an einen andern Ort verlegt, an dem neuen Orte die Vorschrift des § 30 beobachten (RG **20** 171). Bereits erworbene Firmenrechte bleiben im Falle der Veränderung von Gemeindebezirken z. B. einer Eingemeindung, oder im Falle der Erklärung von zwei benachbarten Orten zu einem Ort im Sinne des § 30, bestehen (KGJ **16** 11). Ob eine deutliche Unterscheidung der neuen Firma vorliegt, ist Frage des Einzelfalls. Maßgebend ist die Anschauung der im Handelsverkehr mit der üblichen Sorgfalt verfahrenden Kreise (RG **20** 72; **95** 293; OLG **41** 197; KGJ **51** 116; KG JW **1926** 2001), nicht die oberflächliche Art des großen Publikums, eine Firmenbezeichnung zu lesen, sie sich einzuprägen und sich ihrer zu bedienen. Als Richtschnur für die Prüfung des § 30 Abs. 1 HGB muß die kaufmännische Sitte gelten, nach der die Firma immer genau so, wie ihr Inhaber sie angenommen hat, gebraucht wird, und die in kaufmännischen Kreisen bestehende Übung, auch auf verhältnismäßig kleine Unterschiede zu achten (RG LZ **1928** 338; KG DNotVZ **1928** 191). Zu vergleichen sind die Firmen stets in ihrem vollen Wortlaut, nicht in ihrer hiervon abweichenden Form, in der sie infolge willkürlicher Abkürzungen im Verkehrsleben gebraucht werden (RG **20** 73; LZ **1928** 338; KGJ **26** A 219; **51** 116). Wegen der im Gegenstande an sich liegenden Verwechslungsgefahr sind an Sachfirmen ganz besondere Anforderungen zu stellen. Bei der Vergleichung der Firmen ist nicht nur auf das Wortbild und den Wortklang, sondern auch auf den Wortsinn zu achten und der Gesamteindruck der Firma in Betracht zu ziehen (RG **100** 45; OLG **41** 197). Ohne Belang für die Frage der deutlichen Unterscheidung ist es, ob die neue Firma denselben Geschäftszweig betreibt, oder ob etwa die neue Firma einer bereits bestehenden unlauteren Wettbewerb[2]) zu bereiten beabsichtigt (RG **20** 71; RG JW **1898** 82, 83; KGJ **13** 28; OLG Hamburg Recht **1909** Nr. 1394). Gleichgültig ist es auch, ob seitens der alten Firma keine Einwendungen erhoben werden (RG **75** 37); denn, wenn der § 30 HGB auch ein bestimmtes Firmenrecht vor Beeinträchtigung schützen will, so ist er doch in erster Linie eine den Schutz der Allgemeinheit bezweckende rechtliche Vorschrift wesentlich öffentlich-rechtlicher Natur (KGJ **37** A 201; RG **20** 73; **75** 372; **103** 392). Was die Behandlung von Einzel-

---

[1]) Über den Begriff „Ort" und „Gemeinde" vgl. Staub Anm. 1 zu § 30 und Cohn in „Recht und Handel" **1926** 535.

[2]) Wegen einer nicht durch § 30 HGB getroffenen Verwechslungsgefahr gewähren die §§ 1, 16 UnlWG und § 14 WZG, die im übrigen auch neben § 30 HGB gelten, jedoch nicht vom Registergericht zu beobachten sind, weitergehenden, im Prozeßwege zu verfolgenden Rechtsschutz (RG **75** 370; **103** 388; **114** 93; JW **1918** 307; Recht **1924** Nr. 1009). Über den Begriff der Verwechslungsgefahr im Sinne des § 16 UnlWG vgl. auch RG **108** 272; **110** 234; **111** 67.

fällen in der Praxis der Gerichte betrifft, so sei hier noch folgendes hervorgehoben: Eine hinreichende Firmenverschiedenheit ist angenommen bei Firmen, die eine verschiedene Gesellschaftsform haben, insbesondere, wenn die Gesellschaftsform nach gesetzlicher Vorschrift als notwendiger Bestandteil in die Firma aufzunehmen ist, wie der Firmenzusatz „Aktiengesellschaft" und „Gesellschaft mit beschränkter Haftung". Als deutlich unterscheidend sind daher angesehen die Firmen „Automat Gesellschaft mit beschränkter Haftung" und „Automat Aktiengesellschaft" (KGJ **26** A 215), ferner „Eugen K." und „Eugen K. Gesellschaft mit beschränkter Haftung" (KGJ **51** 116), endlich „Marx Großhandels-Aktiengesellschaft" und „Marx Außenhandelsgesellschaft mit beschränkter Haftung" (OLG **42** 211; vgl. ferner RJA **10** 20; OLG **40** 182). Demgegenüber vertritt das Reichsgericht (RG **104** 341) die Ansicht, daß der auf die Gesellschaftsform hinweisende Zusatz wie „Kommanditgesellschaft" „kein die Individualisierung bezweckender Firmenbestandteil ist und an dem dem Auge und Ohre sich einprägenden Klangbilde nicht teilnimmt" (vgl. auch OLG Hamburg KGJ **41** 267; OLG Stuttgart OLG **42** 212). Zur deutlichen Unterscheidung genügt die Hinzufügung des Geschäftszweiges (OLG **6** 340; KGJ **51** 120; KG JW **1926** 2001), nicht dagegen die der Ortsbezeichnung[1]). Auch von einer Liquidationsfirma muß eine Firma sich deutlich unterscheiden. Der Zusatz „in Liquidation" reicht zur deutlichen Unterscheidung nicht aus, da er nur einen veränderten rechtlichen Zustand bedeutet (RG **29** 68; KG KGJ **10** 17, **39** A 104; OLG Colmar KGJ **37** A 318; OLG Hamburg OLG **14** 342), während der Zusatz „Nachfolger" die erforderliche Unterscheidungskraft besitzt[2]).

2. Hat ein Kaufmann mit einem bereits eingetragenen Kaufmanne die gleichen Vornamen und den gleichen Familiennamen und will auch er sich dieser Namen als seiner Firma bedienen, so muß er der Firma einen Zusatz beifügen, durch den sie sich von der bereits eingetragenen Firma deutlich unterscheidet. § 30 Abs. 2 HGB. Will also z. B. der Weinhändler Karl Friedrich Müller sich dieser Namen als seiner Firma bedienen, besteht aber bereits eine eingetragene Firma „Karl Friedrich Müller", so muß der neuen Firma „Karl Friedrich Müller" noch ein Zusatz z. B. „junior", „senior", „zum Weinmüller", „Weinhaus des Westens" oder dgl. beigefügt werden, durch den er sich von der Firma „Karl Friedrich Müller" deutlich unterscheidet.

3. Wegen des Ordnungsstrafverfahrens im Falle unbefugten Gebrauchs einer Firma s. oben § 15.

---

[1]) So auch Staub Anm. 7 zu § 30; **A.M.** RJA **10** 22.

[2]) Vgl. auch Cohn in Recht und Handel **1926** 540; Brand Anm. 2d, dd und Staub Anm. 6 zu § 30; **A.M.** Lehmann-Ring Nr. 5.

§ 53. D. Die Firma der Zweigniederlassung.

1. Eine Zweigniederlassung im Sinne des HGB ist vorhanden, wenn ein Kaufmann von seinem Hauptgeschäft räumlich getrennt[1]) einen auf die Dauer berechneten (RG **38** 263) Mittelpunkt wenigstens für einen bestimmten Kreis seiner geschäftlichen Beziehungen geschaffen hat. Die Zweigniederlassung muß gegenüber dem Hauptgeschäfte, das sie fördern soll, eine gewisse Selbständigkeit haben; es müssen also von ihr aus eigene Geschäfte — im Gegensatz zu bloßen Vorbereitungs-, Vermittelungs- und Ausführungsgeschäften — abgeschlossen werden (RG **77** 63); sie muß auch eine äußerlich selbständige Leitung haben, mit einem nach innen gesonderten Geschäftsvermögen ausgestattet sein und es muß für sie eine besondere Buchführung bestehen. Sie muß so organisiert sein, daß sie auf Grund ihres Geschäftsbetriebes beim Wegfalle der Hauptniederlassung als eigene Handelsniederlassung fortbestehen könnte (KGJ **5** 22; **14** 12; **18** 17; **22** A 91; **27** A 210; **28** A 208; **40** 65; OLG **11** 375; **14** 332; **27** 297; **45** 97; KG DNotVZ **1926** 269; RG **50** 398, 429[2]).

2. Da hiernach die Zweigniederlassung kein völlig selbständiges kaufmännisches Unternehmen[3]) ist, sondern nur ein Teil des wirtschaftlich und rechtlich einheitlichen Hauptunternehmens bleibt, so kann sie auch nicht unter einer eigenen besonderen Firma betrieben werden (KGJ **23** D 14 [OLG München]; OLG **13** 38 [OLG Darmstadt]; **27** 300 [BayObLG]; KGJ **40** 65 [KG]; JFG **3** 183 [OLG Dresden]). Vielmehr muß als Firma der Zweigniederlassung die der Hauptniederlassung angenommen werden. Das Erfordernis der Firmengleichheit schließt aber nicht aus, daß der Firma Zusätze beigefügt werden, und zwar nicht nur solche, die die Zweigniederlassung als solche kennzeichnen oder zur Unterscheidung von anderen am Orte bestehenden Firmen dienen (darüber unten unter 3). Jedenfalls bedarf es dann aber eines besonderen Zusatzes, der den Charakter der Zweigniederlassungsfirma als solche zum Ausdruck bringt. Dies gilt insbesondere für Handelsgesellschaften. „Wenn bei ihnen die Übereinstimmung zwischen Haupt- und Zweigniederlassungsfirma durch Zusätze dergestalt aufgehoben ist, daß letztere an und für sich auch Name eines anderen Rechtssubjekts sein könnte, so muß die Zweigniederlassungseigenschaft durch einen entsprechenden weiteren Vermerk offengelegt und so der wahre Firmenkern — die Firma der Hauptniederlassung — heraus-

---

[1]) In den sich mit der Begriffsbestimmung der Zweigniederlassung befassenden Entscheidungen des KG ist das Erfordernis aufgestellt, daß sie sich außerhalb des Ortes des Hauptgeschäfts befinden müsse. Vgl. KGJ **27** A 210; **28** A 208; OLG **45** 97; dagegen KG JW **1929** 671; s. auch Cohn JW **29** 671.

[2]) Vgl. hierzu auch Cohn DNotVZ **1925** 236ff., Recht und Handel **1927** 363.

[3]) Die Zweigniederlassung ist kein selbständiges Rechtssubjekt; Träger der Rechte und Pflichten, die aus der Zweigniederlassung erwachsen, ist der Inhaber der Hauptniederlassung (RG **38** 406; **102** 66; **107** 45; **108** 267; **111** 266).

gehoben werden und zur Klarstellung der Firmengleichheit sind die Zusätze als solche zu kennzeichnen" (RG **113** 213ff.)[1]). Es ist also die Beifügung eines Zusatzes, wie Filiale, Zweiggeschäft und dgl. zulässig, so daß z. B. die Firma einer Hauptniederlassung „Rudolf Bollmann" und die der dazugehörigen Zweigniederlassung „Rudolf Bollmann, Zweiggeschäft Breslau" heißen kann.

3. Besteht an dem Ort oder in der Gemeinde, wo eine Zweigniederlassung errichtet wird, bereits eine gleiche eingetragene Firma, so muß der Firma für die Zweigniederlassung ein Zusatz beigefügt werden, durch den sie sich von der bereits eingetragenen Firma deutlich unterscheidet. § 30 Abs. 3 HGB. Der Zusatz „Zweigniederlassung", „Filiale" und dgl. wird in der Regel ausreichen, um den Unterschied zwischen der Zweigniederlassung und dem an dem Orte bereits bestehenden Geschäfte deutlich zu machen. Der unterscheidende Zusatz muß aber stets erkennen lassen, daß es sich um die Firma des Hauptgeschäfts handelt; eine von der Firma des Hauptgeschäfts ganz verschiedene Firma kann das Zweiggeschäft nicht haben.

4. Die Erhebung einer Zweigniederlassung zur Hauptniederlassung unter Fortführung der bisherigen Firma unterliegt an sich keinem Bedenken, wenn der gegenwärtige Inhaber die Firma als ursprüngliche führt. Ist die Firma eine abgeleitete, so bedarf es der Einwilligung des früheren Inhabers, ganz besonders dann, wenn dessen Name in der Firma enthalten ist. Zwar liegt bei dem Erwerbe eines Handelsgeschäfts in der Zustimmung des früheren Firmeninhabers zur Fortführung der Firma im Zweifel die Ermächtigung, die Firma auch für Zweigniederlassungen zu gebrauchen. Dagegen kann es nicht als regelmäßige Willensmeinung des Firmenveräußerers gelten, daß der Erwerber die Firma beliebig — insbesondere durch Selbständigmachung von Zweiggeschäften und Vervielfältigung der Firma — ausnutzen darf. Der Erwerber ist im Zweifel nicht ermächtigt, die Zweigniederlassung mit der abgeleiteten Firma als selbständiges Geschäft weiter zu veräußern (RG **67** 94; **104** 343; RJA **17** 87). Sehr oft wird die Zweigniederlassung vor der Veräußerung zur Hauptniederlassung erhoben und erst dann verkauft; übrigens macht der bisherige Inhaber die Zweigniederlassung, indem er sie veräußert, ohne weiteres zu einem selbständigen Geschäft und überträgt sie als solches auf den Erwerber, der sie nicht als Zweigniederlassung, sondern nur als selbständiges Geschäft erwerben kann. Natürlich kann dieser das so erworbene Geschäft wieder in eine Zweigniederlassung eines von

[1]) Vgl. daselbst auch die in Schrifttum und in der Rechtsprechung vertretenen verschiedenen Ansichten. Nach der Rechtsprechung des KG kann die Firma der Zweigniederlassung von der der Hauptniederlassung nur insofern verschieden sein, als sie Zusätze annehmen kann, die die Zweigniederlassung als Zweiggeschäft des Unternehmens kennzeichnen (KG Recht **1928** 463[1858]).

ihm betriebenen Geschäfts umwandeln. In der Einräumung des Rechtes zur Fortführung der Firma liegt zugleich die Annahme der bisherigen Firma für das nunmehr selbständige Geschäft. Dieses wird mit der Firma veräußert, die es als selbständiges Geschäft trägt (KGJ **23** D 14 [OLG München]). Es muß also der in der Firma etwa vorhandene Zusatz „Zweigniederlassung" oder dgl. in Wegfall kommen, weil er mit dem Grundsatz der Firmenwahrheit nicht vereinbar ist (RG **77** 60). Der in das Register einzutragende Vermerk lautet z. B.:

Die Zweigniederlassung Berlin ist zur selbständigen Niederlassung erhoben und mit der unveränderten Firma an den Kaufmann Oskar Schwalm veräußert worden.

Zu beachten ist, daß § 22 HGB für die Fortführung der abgeleiteten Firma nur die Einwilligung des „bisherigen" Geschäftsinhabers verlangt. Der Registerrichter hat daher die Frage der Zustimmung des ursprünglichen Firmenträgers nicht zu prüfen. Er kann es diesem, der für ihn ein Dritter ist, überlassen, seine etwaigen Ansprüche aus der Verletzung seines Namensrechts gemäß §§ 12, 826 Abs. 2 BGB im Klagewege geltend zu machen (RG **104** 343).

5. Die Firma der Zweigniederlassung eines ausländischen Kaufmanns richtet sich im allgemeinen nach den ausländischen Gesetzen[1]).

§ 54. III. Der Ort der Niederlassung. Haupt- und Zweigniederlassung.

1. Als Registergericht gilt das Amtsgericht, in dessen Bezirk sich die Niederlassung eines Einzelkaufmanns oder der Sitz einer Handelsgesellschaft befindet[2]). Es sind also die erforderlichen Anmeldungen zum Handelsregister nicht etwa bei dem Gerichte zu bewirken, in dessen Bezirke der Kaufmann seinen Wohnsitz oder sein Fabrikgebäude oder seine Lagerräume hat. Entscheidend ist vielmehr der Ort, von dem aus die kaufmännische[3]) Leitung des Geschäfts ausgeht, an dem sich die Zentralleitung befindet. §§ 29, 106, 161 HGB; vgl. auch KGJ **31** A 215[4]). Ein

---

[1]) Staub Anm. 11 zu § 13. Täuschende Zusätze dürfen aber nicht zugelassen werden (KGJ **42** 159). Zulässig ist aber der ausländische Doktortitel, auch wenn der Firmeninhaber ihn im Inlande nicht führen darf (KGJ **45** 316 [OLG München]).

[2]) Hat der Kaufmann keinen festen Mittelpunkt seiner Tätigkeit, was z. B. bei herumziehenden Pferdehändlern, Kolporteuren u. dgl. vorkommen kann, so ist der bürgerliche Wohnsitz maßgebend. Staub Anm. 2 zu § 29.

[3]) Nicht die technische oder gewerbliche (KG OLG **27** 306).

[4]) Der Sitz der Aktiengesellschaften, Kommanditgesellschaften auf Aktien und Gesellschaften mit beschränkter Haftung braucht nicht notwendig am Orte der Verwaltung zu sein. Für sie gilt vielmehr als Sitz der im Gesellschaftsvertrage als Sitz bezeichnete Ort.

Kaufmann, der in Stettin wohnt, in Hannover seine Fabrik und in Berlin seine Geschäftslokalitäten hat, ist in Berlin registerpflichtig.

2. Ein Kaufmann kann mehrere Niederlassungen besitzen. Er kann Geschäfte betreiben, deren jedes durchaus selbständig und wirtschaftlich auf eigenen Füßen steht; er kann eins davon veräußern, das andere behalten und die Haftung für die Verbindlichkeiten aus beiden kann völlig getrennt sein (RG **64** 129; **77** 60; **116** 284). Es kann z. B. ein Kaufmann eine Weinhandlung in Wiesbaden und ein Zigarrengeschäft in Berlin als völlig getrennte Hauptniederlassungen betreiben. Jedes Geschäft muß dann besonders zu dem zuständigen Registergericht angemeldet werden[1]).

3. Es können aber auch die mehreren Niederlassungen eines Kaufmanns im Verhältnis von Haupt- und Nebenniederlassungen zueinander stehen. Die Nebenniederlassungen sind häufig nur unselbständige Teile der Hauptniederlassung und treten nur infolge ihrer räumlichen Trennung von dieser besonders in die Erscheinung. Hierher gehören z. B. die in besonderen Räumen untergebrachten Reparaturwerkstätten großer Schuhwarengeschäfte, die in verschiedenen Stadtteilen der Großstädte befindlichen Zweiggeschäfte der Zigarren-, Butter- usw. Händler, die vom Hauptgeschäft getrennten Fabriken, technischen Büros, u. dgl. Alle diese Niederlassungen haben keine selbständige rechtliche Bedeutung und brauchen deshalb nicht besonders zum Handelsregister angemeldet zu werden.

4. Von besonderer Bedeutung für den Registerrichter sind dagegen diejenigen Nebenniederlassungen, die als Zweigniederlassungen im Sinne des HGB zu erachten sind. Eine Zweigniederlassung ist, wie bereits oben § 53 ausgeführt ist, vorhanden, wenn ein Kaufmann von seinem Hauptgeschäft räumlich getrennt einen auf die Dauer berechneten Mittelpunkt wenigstens für einen bestimmten Kreis seiner geschäftlichen Beziehungen geschaffen hat. Die Zweigniederlassung muß gegenüber dem Hauptgeschäfte, das sie fördern soll, eine gewisse Selbständigkeit haben; es müssen also von ihr aus eigene Geschäfte — im Gegensatze zu bloßen Vorbereitungs-, Vermittelungs- und Ausführungsgeschäften — abgeschlossen werden; sie muß eine äußerlich selbständige Leitung haben, mit einem nach innen gesonderten Geschäftsvermögen ausgestattet sein,

[1]) Ein Kaufmann darf für dasselbe Geschäft nicht mehrere Firmen führen (KGJ **17** 6; **20** A 40; **28** A 253; **31** A 216; **40** 65; RG JW **1926** 1326), nur für mehrere getrennt betriebene Geschäfte kann er verschiedene Firmen verwenden (RG **43** 82; KGJ **17** 6; OLG **16** 79; JFG **3** 182 [OLG Dresden]), während eine Handelsgesellschaft, weil ihr die Firma nicht nur der Name, unter dem sie Erwerbsgeschäfte betreibt, sondern der alleinige Name und zugleich ihr gesetzliches Unterscheidungsmerkmal ist, auch im letzteren Falle nicht mehrere Firmen gleichzeitig führen kann (RG **82** 7; **85** 399; **99** 159; **113** 216; KGJ **14** 34; JFG **5** 222 [OLG Dresden]).

und es muß für sie eine besondere Buchführung bestehen, kurz, sie muß so organisiert sein, daß sie auf Grund ihres Geschäftsbetriebes beim Wegfall der Hauptniederlassung als eigene Handelsniederlassung fortbestehen könnte. Dagegen kommt es auf den Umfang des Geschäftskreises, dessen Mittelpunkt die Zweigniederlassung bilden soll, nicht an. Vielmehr braucht, sofern nur der Inhaber des Zweiggeschäftes persönlich die Kaufmannseigenschaft besitzt, der Geschäftsbetrieb der Zweigniederlassung nicht notwendig über den Umfang des Kleingewerbes hinauszugehen, um die Eintragungsfähigkeit der letzteren zu begründen[1]). Haupt- und Zweiggeschäft bilden den einheitlichen Geschäftsbetrieb derselben Person, und diese Person ist hinsichtlich des gesamten Betriebes Vollkaufmann, wenn das Hauptgeschäft allein oder in Verbindung mit dem Zweiggeschäft als Handelsgewerbe zu gelten hat (KGJ **27** A 210; **28** A 208; **39** A 119; RG **21** 4; **50** 398, 429)[2]).

5. Besteht eine Zweigniederlassung, so sind die Eintragungen in das Handelsregister und die hierzu erforderlichen Anmeldungen und Zeichnungen von Unterschriften sowie die sonst vorgeschriebenen Einreichungen zum Handelsregister bei dem Registergericht, in dessen Bezirke sich die Zweigniederlassung befindet, in gleicher Weise wie bei dem Gerichte der Hauptniederlassung zu bewirken. § 13 Abs. 1 HGB[3]). In der Regel werden Haupt- und Zweigniederlassung an verschiedenen Orten und in verschiedenen Registerbezirken liegen. Eine nach § 13 HGB zu behandelnde Zweigniederlassung kann aber auch am gleichen Orte oder im gleichen Gerichtsbezirke wie die Hauptniederlassung bestehen (KG JW **1929** 671)[4]). Eine Eintragung bei dem Gerichte der Zweigniederlassung findet nicht statt, bevor — z. B. durch Vorlegung einer beglaubigten Abschrift der bezüglichen Eintragungen im Register der Hauptniederlassung oder bei gleichem Ge-

[1]) So auch Staub Anm. 6 zu § 13 HGB; Schlegelberger Anm. 1 zu § 131 FGG.; abw. Cohn DNotVZ **1925** 236ff.

[2]) Die Generalagentur einer Versicherungsgesellschaft, die zur Feststellung von Entschädigungsansprüchen nicht befugt und mit einem besonderen Gesellschaftsvermögen nicht ausgestattet ist, bildet keine Zweigniederlassung (KGJ 28 A 208).

[3]) Betrifft eine Registereintragung nur die Zweigniederlassung, z. B. eine nur für die letztere erteilte Prokura, so erübrigt sich natürlich eine Anmeldung auch zum Register der Hauptniederlassung (KGJ **15** 12; KG JW **1902** 545; OLG Dresden LZ 8 306).

[4]) Das KG hat sich damit unter Ablehnung der herrschenden Meinung, wonach registerrechtlich nur eine solche Zweigniederlassung von Bedeutung ist, die an einem anderen Orte und in einem anderen Gerichtsbezirke wie die Hauptniederlassung errichtet ist, der bisher nur von Goldmann Anm. I. 4 zu § 13 HGB, Zschaler ZBlFG **1921** 327 und Bondi ZBH **1927** 172 vertretenen gegenteiligen Ansicht angeschlossen. Zustimmend auch Cohn JW **1929** 671 Anm. 1, der mit Recht auch den von Zschaler aaO. gemachten Vorschlag, auch in diesem Falle ein besonderes Registerblatt für die Zweigniederlassung anzulegen (vgl. dagegen KGJ **39** A 117, 121), für beachtenswert hält.

richtsbezirk durch Bezugnahme auf das Registerblatt der Hauptniederlassung — nachgewiesen ist, daß die Eintragung bei dem Gerichte der Hauptniederlassung geschehen ist. § 13 Abs. 2 HGB. Durch diese Vorschriften ist die Übereinstimmung der Register der Haupt- und Zweigniederlassung gewährleistet. Grundsätzlich hat das Registergericht der Zweigniederlassung jede Anmeldung selbständig zu prüfen (KGJ **23** A 89; **29** A 93); das Prüfungsrecht[1]) ist nur dann ausgeschlossen, wenn die Eintragung im Register der Hauptniederlassung rechterzeugende, nicht bloß, wie regelmäßig, rechtbeurkundende Bedeutung hat (KGJ **27** A 210; **31** A 175; **33** A 117; **44** 138). Im Falle der Anmeldung einer Zweigniederlassung eines Vollkaufmanns im Sinne des § 2 HGB hat also beispielsweise das Registergericht der Zweigniederlassung sich mit dem Nachweise der Eintragung in das Register der Hauptniederlassung zu begnügen, und die Voraussetzungen, die § 2 HGB für die Eintragungsfähigkeit der Firma eines Gewerbetreibenden aufstellt, nicht zu prüfen; dagegen hat es die besonderen Erfordernisse der Eintragungsfähigkeit der Zweigniederlassung, also namentlich zu prüfen, ob eine Zweigniederlassung im Rechtssinne vorhanden ist (KGJ **27** A 210; **33** A 119). Kommt der Eintragung im Hauptregister überhaupt keine formelle Bedeutung zu und äußert sie überhaupt keine Wirkung (JFG **1** 220), ist eine nicht eintragungsfähige Tatsache z. B. eine handelsgerichtliche Vollmacht (KGJ **29** A 91; **35** A 156) eingetragen oder eine Erbengemeinschaft als Gesellschafter einer offenen Handelsgesellschaft (KGJ **42** 268 [OLG Dresden]), so hat das Registergericht der Zweigniederlassung die schlechthin unzulässige, im Hauptregister zu Unrecht bewirkte Eintragung abzulehnen, da es offenbar gesetzwidrige Eintragungen des Registers der Hauptniederlassung in sein Register nicht zu übernehmen braucht (KGJ **23** A 90). Allerdings besteht dann für den Registerrichter der Zweigniederlassung die Amtspflicht, zur Herbeiführung der Übereinstimmung der Register bei dem Gericht der Hauptniederlassung die Einleitung des amtlichen Löschungsverfahrens aus §§ 142ff. FGG anzuregen (RJA **3** 20; OLG **10** 232) und gegebenenfalls die Akten dem übergeordneten Landgericht zwecks Einschreitens gemäß § 143 FGG vorzulegen (KGJ **23** A 89; **29** A 94; vgl. auch KGJ **44** 137).

Das Registergericht der Zweigniederlassung muß dem Registergerichte der Hauptniederlassung die Eintragung der Zweigniederlassung von Amts wegen mitteilen[2]). Das Gericht der Hauptniederlassung hat in seinem Register die Eintragung der Zweigniederlassung zu vermerken. § 131 FGG.

Der Vermerk kann dem Urkundsbeamten der Geschäftsstelle als Rechtspfleger übertragen werden. AV vom 1. März 1928 § 31d 1.

---

[1]) Vgl. hierzu Cohn DNotVZ **1925** 234ff.

[2]) Eine Anmeldung der Zweigniederlassung beim Gerichte der Hauptniederlassung hat nicht zu erfolgen, auch nicht eine öffentliche Bekanntmachung des „Vermerks".

Beispiel:

Amtsgericht. Stettin, den 23. August 1927.

Es erschien vor dem Unterzeichneten der Kaufmann Karl Bollmann aus Berlin, Potsdamer Str. 111.

Er ist dem Unterzeichneten von Person bekannt.

Er erklärte unter Überreichung einer beglaubigten Abschrift aus dem Handelsregister des Amtsgerichts Berlin-Mitte, die Eintragung der Firma Karl Bollmann betreffend:

Ich betreibe in Berlin unter der Firma „Karl Bollmann" ein Kolonialwarengeschäft. Diese Firma ist in Abt. A des Handelsregisters des Amtsgerichts Berlin-Mitte unter Nr. 563 eingetragen, wie die überreichte beglaubigte Abschrift ergibt. Ich habe in Stettin eine Zweigniederlassung von diesem Geschäft unter der Firma „Karl Bollmann Zweiggeschäft Stettin"[1]) errichtet.

Ich melde dies zur Eintragung in das hiesige Handelsregister an.

Ich zeichne die Firma der Zweigniederlassung wie folgt:

Karl Bollmann Zweiggeschäft Stettin.

Das Gewerbekapital der Zweigniederlassung beträgt .... RMark, der Gewerbertrag .... RMark.

v. g. u.

Karl Bollmann.

Reinhardt, Justizobersekretär
als Urkundsbeamter der Geschäftsstelle.

Darauf wird von dem Registerrichter bzw. Rechtspfleger in Stettin folgendes verfügt:

1. Einzutragen in das Handelsregister Abt. A.
Nr. der Firma: 463.
Sp. 1. 1.
Sp. 2. Karl Bollmann, Berlin, mit einer unter der Firma „Karl Bollmann Zweiggeschäft Stettin" betriebenen Zweigniederlassung in Stettin.
Sp. 3. Karl Bollmann, Kaufmann, Berlin.
2. Bekanntmachung an:
a) den Antragsteller,
b) die Industrie- und Handelskammer durch die Liste.
3. Öffentliche Bekanntmachung.
4. Nachricht von der Eintragung dem Amtsgericht Berlin-Mitte zu HRA 563.

Stettin, 23. August 1927. Schm.

Das Amtsgericht Berlin-Mitte verfügt nach Eingang der Nachricht vom Amtsgericht Stettin folgendes:

1. Einzutragen in das Handelsregister A Nr. der Firma 563:
Sp. 1. 4.
Sp. 2. In Stettin ist unter der Firma „Karl Bollmann Zweiggeschäft Stettin" eine Zweigniederlassung errichtet.
2. Nachricht an Bollmann.

Berlin, 2. September 1927. Br.

Auch die Aufhebung der Zweigniederlassung wird nur beim Registergericht der Zweigniederlassung angemeldet. Dieses hat von der

---

[1]) Über die für die Firma einer Zweigniederlassung zu beobachtenden Vorschriften vgl. oben § 53.

Aufhebung dem Registergerichte der Hauptniederlassung von Amts wegen Mitteilung zu machen, das daraufhin die Aufhebung im Handelsregister der Hauptniederlassung vermerkt. § 131 FGG. Die Aufhebung der Zweigniederlassung tritt auch ein, wenn sie in eine Hauptniederlassung umgewandelt wird. Dies kommt z. B. vor, wenn die Zweigniederlassung veräußert wird. Es würde dann der in Sp. 2[1]) des Registers der Zweigniederlassung einzutragende Vermerk lauten:

Die hiesige Zweigniederlassung ist zur Hauptniederlassung erhoben worden.

Auch hier würde wieder das Amtsgericht der Hauptniederlassung von Amts wegen zu benachrichtigen sein; nach Eingang der Mitteilung würde es in seinem Register Sp. 2 bei der Firma etwa vermerken:

Die Zweigniederlassung in X ist zur Hauptniederlassung erhoben und auf den .... in X übergegangen.

6. Wenn sich die Hauptniederlassung im Auslande befindet, kommen ebenfalls die vorstehend erörterten Vorschriften zur Anwendung. Die Anmeldungen, Zeichnungen und Eintragungen haben bei dem Gerichte der Zweigniederlassung in gleicher Weise zu geschehen, wie wenn sich die Hauptniederlassung im Inlande befände; dies gilt jedoch nur insoweit, als nicht das ausländische Recht eine Abweichung erforderlich macht. § 13 Abs. 3 HGB. Hiernach muß z. B. die Firma der inländischen Zweigniederlassung angemeldet werden; bei der Anmeldung muß ferner nachgewiesen werden, daß die Eintragung zum ausländischen Handelsregister der Hauptniederlassung erfolgt ist; gibt es nach dem in Betracht kommenden ausländischen Rechte kein Handelsregister, so muß das Bestehen der ausländischen Hauptniederlassung anderweit dargetan werden[2]). Die Firma der inländischen Zweigniederlassung richtet sich im allgemeinen nach den ausländischen Gesetzen[3]). Besondere Vorschriften gelten neben den allgemeinen Vorschriften des § 13 (RJA **3** 238), wenn die Hauptniederlassung eine Aktiengesellschaft ist; vgl. unten § 81. Das Bestehen einer ausländischen Zweigniederlassung kann im Register der Hauptniederlassung nicht vermerkt werden (OLG **28** 342 [OLG Dresden]).

§ 55. IV. Die Prokura.

1. Die Prokura ist eine besondere Art der Handlungsvollmacht; sie ermächtigt zu allen Arten von gerichtlichen und außergerichtlichen Geschäften und Rechtshandlungen, die der Betrieb eines Handelsgewerbes mit sich bringt. § 49 Abs. 1 HGB. Zur Einstellung des Gewerbebetriebs

[1]) In Spalte 3 ist dann natürlich gleichzeitig der Erwerber als neuer Inhaber einzutragen. Bei einer Firmenänderung würden auch die §§ 29 Nr. 6 und 30 der AV vom 7. November 1899 zu beachten sein.

[2]) Brand Anm. 6; Staub Anm. 10 zu § 13; KG RJA **17** 85; KGJ **3** 12.

[3]) Vgl. Näheres bei Staub Anm. 11 zu § 13.

oder zum Verkaufe des Handelsgeschäfts (ROHG **23** 28; RG Recht **1923** Nr. 908) sowie zur Veränderung oder Löschung der Firma ist der Prokurist nicht befugt, da diese Rechtshandlungen nicht als zum Betriebe des Geschäfts gehörig zu rechnen sind[1]). Auch kann er keine Anmeldung zum Handelsregister bewirken und in dem über die Anmeldung schwebenden Ordnungsstrafverfahren kein Rechtsmittel einlegen (KGJ **47** 242; RG Recht **1923** Nr. 908).

Zur Veräußerung und Belastung von Grundstücken ist er nur ermächtigt, wenn ihm diese Befugnis besonders erteilt ist. § 49 Abs. 2 HGB. Auch höchst persönliche Rechtsakte des Inhabers des Handelsgewerbes, z. B. Prokuraerteilung, Unterzeichnung der Bilanz (RG **112** 25) usw., kann der Prokurist nicht vornehmen[2])[3]).

Eine Beschränkung des vorbezeichneten Umfangs der Prokura ist Dritten gegenüber unwirksam. Dies gilt insbesondere von der Beschränkung, daß die Prokura nur für gewisse Geschäfte oder gewisse Arten von Geschäften oder nur unter gewissen Umständen oder an einzelnen Orten ausgeübt werden soll. § 50 Abs. 1 u. 2 HGB. Solche Beschränkungen darf der Registerrichter nicht eintragen (KGJ **12** 30).

2. Prokurist kann sein jeder, dem überhaupt Vollmacht erteilt werden kann, also auch ein Minderjähriger, ein Nichtkaufmann, eine weibliche Person, eine Ehefrau, ein Gemeinschuldner oder ein Kommanditist. (RG **31** 39; JFG **2** 194 [OLG München]). Auch der Vormund kann zum Prokuristen bestellt werden[4]). Ein von der Vertretung ausgeschlossener Gesellschafter einer offenen Handelsgesellschaft und das Mitglied einer in das Handelsregister eingetragenen Erbengemeinschaft können nicht Prokuristen sein (KGJ **48** 127)[5]).

3. Prokura erteilen kann nur der Inhaber des Handelsgewerbes oder sein gesetzlicher Vertreter, z. B. der Vormund oder sein Vater[6]). § 48 Abs. 1 HGB. Der Inhaber des Handelsgewerbes muß aber Vollkaufmann und in das Handelsregister eingetragen sein. Minderkaufleute und Handwerker können keine Prokuristen bestellen. § 4 Abs. 1 HGB. Auch juristische Personen, offene Handelsgesellschaften, Kommanditgesellschaften, Aktiengesellschaften und Kommanditgesellschaften auf Aktien[7])

[1]) Staub Anm. 1 zu § 49.

[2]) Staub Anm. 4; Brand Anm. 3a zu § 49.

[3]) Er ist nicht gesetzlicher Vertreter des Prinzipals (RG **66** 244).

[4]) Marcus DJZ **1904** 353; Düringer-Hachenburg Anm. 6 zu § 48 HGB.

[5]) Auch die Ausschließung eines Miterben von der Vertretungsbefugnis bei Fortführung des ererbten Geschäfts in ungeteilter Erbgemeinschaft ist unzulässig (KGJ **48** 127).

[6]) Der Vormund und der Vater bedürfen hierzu der Genehmigung des Vormundschaftsgerichts. §§ 1643, 1822 Nr. 11 BGB. Dagegen bedarf die Bestellung von Prokuristen für eine GmbH, bei der ein Gesellschafter minderjährig ist, dieser Genehmigung nicht (RJA **12** 237).

[7]) ROHG **7** 412.

können Prokura erteilen, aber nicht während der Liquidation. §§ 116, 161 Abs. 2, 232, 298 Abs. 4, 320 Abs. 3 HGB. Eingetragene Genossenschaften können nach § 42 GenG keine Prokura erteilen, wohl aber die Gesellschaften mit beschränkter Haftung. § 46 Nr. 7 GmbHG. Endlich kann auch ein in der Verwaltung unbeschränkter Testamentsvollstrecker für das im Nachlaß befindliche Geschäft Prokura erteilen (KGJ **41** 75), nicht dagegen ein Gemeinschuldner für das zur Konkursmasse gehörige Geschäft, auch nicht der Konkursverwalter.

Zur Bestellung eines Prokuristen ist erforderlich:

a) Bei der offenen Handelsgesellschaft die Zustimmung aller vertretungsberechtigten Gesellschafter und in Ermangelung solcher die Genehmigung sämtlicher Gesellschafter. Bei Gefahr im Verzuge kann jeder Vertretungsberechtigte oder jeder Gesellschafter einen Prokuristen bestellen. § 116 Abs. 3 HGB[1]).

b) Bei der Kommanditgesellschaft die Zustimmung aller vertretungsberechtigten persönlich haftenden Gesellschafter, nicht dagegen die der Kommanditisten. § 161 Abs. 2 HGB.

c) Bei der Aktiengesellschaft und bei der Kommanditgesellschaft auf Aktien die Genehmigung des Aufsichtsrats, sofern nicht der Gesellschaftsvertrag oder der Beschluß der Generalversammlung etwas anderes bestimmt. Die Bestellung erfolgt durch den Vorstand. §§ 238, 320 Abs. 3 HGB.

d) Bei der Gesellschaft mit beschränkter Haftung die Zustimmung der Gesellschafter. § 46 Nr. 7 GmbHG.

Alle diese Beschränkungen haben aber Dritten gegenüber keine Wirkung; es braucht also dem Registerrichter die Zustimmung der sämtlichen vertretungsberechtigten Gesellschafter bzw. des Aufsichtsrats oder der Gesellschafter einer Gesellschaft mit beschränkter Haftung nicht nachgewiesen zu werden. Der Registerrichter muß die Prokura auf die Anmeldung der vertretungsberechtigten Gesellschafter, der Vorstandsmitglieder oder der Geschäftsführer, vorausgesetzt, daß diese in dem zur Vertretung der Gesellschaft erforderlichen Umfang mitgewirkt haben, ohne weiteres eintragen. Er hat sich damit zu begnügen, daß die Prokura nach außen hin wirksam erteilt ist und ist nicht befugt zu prüfen, ob die Bestellung des Prokuristen der Gesellschaft gegenüber, also im Innenverhältnis wirksam erfolgt ist[2]) (KGJ **41** 132; JFG **4** 203). Insbesondere ist der Registerrichter, wie nunmehr auch

[1]) Der Widerruf der Prokura kann von jedem der zur Erteilung oder zur Mitwirkung bei der Erteilung befugten Gesellschafter erfolgen. § 116 Abs. 3 Satz 2 HGB.

[2]) Die von einem allein vertretungsberechtigten Gesellschafter einer offenen Handelsgesellschaft angemeldete Prokura ist nicht einzutragen, wenn im Zeitpunkt der Anmeldung feststeht, daß eine Zustimmung der übrigen Gesellschafter nicht zu erlangen ist (BayObLG JFG **5** 244).

das Kammergericht unter Aufgabe seiner in KG **22** A 111 u. **41** 132 vertretenen Ansicht (JFG **2** 218) annimmt, nicht berechtigt und verpflichtet, bei der Anmeldung einer von dem Vorstand einer Aktiengesellschaft erteilten Prokura den Nachweis der mangels abweichender Bestimmung des Gesellschaftsvertrages oder der Generalversammlung nach dem Gesetz erforderlichen Zustimmung des Aufsichtsrates zur Prokuraerteilung zu fordern. Auch die Vorschrift des § 46 Nr. 7 GmbHG ist nur für das Innenverhältnis von Geschäftsführern und Gesellschaft von Bedeutung, so daß der von dem Geschäftsführer kraft seiner gesetzlichen Vertretungsbefugnis ohne Zustimmung der Gesellschafter berufene Prokurist nach außen hin die Gesellschaft wirksam vertreten kann (RG **75** 164; JW **1923** 121; KG RJA **17** 93; JFG **3** 275).

Während ihrer Liquidation können die juristischen Personen und die Gesellschaften einen Prokuristen nicht bestellen (ROHG **13** 224). Der für eine Gesellschaft früher bestellte Prokurist verwandelt sich mit der Liquidation in einen Handlungsbevollmächtigten, dessen Vertretungsbefugnis gemäß § 149 HGB beschränkt ist (RG **72** 122).

Die Prokura kann nur durch ausdrückliche Erklärung erteilt werden. § 48 Abs. 1 HGB. Sie kann also z. B. erteilt werden durch Übertragung einer ausdrücklich als Prokura bezeichneten Vollmacht, durch ausdrückliche Bezeichnung des Bevollmächtigten als Prokuristen und endlich durch die Ermächtigung, per procura die Firma des Prinzipals zu zeichnen.

4. Die Erteilung der Prokura kann an mehrere Personen gemeinschaftlich erfolgen. Man spricht dann von einer Gesamtprokura, früher auch Kollektivprokura genannt. § 48 Abs. 2 HGB. Die sämtlichen Gesamtprokuristen können nur gemeinschaftlich Rechtsakte vornehmen. Sie sind also insoweit in der Ausübung der ihnen zustehenden Vertretungsmacht beschränkt (JFG **4** 205; **5** 239). Natürlich kann auch bestimmt werden, daß von mehreren Gesamtprokuristen je zwei oder mehrere gemeinschaftlich zur Vertretung befugt sind. In der Anordnung der Gesamtzeichnung liegt die Anordnung der Gesamtvertretung überhaupt (RG **24** 27; KGJ **15** 98). Jeder Gesamtprokurist hat die Firma nebst seiner Namensunterschrift zur Aufbewahrung bei dem Handelsregister zu zeichnen. Der in Sp. 4 des Registers einzutragende Vermerk wird z. B. lauten:

Dem Karl Schulze und dem Ferdinand Müller, beide in Berlin, ist Gesamtprokura erteilt. Ein jeder von ihnen ist auch in Gemeinschaft mit einem der persönlich haftenden Gesellschafter zur Vertretung der Gesellschaft berechtigt.

Von den Gesamtprokuristen wohl zu unterscheiden sind die mehreren für die Firma zu Prokuristen bestellten Personen, von denen jeder einzeln handeln kann.

Zulässig ist auch eine Prokura derart, daß der Prokurist nur zusammen mit einem Gesellschafter oder einem Vorstandsmitglied einer

Aktiengesellschaft oder einem Geschäftsführer einer Gesellschaft mit beschränkter Haftung vertretungsberechtigt sein soll. §§ 125 Abs. 3, 232 Abs. 2, 320 HGB — vgl. das vorstehende Beispiel, ferner OLG **27** 315 (OLG Celle); JFG **5** 239 (KG); vgl. auch RG **40** 17. Die Eintragung einer Prokura in der Weise, daß der Prokurist nur in Gemeinschaft mit einem anderen Prokuristen oder mit einem Handlungsbevollmächtigten vertretungsberechtigt ist, ist aber als unzulässig abzulehnen (KG JFG **5** 240; OLG Hamburg OLG **46** 257).

5. Betreibt ein Kaufmann mehrere Geschäfte unter einer Firma, so kann die Prokura nicht auf eins der Geschäfte beschränkt werden. Dagegen ist eine Beschränkung der Prokura auf den Betrieb einer von mehreren Niederlassungen des Geschäftsinhabers zulässig, wenn die Niederlassungen unter verschiedenen Namen betrieben werden. Eine Verschiedenheit der Firmen im Sinne dieser Vorschrift wird auch dadurch begründet, daß für eine Zweigniederlassung der Firma ein Zusatz beigefügt wird, der sie als Firma der Zweigniederlassung bezeichnet. § 50 Abs. 3 HGB. Wenn also ein Kaufmann für eine Zweigniederlassung seines Geschäfts einen besonderen Prokuristen nur für dieses Zweiggeschäft bestellen will, so muß er der Firma für seine Filiale einen Zusatz, z. B. „Zweiggeschäft Stettin" oder „Filiale Breslau", beifügen (OLG **3** 122).

6. Die Erteilung der Prokura ist von dem Inhaber des Handelsgeschäfts oder dessen gesetzlichem Vertreter, bei offenen Handelsgesellschaften und Kommanditgesellschaften durch die zur Vertretung der Gesellschaft erforderliche Zahl von Gesellschaftern, bei Aktiengesellschaften vom Vorstande, bei Gesellschaften mit beschränkter Haftung von den Geschäftsführern zur Eintragung in das Handelsregister bei Vermeidung von Ordnungsstrafen anzumelden[1]). Ist die Prokura als Gesamtprokura erteilt, so muß auch dies zur Eintragung angemeldet werden. Bei der Anmeldung sind der Name, Vorname und Wohnort des Inhabers des Handelsgeschäfts oder die Firma und der Sitz der Handelsgesellschaft, die die Prokura anmelden will, sowie der Name, Vorname, Stand und Wohnort des Prokuristen anzugeben. Der Prokurist hat die Firma nebst seiner Namensunterschrift zur Aufbewahrung bei dem Gerichte zu zeichnen. § 53 Abs. 1 u. 2 HGB. Die Zeichnung erfolgt in der Weise, daß der Prokurist der Firma seinen Namen mit einem die Prokura andeutenden Zusatze beifügt. § 51 HGB. Es ist also z. B. zu zeichnen:

Sigismund Klahn
p. p. Walter Bahr.

Bei einer Gesamtprokura hat jeder Prokurist die Firma, einen die Prokura andeutenden Zusatz und seinen Namen zu zeichnen. Ein Stempel-

[1]) Außer der Prokura können andere handelsrechtliche Vollmachten in das Handelsregister nicht eingetragen werden. KG DJZ **1905** 347; KGJ **29** A 91; **35** A 156.

druck darf bei der Firmenzeichnung in keinem Falle, auch nicht bei einer Gesamtprokura verwendet werden (KGJ **11** 37; **30** A 119).

Beispiel für die Anmeldung einer Prokura:

Amtsgericht. Berlin, den 23. März 1927.

Es erschienen vor dem Unterzeichneten:

1. der Kaufmann Albert Manke in Charlottenburg, Kantstr. 52,

2. der Handlungsgehilfe Wilhelm Schröder in Berlin, Klosterstr. 7.

Sie sind dem Unterzeichneten von Person bekannt.

Der Erschienene zu 1. erklärte:

Unter Nr. 472 der Abt. A des Handelsregisters bin ich als Inhaber der Firma „Berliner Grundstücks-Verkehrsbüro Albert Manke" eingetragen. Als solcher habe ich dem Erschienenen zu 2. Prokura erteilt mit der Befugnis zur Veräußerung und Belastung von Grundstücken[1]).

Ich melde dies zur Eintragung in das Handelsregister an.

Das Gewerbekapital beträgt .... RMark, der Gewerbeertrag .... RMark.

Der Erschienene zu 2. zeichnete hierauf die Firma [2]) nebst seiner Namensunterschrift wie folgt:

p. p. **Berliner Grundstücks-Verkehrsbüro Albert Manke**

Wilhelm Schröder.

v. g. u.

Albert Manke[3]). Wilhelm Schröder.

Reinhardt, Justizobersekretär

als Urkundsbeamter der Geschäftsstelle.

Darauf wird verfügt:

1. Einzutragen in das Handelsregister Abt. A Nr. 472:

Sp. 1. 2.

Sp. 4. Dem Wilhelm Schröder[4]) in Berlin ist Prokura erteilt mit der Befugnis zur Veräußerung und Belastung von Grundstücken.

2. Öffentliche Bekanntmachung.

3. Nachricht an Manke und Schröder.

Berlin, 23. März 1927. Br.

7. Die Anmeldung der Prokura ist auch bei dem Gericht einer jeden Zweigniederlassung zu bewirken, es sei denn, daß sich die Prokura auf die Zweigniederlassung nicht bezieht. Umgekehrt bedarf es auch nicht der Anmeldung der auf den Betrieb der Zweigniederlassung beschränkten Prokura bei dem Register der Hauptniederlassung (RG JW **1902** 545; KGJ **37** A 194). Die Beschränkung ist in das Handelsregister mit einzutragen.

---

[1]) Vgl. oben Nr. 1; daß diese Erweiterung der Prokura zur Eintragung in das Handelsregister geeignet ist, erkennt an KGJ **25** A 250.

[2]) Nach Ansicht des KG kann der für den gesamten Betrieb, also ohne Beschränkung auf den Betrieb der Zweigniederlassung bestellte Prokurist zur Aufbewahrung bei dem Zweigregister auch bei Firmenverschiedenheit die Firma der Hauptniederlassung zeichnen (OLG **44** 187).

[3]) Das KG erachtet es nicht für unstatthaft, daß ein Kaufmann die Anmeldung eines Prokuristen mit seiner Firma unterzeichnet (KGJ **52** 88).

[4]) Der Stand des Prokuristen ist nicht einzutragen. §§ 29 Nr. 4, 32 Nr. 5 AV vom 7. November 1899. Die Eintragung hat nur rechtsbekundende, nicht rechtserzeugende Wirkung (KGJ **29** A 94; **37** A 194).

8. Die Prokura ist nicht übertragbar. § 52 Abs. 2 HGB. Der Prokurist kann also die Prokura selbst mit Zustimmung seines Prinzipals nicht auf einen andern übertragen. Würden also der Prinzipal und der Prokurist zum Handelsregister anmelden, daß die Prokura auf X übergegangen sei, so müßte der Registerrichter die Anmeldung als unzulässig zurückweisen. Der Prinzipal könnte seine Absicht, die Prokura auf eine andere Person zu übertragen, nur dadurch erreichen, daß er das Erlöschen der bisherigen Prokura und die Erteilung einer neuen Prokura an einen andern zum Register anmeldete.

9. Die Prokura ist ohne Rücksicht auf das der Erteilung zugrunde liegende Rechtsgeschäft jederzeit widerruflich, unbeschadet des Anspruchs auf die vertragsmäßige Vergütung. § 52 Abs. 2 HGB. Diese Vorschrift ist für den Registerrichter wichtig, da er auf die von dem Inhaber des Handelsgewerbes bewirkte Anmeldung des Erlöschens der Prokura die Löschung der Prokura vermerken muß, ohne daß der Prokurist bei der Anmeldung mitzuwirken hätte.

Die Prokura erlischt durch den Tod des Prokuristen; sie erlischt auch, wenn der Prokurist eines Handelsgeschäfts durch Erbfolge dessen Inhaber wird (KGJ **48** 125). Das gleiche gilt, wenn der Prinzipal in Konkurs gerät[1]) (ROHG **24** 193), nicht aber im Falle der Eröffnung des Vergleichsverfahrens. Auch wenn der Gewerbebetrieb eingestellt wird, geht die Prokura unter (RG **12** 11). Wird die Firma im Register gelöscht, so muß auch die Prokura aus dem Register verschwinden. Auch bei der Veräußerung des Geschäfts erlischt die Prokura, da sie nur für denjenigen Inhaber des Handelsgewerbes gilt, der sie bestellt hat[2]). Dasselbe gilt, wenn der, der den Prokuristen bestellt hat, das Geschäft durch Aufnahme eines persönlich haftenden Gesellschafters auf eine offene Handelsgesellschaft überträgt (OLG **11** 378 [KG]) oder wenn seine Erben das Geschäft als offene Handelsgesellschaft weiterführen (OLG **34** 332 [OLG München]); es muß dann die Gesellschaft von neuem Prokura erteilen. Es muß also streng genommen in solchen Fällen das Erlöschen der früher erteilten Prokura und die Neuerteilung angemeldet und eingetragen werden (KGJ **31** B 32; OLG **11** 378; **34** 332). Man wird aber auch die Anmeldung, daß die Prokura bestehen bleibt, für ausreichend erachten müssen, da in einer derartigen Erklärung die Neuerteilung liegt[3]).

In allen übrigen Fällen ist das Erlöschen der Prokura zur Eintragung in das Handelsregister anzumelden. Zur Anmeldung berechtigt

---

[1]) Staub Anm. 12 zu § 52.

[2]) Staub Anm. 15 zu § 52.

[3]) Vgl. Staub Anm. 15 zu § 52, wo gleichfalls die Ansicht vertreten wird, daß eine Löschung und alsbaldige Neueintragung einer Prokura als umständliche Förmlichkeit vermieden werden könne, wenn der Erwerber oder die Gesellschaft die Prokura durch ausdrückliche Erklärung aufrecht erhielten.

und verpflichtet sind dieselben Personen, die die Erteilung der Prokura anzumelden haben; vgl. oben unter 6. Der Prokurist kann also niemals das Erlöschen der Prokura selbst anmelden. § 53 Abs. 3 HGB. Ist der Prinzipal gestorben, so haben seine Erben oder deren gesetzliche Vertreter die Anmeldung zu bewirken. Es braucht nur angemeldet zu werden, daß die Prokura erloschen ist. Die Gründe des Erlöschens sind nicht mit anzumelden und auch vom Registerrichter nicht zu prüfen.

Beispiel:

Amtsgericht. Berlin, den 14. Februar 1927.

Es erschien vor dem Unterzeichneten der Kaufmann Karl Kaphun in Berlin, Eichhornstr. 1.

Er ist dem Unterzeichneten bekannt.

Er erklärte:

Unter Nr. 1746 der Abt. A des Handelsregisters bin ich als Inhaber der Firma Karl Kaphun eingetragen. Als solcher melde ich zur Eintragung in das Handelsregister an, daß die dem Handlungsgehilfen Wilhelm Schröder erteilte Prokura erloschen ist.

Das Gewerbekapital beträgt ....RMark, der Gewerbeertrag ....RMark.

v. g. u.

Karl Kaphun.

Reinhardt, Justizobersekretär
als Urkundsbeamter der Geschäftsstelle.

Darauf verfügt der Richter bzw. der Rechtspfleger:

1. Einzutragen in das Handelsregister Abt. A Nr. 1746:

Sp. 1. 4.

Sp. 4. Die Prokura des Wilhelm Schröder ist erloschen.

2. Die Eintragung in Spalte 4 zur Nr. der Eintragungen 3 ist rot zu unterstreichen.

3. Ersuchen an den Deutschen Reichsanzeiger, die Berliner Börsenzeitung und die Vossische Zeitung um einmalige Einrückung folgender

Bekanntmachung.

In unserem Handelsregister Abt. A ist bei der unter Nr. 1746 eingetragenen Firma Karl Kaphun vermerkt worden, daß die Prokura des Wilhelm Schröder erloschen ist.

Berlin, den ... Februar 1927.

Amtsgericht Berlin-Mitte.

4. Nachricht an den Kaufmann Karl Kaphun und den Handlungsgehilfen Wilhelm Schröder.

Berlin, 14. Februar 1927. Br.

10. Die Prokura erlischt anders wie bei der Veräußerung des Geschäfts eines Einzelkaufmanns oder bei dessen Umwandlung in eine offene Handelsgesellschaft nicht durch den Tod des Inhabers des Handelsgeschäfts. § 52 Abs. 3 HGB; vgl. auch RG JW **1927** 2433. Es kann also der Registerrichter, dem der Tod eines Prinzipals bekannt geworden, nicht etwa dessen Erben, die das Handelsgewerbe in Erbengemeinschaft oder in fortgesetzter Gütergemeinschaft weiterführen (vgl. oben § 50), im Ordnungsstrafverfahren zur Anmeldung des Erlöschens der von dem Verstorbenen erteilten und im Register vermerkten Prokura anhalten.

V. Das Handelsregister Abteilung A

§ 56. Die Einrichtung des Handelsregisters Abteilung A im allgemeinen[1]).

In das Handelsregister Abteilung A werden eingetragen:

a) die Firmen der Einzelkaufleute,

b) die offenen Handelsgesellschaften,

c) die Kommanditgesellschaften.

Das Register wird nach dem der AV vom 7. November 1899 (JMBl 313)[2]) beigefügten Formular geführt. Es trägt als Überschrift rechts oben die Nummer der Firma. Es zerfällt in acht Spalten. Es enthalten:

Spalte 1. Die Nummer der Eintragung.

Spalte 2. Die Firma; den Ort der Niederlassung oder den Sitz der Gesellschaft.

Spalte 3. Die Bezeichnung des Einzelkaufmanns oder der persönlich haftenden Gesellschafter.

Spalte 4. Die Prokura.

Spalte 5. Die Rechtsverhältnisse bei Einzelkaufleuten.

Spalte 6. Die Rechtsverhältnisse bei Handelsgesellschaften.

Spalte 7. Die Geschäftsnummer; den Tag der Eintragung und die Unterschrift.

Spalte 8. Bemerkungen.

I. Im einzelnen ist folgendes zu bemerken:

1. In Spalte 1 ist die laufende Nummer der die Firma betreffenden Eintragungen anzugeben.

2. In Spalte 2 sind die Firma, der Ort der Niederlassung, der Sitz der Gesellschaft und die darauf sich beziehenden Änderungen einzutragen. Ebendort finden die Vermerke über Zweigniederlassungen, auch wenn diese sich im Bezirke des Registergerichts befinden oder eine andere Firma als die Hauptniederlassung haben, sowie die Vermerke über das Vorhandensein einer Hauptniederlassung ihren Platz.

3. In Spalte 3 sind der Name, Vorname, Stand und Wohnort des Einzelkaufmanns oder der persönlich haftenden Gesellschafter anzugeben.

4. Die Spalte 4 dient zur Aufnahme aller die Prokura betreffenden Eintragungen; Name, Vorname und Wohnort der Prokuristen sind anzugeben.

---

[1]) Vgl. über die diesem Register mit den übrigen Registern gemeinsamen Einrichtungen oben den allgemeinen Teil.

[2]) Die AV vom 7. November 1899 ist nicht eine bloße Verwaltungsanordnung, sondern trägt den Charakter einer Rechtsverordnung und ist als eine gültig zustande gekommene Norm des objektiven Rechts wie jede Gesetzesvorschrift für den Richter bindend (KGJ **29** A 213; **42** 148).

5. In Spalte 5 sind die der Eintragung unterliegenden Rechtsverhältnisse bei Einzelkaufleuten, z. B. die Eröffnung des Konkurses sowie das Erlöschen ihrer Firma, einzutragen.

Ebendort ist bei dem Erwerbe eines Handelsgeschäfts durch einen Einzelkaufmann im Falle der Fortführung der bisherigen Firma eine von den Vorschriften des § 25 Abs. 1 HGB abweichende Vereinbarung einzutragen.

6. In Spalte 6 ist zunächst zu vermerken, ob die eingetragene Gesellschaft eine offene Handelsgesellschaft oder eine Kommanditgesellschaft ist.

Sodann sind hier die der Eintragung unterliegenden Rechtsverhältnisse bei den genannten Gesellschaften, z. B. der Zeitpunkt ihres Beginns, die Eröffnung des Konkurses, die Auflösung und Fortsetzung, das Erlöschen der Firma, der Eintritt und das Ausscheiden von Gesellschaftern, sowie die in § 125 Abs. 4 HGB erwähnten, die Vertretungsmacht der Gesellschafter betreffenden Verhältnisse, und bei Kommanditgesellschaften der Name, Vorname, Stand und Wohnort der Kommanditisten und der Betrag der Einlage eines jeden von ihnen nebst den darauf sich beziehenden Änderungen einzutragen. Die Auflösung der Gesellschaft ist in dieser Spalte auch dann zu vermerken, wenn gleichzeitig ein Einzelkaufmann als neuer Inhaber der Firma eingetragen wird.

In die Spalte 6 ist ferner bei dem Erwerb eines Handelsgeschäfts durch eine offene Handelsgesellschaft oder durch eine Kommanditgesellschaft im Falle der Fortführung der bisherigen Firma eine von den Vorschriften des § 25 Abs. 1 HGB abweichende Vereinbarung und bei Eintritt eines persönlich haftenden Gesellschafters oder eines Kommanditisten in das Geschäft eines Einzelkaufmanns im Falle der Fortführung der bisherigen Firma eine von den Vorschriften des § 28 Abs. 1 HGB abweichende Vereinbarung einzutragen.

In dieselbe Spalte sind die Personen der Liquidatoren unter der Bezeichnung als solche und unter Angabe des Namens, Vornamens, Standes und Wohnortes, die Bestimmung, daß sie nicht einzeln handeln können, sowie die hierauf oder auf ihre Personen sich beziehenden Änderungen einzutragen.

7. Die Spalte 7 ist zur Aufnahme der Verweisung auf die Registerakten, zur Angabe des Tages der Eintragung und für die Unterschrift des Urkundsbeamten der Geschäftsstelle bestimmt; vgl. oben § 20.

8. Die Spalte 8 dient auch zu etwaigen Verweisungen auf spätere Eintragungen. Den Vermerken in dieser Spalte ist, wenn in keiner andern Spalte gleichzeitig eine Eintragung erfolgt, das Datum und die Unterschrift des Urkundsbeamten der Geschäftsstelle beizufügen.

§ 29 AV vom 7. November 1899.

Beispiele s. unten §§ 57ff. und oben §§ 50ff.

II. Besonderes gilt, wenn bei dem Eintritt eines persönlich haftenden Gesellschafters oder eines Kommanditisten in das Geschäft eines Einzelkaufmanns oder bei dem Eintritt eines Gesellschafters in eine bestehende Gesellschaft die bisherige Firma nicht fortgeführt wird. Es ist dann der Eintritt im Register bei der bisherigen Firma, und zwar in Spalte 5 beim Eintritt in das Geschäft eines Einzelkaufmanns und in Spalte 6 beim Eintritt in eine bestehende Gesellschaft zu vermerken. Ebendort ist gegebenenfalls eine von den Vorschriften des § 28 Abs. 1 HGB abweichende Vereinbarung einzutragen.

Bei der neuen Firma, die nach § 20 Abs. 3 AV vom 7. November 1899 unter einer neuen Nummer an einer anderen Stelle des Registers einzutragen ist, ist der Eintritt in Spalte 6 des Registers zu vermerken.

An der bisherigen Stelle ist auf die neue Stelle und an dieser auf die bisherige Stelle in der Spalte „Bemerkungen" zu verweisen.

§ 30 AV vom 7. November 1899.

Beispiele s. unten §§ 58, 64.

III. Geht die Firma eines Einzelkaufmanns, einer offenen Handelsgesellschaft oder einer Kommanditgesellschaft auf eine Handelsgesellschaft anderer Art oder auf eine juristische Person über, so ist die Firma in der Abteilung A des Registers zu löschen und in die Abteilung B des Registers einzutragen.

An der bisherigen Stelle ist auf die neue Stelle und an dieser auf die bisherige Stelle in der Spalte „Bemerkungen" zu verweisen.

§ 31 AV vom 7. November 1899.

B. Der Einzelkaufmann.

§ 57. Anmeldung der Firma und des Ortes der Handelsniederlassung.

1. Nach § 29 HGB ist jeder Einzelkaufmann[1][2]) verpflichtet, seine Firma und den Ort seiner Handelsniederlassung[3]) bei dem Gericht, in dessen Bezirke sich die Niederlassung befindet, zur Eintragung in das Handelsregister anzumelden; auch hat er seine Firma — nicht auch wie nach früherem Recht seinen Namen — zur Aufbewahrung bei dem Gerichte zu zeichnen.

---

[1]) Ist ein Handelsgeschäft verpachtet, so hat nicht der Verpächter, sondern der Pächter die Pflicht zur Anmeldung. Feder DJZ **1904** 118.

[2]) Nicht aber der Minderkaufmann, und zwar selbst dann nicht, wenn er sein Gewerbe in Zukunft zu einem vollkaufmännischen auszugestalten beabsichtigt; solange dies nicht Tatsache geworden ist, ist er weder berechtigt noch verpflichtet, eine Firma zu führen und zur Eintragung in das Handelsregister anzumelden (KGJ **33** A 114).

[3]) d. h. die Ortschaft, von der aus die kaufmännische, nicht die technische oder gewerbliche (OLG **27** 306) Leitung des Ganzen ausgeht (ROHG **16** 52).

Die Anmeldung hat sofort nach dem Beginne des Geschäftsbetriebes zu erfolgen, und zwar bei dem Gericht, in dessen Bezirke sich die Niederlassung befindet. Wie beim Bestehen mehrerer Haupt- oder Zweigniederlassungen zu verfahren ist, ist oben im § 54 dargelegt. Die Anmeldung und Zeichnung ist im Ordnungsstrafverfahren zu erzwingen; vgl. oben § 14. Ist der Inhaber des Handelsgeschäfts handlungsunfähig oder in der Geschäftsfähigkeit beschränkt, so hat sein gesetzlicher Vertreter die Anmeldung zu bewirken; s. näheres oben § 9.

2. Bei der Anmeldung ist auch anzugeben, wie hoch das Gewerbekapital und der Gewerbeertrag sind, die nach der Gewerbesteuer VO vom 23. November 1923 (GS 519) einen Maßstab für die Veranlagung der Gewerbesteuer bilden. Eine solche Angabe ist zur Berechnung der Gerichtskosten, deren Höhe sich hiernach richtet, geboten. §§ 69 ff. PrGKG. Zur Glaubhaftmachung sind die Gewerbesteuerpapiere (Anmeldungsschein, Zuschrift über die Steuerveranlagung und Steuerquittung) vorzulegen; sie dienen gleichzeitig zur Legitimation und geben Aufschluß über den Umfang des Betriebes.

3. Die Anmeldung des Geschäftszweiges[1]) (Branche), sowie der Straße und Hausnummer ist gesetzlich nicht vorgeschrieben; in das Register werden die bezüglichen Angaben, die im übrigen natürlich zweckmäßig und erwünscht sind[2]), nicht aufgenommen, da das Gesetz den Kreis der einzutragenden Tatsachen begrenzt hat (KGJ **29** A 123). Die Angabe der Geschäftsbranche wird der Registerrichter bei Zweifeln über die Vollkaufmannseigenschaft des Anmeldenden verlangen müssen, da sie Aufschluß über „Art" und „Umfang" des Betriebes geben kann.

4. Der Registerrichter hat bei der Anmemeldung zu prüfen:

a) ob der Anmeldende Kaufmann, und zwar Vollkaufmann ist; vgl. oben § 38;

b) ob die gewählte Firma den gesetzlichen Vorschriften entspricht, vgl. oben §§ 42 ff.;

c) ob der Ort der Handelsniederlassung zutreffend angegeben ist, vgl. oben § 54.

---

[1]) Ist der Betrieb von Bankiergeschäften als Geschäftszweig zur Bekanntmachung gemäß der AV vom 15. Mai 1923 (JMBl 375) angemeldet, so ist die Industrie- und Handelskammer gemäß § 3 der AV vom 7. November 1899 (JMBl 313) zu hören. AV vom 4. Januar 1926 (JMBl 3).

[2]) Die Registerbeamten sollen die Beteiligten, wenn sie die Anmeldung persönlich bewirken, nach der Lage der Geschäftsräume und dem Geschäftszweig befragen und die Mitteilungen zu den Akten nehmen. Auch den Notaren wird empfohlen, wenn sie Anträge zum Handelsregister beurkunden oder beglaubigen, entsprechend zu verfahren und die ihnen gemachten Angaben in der beurkundeten Erklärung aufzunehmen oder bei Einreichung der Erklärung dem Gericht mitzuteilen. AV vom 24. Juni 1927 betr. die den Handelskammern zu machenden Mitteilungen über Eintragungen im Handelsregister (JMBl 216).

d) ob die Form der Anmeldung und Zeichnung den gesetzlichen Bestimmungen genügt, vgl. oben §§ 9, 10.

Er braucht aber nicht notwendig Ermittelungen anzustellen und Beweis zu erheben; er kann vielmehr, wenn er gegen die Glaubwürdigkeit der Anmeldung kein Bedenken hat, auch ohne jede weitere Erhebung der Anmeldung stattgeben.

Unzulässige oder mangelhafte Anmeldungen sind zurückzuweisen; gegen die zurückweisende Verfügung findet das Rechtsmittel der Beschwerde statt; vgl. oben §§ 33ff.

5. Im Handelsregister werden nur die Firma, der Ort der Niederlassung sowie Name, Vorname, Stand und Wohnort des Geschäftsinhabers eingetragen. Die nach der Eintragung erfolgende öffentliche Bekanntmachung erstreckt sich nur auf das, was eingetragen ist. Jedoch darf der Geschäftszweig und die Lage der Geschäftsräume in der Bekanntmachung kurz bezeichnet werden, falls dies von den Beteiligten, die bei persönlicher Anmeldung bei Gericht dieserhalb zu befragen sind, beantragt wird; es muß aber aus der Veröffentlichung hervorgehen, daß es sich nicht um einen in das Handelsregister eingetragenen Zusatz zur Firma, sondern um Bekanntmachung einer in das Register nicht eingetragenen Tatsache handelt. AV vom 12. Juni 1900 (JMBl 439) und vom 15. Mai 1923 (JMBl 375).

Beispiel:

Amtsgericht. Berlin, den 7. März 1927.

Es erschien vor dem Unterzeichneten der Buchdruckereibesitzer Max Lewin in Berlin, Lychener Str. 22.

Er ist dem Unterzeichneten von Person bekannt.

Er erklärte:

Zur Eintragung in das Handelsregister melde ich an, daß ich unter der Firma „Berliner Reklame-Druckerei Max Lewin" eine Druckerei in Berlin betreibe.

Das Gewerbekapital beträgt .... RMark, den Gewerbeertrag gebe ich auf .... RMark an[1]).

Der Gewerbebetrieb geht über den Umfang des Handwerks hinaus[2]).

Die Geschäftsräume befinden sich Lychener Str. 22.

Der Erschienene zeichnete darauf die Firma wie folgt[3]):

Berliner Reklame-Druckerei Max Lewin.

v. g. u.

Max Lewin.

Reinhardt, Justizobersekretär
als Urkundsbeamter der Geschäftsstelle.

---

[1]) Diese Angabe ist zur Berechnung der Gerichtskosten erforderlich. §§ 69, 72ff. PrGKG.

[2]) Dies war nach § 1 Abs. 2 Nr. 9 HGB aufzunehmen; vgl. auch oben § 39.

[3]) Die vorherige Zeichnung der Firma ist kein integrierender Bestandteil der Anmeldung, wie Cohn S. 124 annimmt, somit keine Voraussetzung für die Eintragung in das Handelsregister. Das Registergericht kann also die Eintragung nicht von der Zeichnung abhängig machen. Die unterbliebene Zeichnung muß im Ordnungsstrafverfahren erzwungen werden (KG JurRdsch **1926** Nr. 1374; Recht **1926** Nr. 1115; vgl. auch RJA **9** 244; KGJ **27** A 138; OLG **41** 195).

Darauf wird verfügt:

1. Einzutragen in das Handelsregister Abt. A.
Nr. der Firma: 5786.
Sp. 1. 1.
Sp. 2. Berliner Reklame-Druckerei Max Lewin, Berlin.
Sp. 3. Max Lewin, Kaufmann, Berlin.

2. Ersuchen an die Redaktion des Deutschen Reichsanzeigers, der Berliner Börsenzeitung und der Vossischen Zeitung um einmalige Veröffentlichung folgender

Bekanntmachung[1]):

In unser Handelsregister Abt. A ist heute unter Nr. 5786 die Firma „Berliner Reklame-Druckerei Max Lewin" in Berlin und als ihr Inhaber der Buchdruckereibesitzer Max Lewin ebenda eingetragen worden.

Berlin, den ... März 1927.

Amtsgericht Berlin-Mitte.

3. Bekanntmachung an
a) den Antragsteller,
b) die Industrie- und Handelskammer durch die Liste.

Berlin, 7. März 1927. Br.

Nach der Eintragung schreibt der Registerführer neben vorstehende Verfügung:

Eingetragen am 8. März 1927.

Reinhardt.

§ 58. Anmeldung von Veränderungen.

Alle bei einem bestehenden Handelsgeschäft eintretenden Veränderungen der Firma, der Person der Inhaber und des Ortes der Handelsniederlassung sind bei dem Gerichte der Hauptniederlassung und dem der Zweigniederlassung anzumelden. Der Registerrichter hat hierbei nur zu prüfen, ob die Form der Anmeldung gesetzmäßig ist, ob bei der Veränderung der Firma die abgeänderte Firma zulässig[2]) und gezeichnet ist, sowie ob im Falle der Änderung der Inhaber die Firma von dem neuen Inhaber gezeichnet ist.

Hervorzuheben sind folgende Fälle:

1. Änderung der Firma ohne Wechsel des Inhabers. Die Firma kann von dem Inhaber insoweit geändert werden, als es die ge-

---

[1]) Der Entwurf der Bekanntmachung liegt an sich dem Registerführer ob; dem Richter ist es natürlich unbenommen, auch seinerseits die Fassung der Bekanntmachung sofort anzuordnen.

[2]) Für jede Änderung der Firma gelten die gleichen Voraussetzungen wie bei der ursprünglichen Annahme der Firma. Deshalb dürfen Zusätze, auch wenn sie ursprünglich zulässig waren, in der geänderten Firma nicht mehr beibehalten werden, wenn sie den zur Zeit der Änderung bestehenden Verhältnissen nicht mehr entsprechen (KGJ **41** 110). Wird eine vor dem 1. Januar 1900 eingetragene, dem § 18 HGB nicht entsprechende, insbesondere keinen ausgeschriebenen Vornamen enthaltende Firma durch Aufnahme eines erlaubten Zusatzes (§ 18 Abs. 2) geändert, so ist sie dabei auch im übrigen den Erfordernissen des § 18 anzupassen (KGJ **39** A 102).

setzlichen Vorschriften über ursprüngliche und abgeleitete Firmen (oben §§ 42ff.) zulassen[1]).

Beispiel:

Amtsgericht. Berlin, den 9. September 1927.

Es erschien vor dem Unterzeichneten der Kaufmann Otto Schumacher in Berlin, Jerusalemer Str. 33.

Er ist dem Unterzeichneten von Person bekannt.

Er erklärte: Ich betreibe in Berlin eine Weinhandlung unter der Firma „Otto Schumacher", die im Handelsregister Abt. A unter Nr. 763 eingetragen ist. Ich melde hiermit zur Eintragung an, daß die Firma in „Otto Schumacher Weingroßhandlung, zum Weinschumacher" geändert ist.

Ich zeichne die neue Firma wie folgt:

Otto Schumacher Weingroßhandlung, zum Weinschumacher.

Das Gewerbekapital beträgt ....RMark, der Gewerbeertrag ....RMark.

v. g. u.

Otto Schumacher.

Reinhardt, Justizobersekretär
als Urkundsbeamter der Geschäftsstelle.

Darauf verfügt der Richter bzw. Rechtspfleger:

1. Einzutragen in das Handelsregister Abt. A Nr. 763:

Sp. 1. 2.

Sp. 2. Die Firma ist in „Otto Schumacher Weingroßhandlung, zum Weinschumacher" geändert.

2. Die Eintragung in Sp. 2 zur lfd. Nr. 1 betr. die bisherige Firma ist rot zu unterstreichen.

3. Öffentliche Bekanntmachung.

4. Nachricht an:

a) Schumacher,

b) die Industrie- und Handelskammer durch die Liste.

Berlin, 9. September 1927. Br.

2. Eine Veränderung der Person des Inhabers einer Firma tritt besonders häufig infolge Verkaufs[2]) des Geschäfts oder infolge Todes des Inhabers und Eintritts der Erben in das Geschäft ein.

Beispiel:

Amtsgericht. Berlin, den. 10. November 1927.

Es erschien vor dem Unterzeichneten:

Der Kaufmann Peter Roßberg in Berlin, Roßstr. 7.

Er ist dem Unterzeichneten von Person bekannt.

Er überreichte einen Erbschein des Amtsgerichts Berlin-Mitte vom 22. Oktober 1927 und erklärte:

Unter Nr. 782 des hiesigen Handelsregisters Abt. A steht die Firma Friedrich Jüngel jun. und als deren Inhaber mein Vater, der Kaufmann Richard Roßberg, eingetragen. Mein Vater ist verstorben und von mir

---

[1]) Über den Fall einer Firmenänderung infolge Änderung des Namens des Geschäftsinhabers vgl. oben § 43 Nr. 5.

[2]) Das HGB enthält keine Vorschrift darüber, wer im Falle des Geschäftsübergangs die Anmeldung zu bewirken hat. Daß bei der Anmeldung auch der bisherige Inhaber mitwirken muß, folgt aber aus der Natur der Sache (KG DNotVZ **1925** 16).

als seinem alleinigen gesetzlichen Erben beerbt worden. Ich werde das Geschäft meines Vaters fortführen, ändere aber die Firma in „Peter Roßberg"[1]).

Ich melde Vorstehendes zur Eintragung in das Handelsregister an. Ich werde die Firma zeichnen wie folgt:

Peter Roßberg.
v. g. u.
Peter Roßberg.
Reinhardt, Justizobersekretär
als Urkundsbeamter der Geschäftsstelle.

Darauf wird verfügt:

1. Einzutragen in das Handelsregister Abt. A Nr. 782:
Sp. 1. 6.
Sp. 3. Peter Roßberg, Kaufmann, Berlin.
Sp. 8. Die Firma ist in Peter Roßberg geändert[2]). Vgl. Nr. 27384 der Abt. A des Handelsregisters.

2. Einzutragen in das Handelsregister Abt. A Nr. 27384:
Sp. 1. 1.
Sp. 2. Peter Roßberg, Berlin.
Sp. 3. Peter Roßberg, Kaufmann, Berlin.
Sp. 8. Die Firma hieß bisher: Friedrich Jüngel jun. Vgl. Nr. 782 der Abt. A des Handelsregisters.

3. Die Eintragungen bei Nr. 782 rot unterstreichen.
4. Öffentliche Bekanntmachung.
5. Nachricht an:
a) Roßberg,
b) die Industrie- und Handelskammer durch die Liste.

Berlin, 10. November 1927. Br.

Weitere Beispiele sind oben §§ 50, 51 gegeben. Hier bleibt noch hervorzuheben, daß bei dem Verkauf eines Geschäfts sehr häufig der Übergang der in dem Betriebe begründeten Forderungen und Verbindlichkeiten auf den Käufer ausgeschlossen wird. Nach § 25 Abs. 1 HGB haftet nämlich derjenige, welcher ein unter Lebenden[3]) erworbenes Handelsgeschäft unter der bisherigen Firma[4]) mit oder ohne

---

[1]) Auch eine Erbengemeinschaft kann das von Todes wegen erworbene Geschäft eines Einzelkaufmanns unter einer neuen Firma fortführen. Diese muß den Vorschriften für die Firma eines Einzelkaufmanns entsprechen und das Bestehen einer Erbengemeinschaft zum Ausdruck bringen (JFG **5** 209; vgl. auch unten § 62).

[2]) Durch Eintragung der neuen Firma geht das Recht auf Fortführung der alten Firma verloren, so daß eine Wiederaufnahme dieser Firma nach deren Löschung unzulässig ist (KGJ **48** 119).

[3]) Auch der Erwerb im Wege der Erbteilung ist Erwerb unter Lebenden (RJA **17** 79).

[4]) Die Haftung des Geschäftserwerbers wird nicht durch die Unzulässigkeit der fortgeführten Firma ausgeschlossen. Sie tritt auch ein, wenn die Firma mit einer geringfügigen, hinter dem beibehaltenen Kern der Firma völlig zurücktretenden Abänderung (wie Wegfall des einen Vornamen andeutenden Buchstaben) fortgeführt wird (RG **113** 306).

Beifügung eines das Nachfolgerverhältnis andeutenden Zusatzes[1]) fortführt, für alle im Betrieb des Geschäfts begründeten Verbindlichkeiten[2]) des früheren Inhabers[3]); auch gelten die in dem Betriebe begründeten Forderungen den Schuldnern gegenüber als auf den Erwerber übergegangen, wenn der bisherige Inhaber oder seine Erben in die Fortführung der Firma gewilligt haben. Soll in Abweichung von diesen gesetzlichen Vorschriften der Übergang der Forderungen und Verbindlichkeiten auf den Käufer trotz Fortführung der bisherigen Firma ausgeschlossen werden, so muß dies zur Wirksamkeit gegen Dritte in das Handelsregister eingetragen und bekannt gemacht oder von dem Erwerber oder dem Veräußerer dem Dritten mitgeteilt werden. § 25 Abs. 2 HGB. Die Eintragung und Bekanntmachung bzw. die Mitteilung hat unverzüglich, d. h. im unmittelbaren Anschluß an den Erwerb und die Fortführung des Geschäfts zu geschehen (RG JW **1904** 8; **1911** 660; Recht **1908** Nr. 3890; RG **74** 140; KG LZ **1910** 946; OLG Hamm und Frankfurt a. M. OLG **21** 374 ff.). Bei der Eintragung hat das Registergericht aber die Rechtzeitigkeit der Anmeldung nicht zu prüfen (KGJ **33** A 127). Da die Mitteilung an die oft sehr zahlreichen Gläubiger und Schuldner des bisherigen Geschäftsinhabers nicht selten Schwierigkeiten bereitet, so wird in der Praxis, um den Übergang der Schulden und Forderungen auf den neuen Inhaber zu verhindern, regelmäßig die Eintragung des Ausschlusses in das Handelsregister erstrebt[4]). Deshalb finden sich bei Anmeldungen des Übergangs der Firma auf einen andern Kaufmann infolge Geschäftsveräußerung überaus häufig Vermerke etwa folgenden Inhalts:

Wir melden ferner zur Eintragung an, daß der Übergang der in dem Betriebe des Geschäfts begründeten Forderungen und Verbindlichkeiten bei dem Erwerbe des Geschäfts durch Friedrich Wolff ausgeschlossen ist.

Ein entsprechender Vermerk ist dann in Spalte 5 des Handelsregisters etwa in folgender Form einzutragen:

Der Übergang der in dem Betriebe des Geschäfts begründeten Forderungen und Verbindlichkeiten ist bei dem Erwerbe des Geschäfts durch Friedrich Wolff ausgeschlossen.

Nach der Eintragung und Bekanntmachung des Vermerks kann der Dritte sich nicht darauf berufen, daß er die Vereinbarung nicht gekannt

---

[1]) Auch mit dem Zusatz „Gesellschaft mit beschränkter Haftung" oder „Aktiengesellschaft" (KGJ **44** 151; RG Recht **1909** Nr. 2517 und 2528; LZ **1912** 539) oder unter Weglassung des die Gesellschaftsform bezeichnenden Zusatzes (LG Leipzig LZ **1910** 797 und Staub Anm. 4 zu § 25).

[2]) Über diesen Begriff vgl. RG **58** 21; **76** 10; **102** 244 ff.

[3]) Keine Schuldübernahme im Sinne der §§ 414 ff. BGB (RG JW **1911** 158[20]; RG **76** 10), sondern eine kumulative Haftungsübernahme! (RG **51** 121; **67** 8).

[4]) Die bisherige Firma braucht nicht in das Handelsregister eingetragen gewesen zu sein, sofern es sich nur um das Geschäft eines Vollkaufmanns handelt (RG Recht **1923** Nr. 907; RG **55** 85; KG OLG **4** 147).

habe, noch habe kennen müssen, so daß § 15 HGB in diesem Falle keine Anwendung findet (RG **75** 139 u. JW **1903** 401).

Mitunter wird auch nur der Übergang der im Geschäftsbetriebe begründeten Verbindlichkeiten auf den neuen Erwerber ausgeschlossen, während die Außenstände auf den Erwerber übergehen sollen. Die vorstehenden Vermerke sind dann entsprechend zu ändern. Es kommt auch in der Praxis nicht selten vor, daß nur einzelne bestimmt bezeichnete Verbindlichkeiten vom Erwerber übernommen werden. In diesem Falle muß die Eintragung und Bekanntmachung aber so deutlich sein, daß der Dritte daraus ersehen kann, daß seine Forderung oder Schuld nicht übergegangen ist (KG JW **1911** 660[40]). Die entsprechenden Vermerke lauten z. B.

Der Übergang der im Betriebe des Geschäfts begründeten Verbindlichkeiten bei dem Erwerbe des Geschäfts durch den Kaufmann Karl Bluhm ist ausgeschlossen; übernommen sind nur folgende Verbindlichkeiten:

1. an Franz Schmidt 147,20 RMark,
2. an Gustav Kirchner 349,75 RMark,
3. an Robert Schneider 157,20 RMark,

oder:

Der Erwerber Karl Meyer haftet nur für die im Geschäftsbetriebe begründeten Verbindlichkeiten aus laufenden:

a) **Dienstverträgen mit Angestellten und Agenten;**
b) **Mietsverträgen über Fabrikations- und Geschäftsräume;**
c) **Verträgen über Lieferung und Abnahme von Waren, die von der Gegenpartei noch nicht erfüllt sind.**

Wird die Firma nicht fortgeführt[1]), so haftet der Erwerber eines Handelsgeschäfts für die früheren Geschäftsverbindlichkeiten nur, wenn ein besonderer Verpflichtungsgrund[2]) vorliegt, insbesondere wenn die Übernahme der Verbindlichkeiten[3]) in handelsüblicher Weise von dem Erwerber bekannt gemacht worden ist. § 25 Abs. 3 HGB. Auch dieser Fall interessiert den Registerrichter, da als handelsübliche Bekanntmachung auch die Erklärung der Schuldenübernahme zum Handelsregister zum Zwecke der Eintragung und Bekanntmachung anzusehen ist (RG **8** 64; Bolze **16** Nr. 314 u. 316).

Wird ein zu einem Nachlasse gehörendes Handelsgeschäft von dem Erben fortgeführt, so finden auf die Haftung des Erben für die früheren Geschäftsverbindlichkeiten die Vorschriften des § 25 HGB mit gewissen Ausnahmen entsprechende Anwendung. § 27 HGB. Führt also der Erbe das Geschäft mit der Firma fort, so kann er in das Handels-

---

[1]) In diesem Falle wird regelmäßig das Erlöschen der alten Firma und die Führung der neuen Firma in zwei gesonderten Verhandlungen zur Anmeldung kommen.

[2]) Über die besonderen Verpflichtungsgründe vgl. Staub Anm. 24 zu § 25.

[3]) Die Anzeige der Geschäftsübernahme für sich allein genügt also nicht (RG **50** 120).

register eintragen lassen, daß er die Übernahme der unbeschränkten Haftung für die Geschäftsschulden ablehne. Hierdurch kann er sich natürlich nicht von seiner Haftung für die Nachlaßschulden als solche befreien, sondern er gewinnt dadurch nur den Vorteil, daß aus der Fortführung des Geschäfts mit Firma nicht seine unbeschränkte Haftung für die früheren Geschäftsschulden gefolgert werden darf[1]). In der Praxis kommen derartige Anmeldungen von Erben nicht allzu häufig vor. Führt der Erbe das Geschäft ohne die Firma fort, so haftet er im allgemeinen für die früheren Geschäftsschulden nur insoweit, als er in seiner Eigenschaft als Erbe, der die Erbschaft angenommen hat, für die Schulden des Nachlasses haftet. Eine unbeschränkte Haftung für die Geschäftsschulden würde nur eintreten, wenn er die Übernahme der Verbindlichkeiten in handelsüblicher Weise, also z. B. durch Anmeldung zum Handelsregister, bekannt machen würde.

3. Wird ein Handelsgeschäft auf Grund eines Nießbrauchs, eines Pachtvertrags oder eines ähnlichen Verhältnisses übernommen[2]), so finden die vorstehenden Grundsätze entsprechende Anwendung (KG DJZ **1906** 86; OLG Dresden DNotVZ **1922** 70); vgl. auch oben § 50 Nr. III.

Beispiel:

Amtsgericht. Werder, den 9. Januar 1927.

Es erschienen vor dem Unterzeichneten:

1. der Kaufmann August Möller aus Werder,

2. der Ingenieur Karl Hartwig, ebendaher.

Die Erschienenen sind dem Unterzeichneten bekannt.

Der Erschienene zu 1. erklärte:

Ich betreibe in Werder unter der Firma August Möller Söhne ein Ziegeleigewerbe, das unter Nr. 28 der Abt. A des hiesigen Handelsregisters vermerkt ist. Ich habe dies Gewerbe vom 1. Januar 1927 ab auf 10 Jahre an den Erschienenen zu 2. verpachtet.

Ich willige darin, daß das Geschäft unter der bisherigen Firma mit oder ohne Beifügung eines das Nachfolgeverhältnis andeutenden Zusatzes fortgeführt wird.

Der Erschienene zu 2. erklärte:

Die Firma erhält einen Zusatz und lautet:

August Möller Söhne Nachf. Karl Hartwig.

Ich zeichne die Firma wie folgt:

August Möller Söhne Nachf. Karl Hartwig.

Die Erschienenen erklärten sodann:

Wir melden zur Eintragung in das Handelsregister an, daß der Erschienene zu 2. Inhaber der Firma ist und daß die Firma jetzt wie angegeben lautet. Außerdem soll eingetragen werden, daß der Übergang der in dem Betriebe des Geschäfts begründeten Forderungen und Schulden bei

---

[1]) Näheres bei Staub Anm. 11 zu § 27. Die dort bejahte Frage, ob im Falle des Übergangs des Handelsgeschäfts auf die Erben die Haftung für die Verbindlichkeiten ausgeschlossen werden kann, wird u. a. von Düringer-Hachenburg Anm. 6 zu § 27 HGB und Goldmann I 131 verneint.

[2]) In diesem Falle hat der Registerrichter das materielle Rechtsverhältnis nicht nachzuprüfen (KGJ **39** A 107).

der Pachtung des Geschäfts durch den Erschienenen zu 2. ausgeschlossen ist. Das Gewerbekapital beträgt ....RMark, der Gewerbertrag ....RMark.

Die Kosten übernimmt der Erschienene zu 2.

v. g. u.

August Möller. Karl Hartwig.

Paulsen, Justizobersekretär

als Urkundsbeamter der Geschäftsstelle.

Die darauf ergehende Verfügung lautet:

1. Einzutragen in das Handelsregister Abt. A Nr. 28:

Sp. 1. 4.

Sp. 2. Die Firma lautet jetzt: August Möller Söhne Nachf. Karl Hartwig.

Sp. 3. Karl Hartwig, Ingenieur, Werder.

Sp. 5. Der Übergang der in dem Betriebe des Geschäfts begründeten Forderungen und Schulden ist bei der Pachtung des Geschäfts durch Karl Hartwig ausgeschlossen.

Sp. 2 und 3 sind zur Nr. der Eintrag. 1 rot zu unterstreichen.

3. Öffentliche Bekanntmachung.

4. Bekanntmachung an:

a) Möller und Hartwig,

b) an die Industrie- und Handelskammer durch die Liste.

Werder, 9. Januar 1927. R.

4. Veränderungen in der Person des Inhabers eines Handelsgeschäfts treten endlich häufig dadurch ein, daß in das Geschäft eines Einzelkaufmanns ein persönlich haftender Gesellschafter eintritt und hierdurch eine offene Handelsgesellschaft gebildet wird; vgl. Näheres oben § 51, wo auch ein Beispiel angeführt ist.

5. Veränderung des Ortes der Handelsniederlassung. Wird ein Geschäft innerhalb eines Ortes verlegt, siedelt also z. B. in Berlin ein Kaufmann mit seinem Geschäfte von der Friedrichstr. 102 nach der Potsdamer Str. 100 über, so ist eine Anmeldung dieser Geschäftsverlegung zum Handelsregister nicht erforderlich, weil der Ort der Niederlassung derselbe bleibt.

Wird aber ein Geschäft nach einem anderen Orte verlegt, so muß dies zum Handelsregister selbst dann angemeldet werden, wenn der neugewählte Ort im Bezirke desselben Registergerichts liegt. § 31 Abs. 1 HGB.

Beispiele:

a) Amtsgericht. Berlin, den 10. Juni 1927.

Es erschien vor dem Unterzeichneten:

der Kaufmann Adolf Wunderlich aus Potsdam, Viktoriastr. 10.

Er ist dem Unterzeichneten von Person bekannt.

Er erklärte:

Unter Nr. 1567 der Abt. A des Handelsregisters bin ich als Inhaber der Firma Adolf Wunderlich eingetragen. Ich melde zur Eintragung in das Handelsregister an, daß ich die Niederlassung von Berlin nach Potsdam verlegt habe und sie dort unter der bisherigen Firma fortführen werde.

Das Gewerbekapital beträgt ...RMark, der Gewerbeertrag ...RMark.

v. g. u.

Adolf Wunderlich.

Reinhardt, Justizobersekretär

als Urkundsbeamter der Geschäftsstelle.

Darauf wird verfügt:

1. **Einzutragen in das Handelsregister Abt. A Nr. 1567:**

Sp. 1. 2.

Sp. 2. Die Niederlassung ist nach Potsdam verlegt.

2. **Zur Nr. der Eintr. 1 ist das Wort „Berlin" in Sp. 2 rot zu unterstreichen.**

3. **Öffentliche Bekanntmachung.**

4. **Nachricht an:**

a) **Wunderlich,**

b) **die Industrie- und Handelskammer durch die Liste.**

Berlin, 10. Juni 1927. Br.

b) **Amtsgericht. Berlin, den 23. Oktober 1927.**

Es erschien vor dem Unterzeichneten:

der Verlagsbuchhändler Karl Wiegandt aus Leipzig, Beethovenstr. 23, wohnhaft.

Er ist dem Unterzeichneten von Person bekannt.

Er erklärte:

Unter Nr. 2347 der Abt. A des hiesigen Handelsregisters bin ich als Inhaber der Firma „Schwerdt & Co. Verlagsbuchhandlung" eingetragen. Ich habe mein Geschäft nach Leipzig verlegt und melde dies zur Eintragung in das Handelsregister an.

Das Gewerbekapital beträgt ....RMark, der Gewerbeertrag ....RMark.

v. g. u.

Karl Wiegandt.

Reinhardt, Justizobersekretär

als Urkundsbeamter der Geschäftsstelle.

Darauf wird verfügt:

1. **Einzutragen in das Handelsregister Abt. A Nr. 2347:**

Sp. 1. 4.

Sp. 2. Die Niederlassung ist nach Leipzig verlegt.

2. **Alle die Firma betreffenden Eintragungen sind rot zu unterstreichen.**

3. **Öffentliche Bekanntmachung.**

4. **Nachricht an:**

a) **Wiegandt,**

b) **die Industrie- und Handelskammer durch die Liste.**

Berlin, 23. Oktober 1927. Br.

Nicht gesetzlich vorgeschrieben ist es, das Amtsgericht des neuen Niederlassungsortes, hier also Leipzig, durch Erteilung einer Abschrift der Verhandlung von Amts wegen von der Verlegung des Geschäfts zu benachrichtigen. Nur die Eintragung und die Aufhebung einer Zweigniederlassung ist von Amts wegen dem Registergerichte der Hauptniederlassung mitzuteilen. In der Praxis der preußischen Gerichte wird allerdings in der Weise verfahren, daß bei Verlegung der Niederlassung oder des Sitzes der Firma von einem preußischen an einen andern preußischen Ort die Handelsregisterakten an das Gericht des letzteren Ortes abgegeben werden (RVfg vom 14. Oktober 1921 I 1835). Übrigens haben auch die Industrie- und Handelskammern, denen auch der Wechsel des Niederlassungsortes vom Registergerichte mitzuteilen ist (vgl. oben § 26 Nr. 4a), dafür Sorge zu tragen, daß die Anmeldung von dem hierzu Verpflichteten auch bei der Registerbehörde des neuen Niederlassungsortes bewirkt wird. Diese hat die Zulässigkeit der im alten Register eingetragen gewesenen Firma nicht nachzuprüfen. Es handelt sich lediglich um einen Wechsel in der Registerführung, wobei die beteiligten Gerichte gewissermaßen eine einheitliche Anmeldestelle bilden. Dem Registergericht des neuen Niederlassungsortes steht nur eine Prüfung dahin zu, ob die Verlegung erfolgt und das in irgendeiner Weise — also ohne förmliche Anmeldung — zum Ausdruck gebrachte Verlangen nach Übernahme in sein Register gestellt ist und ob die Firma dem § 30 HGB entspricht[1]). Erst nach der Übernahme kann es notfalls das amtliche Löschungsverfahren nach § 141 ff. FGG einleiten (KG Recht **1927** 103[352]; vgl. auch unten § 103 Ziff. 6). Wegen der Zweigniederlassungen und der zu den für sie zuständigen Registergerichten zu bewirkenden Anmeldungen vgl. oben § 54.

§ 59. Anmeldung des Erlöschens der Firma[2]).

Nach § 31 Abs. 2 HGB ist das Erlöschen der Firma zur Eintragung in das Handelsregister der Haupt- und einer etwaigen Zweigniederlassung anzumelden. Unter welchen Voraussetzungen das Erlöschen der Firma eintritt, sagt das Handelsgesetzbuch nicht ausdrücklich. Da nach § 17 HGB die Firma eines Kaufmanns der Name ist, unter dem er im Handel seine Geschäfte betreibt und die Unterschrift abgibt, so erlischt die Firma dann, wenn der Kaufmann es aufgibt, den Handelsnamen zu führen, sei es, weil das Geschäft überhaupt aufhört zu bestehen, sei es, daß der Kaufmann es aufgibt (RG **29** 69), es veräußert oder vererbt und der Erwerber die Firma nicht weiterführt oder die übernommene Firma später aufgibt und eine eigene Firma gemäß § 18 HGB annimmt (RG **14** 245; **39** A 113; OLG **9** 247). Mit der auf kürzere oder längere Zeit erfolgenden Einstellung des Gewerbetriebs hört ein Handelsgeschäft noch nicht auf, vielmehr besteht es so lange fort, als die zu seiner Fortführung bestimmten Vermögensstücke und geschäftlichen Beziehungen, insbesondere die zur Kundschaft noch vorhanden sind. Erst mit Wegfall der wirtschaftlichen Grundlagen, mit Zerstörung seines Aufbaus nach innen und außen (RG **110** 424; OLG **38** 7 [OLG München]) hört das Geschäft auf, und damit erlischt die für dieses Geschäft geführte Firma[3]), und zwar auch ohne Eintragung in das Handelsregister (KGJ **37** A 180). Vor dessen Eintragung und Bekanntmachung kann aber das Erlöschen der Kaufmannseigenschaft einem

---

[1]) Siehe auch Beschluß des KG vom 22. November 1928 und Aufsatz von Luther in der Zeitschrift des Verbandes Preuß. Justizamtmänner **1929** 59.

[2]) Zu vgl. auch Cohn JW **1928** 18 u. 66.

[3]) Bei einer Handelsgesellschaft erlischt die Firma erst mit der völligen Beendigung des Gesellschaftsverhältnisses, also nach Auflösung der Gesellschaft, in der Regel erst nach durchgeführter Liquidation (KGJ **45** 179; RJA **14** 154; KG Recht **1927** 258[918]; vgl. auch Brand im Zentralblatt für Handelsrecht 1926 Nr. 5: „Die zwangweise Firmenlöschung bei Einstellung des Geschäftsbetriebes").

Dritten, der die Einstellung des Betriebes nicht kannte, nicht entgegengesetzt werden (RG **65** 412). Eine versehentlich erfolgte Löschung im Register hat nicht das Erlöschen einer tatsächlich noch bestehenden Firma zur Folge und ist im Wege des amtlichen Löschungsverfahrens gemäß § 142 ff. FGG durch Wiedereintragung der Firma zu beseitigen (KGJ **28** A 44; OLG **9** 257; RJA **11** 216; vgl. auch RG **65** 16), während die versehentlich z. B. ohne Anmeldung bewirkte Löschung bestehen bleibt, wenn die Firma tatsächlich erloschen ist (KGJ **28** A 43; RJA **17** 91). Erlischt die Firma durch den Tod des Inhabers, so sind dessen Erben, gegebenenfalls der Testamentsvollstrecker, zur Anmeldung verpflichtet. Ist die Firma aber schon zu Lebzeiten des Inhabers erloschen, so besteht für die Erben keine Verpflichtung zur Anmeldung des Erlöschens der Firma (JFG **3** 190)[1]. Wird das Handelsgewerbe aufgegeben, so hat der bisherige Inhaber die Anmeldung zu bewirken.

Beispiele:

a) Amtsgericht. Berlin, den 31. Juli 1927.

Es erschien vor dem Unterzeichneten:

der Kaufmann Karl Käpper in Berlin, Steglitzer Str. 3.

Die Persönlichkeit des Erschienenen wurde durch Vorlegung eines Erbscheins festgestellt.

Er überreichte Ausfertigung eines Erbscheins des Amtsgerichts Berlin-Mitte vom 25. Juli 1927 und erklärte:

Unter Nr. 742 der Abt. A des Handelsregisters ist der Kaufmann Alexander Käpper als Inhaber der Firma Storbeck & Sählbrandt eingetragen. Alexander Käpper ist verstorben und nach dem überreichten Erbscheine nur von mir, seinem Sohn, beerbt worden.

Zur Eintragung in das Handelsregister melde ich an, daß die Firma erloschen ist und das unter ihr betriebene Geschäft nicht mehr besteht.

Das Gewerbekapital betrug ...RMark, der Gewerbeertrag ....RMark.

v. g. u.

Karl Käpper.

Reinhardt, Justizobersekretär
als Urkundsbeamter der Geschäftsstelle.

Darauf wird verfügt:

1. Einzutragen in das Handelsregister Abt. A Nr. 742:

Sp. 1. 4.

Sp. 5. Die Firma ist erloschen.

2. Alle Eintragungen zu dieser Firma sind rot zu unterstreichen.
3. Öffentliche Bekanntmachung.
4. Nachricht:

a) dem Karl Käpper,

b) der Industrie- und Handelskammer durch die Liste.

5. Akten weglegen und nach 10 Jahren vernichten.

Berlin, 31. Juli 1927. Br.

b) Amtsgericht. Berlin, den 9. September 1927.

Es erschien vor dem Unterzeichneten:

der Kaufmann Karl Schramm in Berlin, Lothringer Str. 21.

Er ist dem Unterzeichneten von Person bekannt.

Er erklärte:

---

[1]) Zustimmend Bondi JW **1926** 1675.

Unter Nr. 899 der Abt. A des Handelsregisters bin ich als Inhaber der Firma Schramm & Co. eingetragen. Das von mir unter dieser Firma betriebene Geschäft besteht nicht mehr.

Ich melde zur Eintragung in das Handelsregister an, daß die Firma erloschen ist.

Das Gewerbekapital betrug ....RMark, der Gewerbeertrag ....RMark.

v. g. u.

Karl Schramm.

Reinhardt, Justizobersekretär
als Urkundsbeamter der Geschäftsstelle.

Die Verfügung lautet:

1. Einzutragen in das Handelsregister Abt. A Nr. 899:
Sp. 1. 3.
Sp. 5. Die Firma ist erloschen.
2. Alle Eintragungen zu dieser Firma sind rot zu unterstreichen.
3. Öffentliche Bekanntmachung.
4. Nachricht an:
a) Schramm,
b) die Industrie- und Handelskammer durch die Liste.
5. Akten weglegen und nach 10 Jahren vernichten.
Berlin, 9. September 1927. Br.

§ 60. Löschung der Firma von Amts wegen.

Wenn die Anmeldung des Erlöschens einer eingetragenen Firma durch die hierzu Verpflichteten im Ordnungsstrafverfahren (vgl. oben § 14) nicht herbeigeführt werden kann, z. B. weil die eingetragenen Inhaber oder deren Erben trotz angestellter polizeilicher Ermittelungen sämtlich oder zum Teil nicht aufzufinden sind, oder weil die Firma des Einzelkaufmannes schon bei dessen Lebzeiten erloschen und deshalb der Erbe zur Anmeldung des Erlöschens nicht verpflichtet ist (JFG **3** 190), oder weil das eingeleitete Ordnungsstrafverfahren z. B. wegen Unpfändbarkeit des Beteiligten versagt, so wird die Löschung von Amts wegen betrieben. § 31 Abs. 2 HGB[1]). Zu diesem Zwecke hat das Registergericht den eingetragenen Inhaber der Firma oder dessen Rechtsnachfolger von der beabsichtigten Löschung zu benachrichtigen und ihm zugleich eine angemessene Frist zur Geltendmachung eines Widerspruchs zu bestimmen[2]). Die Frist darf nicht weniger als drei Monate betragen. Sind jene Personen oder deren Aufenthalt nicht bekannt, so erfolgt die Benachrichtigung und die Bestimmung der Frist[3])

[1]) Dies amtliche Löschungsverfahren kann auch von einem Dritten, der ein Recht auf Löschung der Firma hat, beantragt werden. Cohn S. 186. Es findet sowohl im Falle des Erlöschens der Firma eines Einzelkaufmanns als auch der Handelsgesellschaft statt.

[2]) Es findet ausschließlich der Widerspruch, also weder der Einspruch noch die Beschwerde statt (KGJ **37** A 194).

[3]) Die Ansicht von Cohn S. 185, daß diese Frist nach Analogie von § 16 Abs. 2 FGG und § 206 ZPO erst vom Ablauf eines Monats seit der letzten Einrückung ab zu berechnen sei, erscheint nicht zutreffend. Die Frist wird in Ermangelung gesetzlicher Vorschriften vielmehr vom Tage der letzten Einrückung abzurechnen sein.

durch Einrückung in diejenigen Blätter, welche für die Bekanntmachungen der Eintragungen in das Handelsregister bestimmt sind. Es kann angeordnet werden, daß die Bekanntmachung noch in andere Blätter eingerückt wird. § 141 Abs. 1 u. 2 FGG.

Eine solche Bekanntmachung lautet z. B.:

Die im hiesigen Handelsregister unter Nr. 751 eingetragene Firma Johann Rienau in Berlin, deren Inhaber der Kaufmann Johann Rienau war, soll gemäß § 31 Abs. 2 HGB und § 141 FGG von Amts wegen gelöscht werden. Es werden deshalb der Inhaber der Firma oder seine Rechtsnachfolger hierdurch aufgefordert, einen etwaigen Widerspruch gegen die Löschung binnen drei Monaten bei dem unterzeichneten Gerichte geltend zu machen, widrigenfalls die Löschung erfolgen wird.

Berlin, 20. September 1927.

Amtsgericht Berlin-Mitte,
Abteilung 90.

Wird Widerspruch erhoben — was übrigens selten vorkommt —, so entscheidet über ihn das Gericht nach der festgestellten Sachlage. Die Anberaumung eines Termins findet nicht statt. Ist der Widerspruch begründet, so wird die Verfügung zurückgenommen. Hiergegen steht den Organen des Handelsstandes oder dem in seinem Recht beeinträchtigten Dritten, der das Verfahren angeregt hat, die einfache Beschwerde zu. §§ 126, 20 Abs. 1 FGG. Gegen die den Widerspruch zurückweisende Verfügung findet die sofortige Beschwerde statt. § 141 Abs. 3 FGG.

Die Löschung darf nur erfolgen, wenn Widerspruch nicht erhoben oder wenn die den Widerspruch zurückweisende Verfügung rechtskräftig geworden ist. § 141 Abs. 4 FGG.

Ist die Firma von Amts wegen im Register der Hauptniederlassung gelöscht, so wird das Gericht der Hauptniederlassung dem der Zweigniederlassung hiervon Nachricht zu geben haben, damit auch das letztere die Firma in seinem Register löschen kann.

Mit der Firma erlischt natürlich stets auch eine für diese etwa erteilte Prokura.

§ 61. Eintragung des Konkursvermerks.

Wird über das Vermögen eines Kaufmanns der Konkurs eröffnet, so ist dies von Amts wegen in das Handelsregister einzutragen. Das gleiche gilt von der Aufhebung des Eröffnungsbeschlusses sowie von der Einstellung und Aufhebung des Konkurses. Eine öffentliche Bekanntmachung der Eintragungen findet nicht statt. § 32 HGB.

Beispiel:

Gemäß § 112 teilt die Geschäftsstelle der Konkursabteilung des Amtsgerichts in Potsdam der dortigen Handelsregisterabteilung unter Bezeichnung des Konkursverwalters eine beglaubigte Abschrift der Formel des Eröffnungsbeschlusses mit, wonach über das Vermögen des — im Handelsregister eingetragenen —

Kaufmanns Karl Salomon in Potsdam der Konkurs eröffnet ist. Darauf verfügt der Registerrichter bzw. der Rechtspfleger folgendes:

1. Einzutragen in das Handelsregister Abt. A Nr. 67:

Sp. 1. 3.

Sp. 5. Über das Vermögen des Kaufmanns Karl Salomon ist durch Beschluß vom .... das Konkursverfahren eröffnet.

2. Nachricht an den Gemeinschuldner, den Konkursverwalter und zu den Konkursakten.

Potsdam, 12. November 1927. St.

Wird später das Konkursverfahren infolge einer den Eröffnungsbeschluß aufhebenden Entscheidung oder nach der Abhaltung des Schlußtermins oder infolge rechtskräftig bestätigten Zwangsvergleichs aufgehoben oder wird das Verfahren eingestellt, so ist gemäß §§ 116, 163 Abs. 3, 190 Abs. 3 u. 205 Abs. 2 KO eine beglaubigte Abschrift des betreffenden Beschlusses von der Geschäftsstelle des Konkursgerichts dem Registergerichte mitzuteilen. Die Verfügung des letzteren lautet sodann:

1. Einzutragen in das Handelsregister Abt. A Nr. 67:

Sp. 1. 4.

Sp. 5. Das Konkursverfahren über das Vermögen des Kaufmanns Karl Salomon ist durch Beschluß vom .... aufgehoben.

2. Der Vermerk in Sp. 5 zur lfd. Nr. 3 ist rot zu unterstreichen.

3. Nachricht:

a) zu den Konkursakten,

b) dem Kaufmann Salomon mit der Aufforderung, binnen 2 Wochen anzuzeigen, daß er seinen Geschäftsbetrieb unter der bisherigen Firma wieder aufgenommen hat, oder das Erlöschen der Firma zur Eintragung anzumelden.

4. Nach 3 Wochen.

Potsdam, den 11. Mai 1928. St.

Die Vorschrift des § 32 HGB findet entsprechende Anwendung auf das *Vergleichsverfahren*. Die Eröffnung dieses Verfahrens und seine Beendigung sind gleichfalls von Amts wegen in das Handelsregister einzutragen. Zu diesem Zweck hat die Geschäftsstelle des Vergleichsgerichts dem Registergerichte eine beglaubigte Abschrift der Formel des Eröffnungsbeschlusses und der Entscheidung, welche das Vergleichsverfahren beendet, mitzuteilen. § 37 der VerglO vom 5. Juli 1927 (RGBl I 139).

C. Die offene Handelsgesellschaft.

§ 62. Die Bestimmung des Begriffs der offenen Handelsgesellschaft.

Eine *offene Handelsgesellschaft* ist eine Gesellschaft, deren Zweck auf den Betrieb eines Handelsgewerbes unter gemeinschaftlicher Firma gerichtet ist, wenn bei keinem der Gesellschafter die Haftung gegenüber den Gesellschaftsgläubigern beschränkt ist. § 105 Abs. 1 HGB. Hervorzuheben ist folgendes:

1. Die offene Handelsgesellschaft ist *keine juristische Person* (RG **46** 41; **56** 432; **65** 23 u. 229; **68** 412; **84** 110; **86** 70; **114** 93; KGJ **31** A 155),

ihr aber in mancher Beziehung ähnlich (RG **102** 302; **106** 141). Sie ist die unter ihrem Namen (der Firma) zusammengefaßte Gesamtheit der Gesellschafter (RG **114** 93)[1]). Eine Form ist für den Gesellschaftsvertrag, der auch mündlich geschlossen werden kann, nicht vorgeschrieben. Der Registerrichter darf also nicht etwa die Vorlegung eines schriftlichen Vertrages bei der Anmeldung verlangen. Der Vertrag muß sich auf den Betrieb eines Handelsgewerbes unter gemeinschaftlicher Firma richten. Ist kein Gesellschaftsvertrag vorhanden, so kann auch eine offene Handelsgesellschaft nicht in Frage kommen.

Dies ist von besonderer praktischer Bedeutung, wenn das Geschäft eines verstorbenen Einzelkaufmanns durch dessen Erben fortgeführt wird. Eine solche Fortführung des zum Nachlaß gehörigen Handelsgewerbes durch die Erben in ungeteilter Erbengemeinschaft und ihre Eintragung in das Handelsregister ist unbedenklich zulässig[2]) (RG **35** 17; KGJ **15** 6; **22** A 281; **35** A 153; **48** 128; **49** 159). Die Erbengemeinschaft kann das von Todes wegen erworbene Handelsgeschäft eines Einzelkaufmanns unter der bisherigen oder unter einer neuen Firma fortführen. Die neue Firma muß den Vorschriften über die Firma eines Einzelkaufmanns (§ 18 HGB) entsprechen, zugleich aber das Bestehen der Erbengemeinschaft zum Ausdruck bringen. Sie kann also z. B. lauten: „Geschwister Bernhard, Albert und Johann Müller in Erbengemeinschaft (JFG **5** 209). Die Eintragung der Fortführung des Handelsgewerbes durch die Erbengemeinschaft darf aber nur erfolgen, solange das Stadium der ungeteilten Verwaltung des Nachlasses noch wirklich besteht, das Geschäft, das fortgeführt werden soll, also noch zur ungeteilten Nachlaßmasse gehört und den Erben gemeinschaftlich zusteht (KGJ **35** A 153). Die Miterben, die das dem Erblasser gehörig gewesene Geschäft anfänglich auf diese Weise als Erben fortgeführt haben, können sich demnächst zur gemeinschaftlichen Fortsetzung des Geschäfts zu einer offenen Handelsgesellschaft vereinigen. Hierzu bedarf es auch nicht des förmlichen Abschlusses eines Gesellschaftsvertrages, vielmehr kann dieser Abschluß auch stillschweigend erfolgen und aus den Umständen des Falls entnommen werden[3]) (RG Recht **1914** Nr. 2309; **1923** Nr. 31 u. 59). Es müssen aber stets die allgemeinen Voraussetzungen für den Abschluß eines Gesellschaftsvertrages nach dem Bürgerlichen Rechte gegeben sein. Der Registerrichter hat also, wenn von den Miterben eine

[1]) Die offene Handelsgesellschaft ist nicht als solche Inhaberin des Gesellschaftsvermögens, Inhaber sind vielmehr die in einer Gemeinschaft zur gesamten Hand stehenden Gesellschafter (RG **107** 172).

[2]) **AM** Cohn JW **1926** 488; LZ **1927** 501; Lion JW **1925** 2103; LZ **1925** 842. Es darf aber kein Miterbe von der Vertretung ausgeschlossen und keinem der Miterben Prokura erteilt werden (KGJ **48** 127).

[3]) Ob der eine oder andere Fall vorliegt, ist Sache der konkreten Prüfung (ROHG **11** 102; RG **10** 103). Siehe auch Goldmann Form.-Buch S. 14 Anm. 2 zu Nr. 17.

offene Handelsgesellschaft angemeldet wird, darauf zu achten, daß Minderjährige gehörig vertreten sind und daß z. B. die Mutter den Gesellschaftsvertrag für die in ihrer elterlichen Gewalt befindlichen Kinder mit den volljährigen Kindern nicht schließen kann. Es müssen vielmehr in einem solchen Falle Pfleger für die Minderjährigen, und zwar für jedes Kind ein besonderer Pfleger bestellt werden (KGJ **22** A 34, 101, 280; **31** A 156; **44** 130; OLG **12** 226; RG **67** 61, RG LZ **1922** 686), und das Vormundschaftsgericht muß seine Genehmigung geben, da es sich um die Eingehung eines Gesellschaftsvertrages zum Betriebe eines Erwerbsgeschäfts handelt. §§ 1643 Abs. 1, 1688, 1822 Nr. 3 BGB (KGJ **22** A 284; **23** A 89). Bei der Anmeldung zum Register müssen also die Pfleger mitwirken und die Genehmigung des Vormundschaftsgerichts muß dem Registerrichter nachgewiesen werden; vgl. auch oben § 9. Dieser Rechtszustand ist für die Erben vorteilhaft, weil hierdurch das ihre uneingeschränkte Haftung für die Geschäftsschulden bedingende Zustandekommen einer offenen Handelsgesellschaft erschwert wird.

2. Die Mitglieder der offenen Handelsgesellschaft, die sich auf mindestens zwei belaufen müssen, können physische oder juristische Personen[1]) sein; dagegen sind von der Mitgliedschaft ausgeschlossen eine andere offene Handelsgesellschaft (RG **36** 139; KG KGJ **11** 17; DNotVZ **18** 466; Recht **1917** Nr. 1877; OLG Stuttgart OLG **24** 170; OLG Dresden RJA **15** 43), Kommanditgesellschaften und eingetragene Genossenschaften.

3. Der Zweck der offenen Handelsgesellschaft muß der Betrieb eines Handelsgewerbes sein. Es genügt der Abschluß eines Gesellschaftsvertrages mit diesem Zweck. Es ist zur Entstehung der Gesellschaft nicht erforderlich, daß der Geschäftsbetrieb stattfindet (RG **112** 281)[2]). Das Handelsgewerbe muß das eines Vollkaufmanns im Sinne der §§ 1 bis 3 HGB (vgl. oben §§ 37 ff.) sein; Handwerker sowie Personen, deren Gewerbebetrieb nicht über den Umfang des Kleingewerbes hinausgeht, können eine offene Handelsgesellschaft nicht begründen. § 4 Abs. 2 HGB (OLG **14** 330; KGJ **49** 336 [OLG Jena]). Auch Vereinigungen zum Betriebe der Land- und Forstwirtschaft können nach § 3 Abs. 1 HGB keine offenen Handelsgesellschaften sein.

4. Die gemeinschaftliche Firma ist ebenfalls ein wesentliches Erfordernis der offenen Handelsgesellschaft (RG **13** 230; **33** 128; **82** 24; **85** 399; **112** 280); vgl. Näheres oben § 45.

---

[1]) Insbesondere können nach feststehender Rechtsprechung die Aktiengesellschaften und die Gesellschaften mit beschränkter Haftung Mitglieder der offenen Handelsgesellschaft sein (BayObLG OLG **27** 331; KG DJZ **1913** 1500; Recht **1919** Nr. 124; RJA **12** 28; KGJ **51** 122; **52** 90, RG **105** 104; OLG Karlsruhe JFG **3** 212).

[2]) So auch Düringer-Hachenburg Anm. 11 zu § 105; **A. M.** Staub Anm. 11 zu § 105.

5. Bei keinem der Gesellschafter einer offenen Handelsgesellschaft darf die Haftung gegenüber den Gesellschaftsgläubigern beschränkt sein, und zwar nach außen; nach innen ist eine Beschränkung der Haftung auf bestimmte Vermögenseinlagen zulässig. Sie berührt den Charakter der offenen Handelsgesellschaft nicht (KGJ **41** 117). Der Registerrichter darf hiernach nicht etwa in das Handelsregister eintragen, daß bei einem oder mehreren der offenen Handelsgesellschafter die Haftung nach außen beschränkt sei. Wollen die Beteiligten eine solche beschränkte Haftung bei einem Teile der Mitglieder einführen, so müssen sie eine Kommanditgesellschaft (unten § 68) gründen.

§ 63. Die Anmeldung und Eintragung der offenen Handelsgesellschaft.

1. Die Gesellschaft ist bei dem Gericht, in dessen Bezirke sie ihren Sitz hat, zur Eintragung in das Handelsregister anzumelden[1]). Die Anmeldung hat zu enthalten:

a) den Namen, Vornamen, Stand und Wohnort jedes Gesellschafters[2]);

b) die Firma der Gesellschaft und den Ort, wo sie ihren Sitz hat, d. h. den Ort der Zentralleitung (KG OLG **22** 2; **42** 214);

c) den Zeitpunkt, mit welchem die Gesellschaft begonnen hat[3]). § 106 HGB.

Anzugeben sind ferner noch der Geschäftszweig und in großen Städten die Straße und Hausnummer. Nach § 29 HGB ist auch der Ort der Handelsniederlassung anzumelden, der aber meist mit dem Sitze der Gesellschaft übereinstimmen wird.

Die Anmeldung muß sofort nach dem Beginne der Gesellschaft erfolgen; die Form der Anmeldung richtet sich nach den allgemeinen Vorschriften; vgl. oben § 10.

Der Gesellschaftsvertrag braucht nicht beigefügt zu werden, da Schriftform nicht vorgeschrieben ist. Übernimmt ein Gesellschafter die Verpflichtung zur Einbringung eines Grundstücks, so bedarf der Vertrag allerdings gemäß § 313 BGB der gerichtlichen oder notariellen Beurkundung.

---

[1]) Zu ihrer Entstehung bedarf es allerdings dieser Eintragung nicht (RG **112** 281).

[2]) Bei juristischen Personen sind der Name und der gesetzliche Vertreter anzumelden. Staub Anm. 3 zu § 106. Dagegen sind der Vormund oder sonstige gesetzliche Vertreter nicht anzumelden. Staub Anhang zu § 8 Anm. 6.

[3]) Es ist also der Zeitpunkt des wirklichen Geschäftsbeginns, nicht etwa der Zeitpunkt des Abschlusses des Gesellschaftsvertrages anzumelden. Staub Anm. 5 zu § 106. Bei den Gesellschaften, die erst durch Eintragung nach §§ 2 und 3 Abs. 2 HGB (vgl. oben §§ 38, 39) offene Handelsgesellschaften werden, ist der Zeitpunkt, mit dem die Gesellschaft begonnen hat, der Zeitpunkt der Eintragung. Staub Anm. 8 zu § 106. Der Zeitpunkt der in Aussicht genommenen Endigung der Gesellschaft ist nicht mit anzumelden. Brand Anm. 2c; Staub Anm. 5 zu § 106.

Die Anmeldungen sind von sämtlichen, also auch von den von der Vertretung ausgeschlossenen Gesellschaftern zu bewirken. § 108 Abs. 1 HGB. Außerdem haben die Gesellschafter, welche die Gesellschaft vertreten sollen, die Firma nebst ihrer Namensunterschrift zur Aufbewahrung bei dem Gerichte zu zeichnen[1])[2]). § 108 Abs. 1 HGB. Sie müssen also, im Gegensatze zur Zeichnungsverpflichtung eines Einzelkaufmanns, außer der Firma auch ihre Namensunterschrift zeichnen; vgl. über die Art der Zeichnung auch oben § 10. Die von der Vertretung ausgeschlossenen Gesellschafter dagegen haben weder die Firma noch ihre Namensunterschrift zu zeichnen, sondern nur die Anmeldung zu unterschreiben.

Der Registerrichter hat u. a. zu prüfen, ob die Anmeldungen und Zeichnungen gesetzmäßig erfolgt sind[3]), ob die Firma zulässig ist und die Erfordernisse einer offenen Handelsgesellschaft (Betrieb eines Handelsgewerbes, Vollkaufmannseigenschaft des Betriebes, Vorliegen eines — wenn auch nur aus den Umständen zu entnehmenden — Gesellschaftsvertrages, Nichtbeschränkung der Haftung einzelner Gesellschafter usw.) vorliegen, ob ferner z. B. der beteiligte Minderjährige gehörig vertreten und die Genehmigung des Vormundschaftsgerichts erteilt ist (KGJ **22** A 280; **23** A 89; **31** A 152; OLG **41** 202).

Die Eintragung hat nur die oben angegebenen, bei der Anmeldung mitzuteilenden Punkte, also die Gesellschafter, die Firma, Sitz und Zeitpunkt des Beginns der Gesellschaft, sowie Abweichungen von der gesetzlichen Vertretungsbefugnis und den Vermerk zu enthalten, daß es sich um eine offene Handelsgesellschaft handelt.

Veröffentlicht wird nur das, was eingetragen ist. Wegen Veröffentlichung des Geschäftszweiges s. oben § 57.

2. Die Anmeldung und Zeichnung muß auch bei dem Gericht erfolgen, in dessen Bezirke die offene Handelsgesellschaft eine Zweigniederlassung hat. Hier muß außer dem Orte des Sitzes der Gesellschaft auch der Ort der Zweigniederlassung angemeldet werden. Bestehen mehrere Zweigniederlassungen, so muß die Anmeldung bei dem Gericht einer jeden Zweigniederlassung erfolgen. Auch die Anmeldungen der Zweigniederlassungen müssen von sämtlichen Gesellschaftern bewirkt werden; vgl. oben § 54.

3. Es müssen aber ferner noch angemeldet werden alle Abwei-

[1]) Dies gilt auch im Falle der Gesamtvertretung. Dem Registerrichter gegenüber braucht nicht in der Form der Gesamtzeichnung gezeichnet zu werden. Jeder zeichnet vielmehr für sich die Firma nebst seiner Namensunterschrift. Die Zeichnung hat persönlich zu erfolgen. Herstellung durch Stempeldruck genügt nicht (KGJ **30** A 119).

[2]) Über die Form der Firmenzeichnung im Geschäftsverkehr vgl. Staub Anm. 4 zu § 108.

[3]) Von der ordnungsmäßigen Zeichnung kann aber die Eintragung der Gesellschaft nicht abhängig gemacht werden (KGJ **37** A 138).

chungen von der gesetzlichen Regel, daß jeder Gesellschafter die Gesellschaft allein zu vertreten befugt ist. Es ist nämlich nach § 125 Abs. 1 HGB zur Vertretung der Gesellschaft jeder Gesellschafter ermächtigt, wenn er nicht durch den Gesellschaftsvertrag von der Vertretung ausgeschlossen ist. Es können also ein oder mehrere Gesellschafter von der Vertretung ausgeschlossen werden. Im Gesellschaftsvertrage kann ferner bestimmt werden, daß alle oder mehrere Gesellschafter nur in Gemeinschaft zur Vertretung der Gesellschaft ermächtigt sein sollen (Gesamtvertretung), oder daß die Gesellschafter, wenn nicht mehrere zusammen handeln, nur in Gemeinschaft mit einem Prokuristen zur Vertretung der Gesellschaft ermächtigt sein sollen[1]. § 125 Abs. 1 bis 3 HGB. Hiernach ist eine Verbindung von Einzel- und Gesamtvertretung derart zulässig, daß von mehreren Gesellschaftern der eine für sich allein, der andere dagegen nur mit ihm zusammen vertretungsberechtigt ist (KG OLG **27** 378; RG **90** 21). Eine Bestimmung dahin, daß der einzige vertretungsberechtigte Gesellschafter bei Ausübung der Vertretungsmacht an die Mitwirkung eines Prokuristen gebunden sein soll, verstößt jedoch gegen § 125 HGB, der nach seinem Wortlaut nur Anwendung finden kann, wenn mehrere vertretungsberechtigte Gesellschafter vorhanden sind (KGJ **44** 126; RJA **12** 215; OLG **28** 344 [OLG Dresden]; OLG **44** 199 [OLG Hamm]).

Alle diese Abweichungen von der gesetzlichen Regel, also insbesondere auch der Ausschluß eines Gesellschafters von der Vertretung und die Anordnung einer Gesamtvertretung, sowie jede Änderung in der Vertretungsmacht eines Gesellschafters müssen nach § 125 Abs. 4 HGB von *sämtlichen* Gesellschaftern, also auch von den von der Vertretung Ausgeschlossenen, zur Eintragung in das Handelsregister angemeldet werden.

Wenn also der Gesellschaftsvertrag *keine* Abweichung von der gesetzlichen Regel enthält, und demnach alle Gesellschafter vertretungsberechtigt sind, so braucht über die Vertretungsbefugnis überhaupt nichts angemeldet und eingetragen zu werden (KGJ **37** A 138).

Der Ausschluß *sämtlicher* Gesellschafter von der Vertretungsbefugnis ist zulässig[2]. Die Vertretung muß dann durch einen gemeinschaftlichen Bevollmächtigten bewirkt werden. In der Anmeldung muß diese Art der Vertretung angegeben werden.

---

[1]) Diese Ausnahme gestattet die Regelung der Vertretung z. B. in folgender Weise: Der Gesellschafter A vertritt die Gesellschaft allein, Gesellschafter B nur in Gemeinschaft mit ihm oder mit einem Prokuristen, oder: Gesellschafter A und B vertreten die Gesellschaft gemeinsam, Gesellschafter B außerdem auch in Gemeinschaft mit einem Prokuristen, oder: Gesellschafter A vertritt die Gesellschaft nicht, Gesellschafter B allein; oder: Gesellschafter A und B vertreten jeder die Gesellschaft nur gemeinsam oder jeder nur mit einem Prokuristen.

[2]) Die Frage ist bestritten. Für die im Text vertretene Ansicht z. B. KGJ **10** 26; KG Recht **1923** Nr. 365; OLG **42** 214; RG **74** 299; **A. M.** KGJ **52** 90. Vgl. zu der Streitfrage auch *Staub* Anm. 3 zu § 125 und das Schrifttum daselbst.

Der Registerrichter hat ferner zu beachten, daß nach § 126 Abs. 2 HGB eine Beschränkung des Umfanges der Vertretungsmacht Dritten gegenüber unwirksam ist und nicht in das Register eingetragen werden darf; dies gilt insbesondere von der Beschränkung, daß sich die Vertretung nur auf gewisse Geschäfte oder Arten von Geschäften erstrecken oder daß sie nur unter gewissen Umständen oder für eine gewisse Zeit oder an einzelnen Orten stattfinden soll. Hat aber eine offene Handelsgesellschaft mehrere Niederlassungen mit verschiedenen Firmen, so kann die Vertretungsmacht eines oder mehrerer Gesellschafter auf den Betrieb einer von mehreren Niederlassungen beschränkt werden. § 126 Abs. 3 HGB; die Beschränkung ist dagegen auch hier unzulässig, wenn die Niederlassungen unter derselben Firma geführt werden.

Beispiel:

Amtsgericht. Berlin, den 20. Februar 1927.

Es erschienen vor dem Unterzeichneten:

1. der Kaufmann Gustav Polensky in Berlin, Teltower Str. 7,

2. der Kaufmann Wilhelm Baumbach in Berlin, Lützowstr. 73.

Sie sind dem Unterzeichneten von Person bekannt.

Sie erklärten:

Wir betreiben unter der Firma Polensky & Co. ein Bankgeschäft.

Der Sitz unserer Gesellschaft befindet sich in Berlin.

Die Gesellschaft ist eine offene Handelsgesellschaft und hat am 1. Februar 1927 begonnen.

Wir melden dies zur Eintragung in das Handelsregister an.

Das Gewerbekapital beträgt .... RMark, den Gewerbeertrag schätzen wir auf .... RMark. Unsere Vermögenseinlagen betragen .... RMark.

Die Geschäftsräume befinden sich Dorotheenstr. 22.

Die Kosten sind von der Gesellschaft einzuziehen.

Hierauf zeichneten die Firma nebst ihren Namensunterschriften wie folgt:

1. Der Erschienene zu 1.:

Polensky & Co.
Gustav Polensky.

2. Der Erschienene zu 2.:

Polensky & Co.
Wilhelm Baumbach.

v. g. u.

Gustav Polensky. Wilhelm Baumbach.
Reinhardt, Justizobersekretär
als Urkundsbeamter der Geschäftsstelle.

Darauf wird verfügt[1]):

1. Einzutragen in das Handelsregister Abt. A Nr. 1122:

Sp. 1. 1.

Sp. 2. Polensky & Co., Berlin.

Sp. 3. Gustav Polensky, Kaufmann, Berlin,
Wilhelm Baumbach, Kaufmann, Berlin,

---

[1]) Die Eintragung darf erst erfolgen, wenn die Unbedenklichkeitsbescheinigung des Finanzamts vorgelegt ist. § 23 KVAB.

Sp. 6. Offene Handelsgesellschaft. Die Gesellschaft hat am 10. Februar 1927 begonnen.

2. Ersuchen an die Geschäftsstelle des Reichsanzeigers, der Berliner Börsenzeitung und der Vossischen Zeitung um einmalige Veröffentlichung folgender

Bekanntmachung.

In unser Handelsregister Abt. A ist heute unter Nr. 1122 die offene Handelsgesellschaft in Firma Polensky & Co. mit dem Sitz in Berlin eingetragen worden. Die Gesellschafter sind die Kaufleute Gustav Polensky und Wilhelm Baumbach, beide in Berlin. Die Gesellschaft hat am 10. Februar 1927 begonnen.

Berlin, den . . . Februar 1927.

Amtsgericht Berlin-Mitte,
Abteilung 90.

3. Bekanntmachung an:

a) die beiden Antragsteller,

b) die Industrie- und Handelskammer durch die Liste.

Berlin, 20. Februar 1927. Br.

Wäre im vorstehenden Beispiel Baumbach von der Vertretung ausgeschlossen, so wäre in dem Protokoll hinter dem Vermerk über den Zeitpunkt des Beginns der Gesellschaft folgendes zu vermerken gewesen:

„Zur Vertretung der Gesellschaft ist nur der Erschienene zu 1. ermächtigt."

Dagegen hätte nicht gesagt zu werden brauchen, daß der Erschienene zu 2. von der Vertretung ausgeschlossen sei. Denn dies folgt aus der Fassung des Vermerkes ohne weiteres.

Der Schluß des Protokolls hätte dann lauten müssen:

Hierauf zeichnete der Erschienene zu 1. die Firma nebst seiner Namensunterschrift wie folgt:

Polensky & Co.
Gustav Polensky.
v. g. u.
Gustav Polensky. Wilhelm Baumbach.
Reinhardt, Justizobersekretär
als Urkundsbeamter der Geschäftsstelle.

Baumbach hatte also in diesem Falle, da er von der Vertretung ausgeschlossen war, die Firma und seine Namensunterschrift nicht zu zeichnen; dagegen mußte er bei der Anmeldung trotz seines Ausschlusses von der Vertretung mitwirken und das Protokoll unterschreiben.

In Spalte 6 wäre dann noch einzutragen gewesen:

Zur Vertretung der Gesellschaft ist nur Gustav Polensky ermächtigt.

Auch in die Bekanntmachung wäre am Schlusse der Zusatz aufzunehmen gewesen:

Zur Vertretung der Gesellschaft ist nur Gustav Polensky ermächtigt.

§ 64. Veränderungen bei offenen Handelsgesellschaften.

Alle Veränderungen, die sich während des Bestehens einer offenen Handelsgesellschaft ereignen, sind von sämtlichen[1]) Gesellschaftern, also

---

[1]) Es können nicht einzelne Gesellschafter durch Gesellschafterbeschluß mit Wirkung für an der Beschlußfassung nicht beteiligte Gesellschafter bevollmächtigt werden, die Anmeldung des Eintritts eines neuen Gesellschafters zu bewirken (JFG 2 188).

auch von denen, die von der Vertretung ausgeschlossen sind, zum Handelsregister der Haupt- und Zweigniederlassung anzumelden. §§ 107, 108 Abs. 1 HGB. Eine Zeichnung der Firma nebst Namensunterschrift erfolgt bei der Anmeldung der Veränderungen nur dann, wenn es sich um eine Änderung der Firma handelt, und zwar gemäß § 108 Abs. 2 HGB auch nur von den Gesellschaftern, welche die Gesellschaft vertreten sollen. Ein etwa neu eingetretener Gesellschafter hat, wenn er vertretungsberechtigt ist, bei der Anmeldung stets die Firma nebst Namensunterschrift zu zeichnen. Von den in der Praxis am häufigsten vorkommenden Veränderungen sind folgende hervorzuheben[1])[2]):

1. Die Änderung der Firma der offenen Handelsgesellschaft ist mit Zustimmung aller Gesellschafter zulässig. Sie kommt besonders häufig dann vor, wenn ein neuer Gesellschafter in die Gesellschaft eintritt oder ein Gesellschafter aus ihr austritt. Vgl. auch oben § 58.

2. Auch die Verlegung des Sitzes der Gesellschaft an einen andern Ort ist mit Genehmigung aller Gesellschafter statthaft. Vgl. Näheres oben § 58.

3. In die offene Handelsgesellschaft kann ein neuer Gesellschafter mit Zustimmung der übrigen, also auch der nicht vertretungsberechtigten Gesellschafter eintreten[3]). Wer in eine bestehende offene Handelsgesellschaft eintritt, haftet gleich den anderen Gesellschaftern nach Maßgabe der §§ 128, 129 HGB für die vor seinem Eintritt begründeten Verbindlichkeiten der Gesellschaft, ohne Unterschied, ob die Firma eine Änderung erleidet oder nicht. § 130 Abs. 1 HGB. Eine entgegenstehende Vereinbarung ist Dritten gegenüber unwirksam. § 130 Abs. 2 HGB. Der Registerrichter darf also eine Haftungsbeschränkung des neu eingetretenen Gesellschafters nicht eintragen. Trotz des Eintritts des neuen Gesellschafters kann die bisherige Firma fortgeführt werden. § 24 Abs. 1 HGB.

Beispiele:

a) **Amtsgericht.** **Berlin, den 31. Juli 1927.**

Es erschienen vor dem Unterzeichneten:

1. der Kaufmann Martin Goldmann in Berlin, Goltzstr. 12,

2. der Kaufmann Richard Leonhardt in Berlin, Krausenstr. 7,

---

[1]) Nicht anzumelden ist die Ausdehnung des Geschäftsbetriebes auf andere Gegenstände, da ja der Gegenstand des Unternehmens überhaupt nicht anzumelden ist. Staub Anm. 2 zu § 107.

[2]) Eine Änderung des Wohnsitzes eines Gesellschafters braucht nicht zum Handelsregister angemeldet zu werden (KGJ **36** A 263 [OLG Hamburg]), ebenso auch nicht eine Änderung im Namen und Stand des Gesellschafters (OLG **10** 331). Solche Änderungen können aber angemeldet werden (KGJ **30** B 33; LZ **08** 710).

[3]) Durch Änderungen im Personenstande infolge Ausscheidens bisheriger oder Eintritts neuer Mitglieder wird die Identität der offenen Handelsgesellschaft nicht berührt. Bei einem solchen Wechsel tritt eine Änderung der dinglichen Mitberechtigung an den Gegenständen des Gesellschaftsvermögens auf dem Wege der An- und Abwachsung ein (RG **62** 227; **68** 410; **82** 160; **106** 66; **107** 265).

3. der Kaufmann Ernst Hohn in Neukölln, Bergstr. 43.

Die Erschienenen sind dem Unterzeichneten bekannt.

Die Erschienenen zu 1. und 2. erklärten:

Unter Nr. 12743 der Abt. A des Handelsregisters sind wir als Gesellschafter der offenen Handelsgesellschaft Goldmann & Leonhardt in Berlin eingetragen.

Wir melden zur Eintragung in das Handelsregister an, daß der Erschienene zu 3. in die Gesellschaft als persönlich haftender Gesellschafter eingetreten ist. Die bisherige Firma wird fortgeführt.

Der Erschienene zu 3. erklärte:

Ich schließe mich der vorstehenden Erklärung an und zeichne die Firma nebst Namensunterschrift wie folgt[1]):

Goldmann & Leonhardt.

Ernst Hohn.

Die Erschienenen erklärten ferner:

Das Gewerbekapital beträgt .... RMark, der Gewerbeertrag .... RMark. Unsere Vermögenseinlagen betragen je .... RMark.

Die Kosten trägt die Gesellschaft.

v. g. u.

Martin Goldmann. Richard Leonhardt.

Ernst Hohn.

Reinhardt, Justizobersekretär
als Urkundsbeamter der Geschäftsstelle.

Nach Vorlegung der Unbedenklichkeitsbescheinigung des Finanzamts (§ 23 KVAB) wird verfügt:

1. Einzutragen in das Handelsregister Abt. A Nr. 12743:

Sp. 1. 2.

Sp. 3. Ernst Hohn, Kaufmann, Neukölln.

Sp. 6. Ernst Hohn ist in die Gesellschaft als persönlich haftender Gesellschafter eingetreten.

2. Öffentliche Bekanntmachung.

3. Bekanntmachung an:

a) die drei Antragstelller,

b) die Industrie- und Handelskammer durch die Liste.

Berlin, 31. Juli 1927. Br.

b) Amtsgericht. Berlin, den 9. September 1927.

Es erschienen vor dem Unterzeichneten:

1. der Kaufmann Paul Rieß in Berlin, Zimmerstr. 20,

2. der Kaufmann Max Cohn in Berlin, Hausvoigteiplatz 10,

3. der Kaufmann Gustav Schaade in Berlin, Mittelstr. 19.

Die Erschienenen sind dem Unterzeichneten von Person bekannt.

Die Erschienenen zu 1. und 2. erklärten:

Unter Nr. 10714 der Abt. A des Handelsregisters sind wir als Gesellschafter der offenen Handelsgesellschaft Rieß & Cohn in Berlin eingetragen.

Wir melden zur Eintragung in das Handelsregister an, daß der Erschienene zu 3. in die Gesellschaft als persönlich haftender Gesellschafter eingetreten ist.

Die Firma ist in Rieß & Co geändert.

---

[1]) Wäre Hohn von der Vertretung der Gesellschaft ausgeschlossen, so brauchte er die Firma nebst seiner Namensunterschrift nicht zu zeichnen. War er bisher Prokurist, so muß er neu zeichnen (KGJ 37 A 138).

Der Erschienene zu 3. erklärte:
Ich schließe mich der vorstehenden Erklärung an.
Hierauf zeichneten die Firma nebst ihrer Namensunterschrift wie folgt:
1. Der Erschienene zu 1.:

Rieß & Co.
Paul Rieß.

2. Der Erschienene zu 2:.

Rieß & Co.
Max Cohn.

3. Der Erschienene zu 3.:

Rieß & Co.
Gustav Schaade[1])

Die Erschienenen erklärten ferner:
Das Gewerbekapital beträgt .... RMark, der Gewerbeertrag .... RMark.
Die Kosten trägt die Gesellschaft.

v. g. u.
Paul Rieß. Max Cohn. Gustav Schaade.
Reinhardt, Justizobersekretär
als Urkundsbeamter der Geschäftsstelle.

Darauf wird, sobald die Unbedenklichkeitsbescheinigung des Finanzamts (§ 23 KVAV) vorgelegt ist, verfügt[2]):

1. Einzutragen in das Handelsregister Abt. A Nr. 10714:
Sp. 1. 3.
Sp. 6. Der Kaufmann Gustav Schaade in Berlin ist in die Gesellschaft als persönlich haftender Gesellschafter eingetreten.
Sp. 8. Die Firma ist in „Rieß & Co." geändert. Vgl. Nr. 20354 der Abt. A des Handelsregisters.
2. Zur Nr. der Eintragung 1 sind in Spalte 2 die Worte „Rieß & Cohn" rot zu unterstreichen[3]).
3. Einzutragen in das Handelsregister Abt. A: Nr. der Firma: 20354.
Sp. 1. 1.
Sp. 2. Rieß & Co., Berlin.
Sp. 3. Paul Rieß, Kaufmann, Berlin,
Max Cohn, Kaufmann, Berlin,
Gustav Schaade, Kaufmann, Berlin.
Sp. 6. Offene Handelsgesellschaft. Die Gesellschaft hat am 1. April 1926 begonnen. Gustav Schaade ist in die Gesellschaft als persönlich haftender Gesellschafter eingetreten.
Sp. 8. Die Firma der Gesellschaft lautete früher: Rieß & Cohn; vgl. Nr. 10714 der Abt. A des Handelsregisters.
4. Öffentliche Bekanntmachung.

---

[1]) Da alle drei Gesellschafter vertretungsberechtigt sind, so braucht in der Verhandlung über die Vertretungsbefugnis nichts gesagt zu werden. Dagegen müssen außer dem neu eingetretenen Gesellschafter auch die beiden anderen Gesellschafter die Firma, da sie geändert ist, neu zeichnen.

[2]) Über die Fassung dieser Verfügung ist das oben im § 56 zu II Gesagte zu vergleichen.

[3]) Es ist zweifelhaft, ob nicht sämtliche Eintragungen zur Nr. 10714 rot zu unterstreichen sind. Es fehlt an einer Vorschrift hierüber. Die im Texte vertretene Auffassung wird von Weizsäcker und Lorenz S. 302 Bemerk. zu 3 und Ebert S. 524 gebilligt.

5. Bekanntmachung an:
a) die drei Antragsteller,
b) die Industrie- und Handelskammer durch die Liste.
Berlin, 10. September 1927. Br.

4. Tritt in eine offene Handelsgesellschaft ein neuer Gesellschafter als Kommanditist ein, so liegt darin, sofern nicht die Beteiligten die Auflösung der offenen Handelsgesellschaft und die selbständige Neugründung einer Kommanditgesellschaft beabsichtigen (RG JW **1926** 1432), die Umwandlung der offenen Handelsgesellschaft in eine Kommanditgesellschaft[1]). Die Anmeldung hat von allen Gesellschaftern, auch von dem neu eintretenden Kommanditisten, zu erfolgen; jedoch braucht der letztgenannte die Firma bei der Anmeldung nicht zu zeichnen. Angemeldet wird bloß die Tatsache, daß X als Kommanditist eingetreten ist und seine Vermögenseinlage .... RMark beträgt. Daraus folgt dann für den Registerrichter die Umwandlung der Gesellschaftsform ohne weiteres. Er wird dann in Sp. 6 eintragen lassen:

Kommanditgesellschaft.
In die Gesellschaft ist der Kaufmann X in Berlin als Kommanditist mit einer Einlage von .... RMark eingetreten.

5. Das Ausscheiden eines Gesellschafters aus der Gesellschaft ist von sämtlichen Gesellschaftern zur Eintragung in das Handelsregister anzumelden. § 143 Abs. 2 HGB. Es muß also auch der ausscheidende Gesellschafter bei der Anmeldung mitwirken. Ist aber ein Gesellschafter infolge Todes ausgeschieden, so kann, auch ohne daß die Erben bei der Anmeldung mitwirken, die Eintragung erfolgen, soweit einer solchen Mitwirkung besondere Hindernisse entgegenstehen. § 143 Abs. 3 HGB. Die bisherige Firma kann ungeachtet des Ausscheidens fortgeführt werden, und zwar auch dann, wenn infolge des Ausscheidens nur noch ein Gesellschafter übrig bleibt, dieser also das Geschäft als Einzelkaufmann weiterführt. Die Fortführung der bisherigen Firma ist auch dann statthaft, wenn sie das Wort „Handelsgesellschaft" enthält (JFG **5** 206). Auch kann der Firma ein der Sachlage entsprechender Nachfolgerzusatz beigefügt werden (KGJ **13** 31; JFG **2** 182). Jedoch bedarf es bei dem Ausscheiden eines Gesellschafters, dessen Name in der Firma enthalten ist, zur Fortführung der Firma der ausdrücklichen Einwilligung des Gesellschafters oder seiner Erben. § 24 HGB. Im Falle der Verweigerung der Einwilligung darf die bisherige Firma unter Weglassung des Namens des Ausscheidenden nur dann weitergeführt werden, wenn diese Firma den Vorschriften der §§ 18, 19 HGB entspricht. Anderenfalls ist eine neue Firma nach Maßgabe

---

[1]) Also keine Neubildung, vgl. Denkschrift 121; RG **55** 126; JW **1926** 1432; KGJ **26** A 220; **27** B 36; OLG **13** 24; **42** 161. In eine Aktiengesellschaft oder eine Gesellschaft mit beschränkter Haftung kann sich eine offene Handelsgesellschaft nicht umwandeln (RG **74** 6).

dieser Paragraphen zu bilden (KGJ **48** 122)[1]). Über den Fall, daß die Gesellschaft durch das Ausscheiden eines Gesellschafters aufgelöst wird, vgl. unten § 65.

Beispiele:

a) Amtsgericht. Berlin, den 1. Februar 1928.

Es erschienen vor dem Unterzeichneten:

1. der Kaufmann Martin Goldmann in Berlin, Goltzstr. 12,

2. der Kaufmann Richard Leonhardt in Berlin, Krausenstr. 7,

3. der Kaufmann Ernst Hohn in Neukölln, Bergstr. 43.

Die Erschienenen sind dem Unterzeichneten bekannt.

Sie erklärten:

Unter Nr. 12743 der Abt. A des Handelsregisters sind wir als Gesellschafter der offenen Handelsgesellschaft Goldmann & Leonhardt in Berlin eingetragen.

Zur Eintragung in das Handelsregister melden wir an, daß der Erschienene zu 3. aus der Gesellschaft ausgeschieden ist.

Das Gewerbekapital beträgt ....RMark, der Gewerbeertrag ...RMark.

Die Kosten trägt die Gesellschaft.

v. g. u.

Martin Goldmann. Richard Leonhardt. Ernst Hohn.

Reinhardt, Justizobersekretär
als Urkundsbeamter der Geschäftsstelle.

Darauf wird verfügt:

1. Einzutragen in das Handelsregister Abt. A Nr. 12743:

Sp. 1. 3.

Sp. 6. Ernst Hohn ist aus der Gesellschaft ausgeschieden.

2. Zur Nr. der Eintragung 2 sind die Spalten 3 und 6 rot zu unterstreichen.

3. Öffentliche Bekanntmachung.

4. Bekanntmachung an

a) die drei Antragsteller,

b) die Industrie- und Handelskammer durch die Liste.

Berlin, 1. Februar 1928. Br.

b) Amtsgericht. Berlin, den 10. Januar 1928.

Es erschienen vor dem Unterzeichneten:

1. der Kaufmann Paul Rieß in Berlin, Zimmerstr. 20,

2. der Kaufmann Max Cohn in Berlin, Hausvoigteiplatz 10,

3. der Kaufmann Gustav Schaade, Mittelstr. 19.

Die Erschienenen sind dem Unterzeichneten von Person bekannt.

Sie erklärten:

Unter Nr. 20354 der Abt. A des Handelsregisters sind wir als Gesellschafter der offenen Handelsgesellschaft „Rieß & Co." in Berlin eingetragen.

Zur Eintragung in das Handelsregister melden wir an, daß der Erschienene zu 1. aus der Gesellschaft ausgeschieden und die Firma in „Cohn & Schaade" geändert ist.

Die Erschienenen zu 2. und 3. zeichneten darauf die Firma nebst Namensunterschrift wie folgt:

---

[1]) Wird eine hiernach unzulässige Firma fortgeführt, so kann der Registerrichter nur nach § 37 Abs. 1 HGB, § 140 FGG, nicht dagegen nach § 31 Abs. 2 HGB, § 141 FGG oder nach § 142 ff. FGG einschreiten (KGJ **48** 122).

1. Der Erschienene zu 2.:

Cohn & Schaade.

Max Cohn.

2. Der Erschienene zu 3.:

Cohn & Schaade.

Gustav Schaade.

Die Erschienenen erklärten ferner:

Das Gewerbekapital beträgt ....RMark, der Gewerbeertrag ....RMark.

Die Kosten trägt die Gesellschaft.

v. g. u.

Paul Rieß. Max Cohn. Gustav Schaade.

Reinhardt, Justizobersekretär

als Urkundsbeamter der Geschäftsstelle.

Darauf wird verfügt:

1. Einzutragen ist in das Handelsregister Abt. A Nr. 20354:

Sp. 1. 2.

Sp. 6. Paul Rieß ist aus der Gesellschaft ausgeschieden.

Sp. 8. Die Firma ist in „Cohn & Schaade" geändert. Vgl. Nr. 21214 der Abt. A des Handelsregisters.

2. Rot zu unterstreichen sind zur Nr. der Eintragung 1 in Sp. 2 die Worte „Rieß & Co." und in Sp. 3 die Worte „Paul Rieß, Kaufmann, Berlin"[1]).

3. Einzutragen in das Handelsregister Abt. A: Nr. der Firma 21214.

Sp. 1. 1.

Sp. 2. Cohn & Schaade, Berlin.

Sp. 3. Max Cohn, Kaufmann, Berlin,
Gustav Schaade, Kaufmann, Berlin.

Sp. 6. Offene Handelsgesellschaft. Die Gesellschaft hat am 1. April 1926 begonnen[2]).

Sp. 8. Die Firma lautete bisher: Rieß & Co., vgl. Nr. 20354 der Abt. A des Handelsregisters.

4. Öffentliche Bekanntmachung.

5. Bekanntmachung an:

a) die Antragsteller,

b) die Industrie- und Handelskammer durch die Liste.

Berlin, 10. Januar 1928. Br.

6. Nicht selten kommt es vor, daß das Ausscheiden eines Gesellschafters und der Eintritt eines neuen Gesellschafters gleichzeitig zum Handelsregister angemeldet werden. Hierbei ist zu beachten, daß auch eine nur aus zwei Gesellschaftern bestehende Handelsgesellschaft regelmäßig nicht aufgelöst wird, wenn gleichzeitig ein Gesellschafter austritt und ein neuer Gesellschafter eintritt (KGJ **11** 17; OLG **41** 200 [OLG Karlsruhe]; vgl. auch OLG **19** 312 [OLG Stuttgart])[3]). Auch in diesem Falle kann die bisherige Firma fortgeführt werden und die Einwilligung des ausscheidenden

[1]) Das Anm. 3 auf S. 187 Gesagte gilt auch hier.

[2]) Das Ausscheiden des Paul Rieß wird hier nicht mit vermerkt; vgl. das im § 56 unter II. Gesagte.

[3]) Es kann allerdings der Wille der Beteiligten auch dahin gehen, daß die bisherige Gesellschaft aufgelöst und eine neue gebildet wird (RG LZ **1913** 854; **1914** 689.

Gesellschafters zur Fortführung der Firma ist nur erforderlich, wenn sein Name in der Firma enthalten ist.

In Sp. 6 wäre in solchen Fällen z. B. einzutragen:

Bruno Lustig ist aus der Gesellschaft ausgeschieden. Gleichzeitig ist Karl Heinzelmann in die Gesellschaft als persönlich haftender Gesellschafter eingetreten.

Wird hierbei die Firma geändert, so ist unter der bisherigen Nr. der Firma der vorstehende Vermerk in Sp. 6 und in Sp. 8 dortselbst die veränderte Firma unter Hinweis auf die neue Nummer des Registers einzutragen, unter der die geänderte Firma zu vermerken ist. Unter der neuen Nummer des Registers ist in Sp. 6 zwar der Eintritt des neuen Gesellschafters, nicht aber das Ausscheiden des bisherigen Gesellschafters einzutragen; vgl. die vorstehenden Beispiele.

7. Die Änderungen in der ursprünglich bestimmten Vertretungsmacht eines oder mehrerer Gesellschafter sind von allen Gesellschaftern anzumelden. Die Änderung kann darin bestehen, daß einem bisher nicht vertretungsberechtigten Gesellschafter die Vertretungsbefugnis entweder unbeschränkt oder in Gemeinschaft mit einem andern Gesellschafter oder mit einem Prokuristen übertragen wird. Ebenso kann auch die Vertretungsmacht einem Gesellschafter nachträglich entzogen werden. Erfolgt die Entziehung mit Zustimmung des Betroffenen, so wird sich die Anmeldung zum Register leicht bewirken lassen. Es kann aber auch gemäß § 127 HGB die Vertretungsmacht einem Gesellschafter auf Antrag der übrigen Gesellschafter durch gerichtliche Entscheidung (einstweilige Verfügung, Urteil) entzogen werden, wenn ein wichtiger Grund, z. B. grobe Pflichtverletzung oder Unfähigkeit zur ordnungsmäßigen Vertretung der Gesellschaft vorliegt. § 127 HGB. Diese Entscheidung hat nicht etwa der Registerrichter, sondern der Prozeßrichter zu erlassen. Der Ausschluß eines Gesellschafters von der Vertretung ist nach § 125 Abs. 4 HGB von allen Gesellschaftern anzumelden; bei der Anmeldung ist die einstweilige Verfügung oder das Urteil vorzulegen; gemäß § 16 Abs. 1 HGB braucht dann derjenige Gesellschafter, gegen den sich die Entscheidung richtet, bei der Anmeldung nicht mitzuwirken. Die übrigen Beteiligten sind notfalls gemäß § 14 HGB durch Ordnungsstrafen zur Anmeldung anzuhalten (KGJ 37 A 142).

Beispiele:

a) **Amtsgericht. Berlin, den 23. März 1927.**

Es erschien vor dem Unterzeichneten:

1. der Kaufmann August Deter in Berlin, Schadowstr. 5,

2. der Kaufmann Walter Exner in Berlin, Mohrenstr. 33.

Die Erschienenen sind dem Unterzeichneten von Person bekannt.

Sie erklärten:

Unter Nr. 567 des Handelsregisters Abt. A sind wir als Gesellschafter der offenen Handelsgesellschaft Deter & Co. in Berlin eingetragen. Jeder von uns war bisher befugt, die Gesellschaft allein zu vertreten.

Wir melden zur Eintragung in das Handelsregister an, daß wir künftig nur gemeinschaftlich zur Vertretung der Gesellschaft befugt sind.

v. g. u.

August Deter. Walter Exner.

Reinhardt, Justizobersekretär
als Urkundsbeamter der Geschäftsstelle.

Darauf wird verfügt:

1. Einzutragen in das Handelsregister Abt. A Nr. 567:

Sp. 1. 3.

Sp. 6. Zur Vertretung der Gesellschaft sind nur beide Gesellschafter gemeinsam ermächtigt.

2. Öffentliche Bekanntmachung.

3. Nachricht an beide Gesellschafter.

Berlin, 23. März 1927. Br.

b) Amtsgericht. Berlin, den 10. Juni 1927.

Es erschien vor dem Unterzeichneten:

der Kaufmann Paul Schubert in Berlin, Fruchtstr. 13.

Der Erschienene ist dem Unterzeichneten von Person bekannt.

Er überreichte mit Zustellungsurkunde versehene[1]) einstweilige Verfügung des Landgerichts I Berlin, 12. Kammer für Handelssachen, vom 25. Mai 1927 in Ausfertigung und erklärte:

Unter Nr. 931 der Abt. A des Handelsregisters sind ich und der Kaufmann Friedrich Bock in Berlin, Chausseestr. 83 als Gesellschafter der offenen Handelsgesellschaft „Berliner Backpulver-Fabrik Schubert & Bock" in Berlin eingetragen.

Jeder von uns war bisher befugt, die Gesellschaft zu vertreten.

Durch die in Ausfertigung überreichte einstweilige Verfügung[2]) ist dem Friedrich Bock die Vertretungsbefugnis entzogen.

Ich melde dies zur Eintragung in das Handelsregister an.

v. g. u.

Paul Schubert.

Reinhardt, Justizobersekretär
als Urkundsbeamter der Geschäftsstelle.

Darauf wird verfügt[3]):

1. Einzutragen in das Handelsregister Abt. A Nr. 931:

Sp. 1. 3.

Sp. 6. Dem Kaufmann Friedrich Bock ist durch einstweilige Verfügung der 12. Kammer für Handelssachen des Landgerichts I Berlin vom 25. Mai 1927 die Befugnis zur Vertretung der Gesellschaft entzogen.

2. Öffentliche Bekanntmachung.

3. Nachricht an beide Gesellschafter.

Berlin, 10. Juni 1927. Br.

---

[1]) Die vorherige Zustellung ist erforderlich, da die einstweilige Verfügung erst hiermit wirksam wird (RJA **9** 249).

[2]) Der Registerrichter ist nicht befugt, die einstweilige Verfügung auf ihre Rechtmäßigkeit zu prüfen, er hat vielmehr nur zu prüfen, ob die getroffene Anordnung eintragungsfähig ist (KGJ **53** 91).

[3]) Da die Eintragung nur rechtsbekundende Bedeutung hat und somit nicht als Vollziehungsakt in Betracht kommen kann, so ist sie auch nicht an die durch § 929, 936 ZPO für die Vollziehung vorgeschriebene Frist von 1 Monat gebunden (KGJ **37** A 142).

§ 65. Die Auflösung der offenen Handelsgesellschaft.

1. Die offene Handelsgesellschaft wird aufgelöst:

a) durch Ablauf der Zeit, für welche sie eingegangen ist[1]);

b) durch Beschluß der Gesellschafter;

c) durch die Eröffnung des Konkurses über das Vermögen der Gesellschaft;

d) durch den Tod[2]) eines Gesellschafters, sofern nicht aus dem Gesellschaftsvertrage sich etwas anderes ergibt;

e) durch die Eröffnung des Konkurses über das Vermögen eines Gesellschafters[3]);

f) durch Kündigung und durch gerichtliche Entscheidung[4]). § 131 HGB.

2. Die Auflösung[5]) der Gesellschaft ist außer im Falle c) von sämtlichen Gesellschaftern[6]), also auch den Ausscheidenden und den Erben eines verstorbenen Gesellschafters zur Eintragung in das Handelsregister der Haupt- und der etwaigen Zweigniederlassung anzumelden. § 143 Abs. 1 HGB. Ist aber anzunehmen, daß der Tod eines Gesellschafters die Auflösung zur Folge gehabt hat, so kann, auch ohne daß die Erben bei der Anmeldung mitwirken, die Eintragung erfolgen, soweit einer solchen Mitwirkung besondere Hindernisse entgegenstehen. § 143 Abs. 3 HGB.

---

[1]) Die Befristung kann sich auch aus den Umständen, insbesondere dem Zweck und dem Ziel der Gesellschaft ergeben (RG JW **1906** 741[11], **1911** 322[14]; RG **95** 150). Eine für bestimmte Zeit eingegangene, sich aber — falls keine Kündigung seitens eines Gesellschafters erfolgt — jeweilig auf bestimmte Zeit verlängernde Gesellschaft gilt als auf bestimmte Zeit geschlossen (RG **82** 395).

[2]) Vgl. RG **76** 315. Wenn im Laufe der Kündigungsfrist ein Gesellschafter stirbt und damit die Gesellschaft aufgelöst wird, so verliert die Kündigungserklärung ihre auflösende Kraft. Die durch den Tod des Gesellschafters aufgelöste Gesellschaft kann nicht durch den Ablauf der Kündigungsfrist nochmal aufgelöst werden (RG **93** 55).

[3]) Ist im Gesellschaftsvertrag bestimmt, daß bei der Konkurseröffnung über das Vermögen eines Gesellschafters oder bei einer Kündigung desselben oder bei seinem Tode die Gesellschaft unter den übrigen Gesellschaftern fortbestehen soll, so scheidet der in Konkurs geratene oder der zur Kündigung geschrittene oder der gestorbene Gesellschafter aus und es ist nur das Ausscheiden des Gesellschafters zur Eintragung in das Handelsregister anzumelden. § 138 HGB. Wenn nur zwei Gesellschafter vorhanden sind, kann eine entsprechende Vere nbarung dahin getroffen werden, daß der andere Gesellschafter das Geschäft mit Aktiven und Passiven übernimmt und den Ausscheidenden abzufinden hat (KGJ **43** 102). In diesem Falle wird natürlich die Gesellschaft aufgelöst. Vgl. oben im Text unter 4a.

[4]) Über die Voraussetzungen einer solchen gerichtlichen Entscheidung vgl. § 133 HGB und über den Begriff „wichtige Gründe" RG LZ **1916** 40[17] und RG **105** 376. Eine Entscheidung im Sinne des § 133 kann nur im Wege der Klage oder Widerklage, nicht auch im Wege der bloßen Einwendung herbeigeführt werden (RG **112** 282), ebenso auch nicht im Verfahren der freiwilligen Gerichtsbarkeit (RJA **15** 121).

[5]) Die Eröffnung des Vergleichsverfahrens über das Vermögen der Gesellschaft oder eines Gesellschafters bewirkt nicht die Auflösung der Gesellschaft.

[6]) Über den Fall, daß ein Gesellschafter zur Mitwirkung verurteilt ist, vgl. § 16 HGB.

Bei der Anmeldung ist stets der Grund der Auflösung anzugeben[1]), obwohl dies ausdrücklich nicht vorgeschrieben ist; denn sonst kann der Registerrichter nicht prüfen, ob ein zulässiger Auflösungsgrund vorliegt und ob die Anmeldung formgerecht bewirkt wird. Dagegen braucht eine Urkunde über die Auflösung nicht vorgelegt zu werden; es genügt die Angabe der einfachen Tatsache der Auflösung. Der Registerrichter hat nicht zu prüfen, ob die Voraussetzungen der Auflösung wirklich vorhanden sind.

3. Im Falle des Konkurses der Gesellschaft ist die Auflösung nicht anzumelden; die Eröffnung des Konkurses wird vielmehr auf Grund der von der Geschäftsstelle des Konkursgerichts gemäß § 112 KO dem Registergericht mitgeteilten beglaubigten Abschrift der Formel des Eröffnungsbeschlusses von Amts wegen in das Handelsregister eingetragen. §§ 6 Abs. 1 und 32 HGB; vgl. auch oben § 61 und das dort angeführte Beispiel. Zu beachten ist, daß die Auflösung infolge des Konkurses eines Gesellschafters anzumelden ist.

4. Der Registerrichter muß beachten, daß die Auflösung der offenen Handelsgesellschaft nicht gleichbedeutend mit ihrem völligen Erlöschen ist. Die Auflösung beendet nur den Betrieb des Handelsgewerbes der Gesellschaft, die damit nach der produktiven Seite hin aufgehört hat (RG **73** 411; OLG **10** 58; **19** 355; JFG **4** 248), und läßt regelmäßig noch eine Rechtsgemeinschaft unter den Gesellschaftern bestehen. Die Gesellschaft tritt daher in Ermangelung anderweiter Vereinbarungen durch die Auflösung in der Regel in den Stand der Liquidation ein. Die Gemeinschaft dauert also in diesem Falle bis zur Abwicklung fort (RG **16** 2; **25** 257; **28** 132; **32** 256; **34** 362; **46** 39; **54** 281; **72** 120; KGJ **25** A 78; **26** A 222; **27** A 276; **33** A 6) und es ist anerkannten Rechtens, daß die im Liquidationsfalle fortbestehende gesellschaftliche Rechtsgemeinschaft, die „Abwicklungsgesellschaft" wieder in eine produktive Gesellschaft zurückverwandelt werden kann (RG **55** 126; **106** 66; KGJ **44** 128; KG JW **1925** 640; OLG **46** 263). Darin liegt keine Neugründung, die Gesellschaft bleibt vielmehr die gleiche, sie ändert nur ihre rechtliche Eigenschaft und ihr wirtschaftliches Ziel (RG **10** 103; **28** 130; KGJ **22** A 283; **25** A 80; **26** A 222; **39** A 112). Diese Umwandlung der Abwicklungsgesellschaft in eine gewerbetreibende Gesellschaft bedarf aber eines Gesellschaftsvertrages der an der Liquidation beteiligten Gesellschafter und demgemäß im Falle der Beteiligung Minderjähriger nach § 1822 Nr. 3, 1915 Abs. 1 BGB der vormundschaftsgerichtlichen Genehmigung (KGJ **44** 128) und es muß für jedes einzelne minderjährige Kind ein besonderer Pfleger auftreten (KGJ **22** A 284; OLG **12** 224).

Die offene Handelsgesellschaft findet also nicht schon durch ihre Auflösung, sondern erst durch die vollständige Verteilung des Gesellschaftsvermögens ihren Untergang. Die Auflösung hat auch nicht ohne weiteres

---

[1]) str.; **AM** u. a. Schlegelberger Anm. 6 zu § 127 FGG.

das Erlöschen der bisher von der Gesellschaft geführten Firma zur Folge. Diese besteht vielmehr bis zur Beendigung der Liquidation oder, falls die Gesellschafter sich ohne eine solche auseinandersetzen, bis zur erfolgten Auseinandersetzung fort. Das Erlöschen der Firma bedarf deshalb einer besonderen Anmeldung, die im Falle der Liquidation durch die Liquidatoren, andernfalls durch die sämtlichen Gesellschafter zu erfolgen hat (KGJ **22** A 109; **28** A 42; **39** A 111).

Da also nach Auflösung der Gesellschaft regelmäßig die Liquidation stattfindet (vgl. § 145 HGB), so sind im Regelfalle die Auflösung der Gesellschaft und die Liquidation gleichzeitig zur Eintragung in das Handelsregister anzumelden. § 148 HGB. Über Fälle dieser Art ist unten im § 66 Näheres dargelegt. Hier kommen daher nur diejenigen Fälle in Betracht, bei denen die Auflösung der Gesellschaft erfolgt, ohne daß eine Liquidation eintritt.

Hervorzuheben ist folgendes:

a) Die Auflösung der offenen Handelsgesellschaft tritt in der Praxis besonders häufig dadurch ein, daß ein Gesellschafter[1][2] oder auch ein Dritter das Geschäft nebst Firma von der Gesellschaft erwirbt und als Einzelkaufmann fortführt (OLG **46** 261). Hierbei ist zu beachten, daß die Fortführung der Firma nach dem auch hier zur Anwendung kommenden § 24 HGB (vgl. JFG **5** 206) nur mit ausdrücklicher Genehmigung desjenigen Gesellschafters zulässig ist, dessen Name in ihr enthalten ist. Häufig wird auch der Übergang der in dem Betriebe der offenen Handelsgesellschaft begründeten Verbindlichkeiten bei dem Erwerbe des Geschäfts durch einen Gesellschafter oder einen Dritten ausgeschlossen; vgl. oben § 63. Nach § 31 HGB ist der Erwerber der Firma verpflichtet, die Änderung des Inhabers anzumelden.

Beispiel:

Amtsgericht. Berlin, den 23. Oktober 1927.

Es erschienen vor dem Unterzeichneten:

1. der Kaufmann Samuel Preuß in Berlin, Linkstr. 12,

2. der Kaufmann Theodor Lindner in Berlin, Yorkstr. 33.

Sie sind dem Unterzeichneten bekannt.

Sie erklärten:

Unter Nr. 334 der Abt. A des Handelsregisters sind wir als Gesellschafter der offenen Handelsgesellschaft Preuß & Lindner in Berlin eingetragen.

Wir melden zur Eintragung in das Handelsregister an, daß die Gesellschaft aufgelöst ist und ich, der Erschienene zu 2., das von mir übernommene Geschäft unter der bisherigen Firma fortführe.

---

[1]) In diesem Falle geht der Geschäftsanteil der übrigen Gesellschafter auf denjenigen, der das Geschäft mit Aktiven und Passiven übernimmt, im Wege der Anwachsung über (RG **111** 274), so daß die Auflassung des Gesellschaftsgrundstücks nicht erforderlich ist (RG **65** 227; **68** 416; JW **1925** 1750; KGJ **50** 194).

[2]) Wegen des in der Praxis selten vorkommenden Falles der Übernahme des Geschäfts durch einen von zwei Gesellschaftern auf Grund gerichtlicher Entscheidung s. § 142 HGB.

Ich, der Erschienene zu 1., bin mit der Fortführung der Firma durch den Erschienenen zu 2. einverstanden[1]).
Die Geschäftsräume befinden sich Potsdamer Str. 40.
Der Erschienene zu 2. zeichnete hierauf die Firma wie folgt:
Preuß & Lindner[2]).
Die Erschienenen erklärten sodann:
Das Gewerbekapital beträgt ....RMark, der Gewerbeertrag ....RMark.
Die Kosten übernimmt der Erschienene zu 2.
v. g. u.
Samuel Preuß. Theodor Lindner.
Reinhardt, Justizobersekretär
als Urkundsbeamter der Geschäftsstelle.

Darauf wird verfügt:

1. Einzutragen in das Handelsregister Abt. A Nr. 334:
Sp. 1. 4.
Sp. 5. Der bisherige Gesellschafter Theodor Lindner ist alleiniger Inhaber der Firma.
Sp. 6. Die Gesellschaft ist aufgelöst.
2. Rot zu unterstreichen sind die Sp. 3 und 6 zu Nr. der Eintragung 1.
3. Öffentliche Bekanntmachung.
4. Bekanntmachung an:
a) Preuß und Lindner,
b) die Industrie- und Handelskammer durch die Liste.
Berlin, 23. Oktober 1927. Br.

Wird das Geschäft ohne Firma verkauft, so müssen die bisherigen Gesellschafter die Auflösung der Gesellschaft und das Erlöschen der Firma anmelden.

Es würde dann in Spalte 6 einzutragen sein:

Die Gesellschaft ist aufgelöst. Die Firma ist erloschen.

b) Durch den Tod eines Gesellschafters wird, wie eingangs bemerkt, die Gesellschaft aufgelöst, sofern sich nicht aus dem Gesellschaftsvertrage etwas anderes ergibt. Da aber in allen Fällen die Gesellschaft auch nach dem Tode eines Gesellschafters zunächst nur nach ihrer produktiven Seite aufgehoben wird, während sie im übrigen bis zur Verteilung ihres Vermögens nach Tilgung ihrer Schulden erhalten bleibt, so können die Erben des verstorbenen Gesellschafters, auch wenn eine Bestimmung über die Fortsetzung im Gesellschaftsvertrage nicht enthalten ist, mit den überlebenden Gesellschaftern die Fortsetzung der offenen Handelsgesellschaft unter Wahrung ihrer Identität (RG **76** 315) vereinbaren, solange die Gemeinschaft noch tatsächlich nicht erledigt ist, z. B. noch ungeteiltes Gesellschaftsvermögen vorhanden ist (KGJ **26** A 219; **39** A 112). In der Praxis wird durch eine solche Vereinbarung sehr häufig die Auflösung der Gesellschaft

[1]) Vgl. KGJ **20** D 15; **24** A 192; JFG **5** 206.

[2]) Mit Weizsäcker-Lorenz S. 316 Bem. 4 und KGJ **24** A 192 ist anzunehmen, daß Lindner die Firma zu zeichnen hat, weil er früher als vertretungsberechtigter Gesellschafter die Firma nur in Verbindung mit seiner Namensunterschrift gezeichnet hatte.

verhindert. Die Eintragung in das Handelsregister, daß die offene Handelsgesellschaft nach dem Tode des Gesellschafters durch die überlebenden Gesellschafter und „durch die Erben des Verstorbenen in ungeteilter Erbengemeinschaft" fortgesetzt wird, ist aber unzulässig, da die Erbengemeinschaft als solche nicht Mitglied der offenen Handelsgesellschaft sein kann, vielmehr die einzelnen Erben der Gesellschaft als Gesellschafter beitreten müssen (RG **16** 40, 58; JW **1912** 475, 477; Recht **1917** Nr. 457; KG KGJ **37** A 146; **49** 109; OLG Dresden KGJ **49** 268)[1]).

Beispiel:

Amtsgericht. Berlin, den 24. April 1927.

Es erschienen vor dem Unterzeichneten:

1. der Kaufmann Karl Möller in Berlin, Genthiner Str. 20,

2. die Frau Witwe Klara Schreiber geborene Zawitz in Berlin, Lützowstraße 43.

Sie sind dem Unterzeichneten von Person bekannt.

Sie erklärten:

Unter Nr. 2243 der Abt. A des Handelsregisters sind ich, der Erschienene zu 1., und der Kaufmann Franz Schreiber als Gesellschafter der offenen Handelsgesellschaft Möller & Schreiber eingetragen. Franz Schreiber ist verstorben und nach dem in Ausfertigung überreichten Erbscheine des Amtsgerichts Berlin-Mitte vom 12. April 1927 von seiner Ehefrau, der Erschienenen zu 2., als seiner einzigen Erbin beerbt worden.

Wir haben die Fortsetzung der offenen Handelsgesellschaft unter unveränderter Firma vereinbart. Zur Vertretung der Gesellschaft ist der Erschienene zu 1. allein berechtigt.

Wir melden dies zur Eintragung in das Handelsregister an[2]).

Die Geschäftsräume befinden sich nach wie vor Charlottenstr. 17.

Das Gewerbekapital beträgt .... RMark, der Gewerbertrag .... RMark.

Die Kosten trägt die Gesellschaft.

v. g. u.

Karl Möller. Klara Schreiber geb. Zawitz.

Reinhardt, Justizobersekretär

als Urkundsbeamter der Geschäftsstelle.

Die Verfügung lautet:

1. Einzutragen in das Handelsregister Abt. A Nr. 2243:

Sp. 1 3.

Sp. 3. Frau Witwe Klara Schreiber geb. Zawitz, Berlin.

Sp. 6. Frau Witwe Klara Schreiber geb. Zawitz ist in das Geschäft als persönlich haftende Gesellschafterin eingetreten. Die Gesellschaft ist mit ihr nach dem Tode ihres Ehemannes, des bisherigen Gesellschafters Franz Schreiber, fortgesetzt. Zur Vertretung der Gesellschaft ist nur der Gesellschafter Karl Möller ermächtigt.

---

[1]) Der Eintritt der Erben ist von sämtlichen nunmehrigen Gesellschaftern zur Eintragung in das Handelsregister anzumelden. Ist die Eintragung erfolgt, obwohl ein Gesellschafter die Anmeldung nicht mit bewirkt hat, so kann auf diesen Mangel das amtliche Löschungsverfahren nicht gestützt werden (KGJ **53** 257 [OLG München]).

[2]) Eine Zeichnung braucht weder von Möller, der schon früher gezeichnet hat, noch von Frau Schreiber, die von der Vertretung ausgeschlossen ist, zu erfolgen.

2. Die Eintragungen zur Nr. der Eintragung 1 sind in Sp. 3, soweit sie Franz Schreiber betreffen, rot zu unterstreichen.
3. Öffentliche Bekanntmachung.
4. Bekanntmachung an:
a) Karl Möller und die Witwe Schreiber,
b) die Industrie- und Handelskammer durch die Liste.
5. Ausfert. des Erbscheins z. d. A.
Berlin, 24. April 1927. Br.

Die überlebenden Gesellschafter können aber auch mit den Erben des verstorbenen Gesellschafters alsbald die Fortsetzung der Gesellschaft als Kommanditgesellschaft beschließen; es bedarf hierzu nicht noch der Erklärung, daß zunächst die offene Handelsgesellschaft wieder hergestellt und diese sodann in eine Kommanditgesellschaft umgewandelt werde[1]). Es braucht also nicht, wie dies in der Praxis vielfach geschieht, angemeldet zu werden, daß die bisherige offene Handelsgesellschaft durch den Tod eines Gesellschafters aufgelöst ist und daß die Erben des bisherigen Gesellschafters mit den übrigen Gesellschaftern unter Beibehaltung der bisherigen Firma eine Kommanditgesellschaft gegründet haben. Es wird vielmehr angemeldet, daß ein Gesellschafter durch Tod ausgeschieden sei und daß seine Erben mit den übrigen Gesellschaftern die Fortsetzung der Gesellschaft als Kommanditgesellschaft unter unveränderter Firma vereinbart haben. Sind Minderjährige beteiligt, so bedarf es nicht der vormundschaftsrichterlichen Genehmigung, da es sich nicht um Begründung einer neuen Erwerbsgesellschaft handelt. § 1822 Nr. 3 BGB findet keine Anwendung (KGJ **26** A 219; A.M. KGJ **23** A 93)[2]). In der neuen Kommanditgesellschaft bleiben regelmäßig die überlebenden Gesellschafter der bisherigen offenen Handelsgesellschaft persönlich verhaftet, während die Erben des verstorbenen Gesellschafters unter Belassung des bisherigen Gewinnanteils des Verstorbenen die Stellung von Kommanditisten erhalten, und der auf einen Jeden fallende Teil der Einlage des Erblassers als seine Kommanditeinlage anerkannt wird. Die Erben können aber nicht als Kommanditisten in ungeteilter Erbengemeinschaft mit der ungeteilt bleibenden Einlage des Erblassers als Gesamtkommanditeinlage beitreten (KG DNotVZ **1828** 233).

Vgl. im übrigen über die Stellung der Erben eines Gesellschafters § 139 HGB.

c) Auch nach Eröffnung des Konkurses über ihr Vermögen wird die Gesellschaft nicht völlig beendet. Es können vielmehr die Gesellschafter die Fortsetzung der Gesellschaft beschließen, wenn der

---

[1]) KGJ **26** A 219. Seine frühere gegenteilige Ansicht (KGJ **23** A 93) hat das Kammergericht — als unnötig formal — aufgegeben.

[2]) Überhaupt wird in dem Eintritt eines Kommanditisten in eine offene Handelsgesellschaft keine Neubildung einer Gesellschaft gesehen. Die Gesellschaft bleibt vielmehr identisch und verändert nur ihren rechtlichen Charakter. Denkschrift S. 112; vgl. auch oben § 64 Ziff. 4. Dasselbe gilt, wenn eine Kommanditgesellschaft in eine offene Handelsgesellschaft umgewandelt wird (RG **55** 128).

Konkurs nach Abschluß eines Zwangsvergleichs aufgehoben oder auf Antrag des Gemeinschuldners eingestellt wird. § 144 Abs. 1 HGB. Die Fortsetzung[1]) ist von sämtlichen Gesellschaftern zur Eintragung in das Handelsregister anzumelden. § 144 Abs. 2 HGB.

Der in Spalte 6 einzutragende Vermerk wird z. B. lauten:

Die Gesellschaft wird nach Aufhebung des Konkurses infolge Zwangsvergleichs von den Gesellschaftern fortgesetzt.

Gleichzeitig wird der Vermerk über die Eröffnung des Konkurses rot zu unterstreichen sein.

Die Gesellschaft gilt auch nicht als aufgelöst, wenn nach Eröffnung des Konkursverfahrens der Eröffnungsbeschluß aufgehoben ist; vgl. § 32 Satz 2 HGB.

§ 66. Die Liquidation der offenen Handelsgesellschaft.

1. Nach der Auflösung der Gesellschaft findet die Liquidation statt, sofern nicht eine andere Art der Auseinandersetzung von den Gesellschaftern vereinbart[2])[3]) oder über das Vermögen der Gesellschaft der Konkurs eröffnet ist[4]) § 145 Abs. 1 HGB. Das Gesetz sieht also als regelmäßige Folge der Auflösung der Gesellschaft nicht etwa ihr alsbaldiges völliges Aufhören, sondern ihre Liquidation an (OLG **42** 77); vgl. das Nähere hierüber oben § 65.

Wird das Geschäft einer offenen Handelsgesellschaft veräußert, so findet, wenn einzelne Vermögensgegenstände z. B. die Grundstücke von der Veräußerung ausgenommen sind, bezüglich dieser Gegenstände die Liquidation statt. Wird die Firma mit veräußert, so muß die Liquidation der aufgelösten Gesellschaft unter einer neuen, den Vorschriften der §§ 19 u. 30 HGB entsprechenden Firma geschehen, weil der Zusatz „in Liquidation" kein Firmenbestandteil und daher kein Unterscheidungsmerkmal ist (KGJ **37** A 317 [OLG Colmar]; **39** A 104 [KG]).

Die Liquidation erfolgt, sofern sie nicht durch Beschluß der Gesellschafter, der auch vor der Auflösung gefaßt werden kann (KGJ **49** 116;

---

[1]) Diese ist auch in sonstigen Fällen der Konkursbeendigung gestattet. Staub Anm. 10 zu § 131.

[2]) Haben die Gesellschafter anstatt der Liquidation eine andere Art der Auseinandersetzung vereinbart, so kann, solange noch ungeteiltes Gesellschaftsvermögen vorhanden ist, die Zwangsvollstreckung gegen die Gesellschaft betrieben werden (KGJ **33** A 4).

[3]) Über die verschiedenen Arten der anderweiten Vereinbarung vgl. Staub Anm. 8ff. zu § 145.

[4]) Für die Liquidation ist kein Raum, wenn kein Aktivvermögen vorhanden ist, z. B. im Falle der Ausschüttung der Masse während des Konkurses (RG **40** 31), während im übrigen auch nach Beendigung des Konkurses die Liquidation eintritt, sofern nicht die Gesellschafter die Fortsetzung der Gesellschaft beschließen. Staub Anm. 16 zu § 131.

RG Recht **1917** Nr. 1304) oder durch den Gesellschaftsvertrag einzelnen Gesellschaftern oder anderen Personen übertragen ist, durch sämtliche Gesellschafter als Liquidatoren. Mehrere Erben eines Gesellschafters haben einen gemeinsamen Vertreter zu bestellen; ist über das Vermögen eines Gesellschafters der Konkurs eröffnet, so tritt der Konkursverwalter an die Stelle des Gesellschafters. § 146 Abs. 1 u. 3 HGB.

Die Liquidatoren — die also regelmäßig mit den bisherigen Gesellschaftern übereinstimmen werden — sind von sämtlichen Gesellschaftern zur Eintragung in das Handelsregister der Haupt- sowie einer etwaigen Zweigniederlassung mit Namen, Vornamen, Stand und Wohnort anzumelden[1]). Im Falle des Todes eines Gesellschafters kann, wenn anzunehmen ist, daß die Anmeldung den Tatsachen entspricht, die Eintragung erfolgen, auch ohne daß die Erben bei der Anmeldung mitwirken, soweit einer solchen Mitwirkung besondere Hindernisse entgegenstehen. § 148 Abs. 1 HGB. Die Liquidatoren haben die Firma nebst ihrer Namensunterschrift zur Aufbewahrung zu zeichnen. § 148 Abs. 3 HGB. Sie haben ihre Unterschrift in der Weise abzugeben, daß sie der bisherigen, als Liquidationsfirma zu bezeichnenden Firma ihren Namen beifügen. § 153 HGB. Sind mehrere Liquidatoren vorhanden, so können sie die zur Liquidation gehörenden Handlungen nur in Gemeinschaft vornehmen, sofern nicht bestimmt ist, daß sie einzeln handeln können; eine solche Bestimmung — also die Befugnis der Einzelvertretung — ist in das Handelsregister Spalte 6 einzutragen. § 150 Abs. 1 HGB. Eine Beschränkung des Umfangs der Befugnisse der Liquidatoren ist Dritten gegenüber unwirksam, darf also in das Handelsregister nicht eingetragen werden. § 151 HGB.

Auch eine Erweiterung[2]) des Umfangs der Befugnisse der Liquidatoren kann in das Register nicht eingetragen werden.

Beispiel:

Amtsgericht. Berlin, den 6. Juni 1927.

Es erschienen vor dem Unterzeichneten:

1. der Kaufmann Friedrich Rausch in Berlin, Inselstr. 22,

2. der Kaufmann Max Obenauf in Berlin, Ziegelstr. 4.

Sie sind dem Unterzeichneten bekannt.

Sie erklärten:

---

[1]) Streit herrscht im Schrifttum darüber, wer im Falle der Eröffnung des Konkurses über das Vermögen eines Gesellschafters zur Anmeldung der Liquidatoren verpflichtet ist. Goldmann (Anm. zu § 148), Düringer-Hachenburg (Anm. zu § 148), Cohn (LZ **1927** 503) halten den Gesellschafter, dagegen Staub (Anm. zu § 148), Lehmann-Ring (Anm. 2 zu § 148), Makower (Anm. Ib zu § 148), Brand (Anm. 2 zu § 148) mit Recht den Konkursverwalter für anmeldungspflichtig.

[2]) Eine Erweiterung der Vertretungsmacht ist im Gesetz nicht erwähnt, aber für zulässig zu erachten. Sie setzt stets, auch bei richterlich bestellten Liquidatoren Übereinkunft der Gesellschafter voraus. Vgl. Staub Anm. 16 zu § 149, Anm. 1 und 3 zu § 151; Brand Anm. 6 zu § 151; RG **106** 72; OLG **46** 262.

Unter Nr. 1234 der Abt. A des Handelsregisters sind wir als Gesellschafter der offenen Handelsgesellschaft Rausch & Obenauf eingetragen.

Die Gesellschaft ist aufgelöst. Die Liquidation soll durch uns als Liquidatoren erfolgen. Jeder von uns soll als Liquidator einzeln handeln können.

Wir melden dies zur Eintragung in das Handelsregister an und zeichnen die Liquidationsfirma nebst unserer Namenunterschrift wie folgt:

1. ich, der Erschienene zu 1.:

Rausch & Obenauf in Liqu.

Friedrich Rausch.

2. ich, der Erschienene zu 2.:

Rausch & Obenauf in Liqu.

Max Obenauf.

Das Gewerbekapital beträgt ....RMark, der Gewerbertrag ....RMark.

Die Geschäftsräume befinden sich nach wie vor Breite Straße 10.

Die Kosten sollen von der Gesellschaft erfordert werden.

v. g. u.

Friedrich Rausch. Max Obenauf.

Reinhardt, Justizobersekretär

als Urkundsbeamter der Geschäftsstelle.

Darauf ergeht folgende Verfügung:

1. Einzutragen in das Handelsregister Abt. A Nr. 1234:

Sp. 1. 4.

Sp. 6. Die Gesellschaft ist aufgelöst. Die bisherigen beiden Gesellschafter sind Liquidatoren und befugt, einzeln zu handeln.

2. Öffentliche Bekanntmachung.

3. Bekanntmachung an die beiden Gesellschafter.

4. Nach 1 Jahr (wegen Anmeldung des Erlöschens der Firma).

Berlin, 6. Juni 1927. Br.

2. Jede Änderung in den Personen der Liquidatoren oder in ihrer Vertretungsmacht, also z. B. das Ausscheiden eines Liquidators, der Eintritt eines neuen Liquidators, die Umwandlung der Einzelvertretung in Gesamtvertretung und umgekehrt, ist ebenfalls von sämtlichen Gesellschaftern (nicht etwa von den Liquidatoren) zur Eintragung in das Handelsregister der Haupt- und Zweigniederlassung anzumelden. Auch hier kann im Falle des Todes eines Gesellschafters, wenn anzunehmen ist, daß die Anmeldung den Tatsachen entspricht, die Eintragung erfolgen, auch ohne daß die Erben bei der Anmeldung mitwirken, soweit einer solchen Mitwirkung besondere Hindernisse entgegenstehen. § 148 Abs. 1 Satz 2 u. 3 HGB.

Die Liquidatoren dürfen keine Prokuristen bestellen (ROHG **13** 223)[1], den Sitz der Gesellschaft nicht verlegen und das zu liquidierende Geschäft nebst Firma nicht verkaufen. Beschließen die Gesellschafter die Sitzverlegung oder geben sie zu der Veräußerung des Geschäfts ihre Zustimmung, so haben die Liquidatoren diese Änderungen anzumelden, da die

---

[1]) Die bestehenden Prokuren erlöschen oder verwandeln sich in Handlungsvollmachten (RG **72** 119).

Gesellschafter für andere als die im § 148 Abs. 1 HGB aufgezählten Tatsachen nicht als anmeldungspflichtig anzusehen sind[1]).

3. Nach der Beendigung der Liquidation ist das Erlöschen der Firma von den Liquidatoren zur Eintragung in das Handelsregister anzumelden. § 157 Abs. 1 HGB (KGJ **39** A 111)[2]). Das Registergericht hat das Vorliegen der Voraussetzung für das Erlöschen der Firma, d. h. die Beendigung der Liquidation, sachlich nicht zu prüfen. Die Eintragung des Erlöschens der Firma hat vielmehr auf Grund einer gehörigen Anmeldung dieser Tatsache zu erfolgen, unbeschadet der Befugnis des Registerrichters, die Anmeldung bei Kenntnis oder begründeter Annahme der Unrichtigkeit ihres Inhaltes zu beanstanden. Es besteht für das Registergericht in Ermangelung besonderer tatsächlicher Anhaltspunkte keine Veranlassung, auf die Möglichkeit des Vorliegens einer der Ausnahmefälle des § 145 Abs. 2 HGB Rücksicht zu nehmen. Es ist auch kein Nachweis erforderlich, daß das Gesellschaftsvermögen völlig aufgeteilt ist[3]).

Beispiel:

Amtgericht. Berlin, den 6. Oktober 1927.

Es erschienen vor dem Unterzeichneten:

1. der Kaufmann Friedrich Rausch in Berlin, Inselstr. 22.

2. der Kaufmann Max Obenauf in Berlin, Ziegelstr. 4.

Sie sind dem Unterzeichneten bekannt.

Sie erklärten:

Unter Nr. 1234 der Abt. A des Handelsregisters ist am 7. Juni 1927 bei der offenen Handelsgesellschaft Rausch & Obenauf eingetragen worden, daß die Gesellschaft aufgelöst ist und die Liquidation durch uns als Liquidatoren erfolgt.

---

[1]) Vgl. Staub Anm. 8 zu § 148 und Anm. 30ff. zu § 149; Brand Anm. 5 zu § 148.

[2]) Geht die Firma durch Verkauf des Geschäfts ohne Firma unter, ohne daß überhaupt eine Liquidation stattgefunden hat, so ist dies nicht von den Liquidatoren, sondern von sämtlichen Gesellschaftern anzumelden. Denkschrift S. 116; vgl. dazu Staub Anm. 1 zu § 157.

[3]) KGJ **22** A 107. Übrigens ist zu beachten, daß mit der Löschung der Firma im Register nicht deren rechtliche Existenz aufhört; das Erlöschen der Firma tritt vielmehr ohne Rücksicht auf den Inhalt des Registers mit dem Aufhören des Geschäfts ein; die Eintragung will nur die Tatsache des Erlöschens kenntlich machen. Es kann deshalb eine versehentlich erfolgte Löschung im Register nicht das Erlöschen der Firma herbeiführen, sondern nur deren allgemeine Erkennbarkeit beseitigen. Diese Erkennbarkeit kann aber im Wege der Berichtigung nach § 142 FGG. wieder hergestellt werden (KGJ **28** A 42). Insbesondere kann also das Registergericht die Eintragung, daß die Firma erloschen sei, gemäß § 142 FGG dann wieder löschen, wenn sich herausstellt, daß die Liquidation, weil noch gemeinschaftliches Vermögen vorhanden ist, tatsächlich noch nicht beendet war (KGJ **34** A 125); in diesem Falle sind die bisherigen Liquidatoren der noch nicht untergegangenen Gesellschaft (BayObLG Recht **1916** Nr. 994) Liquidatoren (RJA **13** 234), während die Gesellschafter neue zu bestellen haben, wenn die früheren nicht mehr vorhanden sind.

Wir melden zur Eintragung in das Handelsregister an, daß die Liquidation beendet und die Firma daher erloschen ist.
Gewerbekapital und Gewerbeertrag sind nicht mehr vorhanden.
Die Kosten sollen von dem Erschienenen zu 1. eingezogen werden.
v. g. u.
Friedrich Rausch. Max Obenauf.
Reinhardt, Justizobersekretär
als Urkundsbeamter der Geschäftsstelle.

Darauf wird verfügt:

1. Einzutragen in das Handelsregister Abt. A Nr. 1234:
Sp. 1. 5.
Sp. 6. Die Liquidation ist beendet. Die Firma ist erloschen.
2. Die Eintragungen in Sp. 1 bis 6 zur Nr. der Eintragung 1 bis 4 sind rot zu unterstreichen.
3. Öffentliche Bekanntmachung.
4. Bekanntmachung an:
a) die Antragsteller,
b) die Industrie- und Handelskammer durch die Liste.
5. Akten weglegen und nach 30 Jahren vernichten.
Berlin, 6. Oktober 1927. Br.

4. Kann die Anmeldung des Erlöschens der Firma einer offenen Handelsgesellschaft durch die hierzu Verpflichteten im Ordnungsstrafverfahren (vgl. oben § 14) nicht herbeigeführt werden, z. B. weil die Gesellschafter oder deren Erben nicht aufzufinden sind, so wird die Löschung von Amts wegen betrieben. § 31 Abs. 2 HGB. Das Verfahren ist dasselbe wie bei der Löschung der Firma eines Einzelkaufmanns; vgl. daher das Nähere oben § 60.

5. Wird während der Liquidation über das Vermögen der Gesellschaft der Konkurs eröffnet, so wird die Eröffnung des Konkurses von Amts wegen in das Register eingetragen; vgl. Näheres oben § 61.

§ 67. Einzelbefugnisse des Registergerichts während und nach der Liquidation.

Dem Registerrichter stehen während und nach der Liquidation besondere Befugnisse zu, die sich nicht unmittelbar auf die Führung der Register beziehen, aber mit der hierauf bezüglichen Tätigkeit zusammenhängen. Hervorzuheben ist folgendes:

1. Auf Antrag eines Beteiligten kann aus wichtigen Gründen[1]) die Ernennung von Liquidatoren durch das Amtsgericht erfolgen, in dessen Bezirk die Gesellschaft ihren Sitz hat; das Gericht kann in einem solchen Falle Personen zu Liquidatoren ernennen, die nicht zu

---

[1]) Als wichtige Gründe sind solche Tatsachen anzusehen, die eine gedeihliche Abwicklung der Liquidation durch die vom Gesetze berufenen Liquidatoren nicht erwarten lassen (KGJ **49** 116), z. B. die zwischen den Gesellschaftern bestehende Feindschaft (JFG **2** 183 [BayObLG] oder weite Entfernung des einen Gesellschafters von dem Orte, wo die Liquidation geführt wird (KGJ **32** A 134).

den Gesellschaftern gehören. Die Bestellung ist schon vor der Auflösung der Gesellschaft zulässig, sofern der Zeitpunkt der Auflösung nahe bevorsteht und der Eintritt gewiß ist. Natürlich können die im voraus bestellten Liquidatoren erst mit dem Zeitpunkt der Auflösung und erst nach Beginn der Liquidation in das Handelsregister eingetragen werden (KGJ **49** 116). Als Beteiligter gilt außer den Gesellschaftern im Falle des § 135 HGB auch der Gläubiger, durch den die Kündigung erfolgt ist. § 146 Abs. 2 HGB; § 145 Abs. 1 FGG. Die Entscheidung erfolgt im einfachen Beschlußverfahren durch das Registergericht. Vor der Entscheidung sind die anderen Beteiligten, also insbesondere die andern Gesellschafter, zu hören. Gegen die Verfügung, durch welche über den Antrag entschieden wird, findet die sofortige Beschwerde statt. § 146 Abs. 1 u. 2 FGG.

In dem Antrage werden regelmäßig zur Beschleunigung der Sache geeignete Persönlichkeiten vorgeschlagen werden; das Gericht ist an den Vorschlag nicht gebunden und entscheidet nach freiem Ermessen, und zwar nötigenfalls nach erfolgter Untersuchung. Es ist nicht behindert, nach Sachprüfung auch eine Person zum Liquidator zu ernennen, die vom Antragsteller als wegen Befangenheit ungeeignet bezeichnet ist (JFG **2** 183 [BayObLG]). Das Gericht darf aber nur eine völlig neutrale Person zum Liquidator bestellen, wenn zwischen den Gesellschaftern erbitterte Feindschaft besteht (JFG **5** 247 [BayObLG]). Es kann eine oder mehrere Personen ernennen und die Befugnisse der Ernannten gemäß § 150 Abs. 1 HGB derart abgrenzen, daß sie entweder jeder einzeln oder nur zusammen die Gesellschaft vertreten können. Der Richter darf aber in den Gang der Geschäfte im einzelnen nicht eingreifen (RG **12** 32). Eine Pflicht zur Übernahme des Amtes als Liquidator besteht nicht[1]) (JFG 5 248 [BayObLG]).

Die Eintragung der gerichtlich bestellten Liquidatoren geschieht von Amts wegen. § 148 Abs. 2 HGB. Auch die gerichtlich bestellten Liquidatoren müssen die als Liquidationsfirma zu bezeichnende Firma nebst Namensunterschrift zeichnen. Das Gericht hat von der Eintragung die Liquidatoren und das Gericht einer etwaigen Zweigniederlassung zu benachrichtigen.

Die Ernennung von Liquidatoren kann auch auf Antrag eines Beteiligten durch das Prozeßgericht im Wege der einstweiligen Verfügung erfolgen[2]). In diesem Falle ist ihre Eintragung zum Register unter

---

[1]) Staub Anm. 12 zu § 146. Über den Anspruch des gerichtlich ernannten Liquidators gegen die bisherigen Gesellschafter auf Vergütung für seine Tätigkeit oder Ersatz seiner Auslagen ist nicht vom Registergerichte, sondern vom Prozeßgerichte zu entscheiden. KGJ **27** A 222. Über das Verfahren bei Ernennung und Abberufung von Liquidatoren durch das Gericht vgl. Marcus Monatsschr. f. Handels- u. Bankwesen, 14. Jahrg. Nr. 12.

[2]) Die Frage ist bestritten. Wie oben Staub Anm. 9, Lehmann-Ring Anm. 3, Makower Anm. III 2, Ritter Anm. 4, Brand Anm. 3d, dd zu § 146 HGB; **AM.** Schlegelberger Anm. 2 zu § 145 FGG.

Vorlegung einer Ausfertigung der einstweiligen Verfügung anzumelden; vgl. § 16 HGB.

2. Die Abberufung von Liquidatoren kann auf Antrag eines Beteiligten aus wichtigen Gründen[1]) durch das Registergericht erfolgen; es gilt hier über das Verfahren das unter 1. Gesagte. Auch die Eintragung der gerichtlichen Abberufung von Liquidatoren erfolgt von Amts wegen. §§ 147, 148 Abs. 2 HGB. Auch hier muß die Eintragung der Abberufung außer den Liquidatoren auch dem Gericht einer Zweigniederlassung von Amts wegen mitgeteilt werden. Die Abberufung kann ebenfalls im Wege der einstweiligen Verfügung erfolgen; sie ist dann nach § 16 HGB anzumelden.

3. Nach der Beendigung der Liquidation werden die Bücher und Papiere der aufgelösten Gesellschaft einem der Gesellschafter oder einem Dritten in Verwahrung gegeben. Der Gesellschafter oder der Dritte wird in Ermangelung einer Verständigung auf Antrag eines Gesellschafters, seines Erben oder eines Liquidators, die bezüglich der Person des Verwahrers keine Vorschläge zu machen brauchen (OLG **19** 316 [OLG Dresden]), durch das Registergericht bestimmt, in dessen Bezirke die Gesellschaft ihren Sitz hat. § 157 Abs. 2 HGB; § 145 Abs. 1 FGG. Auch hier gilt wegen des Verfahrens das unter 1. Gesagte.

D. Die Kommanditgesellschaft.

§ 68. Die Bestimmung des Begriffs der Kommanditgesellschaft.

Eine Kommanditgesellschaft ist eine Gesellschaft, deren Zweck auf den Betrieb eines Handelsgewerbes unter gemeinschaftlicher Firma gerichtet ist, wenn bei einem oder einigen von den Gesellschaftern die Haftung gegenüber den Gesellschaftsgläubigern auf den Betrag einer bestimmten Vermögenseinlage beschränkt ist (Kommanditist), während bei dem andern Teile der Gesellschafter eine Beschränkung der Haftung nicht stattfindet (persönlich haftende Gesellschafter). § 161 Abs. 1 HGB.

Hervorzuheben ist folgendes:

1. Die Kommanditgesellschaft ist ebenso wie die offene Handelsgesellschaft keine juristische Person (KGJ **4** 64; RG **32** 399), sondern eine Gesellschaft. Sie stellt sich als eine Unterart der offenen Handelsgesellschaft dar und unterscheidet sich von ihr nur durch die beschränkte Haftung der Kommanditisten.

---

[1]) Z. B. bei begründetem Mißtrauen gegen seine Geschäftsführung, wobei ein Verschulden des abzuberufenden Liquidators nicht erforderlich ist (OLG **27** 289 [BayObLG]), bei der zwischen zwei Liquidatoren bestehenden, eine ordnungsmäßige Abwicklung der Liquidation durch sie oder einen von ihnen ausschließenden Feindschaft, die für sich allein die Abberufung beider rechtfertigt (JFG **4** 172 [BayObLG]).

2. Eine Form ist für den Gesellschaftsvertrag nicht vorgeschrieben. Der Registerrichter darf also nicht etwa die Vorlegung eines schriftlichen Vertrags bei der Anmeldung verlangen (KGJ **23** A 90). Er hat aber zu prüfen, ob eine Kommanditgesellschaft überhaupt besteht, ob also der sie begründende Gesellschaftsvertrag gesetzmäßig zustande gekommen ist. Sind z. B. minderjährige Personen als Gesellschafter beteiligt, so muß der Registerrichter vor der Eintragung der Gesellschaft feststellen, daß die Minderjährigen beim Abschlusse des Gesellschaftsvertrages gehörig vertreten waren und daß, sofern der Vertragsabschluß einer vormundschaftsgerichtlichen Genehmigung bedarf, diese erwirkt ist; auch ist zu beachten, daß beim Vertragsschlusse nicht der Vater im Namen des einen, in seiner Gewalt stehenden Kindes mit sich, als Vertreter eines andern, seiner Gewalt unterworfenen Kindes ein Rechtsgeschäft vornehmen kann; vielmehr muß bei einem solchen Vertragsabschlusse je ein Pfleger für jedes Kind bestellt werden. §§ 1630 Abs. 2, 1795 Abs. 2, 181 BGB (KGJ **22** A 281; **23** A 90; **35** A 154; **44** 132; RG Recht **1913** Nr. 1365). Diese Sätze gelten zweifellos, wenn der Minderjährige als persönlich haftender Gesellschafter in die Gesellschaft eintreten soll. Wird ein Minderjähriger Kommanditist, so wird man die Genehmigung des Vormundschaftsgerichts gleichfalls für erforderlich halten müssen, weil es sich auch für den Kommanditisten um den „Betrieb eines Erwerbsgeschäfts" im Sinne des § 1822 Nr. 3 BGB handelt[1]).

3. Mindestens eine Person muß unbeschränkt haften. Persönlich haftender Gesellschafter einer Kommanditgesellschaft kann jeder sein, der Mitglied einer offenen Handelsgesellschaft werden kann; vgl. oben § 62. Insbesondere kann auch eine juristische Person, z. B. eine Gesellschaft mit beschränkter Haftung persönlich haftender Gesellschafter einer Kommanditgesellschaft sein (OLG **27** 331, KGJ **44** 341 [BayObLG]; **51** 122; RG **91** 42; **105** 106; RG JFG **1** 10; OLG **30** 385 [OLG Hamburg]).

4. Mindestens eine Person muß ferner beschränkt haften mit einer Vermögenseinlage. Der Kommanditist braucht nicht Kaufmann zu sein[2]). Auch eine Aktiengesellschaft, eine Gesellschaft mit beschränkter Haftung, eine offene Handelsgesellschaft und eine Kommanditgesellschaft können Kommanditisten einer Kommanditgesellschaft sein[3]), dagegen kann eine Erbengemeinschaft nicht als Kommanditist eintreten (KGJ **37** A 146; OLG **40** 190 [OLG Dresden]; vgl. aber KGJ **44** 133). Was als gültige Vermögenseinlage des Kommandistiten anzusehen ist, ist sehr bestritten. Man wird außer dem baren Gelde auch Sachen (RG **2** 306) und Forderungen (OLG **8** 258 [OLG Hamburg]), auch solche gegen die Gesellschaft (RG JW

[1]) Die Frage ist bestritten. Den gleichen Standpunkt vertreten Goldmann Anm. 10; Lehmann-Ring Nr. 3; Brand Anm. 3b zu § 161; RG **51** 35. **A. M.** Düringer-Hachenburg Anm. 10; Staub Anm. 6 zu § 161; Staudinger Anm. 3b zu § 1367.

[2]) Staub Anm. 6 zu 161. [3]) Staub Anm. 9 zu § 161.

1906 432) als ausreichend erachten müssen. Unter Umständen kann auch die Arbeitskraft eine zulässige Einlage sein, nämlich dann, wenn Dienste in Geld schätzbar sind und die Gesellschaft durch deren Leistung Aufwendungen erspart. Nach außen, also auch dem Registerrichter gegenüber, ist erforderlich und ausreichend, daß die Einlage auf einen bestimmten Betrag festgesetzt ist (Denkschrift 119ff.; RG **63** 267)[1]).

Vgl. im übrigen das im § 62 über die offene Handelsgesellschaft Gesagte, was hier entsprechende Anwendung findet.

§ 69. Die Anmeldung und Eintragung der Kommanditgesellschaft.

Die Kommanditgesellschaft ist bei dem Gericht, in dessen Bezirke sie ihren Sitz hat, zur Eintragung in das Handelsregister anzumelden; die Anmeldung muß auch bei dem Gericht einer jeden Zweigniederlassung erfolgen. Die Anmeldung hat zu enthalten:

1. den Namen, Vornamen, Stand und Wohnort jedes persönlich haftenden Gesellschafters und jedes Kommanditisten;
2. die Firma der Gesellschaft und den Ort, wo sie ihren Sitz, d. h. die Zentralverwaltung hat;
3. den Zeitpunkt, mit welchem die Gesellschaft begonnen hat;
4. den Betrag der Einlage eines jeden Kommanditisten[2]). § 162 Abs. 1 HGB.

Der Gesellschaftsvertrag braucht der Anmeldung nicht beigefügt zu werden; es gilt das oben § 63 bei der offenen Handelsgesellschaft Angeführte auch hier.

Die Anmeldung muß sofort nach der Errichtung der Gesellschaft erfolgen; der Kommanditist hat an der schleunigen Anmeldung ein besonderes Interesse, weil er nach § 176 HGB für die bis zur Eintragung begründeten Verbindlichkeiten der Gesellschaft regelmäßig gleich einem persönlich haftenden Gesellschafter haftet.

Zur Anmeldung sind alle Gesellschafter, auch die Kommanditisten, verpflichtet, und zwar auch bei Anmeldung von Zweigniederlassungen (OLG Dresden KGJ **45** 323); es haben aber nur die vertretungsberechtigten persönlich haftenden Gesellschafter die Firma nebst ihrer Namensunterschrift zur Aufbewahrung bei dem Gerichte zu zeichnen. §§ 161 Abs. 2, 108 HGB. Die Kommanditisten vollziehen ebenso wie die von der Vertretung ausgeschlossenen persönlich haftenden Gesellschafter die Anmeldung nur mit ihrem Namen[3]).

---

[1]) Staub Anm. 9 zu § 161.

[2]) Besteht die Einlage nicht in Geld, sondern in anderen Vermögensstücken, so ist deren Wert in Geld anzugeben.

[3]) Wenn der Geschäftsführer einer GmbH eine Kommanditgesellschaft zur Eintragung in das Handelsregister anmeldet, an der sowohl er persönlich als auch die GmbH als Gesellschafter beteiligt ist, so genügt es nicht, daß er die Anmeldung nur mit seinem Namen unterzeichnet, er hat vielmehr auch eine Unterschrift, die seine Unterzeichnung als namens der GmbH erfolgend ersichtlich macht, beizufügen (KGJ **51** 125).

Angemeldet muß auch werden der Ausschluß eines persönlich haftenden Gesellschafters von der Vertretung[1]), die Anordnung einer Gesamtvertretung oder eine nach Abs. 3 Satz 1 § 125 HGB getroffene Bestimmung. §§ 161 Abs. 2, 125 Abs. 4 HGB. Zu beachten ist, daß der Kommanditist nach § 164 HGB zur Vertretung der Gesellschaft nicht befugt ist; doch kann er zum Prokuristen bestellt werden[2]) (RG **31** 39; JFG **2** 193 [BayObLG]). Im übrigen, insbesondere auch wegen der Prüfungspflicht des Richters vor der Eintragung, ist das im § 63 über die offene Handelsgesellschaft Gesagte zu vergleichen; doch muß der Richter hier noch prüfen, ob eine Kommanditgesellschaft im Sinne des § 161 HGB vorliegt und ob die Haftung eines Teils der Gesellschafter auf Vermögenseinlagen, deren Höhe bestimmt ist, beschränkt ist.

Einzutragen ist nur das, was angemeldet werden muß, vgl. oben.

Bei der Bekanntmachung der Eintragung ist nur die Zahl der Kommanditisten anzugeben; der Name, der Stand und der Wohnort der Kommanditisten, sowie der Betrag ihrer Einlagen werden nicht bekannt gemacht. § 162 Abs. 2 HGB. Im übrigen wird alles Eingetragene veröffentlicht.

Beispiel:

Amtsgericht. Berlin, den 15. Dezember 1927.

Es erschienen vor dem Unterzeichneten:

1. der Kaufmann Hugo Feist in Berlin, Zimmerstr. 13,

2. der Kaufmann Karl Gottschalk in Berlin, Oranienstr. 87.

Sie sind dem Unterzeichneten bekannt.

Sie meldeten zur Eintragung in das Handelsregister folgendes an:

Wir betreiben unter der gemeinschaftlichen Firma Feist & Co. ein Fahrradverkaufsgeschäft. Der Sitz unserer Gesellschaft ist Berlin.

Die Gesellschaft ist eine Kommanditgesellschaft und hat am 10. Dezember 1927 begonnen.

Ich, der Erschienene zu 2., bin Kommanditist; meine Einlage beträgt 10000 RMark.

Ich, der Erschienene zu 1., bin persönlich haftender Gesellschafter. Ich zeichne die Firma nebst Namensunterschrift, wie folgt:

Feist & Co.

Hugo Feist.

Das Gewerbekapital beträgt .... RMark, der Gewerbeertrag .... RMark.

Die Kosten trägt die Gesellschaft.

v. g. u.

Hugo Feist. Karl Gottschalk.

Reinhardt, Justizobersekretär

als Urkundsbeamter der Geschäftsstelle.

---

[1]) Unzulässig ist nach Ansicht des Kammergerichts die Bestimmung, daß alle persönlich haftenden Gesellschafter von der Vertretung ausgeschlossen sein sollen (KGJ **52** 90). Vgl. dagegen oben § 63 Nr. 3.

[2]) Zulässig ist es auch, dem Kommanditisten durch den Gesellschaftsvertrag die Geschäftsführungsbefugnis einzuräumen (RG **31** 39; **110** 420). Diese ist aber nicht eintragungsfähig (JFG **2** 193 [BayObLG]).

Darauf wird verfügt[1]):

1. Einzutragen in das Handelsregister Abt. A: Nr. der Firma: 30227.

Sp. 1. 1.

Sp. 2. Feist & Co., Berlin.

Sp. 3. Hugo Feist, Kaufmann, Berlin.

Sp. 6. Kommanditgesellschaft.

Die Gesellschaft hat am 10. Dezember 1927 begonnen.

Kommanditist ist der Kaufmann Karl Gottschalk in Berlin mit einer Vermögenseinlage von 10000 RMark[2]).

2. Ersuchen an die Geschäftsstelle des Reichsanzeigers, der Berliner Börsenzeitung und der Vossischen Zeitung um einmalige Veröffentlichung folgender

Bekanntmachung.

In unser Handelsregister Abt. A ist heute unter Nr. 30227 die Kommanditgesellschaft in Firma „Feist & Co." mit dem Sitz in Berlin eingetragen worden. Persönlich haftender Gesellschafter ist der Kaufmann Hugo Feist in Berlin. Ein Kommanditist ist vorhanden. Die Gesellschaft hat am 10. Dezember 1927 begonnen.

Berlin, den ... Dezember 1927.

Amtsgericht Berlin-Mitte.
Abteilung 90.

3. Nachricht von der Eintragung an[3]):

a) Feist und Gottschalk,

b) die Industrie- und Handelskammer durch die Liste.

Berlin, 15. Dezember 1927. Br.

§ 70. Veränderungen bei Kommanditgesellschaften.

Alle Veränderungen, die sich während des Bestehens einer Kommanditgesellschaft ereignen, sind von sämtlichen Gesellschaftern, also auch von den Kommanditisten zum Handelsregister der Haupt- und Zweigniederlassung anzumelden. §§ 161 Abs. 2, 107, 108 Abs. 1 HGB. Es gilt im übrigen auch hier das im § 64 bei den offenen Handelsgesellschaften Gesagte. Hinzuzufügen ist folgendes:

1. Die Veränderungen können hier auch in dem Eintritt eines Kommanditisten in das bestehende Handelsgeschäft und im Ausscheiden eines Kommanditisten aus der Kommanditgesellschaft bestehen. Name, Stand und Wohnort des eintretenden und ausscheidenden Kommanditisten, sowie der Betrag seiner Einlage werden nicht bekannt gemacht. § 162 Abs. 3

[1]) Nach § 23 KVAB darf die Eintragung erst erfolgen, wenn dem Registergericht eine Unbedenklichkeitsbescheinigung des Finanzamts vorgelegt ist.

[2]) Bei den älteren Kommanditgesellschaften sind noch heute vielfach Papiermarkbeträge eingetragen, da die Gesellschaften es mangels einer bestehenden Vorschrift in zahlreichen Fällen unterlassen haben, die erfolgte Umstellung der Vermögenseinlagen der Kommanditisten zum Handelsregister anzumelden.

[3]) Das Finanzamt erhält Nachricht, wenn es sich um eine Kommanditgesellschaft handelt, zu deren persönlich haftenden Gesellschaftern eine Kapitalgesellschaft gehört. § 12 KVAB.

HGB. Bei der Anmeldung dieser Veränderungen müssen auch der neueintretende und der ausscheidende Kommanditist mitwirken.

Die in Sp. 6 zu bewirkende Eintragung wird z. B. lauten:

Die Kommanditisten Kaufleute Karl Möller und Fritz Schreiber, beide in Berlin, sind aus der Gesellschaft ausgeschieden,

oder:

Die Kaufleute Viktor Jaffé und August Deter, beide in Berlin, sind in die Gesellschaft als Kommanditisten mit einer Vermögenlage von je 10000 RMark eingetreten.

Bekanntzumachen[1]) ist in beiden Fällen nur, daß „zwei Kommanditisten aus der Gesellschaft ausgeschieden sind" oder daß „zwei neue Kommanditisten eingetreten sind".

2. Scheidet der einzige Kommanditist aus, so liegt darin, wenn mehrere persönlich haftende Gesellschafter übrig bleiben, die Umwandlung der Kommanditgesellschaft in eine offene Handelsgesellschaft; es findet aber keine Neugründung, sondern nur eine Änderung der rechtlichen Natur der Gesellschaft statt[2]). Anzumelden ist nicht etwa die Tatsache, daß die Kommanditgesellschaft sich in eine offene Handelsgesellschaft umgewandelt hat, sondern nur, daß X als Kommanditist aus der Gesellschaft ausgeschieden ist; daraus folgt die Umwandlung der Gesellschaftsform ohne weiteres. Eingetragen wird dann in Sp. 6:

Offene Handelsgesellschaft.

Der Kommanditist Kaufmann X in Berlin ist aus der Gesellschaft ausgeschieden.

Bekanntzumachen ist in diesem Falle nur, daß sich die Kommanditgesellschaft durch Ausscheiden des Kommanditisten in eine offene Handelsgesellschaft umgewandelt hat.

Wird ein persönlich haftender Gesellschafter Kommanditist, so ist anzumelden und einzutragen, daß der persönlich haftende Gesellschafter X von jetzt ab nur noch Kommanditist mit einer Einlage von .... RMark ist; bekannt zu machen ist, daß der persönlich haftende Gesellschafter X ausgeschieden und daß ein Kommanditist eingetreten ist[3]).

3. Die Erhöhung sowie die Herabsetzung einer Einlage eines Kommanditisten ist durch die sämtlichen Gesellschafter, also auch durch die Kommanditisten, zur Eintragung in das Handelsregister anzumelden. Ein Zwang zur Anmeldung findet aber nicht statt, soweit es sich um die

---

[1]) Außerdem sind natürlich die Beteiligten zu benachrichtigen, das Finanzamt aber nur in den oben § 26 Ziff. 4b, dd genannten Ausnahmefällen. Zu beachten ist ferner, daß die Eintragung des Eintritts eines neuen Kommanditisten erst erfolgen darf, wenn eine Unbedenklichkeitsbescheinigung des Finanzamts vorgelegt ist. § 23 KVAB.

[2]) Staub Anm. 7 zu § 162; RG **55** 126; RG JW **1903** 293[18]; vgl. oben S. 188, 198.

[3]) Staub Anm. 8 zu § 162; vgl. auch Cohn S. 235.

Eintragung am Sitze der Gesellschaft handelt. Nur die Eintragung am Sitze der Zweigniederlassung kann erzwungen werden, nachdem die Eintragung am Sitze der Gesellschaft erfolgt ist[1]). § 175 Satz 1 und 3 HGB. Die Eintragung hat nur die Veränderung des Betrages der Haftsumme zum Gegenstande. Sie ist in Sp. 6 zu bewirken und lautet etwa:

Der Kommanditist Kaufmann Karl Gottschalk hat seine Vermögenseinlage von 10000 RMark um 20000 RMark, also auf 30000 RMark erhöht.

Diese Eintragung darf erst erfolgen, nachdem eine Unbedenklichkeitsbescheinigung des Finanzamts vorgelegt ist. § 23 KVAB.

Die Bekanntmachung darf den Betrag der Herabsetzung oder Erhöhung und den Namen des betreffenden Kommanditisten nicht enthalten, muß sich vielmehr auf eine allgemeine Bemerkung beschränken, daß die Herabsetzung oder Erhöhung der Einlage eines Kommanditisten stattgefunden hat. § 175 Satz 2 HGB.

§ 71. Die Auflösung und die Liquidation der Kommanditgesellschaft.

Über die Auflösung und die Liquidation der Kommanditgesellschaft sind keine besonderen Vorschriften ergangen. Es finden daher nach § 161 Abs. 2 HGB die bezüglichen Vorschriften über die offene Handelsgesellschaft (oben §§ 65, 66) entsprechende Anwendung[2]). Nur ist zu bemerken, daß nach § 177 HGB der Tod eines Kommanditisten die Auflösung der Gesellschaft nicht zur Folge hat; es treten vielmehr die Erben kraft Gesetzes als solche, d. h. in ungeteilter Erbengemeinschaft (KGJ **44** 133)[3])[4]) an die Stelle des Verstorbenen in die Gesellschaft ein. Die Erben müssen

---

[1]) Staub Anm. 3; Brand Anm. 1 zu § 175.

[2]) Eine durch Tod des einzigen persönlich haftenden Gesellschafters aufgelöste Kommanditgesellschaft kann durch Aufnahme eines dritten als persönlich haftenden Gesellschafter aus einer aus den Erben des verstorbenen Gesellschafters und den Kommanditisten bestehenden Abwicklungsgesellschaft in die alte Kommanditgesellschaft zurückverwandelt werden. Es liegt darin nicht die Bildung einer neuen Gesellschaft, obwohl der neu eingetretene persönlich haftende Gesellschafter nicht aus der Zahl der bisherigen Gesellschafter oder der Erben des verstorbenen Gesellschafters entnommen wird (RG **106** 65).

[3]) A.M. Staub (Anm. 1 zu § 177), der annimmt, daß die mehreren Erben einzeln, nicht als Erbengemeinschaft Kommanditisten werden. Vgl. auch Düringer-Hachenburg Anm. 15 zu § 139.

[4]) Sollen die Rechte eines Kommanditisten den einzelnen Erben selbständig und nicht mehr in ihrer Gesamtheit zustehen, so bedarf es des Abschlusses eines besonderen Vertrages mit den übrigen Gesellschaftern. Bei diesem Vertrage, bei dem der Testamentsvollstrecker die Erben nicht vertreten kann, muß ein minderjähriger Miterbe, dessen gesetzlicher Vertreter ebenfalls als Kommanditist beteiligt ist, durch einen besonderen Pfleger vertreten werden (KGJ **22** A 281; **35** A 154; **44** 132; KG Recht **1913** Nr. 1365).

zum Handelsregister angemeldet werden. Bei der Bekanntmachung wird nur allgemein anzugeben sein, daß „an die Stelle eines gestorbenen Kommanditisten dessen Erben in die Gesellschaft eingetreten sind" oder daß „eine Kommanditeinlage vererbt ist".

Auch ist zu beachten, daß bei den Anmeldungen stets auch die Kommanditisten mitwirken müssen, und daß, wenn die Gesellschaft durch Ausscheiden von Kommanditisten aufgelöst wird, stets nur die Tatsache des Ausscheidens und die Zahl der ausscheidenden Kommanditisten, nicht aber ihre Namen und die Höhe ihrer Einlagen bekannt zu machen sind[1]).

Zu den Gesellschaftern endlich, die nach § 146 Abs. 1 HGB regelmäßig die Liquidation zu bewirken haben, gehören auch die Kommanditisten; sie haben auch bei der Anmeldung der Liquidatoren mitzuwirken (KG Recht **1912** Nr. 1364). Sie gehören auch zu den Beteiligten im Sinne des § 146 Abs. 2 und § 147 HGB und zu den Gesellschaftern im Sinne des § 157 Abs. 2 HGB[2]).

§ 72. Einzelbefugnisse des Registergerichts.

Auf Antrag eines Kommanditisten kann das Registergericht, wenn wichtige Gründe vorliegen, z. B. bei begründetem Anlaß zu Mißtrauen in die Geschäftsführung der persönlich haftenden Gesellschafter (KGJ **28** A 124) oder Verweigerung der Einsichtnahme in die zur Prüfung notwendigen Papiere (BayObLG LZ **1914** 499; RJA **13** 223), jederzeit anordnen, daß dem Kommanditisten eine Bilanz[3]) mitgeteilt oder sonstige Aufklärungen gegeben, sowie die Bücher und Papiere vorgelegt werden. § 166 Abs. 3 HGB[4]). Die Entscheidung erfolgt im Beschlußverfahren. Vor der Entscheidung sind die persönlich haftenden Gesellschafter zu hören. Gegen die Verfügung, durch die über den Antrag entschieden wird, findet die sofortige Beschwerde statt. § 146 Abs. 1 u. 2 FGG.

VI. Das Handelsregister Abt. B.

§ 73. A. Die Einrichtung des Handelsregisters Abt. B[5]).

1. In die Abteilung B des Handelsregisters werden eingetragen die Aktiengesellschaften, die Kommanditgesellschaften auf Aktien, die Gesell-

---

[1]) Staub Anm. 15 Anhang zu § 177.

[2]) Staub Anm. 18, 19 und 26 Anhang zu § 177.

[3]) Unter der Bilanz ist nicht bloß eine Zwischenbilanz, sondern auch eine Jahresbilanz zu verstehen (OLG **27** 397). Das Gericht kann dem Kommanditisten, dem es an Geschäftskunde fehlt, die Zuziehung eines Sachverständigen bei der Prüfung der Bilanz gestatten (KGJ **30** A 121).

[4]) Der ausgeschiedene Kommanditist hat die Rechte aus § 166 Abs. 2 nicht. Er muß einen etwaigen Anspruch auf Einsicht im Prozeßwege geltend machen (KGJ **28** A 56).

[5]) Vgl. über die diesem Register mit den übrigen Registern gemeinsamen Einrichtungen oben den allgemeinen Teil.

schaften mit beschränkter Haftung, die in den §§ 33, 36 HGB bezeichneten juristischen Personen, sowie die Versicherungsvereine auf Gegenseitigkeit. § 16 Abs. 3 AV vom 7. November 1899; Nr. I AV vom 20. Juni 1902 (JMBl 133).

2. Das Register wird nach dem der AV vom 7. November 1899 beigefügten Formulare geführt. Es trägt als Überschrift rechts oben die Nummer der Firma. Es zerfällt in zehn Spalten. Es enthalten:

Spalte 1. Die Nummer der Eintragung.

Spalte 2. Die Firma; den Ort der Niederlassung oder den Sitz der Gesellschaft.

Spalte 3. Den Gegenstand des Unternehmens und die sich darauf beziehenden Änderungen.

Spalte 4. Bei Aktiengesellschaften und bei Kommanditgesellschaften auf Aktien die Höhe des Grundkapitals, bei Gesellschaften mit beschränkter Haftung die Höhe des Stammkapitals; ferner die Erhöhung oder die Herabsetzung des Grund- oder Stammkapitals und, soweit die Eintragung der darauf gerichteten Beschlüsse gesetzlich vorgeschrieben ist, auch diese.

Spalte 5. Bei Aktiengesellschaften und juristischen Personen die Mitglieder des Vorstandes und deren Stellvertreter, bei Kommanditgesellschaften auf Aktien die persönlich haftenden Gesellschafter, bei Gesellschaften mit beschränkter Haftung die Geschäftsführer und deren Stellvertreter mit Namen, Vornamen, Stand und Wohnort; in gleicher Weise die Liquidatoren unter der Bezeichnung als solche.

Spalte 6. Alle die Prokura betreffenden Eintragungen unter Angabe des Namens, Vornamens und Wohnortes der Prokuristen.

In Spalte 7 sind einzutragen:

a) die Art der eingetragenen Gesellschaft oder juristischen Person;

b) der Tag der Feststellung oder des Abschlusses des Gesellschaftsvertrages;

c) die besonderen Bestimmungen des Gesellschaftsvertrages oder der Satzung über die Zeitdauer der Gesellschaft oder des Unternehmens;

d) die Bestimmungen des Gesellschaftsvertrages oder der Satzung, welche die Befugnis der Mitglieder des Vorstandes, der persönlich haftenden Gesellschafter, der Geschäftsführer oder der Liquidatoren zur Vertretung der Gesellschaft oder juristischen Person, abweichend von den gesetzlichen Vorschriften regeln;

e) die bei der Bestellung der Liquidatoren über ihre Vertretungsbefugnis getroffenen Bestimmungen, soweit diese von den gesetzlichen Vorschriften oder von den Bestimmungen des Gesellschaftsvertrages oder der Satzung abweichen;

f) jede Änderung in den Personen des Vorstandes, der persönlich haftenden Gesellschafter, der Geschäftsführer oder Liquidatoren, sowie jede Änderung oder Beendigung der Vertretungsbefugnis einer dieser Personen, bei Aktiengesellschaften außerdem die von dem Aufsichtsrat auf Grund des § 232 Abs. 2 Satz 2 HGB getroffenen Anordnungen;

g) jede Änderung des Gesellschaftsvertrages oder der Satzung, soweit sie nicht die in den Spalten 2 bis 4 eingetragenen Angaben betrifft. Bei der Eintragung genügt, soweit nicht die Abänderung die einzutragenden Angaben betrifft, eine allgemeine Bezeichnung des Gegenstandes der Abänderung; dabei ist in der Spalte „Bemerkungen" auf die bei dem Gericht eingereichten Urkunden sowie auf die Stelle der Registerakten, wo die Urkunden sich befinden, zu verweisen.

In Spalte 8 sind einzutragen:

die Auflösung;

die Eröffnung, Einstellung und Aufhebung des Konkurses, sowie die Aufhebung des Eröffnungsbeschlusses;

die Fortsetzung der Gesellschaft;

die Beschlüsse über den Ausschluß der Liquidation in den Fällen der §§ 304, 306 HGB;

die Nichtigkeit der Gesellschaft;

das Erlöschen der Firma.

In Spalte 9 wird die Geschäftsnummer, der Tag der Eintragung und die Unterschrift des Registerführers vermerkt.

Die Spalte 10 ist für Bemerkungen bestimmt.

§ 32 AV vom 7. November 1899.

Die vorstehenden Vorschriften gelten auch für die Versicherungsvereine auf Gegenseitigkeit.

Nr. I AV vom 20. Juni 1902 (JMBl 133).

3. Im einzelnen ist hervorzuheben:

a) Urteile, durch die ein in das Register eingetragener Beschluß der Generalversammlung rechtskräftig für nichtig erklärt ist[1]), sowie die gemäß § 144 Abs. 2 FGG verfügte Löschung eines Beschlusses sind mittels eines Vermerkes, der den Beschluß als nichtig bezeichnet, in diejenigen Spalten des Registers einzutragen, in welche der Beschluß eingetragen war. § 33 AV vom 7. November 1899.

b) Bei dem Übergang einer in Abteilung B eingetragenen Firma auf einen Einzelkaufmann, eine Handelsgesellschaft oder eine juristische Person ist die Firma an der bisherigen Stelle im Register zu löschen und unter einer anderen Nummer an einer neuen Stelle — und zwar im Falle des Überganges auf einen Einzelkaufmann, eine offene Handelsgesellschaft oder eine Kommanditgesellschaft in Abteilung A —

[1]) Über die Löschung einer Aktiengesellschaft, einer Kommanditgesellschaft auf Aktien und einer Gesellschaft mit beschränkter Haftung im Falle der Nichtigkeit vgl. oben § 23. Über die Nichtigkeit und die Löschung der genannten Gesellschaften und der Genossenschaften wegen Unterlassung der Umstellung vgl. VO vom 21. Mai 1926 (RGBl I 248) mit Berichtigung vom 29. Mai 1926 (RGBl I 254).

einzutragen; dabei ist an jeder der beiden Stellen in der Spalte „Bemerkungen" auf die andere Stelle zu verweisen. § 35 AV vom 7. November 1899.

B. Die Aktiengesellschaft.

§ 74. Begriff der Aktiengesellschaft.

Das Gesetz gibt keine Bestimmung des Begriffs der Aktiengesellschaft. Wesentlich ist ihr, als einer reinen Kapitalgesellschaft, daß ihre sämtlichen Gesellschafter mit Einlagen auf das in Aktien zerlegte Grundkapital der Gesellschaft beteiligt sind, ohne persönlich für deren Verbindlichkeiten zu haften. § 178 HGB. Auch die Eintragung in das Handelsregister des Sitzes der Gesellschaft ist für die Aktiengesellschaft wesentlich. Denn nach § 200 HGB besteht die Aktiengesellschaft als solche vor der Eintragung nicht. Die Eintragung hat also rechtsbegründende Wirkung. Dagegen braucht der Gegenstand des Unternehmens nicht in dem Betrieb eines Handelsgewerbes zu bestehen; die Aktiengesellschaft gilt vielmehr auch als Handelsgesellschaft, wenn der Gegenstand des Unternehmens ein anderer ist[1]). Sie ist eine juristische Person (KGJ **51** 263).

Die Anmeldung einer Aktiengesellschaft zum Register kann vom Registerrichter nicht erzwungen werden, da es an einer entsprechenden gesetzlichen Vorschrift fehlt, vgl. § 319 HGB.

Die Anmeldung der Aktiengesellschaft.

§ 75. a) Die bei der Anmeldung beteiligten Personen.

Die Aktiengesellschaft ist bei dem Gericht, in dessen Bezirke sie ihren Sitz hat, von sämtlichen Gründern und Mitgliedern des Vorstandes und des Aufsichtsrats zur Eintragung in das Handelsregister anzumelden. § 195 Abs. 1 HGB.

Sind bereits im Gründungszustande Betriebsräte Mitglieder des Aufsichtsrats geworden, was der Fall ist, wenn ein Unternehmen, das bereits einen Betriebsrat hat, in eine Aktiengesellschaft eingebracht wird, so haben auch die zu Aufsichtsratsmitgliedern ernannten Betriebsräte bei der Anmeldung mitzuwirken (§ 9 AufsRG).

1. Als Gründer[2]) der Gesellschaft gelten die Aktionäre, die den Gesellschaftsvertrag festgestellt haben oder andere als durch Barzahlung zu

---

[1]) Begrifflich ausgeschlossen ist, daß eine Aktiengesellschaft zugleich als Einzelkaufmann in Betracht kommen kann. Sie darf, wenn sie ein Geschäft allein betreibt, stets nur als solche in das Handelsregister eingetragen werden; sie kann also nicht als Inhaberin eines von ihr erworbenen Handelsgeschäfts, das unter seiner bisherigen, von der Firma der Aktiengesellschaft abweichenden Firma als selbständige Niederlassung fortgeführt werden soll, in das Handelsregister eingetragen werden. KGJ **20** A 36.

[2]) Auch der sog. Strohmann ist wahrer Gründer (RG **28** 77; **41** 13; **84** 21).

leistende Einlagen machen. § 187 HGB. Stirbt ein Gründer vor der Anmeldung, so muß die Gründung noch einmal erfolgen[1]). Die Gründer können bei der Anmeldung durch einen Bevollmächtigten vertreten werden[2]).

2. Die Mitglieder des Vorstandes und des Aufsichtsrates müssen bei der Anmeldung persönlich mitwirken; eine Vertretung ist nicht zulässig[2]). Der erste Aufsichtsrat der Gesellschaft wird im Falle der sog. Simultan- (Einheits-) gründung, d. h. wenn die Gründer alle Aktien übernehmen, von den Gründern gleichzeitig mit der Errichtung der Gesellschaft oder in einer besondern gerichtlichen oder notariellen Verhandlung bestellt. Übernehmen die Gründer nicht alle Aktien, so haben sie nach der Zeichnung des Grundkapitals eine Generalversammlung zur Wahl des Aufsichtsrats zu berufen. Dieselben Vorschriften finden auch auf die Bestellung des ersten Vorstandes Anwendung, sofern nicht nach dem Gesellschaftsvertrage die Bestellung in anderer Weise als durch Wahl der Generalversammlung zu geschehen hat. § 190 HGB.

3. Die Persönlichkeiten der Gründer sowie der bestellten Vorstands- und Aufsichtsratsmitglieder müssen aus den der Anmeldung beigefügten Urkunden (s. unten § 76) hervorgehen. Der Registerrichter kann also durch Einsichtnahme dieser Urkunden leicht feststellen, ob auch die sämtlichen dort als Gründer und Mitglieder des Vorstandes sowie des Aufsichtsrats bezeichneten Personen bei der Anmeldung mitgewirkt haben.

4. Die Mitglieder des Vorstandes — nicht etwa auch die Mitglieder des Aufsichtsrats — haben bei der Anmeldung ihre Namensunterschrift zur Aufbewahrung bei dem Gerichte zu zeichnen. Die Firma der Gesellschaft zeichnen sie nicht, melden sie vielmehr nur gemäß § 29 HGB an.

§ 76. b) Die der Anmeldung beizufügenden Schriftstücke und Urkunden.

Der Anmeldung sind nach § 195 Abs. 2 HGB folgende Schriftstücke und Urkunden beizufügen:

1. Der Gesellschaftsvertrag. Dieser ist in Wirklichkeit kein Vertrag, sondern das autonome Grundgesetz der Aktiengesellschaft (KGJ **43** 365; RG **117** 207; vgl. auch RG JW **1901** 142; **1918** 178). Sein Vorhandensein ist gesetzliches Erfordernis und zu seiner ordnungsmäßigen Beschaffenheit gehört es, daß sein Inhalt mit dem wirklichen Rechtszustand übereinstimmt (RG **108** 33). Das Gesetz läßt eine freie und unbeschränkte Regelung der Rechtsverhältnisse durch den Gesellschaftsvertrag nicht zu. Es entscheidet vielmehr zunächst das Gesetz, der Gesellschaftsvertrag nur insoweit, als das

---

[1]) Brand Anm. 2c zu § 195; Staub Anm. 4 zu § 188 und Anm. 5 zu § 195. A. M. OLG **4** 23 (OLG Dresden).

[2]) KGJ **28** A 228; Staub Anm. 5 zu § 195 (str.).

Gesetz auf ihn verweist, ihm abändernde oder ergänzende Bestimmungen überläßt (RG **65** 91; JFG **1** 227 [OLG Dresden]). Sein Inhalt muß von mindestens fünf Personen[1][2]), die Aktien übernehmen, in gerichtlicher oder notarieller Verhandlung[3][4]) festgestellt werden. § 182 Abs. 1 Satz 1 HGB. Der Registerrichter muß also prüfen, ob der eingereichte Vertrag von mindestens fünf Personen abgeschlossen ist, ob diese Personen bedingungslos und ohne Einschränkung Aktien übernommen haben und ob die gerichtliche oder notarielle Form beobachtet ist. In der gedachten Verhandlung muß ferner auch der Betrag, und wenn verschiedene Gattungen von Aktien ausgegeben werden, die Gattung der von jedem übernommenen Aktien angegeben werden. § 182 Abs. 1 Satz 2 HGB. Der Registerrichter muß also weiter feststellen, ob die überreichte Urkunde ergibt, wie viel Aktien ein jeder übernommen hat, auf welchen Gesamtbetrag die von einem jeden übernommenen Aktien lauten, und wenn verschiedene Gattungen von Aktien — d. h. sog. Vorzugsaktien[5]), für die verschiedene Rechte, insbesondere in betreff der Verteilung des Gewinns oder des Gesellschaftsvermögens

---

[1]) Auch juristische Personen jeder Art (KGJ **41** 128), sowie Handelsgesellschaften (offene Handelsgesellschaften und Kommanditgesellschaften) können zu den Gründern gehören, nicht aber die Gesellschaften des bürgerlichen Rechts und die nicht rechtsfähigen Vereine. Ein Einzelkaufmann kann unter seiner Firma Gründer sein (Staub Anm. 8; Goldschmit Anm. 12 zu § 182; a.M. KG JMBl **1893** 331). Die Gründer können sich durch Bevollmächtigte vertreten lassen. Die Vollmacht braucht aber nicht gerichtlich oder notariell errichtet oder beglaubigt zu sein, auch die nachträgliche Genehmigung hat mit der Bevollmächtigung gleiche Kraft (RG **102** 17). In der Geschäftsfähigkeit Beschränkte werden durch ihre gesetzlichen Vertreter vertreten.

[2]) Daß bei der Feststellung des Gesellschaftsvertrages neben mindestens 5 Personen, welche Aktien übernehmen, auch noch andere Personen mitwirken, welche keine Aktien übernehmen, beeinträchtigt nicht die Gültigkeit der Feststellungsverhandlungen (KGJ **51** 128).

[3]) Unter „Verhandlung" ist eine einheitliche Verhandlung zu verstehen. Es ist damit dasselbe gemeint, was das BGB als Errichtung bezeichnet (Staub Anm. 13 zu § 182). Wenn die Statutfeststellung und die Übernahme sämtlicher Aktien nicht in einem Akte erfolgen (Sukzessiv- [Stufen-] gründung), so muß die Statutfeststellung vorangehen. — Gerichtliche oder notarielle Beglaubigung des Gesellschaftsvertrages genügt nicht. Es dürfte aber genügen, wenn die Beteiligten einen Gesellschaftsvertrag überreichen und sich in gerichtlicher oder notarieller Verhandlung zu seinem Inhalt als dem maßgebenden Inhalt des Gesellschaftsvertrages bekennen (Brand Anm. 3c; Staub Anm. 14 zu § 182).

[4]) Auch der Vorgründungsvertrag bedarf zu seiner Gültigkeit der gerichtlichen oder notariellen Beurkundung (RG **102** 279), ebenso die — Einstimmigkeit erfordernde — Satzungsänderung vor Eintragung der Aktiengesellschaft (OLG **43** 299).

[5]) Von den Vorzugsaktien sind die Vorzugsobligationen zu unterscheiden; diese sind rein kaufmännische Verpflichtungsscheine. Die Inhaber solcher Obligationen sind Darlehnsgläubiger der Gesellschaft. Staub Anm. 12 zu § 185.

festgesetzt sind, § 185 HGB, und Stammaktien[1]), die keine Vorrechte genießen — ausgegeben werden, welche Gattung von Aktien jeder übernommen hat.

Der Gesellschaftsvertrag muß im einzelnen folgendes bestimmen:

a) die Firma und den Sitz der Gesellschaft. Über die Firma vgl. oben § 47.

Der Sitz[2]) der Gesellschaft ist der Ort, an dem die Verwaltung geführt wird. Die Statuten können aber auch einen andern Ort als Sitz bestimmen (KGJ **13** 42; ROHG **17** 315; **21** 37; RG JW **1905** 25; OLG Dresden LZ **1918** 409; OLG Stuttgart OLG **41** 211; BayObLG RJA **14** 145). Der so bestimmte Sitz gilt als die Hauptniederlassung (KGJ **22** A 93; **39** A 118; RG **59** 107; **107** 46). Der Sitz muß aber in Deutschland sein (OLG Dresden LZ **1918** 409; RG **7** 67);

b) den Gegenstand des Unternehmens. Der Gegenstand braucht nur allgemein angedeutet, nicht aber spezialisiert zu werden[3]). Es wird dem Gesetz Genüge geleistet, wenn für ihn im Gesellschaftsvertrage nur ein Rahmen entworfen wird, der seine Ausfüllung durch anderweite Festsetzungen erhält (RG JW **1916** 745). In der Praxis sind Angaben wie: „Betrieb von Handel und Industrie", „Betrieb von Handelsgeschäften aller Art" zugelassen worden (so auch RG **62** 96 für die GmbH; vgl. OLG Karlsruhe JFG **2** 251). In der Regel pflegt freilich eine bestimmte Fassung gewählt zu werden, z. B. „Herstellung und Verkauf von Bier und Malz und Verkauf der bei der Bierbrauerei sich ergebenden Nebenprodukte" oder „Bau und Betrieb einer Kleinbahn von X nach Y";

c) die Höhe des Grundkapitals und der einzelnen Aktien. Nach § 17 Abs. 2 GBV in Verb. mit § 3 der II. DurchfVO zum Münzgesetz vom 12. Dezember 1924 muß das Grundkapital mindestens 50000 RMark betragen. Die Aktien müssen im Regelfalle auf einen Betrag von mindestens 100 RMark ausgestellt werden und durch 100 teilbar sein, während die sog. Kleinaktien (§ 180 Abs. 2 u. 3 HGB) auf 20 RMark lauten müssen (§ 17 Abs. 2 GBV § 43 Abs. 1 der II. DurchfVO)[4]). Das Grundkapital

---

[1]) Die sog. Schutzaktien wie auch die Vorratsaktien, deren Zulässigkeit auch die II DVO zur GBVO in § 30 ff. anerkennt, unterscheiden sich in der rechtlichen Ausgestaltung nicht von den übrigen Stammaktien und bilden deshalb keine besondere Gattung von Aktien im Sinne von § 185 HGB (RG **113** 191; vgl. auch RG **119** 252). Ob der Vorzug im Sinne des § 185 allein in der Beilegung verschieden hohen Stimmrechts bestehen kann, ist bestritten. Die herrschende Meinung verneint es. **A. M.** u. a. Goldschmit Anm. 5 zu § 185 und Horrwitz, Schutz- und Vorratsaktien S. 218.

[2]) Die Aktiengesellschaft kann nur einen Sitz haben (KGJ **13** 45; **20** A 36; **35** A 354). Wegen der Sitzverlegung vgl. unten § 103 und Staub Anm. 17 zu § 182.

[3]) Die Frage ist bestritten. Vgl. unten § 99; ferner Staub Anm. 18 zu § 182.

[4]) Diese Vorschriften über Mindesthöhe des Grundkapitals und der Aktien gelten auch im Falle der Neugründung im Sinne des § 42 Abs. 1 und der II. DurchfVO i. d.

muß vollständig gezeichnet sein und gegen Ausgabe der Aktien ganz eingezahlt werden. Die Aktien brauchen nicht alle über denselben Betrag zu lauten; sie sind aber unteilbar. Man unterscheidet Namens- und Inhaberaktien. § 179 Abs. 1 u. 2 HGB;

d) die Art der Bestellung und Zusammensetzung des Vorstandes. Das Statut muß also bestimmen, wer den Vorstand zu bestellen hat (Aufsichtsrat, Generalversammlung, Gründer usw.)[1]) und aus wieviel Personen der Vorstand besteht. Die Bestimmung der Anzahl der Vorstandsmitglieder kann dem Aufsichtsrat überlassen werden (KGJ **10** 35). Der Vorstand kann aus einer oder mehreren Personen bestehen. § 231 Abs. 2 HGB. Auch Mitglieder des Aufsichtsrats können in den Vorstand gewählt werden; sie scheiden dann natürlich aus dem Aufsichtsrat aus. § 248 Abs. 1 HGB. Das Statut braucht nicht zu bestimmen, ob der Vorstand aus besoldeten Personen oder aus Aktionären bestehen solle, und ob die Vorstandsmitglieder kollektiv zeichnen müssen (KGJ **10** 35). Auch eine Bestimmung über die Bestellung des Aufsichtsrats ist im Hinblick auf die §§ 190, 243 HGB überflüssig[2]).

e) die Form der Berufung der Generalversammlung. In

F. der VO vom 14. Juli 1926 (RGBl I 412); vgl. auch KG JW **1924** 1535. Nach § 35a der 2. DurchfVO zur GBV vom 28. März 1924 (RGBl I 385) i. d. F. der 5. DurchfVO vom 23. Oktober 1924 (RGBl I 717) und nach Art. I und II der 7. DurchfVO vom 7. Juli 1927 (RGBl I 176) hat der Vorstand einer Aktiengesellschaft (persönlich haftende Gesellschafter einer Aktienkommanditgesellschaft) die Inhaber der Aktien, deren Nennbeträge auf 40, 50, 60, 80 und auf mehr als 100 RM, jedoch nicht auf ein Vielfaches von 100 RM lauten, durch Bekanntmachung in den Gesellschaftsblättern aufzufordern, spätestens bis zum 31. Dezember 1929, oder falls das an diesem Tage laufende Geschäftsjahr erst nach diesem Tage abläuft, spätestens bis zum letzten Tage dieses Geschäftsjahres die Aktien zum Umtausch in Aktien zu 20 bezw. 100 RM oder ein Vielfaches von 100 RM einzureichen. Zur Durchführung dieses Umtausches, die zur Eintragung in das Handelsregister anzumelden ist, ist der Vorstand (persönlich haftende Gesellschafter) von dem Registergerichte durch Ordnungsstrafe anzuhalten. Vgl. hiezu Büttig ZBH **1928** 119ff., 174; Pütz DNotVZ **1928** 338.

[1]) In der Regel erfolgt die Bestellung durch den Aufsichtsrat, dem dieses Recht durch die Satzung zu eigener, ausschließlicher Zuständigkeit verliehen werden kann (RG **117** 203; dagegen Lifschütz JW **1927** 2300 und LZ **1927** 1503; vgl. auch RG **43** 286), seltener durch die Generalversammlung (vgl. RG **82** 346). Sie kann auch einem Verwaltungsrat oder einer Kommission des Aufsichtsrats übertragen werden. JFG **1** 225; s. auch Staub Anm. 20 zu § 231.

[2]) Staub Anm. 23 zu § 182. Unzulässig ist die Aufnahme einer Vorschrift in den Gesellschaftsvertrag, daß für eine bestimmte Körperschaft Mitglieder in den Aufsichtsrat zu wählen seien (KGJ **32** A 136), oder daß nur gewisse Personen oder von gewissen Personen Vorgeschlagene gewählt werden können (RG **83** 382; OLG **27** 349 [OLG Naumburg]). Dagegen ist die Bestimmung, daß der Aufsichtsrat beschlußfähig sein soll, wenn mindestens 2 Aufsichtsratsmitglieder anwesend sind, trotz der Vorschrift des § 243 HGB rechtswirksam (KGJ **42** 164).

der Regel wird als Form der Berufung die Einrückung in öffentliche Blätter bestimmt, z. B. heißt es:

„Die Einladung zur Generalversammlung erfolgt mittels zweimaliger Bekanntmachung durch den Vorstand oder den Aufsichtsrat in den Gesellschaftsblättern, nämlich in dem Deutschen Reichsanzeiger und in der Berliner Börsenzeitung".

Unbedingt notwendig ist die Einrückung in öffentliche Blätter nicht. Die Einberufung kann auch durch Einschreibebriefe, Zustellungsurkunden usw. erfolgen. Ist die durch den Gesellschaftsvertrag bestimmte Form der Berufung die öffentliche Bekanntmachung, so haben die Aktionäre, die gemäß § 257 HGB eine besondere Mitteilung verlangt haben, neben der Einladung durch öffentliche Bekanntmachung ein Recht auf besondere Mitteilung (RG JW **1927** 1679). Bestimmungen über den Vorsitz in der Generalversammlung braucht das Statut nicht zu enthalten[1]);

f) die Form, in der die von der Gesellschaft ausgehenden Bekanntmachungen erfolgen. Auch hier werden regelmäßig öffentliche Blätter gewählt. Zu beachten ist, daß Bekanntmachungen, die durch öffentliche Blätter erfolgen sollen, stets in den Deutschen Reichsanzeiger einzurücken sind; andere Blätter außer dem Reichsanzeiger bestimmt der Gesellschaftsvertrag, der die Auswahl nicht einem Gesellschaftsorgan überlassen darf, es sei denn, daß die Bekanntmachung in den nicht namentlich bezeichneten Blättern zur Gültigkeit nicht erforderlich sein, vielmehr die Veröffentlichung im Reichsanzeiger zur Gültigkeit genügen soll. Die Frage, wer die Bekanntmachungen zu bewirken und zu unterzeichnen hat, kann das Statut näher regeln; vorgeschrieben ist dies nicht, da schon die §§ 232, 233 HGB hierüber Bestimmung treffen[2]).

Es heißt z. B. im Gesellschaftsvertrage:

„Die von der Gesellschaft ausgehenden Bekanntmachungen erfolgen nach Maßgabe der gesetzlichen und statutarischen Bestimmungen durch den Vorstand oder den Aufsichtsrat mittels Abdruckes im Deutschen Reichsanzeiger, die des Vorstandes nach den für die Firmenzeichnung geltenden Regeln, die des Aufsichtsrats, indem sie mit der Firma der Gesellschaft unter Hinzufügung der Worte „der Aufsichtsrat" vom Vorsitzenden oder dessen Stellvertreter unterzeichnet werden."

2. Bei einer Simultangründung (s. oben S. 216) die gerichtliche oder notarielle Verhandlung, in der die Gründer die bei Feststellung des Gesellschaftsvertrages noch nicht übernommenen Aktien unter Angabe der auf die einzelnen Gründer noch entfallenden Beträge übernehmen. § 188 Abs. 2 HGB. An dieser Verhand-

---

[1]) Staub Anm. 24 zu § 182.

[2]) Staub Anm. 25 zu § 182; **a. M.** Lehmann-Ring Nr. 11 zu § 182.

lung müssen alle Gründer teilnehmen (OLG **43** 299) und in ihr muß der ganze Aktienrest übernommen werden[1]).

3. Im Falle der sog. qualifizierten Gründung des § 186 (also bei Gründungsabreden über Sondervorteile einzelner Aktionäre, bei Sacheinlagen und Übernahmen[2]) und bei dem sog. Gründerlohn) die Verträge, die den dort bezeichneten Festsetzungen zugrunde liegen oder zu ihrer Ausführung geschlossen sind, ferner die im § 191 HGB vorgesehene Erklärung[3]), bei deren Abgabe eine Vertretung nicht zulässig ist (KGJ **28** A 235), und eine Berechnung des der Gesellschaft zur Last fallenden Gründungsaufwandes, in der die Vergütungen nach Art und Höhe und die Empfänger einzeln aufzuführen sind. Die Berechnung des Gründungs-

---

[1]) Die nachträgliche Übernahme kann auch in mehreren Verhandlungen geschehen. Die Frage ist bestritten. Vgl. Brand, Anm. 3a; Staub Anm. 3 und 3 zu § 188.

[2]) Wenn erkennbar eine Sachgründung vorliegt, nach Überzeugung des Registerrichters also bereits bestimmte, wenn auch nicht formgerechte Abkommen getroffen sind über die Einbringung oder Übernahme von Gegenständen, jedenfalls von solchen, welche die völlige oder teilweise Grundlage des Betriebes bilden sollen, und bei den Gründern die feste Absicht und auch auf Grund der bereits getroffenen Abmachungen mit den Verfügungsberechtigten die sichere Aussicht auf die Einbringung oder Übernahme der Sachen besteht, so muß die Eintragung der nur äußerlich in der Form der Bargründung errichteten Aktiengesellschaft abgelehnt und dadurch die Befolgung der für die Sachgründung gegebenen Schutzvorschriften der §§ 186 Abs. 2, 191, 192 Abs. 2, 3 HGB erzwungen werden (RG **121** 102; KG KGJ **25** A 85; JFG **1** 204; OLG **43** 303 und 306; OLG Dresden KGJ **33** A 313; JFG **2** 197; OLG Braunschweig OLG **43** 294; vgl. hierzu Hachenburg JW **1924** 199). Ist eine solche Gesellschaft, die wegen der schon im Gründungszustande feststehenden Sacheinlagen oder Sachübernahmen nicht hätte eingetragen werden dürfen, aber gleichwohl eingetragen, so kann die Löschung wegen Nichterfüllung der Gründungsvorschriften nicht erfolgen (JFG **1** 204; OLG **43** 305). Die nach § 186 Abs. 4 HGB der Gesellschaft gegenüber unwirksamen, d. i. nichtigen Abkommen können nur dadurch geheilt werden, daß die vorgeschriebene Festsetzung nachträglich durch eine Änderung des Gesellschaftsvertrages erfolgt, nicht aber dadurch, daß sie nach der Eintragung der Aktiengesellschaft nochmals gemäß § 207 HGB als Nachgründungsverträge abgeschlossen werden (RG **121** 103; Goldschmit Anm. 35 zu § 186). Die Gründer der zum Fortbetrieb eines bestehenden Unternehmens errichteten, also auf einer Sacheinlage oder Sachübernahme aufgebauten Gesellschaft können nicht zwischen der Sachgründung des § 186 und der Nachgründung des § 207 HGB frei wählen (RG DNotVZ **1928** 233). Vgl. auch AV vom 3. Juli 1922 (JMBl 225), wonach bei verschleierter Sachgründung die Organe des Handelsstandes gutachtlich zu hören sind.

[3]) Nach § 191 HGB haben bei Sacheinlagen und Übernahmen gemäß § 186 Abs. 2 a. a. O. die Gründer in einer schriftlichen Erklärung, dem sog. Gründerbericht, die wesentlichen Umstände darzulegen, von denen die Angemessenheit der für die eingelegten oder übernommenen Gegenstände gewährten Beträge abhängt. Sie haben hierbei die vorausgegangenen Rechtsgeschäfte, die auf den Erwerb durch die Gesellschaft hingezielt haben, ferner die Erwerbs- und Herstellungspreise aus den letzten beiden Jahren und im Falle des Überganges eines Unternehmens auf die Gesellschaft die Betriebserträgnisse aus den letzten beiden Geschäftsjahren anzugeben. § 191 HGB.

aufwandes, die nicht unterschrieben zu werden braucht, braucht sich nicht bis in die kleinsten Einzelheiten zu erstrecken; Belege der Berechnung sind nicht erforderlich[1]).

4. Wenn nicht alle Aktien von den Gründern übernommen sind — also im Falle der sog. Sukzessiv-(Stufen-)gründung — zum Nachweise der Zeichnung des Grundkapitals die Duplikate der Zeichnungsscheine und ein von den Gründern unterschriebenes Verzeichnis aller Aktionäre, das die auf jeden entfallenden Aktien, sowie die auf diese geschehenen Einzahlungen angibt. Zu beglaubigen ist das Aktionärverzeichnis nicht (vgl. Näheres unten § 79).

5. Die Urkunden über die Bestellung des Vorstandes und des Aufsichtsrates; es werden also regelmäßig die gerichtlich oder notariell beurkundeten Generalversammlungsbeschlüsse vorzulegen sein.

6. Die gemäß § 193 Abs. 2 erstatteten Berichte[2]) über den Gründungshergang nebst ihren urkundlichen Grundlagen (etwaige Gutachten oder sonstige zur Begründung des Berichts beigefügte Bescheinigungen)[3]) sowie im Falle des § 193 Abs. 3[4]) die Bescheinigung, daß der Prüfungsbericht der Revisoren bei dem zur Vertretung des Handelsstandes berufenen Organ eingereicht ist. Die Berichte müssen von sämtlichen Mitgliedern des Vorstandes und Aufsichtsrates sowie sämtlichen Revisoren unterzeichnet sein.

7. Wenn der Gegenstand des Unternehmens der staatlichen Genehmigung bedarf sowie in den Fällen des § 180 Abs. 2 die Genehmigungsurkunde. Diese kann aber nur verlangt werden, wenn die Gesellschaft auch wirklich genehmigungspflichtige Geschäfte betreibt oder betreiben will; es genügt nicht die Annahme des Registerrichters, die Gesellschaft könne der-

---

[1]) Staub Anm. 10; Brand Anm. 5d zu § 195.

[2]) Die Berichte sind von den Mitgliedern des Vorstandes und des Aufsichtsrates und in den im § 192 Abs. 1 Satz 2 bezeichneten Fällen (zu denen auch der Fall gehört, daß ein Mitglied des Vorstandes oder des Aufsichtsrates zu den gesetzlichen Vertretern einer bei der Gründung der Aktiengesellschaft beteiligten juristischen Person gehört [KGJ **41** 123]), außerdem von besonderen Revisoren zu erstatten. Die besonderen Revisoren werden durch das für die Vertretung des Handelsstandes berufene Organ (z. B. die Industrie- und Handelskammer) und in Ermangelung eines solchen durch das Registergericht bestellt. § 192 HGB, § 145 FGG. Die Berichte haben sich über das Ergebnis der Prüfung des Gründungsherganges zu verbreiten und insbesondere mitzuteilen, ob die Angaben, die in Ansehung der Zeichnung und Einzahlung des Grundkapitals, sowie in Ansehung der im § 186 vorgesehenen Festsetzungen (Sondervorteile einzelner Aktionäre, Sacheinlagen, Übernahmen und Gründerlohn) gemacht sind, richtig und vollständig sind. Sie müssen auch erkennen lassen, ob der Inhalt der im § 191 HGB bestimmten Erklärung auch in der Richtung geprüft ist, ob gegen die Angemessenheit der für die eingelegten oder übernommenen Gegenstände gewährten Beträge Bedenken obwalten. § 193 Abs. 1 HGB.

[3]) Staub Anm. 13 zu § 195.

[4]) D. h. wenn die Revisoren durch das für die Vertretung des Handelsstandes berufene Organ bestellt sind.

artige Geschäfte abschließen (JFG **2** 250 [OLG Karlsruhe]). Der Registerrichter entscheidet nicht, ob das Unternehmen der Genehmigung bedarf; er kann nur eine Bescheinigung darüber fordern, daß die Genehmigung von der Verwaltungsbehörde erteilt oder nach Ansicht dieser nicht erforderlich ist[1]). Die Vorschrift bezieht sich nur auf Fälle, wo das ganze Unternehmen, nicht auf solche, wo nur einzelne Anlagen aus sicherheits- oder gesundheitspolizeilichen Gründen der Genehmigung bedürfen[1]). Die Genehmigungsurkunde ist z. B. nötig bei Unternehmungen, die den Betrieb von Eisenbahnen, die Ausgabe von Banknoten und von Inhaberpapieren, das Versicherungsgeschäft (Ges. vom 12. Mai 1901 [RGBl 139]), das Hypothekenbankgeschäft (Ges. vom 13. Juli 1899 [RGBl 375], abg. durch die Gesetze vom 14. Juli 1923 [RGBl I 635], 26. Januar 1926 [RGBl I 97] und 21. Dezember 1927 [RGBl I 491]) sowie den Betrieb von Gastwirtschaften, Schauspielunternehmungen und Heilanstalten betreffen[1])[2]).

8. Eine Unbedenklichkeitsbescheinigung des Finanzamts. § 75 KVStG; § 11 KVAB. Siehe oben § 29.

Die der Anmeldung beigefügten Schriftstücke werden bei dem Gericht in Urschrift oder in beglaubigter Abschrift aufbewahrt. § 195 Abs. 5 HGB.

§ 77. c) Der Inhalt der Anmeldung.

Die Anmeldung muß enthalten:

1. den Betrag, zu dem die Aktien ausgegeben werden;

2. die Erklärung, daß auf jede Aktie, soweit nicht andere als durch Barzahlung zu leistende Einlagen bedungen sind, der eingeforderte Betrag, mindestens aber der vierte Teil des Nennbetrages und im Falle der Ausgabe von Aktien für einen höheren als den Nennbetrag auch der Mehrbetrag bar eingezahlt[3]) und im Besitze[4]) des Vorstandes ist, oder die Erklärung, daß auf jede Aktie ein Viertel sowie das Aufgeld durch einen von der Reichsbank bestätigten Scheck oder durch Gutschrift auf ein Konto bei der Reichsbank

---

[1]) Staub Anm. 14; Goldschmit Anm. 10 l; Brand Anm. 5k zu § 195.

[2]) Eine besondere Genehmigung hat das Kapitalfluchtgesetz, jetzt Gesetz über Depot- und Depositengeschäfte vom 26. Juni 1925 (RGBl I 89) eingeführt, dessen Geltungsdauer durch das Ges. vom 23. Dezember 1926 (RGBl I 527) bis zum 31. Dezember 1927 und durch das Ges. vom 24. November 1927 (RGBl I 512) bis zum 31. Dezember 1929 verlängert ist. Vgl. Staub Anm. 14 zu § 195.

[3]) Als Barzahlung gilt nur die Zahlung in deutschem Gelde, in Reichskassenscheinen sowie in gesetzlich zugelassenen Noten deutscher Banken, z. B. der Reichsbank (Bankgesetz vom 30. August 1924). § 195 Abs. 3 Satz 3 HGB. Vgl. auch RG **72** 167. Zahlung durch Wechsel genügt nicht (RGSt **26** 66; **36** 186; RG LZ **1914** 933), ebenso auch nicht die Gutschrift bei einem Bankier (RGSt **24** 9) oder Zahlung durch Aufrechnung (RG **94** 62). Es muß eine wirkliche Einzahlung vorliegen (RGSt **24** 286, 289), eine bloße Scheinzahlung genügt nicht (KG Recht **1927** 350, [1205]).

[4]) Mittelbarer Besitz genügt, so daß es ausreicht, wenn das Geld einem Bankier zur Verwahrung übergeben ist. Staub Anm. 19 zu § 195.

oder auf Postscheckkonto eingezahlt und dieser Betrag zur freien, insbesondere nicht durch Gegenforderungen beeinträchtigten, Verfügung des Vorstandes steht. § 195 Abs. 3 HGB; VO vom 24. Mai 1917 (RGBl 431)[1]).

§ 78. d) Beispiel für die Anmeldung einer Aktiengesellschaft.

Amtsgericht. Berlin, den 23. März 1927.

Es erschienen vor dem Unterzeichneten:

1. der Fabrikant Richard Zelle in Berlin, Rauchstr. 5;
2. der Chemiker Dr. phil. Paul Herzer in Berlin, Lützowstr. 73;
3. der Kommerzienrat Fritz Steinberg in Charlottenburg, Schillerstraße 12;
4. der Bankdirektor Moritz Bauer in Berlin-Wilmersdorf, Landhausstr. 3;
5. der Bankdirektor Theodor Winter in Berlin, Friedrich-Wilhelm-Straße 20;
6. der Geheime Regierungsrat Karl Wittlich in Berlin, Roonstr. 4;
7. der Fabrikbesitzer Otto Braune in Berlin, Paulstr. 20.

Die Erschienenen sind dem Unterzeichneten von Person bekannt.

Sie überreichten:

1. eine Ausfertigung der notariellen Verhandlung vom 3. März 1927 über die Feststellung des Gesellschaftsvertrags, in der auch die Bestellung des Vorstandes und des Aufsichtsrats beurkundet ist;
2. den Bericht der Mitglieder des Vorstandes und des Aufsichtsrats über die Prüfung des Gründungshergangs;
3. den Bericht der beiden von der hiesigen Industrie- und Handelskammer bestellten besonderen Revisoren;
4. die Bescheinigung, daß der Prüfungsbericht der beiden Revisoren bei der hiesigen Industrie- und Handelskammer eingereicht ist;
5. die Bescheinigung des Finanzamts darüber, daß der Eintragung der Gesellschaft steuerliche Bedenken nicht entgegenstehen.

Die Erschienenen erklärten sodann:

Wir, die Erschienenen zu 1. bis 7. haben, wie die in Ausfertigung überreichte notarielle Verhandlung vom 3. März 1927 ergibt, unter der Firma „Berliner Petroleum-Aktiengesellschaft“ mit dem Sitz in Berlin eine Aktiengesellschaft zum Zwecke der Gewinnung, Verarbeitung und Verwertung des Erdöles und aller daraus oder in Verbindung damit zu gewinnenden Erzeugnisse gegründet. Wir haben sämtliche Aktien übernommen. In der notariellen Verhandlung vom 3. März 1927 sind wir, die Erschienenen zu 1. und 2., zu Vorstandsmitgliedern und wir, die Erschienenen zu 3. bis 7., zu Aufsichtsratsmitgliedern der Gesellschaft gewählt worden.

Das Grundkapital zerfällt in 2000 auf den Inhaber lautende Aktien über je 1000 RMark, die zum Nennbetrag ausgegeben werden. Es ist auf jede Aktie der volle Betrag bar eingezahlt und im Besitze des Vorstandes.

---

[1]) Die Vorschrift bezieht sich nicht auf Sacheinlagen. Daß auch diese vor der Gesellschaftserrichtung dem Vorstande übergeben werden, bestimmt das Gesetz nicht (RGSt **48** 158). Eine Erklärung über die Übergabe von Sacheinlagen braucht also dem Registergericht nicht beigebracht zu werden. Ein Aktionär, der Sacheinlagen macht und Barzahlung leistet, hat ein Viertel des Bargeldes und das Aufgeld einzuzahlen (RGSt **48** 159).

Wir melden die Gesellschaft zur Eintragung in das Handelsregister an.

Wir, die Erschienenen zu 1. und 2, zeichnen unsere Unterschrift wie folgt:

Richard Zelle.

Paul Herzer.

Die Geschäftsräume der Gesellschaft befinden sich ....

Das Gewerbekapital der Gesellschaft beträgt ....RMark; den jährlichen Gewerbeertrag schätzen wir auf ....RMark.

v. g. u.

Richard Zelle. Paul Herzer. Fritz Steinberg. Moritz Brauer. Theodor Winter. Karl Wittlich. Otto Braune.

Lehmann, Justizobersekretär
als Urkundsbeamter der Geschäftsstelle.

§ 79. Die Anmeldung einer Aktiengesellschaft im Fall einer Sukzessiv-(Stufen-)gründung.

1. Handelt es sich bei der anzumeldenden Aktiengesellschaft um eine Sukzessivgründung, haben also die Gründer nicht alle Aktien übernommen, so erfolgt die Anmeldung in der in den §§ 75ff. geschilderten Weise zum Handelsregister; jedoch müssen der Anmeldung außer den im § 76 bezeichneten Schriftstücken und Urkunden noch weiter beigefügt werden:

a) zum Nachweise der Zeichnung des Grundkapitals die Duplikate der Zeichnungsscheine[1]);

b) ein von den Gründern unterschriebenes Verzeichnis aller Aktionäre, welches die auf jeden entfallenen Aktien sowie die auf die letzteren geschehenen Einzahlungen angibt.

---

[1]) Die Zeichnungsscheine müssen nach § 189 Abs. 3 HGB enthalten:

1. den Tag der Feststellung des Gesellschaftsvertrages, die im § 182 Abs. 2 u. § 186 HGB vorgesehenen Festsetzungen und, wenn mehrere Gattungen von Aktien mit verschiedener Berechtigung ausgegeben werden, den Gesamtbetrag einer jeden;

2. den Namen, Stand und Wohnort der Gründer;

3. den Betrag, für den die Ausgabe der Aktie stattfindet, und den Betrag der festgesetzten Einzahlungen;

4. den Zeitpunkt, in welchem die Zeichnung unverbindlich wird, sofern nicht bis dahin die Errichtung der Gesellschaft beschlossen ist.

Zeichnungsscheine, welche diesen Inhalt nicht vollständig haben oder außer dem unter Nr. 4 bezeichneten Vorbehalte Beschränkungen in der Verpflichtung des Zeichners enthalten, sind nichtig. § 189 Abs. 4 HGB. Die Nichtigkeit ist jedoch in allen diesen Fällen heilbar, während der Zeichnungsschein, dem das zwingende Erfordernis des § 189 Abs. 2 fehlt, unheilbar nichtig ist (RG **118** 269ff.). Die Zeichnungsscheine müssen vom Aussteller eigenhändig unterschrieben sein; die Unterzeichnung kann auch durch einen Bevollmächtigten geschehen, der auch mit dem Namen des Vollmachtgebers unterzeichnen kann (vgl. RG **50** 51; **74** 69); die Vollmachtserteilung bedarf nach § 167 BGB keiner Form, ebenso auch nicht die nachträgliche Genehmigung, die gleichfalls zulässig ist (vgl. RG **4** 307; **63** 96); doch kann der Richter zur Prüfung der Gültigkeit der Scheine Vorlegung der Vollmachts- bzw. Genehmigungsurkunde verlangen. Die Echtheit der Unterschrift hat er nicht zu prüfen. Cohn S. 261; Staub Anm. 2 zu § 189.

§ 195 Abs. 2 Nr. 3 HGB.

2. Der Registerrichter hat dann die Anmeldung und ihre Unterlagen zu prüfen (vgl. unten § 80 und RJA **6** 180) und, wenn sich, abgesehen von etwaigen Mängeln, deren Beseitigung in der Generalversammlung erwartet werden kann (KGJ **31** A 158), keine Anstände ergeben, beruft er ohne Verzug eine Generalversammlung der in dem Verzeichnis aufgeführten Aktionäre zur Beschlußfassung über die Errichtung der Gesellschaft, die sog. konstituierende Generalversammlung. § 196 Abs. 1 HGB. Auf die Berufung finden nach § 197 HGB die Vorschriften entsprechende Anwendung, die für die Gesellschaft nach der Eintragung maßgebend sind. Es muß daher nach § 255 Abs. 1 HGB die Berufung in der durch den Gesellschaftsvertrag bestimmten Weise mindestens zwei Wochen vor dem Tage der Versammlung unter Bekanntmachung des Zwecks der Versammlung erfolgen; der Tag der Berufung und der Tag der Generalversammlung sind hierbei nicht mitzurechnen.

3. Die — nicht öffentliche — Versammlung findet unter Leitung des Registerrichters statt[1]). Dieser hat nicht die Wahrheit der in der Versammlung erklärten Tatsachen zu erforschen, sondern nur auf die Abgabe der gesetzlichen Erklärungen hinzuwirken[2]). Anstände, die sich noch beseitigen lassen, können in der Versammlung erörtert und behoben werden[2]).

Der Richter hat zunächst die ordnungsmäßige Einberufung der Versammlung aus den Belegsblättern festzustellen (OLG **12** 425) und sodann die Legitimation der Erschienenen durch Einsichtnahme des Aktionärverzeichnisses sowie die Beschlußfähigkeit der Versammlung nach Maßgabe des Gesellschaftsvertrages zu prüfen[3]). Die in der Generalversammlung gefaßten Beschlüsse sind durch ein über die Verhandlungen von dem Richter (s. aber Anm. 1) aufgenommenes und vollzogenes Protokoll zu beurkunden. In dem Protokolle sind der Ort und der Tag der Verhandlung, der Name des Richters sowie die Art und das Ergebnis der Beschlußfassungen anzugeben. Das nach § 258 HGB aufgestellte Verzeichnis der Teilnehmer an der Generalversammlung sowie die Belege über die ordnungsmäßige Berufung sind dem Protokolle beizufügen. Die Beifügung der Belege über die Berufung der Generalversammlung kann unterbleiben, wenn die Belege unter Angabe ihres Inhalts in dem Protokoll aufgeführt werden. §§ 197, 259 HGB.

In der Versammlung haben sich der Vorstand und der Aufsichtsrat über die Ergebnisse der ihnen in Ansehung der Gründung obliegenden Prüfung auf Grund der im § 193 Abs. 2 HGB bezeichneten Berichte und

[1]) Der Richter wird zweckmäßig gemäß Art. 2 Abs. 2 PrFGG einen Protokollführer zuziehen.

[2]) Staub Anm. 4 zu § 196.

[3]) Brand Anm. 5 zu § 196 HGB; Schlegelberger Anm. 20 zu § 145 FGG.

ihrer urkundlichen Grundlagen zu erklären[1]). Jedes Mitglied des Vorstandes und des Aufsichtsrates kann bis zur Beschlußfassung die Unterzeichnung der Anmeldung zurückziehen. § 196 Abs. 3 HGB[2]). Die Gründer können also die Unterzeichnung der Anmeldung nicht zurückziehen.

Es erfolgt sodann die Abstimmung.

Die der Errichtung der Gesellschaft zustimmende Mehrheit muß eine doppelte sein:

a) sie muß mindestens ein Viertel aller in dem Verzeichnis aufgeführten Aktionäre umfassen; und

b) der Betrag ihrer Anteile muß mindestens ein Viertel des gesamten Grundkapitals darstellen.

Auch wenn diese Mehrheit erreicht wird, gilt die Errichtung als abgelehnt, sofern hinsichtlich eines Teils der Aktionäre die Voraussetzungen des § 186 HGB vorliegen und sich die Mehrheit der von andern Aktionären abgegebenen Stimmen gegen die Errichtung erklärt. In gewissen im § 196 Abs. 5 HGB näher bezeichneten Fällen ist die Zustimmung aller erschienenen, nicht der im Aktionärverzeichnis aufgeführten (RG **55** 61), Aktionäre erforderlich.

Die Beschlußfassung ist zu vertagen, wenn es von den Aktionären mit einfacher Stimmenmehrheit verlangt wird. § 196 Abs. 6 HGB. Der Richter selbst ist ohne weiteres zur Vertagung nicht befugt.

4. Durch den in der Versammlung gefaßten Errichtungsbeschluß gilt die Gesellschaft als errichtet; sie besteht aber nach § 200 HGB vor der Eintragung in das Handelsregister des Sitzes der Gesellschaft nicht. Es wird also nach Schluß der Versammlung alsbald dem Registerrichter Ausfertigung des Beschlusses über die Errichtung der Gesellschaft zur Eintragung in das Handelsregister einzureichen sein.

§ 80. Die Eintragung und Veröffentlichung einer angemeldeten Aktiengesellschaft.

1. Vor der Eintragung der angemeldeten Gesellschaft muß der Registerrichter prüfen, ob die Anmeldung dem Gesetz entspricht, ob die vorgeschriebenen Urkunden und Erklärungen beigefügt sind und auch diese formell und inhaltlich den gesetzlichen Erfordernissen entsprechen (RJA **8** 5; vgl. auch RJA **6** 180; JFG **1** 214 [OLG Karlsruhe]), ob insbesondere auch die Gründer- und Prüfungsberichte vorschriftsmäßig sind (KGJ **41** 124) und ob sich aus den überreichten Urkunden der gestellte Antrag rechtfertigt (KGJ

[1]) Ein Verzicht hierauf ist unzulässig. Lehmann-Ring Nr. 4; Goldmann Anm. 17 zu § 196; Staub Anm. 6 zu § 196. Ein Bericht der Revisoren ist nicht vorgeschrieben, aber zulässig.

[2]) Die Anmeldung verliert damit ihre Kraft; die Generalversammlung ist aufzulösen.

27 A 230; **40** 78). Er hat insbesondere zu beachten, ob der Gesellschaftsvertrag den absolut und relativ notwendigen Inhalt hat und nicht gegen zwingende Gesetze verstößt, während er reine Fassungsänderungen in bezug auf den fakultativen Inhalt nicht verlangen kann (KGJ **3** 13; **5** 31; **8** 12). In der Regel hat der Registerrichter nur die Gültigkeit der abgegebenen Erklärungen, nicht dagegen die Wahrheit der behaupteten Tatsachen zu prüfen. Er braucht also in der Regel nicht festzustellen, ob beispielsweise der etwa schon begonnene Betrieb des Unternehmens dem statutenmäßigen Gegenstand entspricht, ob die Gründerbelohnungen verteilt und die eingeforderten Beträge bezahlt sind. Nur wenn begründete Zweifel an der Richtigkeit der einzutragenden Tatsachen bestehen, hat er das Recht und die Pflicht der materiellen Prüfung (KGJ **39** A 122; **46** 161). Dies gilt hier besonders, weil die Eintragung zur Begründung der Rechtswirksamkeit gehört. Schöpft der Registerrichter also bei Prüfung der Anmeldung der Aktiengesellschaft z. B. den begründeten Verdacht, daß die Angaben des Gesellschaftsvertrages über den Gegenstand des Unternehmens nicht der Wahrheit entsprechen, so hat er gemäß § 12 FGG die erforderlichen Ermittlungen anzustellen und, falls er hierbei die Überzeugung von der Unwahrheit der Gegenstandsbezeichnung gewinnt, insbesondere die Gründung als eine Fasson- oder Mantelgründung oder als Vorratsgründung erkennt, die Eintragung abzulehnen (JFG **1** 200; **3** 198). Er darf sich nicht damit begnügen, daß die Aktiengesellschaft äußerlich als reine Geldgesellschaft gegründet ist; vielmehr hat er zu prüfen, ob die gesetzlichen Schutzvorschriften befolgt sind, wenn die Sachlage auf eine verschleierte Sachgründung hinweist (KGJ **25** A 85; **33** A 314; JFG **1** 208; vgl. auch oben S. 221 Anm. 3).

2. Ergeben sich keine Anstände, so verfügt der Richter die E i n t r a g u n g[1]). Nach § 198 Abs. 1 HGB s i n d bei der Eintragung stets anzugeben:

a) die Firma, vgl. oben § 47;
b) der Sitz, vgl. oben § 76;
c) der Gegenstand des Unternehmens;
d) die Höhe des Grundkapitals;
e) der Tag der Feststellung des Gesellschaftsvertrags;
f) die Mitglieder des Vorstandes[2]).

Ferner sind nach § 198 Abs. 2 HGB folgende Punkte einzutragen, falls der Gesellschaftsvertrag sie besonders behandelt:

a) Bestimmungen über die Zeitdauer der Gesellschaft; solche sind selten;

---

[1]) Im Falle der Sukzessiv-(Stufen-)gründung folgt nach der Prüfung nicht die Eintragung, sondern die Einberufung einer Generalversammlung; s. oben § 79.

[2]) Auch die S t e l l v e r t r e t e r v o n V o r s t a n d s m i t g l i e d e r n sind anzumelden und einzutragen. Sie dürfen aber nicht etwa einfach als Vorstandsmitglieder bezeichnet werden. KGJ **24** A 194.

b) Bestimmungen über die Befugnis der Mitglieder des Vorstandes oder der Liquidatoren zur Vertretung der Gesellschaft. Hierunter sind die etwaigen Abweichungen von dem Grundsatze der Gesamtvertretung nach § 232 HGB zu verstehen[1]); z. B. „die Vertretung der Gesellschaft steht jedem Mitgliede des Vorstandes nur in Gemeinschaft mit einem andern Mitglied oder einem Prokuristen zu."

Läßt der Registerrichter wesentliche Punkte bei der Eintragung versehentlich weg, so wird damit das Bestehen der Gesellschaft nicht gefährdet. Denn die Gesellschaft gilt im Sinne des § 200 HGB als eingetragen, wenn ihre Firma in das Register eingetragen ist. Bemerkt der Richter das Versehen, so hat er von Amts wegen die Nachtragung zu bewirken (KGJ **27** A 332). Eine Löschung der Firma von Amts wegen gemäß § 144 FGG ist in diesen Fällen unzulässig[2]); vgl. auch oben § 23.

3. Nach der Eintragung erfolgt die Veröffentlichung, durch welche die Eintragung bekannt gemacht wird. In die Veröffentlichung sind aufzunehmen:

a) der Inhalt der Eintragung, also Firma, Sitz, Gegenstand des Unternehmens, Höhe des Grundkapitals, Tag der Feststellung des Gesellschaftsvertrages, Mitglieder des Vorstandes, unter Umständen auch Zeitdauer der Gesellschaft und Vertretungsbefugnis der Mitglieder des Vorstandes oder der Liquidatoren;

b) die Höhe der einzelnen Aktien;

c) die Art der Bestellung und Zusammensetzung des Vorstandes;

d) die Form, in der die Berufung der Generalversammlung der Aktionäre geschieht;

e) die Form, in der die von der Gesellschaft ausgehenden Bekanntmachungen erfolgen;

f) die Mitteilung, daß die Bekanntmachungen, die durch öffentliche Blätter erfolgen sollen, in den Deutschen Reichsanzeiger und in andere, etwa durch den Gesellschaftsvertrag bestimmte Blätter einzurücken sind;

g) die Angabe, ob die Aktien auf den Inhaber oder auf Namen lauten;

h) die etwaige Bestimmung des Gesellschaftsvertrages, daß auf Verlangen des Aktionärs die Umwandlung seiner auf Namen lautenden Aktie in eine Inhaberaktie oder umgekehrt stattzufinden hat;

i) die etwa im Gesellschaftsvertrag erfolgte Festsetzung verschiedener Rechte für einzelne Gattungen von Aktien, insbesondere betreffs der Verteilung des Gewinns oder des Gesellschaftsvermögens;

k) die etwa im Gesellschaftsvertrage bewirkten Festsetzungen über

---

[1]) Denkschrift S. 127.

[2]) Vgl. über diese sehr bestrittenen Fragen Staub Anm. 4; Lehmann-Ring Nr. 2; Goldmann Anm. 7 zu § 198.

Sondervorteile einzelner Aktionäre, Sacheinlagen und Gründerlohn im Falle des § 186 HGB, also bei der sog. qualifizierten Gründung[1]);

l) der Betrag, zu dem die Aktien ausgegeben werden;

m) der Name, Stand und Wohnort der Gründer und die Angabe, ob sie die sämtlichen Aktien übernommen haben;

n) der Name, Stand und Wohnort der Mitglieder des ersten Aufsichtsrats.

Zugleich ist bekanntzumachen, daß von den mit der Anmeldung der Gesellschaft eingereichten Schriftstücken, insbesondere von dem Prüfungsberichte des Vorstandes, des Aufsichtsrats und der Revisoren bei dem Gericht Einsicht genommen werden kann.

Sind die Revisoren durch das für die Vertretung des Handelsstandes berufene Organ bestellt, so ist ferner bekanntzumachen, daß von dem Prüfungsberichte der Revisoren auch bei dem zur Vertretung des Handelsstandes berufenen Organ Einsicht genommen werden kann. § 199 HGB.

4. Beispiel für die Eintragung und Veröffentlichung einer Aktiengesellschaft.

Auf die Anmeldung vom 23. März 1927 (oben S. 224) wird verfügt:

1. Einzutragen in das Handelsregister Abt. B: Nummer der Firma: 422.

Sp. 1. 1.

Sp. 2. Berliner Petroleum-Aktiengesellschaft, Berlin.

Sp. 3. Die Gewinnung, Verarbeitung und Verwertung des Erdöls und aller daraus oder in Verbindung damit zu gewinnenden Erzeugnisse.

Sp. 4. 2000000 RMark.

Sp. 5. Richard Zelle, Fabrikant, Berlin.
Dr. phil. Paul Herzer, Chemiker, Berlin.

Sp. 7. Aktiengesellschaft.

Der Gesellschaftsvertrag ist am 3. März 1927 festgestellt. Die Gesellschaft wird, wenn der Vorstand aus mehreren Personen besteht, durch zwei Vorstandsmitglieder gemeinschaftlich oder durch ein Mitglied des Vorstandes und einen Prokuristen gemeinschaftlich vertreten.

Sp. 10. Der Gesellschaftsvertrag befindet sich Bl. 2ff. der Registerakten.

2. Ersuchen an den Deutschen Reichsanzeiger, die Berliner Börsenzeitung und die Vossische Zeitung um einmalige Veröffentlichung folgender

Bekanntmachung.

In unser Handelsregister Abt. B ist am ... 1927 unter Nr. 422 die Aktiengesellschaft in Firma

Berliner Petroleum-Aktiengesellschaft

mit dem Sitz in Berlin eingetragen.

Der Gesellschaftsvertrag ist am 3. März 1927 festgestellt.

Gegenstand des Unternehmens ist:

---

[1]) Ob die Festsetzungen wörtlich oder nur dem Hauptinhalte nach zu veröffentlichen sind, ist bestritten. Man wird aber eine zusammenfassende Bekanntmachung für ausreichend erachten können. Brand Anm. 1a; Staub Anm. 2 zu § 199.

die Gewinnung, Verarbeitung und Verwertung des Erdöls und aller daraus oder in Verbindung damit zu gewinnenden Erzeugnisse.

Das Grundkapital beträgt 2000000 RMark.

Der Vorstand der Gesellschaft besteht aus dem Fabrikanten Richard Zelle in Berlin und dem Chemiker Dr. phil. Paul Herzer ebenda.

Die Gesellschaft wird, wenn der Vorstand aus mehreren Personen besteht, durch zwei Vorstandsmitglieder gemeinschaftlich oder durch ein Mitglied des Vorstandes und einen Prokuristen gemeinschaftlich vertreten.

Als nicht eingetragen wird bekannt gemacht:

Der Vorstand besteht aus einer oder mehreren, vom Aufsichtsrat zu gerichtlichem oder notariellem Protokoll zu bestellenden und von ihm der Zahl nach zu bestimmenden Personen.

Das Grundkapital zerfällt in 2000 auf den Inhaber lautende Aktien über je 1000 RMark, die zum Nennbetrag ausgegeben werden.

Die Bekanntmachungen der Gesellschaft erfolgen im Deutschen Reichsanzeiger, in der Berliner Börsenzeitung und in der Vossischen Zeitung. Zu ihrer Gültigkeit genügt eine einmalige Veröffentlichung im Reichsanzeiger, soweit nicht das Gesetz eine mehrmalige Bekanntmachung vorschreibt. Die Generalversammlungen werden von dem Vorstand oder dem Aufsichtsrate durch einmalige öffentliche Bekanntmachung einberufen.

Die Gründer der Gesellschaft, die sämtliche Aktien übernommen haben, sind:

1. der Fabrikant Richard Zelle in Berlin;
2. der Chemiker Dr. phil. Paul Herzer in Berlin,
3. der Kommerzienrat Fritz Steinberg in Charlottenburg;
4. der Bankdirektor Moritz Brauer in Wilmersdorf;
5. der Bankdirektor Theodor Winter in Berlin;
6. der Geheime Regierungsrat Karl Wittlich in Berlin;
7. der Fabrikbesitzer Otto Braune in Berlin.

Den ersten Aufsichtsrat bilden die vorstehend zu 3. bis 7. genannten Personen.

Von den mit der Anmeldung der Gesellschaft eingereichten Schriftstücken, insbesondere von dem Prüfungsberichte des Vorstandes, des Aufsichtsrates und der Revisoren kann bei dem Gerichte, von dem Prüfungsberichte der Revisoren auch bei der Industrie- und Handelskammer Berlin Einsicht genommen werden.

Berlin, den ....

Amtsgericht Berlin-Mitte.

3. Nachricht von der erfolgten Eintragung an:

a) den Vorstand,

b) die Industrie- und Handelskammer durch die Liste,

c) das Finanzamt.

4. Vorzulegen am 15. April 1928 (§§ 260, 265 HGB).

Berlin, 25. März 1927. Br.

§ 81. Begriff, Anmeldung, Eintragung und Veröffentlichung der Zweigniederlassung einer Aktiengesellschaft.

1. Über den Begriff[1]) und die rechtliche Bedeutung einer Zweigniederlassung ist oben im § 54 das Nähere dargelegt. Es kann hiernach von der Zweigniederlassung einer Aktiengesellschaft nur dann die

[1]) Wegen der Firma der Zweigniederlassung vgl. oben § 53.

Rede sein, wenn es sich um eine kaufmännische Niederlassung handelt, die einen Mittelpunkt wenigstens für einen bestimmten Kreis von geschäftlichen Beziehungen bildet; das Etablissement muß also, wenn es auch das Hauptgeschäft fördern soll, doch diesem gegenüber eine gewisse Selbständigkeit haben, durch die es befähigt wird, an sich Hauptgeschäft zu sein. Merkmale solcher Selbständigkeit sind, daß von der Niederlassung aus eigene Geschäfte, wie von der Hauptniederlassung, im Gegensatze zu bloßen Vorbereitungs-, Vermittlungs- und Ausführungsgeschäften geschlossen werden, daß die Niederlassung eine äußerlich selbständige Leitung hat, mit einem nach innen gesonderten Geschäftsvermögen ausgestattet ist, und eine besondere Buchführung für sie besteht. So ist z. B. die Stelle, an der eine dem Betriebe von Gasanstalten gewidmete Aktiengesellschaft außerhalb ihres Sitzes Gas aus dorthin von der Zentralstelle gesandten Rohstoffen herstellen und an die Konsumenten nach fester Anweisung der Zentralstelle abgeben läßt, regelmäßig keine eintragungspflichtige Zweigniederlassung der Gesellschaft; ebenso sind Fabriken als solche keine Zweigniederlassungen, obwohl von ihnen aus Arbeiter angenommen und entlassen werden; auch die besondere Buch- und Kassenführung allein macht eine Geschäftsstelle, die nach den sonstigen Umständen des Falls keine Zweigniederlassung ist, nicht zu einer solchen.

Zu beachten ist, daß von einem besonderen „Vorstande" der Zweigniederlassung im Rechtssinne nicht die Rede sein kann, weil die Aktiengesellschaft nur einen Vorstand haben kann, der alle ihre Geschäfte, auch die ihrer Zweigniederlassungen, besorgt, und dessen Vertretungsbefugnis auf eine Zweigniederlassung nicht begrenzt werden kann (RGSt **47** 41). Soll außer dem Vorstande noch andern, nicht gleichzeitig die Gesellschaft in ihrem gesamten Geschäftsbetrieb vertretenden Personen die spezielle Vertretung der Zweigniederlassungen übertragen werden, so kann dies nur derart geschehen, daß sie als Prokuristen für die Zweigniederlassung bestellt und im Handelsregister eingetragen werden; jedoch ist auch dies nur zulässig, wenn für die Zweigniederlassung eine von der Hauptfirma der Gesellschaft abweichende Firma besteht (KGJ **20** A 69; **20** D 25 [OLG Hamburg]).

Ob eine Niederlassung als Haupt- oder Zweigniederlassung zu gelten hat, ist aus dem Gesellschaftsvertrag ersichtlich. Denn die in diesem enthaltene Bestimmung des Sitzes hat die Bedeutung, die Hauptniederlassung in maßgebender Weise festzustellen. Da die Aktiengesellschaft nur einen Sitz haben kann, so kommt jede nicht durch den satzungsmäßigen Sitz gedeckte Niederlassung nur als Zweigniederlassung in Betracht (KGJ **22** A 91; BayObLG LZ **1915** 147).

2. Die Anmeldung der Zweigniederlassung einer Aktiengesellschaft, deren Errichtung, Veränderung und Aufhebung ein reiner Verwaltungsakt ist und mangels anderweitiger statutarischer Bestimmung keine Satzungs-

änderung erfordert (ROHG **22** 282)[1]), erfolgt nicht etwa bei dem Gerichte der Hauptniederlassung, sondern bei dem Gericht, in dessen Bezirke sich die Zweigniederlassung befindet. Die Anmeldung ist durch sämtliche Mitglieder des Vorstandes zu bewirken. § 201 Abs. 1 HGB. Dabei ist anzugeben, daß die Aktiengesellschaft an dem zu bezeichnenden Ort eine Zweigniederlassung betreibt; eine gegen die Firma der Hauptniederlassung etwa geänderte Firma (vgl. oben § 53) ist mitanzumelden.

Die Anmeldung der Zweigniederlassung ist — im Gegensatz zur Anmeldung der Hauptniederlassung — durch Ordnungsstrafen erzwingbar[2]). §§ 13, 14 HGB.

Der Anmeldung sind beizufügen:

a) eine beglaubigte Abschrift der in das Handelsregister des Gerichts der Hauptniederlassung bewirkten Eintragungen; § 13 Abs. 2 HGB;

b) der Gesellschaftsvertrag in Urschrift oder in öffentlich beglaubigter Abschrift; § 201 Abs. 2 HGB[3]). Hierdurch soll den Beteiligten eine Kenntnisnahme von den Rechtsverhältnissen der Gesellschaft auch bei dem Gerichte der Zweigniederlassung ermöglicht werden (KGJ **26** A 225). Dieser Zweck wird durch Einreichung des Gesellschaftsvertrages in seiner augenblicklich geltenden Gestalt erfüllt, so daß nicht unter allen Umständen der Gesellschaftsvertrag in seiner ursprünglichen Fassung nebst allen zu seiner Abänderung ergangenen Generalversammlungsbeschlüssen beizubringen ist (KGJ **26** A 225). Unter der „öffentlich beglaubigten" Abschrift ist eine Abschrift zu verstehen, die mit der Urschrift wörtlich übereinstimmt und das von einer öffentlichen Urkundsperson ausgestellte Zeugnis dieser Übereinstimmung trägt; der Gesellschaftsvertrag muß irgendwie formell festgestellt sein, sei es im Protokoll über die Generalversammlung, sei es zufolge Beschlusses der Generalversammlung von einem sonstigen Gesellschaftsorgane; die Urschrift dieser Feststellung muß in der Abschrift mit Hinzufügung des Beglaubigungsvermerks wiedergegeben sein. Es genügt aber z. B. nicht ein Druckexemplar der Gesellschaftsstatuten, unter dem sich eine Bescheinigung des Amtsgerichts der Hauptniederlassung befindet, daß das Druckexemplar nach den Registerakten die jetzt gültigen Bestimmungen des Gesellschaftsvertrages enthalte. Denn das Druckexemplar gibt nicht die Urschrift des Gesellschaftsvertrages wieder, und das Amtsgericht hat nicht die Übereinstimmung des Druckexemplars mit der betreffenden

---

[1]) Vgl. Staub Anm. 2 zu § 201.

[2]) Auch die Anmeldung des Erlöschens der Firma der Zweigniederlassung kann erzwungen werden, wenn die Aktiengesellschaft den Betrieb ihrer eingetragenen Zweigniederlassung einstellt (KGJ **47** 105).

[3]) Es brauchen also die im § 195 Abs. 2 Nr. 2—6 aufgeführten Urkunden nicht beigefügt zu werden. Dagegen ist der Gesellschaftsvertrag in Urschrift oder in öffentlich beglaubigter Abschrift auch bei Anmeldung einer 2. oder weiteren Zweigniederlassung innerhalb desselben Gerichtsbezirks vorzulegen (OLG München Recht **1919** Nr. 309).

Urschrift bescheinigt, sondern nur bezeugt, daß das Druckexemplar die jetzt gültigen Bestimmungen des Gesellschaftsvertrages enthalte (KGJ **26** A 225).

Besonderes gilt, wenn die Eintragung innerhalb der ersten zwei Jahre, nachdem die Gesellschaft in das Handelsregister ihres Sitzes eingetragen ist, erfolgt; es ist dann nämlich der Anmeldung außer den vorbezeichneten Schriftstücken ein Exemplar der für den Sitz der Gesellschaft ergangenen gerichtlichen Bekanntmachung beizufügen. § 201 Abs. 4 Satz 2 HGB.

3. Der Richter hat vor der Eintragung[1]) nur zu prüfen, ob die Anmeldungen und Zeichnungen nach Inhalt und Form zutreffen, ob die vorgeschriebenen Urkunden eingereicht sind und die Hauptniederlassung in das für sie zuständige Handelsregister eingetragen ist. Dagegen hat er, da die Eintragung der Aktiengesellschaft im Register der Hauptniederlassung rechtserzeugende und ausschlaggebende Wirkung hat (RJA **6** 198; OLG **14** 332; KGJ **33** A 117), nicht zu prüfen, ob die Voraussetzungen für die Eintragung im Register der Hauptniederlassung vorliegen[2]).

4. Die Eintragung hat zu enthalten: die Firma, den Sitz der Gesellschaft, den Ort der Zweigniederlassung, den Gegenstand des Unternehmens, die Höhe des Grundkapitals, den Tag der Feststellung des Gesellschaftsvertrages und die Mitglieder des Vorstandes; enthält der Gesellschaftsvertrag besondere Bestimmungen über die Zeitdauer der Gesellschaft oder über die Befugnis der Mitglieder des Vorstandes oder der Liquidatoren zur Vertretung der Gesellschaft, so sind auch diese Bestimmungen einzutragen. § 201 Abs. 3 und § 29 HGB[3]).

Die Eintragung der Zweigniederlassung hat nicht die Bedeutung wie die der Hauptniederlassung. Denn die Zweigniederlassung entsteht nicht erst durch die Eintragung, sondern mit dem Augenblicke, wo die Aktiengesellschaft an dem betreffenden Ort ein Geschäft zu betreiben beginnt[4]).

5. Eine Anmeldung und vorgängige Eintragung der Zweigniederlassung bei dem Gerichte der Hauptniederlassung ist gesetzlich nicht geboten; vielmehr hat das Gericht der Zweigniederlassung die erfolgte Eintragung der letzteren dem Gerichte der Hauptniederlassung von Amts wegen behufs Eintragung eines Vermerks mitzuteilen. § 131 FGG.

6. Die Veröffentlichung, durch die die Eintragung bekanntgemacht wird, muß nach § 201 Abs. 4 HGB enthalten:

---

[1]) Diese kann nicht von der Anmeldung der Prokura zum Handelsregister der Zweigniederlassung abhängig gemacht werden (OLG **6** 1).

[2]) Vgl. im übrigen wegen des Prüfungsrechts des Registerrichters der Zweigniederlassung oben § 54.

[3]) Die Bestimmungen des Gesellschaftsvertrages über die Form der Gesellschaftsbekanntmachungen sind nicht mit einzutragen.

[4]) Staub Anm. 3 zu § 201; RG LZ **1917** 926.

a) den Inhalt der Eintragung, vgl. oben unter 4;

b) die sonstigen im § 182 Abs. 2 u. 3 und in den §§ 183, 185 HGB bezeichneten Festsetzungen, also insbesondere die Höhe der einzelnen Aktien, die Art der Bestellung und Zusammensetzung des Vorstandes, die Form, in der die Berufung der Generalversammlung der Aktionäre geschieht, und die Form, in der die von der Gesellschaft ausgehenden Bekanntmachungen erfolgen, die Bestimmung, daß die Bekanntmachungen der Gesellschaft im Reichsanzeiger und in welchen sonstigen Blättern etwa erfolgen sollen, ferner die Art der einzelnen Aktien (Inhaber- und Namenaktien), eine etwaige Bestimmung des Gesellschaftsvertrages, daß auf Verlangen des Aktionärs die Umwandlung seiner auf Namen lautenden Aktie in eine Inhaberaktie oder umgekehrt stattzufinden hat, und die etwa für einzelne Gattungen von Aktien festgesetzten verschiedenen Rechte.

Weiter darf nichts veröffentlicht werden. Es werden daher z. B. die Namen, Stand und Wohnort der Mitglieder des ersten Aufsichtsrats nicht veröffentlicht (KGJ **28** A 46).

Besonderes gilt, wenn die Eintragung innerhalb der ersten zwei Jahre, nachdem die Gesellschaft in das Handelsregister ihres Sitzes eingetragen ist, erfolgt; in diesem Falle sind nämlich alle im § 199 HGB (vgl. oben § 80 Nr. 3) bezeichneten Angaben zu veröffentlichen. § 201 Abs. 4 Satz 4 HGB.

7. Besondere Vorschriften gelten für die Zweigniederlassungen ausländischer Aktiengesellschaften. Eine ausländische Aktiengesellschaft ist eine solche, deren Sitz sich im Auslande befindet. § 201 Abs. 5 HGB (vgl. auch RG **83** 367; **88** 54). Ob die inländische Niederlassung einer ausländischen Aktiengesellschaft als Zweigniederlassung anzusehen ist, bestimmt sich nach den für inländische Gesellschaften gegebenen Vorschriften (vgl. oben § 54); auch die inländische Zweigniederlassung einer ausländischen Aktiengesellschaft ist kein selbständiges Rechtssubjekt (RG **38** 406). Sie ist selbst dann Zweigniederlassung, wenn der Geschäftsbetrieb der Gesellschaft ausschließlich in dieser vor sich geht (KGJ **35** A 354 [OLG München]).

Die Anmeldung einer solchen Zweigniederlassung[1]) muß enthalten (§ 201 Abs. 5 HGB):

a) den Nachweis des Bestehens der Aktiengesellschaft als solcher; es muß also nachgewiesen werden, daß die Gesellschaft eine solche ist, die den Erfordernissen des § 178 HGB entspricht und daß sie — was sich nach ausländischem Rechte richtet — besteht. Dagegen braucht nicht dargetan zu werden, daß sie ordnungsmäßig gegründet ist und daß die Hauptnieder-

---

[1]) Auch bei ausländischen Aktiengesellschaften ist die Anmeldung zum inländischen Handelsregister persönliche Angelegenheit der Vorstandsmitglieder, so daß der inländische Bevollmächtigte der Gesellschaft zur Vornahme der Anmeldung nicht im Wege des Ordnungsstrafverfahrens angehalten werden kann (KGJ **35** A 354 [OLG München]).

lassung eingetragen ist, vorausgesetzt, daß nach dem ausländischen Rechte überhaupt kein Handelsregister geführt wird[1]). Der Nachweis des Bestehens wird dem Registerrichter, der den Gründungshergang nicht nachzuprüfen hat, in der Regel durch ein Zeugnis der zuständigen ausländischen Behörde erbracht, doch kann er auch in anderer Weise geführt werden[2]);

b) den Nachweis der staatlichen Genehmigung, die in Preußen vom Minister für Handel und Gewerbe erteilt wird, sofern der Gegenstand des Unternehmens oder die Zulassung zum Gewerbebetrieb im Inland einer solchen Genehmigung bedarf; vgl. z. B. Art. 7 PrAG BGB; s. hierzu aber Art. 276, 280 Friedensvertrag;

c) den Gesellschaftsvertrag in Urschrift oder in öffentlich beglaubigter Abschrift;

d) die Angaben, deren öffentliche Bekanntmachung nach § 201 Abs. 4 HGB zu erfolgen hat; vgl. das Nähere oben unter 6.

Hiernach muß z. B. eine Anmeldung beanstandet werden, in der keine Bestimmung über die Form der Gesellschaftsbekanntmachungen enthalten ist. Das Kammergericht (KGJ **26** A 65) hebt hervor, daß es nicht genüge, wenn nur die Anmeldung selbst, nicht aber der mit ihr eingereichte Gesellschaftsvertrag eine solche Bestimmung enthalte, es sei denn, daß erweislich nach Maßgabe des betreffenden ausländischen Rechts die Einfügung einer solchen Bestimmung in den Gesellschaftsvertrag sich nicht erzielen lasse. Dies ist zweifellos richtig, folgt übrigens schon aus § 182 Abs. 2 HGB.

Wegen der Firma einer ausländischen Aktiengesellschaft vgl. oben § 47. Die Höhe des Grundkapitals darf in ausländischer Währung angegeben werden.

Wird die Zweigniederlassung innerhalb der ersten zwei Jahre nach ihrer Eintragung am Hauptsitz, oder — wenn die Aktiengesellschaft nach ausländischem Rechte durch einen andern Akt als die Eintragung entsteht — nach diesem besonderen Entstehungsakt eingetragen, so müssen alle im § 199 HGB (vgl. oben § 80 Nr. 3) bezeichneten Angaben in die Anmeldung aufgenommen werden. Besteht aber nach dem ausländischen Rechte das Institut der Gründer nicht, so müssen die Personen angegeben werden, die die ersten Aktien übernommen haben; kommen Revisoren oder Aufsichtsrat in dem fremden Rechtsgebiete nicht vor, so müssen die betreffenden Angaben bei der Anmeldung fortfallen[3]). Diese ausführlichen Angaben sind bei der Anmeldung vorgeschrieben, damit der Registerrichter der Mühe überhoben ist, sich die zu veröffentlichenden Tatsachen aus den überreichten ausländischen Urkunden selbst zusammenzustellen[4]).

---

[1]) Staub Anm. 31 zu § 201. Vgl. Friesen: „Übersicht über das Handelsregister im Auslande" JW **1925** 434ff.; **1926** 346 u. 1929ff.

[2]) RJA **6** 275; Brand Anm. 11 C I; Goldschmit Anm. 22 zu § 201.

[3]) Staub Anm. 29 zu § 201; KGJ **13** 46.

[4]) Staub Anm. 20 zu § 201.

Die Form der Anmeldung richtet sich nach § 12 HGB; sie muß in deutscher Sprache erfolgen; den überreichten Urkunden wird eine beglaubigte Übersetzung beigefügt werden müssen[1]).

Die Eintragung und Veröffentlichung erfolgt in derselben Weise wie bei Zweigniederlassungen inländischer Aktiengesellschaften; vgl. oben Nr. 4 und 6.

Veränderungen bei Aktiengesellschaften.

Die bei Aktiengesellschaften eintretenden und zum Register anzumeldenden Veränderungen von Tatsachen sind sehr mannigfaltig. Hier können nur die wichtigsten und häufigsten hervorgehoben werden.

§ 82. a) Veränderungen im Vorstande.

1. Über den ersten Vorstand einer Aktiengesellschaft sowie über die Art seiner Bestellung und Zusammensetzung vgl. oben die §§ 75, 76. Dort ist auch bereits hervorgehoben, daß der erste Vorstand zusammen mit der Aktiengesellschaft zur Eintragung in das Handelsregister anzumelden ist und daß die Mitglieder des Vorstandes bei der Anmeldung der Gesellschaft sämtlich persönlich mitwirken und ihre Namensunterschrift — nicht die Firma — zur Aufbewahrung bei dem Gerichte zeichnen müssen.

2. Es ist aber nach § 234 Abs. 1 HGB auch jede Änderung des Vorstandes oder der Vertretungsbefugnis eines Vorstandsmitgliedes, sowie eine auf Grund des § 232 Abs. 2 Satz 2 HGB von dem Aufsichtsrat getroffene Anordnung durch den Vorstand zur Eintragung in das Handelsregister anzumelden, und zwar sowohl bei dem Gerichte der Hauptniederlassung wie bei dem einer jeden Zweigniederlassung. § 13 HGB[2]). Die Anmeldungen und Zeichnungen (vgl. unten) sind gemäß § 14 HGB durch Ordnungsstrafen erzwingbar; s. Weiteres unter 5.

3. Änderungen des Vorstandes treten z. B. ein, wenn ein Vorstandsmitglied infolge Niederlegung seines Amtes[3]), oder durch Zeitablauf, Abberufung, die nach § 246 Abs. 3 HGB durch den Gesellschaftsvertrag dem Aufsichtsrat übertragen werden kann (RG **82** 347; **117** 205), oder Tod aus dem Vorstand ausscheidet, oder wenn diesem ein neues Vorstandsmitglied hinzutritt. Dagegen enthält der Umstand, daß einem Vorstandsmitglied ein bloßer Titel, z. B. Generaldirektor, durch die Aktiengesellschaft beigelegt wird, keine Änderung des Vorstandes im Sinne des § 234 Abs. 1 HGB; ein solcher Titel kann daher in das Handelsregister, das nicht für beliebige, sondern nur für gesetzlich begründete Eintragungen offensteht, nicht eingetragen werden (KGJ **20** A 269). Ebensowenig kann das Register-

[1]) Staub Anm. 33 zu § 201.

[2]) Das Gericht der Zweigniederlassung muß den Nachweis verlangen, daß die Eintragung bei dem Gerichte der Hauptniederlassung bereits erfolgt ist.

[3]) Vgl. hierzu Staub Anm. 21 zu § 231.

gericht von den Beteiligten die Anmeldung nachträglicher Veränderungen der im Handelsregister vermerkten Personalien (Name, Stand und Wohnort) der dort eingetragenen Vorstandsmitglieder verlangen (KGJ **29** A 213)[1]. Solche Änderungen sind eben als „Änderungen des Vorstandes" nicht anzusehen (KGJ **30** B 32). Auch ist nicht anzumelden, daß ein ausgeschiedenes Vorstandsmitglied, das im Register noch nicht gelöscht ist, wieder in den Vorstand eingetreten ist (RG **68** 384).

4. Änderungen der Vertretungsbefugnis eines Vorstandsmitgliedes sind sehr häufig. Zu beachten ist, daß als Regel Gesamtvertretungsbefugnis der Vorstandsmitglieder gilt. § 232 Abs. 1 Satz 1 HGB. Ist also diese Befugnis von der Gesellschaft beabsichtigt, so wird bei der ersten Anmeldung und Eintragung der Vorstandsmitglieder über ihre Vertretungsbefugnis nichts erwähnt. Soll aber jedes Vorstandsmitglied allein oder zusammen mit einem Prokuristen vertretungsberechtigt[2] sein, so muß dies angemeldet und eingetragen werden. Dasselbe gilt, wenn ein Vorstandsmitglied nur zusammen mit einer bestimmten Anzahl der Mitglieder des Vorstandes vertretungsberechtigt ist, wenn ein oder mehrere bestimmt bezeichnete Vorstandsmitglieder die Gesellschaft allein, andere dagegen nur in Gemeinschaft mit einem oder mehreren Vorstandsmitgliedern oder einem Prokuristen[3] vertreten können (KGJ **15** 98). Die Art der Vertretung ist hiernach überaus mannigfach. Jede von der gesetzlichen Regel der Gesamtvertretungsbefugnis abweichende Vertretungsart muß sich aber aus dem Gesellschaftsvertrage ergeben, und zwar unmittelbar, sofern nicht die Einzelvertretungsbefugnis oder die Vertretungsbefugnis gemeinsam mit einem Prokuristen angeordnet wird. In diesen beiden Fällen kann die Bestimmung, statt sie unmittelbar in dem Gesellschaftsvertrage zu treffen, durch den Gesellschaftsvertrag auch dem Aufsichtsrat überlassen werden. § 232 Abs. 2 Satz 1 HGB. Auch kann die Generalversammlung kraft statutarischer Ermächtigung zu dieser Anordnung berufen werden (KG JFG **1** 218; OLG Dresden ebenda 227), nicht dagegen der Vorsitzende des Aufsichtsrats (JFG **1** 224 [KG]) oder ein aus den Mitgliedern des Aufsichtsrats gebildeter Ausschuß (JFG **1** 227 [OLG Dresden]). Jede Änderung der Vertretungsart muß angemeldet und eingetragen werden. Dagegen ist nicht anzumelden, wenn gemäß § 232 Abs. 1 Satz 2 HGB der Vorstand einzelne Mitglieder zur Vornahme be-

[1]) Vgl. auch Bondi JW **1928** 201.

[2]) Eintragungen in der Fassung, daß die Vorstandsmitglieder zur Zeichnung der Firma gemeinschaftlich berechtigt sind, sind nicht richtig, wenn auch nicht ungültig (RG **24** 27; KGJ **15** 98; **29** A 96).

[3]) Über die Prokuristen bei Aktiengesellschaften vgl. das Nähere oben § 55. Die Eintragung der Satzungsbestimmung, daß die Vertretung der Gesellschaft „auch durch 2 Prokuristen" erfolge, ist abzulehnen, da in Sp. 7 nur die Art der gesetzlichen Vertretung einzutragen ist. (Vgl. auch KGJ **52** 98; hiergegen Staub Anm. 27 zu § 232.)

stimmter Geschäfte oder bestimmter Arten von Geschäften ermächtigt hat. Denn hierin liegt nicht die Regelung der Vertretung der Gesellschaft im ganzen, sondern nur die Übertragung einer — in das Handelsregister nicht einzutragenden — Handlungsvollmacht[1]).

Der Registerrichter muß bei der Eintragung der Art der Vertretungsbefugnis beachten, daß nach § 235 Abs. 2 HGB Dritten gegenüber eine Beschränkung der Vertretungsbefugnis des Vorstandes unwirksam ist. Denn da das Handelsregister hauptsächlich bezweckt, die Rechtsverhältnisse der eingetragenen Firma für dritte Personen klarzustellen, so ist nur eine solche Bestimmung über die Vertretungsbefugnis des Vorstandes eintragungsfähig, die Dritten gegenüber wirksam ist (KGJ **20** A 30). Es kann deshalb z. B. nicht eingetragen werden, daß die Vertretung sich nur auf gewisse Geschäfte oder Arten von Geschäften erstrecken oder nur unter gewissen Umständen oder für eine gewisse Zeit oder an einzelnen Orten stattfinden soll, oder daß für einzelne Geschäfte die Zustimmung der Generalversammlung, des Aufsichtsrats oder eines andern Organs der Gesellschaft erfordert wird. Es kann auch die Vertretung nicht dahin geregelt werden, daß in den vor dem Grundbuchamt zu erledigenden Angelegenheiten der eine Gesamtvertreter Einzelvertretungsmacht hat, das Gesamtvertretungsverhältnis also nur für die übrigen Rechtsakte Bedeutung haben soll (KGJ **44** 137). Eine unzulässige Beschränkung der Vertretungsbefugnis des Vorstandes liegt auch darin, daß er, wenn er nur aus einer Person besteht, zu Willenserklärungen für die Gesellschaft der Mitwirkung eines Prokuristen bedarf; denn der Vorstand darf nach den §§ 231, 235 HGB in seiner Vertretungsfunktion mit Wirkung nach außen nicht an die Mittätigkeit einer andern Person gebunden werden; die Eintragung einer solchen Beschränkung der Vertretungsmacht des Vorstandes hat also der Registerrichter zu beanstanden (KGJ **20** A 30). Zulässig ist es dagegen, neben dem alleinvertretungsberechtigten Vorstandsmitglied einen Prokuristen in der Weise zu bestellen, daß dieser die Gesellschaft nur zusammen mit einem Vorstandsmitglied vertreten kann, da hier nur der Prokurist, nicht dagegen das Vorstandsmitglied beschränkt ist (RG **40** 17; OLG Dresden in OLG **28** 243). Umgekehrt kann auch einem Prokuristen Alleinvertretungsbefugnis erteilt und bestimmt werden, daß mehrere Vorstandsmitglieder oder einer von ihnen (nicht dagegen alle) nur in Gemeinschaft mit diesem Prokuristen vertreten können[2]). Es kann aber nicht etwa eingetragen werden, daß der Vorstand nur eine Zweigniederlassung der Gesellschaft zu vertreten habe[3]).

---

[1]) Staub Anm. 1 zu § 234. A.M. Pinner S. 142.

[2]) Staub Anm. 17 zu § 232.

[3]) Staub Anm. 12 zu § 235; KGJ **12** 34; vgl. oben S. 232. Über die rechtliche Stellung des Leiters einer Zweigniederlassung einer Aktiengesellschaft vgl. RG Recht **1927** 410[1394]; Silberschmidt Recht **1928** 504; Marquardt JW **1928** 2603.

5. Die Anmeldung der Änderungen des Vorstandes oder der Vertretungsbefugnis eines Mitgliedes (oben unter 2) ist nicht, wie die Anmeldung des ersten Vorstandes, durch sämtliche Mitglieder des Vorstandes, sondern durch die zur Vertretung der Gesellschaft erforderliche Zahl von Mitgliedern des Vorstandes zu bewirken (KGJ **48** 131). Neu bestellte Vorstandsmitglieder müssen bei der Anmeldung mitwirken, da ihre Bestellung auch ohne Eintragung wirksam ist (KGJ **18** 33) und sie nach § 234 Abs. 3 HGB ihre Unterschrift — nicht die Firma — zur Aufbewahrung bei dem Gerichte zu zeichnen haben. Ausgeschiedene Vorstandsmitglieder haben bei der Anmeldung des Ausscheidens nicht mitzuwirken, da sie ja keine Vertretungsbefugnis mehr besitzen (KGJ **41** 101; **45** 329; OLG **27** 374 [OLG Hamburg]). Ist der Vorstand infolge der eingetretenen Veränderung zur Vertretung der Gesellschaft nicht mehr berechtigt, z. B. wenn das einzige Vorstandsmitglied ausscheidet, so muß erst ein neuer Vorstand zur Anmeldung des Ausscheidens bestellt werden, und es kann nicht etwa das ausgeschiedene Mitglied die Anmeldung bewirken (KGJ **34** A 320 [OLG Jena]). Verzögert oder verweigert die Gesellschaft die Bestellung eines neuen Vorstandsmitgliedes, so kann das ausgeschiedene Vorstandsmitglied als „Beteiligter" die Ernennung gemäß § 29 BGB beantragen. Im Falle rechtskräftiger Verurteilung der Gesellschaft zur Anmeldung des Ausscheidens eines Vorstandsmitgliedes genügt nach § 894 ZPO die formlose Einreichung des Urteils bei dem Registergericht (KGJ **41** 100).

Der Anmeldung ist eine öffentlich beglaubigte Abschrift der Urkunden über die Änderung oder die Anordnung gemäß § 232 Abs. 2 Satz 2 HGB beizufügen. § 234 Abs. 2 Satz 1 HGB. Die Urkunde wird in der Regel der betreffende Generalversammlungs- oder Aufsichtsratsbeschluß sein. Statt der öffentlich beglaubigten Abschrift kann natürlich auch die Urschrift der Urkunde eingereicht werden, die ihrerseits nicht beglaubigt zu sein braucht (KGJ **35** A 157). Bei der Anmeldung zum Handelsregister einer Zweigniederlassung ist die Beifügung der Urkunde nicht erforderlich. § 234 Abs. 2 Satz 2 HGB.

Die überreichte Urkunde ist vom Registergericht daraufhin zu prüfen, ob sie die beantragte Eintragung rechtfertigt (KGJ **25** A 255).

Beispiel:

Amtsgericht. Berlin, den 8. Juni 1927.

Es erschienen vor dem Unterzeichneten von Person bekannt:

1. der Kaufmann Karl Haber in Berlin, Chausseestr. 12;

2. der Kommerzienrat Paul Ritter in Steglitz, Gartenstr. 3.

Sie überreichten beglaubigte Abschrift des Aufsichtsratsbeschlusses vom 5. Juni 1927 und erklärten:

Am 30. Mai 1927 ist der Kommerzienrat Karl Weber in Berlin verstorben und daher aus dem Vorstande der Aktiengesellschaft „Vereinigte Metallwarenfabriken Aktiengesellschaft" (Nr. 920 der Abt. B des Handelsregisters) ausgeschieden.

Ich, der Erschienene zu 1., bin, wie die Anlage ergibt, an seiner Stelle zum Vorstandsmitgliede bestellt worden.

Ich, der Erschienene zu 2., bin bereits Vorstandsmitglied, wie das Handelsregister ergibt.

Wir melden die vorstehenden Veränderungen zur Eintragung in das Handelsregister an.

Ich, der Erschienene zu 1., zeichne meine Unterschrift wie folgt:

Karl Haber.

v. g. u.

Karl Haber. Paul Ritter.

Lehmann, Justizobersekretär

als Urkundsbeamter der Geschäftsstelle.

Darauf wird verfügt:

1. Einzutragen in das Handelsregister Abt. B Nr. 920:

Sp. 1. 2.

Sp. 5. Karl Haber, Kaufmann, Berlin.

Sp. 7. Karl Weber ist aus dem Vorstande durch Tod ausgeschieden und an seiner Stelle Karl Haber zum Vorstandsmitgliede bestellt.

2. Ersuchen an den Deutschen Reichsanzeiger, die Vossische Zeitung und die Berliner Börsenzeitung um einmalige Veröffentlichung folgender

Bekanntmachung.

In unser Handelsregister Abt. B ist unter Nr. 920 bei der Aktiengesellschaft in Firma „Vereinigte Metallwarenfabriken Aktiengesellschaft" mit dem Sitz in Berlin folgendes eingetragen:

Der Kommerzienrat Karl Weber ist durch Tod aus dem Vorstand ausgeschieden. An seiner Stelle ist der Kaufmann Karl Haber zum Vorstandsmitgliede bestellt.

Berlin, 8. Juni 1927.

Amtsgericht Berlin-Mitte.

3. Der Eintragungsvermerk bezüglich des Karl Weber in Sp. 5 ist rot zu unterstreichen.

4. Nachricht von der Eintragung dem Vorstande.

Berlin, 8. Juni 1927. Br.

6. Die für die Mitglieder des Vorstandes geltenden Vorschriften finden auch auf die Stellvertreter von Mitgliedern Anwendung, § 242 HGB; letztere müssen also ebenfalls zum Handelsregister angemeldet werden und dort ihre Unterschrift zeichnen, sie sind als „stellvertretende Vorstandsmitglieder" einzutragen. Bei den von allen Vorstandsmitgliedern zu bewirkenden Anmeldungen haben auch die Stellvertreter mitzuwirken (RG LZ **1914** 398). Sie können auch abgesehen vom Falle des § 248 HGB bestellt werden. Ist im Gesellschaftsvertrage bestimmt, daß der Vorstand nach Beschluß des Aufsichtsrats aus zwei oder mehr vom Aufsichtsrate zu ernennenden Mitgliedern bestehe, so kann auf Grund dieser Bestimmung der Aufsichtsrat auch stellvertretende Vorstandsmitglieder ernennen (KGJ **24** A 194).

§ 83. b) Veränderungen im Aufsichtsrate.

1. Über den ersten Aufsichtsrat[1]) einer Aktiengesellschaft vgl. oben § 75.

Bei der ersten Anmeldung der Gesellschaft müssen die sämtlichen Mitglieder des Aufsichtsrats[2]) mitwirken; sie brauchen aber — im Gegensatze zu den Vorstandsmitgliedern — ihre Namensunterschrift zur Aufbewahrung bei der Anmeldung nicht zu zeichnen.

2. Jede Änderung in den Personen der Mitglieder des Aufsichtsrats — als solche gilt nicht ihre Wiederwahl — ist von dem Vorstand unverzüglich in den Gesellschaftsblättern bekanntzumachen. Der Vorstand hat die Bekanntmachung zum Handelsregister — bei Vermeidung von Ordnungsstrafen gemäß § 14 HGB[3]) — einzureichen. § 244 HGB[4]). Die Einreichung soll eine Kontrolle darüber ermöglichen, daß der Vorstand seiner Veröffentlichungspflicht nachgekommen ist; auch will sie jeden Beteiligten instand setzen, gemäß § 9 Abs. 1 HGB von einer eingetretenen Änderung bequem Kenntnis zu nehmen (KGJ **28** A 46). Der Vorstand hat also nicht etwa die Änderungen im Aufsichtsrate zur Eintragung in das Handelsregister anzumelden. Diese Änderungen werden vom Registergerichte nicht eingetragen und auch nicht bekanntgemacht. Abweichendes gilt wegen der Bekanntmachung nur vom ersten Aufsichtsrate; vgl. oben § 80 und § 199 Nr. 4 HGB. Es gibt also hiernach das Handelsregister keinen Aufschluß über die jeweilige Zusammensetzung des Aufsichtsrats.

---

[1]) Der Aufsichtsrat besteht, sofern nicht der Gesellschaftsvertrag eine höhere Zahl festsetzt, aus drei von der Generalversammlung zu wählenden Mitgliedern. § 243 Abs. 1 HGB. Solange die gesetzliche Mindestzahl, bei deren Berechnung die Betriebsratsmitglieder nicht mitgezählt werden, nicht vorhanden ist, können vom Aufsichtsrat keine Beschlüsse gefaßt werden (RG **82** 389). Die vielfach übliche Satzungsbestimmung einer Mindest- und Höchstgrenze ist zulässig (RJA **8** 202; KGJ **34** A 176).

[2]) Sind bei einer Aktiengesellschaft für ihre Arbeitnehmer ein oder mehrere Betriebsräte oder Gesamtbetriebsräte vorhanden, so sind ein oder zwei Betriebsratsmitglieder in den Aufsichtsrat zu entsenden. Vgl. § 70 BRG vom 4. Februar 1920 u. AufsRGes vom 15. Februar 1922 mit der dazu ergangenen Wahlordnung vom 23. März 1922.

[3]) Das Ordnungsstrafverfahren wegen unterlassener Einreichung der Bekanntmachung betr. die Beendigung des Amts eines Aufsichtsratsmitgliedes darf nur eingeleitet werden, wenn der Registerrichter ermittelt hat, daß das Amt rechtlich beendet ist. Die einseitige Niederlegung des Amts beweist noch nicht dessen wirkliche Beendigung (RJA **12** 40).

[4]) Die Vorschrift ist auch auf die Rätemitglieder anzuwenden. Staub Anm. 1 zu § 244. Vgl. auch AV vom 6. Februar 1928 (JMBl 95), durch die die Registerrichter darauf hingewiesen sind, daß die Vorstände zur Erfüllung ihrer Einreichungspflicht, und zwar auch soweit Mitglieder vom Betriebsrat in den Aufsichtsrat entsandt sind, durch Ordnungsstrafen anzuhalten sind.

Die Einreichung der Bekanntmachung über Änderungen in den Personen der Mitglieder des Aufsichtsrats hat auch bei dem Gerichte der Zweigniederlassung zu erfolgen. § 13 Abs. 1 HGB (KGJ **28** A 46).

3. Veränderungen beim Aufsichtsrate sind sehr häufig. Denn nach § 243 Abs. 2 HGB[1]) gilt die Wahl des ersten Aufsichtsrats nur für die Zeit bis zur Beendigung der ersten Generalversammlung, welche nach dem Ablauf eines Jahres seit der Eintragung der Gesellschaft in das Handelsregister zur Beschlußfassung über die Jahresbilanz abgehalten wird. Auch später kann der Aufsichtsrat nicht für eine längere Zeit als bis zur Beendigung derjenigen Generalversammlung gewählt werden, die über die Bilanz für das vierte Geschäftsjahr nach der Ernennung beschließt; das Geschäftsjahr, in welchem die Ernennung erfolgt, wird hierbei nicht mitgerechnet. § 243 Abs. 3 HGB. Endlich kann aber auch die Bestellung zum Mitgliede des Aufsichtsrats schon vor dem Ablaufe des Zeitraums, für den das Mitglied gewählt ist, durch die Generalversammlung widerrufen werden; der Beschluß bedarf aber in Ermangelung einer abweichenden Bestimmung des Gesellschaftsvertrages einer Mehrheit von mindestens drei Vierteilen des bei der Beschlußfassung vertretenen Grundkapitals. § 243 Abs. 1 HGB[2]).

4. Veränderungen im Aufsichtsrate kommen endlich vor, wenn Aufsichtsratsmitglieder zu Stellvertretern von behinderten Mitgliedern des Vorstandes bestellt werden. Es können allerdings nach § 248 Abs. 1 HGB die Mitglieder des Aufsichtsrats nicht zugleich Mitglieder des Vorstandes oder dauernd Stellvertreter von Vorstandsmitgliedern sein; für einen im voraus kalendermäßig (OLG Köln LZ **1911** 232) begrenzten Zeitraum kann aber der Aufsichtsrat[3]) einzelne seiner Mitglieder zu Stellvertretern von behinderten Mitgliedern des Vorstandes bestellen; während dieses Zeitraums und bis zur Entlastung des Vertreters darf der letztere eine Tätigkeit als Mitglied des Aufsichtsrats nicht ausüben. § 248 Abs. 2 HGB. Die Bestellung zu Stellvertretern darf nur für bestimmte, bereits vorliegende, nicht aber für alle möglichen künftigen Behinderungsfälle erfolgen[4]). Unter „behinderten" Mitgliedern des Vorstandes sind nicht nur solche zu verstehen, die noch Mitglieder sind, aber durch Krankheit usw. verhindert sind, ihre Geschäfte

---

[1]) Diese Vorschrift ist zwingendes Recht (RG **24** 57; **65** 92).

[2]) Über die Frage der Niederlegung des Amtes eines Aufsichtsratsmitgliedes siehe Staub Anm. 9; Brand Anm. 7 zu § 243 und KGJ **29** A 100 und über die Beendigung des Amtes der Betriebsratsaufsichtsratsmitglieder § 7 AufsRGes und § 39 BRG.

[3]) Der Aufsichtsrat muß aber nach der Bestellung beschlußfähig bleiben. Brand Anm. 3e; Staub Anm. 3 zu § 248 (str.).

[4]) KGJ **15** 30; Staub Anm. 3 zu § 248 hält für ausreichend, daß der Behinderungsfall sicher bevorsteht.

zu erledigen, sondern auch solche, die infolge von Widerruf, Tod usw. fortgefallen sind (KGJ **20** A 165). Die zeitweise Entsendung eines Aufsichtsratsmitgliedes in den Vorstand ist aber auch für den Fall zulässig, daß die Zahl der Vorstandsmitglieder erhöht wird, für die neu geschaffene Stelle aber ein ordentliches Vorstandsmitglied noch nicht ernannt ist (KG Recht **1927** 26[57]).

Der Stellvertreter muß zur Eintragung in das Handelsregister angemeldet werden.

Der Registerrichter darf die zu stellvertretenden Vorstandsmitgliedern bestellten Aufsichtsratsmitglieder nur eintragen, wenn die vorstehend erörterten Voraussetzungen vorliegen. Die Zeitbeschränkung und der Behinderungsfall werden aber nicht eingetragen[1]). Die Eintragung wird, wie jede Änderung im Vorstande, veröffentlicht; vgl. oben § 82.

Nach Ablauf des Zeitraums, für den die Aufsichtsratsmitglieder bestellt sind, hat der Registerrichter gemäß §§ 234 Abs. 1 u. 14 HGB die Löschung der Eintragung durch Ordnungsstrafen zu erzwingen[1]).

c) Änderungen des Gesellschaftsvertrages.

§ 84. 1. Allgemeines.

A. Die Anmeldung. Die Abänderung des Gesellschaftsvertrages ist zur Eintragung in das Handelsregister anzumelden. § 277 Abs. 1 Satz 1 HGB. Die wichtigsten solcher Änderungen[2]) sind — abgesehen von der Änderung der Vertretungsbefugnis der Vorstandsmitglieder — die Änderung der Firma[3]) (RG LZ **1925** 1170) und des Sitzes[4]), die Abänderung des Gegenstandes des Unternehmens, die Änderung des bisherigen Verhältnisses mehrerer bereits vorhandener (RG **68** 240) Gattungen von Aktien mit verschiedener Berechtigung zum Nachteil einer Gattung[5]) sowie die Erhöhung und Herabsetzung des Grundkapitals.

---

[1]) Staub Anm. 4 zu § 248.

[2]) Keine Satzungsänderung ist die Veräußerung des Vermögens im ganzen (RG OLG **43** 317).

[3]) Auch im Liquidationszustande ist der Gesellschaft nicht schlechthin jede Satzungsänderung versagt. Es sind nur solche Änderungen ausgeschlossen, die dem Zweck und Wesen der Liquidation widersprechen. Im Rahmen des Liquidationszwecks kann also auch die aufgelöste Gesellschaft ihre Firma ändern (JFG **5** 227).

[4]) Über das bei der Sitzverlegung zu beobachtende Verfahren vgl. unten § 103 Ziff. 6. Über die Verlegung des Sitzes einer Aktiengesellschaft vom Auslande in das Inland vgl. OLG **46** 267.

[5]) Eine solche Änderung liegt vor, wenn Art und Maß der gesellschaftlichen Rechte und Pflichten einer Gattung geändert wird, z. B. bei Erhöhung der Vorzugsdividende oder des Rechts am Liquidationserlöse (RG **14** 137) oder des Stimmrechts der Vorzugsaktien, bei Umwandlung von Vorzugs- in Stammaktien oder umgekehrt, oder bei Schaffung von Vorzugsaktien durch Zuzahlung mit Ausschluß der Rückgewähr ohne Erhöhung des Grundkapitals. Durch Mehrheitsbeschluß

Die Änderung kann auch dergestalt erfolgen, daß sie erst mit einem künftigen Ereignis oder von einem künftigen Zeitpunkt ab wirksam wird; solche Bestimmungen sind nur eintragungsfähig, wenn sie die jeweilige Lage des Registers nicht verdunkeln (KGJ **19** 3).

Die Anmeldung bewirkt in der Regel der Vorstand in der Zusammensetzung, in der er sonst die Gesellschaft vertritt; es brauchen also bei der Anmeldung nicht notwendig alle Vorstandsmitglieder mitzuwirken. Abweichendes gilt nur bei der Erhöhung und Herabsetzung des Grundkapitals (s. unten §§ 85, 86).

Die Anmeldung erfolgt zum Register der Haupt- und der Zweigniederlassung. Die Anmeldung zur Hauptniederlassung kann nach § 319 Abs. 2 HGB durch Ordnungsstrafen nicht erzwungen werden; ist aber die Eintragung in das Register der Hauptniederlassung einmal erfolgt, so kann die Eintragung in das Zweigregister nach § 14 HGB erzwungen werden. Übrigens liegt ein mittelbarer Zwang zur Anmeldung auch für das Register der Hauptniederlassung in der Bestimmung, daß die Änderung keine Wirkung hat, bevor sie bei dem Gericht, in dessen Bezirke die Gesellschaft ihren Sitz hat in das Handelsregister eingetragen worden ist. § 277 Abs. 3 HGB[1])[2]).

Da eine Abänderung des Gesellschaftsvertrages nach § 274 Abs. 1 HGB

---

der Generalversammlung kann auch bestimmt werden, daß die Aktionäre, die auf die Aktien Zuzahlungen leisten, außer Vorzugsrechten für ihre Aktien noch Schuldverschreibungen in Höhe des gezahlten Betrages erhalten, auf die aus dem Bilanzgewinn alljährlich ein gewisser Zinssatz zu entrichten ist und die aus diesem Gewinne im Wege der Auslosung, evtl. aus dem Liquidationserlöse getilgt werden. Hierdurch soll ermöglicht werden, daß ein an sich lebensfähiges, aber in eine schwierige Lage geratenes Unternehmen wieder auf eine gesunde Grundlage gestellt wird. KGJ **24** A 68. Vgl. auch Staub Anm. 4; Goldschmit Anm. 11 zu § 275.

[1]) Es ist zu beachten, daß nach § 259 Abs. 5 HGB von jedem Beschlusse der Generalversammlung, mag er Änderungen des Gesellschaftsvertrages betreffen oder nicht, eine öffentlich beglaubigte Abschrift des Protokolls unter Beifügung der Anwesenheitsliste und der Berufungsbelege (KGJ **34** A 142) unverzüglich nach der Generalversammlung von dem Vorstande zum Handelsregister, auch der Zweigniederlassung (§ 13 Abs. 1 HGB; D 156), und zwar auch wenn sich die Hauptniederlassung im Auslande befindet (KGJ **33** A 139), einzureichen ist. Die lediglich einzureichenden, nicht einzutragenden Generalversammlungsbeschlüsse sind dem richterlichen Nachprüfungsrecht entzogen (KGJ **12** 35; a.M. Cohn JW **1926** 483; DNotVZ **1928** 597). Das rechtskräftige Urteil, durch das ein angefochtener Generalversammlungsbeschluß für nichtig erklärt ist, ist von dem Vorstand unverzüglich zum Handelsregister einzureichen. Siehe näheres oben § 23. Über Aussetzung der Eintragung von Generalversammlungsbeschlüssen siehe oben §§ 16, 23.

[2]) Trotzdem kann die Generalversammlung alsbald nach Fassung eines Beschlusses über Erhöhung der Zahl der Aufsichtsratsmitglieder und vor dessen Eintragung in das Handelsregister die Zuwahlen in die neuen Stellen vornehmen; die Gewählten dürfen aber erst nach der Eintragung des Beschlusses in Tätigkeit treten. KGJ **28** A 224.

nur durch die Generalversammlung beschlossen werden kann[1]), so muß der Anmeldung der Beschluß der Generalversammlung, durch den die Änderung herbeigeführt ist, in öffentlich beglaubigter Abschrift beigefügt werden. Unstatthaft ist es, daß dem Registerrichter Beschlüsse überreicht werden, damit er aus ihnen heraussucht, was sich zur Eintragung eignet (RJA **9** 174).

B. Der Registerrichter hat vor der Vornahme der Eintragung ihre formellen Voraussetzungen zu prüfen[2]) und diese Prüfung hat sich namentlich auf die Gesetzlichkeit der der Anmeldung beizufügenden Urkunden zu erstrecken (KGJ **31** A 158). Zu prüfen hat er in erster Linie, ob überhaupt ein eintragungsfähiger Beschluß vorliegt. Dies ist z. B. nicht der Fall, wenn bei einer Beschlußfassung gemäß § 275 Abs. 3 HGB der vorgeschriebene Sonderbeschluß der benachteiligten Aktionäre fehlt (KGJ **16** 20; **35** A 164), oder wenn die Generalversammlung zur Beschlußfassung überhaupt nicht zuständig war. So kann, wenn der Gesellschaftsvertrag bestimmt, daß bei einer Beschlußfassung über eine Satzungsänderung eine bestimmte Anzahl von Aktionären, z. B. $^2/_3$ des gesamten Aktienkapitals, oder alle Aktionäre anwesend sein müssen, eine Generalversammlung, in der nur ein geringeres Aktienkopital vertreten ist, keine wirksamen Beschlüsse fassen (KGJ **43** 105; vgl. auch KGJ **41** 151; RG **76** 170).

Die Prüfung ist sodann darauf zu erstrecken, ob der Beschluß nicht absolut und unheilbar nichtig ist (RJA **14** 159). Für die Annahme der Nichtigkeit ist nur dann Raum, wenn es sich um Beschlüsse handelt, die mit dem Wesen der Aktiengesellschaft unverträglich sind, weil sie gegen zwingende, in erster Linie im öffentlichen Interesse erlassene Vorschriften verstoßen, auf deren Einhaltung die Beteiligten nicht verzichten können (RG **115** 378, 383; **118** 72; **120** 366). Die Eintragung solcher Beschlüsse mit verbotenen Bestimmungen ist selbst dann abzulehnen, wenn es sich nur um eine neue Fassung einer bereits in das Register aufgenommenen Bestimmung handelt (KGJ **5** 31).

---

[1]) Die Übertragung an ein anderes Organ ist unzulässig (RG JW **1899** 396; RG **74** 297; KG JW **1925** 1794). Auch können Satzungsänderungen nicht von der Zustimmung eines anderen Gesellschaftsorgans oder eines Dritten, z. B. einer Behörde, abhängig gemacht werden. KG Recht **1929** Nr. 521. Jedoch kann die Vornahme von Änderungen, die nur die Fassung betreffen, durch Beschluß der Generalversammlung dem Aufsichtsrat übertragen werden (§ 274 Abs. 1 HGB), nicht dagegen einzelnen Aufsichtsratsmitgliedern oder dem Vorstande (KGJ **15** 19; JFG **1** 230). Die durch den Aufsichtsrat vorgenommene Änderung ist wie jede andere Statutenänderung zur Eintragung in das Handelsregister anzumelden (KGJ **5** 32). Der Beschluß des Aufsichtsrats bedarf nach der herrschenden Lehre nicht der Form des § 259 HGB. Brand Anm. 3b; Lehmann Anm. 5; Makower Anm. IId; Goldmann Anm. 8; Ritter Anm. 2; Goldschmit Anm. 5 zu § 274; a. M. Staub Anm. 3 zu § 274.

[2]) Vgl. Cohn DNotVZ **1928** 597; **1929** 5: Die Prüfung des Protokolls über die Generalversammlung einer Aktiengesellschaft seitens des Registerrichters.

Dagegen wird eine Verletzung von bloßen Ordnungsvorschriften, die zum Schutze bestimmter Beteiligter gegeben sind, den Registerrichter nicht veranlassen können, die Eintragung abzulehnen, sofern die Beteiligten die Verletzung der Ordnungsvorschriften ungerügt lassen (KGJ **39** A 122). Ebenso wird in den Fällen, in denen durch gesetzwidrige Beschlüsse nur einzelne Aktionäre geschädigt sind, die sich mit dem so geschaffenen Zustande auch abfinden können, z. B. bei einem Verstoß des Generalversammlungsbeschlusses gegen den Grundsatz gleichmäßiger Behandlung der Aktionäre (RG **118** 72), wenn also ein Mangel den Beteiligten das Recht gibt, einen ihnen nachteiligen Generalversammlungsbeschluß anzufechten, der Richter die Entscheidung darüber, ob der Mangel geltend zu machen sei, im allgemeinen den Beteiligten überlassen können. Jedenfalls kann er anfechtbare Beschlüsse dann nicht mehr beanstanden, wenn sie durch Nichtanfechtung oder erfolglose Anfechtung gültig geworden sind (KGJ **2** 23; **12** 37; **31** A 158; **34** A 136; **39** A 122); denn er ist nicht befugt, Personen zu schützen, die weder seines Schutzes bedürfen, noch ihn begehren (KGJ **34** A 136). Anfechtbar sind z. B. die Beschlüsse, die in einer an sich zur Beschlußfassung zuständigen und dem Gesetz und dem Statut entsprechend zusammengesetzten Generalversammlung gefaßt, aber nicht mit der dem Gesetz oder dem Statut entsprechenden Mehrheit zustande gekommen sind (KGJ **43** 105; RG **60** 413; **75** 239; RG JurRdsch **1925** Beilage 1292) oder auf den Stimmen von nicht stimmberechtigten Aktionären beruhen (RG Recht **1911** Nr. 1637; **1918** Nr. 423; vgl. auch RG **89** 367). Ferner sind anfechtbar die Beschlüsse im Falle einer bei der Art und Weise ihres Zustandekommens unterlaufenen Sittenwidrigkeit (RG **107** 75; **108** 43; **112** 14; **113** 188; RG LZ **1928** 47), oder die Beschlüsse, die gefaßt sind, trotzdem die Vorschriften über die Berufung der Generalversammlung oder die Ankündigung der Tagesordnung nicht beachtet sind (RG **68** 232; **110** 198; KGJ **34** A 136).

Unter Berücksichtigung der vorstehend dargelegten Grundsätze hat der Registerrichter zu prüfen:

a) ob die Generalversammlung ordnungsmäßig berufen war. Die Versammlung wird in der Regel durch den Vorstand, den Aufsichtsrat oder dessen Vorsitzenden (RJA **15** 307) oder die Liquidatoren berufen. Wird aber dem Verlangen einer bestimmten Minderheit von Aktionären, in der Regel einer Anzahl, deren Anteile zusammen den 20. Teil des Grundkapitals darstellen, auf Einberufung der Generalversammlung weder durch den Vorstand noch durch den Aufsichtsrat entsprochen, so kann (vgl. KGJ **32** A 142) das Registergericht des Sitzes der Gesellschaft die Aktionäre, die das Verlangen gestellt haben, zur Berufung der Generalversammlung ermächtigen[1]). Bei der Berufung muß dann die

[1]) Der Antrag an das Registergericht ist in einfacher schriftlicher Form oder zu Protokoll der Geschäftsstelle zu stellen; er muß durch den auf jede Weise zu führenden (RJA **9** 45) Nachweis, daß die Antragsteller die erforderlichen Aktien

Minderheit auf die Ermächtigung Bezug nehmen. § 254 Abs. 3 HGB. Mangels entgegenstehender Satzungsbestimmungen hat die Generalversammlung an dem Orte stattzufinden, an dem sie ihren Sitz hat (RG **44** 8; **75** 319; KG RJA **15** 307).

Die Berufung der Generalversammlung hat ferner in der durch den Gesellschaftsvertrag bestimmten Weise *mindestens zwei Wochen vor dem Tage der Versammlung* zu erfolgen; der Tag der Berufung und der Tag der Generalversammlung sind hierbei nicht mitzurechnen. § 255 Abs. 1 HGB. Erfolgt die Berufung durch Einrückung in eine Zeitung, so ist der Tag, an dem, nicht *für* den sie erscheint, maßgebend (KGJ **2** 23). Ist im Gesellschaftsvertrage die Ausübung des Stimmrechts davon abhängig gemacht, daß die Aktien bis zu einem bestimmten Zeitpunkte vor der Generalversammlung hinterlegt werden, so ist die Frist derart zu bemessen, daß für die Hinterlegung mindestens zwei Wochen frei bleiben; in diesem Falle genügt auch die Hinterlegung bei einem Notar[1]). § 255 Abs. 2 HGB. Zur ordnungsmäßigen Berufung der Versammlung gehört aber auch, daß die *Gegenstände der Verhandlung*[2]) *rechtzeitig bekanntgemacht werden*, wobei die beabsichtigte Satzungsänderung im wesentlichen aus der Ankündigung hervorgehen muß und die bloße Angabe der abzuändernden Paragraphen nicht genügt (Denkschrift 165; RG **68** 232; **110** 194). Es können nämlich über Gegenstände, deren Verhandlung nicht ordnungsmäßig mindestens *eine* Woche vor dem Tage der Generalversammlung angekündigt ist, keine Beschlüsse gefaßt werden; ist ferner für die Beschlußfassung die einfache Stimmenmehrheit nicht ausreichend, wie z. B. bei Statutenänderungen, so muß die Ankündigung mindestens *zwei* Wochen vor dem Tage der Generalversammlung erfolgen. An die Stelle des Tages der Generalversammlung tritt, falls die Ausübung des Stimmrechts von der Hinterlegung der Aktien abhängig ist, der Tag, bis zu dessen Ablaufe die Hinterlegung zu geschehen hat. § 256 Abs. 2 HGB. Die Gegenstände der Verhandlung müssen in der Regel durch den Vorstand oder Aufsichtsrat bezeichnet werden; eine bestimmte Mehrheit von Aktionären, in der Regel, falls nicht in der Satzung eine geringere Beteiligung für ausreichend erklärt ist, eine Anzahl, deren Anteile zusammen den 20. Teil des Grund-

besitzen, unterstützt werden. Die Fortdauer des Besitzes bis zur Beschlußfassung ist erst von der Generalversammlung zu prüfen (KG DNotVZ **1927** 204). Tunlichst ist vor der Entscheidung der Vorstand und der Aufsichtsrat zu hören. § 146 FGG. KGJ **28** A 218; OLG **43** 205 [OLG Karlsruhe.

[1]) Über Hinterlegungsquittungen und Stimmkarten der Reichsbank vgl. *Ehrenberg* JW **1927** 2971.

[2]) Alle Einzelheiten des Beratungsgegenstandes brauchen nicht angekündigt zu werden (RG **108** 325), „erforderlich, aber auch genügend, ist jede Angabe, die erkennen läßt, worüber verhandelt und Beschluß gefaßt werden soll" (RG **86** 22). Über Generalversammlungsbeschlüsse außerhalb der Tagesordnung vgl. RG **87** 155; **89** 367, 381.

kapitals darstellen, können verlangen, daß Gegenstände der Generalversammlung angekündigt werden; wird diesem Verlangen weder durch den Vorstand noch durch den Aufsichtsrat entsprochen, so kann das Registergericht[1]) des Sitzes der Gesellschaft die Minderheit zur Ankündigung des Gegenstandes ermächtigen. Die Minderheit muß dann bei der Ankündigung auf diese Ermächtigung Bezug nehmen. § 254 Abs. 1 bis 3 HGB; vgl. über das Verfahren das S. 247 Anm. 1 Gesagte, das auch hier gilt.

Sind nach den Feststellungen des Protokolls sämtliche Aktionäre zum Zwecke der Abhaltung einer Generalversammlung freiwillig erschienen bzw. vertreten, so bedarf es natürlich der Beobachtung der Vorschriften über die Berufung und Ankündigung nicht (RG **92** 410; KGJ **40** 75; **48** 133);

b) ob der Beschluß der Generalversammlung mit der erforderlichen Mehrheit zustande gekommen ist, wobei die gesetzlichen und statutarischen Vorschriften zu beachten sind. Über die Art der Abstimmung ist § 252 HGB zu vergleichen. In der Regel entscheidet über jede Gesellschaftsangelegenheit einfache Mehrheit der abgegebenen Stimmen. § 251 HGB[2]). Bei besonders wichtigen Angelegenheiten, z. B. bei Abänderung des Gegenstandes des Unternehmens, bei der Änderung des bisherigen Verhältnisses mehrerer Gattungen von Aktien mit verschiedener Berechtigung zum Nachteil einer Gattung[3]), und bei der Herabsetzung des Grund-

[1]) Das Registergericht hat auch über die sachliche Berechtigung des Verlangens unter Würdigung der Verhältnisse zu entscheiden. Es hat zu prüfen, ob der Gegenstand der Berufung zur Zuständigkeit der Generalversammlung gehört, ob er nicht ohne Gefährdung der Interessen der Antragsteller ebensogut vor eine spätere ordentliche Generalversammlung gebracht werden kann; dagegen hat es nicht zu prüfen, ob begründete Aussicht auf Erreichung des erstrebten Zwecks besteht. Es wird dem Verlangen stattgeben, wenn die Antragsteller einen erlaubten Zweck verfolgen, aber es hat nicht zu untersuchen, ob vom wirtschaftlichen Standpunkt aus die Interessen der Antragsgegner schwerer ins Gewicht fallen als die der Antragsteller (KGJ **28** A 216; **32** A 140; JFG **2** 220). Im Falle der Ablehnung des Antrags können den Antragstellern auch die der Aktiengesellschaft im Ermächtigungsverfahren entstandenen Kosten auferlegt werden. Art. 9 PrFGG (KGJ **31** A 171).

[2]) Ein Aktionär mit mehrfachem Aktienbesitz kann mit den mehreren eigenen Aktien in der Generalversammlung nur einheitlich stimmen (RG **118** 67). Die Zulässigkeit der sog. Legitimationsübertragung von Aktien zur Ausübung des Stimmrechts in der Generalversammlung ist vom Reichsgericht in ständiger Rechtsprechung anerkannt (RG **30** 50; **40** 80; **60** 172; **105** 289; **111** 405; **118** 331).

[3]) In diesem Falle bedarf es neben dem Beschlusse der Generalversammlung eines in gesonderter Abstimmung gefaßten Beschlusses der benachteiligten Aktionäre, und zwar auch dann, wenn diese sämtlich bei dem ersteren mitgestimmt haben (KGJ **35** A 164); auch dieser Beschluß bedarf einer Mehrheit, die mindestens drei Vierteile des bei der gesonderten Beschlußfassung vertretenen Grundkapitals umfaßt. Die Beschlußfassung der benachteiligten Aktionäre kann nur stattfinden, wenn sie gemäß § 256 Abs. 2 HGB ausdrücklich unter den Zwecken der Generalversammlung angekündigt worden ist. § 275 Abs. 3 HGB. Die Ankündigung hat zu jedem Punkte der Tagesordnung zu erfolgen, bei dem gesonderte Abstimmung nötig ist (RG LZ **1917** 1057).

kapitals muß eine Mehrheit vorhanden sein, die mindestens drei Vierteile des bei der Beschlußfassung vertretenen Grundkapitals umfaßt; §§ 275 Abs. 2 u. 3, 288 Abs. 1 HGB;

c) ob der Beschluß in der gehörigen Form ergangen ist. Nach § 259 Abs. 1 HGB bedarf jeder Beschluß der Generalversammlung, auch der sog. Einmanngesellschaft (RG **119** 230), zu seiner Gültigkeit der Beurkundung durch ein über die Verhandlung gerichtlich oder notariell aufgenommenes Protokoll. In dem Protokolle sind der Ort und der Tag der Verhandlung (RG **109** 368), der Name des Richters oder Notars, sowie die Art und das Ergebnis der Beschlußfassungen, insbesondere also auch die Art der Abstimmungen (RG **75** 267; **105** 373) anzugeben[1]). Das vom Vorsitzenden zu unterschreibende und vor der ersten Abstimmung zur Einsicht auszulegende Verzeichnis der erschienenen Aktionäre oder Vertreter von Aktionären mit Angabe ihres Namens und Wohnortes, sowie des Betrages der von jedem vertretenen Aktien und die Belege über die ordnungsmäßige Berufung sind dem Protokolle beizufügen, und zwar die Teilnehmerliste bei Vermeidung der Nichtigkeit des Generalversammlungsbeschlusses in Urschrift (RG **114** 202)[2]). Das Teilnehmerverzeichnis muß auch im Falle einer Universalversammlung genau der Vorschrift des § 258 HGB entsprechen und darf nicht durch ein anders abgefaßtes Verzeichnis ersetzt werden (RG JW **1926** 2900).

Die Beifügung der Belege über die Berufung der Generalversammlung kann unterbleiben, wenn die Belege unter Angabe ihres Inhalts in dem Protokoll aufgeführt werden. Eine Ausnahme macht nur der Fall, daß die sämtlichen überhaupt vorhandenen Aktionäre freiwillig zu einer Generalversammlung zusammentreten, um über Angelegenheiten der Gesellschaft formell zu beraten und zu beschließen (KGJ **31** A 164; **37** A 165; **41** 137). Da in diesem Falle Belege über die Berufung nicht vorhanden sind, so können sie auch nicht dem Protokoll beigefügt oder ihrem Inhalt nach in das Protokoll aufgenommen werden. Es muß daher genügen, wenn aus den Feststellungen des Protokolls das Vorliegen einer Generalversammlung erhellt. Einer Beurkundung des Verzichts auf die ordnungsmäßige Berufung und Ankündigung bedarf es nicht (JFG **2** 227; a. M. KG **41** 134).

Das Protokoll muß von dem Richter oder Notar vollzogen werden. Die Zuziehung von Zeugen und eine weitere Unterschrift, insbesondere die durch den Vorsitzenden, die allerdings allgemein üblich ist (RG **65** 91; **75** 266), ist nicht erforderlich. § 259 HGB. Eine Vorlesung des Protokolls

---

1) Über die Frage, inwieweit der Notar das Protokoll nachträglich berichtigen kann vgl. Heinsheimer LZ **1927** 1369 u. JW **1927** 2975; Josef LZ **1927** 1461 u. JW **1928** 208; JFG **4** 176.

2) Über die Erfordernisse der Anwesenheitsliste vgl. Bondi DNotVZ **1927** 499. Das OLG Naumburg nimmt (in JW **1925** 2627) an, daß Mängel des Teilnehmerverzeichnisses nicht Nichtigkeit, sondern nur Anfechtbarkeit zur Folge haben.

ist nicht vorgeschrieben (KGJ **34** A 142; RG **75** 266). Die Vorschrift des § 259 HGB ist auch im Falle der Universalversammlung derart zwingend, daß ihre Nichtbeachtung auch in Nebenpunkten unheilbare Nichtigkeit zur Folge hat (KGJ **32** A 148; **34** A 142; **41** 134; JFG **2** 228; RG **65** 92). Nach der feststehenden Rechtsprechung des Reichsgerichts stellen jedoch Verstöße gegen wesentliche Formvorschriften das weitere Verfahren und die Gültigkeit der Generalversammlungsbeschlüsse nur dann in Frage, wenn sie in irgendeiner Weise auf die Beschlußfassung Einfluß geübt haben (RG **65** 242; **90** 206; **103** 7; **105** 374; **110** 197). Insbesondere liegt kein die Nichtigkeit des Beschlusses begründender Verstoß gegen die Vorschrift des § 259 Abs. 2 HGB vor, wenn das Protokoll nichts über die Art der Abstimmung (ob durch Handaufheben, Stimmzettel usw.) enthält, nach der Gesamtheit des Beurkundeten aber kein Zweifel an der Ordnungsmäßigkeit des Hergangs bestehen kann, als dessen Ergebnis das Protokoll den Beschluß feststellt (RG **105** 373)[1]).

C. Nicht zu prüfen hat der Registerrichter, ob der Beschluß klar und zweckmäßig ist (KGJ **29** A 222) und ob er etwa Interessen der Gesellschaftsgläubiger schädigen könnte (KGJ **3** 14; **5** 30). Der Richter hat auch nicht zu untersuchen, ob die in der Versammlung erschienenen Aktionäre gehörig legitimiert waren; denn dies prüft die Generalversammlung. Die Gültigkeit der Beschlußfassung wird mangels besonderer Bestimmungen des Gesellschaftsvertrages über die Ausübung des Stimmrechts (§§ 252 Abs. 4, 255 HGB) nicht dadurch berührt, daß die Generalversammlung nicht die Vorlegung der Aktien durch den das Stimmrecht Beanspruchenden verlangt. Ebenso ist die Vorlegung der schriftlichen Vollmacht in der Generalversammlung durch den das Stimmrecht Ausübenden (§ 252 Abs. 2 HGB) nicht Voraussetzung der gültigen Beschlußfassung (RG **106** 258).

D. Das Registergericht der Zweigniederlassung ist mit Rücksicht auf die rechtbegründende Bedeutung der Eintragung im Hauptregister (§ 277 Abs. 3 HGB) der vorstehend erörterten Prüfungspflicht des Hauptregistergerichts insoweit enthoben, als es nicht zu prüfen hat, ob der Beschluß entsprechend den Vorschriften des Gesetzes oder des Gesellschaftsvertrages ordnungsmäßig zustande gekommen ist. Dagegen hat es ein selbständiges Prüfungsrecht, soweit es sich um die inhaltliche Zulässigkeit des Abänderungsbeschlusses handelt (JFG **1** 218). Ferner hat es festzustellen, ob die Anmeldung durch die Verpflichteten ordnungsmäßig erfolgt, ob der Beschluß in das Register der Hauptniederlassung eingetragen und die einzureichenden Urkunden beigebracht sind.

E. Die Eintragung. Bei der Eintragung der Abänderung des Ge-

[1]) Zur Gültigkeit des Protokolls genügt die Beobachtung der Vorschriften des § 259 HGB auch gegenüber weitergehenden Anforderungen des Gesellschaftsvertrages. OLG Dresden ZBlFG **1904** 320; KGJ **32** A 148; RG **65** 91; **75** 266.

sellschaftsvertrages genügt die Bezugnahme auf die bei dem Gericht eingereichten Urkunden über die Abänderung. § 277 Abs. 2 HGB.

Der Eintragungsvermerk in Sp. 7 lautet daher z. B.:

Durch den Beschluß der Generalversammlung vom 24. April 1927 ist der § 7 des Gesellschaftsvertrages (Vergütung des Aufsichtsrats) geändert.

Dagegen sind die Abänderungen der im § 198 HGB bezeichneten Angaben, also insbesondere der Firma und des Sitzes der Gesellschaft, des Gegenstandes des Unternehmens, der Höhe des Grundkapitals, des Tages der Feststellung des geänderten Gesellschaftsvertrages und der Mitglieder des Vorstandes sowie ihrer Befugnis zur Vertretung der Gesellschaft, ihrem ganzen Inhalte nach einzutragen. § 277 Abs. 2 HGB.

Beispiele für Eintragungen:

Sp. 2. Die Firma ist geändert in:

Aktien-Gesellschaft für Verwaltung und Verwertung von Grundbesitz und Hypotheken.

Sp. 3. Nach dem Beschlusse der Generalversammlung vom 9. Januar 1927 ist auch der Erwerb, die Verwaltung und Verwertung von Grundstücken Gegenstand des Unternehmens.

Sp. 4. Nach dem Beschlusse der Generalversammlung vom 22. Juni 1927 soll das Grundkapital um 300000 RMark erhöht werden.

Sp. 4. Das Grundkapital ist um 300000 RMark erhöht und beträgt jetzt 2300000 RMark.

Neben den Eintragungen in den Sp. 2 bis 4 ist die Änderung der betreffenden Paragraphen des Gesellschaftsvertrages in Sp. 7 einzutragen.

Von der erfolgten Eintragung wird der Vorstand benachrichtigt. Wegen der Mitteilung an die Industrie- und Handelskammer und an das Finanzamt s. oben § 26.

F. Die Veröffentlichung. Die öffentliche Bekanntmachung der Änderungen des Gesellschaftsvertrages findet in betreff aller Bestimmungen statt, auf die sich die in den §§ 199, 201 HGB vorgeschriebenen Veröffentlichungen beziehen. § 277 Abs. 2 HGB. Es sind also zu veröffentlichen Änderungen, die betreffen: die Firma, den Sitz, den Gegenstand des Unternehmens, die Höhe des Grundkapitals, den Tag der Feststellung des Gesellschaftsvertrages, die Mitglieder des Vorstandes, ihre Vertretungsbefugnis, die Zeitdauer der Gesellschaft, sowie die oben im § 80 unter 3b bis n angegebenen Punkte. Soweit die in den §§ 199, 201 HGB bezeichneten Punkte nicht geändert sind, hat die Veröffentlichung dahin zu lauten, daß der Gesellschaftsvertrag durch Beschluß der Generalversammlung vom... .... geändert ist (KGJ **46** 297).

§ 85. 2. Die Erhöhung des Grundkapitals.

Die in der Erhöhung des Grundkapitals bestehende Veränderung des Gesellschaftsvertrages unterliegt besonderen Vorschriften. Zu unterscheiden ist:

A. Der Beschluß über die Erhöhung des Grundkapitals.
B. Die erfolgte Erhöhung des Grundkapitals.

Zu A. Der Beschluß über die Erhöhung des Grundkapitals ist von sämtlichen Mitgliedern des Vorstandes und des Aufsichtsrats[1])[2]) zur Eintragung in das Handelsregister anzumelden. In der Anmeldung ist die Versicherung abzugeben, daß das bisherige Grundkapital eingezahlt ist, oder, soweit die Einzahlung nicht stattgefunden hat, daß darauf weitere als die in der Anmeldung bezeichneten Beträge nicht rückständig sind[3]). § 280 HGB.

Ein Zwang zur Anmeldung zum Register der Hauptniederlassung besteht nicht; § 319 Abs. 2 HGB; jedoch macht die Eintragung den Beschluß erst wirksam. § 277 HGB. Die Eintragung in das Register der Zweigniederlassung kann aber erzwungen werden, wenn die Eintragung in das Register der Hauptniederlassung stattgefunden hat. § 14 HGB.

Der Erhöhungsbeschluß[4]) muß sich gründen auf eine Mehrheit, die mindestens drei Vierteile des bei der Beschlußfassung vertretenen Grundkapitals umfaßt. Beim Vorhandensein mehrerer Gattungen von Aktien mit verschiedener Berechtigung bedarf es nach § 278 Abs. 2 HGB neben dem Beschlusse der Generalversammlung eines in gesonderter Abstimmung gefaßten Beschlusses der Aktionäre jeder Gattung; auch dieser Beschluß bedarf einer Mehrheit, die mindestens drei Vierteile des bei der Beschlußfassung vertretenen Grundkapitals der besonderen Aktiengattung umfaßt. § 278 Abs. 2 HGB.

---

[1]) Unter den sämtlichen Mitgliedern des Aufsichtsrats sind die zu verstehen, die nach den für die Gesellschaft maßgebenden Bestimmungen den Aufsichtsrat in seiner vollständigen Besetzung bilden; soll z. B. nach dem Beschlusse der Generalversammlung der Aufsichtsrat aus fünf Mitgliedern bestehen, so müssen diese fünf Mitglieder bei der Anmeldung mitwirken, und die Mitwirkung von vier Mitgliedern genügt selbst dann nicht, wenn der fünfte zum Mitgliede Gewählte die Annahme der Wahl abgelehnt hat und dies bei der Anmeldung mitgeteilt wird. KGJ **24** A 198. Die Anmeldung ist auch von den seitens des Betriebsrats in den Aufsichtsrat entsandten Mitgliedern zu bewirken.

[2]) Vertretung durch Bevollmächtigte ist unzulässig. KGJ **28** A 228.

[3]) Diese Versicherung ist mit Rücksicht auf § 278 HGB vorgeschrieben. Nach dieser Gesetzesvorschrift soll nämlich eine Erhöhung des Grundkapitals durch Ausgabe neuer Aktien nicht vor der vollen Einzahlung des bisherigen Kapitals erfolgen; nur für Versicherungsgesellschaften kann im Gesellschaftsvertrag etwas anderes bestimmt werden. Es wird aber durch Rückstände, die auf einen verhältnismäßig unerheblichen Teil der eingeforderten Einzahlung verblieben sind, die Erhöhung des Grundkapitals nicht gehindert. Was als „verhältnismäßig unerheblicher Teil" anzusehen ist, entscheidet der Registerrichter. Staub Anm. 6 zu § 278.

[4]) Über die Frage der Anfechtbarkeit von Kapitalserhöhungsbeschlüssen wegen Verstoßes gegen die guten Sitten vgl. RG **105** 373; **107** 72; **108** 41; **112** 19; dagegen Flechtheim JW **1924** 679. Der Aktionär, der einen Kapitalserhöhungsbeschluß erfolgreich angefochten hat, hat gegen die Gesellschaft keinen Anspruch auf Herbeiführung der Löschung der den Beschluß betreffenden Handelsregistereintragung (RG **108** 44).

Der Erhöhungsbeschluß muß stets enthalten den Betrag, um den, oder den Höchstbetrag, bis zu dem (RJA **5** 168; RG **55** 68; vgl. auch unten S. 306) das Grundkapital erhöht werden soll[1]); über den weiteren Inhalt des Beschlusses vgl. §§ 278 Abs. 3 und 279 HGB.

Nach § 285 HGB kann die Anmeldung und Eintragung des Beschlusses über die Erhöhung des Grundkapitals mit der Anmeldung und Eintragung der erfolgten Erhöhung des Grundkapitals verbunden werden.

Bei einem Gericht, in dessen Bezirke die Gesellschaft eine Zweigniederlassung hat, ist die Anmeldung des Beschlusses über die Erhöhung des Grundkapitals durch den Vorstand als Organ (OLG **27** 352 [OLG Hamburg]), nicht durch sämtliche Mitglieder des Vorstandes und des Aufsichtsrats zu bewirken; der Vorstand braucht aber bei der Anmeldung nicht die Versicherung abzugeben, daß das bisherige Grundkapital eingezahlt ist, oder, soweit die Einzahlung nicht stattgefunden hat, daß darauf weitere als die in der Anmeldung bezeichneten Beträge nicht rückständig sind. § 286 HGB. Das Registergericht der Zweigniederlassung hat die Gesetzmäßigkeit des Erhöhungsbeschlusses nicht selbständig zu prüfen (OLG **11** 188; RJA **6** 198; KGJ **31** A 175).

Beispiel:

Amtsgericht. Berlin, den 6. März 1927.

Es erschienen vor dem Unterzeichneten:

1. der Fabrikant Richard Zelle in Berlin, Rauchstr. 5;
2. der Chemiker Dr. phil. Paul Herzer in Berlin, Lützowstr. 73;
3. der Kommerzienrat Fritz Steinberg in Charlottenburg, Schillerstr. 12;
4. der Bankdirektor Moritz Brauer in Berlin-Wilmersdorf, Landhausstr. 3;
5. der Bankdirektor Theodor Winter in Berlin, Friedrich-Wilhelm-Str. 20;
6. der Geheime Regierungsrat Karl Wittlich in Berlin, Roonstr. 4;
7. der Fabrikbesitzer Otto Braune in Berlin, Paulstr. 20.

Die Erschienenen sind dem Unterzeichneten von Person bekannt.

Sie überreichten Ausfertigung des notariellen Generalversammlungsbeschlusses vom 27. Februar 1927 und erklärten:

Wir, die Erschienenen zu 1. und 2., sind die Vorstandsmitglieder, und wir, die Erschienenen zu 3. bis 7., die Aufsichtsratsmitglieder der unter Nr. 422 der Abt. B des hiesigen Handelsregisters eingetragenen Aktiengesellschaft in Firma „Berliner Petroleum-Aktiengesellschaft". Wir melden zur Eintragung in das Handelsregister an, daß in der Generalversammlung vom 27. Februar 1927 beschlossen ist, das Grundkapital um 3500000 RMark zu erhöhen durch Ausgabe von 3500 Aktien zu 1000 RMark, eine jede auf

[1]) Bei umgestellten Gesellschaften beträgt der Mindestbetrag des Grundkapitals 5000 RMark, bei neu gegründeten 50000 RMark. Über diesen Betrag hinaus können die Gesellschaften ihr Kapital beliebig auf eine im Regelfall durch 100 teilbare Summe erhöhen. Die neuen Aktien müssen im Regelfall auf einen Nennbetrag von 100 RMark oder ein Vielfaches hiervon und in den Fällen des § 180 Abs. 2 u. 3 HGB auf einen Nennbetrag von 20 RMark lauten (§ 10 Abs. 1, § 17 GBVO, § 43 II DVO).

den Inhaber lautend, davon 2900 zum Parikurse und 600 zum Kurse von 110[1]).

Wir versichern, daß das bisherige Grundkapital von 2000000 RMark voll eingezahlt ist.

v. g. u.

Richard Zelle. Paul Herzer. Fritz Steinberg.
Moritz Brauer. Theodor Winter. Karl Wittlich.
Otto Braune.
Reinhardt, Justizobersekretär
als Urkundsbeamter der Geschäftsstelle.

Darauf wird verfügt:

Einzutragen in das Handelsregister Abt. B: Nr. der Firma: 422.
Sp. 1. 3.

Sp. 4. Nach dem Beschlusse der Generalversammlung vom 27. Februar 1927 soll das Grundkapital um 3500000 RMark erhöht werden.

2. Nachricht von der Eintragung dem Vorstande.

3. Öffentliche Bekanntmachung.

Berlin, 8. März 1927. Br.

Zu B. Die erfolgte Erhöhung des Grundkapitals ist ebenfalls von sämtlichen Mitgliedern des Vorstandes und Aufsichtsrats zur Eintragung in das Handelsregister anzumelden. § 284 Abs. 1 HGB[2]).

Der Anmeldung sind beizufügen[3]):

1. Die Duplikate der Zeichnungsscheine. Der Zeichnungsschein muß bei Vermeidung der Nichtigkeit[4]) enthalten:

a) die Beteiligung nach der Anzahl und, falls verschiedene Aktien ausgegeben werden, nach dem Betrag oder der Gattung der Aktien;

b) den Tag, an dem der Beschluß über die Erhöhung des Grundkapitals gefaßt ist;

c) den Betrag, für den die Ausgabe der Aktien stattfindet, und den Betrag der festgesetzten Einzahlungen;

d) die im § 279 HGB vorgesehenen Festsetzungen und wenn mehrere

---

[1]) Die Ausgabe neuer Aktien zu einem höheren als dem Nennbetrag ist zulässig, auch wenn eine solche Aktienausgabe im Gesellschaftsvertrage nicht vorgesehen ist. RJA **6** 198.

[2]) Vertretung durch Bevollmächtigte ist unzulässig. KGJ **28 A** 235.

[3]) Der Beschluß der Generalversammlung ist jetzt nicht beizufügen; er war bereits mit der Anmeldung des Erhöhungsbeschlusses eingereicht.

[4]) Zur Frage der Nichtigkeit vgl. RJA **3** 126; RG **85** 284; **118** 269 ff.; Staub Anm. 3 zu § 189. Auf Grund eines nichtigen Zeichnungsscheines soll eine Kapitalserhöhung grundsätzlich nicht eingetragen werden (OLG **43** 316). Ist die Eintragung aber gleichwohl erfolgt, so kann die Löschung der Eintragung nicht begehrt werden, da die Nichtigkeit der Scheine, die zudem, soweit nicht ein Verstoß gegen § 189 Abs. 2 HGB vorliegt (RG **118** 269), nachträglich gültig werden können (KG DJZ **1903** 33), nicht ohne weiteres die Nichtigkeit der Eintragung mit sich führt, und zwar schon mit Rücksicht auf die Rechte der Gläubiger.

Gattungen von Aktien mit verschiedener Berechtigung[1]) ausgegeben werden, den Gesamtbetrag einer jeden;

e) den Zeitpunkt, in dem die Zeichnung unverbindlich wird, sofern nicht bis dahin die erfolgte Erhöhung des Grundkapitals in das Handelsregister eingetragen ist.

2. Ein von den Mitgliedern des Vorstandes unterschriebenes Verzeichnis der Zeichner, das die auf jeden entfallenen Aktien sowie die auf die letzteren geschehenen Einzahlungen angibt.

3. Im Falle des § 279 HGB die Verträge, die den dort bezeichneten Festsetzungen zugrunde liegen oder zu ihrer Ausführung geschlossen sind.

4. Eine Berechnung der für die Gesellschaft durch die Ausgabe der neuen Aktien entstehenden Kosten[2]).

5. Die Genehmigungsurkunde in den Fällen des § 180 Abs. 2 HGB und wenn die Erhöhung des Grundkapitals mit Rücksicht auf den Gegenstand des Unternehmens der staatlichen Genehmigung bedarf. § 284 Abs. 2 HGB.

6. Eine Unbedenklichkeitserklärung des Finanzamts. § 75 KVStG, § 11 KVAB.

In der Anmeldung ist ferner die Erklärung abzugeben, daß auf jede neue Aktie, soweit nicht andere als durch Barzahlung zu leistende Einlagen bedungen sind[3]), der eingeforderte Betrag bar eingezahlt und im Besitze des Vorstandes ist. Nach der VO vom 24. Mai 1927 (RGBl 431) genügt die Erklärung, daß der eingeforderte Betrag durch einen von der Reichsbank bestätigten Scheck oder durch Gutschrift auf ein Konto bei der Reichsbank oder auf Postscheckkonto eingezahlt und zur freien, insbesondere nicht durch Gegenforderungen beeinträchtigten, Verfügung des Vorstandes steht. Der Betrag, zu dem die Aktien ausgegeben werden, und der hierauf bar eingezahlte Betrag sind anzugeben; dieser muß mindestens ein Viertel des Nennbetrages und, im Falle der Ausgabe von Aktien für einen höheren als den Nennbetrag, auch den Mehrbetrag umfassen. Darüber, was als Barzahlung gilt, siehe oben § 77.

Die der Anmeldung beigefügten Schriftstücke werden bei dem Gericht in Urschrift oder in beglaubigter Abschrift aufbewahrt. § 284 Abs. 4 HGB.

---

[1]) Bauzinsen — d. h. feste Zinsen, die einem Aktionär für einen vorweg begrenzten Zeitraum ohne Rücksicht darauf gewährt werden, ob die Gesellschaft Reingewinn erzielt hat oder nicht — können bei Erhöhung des Grundkapitals für die neuen Aktien auch nicht für einen Übergangszeitraum bis zur Betriebsfertigkeit der mit dem neuen Kapital bestimmungsgemäß herzustellenden Anlagen bedungen werden. KGJ **20** A 41.

[2]) Hierher gehören z. B. die Gerichtskosten, Gebühren des Notars, Kosten für die Herstellung von Aktienurkunden, Stempel, Steuern, Provisionen usw. Die Berechnung bedarf nicht der Unterschrift des Vorstandes.

[3]) Für diejenigen Aktien, auf welche Sacheinlagen zu leisten sind, bedarf es nicht der Erklärung, daß die Leistung der Sacheinlagen erfolgt ist (RJA **11** 224).

Die Prüfungspflicht des Registerrichters erstreckt sich nur darauf, ob die Kapitalserhöhung dem Gesetz und dem Gesellschaftsvertrag gemäß beschlossen und durchgeführt ist und ob die vorgeschriebenen Nachweisungen beigebracht sind. Er hat nicht zu prüfen, ob in Wirklichkeit die vorgeschriebenen Einzahlungen erfolgt sind; nur wenn etwa Gründe für einen dringenden Verdacht hervorgetreten sind, daß die vorgeschriebenen Einzahlungen nicht geleistet sind, ist er im Interesse der Gläubiger befugt, die Prüfungspflicht weiter auszudehnen (RJA 3 126).

Die Anmeldung kann auch hier wieder gemäß § 319 Abs. 2 HGB durch Ordnungsstrafen nicht erzwungen werden.

In die Veröffentlichung, durch die die Eintragung bekanntgemacht wird, ist auch der Betrag, zu dem die Aktien ausgegeben werden, aufzunehmen. § 284 Abs. 5 HGB. Sacheinlagen sind nicht zu veröffentlichen.

Bei einem Gericht, in dessen Bezirke die Gesellschaft eine Zweigniederlassung hat, ist die Anmeldung über die erfolgte Erhöhung des Grundkapitals durch den Vorstand zu bewirken. Der Anmeldung brauchen die vorbezeichneten Schriftstücke und die erwähnte Versicherung nicht beigefügt zu werden. In die Veröffentlichung, durch die die Eintragung bekannt gemacht wird, ist aber auch hier der Betrag, zu dem die Aktien ausgegeben werden und der auch hier in der Anmeldung anzugeben ist, aufzunehmen. § 286 HGB.

Beispiel:

Amtsgericht. Berlin, den 6. Juni 1927.

Es erschienen vor dem Unterzeichneten:

1. der Fabrikant Richard Zelle in Berlin, Rauchstr. 5;

2. der Chemiker Dr. phil. Paul Herzer in Berlin, Lützowstr. 73;

3. der Kommerzienrat Fritz Steinberg in Charlottenburg, Schillerstr. 12;

4. der Bankdirektor Moritz Brauer in Berlin-Wilmersdorf, Landhausstraße 3;

5. der Bankdirektor Theodor Winter in Berlin, Friedrich-Wilhelm-Str. 20;

6. der Geheime Regierungsrat Karl Wittlich in Berlin, Roonstr. 4;

7. der Fabrikbesitzer Otto Braune in Berlin, Paulstr. 20.

Sie sind dem Unterzeichneten von Person bekannt.

Sie überreichten:

1. die Duplikate von 200 Zeichnungsscheinen;

2. das von den Vorstandsmitgliedern unterschriebene Verzeichnis der Zeichner;

3. die Kostenberechnung;

4. die Unbedenklichkeitserklärung des Finanzamts.

Sie erklärten:

Wir, die Erschienenen zu 1. und 2., sind die Vorstandsmitglieder, und wir, die Erschienenen zu 3. bis 7., die Aufsichtsratsmitglieder der unter Nr. 422 der Abt. B des hiesigen Handelsregisters eingetragenen Aktiengesellschaft in Firma „Berliner Petroleum-Aktiengesellschaft".

Wir nehmen Bezug auf unsere Anmeldung vom 6. März 1927 und melden zur Eintragung in das Handelsregister an, daß die in der Generalversammlung vom 27. Februar 1927 beschlossene Erhöhung des Grundkapitals um 3500000 RMark nunmehr erfolgt ist. Es sind 3500 Aktien, auf

den Inhaber lautend, über je 1000 RMark Nennbetrag ausgegeben, und zwar 2900 zum Nennbetrage und 600 zum Betrage von 1100.

Wir versichern, daß auf jede neue Aktie der eingeforderte Betrag, nämlich 30 vom Hundert des Nennbetrages, und auf die für einen höheren als den Nennbetrag ausgegebenen Aktien auch der Mehrbetrag bar eingezahlt sind und sich im Besitze des Vorstandes befinden.

v. g. u.

Richard Zelle. Paul Herzer. Fritz Steinberg.
Moritz Brauer. Theodor Winter. Karl Wittlich.
Otto Braune.

Lehmann, Justizobersekretär
als Urkundsbeamter der Geschäftsstelle.

Darauf wird verfügt[1]):

1. Einzutragen in das Handelsregister Abt. B: Nr. der Firma: 422. Sp. 1. 4.

Sp. 4. Das Grundkapital ist um 3500000 RMark erhöht und beträgt jetzt 5500000 RMark.

2. Nachricht von der Eintragung
a) dem Vorstande,
b) dem Finanzamt.

3. Öffentliche Bekanntmachung (in diese ist auch der Betrag, zu dem die Aktien ausgegeben werden, aufzunehmen).

Berlin, 9. Juni 1927. Br.

§ 86. 3. Die Herabsetzung des Grundkapitals.

Auch die in der Herabsetzung des Grundkapitals bestehende Veränderung des Gesellschaftsvertrages folgt besonderen Vorschriften.

Es ist zu unterscheiden:

A. Der Beschluß über die Herabsetzung des Grundkapitals.

B. Die erfolgte Herabsetzung des Grundkapitals.

Zu A. Der Beschluß über die Herabsetzung des Grundkapitals ist von sämtlichen Mitgliedern des Vorstandes — nicht auch des Aufsichtsrats — zur Eintragung in das Handelsregister anzumelden. § 289 Abs. 1 HGB.

Ein Zwang zur Anmeldung zum Register der Hauptniederlassung besteht nicht[2]).

Der Registerrichter muß bei der Anmeldung prüfen, ob der Herabsetzungsbeschluß sich gründet auf eine Mehrheit, die mindestens drei Vierteile des bei der Beschlußfassung vertretenen Grundkapitals umfaßt, sowie

---

[1]) Gerät die Gesellschaft vor Eintragung der Durchführung der Kapitalserhöhung in Konkurs, so ist die Kapitalserhöhung hinfällig (RG **77** 152).

[2]) Dies folgt aus § 319 Abs. 2, der zwar den § 280, nicht aber den § 289 Abs. 1 ausdrücklich erwähnt, aber durch Anziehung des § 277 Abs. 1 alle Satzungsänderungsbeschlüsse, zu denen auch der Herabsetzungsbeschluß gehört, von dem Anmeldestrafzwang befreit. Ein unmittelbarer Zwang zur Anmeldung liegt aber darin, daß nach § 277 Abs. 3 die Herabsetzung vor der Eintragung des Beschlusses nicht wirksam ist. Staub Anm. 1; Goldschmit Anm. 1; Brand Anm. 1c zu § 289. Vgl. auch RG **101** 199.

ob in dem Beschlusse festgesetzt ist, zu welchem Zwecke die Herabsetzung stattfindet, insbesondere ob sie zur teilweisen Rückzahlung des Grundkapitals an die Aktionäre, zur Abrundung des Grundkapitals (JFG **3** 196) usw. erfolgt, und in welcher Weise die Maßregel auszuführen ist. § 288 Abs. 1 u. 2 HGB[1])[2]).

Er muß auch beachten, daß es beim Vorhandensein mehrerer Gattungen von Aktien mit verschiedener Berechtigung neben dem Beschlusse der Generalversammlung eines in gesonderter Abstimmung gefaßten Beschlusses der Aktionäre jeder Gattung bedarf; auch dieser Beschluß bedarf einer Mehrheit, die mindestens drei Vierteile des bei der Beschlußfassung vertretenen Grundkapitals der besonderen Aktiengattung umfaßt. § 288 Abs. 3 HGB. Im Falle des Fehlens des erforderlichen Sonderbeschlusses, der auch nicht dadurch entbehrlich wird, daß die anwesenden Aktionäre aller Gattungen dem Beschluß der Generalversammlung einhellig zugestimmt haben, darf der Registerrichter die Herabsetzung nicht eintragen (KGJ **35** A 162).

Die Anmeldung und Eintragung des Beschlusses über die Herabsetzung des Grundkapitals darf mit der Anmeldung und Eintragung der erfolgten Herabsetzung verbunden werden, wenn die Herabsetzung bereits nach Maßgabe des Beschlusses ausgeführt ist (KGJ **34** A 145; JFG **3** 200). Es ist auch ein Beschluß auf Herabsetzung in Verbindung mit einer Erhöhung zulässig (OLG Dresden DJZ **1918** 327).

Die Anmeldung ist auch bei dem Gerichte der Zweigniederlassung zu bewirken, und zwar ebenfalls durch sämtliche Mitglieder des Vorstandes; § 286 HGB, wonach nur der Vorstand, d. h. die zur Vertretung der Gesellschaft Bestimmten anzumelden haben, findet hier keine Anwendung.

Beispiel:

Amtsgericht. Berlin, den 10. März 1928.
Es erschienen vor dem Unterzeichneten:
1. der Fabrikant Richard Zelle in Berlin, Rauchstr. 5;
2. der Chemiker Dr. phil. Paul Herzer in Berlin, Lützowstr. 73.
Sie sind dem Unterzeichneten von Person bekannt.
Sie überreichten die Ausfertigung des notariellen Generalversammlungsbeschlusses vom 3. März 1928 und erklärten:

---

[1]) Streit herrscht im Schrifttum darüber, inwieweit sich der Herabsetzungsbeschluß über die Ausführungsweise zu verhalten hat, ob er die Einzelheiten des bestimmten Durchführungsmittels enthalten, also auch die technische Art der Vollziehung der Herabsetzung (Abstempelung, Vernichtung, Umtausch der Aktienurkunden usw.) festlegen muß. (Vgl. hierzu KG JFG **3** 196). Erfolgt die Herabsetzung durch Einziehung von Aktien mittels Ankaufs, so braucht der Beschluß nicht die Angabe der rechtsgeschäftlichen Einzelheiten des Kaufs zu enthalten (KG aaO).

[2]) Bei Herabsetzung durch Verminderung des Nennbetrags der Aktien sind die Vorschriften des § 43 der 2. DurchfVO zur GBVO vom 28. März 1924 und der 7. DurchfVO vom 7. Juli 1927 zu beachten. Vgl. Goldmann FormBuch S. 166 Anm. 4 zu Nr. 130.

Wir sind die Vorstandsmitglieder der unter Nr. 422 der Abt. B des hiesigen Handelsregisters eingetragenen Aktiengesellschaft in Firma „Berliner Petroleum-Aktiengesellschaft".

Wir melden zur Eintragung in das Handelsregister an, daß in der Generalversammlung vom 3. März 1928 beschlossen ist, das Grundkapital um 1000000 RMark herabzusetzen durch Rückkauf von 670 Aktien und durch Übernahme von 330 Aktien.

v. g. u.
Richard Zelle. Paul Herzer.
Reinhardt, Justizobersekretär
als Urkundsbeamter der Geschäftsstelle.

Darauf wird verfügt:

1. Einzutragen in das Handelsregister Abt. B: Nr. der Firma: 422.
Sp. 1. 5.
Sp. 4. Nach dem Beschlusse der Generalversammlung vom 3. März 1928 soll das Grundkapital um 1000000 RMark herabgesetzt werden.
2. Nachricht von der Eintragung dem Vorstande.
3. Öffentliche Bekanntmachung.
Berlin, 12. März 1928. Br.

Zu B. Die erfolgte Herabsetzung des Grundkapitals, d. h. die Ausführung des Beschlusses[1]) über die Herabsetzung gemäß §§ 288, 290 HGB (RG **101** 202; KGJ **34** A 147; JFG **3** 200) ist von sämtlichen Mitgliedern des Vorstandes — nicht auch des Aufsichtsrats — zur Eintragung in das Handelsregister anzumelden. § 291 HGB.

Die Anmeldung kann nach § 14 HGB erzwungen werden.

Der Anmeldung brauchen keine Urkunden beigefügt zu werden.

Der Registerrichter hat nicht die Richtigkeit der angemeldeten Tatsache, d. h. der erfolgten Herabsetzung des Grundkapitals, insbesondere auch nicht die Einhaltung der Gläubigerschutzvorschriften und den Ablauf des Sperrjahres (JFG **3** 201) nachzuprüfen; nur wenn er dringenden Verdacht hegt, daß die angemeldete Tatsache unwahr ist, kann er weitere Ermittlungen anstellen (RJA **3** 126).

Beispiel:

Amtsgericht. Berlin, den 12. Juli 1928.
Es erschienen vor dem Unterzeichneten:
1. der Fabrikant Richard Zelle in Berlin, Rauchstr. 5;
2. der Chemiker Dr. phil. Paul Herzer in Berlin, Lützowstr. 73.
Sie sind dem Unterzeichneten von Person bekannt.
Sie erklärten:

Wir nehmen Bezug auf unsere Anmeldung vom 10. März 1928 und melden als Vorstandsmitglieder der unter Nr. 422 der Abt. B des hiesigen Handels-

[1]) Die Maßregeln des Gläubigerschutzes aus § 289 HGB sind nicht Erfordernisse für die Ausführung der Kapitalsherabsetzung, also für die erfolgte Herabsetzung im Sinne des § 291 (JFG **3** 200). Die Herabsetzung erfordert außer dem Herabsetzungsbeschluß und seiner Eintragung in das Handelsregister weitere Maßnahmen, insbesondere die in den §§ 288 Abs. 2, 290 Abs. 1 zur Ausführung der Herabsetzung erwähnten jedenfalls dann nicht, wenn die Herabsetzung zur Deckung der Unterbilanz vorgenommen wird (RG **101** 199; vgl. auch RG **103** 369).

registers eingetragenen Aktiengesellschaft in Firma „Berliner Petroleum-Aktiengesellschaft“ zur Eintragung in das Handelsregister an, daß der Beschluß der Generalversammlung vom 3. März 1928 auf Herabsetzung des Grundkapitals um 1000000 RMark durch Rückkauf von 670 Aktien und durch Übernahme von 330 Aktien nunmehr ausgeführt ist und die Aktien vernichtet worden sind.

v. g. u.
Richard Zelle. Paul Herzer.
Reinhardt, Justizobersekretär
als Urkundsbeamter der Geschäftsstelle.

Darauf wird verfügt:

1. Einzutragen in das Handelsregister Abt. B: Nr. der Firma: 422.
Sp. 1. 6.
Sp. 4. Das Grundkapital ist um 1000000 RMark herabgesetzt und beträgt jetzt 4500000 RMark.
2. Nachricht dem Vorstande.
3. Öffentliche Bekanntmachung.
Berlin, 12. Juli 1928. Br.

Tätigkeit des Registergerichts in besonderen Fällen.

§ 87. 1. Einreichung von Schriftstücken zum Handelsregister nach Aufstellung der Jahresbilanz.

I. 1. Der Vorstand hat in den ersten drei Monaten des Geschäftsjahres für das verflossene Geschäftsjahr eine Bilanz[1][2], eine Gewinn- und Verlustrechnung, sowie einen den Vermögensstand und die Verhältnisse der Gesellschaft entwickelnden Bericht dem Aufsichtsrat und mit dessen Bemerkungen der Generalversammlung vorzulegen. Die dreimonatige Frist kann in dem Gesellschaftsvertrag anders, jedoch nicht über sechs Monate[3] hinaus bestimmt werden. § 260 Abs. 2 HGB.

Diese Vorlagen hat der Vorstand mindestens während der letzten zwei Wochen vor dem Tage der Generalversammlung oder dem in § 263 Abs. 3 HGB bezeichneten Tag in dem Geschäftsraume der Gesellschaft zur Einsicht der Aktionäre auszulegen, widrigenfalls er vom Registerrichter durch Ordnungsstrafen hierzu anzuhalten ist. §§ 263 Abs. 1, 319 Abs. 1 HGB.

---

[1]) Die Bilanz ist in Reichsmark aufzustellen (§ 1 GBV in Verbindung mit § 3 II. DurchfV zum Münzgesetz) und von sämtlichen Vorstandsmitgliedern zu unterzeichnen. Die Unterzeichnung durch alle Vorstandsmitglieder ist aber kein derart wesentliches Erfordernis, daß davon schlechthin der Rechtsbestand der Bilanz abhängig wäre. Die Vertretung durch einen Prokuristen bei der Unterzeichnung der Bilanz ist unzulässig (RG **112** 25).

[2]) Zur Natur der Bilanzen der Aktiengesellschaften vgl. RG **101** 200. Es können in die Bilanz regelmäßig nur solche Werte aufgenommen werden, die am Stichtage für die Bilanzaufstellung schon feste rechtliche Gestalt angenommen haben (RG **112** 23).

[3]) Vgl. die VO vom 23. Dezember 1923 (RGBl I 1248) über die Verlängerung der Bilanzfristen zugunsten der Gesellschaften, deren Vermögen sich zum erheblichen Teil im besetzten Gebiet befindet.

2. Nach der Genehmigung durch die Generalversammlung sind die Bilanz sowie die Gewinn- und Verlustrechnung unverzüglich durch den Vorstand in den Gesellschaftsblättern bekanntzumachen[1]).

3. Die Bekanntmachung sowie der den Vermögensstand und die Verhältnisse der Gesellschaft entwickelnde Bericht (der „Geschäftsbericht") nebst den Bemerkungen des Aufsichtsrats ist zum Handelsregister einzureichen. Die Einreichung kann gemäß § 14 HGB durch Ordnungsstrafen erzwungen werden. Bei der Aufforderung zur Einreichung ist die Frist so zu bemessen, daß der Vorstand bei Anwendung der im Verkehr erforderlichen Sorgfalt in der Lage ist, innerhalb der Frist das Versäumte nachzuholen (OLG **36** 193 [OLG Karlsruhe]).

4. Ob und inwieweit der Registerrichter zu prüfen habe, ob der Inhalt der eingereichten Bilanz usw. den gesetzlichen Erfordernissen entspricht, ist streitig[2]). Nach richtiger Ansicht ist die vorgelegte Bilanz im allgemeinen auf die Richtigkeit nicht nachzuprüfen; nur wenn sich aus dem Register selbst die Unrichtigkeit ergibt, gilt Abweichendes; denn der Richter ist nicht gezwungen, eine Einreichung unbeanstandet entgegenzunehmen, die mit Tatsachen in Widerspruch steht, die unter der eigenen Mitwirkung des Gerichts zustande gekommen sind (KGJ **46** 249 [OLG Karlsruhe]). Abgesehen hiervon ist die Bilanz sowie die Gewinn- und Verlustrechnung auf die Beobachtung der Bestimmungen des § 261 HGB hin nicht zu prüfen, vielmehr ist sie nur nach der formellen Seite einer Nachprüfung zu unterziehen und ist zu untersuchen, ob überhaupt eine Bilanz sowie Gewinn- und Verlustrechnung im gesetzlichen Sinne vorliegt; die Bilanz muß ihm daher genügen, wenn sie den Vermögensstand der Gesellschaft durch Gegenüberstellung der Aktiven und Passiven unter Angabe des derzeitigen Wertes der einzelnen Vermögensgegenstände erkennen läßt, und die Gewinn- und Verlustrechnung kann er nicht beanstanden, wenn sie den Reingewinn oder den Verlust des Betriebsjahres erkennen läßt[3]). Er darf also z. B. nicht bemängeln, daß sich aus der Bilanz die Höhe der Abschreibungen nicht ersehen lasse oder daß nicht angegeben sei, wie der Wert der in der Bilanz aufgeführten Vermögensgegenstände berechnet sei; ebensowenig darf er rügen, daß die Gewinn- und Verlustrechnung den Betrag der jährlichen Verluste, die das Vermögen durch Abnutzung seiner einzelnen Bestandteile erlitten habe, nicht gesondert aufführe (KGJ **23** D 19 [OLG Hamburg]).

[1]) Die Vorschrift des § 6 der VO vom 14. Februar 1924 (RGBl I 119), wonach das Gericht den Vorstand unter gewissen Voraussetzungen auf seinen Antrag von der Verpflichtung zur Veröffentlichung befreien konnte, ist durch die VO vom 28. März 1927 (RGBl I 89) wieder aufgehoben.

[2]) Vgl. über diese Streitfrage KGJ **20** A 62; **24** A 202; OLG **8** 261 und die Literatur bei Staub Anm. 5 zu § 265.

[3]) KGJ **12** 25; **23** D 19 (OLG Hamburg). Die Angabe je einer einzigen Summe bei den Aktiven und Passiven genügt aber nicht. KGJ **1** 60.

Daneben hat der Registerrichter natürlich zu prüfen, ob die Bekanntmachung seitens des Vorstandes ordnungsmäßig erfolgt ist.

5. Eingetragen oder veröffentlicht wird der Inhalt der eingereichten Schriftstücke von dem Registerrichter nicht.

6. Zum Handelsregister einer Zweigniederlassung findet die Einreichung der Bekanntmachung sowie des Geschäftsberichts nicht statt. § 265 Abs. 2 GHB.

II. Verträge der Gesellschaft, nach denen sie vorhandene oder herzustellende Anlagen, die dauernd zu ihrem Geschäftsbetriebe bestimmt sind, oder unbewegliche Gegenstände für eine den zehnten Teil des Grundkapitals übersteigende Vergütung erwerben soll, sog. Nachgründungsverträge, sind, wenn sie vor dem Ablauf von zwei Jahren seit Eintragung der Gesellschaft geschlossen werden, nach erfolgter Zustimmung der Generalversammlung vom Vorstand in Urschrift oder in öffentlich beglaubigter Abschrift mit dem Berichte des Aufsichtsrats nebst dessen urkundlichen Grundlagen zum Handelsregister einzureichen. Zum Handelsregister einer Zweigniederlassung findet die Einreichung nicht statt. § 207 Abs. 1 bis 4 GHB; vgl. auch die Ausnahmen im Abs. 5 § 207 HGB.

§ 88. 2. Bestellung von Revisoren usw.

I. 1. Ist in der Generalversammlung ein Antrag auf Bestellung von Revisoren zur Prüfung eines Vorganges bei der Gründung oder eines nicht länger als zwei Jahre zurückliegenden Vorgangs bei der Geschäftsführung abgelehnt worden, so können auf Antrag von Aktionären, deren Anteile zusammen den zehnten Teil des Grundkapitals erreichen, Revisoren durch das Registergericht, in dessen Bezirke die Gesellschaft ihren Sitz hat, ernannt werden. § 266 Abs. 2 HGB.

Der Antrag kann schriftlich oder zu Protokoll der Geschäftsstelle gestellt werden. Die Minderheit der Aktionäre kann aber die Bestellung der Revisoren nur zur Prüfung eines Vorganges bei der Gründung oder eines nicht länger als zwei Jahre zurückliegenden Vorganges bei der Geschäftsführung, nicht dagegen auch zur Prüfung der Bilanz verlangen; auch muß ein bestimmter Vorgang in Frage stehen, so daß nicht etwa die Nachprüfung des ganzen Gründungsherganges oder der gesamten Geschäftsführung während der letzten zwei Jahre verlangt werden kann (OLG **3** 84; **9** 263). Der Antrag darf auch nicht eher gestellt werden, als bis er in der Generalversammlung abgelehnt ist. Daß der Antrag in der Generalversammlung auch von der Minderheit gestellt war, ist nicht erforderlich (RG JW **1903** 244).

Dem Antrag darf ferner nur stattgegeben werden, wenn (gemäß § 294 ZPO) glaubhaft gemacht wird, daß bei dem Vorgange Unredlichkeiten oder grobe Verletzungen des Gesetzes oder des Gesellschaftsvertrages stattgefunden haben. Die Antragsteller haben die Aktien bis zur rechtskräftigen

Entscheidung über den Antrag zu hinterlegen und glaubhaft zu machen, daß sie seit mindestens sechs Monaten, von der Generalversammlung zurückgerechnet, Besitzer, und zwar Eigenbesitzer der Aktien sind. § 266 Abs. 3 HGB[1]).

2. Vor der Ernennung der Revisoren muß der Registerrichter den Vorstand und den Aufsichtsrat hören. Will er den Antrag ablehnen, so braucht er die Geschäftsorgane nicht zu hören[2]).

Die Ernennung von Revisoren[3]) kann auf Verlangen der Gesellschaftsorgane von einer vom Registerrichter nach freiem Ermessen zu bestimmenden Sicherheitsleistung abhängig gemacht werden. § 266 Abs. 4 HGB.

3. Der Vorstand hat bei Vermeidung von Ordnungsstrafen den Revisoren die Einsicht der Bücher und Schriften der Gesellschaft und die Untersuchung des Bestandes der Gesellschaftskasse sowie der Bestände an Wertpapieren und Waren zu gestatten. § 267 Abs. 1 HGB.

4. Der Bericht über das Ergebnis der Prüfung ist von den Revisoren unverzüglich dem Handelsregister einzureichen. § 267 Abs. 2 HGB. Zum Handelsregister einer Zweigniederlassung findet die Einreichung des Berichts nicht statt. § 261 Abs. 2 HGB.

II. Ist die Geltendmachung der Ansprüche der Gesellschaft aus der Gründung oder aus der Geschäftsführung gemäß § 268 Abs. 1 HGB von einer Minderheit verlangt, deren Anteile den zehnten Teil des Grundkapitals erreichen, so können die von der Minderheit bezeichneten Personen durch das Registergericht als deren Vertreter zur Führung des Rechtsstreits bestellt werden. § 268 Abs. 2 HGB. Das in der Generalversammlung zu stellende Verlangen der Minderheit nach Geltendmachung dieser Ansprüche muß aber als solches besonders und unzweideutig erklärt sein; es wird nicht durch den Antrag auf einen im Sinne der Geltendmachung lautenden Generalversammlungsbeschluß oder durch Stimmen für einen solchen Antrag ersetzt (KGJ **20** A 167). Dagegen braucht die Bezeichnung der Vertreter nicht notwendig schon in der Generalversammlung zu erfolgen, sondern kann auch erst gegenüber dem Registerrichter bewirkt werden. Der Registerrichter hat außer den formellen, seine Zuständigkeit für die Bestellung der Vertreter begründenden Voraussetzungen nur zu prüfen, ob nach Lage der Sache Anlaß besteht, die sonst berufenen Prozeßvertreter der Gesellschaft durch andere Personen zu ersetzen, ob also die sonst berufenen Vertreter zur Durchführung des Rechtsstreits geeignet erscheinen oder nicht. Dagegen hat das Registergericht

---

[1]) Bei Namensaktien genügt die Eintragung im Aktienbuch zur Zeit des Antrags. Staub Anm. 3; Brand Anm. 3Ad zu § 266 HGB; Schlegelberger Anm. 7 zu § 145 FGG.

[2]) Staub Anm. 15 zu § 266.

[3]) Es kann auch ein Revisor ernannt werden; die Vorschläge der Antragsteller sind bei der Ernennung nicht bindend. Staub Anm. 15 zu § 266.

nicht zu prüfen, ob die Prozeßvoraussetzungen des § 269 HGB vorliegen und die Klage Aussicht auf Erfolg hat (KGJ **21** A 80).

Die Auflösung der Aktiengesellschaft.

§ 89. 1. Allgemeines.

1. Die Auflösung der Gesellschaft ist außer dem Falle des Konkurses[1]) bei Vermeidung von Ordnungsstrafen durch den Vorstand[2]) zur Eintragung in das Handelsregister anzumelden. § 293 HGB.

2. Die Aktiengesellschaft wird außer durch Konkurseröffnung aufgelöst besonders durch den Ablauf der im Gesellschaftsvertrage bestimmten Zeit[3]) und durch Beschluß der Generalversammlung, der einer Mehrheit bedarf, die mindestens drei Vierteile des bei der Beschlußfassung vertretenen Grundkapitals umfaßt. § 292 HGB.

Die Auflösung der Gesellschaft tritt auch ein infolge eines Beschlusses der Generalversammlung, der die Verwertung des Gesellschaftsvermögens durch die Veräußerung des Vermögens im ganzen zum Gegenstande hat. § 303 HGB[4]).

Auch die Verlegung des Sitzes in das Ausland hat die Auflösung der Gesellschaft zur Folge[5]) (RG **7** 68; **107** 97; JFG **2** 254). Dagegen ist die Vereinigung aller Aktien in einer Hand („Einmanngesellschaft") kein Auflösungsgrund (RG **68** 172; **92** 84; **98** 289; KGJ **25** A 130; **31** A 164). Auch das Vergleichsverfahren, dessen Einleitung nach Auflösung der Gesellschaft unzulässig ist (§ 88 VglO), ist auf den Bestand der Gesellschaft ohne Einfluß. Während es bisher herrschende Lehre war, daß für die Auflösung einer Aktiengesellschaft mangels eines sonstigen gesetzlichen Grundes der Auf-

---

[1]) Die Organe der Aktiengesellschaft bleiben auch während des Konkurses der Gesellschaft bestehen (RG **14** 418; **81** 332; KG RJA **15** 35; BayObLG JFG **2** 213).

[2]) Es brauchen nicht alle Vorstandsmitglieder, sondern nur so viele, als zur Vertretung der Gesellschaft erforderlich sind, bei der Anmeldung mitzuwirken.

[3]) In diesem Falle kann nach Ansicht des KG die Fortsetzung der Gesellschaft beschlossen werden, wenn die tatsächlich nicht liquidierende Gesellschaft ihre Auflösung beim Ablauf der Frist nicht gewollt hat und nur die rechtzeitige Beschlußfassung über die Fortsetzung der Gesellschaft unterblieben ist (JFG **2** 265; vgl. auch unten § 92).

[4]) In diesem Falle muß der Veräußerungsvertrag zwischen der Gesellschaft und dem Übernehmer gerichtlich oder notariell beurkundet werden. § 311 BGB. Der der Veräußerung zustimmende Beschluß der Generalversammlung bedarf einer Mehrheit, die mindestens drei Vierteile des bei der Beschlußfassung vertretenen Grundkapitals umfaßt. § 303 Abs. 1 HGB. Näheres s. § 303 Abs. 2 u. 3 HGB.

[5]) Dagegen sind die Gesellschaften, die ihren Sitz an einem Orte hatten, der infolge völkerrechtlichen Vertrages (des Versailler Vertrages) seine Zugehörigkeit zum Deutschen Reiche verloren hat, nicht unabhängig von dem Willen der Gesellschaftsorgane zur Auflösung gelangt und können daher ihren Sitz wieder nach Deutschland zurückverlegen (RG **107** 97; OLG **43** 201).

lösungsbeschluß ebenso notwendig sei, wie die Liquidation als Folge der Auflösung, daß also die Einstellung des Gewerbebetriebes die Auflösung nicht ohne weiteres herbeiführen könne (vgl. u. a. KGJ **13** 112; **45** 179), vertritt das Kammergericht in seinem Beschluß vom 28. März 1927 (JMBl 175; JFG **4** 179) den Standpunkt, daß unter Umständen bei Fehlen jeglichen Aktivvermögens die eine Wiederaufnahme der geschäftlichen Tätigkeit nicht beabsichtigende Aktiengesellschaft auch ohne Auflösungsbeschluß als aufgelöst gelten und die Eintragung des Erlöschens ihrer Firma auch ohne Liquidation von Amts wegen betrieben werden könne, da die eingetretene völlige Zerstörung der vermögensrechtlichen Grundlage bereits das zur Tatsache habe werden lassen, was die Auflösung bezwecke, und dieses den Auflösungsbeschluß entbehrlich und das Liquidationsverfahren zu einer leeren Form mache[1]).

3. Die Anmeldung muß sowohl beim Gerichte der Haupt- wie auch jeder Zweigniederlassung erfolgen.

4. Bei der Anmeldung muß außer der Tatsache der Auflösung auch der Auflösungsgrund angegeben werden[2]). Der etwaige Auflösungsbeschluß braucht der Anmeldung nicht beigefügt zu werden.

5. Der Registerrichter hat nicht zu prüfen, ob die Voraussetzungen der Auflösung wirklich vorhanden sind. Nur wenn ein dringender Verdacht der Unwahrheit der angemeldeten Auflösung vorliegt, wird er weitere Ermittlungen vorzunehmen haben (RJA **3** 126).

6. Einzutragen in das Register ist nur die Tatsache der Auflösung unter kurzer Angabe des Auflösungsgrundes.

7. Regelmäßig erfolgt gleichzeitig mit der Anmeldung der Auflösung auch die Anmeldung der ersten Liquidatoren, die ebenfalls durch den Vorstand bewirkt wird. § 296 Abs. 1 HGB; vgl. Näheres unten § 90.

Beispiel:

Amtsgericht. Berlin, den 22. September 1930.

Es erschienen vor dem Unterzeichneten:

1. Der Fabrikant Richard Zelle in Berlin, Rauchstr. 5;

2. der Chemiker Dr. phil. Paul Herzer in Berlin, Lützowstr. 73.

Sie sind dem Unterzeichneten von Person bekannt.

Sie erklärten:

Durch Beschluß der Generalversammlung vom 10. September 1930 ist die unter Nr. 422 der Abt. B des hiesigen Handelsregisters eingetragene Aktiengesellschaft in Firma „Berliner Petroleum-Aktiengesellschaft“ aufgelöst worden. Die Liquidation geschieht durch uns, die bisherigen Mitglieder des Vorstandes, als Liquidatoren. Jeder von uns ist allein zur Vertretung der Gesellschaft berechtigt.

---

[1]) Der Beschluß des KG ist im Interesse der Säuberung des Handelsregisters von vermögenslosen und nicht mehr bestehenden Kapitalgesellschaften zu begrüßen.

[2]) (str.) A.M. Schlegelberger Anm. 21 zu § 127 FGG.

Dies melden wir unter Überreichung einer Ausfertigung der notariellen Verhandlung vom 10. September 1930[1]) zur Eintragung in das Handelsregister an.

Wir werden die Firma und unsere Namensunterschriften wie folgt zeichnen[2]):

Berliner Petroleum-Aktiengesellschaft in Liquid.
Richard Zelle.
Berliner Petroleum-Aktiengesellschaft in Liquid.
Paul Herzer.
v. g. u.
Richard Zelle. Paul Herzer.
Lehmann, Justizobersekretär
als Urkundsbeamter der Geschäftsstelle.

Darauf wird verfügt:

1. Einzutragen in das Handelsregister Abt. B **Nr. 422:**

Sp. 1. 8.

Sp. 5. Die bisherigen Vorstandsmitglieder sind Liquidatoren.

Sp. 7. Jedem Liquidator steht die selbständige Vertretung der Gesellschaft zu.

Sp. 8. Durch Beschluß der Generalversammlung vom 10. September 1930 ist die Gesellschaft aufgelöst.

2. Öffentliche Bekanntmachung.

3. Nachricht:

a) den Liquidatoren,

b) dem Finanzamt.

Berlin, 23. September 1930. Br.

8. Eine Aktiengesellschaft kann endlich auch aufgelöst werden, wenn sie sich rechtswidriger Handlungen oder Unterlassungen schuldig macht, durch die das Gemeinwohl gefährdet wird. Über die Auflösung entscheidet im Verwaltungsstreitverfahren der Bezirksausschuß in erster Instanz. Für die Erhebung der Klage ist der Regierungspräsident zuständig. Dieser hat von der Auflösung dem Registergerichte Mitteilung zu machen. Art. 4 AG HGB. Auf Grund dieser Mitteilung erfolgt die Eintragung der Auflösung von Amtswegen.

9. Die Eröffnung sowie die Aufhebung des Konkursverfahrens wird nicht angemeldet, sondern von Amts wegen eingetragen auf Grund der Mitteilungen der Geschäftsstelle des Konkursgerichts. §§ 6, 32 HGB; § 112 KO. Eine öffentliche Bekanntmachung dieser Eintragungen erfolgt nicht. § 32 HGB.

Im Falle der Beendigung des Konkurses durch Ausschüttung der Masse bedarf es keiner Anmeldung des Erlöschens der Firma durch die Vorstandsmitglieder, vielmehr ist mit der Eintragung der Beendigung des Konkurses durch Ausschüttung der Masse auch die Firma erloschen.

---

[1]) Die Beifügung dieser Ausfertigung war nicht unbedingt erforderlich; s. oben Nr. 4.

[2]) Vgl. unten § 90.

Eine Fortsetzung der Gesellschaft gemäß § 307 Abs. 2 HGB ist weder in diesem Falle noch im Falle des § 204 KO möglich (KGJ **34** B 12).

10. Wegen der Eintragung der Nichtigkeit einer Aktiengesellschaft vgl. oben § 23.

§ 90. 2. Die Liquidation.

1. Die Liquidation findet nach der Auflösung der Aktiengesellschaft statt, sofern nicht über das Vermögen der Gesellschaft der Konkurs eröffnet ist. § 294 Abs. 1 HGB. Die Liquidation ist also, von Ausnahmefällen abgesehen (vgl. auch §§ 304, 306 HGB), die notwendige Folge der Auflösung (KGJ **49** 136).

2. Die Liquidation geschieht durch die Mitglieder des Vorstandes als Liquidatoren, sofern nicht durch den Gesellschaftsvertrag oder durch Beschluß der Generalversammlung andere Personen dazu bestimmt werden[1])[2]). Unzulässig ist eine Bestimmung des Gesellschaftsvertrages, die das Recht der Bestellung von Liquidatoren dem Aufsichtsrat überträgt (OLG **8** 235; KGJ **49** 122).

3. Aus wichtigen Gründen kann die Ernennung der Liquidatoren durch das Registergericht erfolgen, wenn der Aufsichtsrat oder Aktionäre, deren Anteile zusammen den zwanzigsten Teil des Grundkapitals erreichen, dies beantragen; es müssen aber die Aktionäre bei Stellung des Antrags glaubhaft machen[3]), daß sie seit mindestens sechs Monaten Besitzer der Aktien sind. § 295 Abs. 2 HGB. Der Richter kann bei der Ernennung bestimmen, daß — abweichend von der Regel, wonach alle Liquidatoren nur zusammen handeln können (Kollektivvertretung) — jeder Liquidator allein die Gesellschaft zu vertreten befugt ist. § 298 Abs. 3 HGB. Zur Annahme des Amtes kann der Ernannte nicht gezwungen werden (RJA **8** 267). Eine Vergütung für ihn kann das Gericht auch auf Antrag der Beteiligten nicht festsetzen (KGJ **27** A 222). Die Abberufung der Liquidatoren kann außer durch die Generalversammlung (KGJ **45** 181) durch das Registergericht unter denselben Voraussetzungen wie die Bestellung erfolgen. § 295 Abs. 3 HGB. Es kann also nicht etwa der einzelne Aktionär oder ein Mitglied des Aufsichtsrats verlangen, daß die vom Registergerichte vorgenommene Ersatzbestellung eines Liquidators rückgängig gemacht werden soll (RJA **4** 147). Das Verfahren richtet sich in diesen Fällen nach § 146 FGG. Das Gericht hat also vor der Entscheidung den Vorstand oder die Liqui-

[1]) Der Registerrichter darf nicht etwa die Tätigkeit der Liquidatoren im ganzen oder im einzelnen überwachen und leiten; so darf er z. B. dem Liquidator nicht aufgeben, einen Prozeß für die Masse zu führen. RJA **6** 128 (KG).

[2]) Über die Frage, ob auch juristische Personen Liquidatoren sein können, vgl. Staub Anm. 1 zu § 295 und die Literatur daselbst. Die herrschende Meinung verneint die Frage, bejaht wird sie u. a. vom OLG Karlsruhe (JFG **3** 210). Vgl. auch Ludewig JW **1926** 1792.

[3]) Über die Art der Glaubhaftmachung vgl. § 294 ZPO und § 15 Abs. 2 FGG.

datoren zu hören. Gegen die gerichtliche Ernennung eines Liquidators steht nur der Gesellschaft, vertreten durch den Vorstand, nicht dem Aufsichtsrat oder dessen Vorsitzenden und nicht dem früheren Liquidator, gegen die Abberufung nur der Gesellschaft und dem abberufenen Liquidator die sofortige Beschwerde zu (JFG **2** 231 [OLG Rostock).

In dringenden Fällen können übrigens, soweit die erforderlichen Liquidatoren fehlen, für die Zeit bis zur Hebung des Mangels auf Antrag eines Beteiligten, z. B. eines Gläubigers der Gesellschaft, die Liquidatoren vom Registergericht ohne Einschränkung bestellt werden; vgl. §§ 29, 48 BGB, die der richtigen Ansicht nach auch auf Aktiengesellschaften Anwendung finden (KGJ **23** A 105; **34** A 53).

Die Eintragung der gerichtlichen Ernennung oder Abberufung von Liquidatoren geschieht von Amts wegen, also ohne Anmeldung. § 296 Abs. 3 HGB. Das Registergericht wird die Gerichte etwaiger Zweigniederlassungen um die Eintragung ersuchen müssen.

4. Die ersten Liquidatoren sind durch den Vorstand (vgl. oben § 89), jede Änderung in den Personen der Liquidatoren ist durch die Liquidatoren zur Eintragung in das Handelsregister anzumelden, und zwar auch bei den Gerichten etwaiger Zweigniederlassungen. § 296 Abs. 1 HGB. Die Anmeldung der ersten Liquidatoren erfolgt regelmäßig zusammen mit der Anmeldung der Auflösung der Gesellschaft (vgl. oben § 89). Ist bei der Bestellung der Liquidatoren eine Bestimmung über ihre Vertretungsbefugnis getroffen, so ist auch diese Bestimmung zur Eintragung anzumelden. § 296 Abs. 1 HGB. Hierbei ist zu beachten, daß in Ermangelung besonderer Bestimmungen die Liquidatoren nur gemeinsam zur Vertretung der Gesellschaft befugt sind. §§ 232, 294 Abs. 2 HGB. Hat die Generalversammlung zwei Liquidatoren gewählt, ohne Bestimmung über die Vertretungsbefugnis zu treffen und lehnt der eine von diesen die Annahme ab, so wird dadurch nicht der andere alleiniger Liquidator, vielmehr wird der Generalversammlungsbeschluß hinfällig (JFG 2 231 [OLG Rostock]).

Der Anmeldung ist eine öffentlich beglaubigte Abschrift der Urkunden über die Bestellung oder Änderung, also der hierauf bezüglichen Beschlüsse der Generalversammlung oder des Aufsichtsrats, im Falle des Todes die Sterbeurkunde beizufügen; diese Vorschrift findet auf die Anmeldung zum Handelsregister einer Zweigniederlassung keine Anwendung. § 296 Abs. 2 HGB.

Die Liquidatoren — auch die gerichtlich bestellten — haben, selbst wenn sie bereits als Vorstandsmitglieder oder Prokuristen ihre Unterschrift bzw. die Firma nebst Unterschrift gezeichnet haben, die Firma nebst ihrer Namensunterschrift zur Aufbewahrung bei dem Gerichte zu zeichnen. § 296 Abs. 4 HGB. Sie zeichnen die Firma in der Weise, daß sie der bisherigen, als Liquidationsfirma zu bezeichnenden Firma ihren

Namen beifügen. §§ 298 Abs. 1, 153 HGB; vgl. das Beispiel oben § 89. Zu beachten ist noch, daß der gesetzliche Umfang der Vertretungsbefugnis der Liquidatoren Dritten gegenüber unbeschränkbar ist. §§ 298 Abs. 1, 151 HGB. Der Registerrichter darf also dieser Vorschrift zuwiderlaufende Anmeldungen nicht entgegennehmen.

In das Handelsregister sind die Liquidatoren nach Familiennamen, Vornamen, Stand und Wohnort einzutragen, auch ist dort eine etwaige besondere, von der gesetzlichen Vorschrift abweichende Bestimmung über ihre Vertretungsbefugnis zu vermerken.

5. Eine Bestellung von Prokuristen findet während der Liquidation nicht statt. § 298 Abs. 4 HGB. Anträge der Liquidatoren auf Eintragung von Prokuristen sind daher zurückzuweisen. Die vorhandenen Prokuren erlöschen (RG **72** 122).

6. Die Liquidatoren haben bei Vermeidung von Ordnungsstrafen (KGJ **30** A 127) für den Beginn der Liquidation und weiterhin für den Schluß jedes Jahres eine Bilanz aufzustellen und dem Aufsichtsrate und der Generalversammlung vorzulegen. Nach der Genehmigung durch die Generalversammlung ist die Bilanz, sowie die Gewinn- und Verlustrechnung unverzüglich durch die Liquidatoren in den Gesellschaftsblättern bekanntzumachen. Wegen Einreichung der Bekanntmachung, sowie des im § 260 HGB bezeichneten Geschäftsberichts gilt das oben § 87 zu 3. Angeführte auch hier. §§ 299, 260, 265, 319 HGB (KGJ **35** A 160). Die Liquidatoren sind zu diesen Maßnahmen auch verpflichtet, wenn ihnen Mittel zur Deckung der dadurch entstehenden Kosten, insbesondere der Berufung der Generalversammlung aus der Masse nicht zur Verfügung stehen (KGJ **30** A 125).

Die Liquidatoren haben ferner unter Hinweis auf die Auflösung der Gesellschaft die Gläubiger aufzufordern, ihre Ansprüche anzumelden. Diese Aufforderung ist dreimal in den Gesellschaftsblättern zu veröffentlichen. § 297 HGB[1]).

7. Ist die Liquidation beendet und die Schlußrechnung gelegt, so haben die Liquidatoren das Erlöschen der Gesellschaftsfirma zur Eintragung in das Handelsregister der Haupt- und jeder Zweigniederlassung anzumelden. § 302 Abs. 1 HGB. Die Anmeldung braucht nicht notwendig durch sämtliche Liquidatoren zu erfolgen; es genügt vielmehr, wenn diejenigen Liquidatoren bei der Anmeldung mitwirken, die zur Vertretung der Gesellschaft berufen sind. Die Liquidatoren haben bei der Anmeldung die Beendigung der Liquidation zu erklären (OLG **33** 7 [OLG

---

[1]) § 7 der VO vom 14. Februar 1924 (RGBl I 119), wonach das Gericht die Liquidatoren unter gewissen Voraussetzungen von der Verpflichtung zur Bekanntmachung befreien konnte, ist durch die VO vom 28. März 1927 (RGBl I 89) wieder aufgehoben.

Dresden]). Daß sie auch die Schlußrechnung beizufügen haben, wie Staub[1]) annimmt, ist nicht zutreffend. Nach dem Wortlaut des Gesetzes besteht eine solche Verpflichtung nicht. Es muß dem Registerrichter genügen, wenn die Tatsache des Erlöschens der Firma nach Beendigung der Liquidation angemeldet wird. Irgendwelche Untersuchungen, ob diese Anmeldung gerechtfertigt ist, hat der Richter nicht vorzunehmen[2]), es sei denn, daß begründete Zweifel vorliegen.

Es ist in das Register einzutragen, daß die Firma erloschen, nicht etwa, daß die Liquidation beendet sei.

Beispiel:

Amtsgericht. Berlin, den 23. Oktober 1932.

Es erschienen vor dem Unterzeichneten:

1. der Fabrikant Richard Zelle in Berlin, Rauchstr. 5;

2. der Chemiker Dr. phil. Paul Herzer in Berlin, Lützowstr. 73.

Sie sind dem Unterzeichneten von Person bekannt.

Sie erklärten:

Die Liquidation der unter Nr. 422 der Abt. B des hiesigen Handelsregisters eingetragenen Aktiengesellschaft in Firma „Berliner Petroleum-Aktiengesellschaft" ist beendet. Wir melden das Erlöschen der Firma zur Eintragung in das Handelsregister an.

v. g. u.

Richard Zelle. Paul Herzer.

Lehmann, Justizobersekretär
als Urkundsbeamter der Geschäftsstelle.

Darauf wird verfügt:

1. Einzutragen in das Handelsregister Abt. B Nr. 422:

Sp. 1. 9.

Sp. 8. Die Firma ist erloschen[3]).

2. Die Eintragungsvermerke bei Nr. 422 sind rot zu unterstreichen.

3. Nachricht:

a) **den Liquidatoren,**

---

[1]) Anm. 6 zu § 302. Staub nimmt sogar mit Pinner S. 300 an, daß der Registerrichter auch zu prüfen habe, ob das Sperrjahr (§ 301 Abs. 1 HGB) abgelaufen sei. Diese Ansicht ist irrig; eine solche Prüfung legt das Gesetz dem Richter nicht auf. Wird ihm aus den Unterlagen der Anmeldung oder sonst bekannt, daß das Sperrjahr noch nicht abgelaufen ist, so kann er hieraus Bedenken gegen die Eintragung höchstens unter dem Gesichtspunkt erheben, daß wegen der vorzeitigen Verteilung von Gesellschaftsvermögen unter die Aktionäre Ansprüche an die Gesellschaft beständen, vor deren Erledigung die Liquidation nicht als beendigt anzusehen sei. **KGJ 28 A 51.**

[2]) Das **KG** (**KGJ 28 A 51**) nimmt an, daß der Registerrichter den Nachweis zu verlangen habe, daß die Generalversammlung der Aktionäre nach Abnahme der Schlußrechnung der Liquidatoren die Beendigung der Liquidation anerkannt habe.

[3]) Es ist nicht erforderlich, den Grund des Erlöschens der Firma miteinzutragen. Unrichtig wäre eine Eintragung etwa des Inhalts: „Die Liquidation ist beendet".

b) der Industrie- und Handelskammer durch die Liste,
c) dem Finanzamt.
4. Öffentliche Bekanntmachung.
5. Akten wegl. und nach 30 Jahren vern.
Berlin, 23. Oktober 1932. Br.

8. Nach Beendigung der Liquidation sind die Bücher und Papiere der Gesellschaft an einem vom Registergerichte[1]) auf Hinwirkung seitens der Liquidatoren (vgl. § 319 HGB) zu bestimmenden sicheren Orte zur Aufbewahrung auf die Dauer von zehn Jahren zu hinterlegen. Die Aktionäre[2]) und die Gläubiger können zur Einsicht der Bücher und Papiere von dem Gericht ermächtigt werden. § 302 Abs. 2 u. 3 HGB. Die Einsicht wird nur zu gestatten sein, wenn die Aktionäre oder Gläubiger ein berechtigtes Interesse dartun. Die Entnahme von Notizen und die Selbstanfertigung von Abschriften kann der Richter nicht untersagen (KGJ **7** 99); dagegen darf er die Bücher und Papiere natürlich nicht aushändigen (ROHG **7** 75).

9. Trotz der unrichtigen Eintragung des Erlöschens der Firma, die nur kundmachende Wirkung hat, dauert die Gesellschaft im Liquidationsstadium fort, solange noch Gesellschaftsvermögen vorhanden ist (RG **3** 54; **15** 102; **41** 93; **109** 391; KGJ **31** A 270; **41** 138). Stellt sich nachträglich noch weiteres der Verteilung unterliegendes Vermögen heraus[3]), sei es, daß es verborgen oder bekannt war (KGJ **41** 138), so hat auf Antrag eines Beteiligten, d. h. eines Aktionärs oder eines Gläubigers (KGJ **31** A 270) das Amtsgericht des Sitzes der Gesellschaft, nachdem es durch Anstellung von Ermittelungen geprüft hat, ob verteilbares Vermögen vorhanden ist (KGJ **45** 325 [OLG München]), die bisherigen Liquidatoren erneut zu bestellen oder andere Liquidatoren zu berufen. § 302 Abs. 4 HGB; § 146 FGG. Das erloschene Amt der bisherigen Liquidatoren lebt also nicht von selbst wieder auf (RG **109** 392; KGJ **41** 138), obwohl die Ergänzung der Liquidation nicht durch eine neue, sondern durch die Fortführung der bisherigen Liquidation erfolgt, die zu Unrecht als bereits beendet behandelt worden ist. Die Ernennung der Liquidatoren wird an derselben Stelle des Registers eingetragen, wo die Gesellschaft eingetragen war[4]).

Die Eintragung lautet z. B.:

---

[1]) Die Bestimmung kann auch dem Rechtspfleger übertragen werden. § 31 5d der Entl.Vfg.

[2]) Nicht nur diejenigen Aktionäre kommen in Frage, die es zur Zeit der Beendigung der Liquidation sind, sondern auch die früheren. Staub Anm. 7; Brand Anm. 4a zu § 302; Lehmann-Ring Nr. 4, Pinner S. 301.

[3]) Z. B. wenn ein Bereicherungsanspruch der Gesellschaft oder ein Ersatzanspruch der Gesellschaft gegen ihre Organe vorhanden ist (RG **92** 84; **109** 391; OLG **38** 193; RJA **15** 212).

[4]) Brand Anm. 5d zu § 302; vgl. auch unten § 105 Ziff. 6.

„Die bisherigen Liquidatoren sind erneut bestellt worden, da sich nachträglich noch weiteres der Verteilung unterliegendes Vermögen herausgestellt hat.“

Ist die wiedereröffnete Liquidation beendet, so haben dies die Liquidatoren anzumelden. Die Beendigung ist einzutragen[1]).

§ 91. 3. Besondere Fälle der Auflösung. (Verstaatlichung und Fusion.)

Von den Fällen, in denen es zur Auflösung von Aktiengesellschaften kommt, zeigt für die Registerführung Besonderheiten:

A. die sog. Verstaatlichung;

B. die sog. Fusion.

Zu A. 1. Die sog. Verstaatlichung, d. h. die Übernahme des Vermögens einer Aktiengesellschaft als Ganzes von dem Reich, einem deutschen Land[2]) oder einem inländischen Kommunalverband[3]) unter Ausschluß der Liquidation, setzt voraus einen Beschluß der Generalversammlung, der einer Mehrheit bedarf, die mindestens drei Vierteile des bei der Beschlußfassung vertretenen Grundkapitals umfaßt. § 304 Abs. 1 u. 2 HGB. Der mit dem Übernehmer geschlossene Vertrag bedarf nach § 311 BGB der gerichtlichen oder notariellen Beurkundung.

2. Der Vorstand — d. h. die zur Vertretung der Gesellschaft bestimmte Zahl der Mitglieder desselben, nicht notwendig alle Mitglieder — hat nicht nur die Auflösung der Gesellschaft, sondern auch den Beschluß der Generalversammlung zur Eintragung in das Handelsregister der Haupt- und einer jeden Zweigniederlassung anzumelden; der Anmeldung ist außer einer öffentlich beglaubigten Abschrift des Generalversammlungsbeschlusses der mit dem Übernehmer abgeschlossene Vertrag in Urschrift oder in öffentlich beglaubigter Abschrift beizufügen, auch ist der Grund der Auflösung anzugeben.

3. Der Registerrichter hat zu prüfen, ob der Vertrag und der Generalversammlungsbeschluß formell und materiell dem Gesetz entsprechen (BayObLG LZ **1911** 73; JW **1925** 1645). Er hat nicht nur einzutragen, daß die Gesellschaft aufgelöst ist (vgl. oben § 89), sondern auch, daß sie durch Veräußerung des Vermögens an das Reich usw. aufgelöst ist[4]).

4. Die Eintragung in das Register ist hier von besonderer Bedeutung; sie verleiht nämlich dem Generalversammlungsbeschluß erst

---

[1]) Staub Anm. 23 zu § 302.

[2]) Jetzt „Land“ statt „Bundesstaat“ (Art. 2 RV).

[3]) Der § 304 findet nach Ansicht des KG (OLG **32** 114) auch dann Anwendung, wenn eine vom Kommunalverbande verwaltete Kommunalanstalt das Vermögen übernimmt.

[4]) Staub Anm. 5 zu § 304.

Rechtswirksamkeit und hat zur Folge, daß der Übergang des Vermögens der Gesellschaft einschließlich der Schulden als erfolgt gilt und die Firma der Gesellschaft erlischt. § 304 Abs. 4 u. 5 HGB. Es bedarf daher einer besonderen Anmeldung und Eintragung des Erlöschens der Firma[1]).

5. Die Anmeldung zum Register der Hauptniederlassung kann nach § 319 Abs. 2 HGB nicht durch Ordnungsstrafen erzwungen werden. Ist aber die Eintragung bei diesem Register erfolgt, so kann die Eintragung beim Register einer jeden Zweigniederlassung im Wege des Ordnungsstrafverfahrens herbeigeführt werden. § 319 Abs. 2 HGB.

Zu B. 1. Die sog. Fusion, d. h. die Übertragung des Vermögens einer Aktiengesellschaft als Ganzes an eine andere Aktiengesellschaft oder an eine Kommanditgesellschaft auf Aktien gegen Gewährung von Aktien der übernehmenden Gesellschaft kann in doppelter Weise erfolgen. Entweder tritt keine sofortige Verschmelzung beider Gesellschaften ein, sondern die übertragende Gesellschaft tritt zunächst in Liquidation, oder es findet unter Ausschließung einer Liquidation des Vermögens der aufgelösten Gesellschaft eine sofortige Verschmelzung beider Gesellschaften statt.

2. Im ersteren Falle, wenn also keine sofortige Verschmelzung eintritt, gilt folgendes:

a) Der Veräußerungsvertrag zwischen den beiden Gesellschaften muß gerichtlich oder notariell geschlossen werden, § 311 BGB (RG **62** 70); er muß ferner von der Generalversammlung der aufzulösenden Gesellschaft genehmigt werden[2]). § 303 Abs. 1, 305 Abs. 2 HGB (RG **77** 22). Außerdem muß aber, wenn der Vorgang auf seiten der übernehmenden Gesellschaft eine Kapitalserhöhung erforderlich macht, was nicht immer der Fall zu sein braucht (KGJ **38** A 230; OLG **32** 119 [KG]; OLG **22** 33 [BayObLG]), die letztgenannte Gesellschaft den dem Veräußerungsvertrag entsprechenden Kapitalserhöhungsbeschluß fassen.

b) Anzumelden ist, und zwar zum Register der Haupt- und einer jeden Zweigniederlassung:

α) Der Beschluß der übertragenden Gesellschaft, es sei denn, daß die Gesellschaft bereits vor Fassung des Beschlusses aufgelöst war. § 293 HGB.

β) Der Beschluß der übernehmenden Gesellschaft. §§ 277 Abs. 3 u. 280 HGB. Die Anmeldung dieses Beschlusses kann aber nach § 285 HGB auch bis zur Anmeldung der durchgeführten Kapitalserhöhung verschoben werden. Die Anmeldung muß von sämtlichen Mitgliedern des Vorstandes und des Aufsichtsrats erfolgen; vgl. oben § 85.

---

[1]) Staub Anm. 7; Goldschmit Anm. 6; Brand Anm. 3b zu § 304.

[2]) Soll, was zulässig ist, der Vertrag erst nach der Generalversammlung geschlossen werden, so muß der Generalversammlungsbeschluß alle wesentlichen Punkte des Vertrages in tatsächlicher und rechtlicher Hinsicht enthalten (KGJ **32** A 159).

γ) Bei der übernehmenden Gesellschaft die erfolgte Erhöhung des Grundkapitals. Die Anmeldung hat ebenfalls von sämtlichen Mitgliedern des Vorstandes und des Aufsichtsrats zu erfolgen. Dieser Anmeldung ist der von der Generalversammlung der aufgelösten Gesellschaft genehmigte Vertrag über die Vermögensübertragung in Urschrift oder in öffentlich beglaubigter Abschrift beizufügen. § 305 Abs. 2 HGB. Es muß also außer dem Veräußerungsvertrage auch der Beschluß der übertragenden Gesellschaft eingereicht werden. Die Überreichung von Zeichnungsscheinen ist nicht erforderlich. Die Anmeldung braucht auch nicht die Erklärung zu enthalten, daß der eingeforderte Barbetrag bezahlt ist, da ja die Gegenleistung für die Aktien nicht in barem Gelde, sondern in einem ganzen Vermögen besteht[1]). Auch ist es nicht erforderlich, wenn auch zweckmäßig, daß in der Anmeldung die Erklärung abgegeben wird, zu welchem Kurse die Aktien ausgegeben werden[2]). Ob das Vermögen tatsächlich übertragen ist, hat der Registerrichter nicht zu prüfen.

c) Aus Zweckmäßigkeitsgründen faßt nach Abschluß des Veräußerungsvertrages regelmäßig **zuerst die übernehmende Gesellschaft den Kapitalerhöhungsbeschluß und läßt ihn eintragen; erst dann faßt die übertragende Gesellschaft ihren Zustimmungsbeschluß und bewirkt die Eintragung. Darauf erfolgt die Anmeldung der durchgeführten Kapitalserhöhung auf seiten der übernehmenden Gesellschaft.**

d) Nach Vornahme aller dieser Rechtshandlungen findet die **Liquidation der übertragenden Gesellschaft** auf Grund des Veräußerungsvertrages statt. Ist diese durch Übertragung des Vermögens und Aushändigung der Aktien an die Aktionäre (vgl. RG **77** 274) beendet und die Verschmelzung beider Gesellschaften somit eingetreten, so ist das Erlöschen der Firma der übertragenden Gesellschaft anzumelden und einzutragen. § 302 Abs. 1 HGB.

3. Findet eine **Fusion der Gesellschaften mit sofortiger Verschmelzung**, also ohne Liquidation statt, so ist folgendes zu beachten:

Der von den beiden Gesellschaften in gerichtlicher oder notarieller Form zu schließende Veräußerungsvertrag muß die Bestimmung enthalten, daß keine Liquidation des Vermögens der übertragenden Gesellschaft stattfinden soll. Es genügt aber, wenn sich dies aus dem gesamten Inhalt des Vertrages als gewollt ergibt (OLG **42** 216). Die übertragende Gesellschaft hat den Vertrag zu genehmigen und die übernehmende Gesellschaft den Kapitalerhöhungsbeschluß zu fassen. Wegen der Anmeldungen und Eintragungen gilt dasselbe wie im Falle nicht sofortiger Verschmelzung. Nur muß bei der Anmeldung der durchgeführten Kapitalserhöhung auf

[1]) Staub Anm. 17 zu § 305.
[2]) Staub Anm. 17 zu § 305.

seiten der übernehmenden Gesellschaft auch die Eintragung des Zustimmungsbeschlusses nachgewiesen werden, da hier der Zustimmungsbeschluß vor der Eintragung keine Wirksamkeit hat. §§ 306 Abs. 1, 304 Abs. 4 HGB[1]). Mit der Eintragung ist die Verschmelzung im Sinne einer Gesamtrechtsnachfolge (RG **28** 363; **84** 245; KGJ **11** 129) vollzogen und damit die übertragende Gesellschaft untergegangen und deren Firma erloschen, sofern diese nicht vertragsmäßig auf die übernehmende Gesellschaft übergeht, wozu es einer Änderung des Gesellschaftsvertrages dieser Gesellschaft bedarf.

§ 92. 4. Die Fortsetzung der aufgelösten Gesellschaft.

1. Ist eine Aktiengesellschaft zum Zwecke der Veräußerung ihres Vermögens im ganzen oder zum Zwecke der Umwandlung in eine andere Gesellschaft aufgelöst worden, so kann, wenn der beabsichtigte Zweck nicht erreicht wird, die Generalversammlung die Fortsetzung der Gesellschaft beschließen. Das gleiche gilt in dem Falle, daß die Gesellschaft durch die Eröffnung des Konkurses aufgelöst, der Konkurs aber nach Abschluß eines Zwangsvergleichs aufgehoben oder auf Antrag des Gemeinschuldners eingestellt worden ist. § 307 Abs. 1 u. 2 HGB.

2. In diesen Fällen[2]) ist die Fortsetzung der Gesellschaft von dem Vorstande — nicht notwendig stets von allen Vorstandsmitgliedern — zur Eintragung in das Handelsregister der Haupt- und einer jeden Zweigniederlassung anzumelden. § 307 Abs. 3 HGB.

3. Der die Fortsetzung aussprechende Generalversammlungsbeschluß, der der Anmeldung beizufügen ist, kann mit einfacher Stimmenmehrheit[3]) gefaßt werden; bei der Anmeldung muß angegeben werden, daß die Gesellschaft zum Zwecke der Veräußerung ihres Vermögens im ganzen oder zum Zwecke der Umwandlung in eine andere Gesellschaft aufgelöst und der beabsichtigte Zweck nicht erreicht ist. War die Auflösung zu einem andern Zweck erfolgt, so kann die Fortsetzung der Gesellschaft nicht ohne weiteres beschlossen und angemeldet werden. Ebenso muß der Registerrichter im Falle der Auflösung der Gesellschaft durch Konkurseröffnung beachten, ob in der Anmeldung angegeben ist, daß der Konkurs nach Ab-

---

[1]) Staub Anm. 10 zu § 306.

[2]) Auch abgesehen von diesen Ausnahmefällen kann eine Auflösung wieder rückgängig gemacht und der Geschäftsbetrieb von der aufgelösten Aktiengesellschaft wieder aufgenommen werden (KG JFG **2** 265; **4** 206; RG **118** 337. Näheres s. unten zu § 105. Vgl. auch Hachenburg in JW **1925** 802 und Staub Anm. 1 zu § 307).

[3]) Staub Anm. 4 zu § 307; Pinner S. 318; Lehmann-Ring Nr. 4; Goldmann Anm. 3 Enthält der Beschluß aber eine Satzungsänderung wie z. B. in dem vom KG zugelassenen, oben S. 26› Anm. 3 erwähnten Ausnahmefall, so bedarf es natürlich der für die Satzungsänderung erforderlichen Mehrheit des § 275 HGB.

schluß eines Zwangsvergleichs aufgehoben oder auf Antrag der Aktiengesellschaft, d. h. des Gemeinschuldners, gemäß § 202 KO eingestellt worden ist. Es kann keine Fortsetzung der Gesellschaft stattfinden, wenn der Konkurs durch Ausschüttung der Masse beendet ist und sich etwa nachträglich noch Vermögen vorfindet, ebenso auch nicht im Falle des § 204 KO. Vgl. oben § 89 Ziffer 9[1]).

C. Die Kommanditgesellschaft auf Aktien.

§ 93. Begriff der Kommanditgesellschaft auf Aktien.

1. Eine Kommanditgesellschaft auf Aktien liegt vor, wenn mindestens ein Gesellschafter den Gesellschaftsgläubigern unbeschränkt — als sog. persönlich haftender Gesellschafter — haftet, während die übrigen Gesellschafter — auch hier Kommanditisten genannt — sich nur mit Einlagen auf das in Aktien zerlegte Grundkapital der Gesellschaft beteiligen. § 320 Abs. 1 HGB. Die Kommanditisten haften hier also nicht, wie bei der Kommanditgesellschaft, den Gläubigern gegenüber, sondern beteiligen sich ebenso wie die Aktionäre bei der Aktiengesellschaft mit Einlagen auf das in Aktien zerlegte Grundkapital. Die Aktienkommanditgesellschaft hat hiernach von der Kommanditgesellschaft die persönlich haftenden Gesellschafter und von der Aktiengesellschaft die Beteiligung der übrigen Gesellschafter nach Art der Aktionäre entlehnt.

2. Ebenso wie die Aktiengesellschaft entsteht auch die Kommanditgesellschaft auf Aktien erst mit ihrer Eintragung in das Handelsregister. Zum Begriffe der Aktienkommanditgesellschaft gehört ebensowenig wie zu dem der Aktiengesellschaft der Betrieb eines Handelsgewerbes durch die Gesellschaft. §§ 320 Abs. 3, 200, 210 Abs. 2 HGB.

§ 94. Die Anmeldung, Eintragung und Veröffentlichung der Kommanditgesellschaft auf Aktien.

1. Die Kommanditgesellschaft auf Aktien ist bei dem Gericht, in dessen Bezirke sie ihren Sitz hat, von sämtlichen Gründern, persönlich haftenden Gesellschaftern und Mitgliedern des Aufsichtsrats zur Eintragung in das Handelsregister anzumelden. §§ 320 Abs. 3, 195 Abs. 1 HGB; vgl. Näheres über die Gründer, die Zulässigkeit der Stellvertretung usw. oben § 75. Die persönlich haftenden Gesellschafter[2]) haben bei der Anmeldung ihre Namensunterschrift zur Aufbewahrung bei dem Gerichte zu zeichnen; die Firma der Gesellschaft zeichnen sie nicht, melden sie vielmehr nur gemäß § 29 HGB an.

Eine Erzwingung der Anmeldung durch Ordnungsstrafen ist unzulässig.

---

[1]) Staub Anm. 11 zu § 307.

[2]) Persönlich haftender Gesellschafter einer Kommanditgesellschaft auf Aktien kann sein, wer persönlich haftender Gesellschafter einer Kommanditgesellschaft sein kann. Vgl. hierzu oben § 68.

2. Die oben im § 76 erwähnten Urkunden sind auch hier der Anmeldung beizufügen; hervorzuheben ist folgendes:

a) Der Inhalt des beizufügenden Gesellschaftsvertrages muß auch hier von mindestens fünf Personen in gerichtlicher oder notarieller Verhandlung festgestellt werden. Es müssen sich aber die persönlich haftenden Gesellschafter sämtlich bei der Feststellung beteiligen, und außer ihnen können nur Personen mitwirken, die als Kommanditisten Aktien übernehmen. § 321 Abs. 1 HGB.

Die Prüfungspflicht des Registerrichters (vgl. oben § 80) muß sich also auf diese Punkte des Gesellschaftsvertrages erstrecken. Daß in dem Vertrage der Betrag der von jedem Beteiligten übernommenen Aktien anzugeben ist (§ 321 Abs. 1 Satz 3 HGB), enthält keine Abweichung von dem Aktiengesellschaftsvertrage; vgl. Näheres oben § 76. Der Gesellschaftsvertrag muß hier außer der Firma und dem Sitze der Gesellschaft, dem Gegenstande des Unternehmens, der Höhe des Grundkapitals und der einzelnen Aktien, der Form der Berufung der Generalversammlung und der Form, in der die von der Gesellschaft ausgehenden Bekanntmachungen erfolgen, noch enthalten den Namen, Vornamen, Stand und Wohnort jedes persönlich haftenden Gesellschafters. § 322 Abs. 1 HGB. Auch müssen Vermögenseinlagen der persönlich haftenden Gesellschafter, sofern sie nicht auf das Grundkapital erfolgen, nach Höhe und Art im Gesellschaftsvertrage festgesetzt werden. § 322 Abs. 2 HGB.

b) Es sind nicht nur die Verträge zu überreichen, die den im § 186 HGB bezeichneten Festsetzungen zugrunde liegen, sondern auch die Verträge, die etwa zugunsten eines persönlich haftenden Gesellschafters besondere Vorteile bedingen. § 322 Abs. 3 HGB.

c) Die Zeichnungsscheine (vgl. oben § 79) haben außer den im § 189 HGB vorgesehenen Angaben die Bezeichnung derjenigen Gründer zu enthalten, welche persönlich haftende Gesellschafter sind. § 323 Abs. 1 HGB.

d) In der mit der Anmeldung der Gesellschaft zum Handelsregister nach § 195 Abs. 3 HGB zu verbindenden Erklärung ist in Ansehung der durch Barzahlung zu leistenden Einlagen anzugeben, daß der eingeforderte Betrag bar eingezahlt und im Besitze der persönlich haftenden Gesellschafter ist. § 323 Abs. 2 HGB.

3. Im Falle der Sukzessivgründung einer Aktienkommanditgesellschaft kann im allgemeinen auch auf das oben § 79 Gesagte verwiesen werden; es muß aber die der Errichtung der Gesellschaft zustimmende Mehrheit mindestens ein Viertel der in dem Aktionärverzeichnis aufgeführten Kommanditisten begreifen, und der Betrag ihrer Anteile muß mindestens ein Viertel des nicht von den persönlich haftenden Gesellschaftern übernommenen Grundkapitals darstellen. § 323 Abs. 3 HGB.

4. Wegen der Prüfungspflicht des Registerrichters sowie wegen der Eintragung und Veröffentlichung kann auf § 80 verwiesen werden.

Jedoch ist zu beachten, daß bei der Eintragung statt der Mitglieder des Vorstandes die persönlich haftenden Gesellschafter nach Familiennamen, Vornamen, Stand und Wohnort anzugeben sind. Enthält der Gesellschaftsvertrag besondere Bestimmungen über die Befugnis der persönlich haftenden Gesellschafter zur Vertretung der Gesellschaft, z. B. daß die Komplementare, von denen sonst gemäß §§ 320 Abs. 2 und 125 HGB jeder zur Vertretung der Gesellschaft allein befugt ist, nur zusammen mit den übrigen vertretungsberechtigt sein sollen, so sind auch diese Bestimmungen einzutragen. § 323 Abs. 4 HGB.

Beispiel:

Amtsgericht. Berlin, den 24. August 1927.

Es erschienen vor dem Unterzeichneten:

1. der Chemiker Dr. Richard Kraus in Berlin, Leipziger Str. 56;
2. der Kaufmann Werner Stratmann in Berlin, Seydelstr. 13;
3. der Kaufmann Paul Reußmann in Zehlendorf, Hauptstr. 3;
4. der Kaufmann Richard Görgeleit in Potsdam, Brandenburg-Str. 14;
5. der Kaufmann Ferdinand Hecht in Berlin, Köpenicker Str. 84.

Sie sind dem Unterzeichneten von Person bekannt.

Sie überreichten:

1. eine Ausfertigung der notariellen Verhandlung vom 3. August 1927 über die Feststellung des Gesellschaftsvertrages;
2. den Bericht der persönlich haftenden Gesellschafter und des Aufsichtsrats über die Prüfung des Gründungsherganges;
3. den Bericht der drei von der hiesigen Handelskammer bestellten besonderen Revisoren;
4. die Bescheinigung, daß der Prüfungsbericht der drei Revisoren bei der hiesigen Handelskammer eingereicht ist;
5. die Unbedenklichkeitsbescheinigung des Finanzamts.

Sie erklärten sodann:

Wir haben, wie die in der Ausfertigung überreichte notarielle Verhandlung vom 3. August 1927 ergibt, unter der Firma „Chemische Industrie, Kommanditgesellschaft auf Aktien“ mit dem Sitz in Berlin eine Kommanditgesellschaft auf Aktien zum Zwecke der Herstellung und des Vertriebes chemischer Produkte aller Art gegründet. Wir haben sämtliche Aktien übernommen. Wir, die Erschienenen zu 1. und 2., sind die persönlich haftenden Gesellschafter; wir, die Erschienenen zu 3. bis 5., bilden den ersten Aufsichtsrat. Wir, die persönlich haftenden Gesellschafter, sind nur gemeinschaftlich zur Vertretung der Gesellschaft befugt.

Das Grundkapital zerfällt in 2000 auf den Inhaber lautende Aktien über je 1000 RMark, die zum Nennbetrag ausgegeben werden. Es ist auf jede Aktie der volle Betrag bar eingezahlt und im Besitze der persönlich haftenden Gesellschafter.

Wir melden die Gesellschaft zur Eintragung in das Handelsregister an.

Wir, die Erschienenen zu 1. und 2., zeichnen unsere Unterschrift wie folgt:

Richard Kraus. Werner Stratmann.

v. g. u.

Richard Kraus. Werner Stratmann.

Paul Reußmann. Richard Görgeleit. Ferdinand Hecht.

Lehmann, Justizobersekretär
als Urkundsbeamter der Geschäftsstelle.

Darauf wird verfügt:

1. Einzutragen in das Handelsregister Abt. B: Nr. der Firma: 512.
Sp. 1. 1.
Sp. 2. Chemische Industrie, Kommanditgesellschaft auf Aktien, Berlin.
Sp. 3. Herstellung und Vertrieb chemischer Produkte aller Art.
Sp. 4. 2000000 RMark.
Sp. 5. Dr. Richard Kraus, Chemiker, Berlin.
Werner Stratmann, Kaufmann, Berlin.
Sp. 7. Kommanditgesellschaft auf Aktien. Der Gesellschaftsvertrag ist am 3. August 1927 festgestellt. Die Gesellschaft wird durch die beiden persönlich haftenden Gesellschafter gemeinschaftlich vertreten.
Sp. 10. Der Gesellschaftsvertrag befindet sich Bl. 2ff. der Registerakten.

2. Ersuchen an den Deutschen Reichsanzeiger, die Berliner Börsenzeitung und die Vossische Zeitung um einmalige Veröffentlichung folgender

Bekanntmachung.

In unser Handelsregister Abt. B ist am ... 1927 unter Nr. 512 die Kommanditgesellschaft auf Aktien in Firma

Chemische Industrie, Kommanditgesellschaft auf Aktien

mit dem Sitz in Berlin eingetragen.

Der Gesellschaftsvertrag ist am 3. August 1927 festgestellt.

Gegenstand des Unternehmens ist:

die Herstellung und der Vertrieb von chemischen Produkten aller Art.

Das Grundkapital beträgt 2000000 RMark.

Die persönlich haftenden Gesellschafter sind der Chemiker Dr. Richard Kraus und der Kaufmann Werner Stratmann, beide in Berlin. Sie vertreten nach dem Gesellschaftsvertrage die Gesellschaft gemeinschaftlich.

Ferner wird bekanntgemacht:

Das Grundkapital zerfällt in 2000 auf den Inhaber lautende Aktien über je 1000 RMark, die zum Nennbetrag ausgegeben werden.

Die Bekanntmachungen der Gesellschaft erfolgen im Deutschen Reichsanzeiger, in der Berliner Börsenzeitung und in der Vossischen Zeitung. Die Berufung der Generalversammlung geschieht durch die persönlich haftenden Gesellschafter, und zwar durch einmalige Bekanntmachung im Deutschen Reichsanzeiger mindestens zwei Wochen vor dem Tage der Versammlung.

Die Gründer der Gesellschaft sind außer den beiden vorbenannten persönlich haftenden Gesellschaftern der Kaufmann Paul Reußmann in Zehlendorf, der Kaufmann Richard Görgeleit in Potsdam und der Kaufmann Ferdinand Hecht in Berlin.

Die drei Letztgenannten bilden den ersten Aufsichtsrat.

Von den mit der Anmeldung der Gesellschaft eingereichten Schriftstücken, insbesondere von dem Prüfungsberichte der persönlich haftenden Gesellschafter, des Aufsichtsrates und der Revisoren kann bei dem Gerichte, von dem Prüfungsberichte der Revisoren auch bei der Industrie- und Handelskammer Berlin Einsicht genommen werden.

Berlin, den ....

Amtsgericht Berlin-Mitte.

3. Nachricht von der erfolgten Eintragung an:
a) die persönlich haftenden Gesellschafter,
b) die Industrie- und Handelskammer durch die Liste,
c) das Finanzamt.

Berlin, 25. August 1927. Br.

§ 95. Veränderungen bei Kommanditgesellschaften auf Aktien.

Über die bei Aktienkommanditgesellschaften eintretenden und zum Register anzumeldenden Veränderungen von Tatsachen sind die §§ 82ff. zu vergleichen. Hervorzuheben ist hier nur noch folgendes:

1. Das Rechtsverhältnis der persönlich haftenden Gesellschafter untereinander und gegenüber der Gesamtheit der Kommanditisten sowie gegenüber Dritten, insbesondere die Befugnis der persönlich haftenden Gesellschafter zur Geschäftsführung und zur Vertretung der Gesellschaft, bestimmt sich nach den für die Kommanditgesellschaft geltenden Vorschriften. § 320 Abs. 2 HGB.

Persönlich haftende Gesellschafter können aus der Gesellschaft nur ausscheiden:

a) freiwillig, soweit es im Gesellschaftsvertrage für zulässig erklärt ist; § 330 Abs. 4 HGB. Hierbei ist natürlich vorausgesetzt, daß noch wenigstens ein persönlich haftender Gesellschafter übrig bleibt (KGJ 11 29).

b) unfreiwillig, z. B. im Falle des Todes und der Ausschließung, vgl. die auch hier zur Anwendung kommenden Vorschriften der §§ 138ff. HGB.

Das Ausscheiden eines persönlich haftenden Gesellschafters ist von sämtlichen persönlich haftenden Gesellschaftern zur Eintragung in das Handelsregister anzumelden. § 330 Abs. 5 HGB. Ist anzunehmen, daß der Tod eines persönlich haftenden Gesellschafters sein Ausscheiden zur Folge gehabt hat, so kann, auch ohne daß die Erben bei der Anmeldung mitwirken, die Eintragung erfolgen, soweit einer solchen Mitwirkung besondere Hindernisse entgegenstehen. § 330 Abs. 5 Satz 2 HGB.

Die Anmeldung von Änderungen in der Vertretungsbefugnis der persönlich haftenden Gesellschafter braucht nicht notwendig von sämtlichen, sondern nur von so vielen persönlich haftenden Gesellschaftern zu erfolgen, als zur Vertretung berechtigt sind. §§ 325 Nr. 1 und 234 HGB.

2. Der von der Generalversammlung der Kommanditisten zu wählende Aufsichtsrat besteht aus drei Mitgliedern, falls nicht der Gesellschaftsvertrag eine höhere Zahl festsetzt. Persönlich haftende Gesellschafter können nicht Mitglieder des Aufsichtsrats sein. §§ 320 Abs. 3, 324 und 328 Abs. 4 HGB.

3. Bei der Anmeldung von Abänderungen des Gesellschaftsvertrages hat der Registerrichter zu beachten, daß Statutenänderungen der Zustimmung der persönlich haftenden Gesellschafter und der Kommanditisten bedürfen. § 327 Abs. 2 HGB. Es muß dem Registerrichter also außer dem Generalversammlungsbeschlusse der Kommanditisten auch die Zustimmung der persönlich haftenden Gesellschafter nachgewiesen werden. Die Beschlüsse der Generalversammlung der Kommanditisten, die der Zustimmung der persönlich haftenden Gesellschafter bedürfen, sind zum Handelsregister erst einzureichen, wenn diese Zu-

stimmung erfolgt ist. Bei Beschlüssen, die in das Handelsregister einzutragen sind, ist die Zustimmung der persönlich haftenden Gesellschafter in dem über die Verhandlung aufzunehmenden Protokoll oder in einem Anhange zu dem Protokolle zu beurkunden. § 327 Abs. 4 HGB. Die Abänderungen des Gesellschaftsvertrages werden durch die zur Vertretung der Gesellschaft berechtigten persönlich haftenden Gesellschafter angemeldet.

§ 96. Die Auflösung der Kommanditgesellschaft auf Aktien.

1. Die Auflösung der Aktienkommanditgesellschaft ist, sofern sie nicht infolge der Eröffnung des Konkurses über das Vermögen der Gesellschaft eintritt, von sämtlichen persönlich haftenden Gesellschaftern zur Eintragung in das Handelsregister der Haupt- und einer jeden Zweigniederlassung anzumelden. § 330 Abs. 5 HGB. Bei der Anmeldung ist auch der Grund der Auflösung anzugeben.

2. Die Gesellschaft wird aufgelöst durch den Ablauf der Zeit, für die sie eingegangen ist, durch den Beschluß der Gesellschafter[1]), durch die Eröffnung des Konkurses[2]) über das Vermögen der Gesellschaft oder eines persönlich haftenden Gesellschafters — nicht dagegen eines Kommanditisten —, durch Kündigung und durch gerichtliche Entscheidung sowie durch den Tod eines persönlich haftenden Gesellschafters, sofern sich nicht aus dem Gesellschaftsvertrag etwas anderes ergibt. § 330 Abs. 1 u. 2, 161 Abs. 2, 131 HGB. Ist anzunehmen, daß der Tod eines persönlich haftenden Gesellschafters die Auflösung zur Folge gehabt hat[3]), so kann, auch ohne daß die Erben bei der Anmeldung mitwirken, die Eintragung in das Handelsregister erfolgen, soweit einer solchen Mitwirkung besondere Hindernisse entgegenstehen. § 330 Abs. 5 HGB.

3. Wird die Gesellschaft infolge der Eröffnung des Konkurses über ihr Vermögen aufgelöst, so wird die Eröffnung des Konkurses von Amts wegen und nicht erst auf Anmeldung der persönlich haftenden Gesellschafter eingetragen. Erfolgt aber die Auflösung durch Eröffnung des Konkurses über das Vermögen eines persönlich haftenden Gesellschafters, so ist die Anmeldung zu bewirken.

4. Für die Liquidation gilt das oben § 90 Gesagte. Die Liquidation erfolgt jedoch hier, sofern nicht der Gesellschaftsvertrag etwas anderes

[1]) Dieser — der Zustimmung der persönlich haftenden Gesellschafter bedürfende — Beschluß der Generalversammlung erfordert eine Mehrheit, die mindestens drei Vierteile des bei der Beschlußfassung vertretenen Grundkapitals umfaßt. Er bedarf der gerichtlichen oder notariellen Form. Die Zustimmung ist nur rechtswirksam, wenn sie in dem Protokoll der Generalversammlung oder einem Anhang dazu beurkundet ist (KGJ **41** 140).

[2]) Die Einleitung des Vergleichsverfahrens hat die Auflösung nicht zur Folge.

[3]) Ob der Erbe des persönlich haftenden Gesellschafters sein Verbleiben in der Gesellschaft davon abhängig machen kann, daß er die Stellung eines Kommanditisten bekommt, ist streitig. Dafür Pinner S. 358; vgl. auch Staub Anm. 9 zu § 330.

bestimmt, durch sämtliche persönlich haftende Gesellschafter und durch eine oder mehrere von der Generalversammlung gewählte Personen als Liquidatoren. § 331 Abs. 1 HGB. Auch ist zu beachten, daß zu dem Antrag auf Ernennung oder Abberufung von Liquidatoren durch das Gericht auch jeder persönlich haftende Gesellschafter befugt ist. § 331 Abs. 2 HGB.

5. Über die Auflösung einer Aktienkommanditgesellschaft wegen Gefährdung des Gemeinwohls gilt das oben § 89 bei den Aktiengesellschaften Gesagte auch hier. Art. 4 AG HGB.

§ 97. Die Umwandlung einer Aktienkommanditgesellschaft in eine Aktiengesellschaft.

1. Eine Kommanditgesellschaft auf Aktien kann durch Beschluß der Generalversammlung der Kommanditisten und sämtlicher persönlich haftender Gesellschafter in eine Aktiengesellschaft umgewandelt werden. § 332 Abs. 1 HGB[1]).

2. Die Anmeldung des Umwandlungsbeschlusses zur Eintragung in das Handelsregister des Sitzes der Gesellschaft kann durch Ordnungsstrafen nicht erzwungen werden. § 333 Abs. 1 Satz 3 HGB. Ist aber die Eintragung am Hauptsitze der Gesellschaft erfolgt, so kann die Anmeldung zum Zweigregister durch Ordnungsstrafen herbeigeführt werden.

3. Die Anmeldung des Umwandlungsbeschlusses haben die zur Vertretung der Gesellschaft berufenen — nicht notwendig sämtliche — persönlich haftenden Gesellschafter bei dem Gerichte der Haupt- und einer jeden Zweigniederlassung zu bewirken. §§ 332 Abs. 2, 325 Nr. 1 u. 277 Abs. 1 HGB. Gleichzeitig sind die Mitglieder des Vorstandes anzumelden. § 333 Abs. 1 HGB. Diese haben ihre Unterschrift nach § 234 Abs. 3 HGB zu zeichnen, werden also regelmäßig bei der Anmeldung mitwirken.

4. Der Anmeldung sind beizufügen:

a) Eine Ausfertigung des Beschlusses der Generalversammlung der Kommanditisten. Der Beschluß, der der gerichtlichen oder notariellen Form bedarf, muß gefaßt sein von einer Mehrheit, die drei Viertel des in der Versammlung vertretenen Grundkapitals und mindestens ein Viertel des nicht auf Aktien der persönlich haftenden Gesellschafter fallenden Teiles des Grundkapitals darstellt; in dem Beschlusse müssen die zur Durchführung der Umwandlung erforderlichen Maßregeln, insbesondere die Firma[2]) sowie die Art der Bestellung und Zusammensetzung des Vorstandes festgesetzt werden. § 332 Abs. 2 u. 3 HGB.

---

[1]) Die Umwandlung einer AG. in eine KGaA ist gesetzlich nicht geregelt; sie erfolgt auf gewöhnlichem Wege durch Auflösung und Liquidation und Übertragung des Vermögens; ebenso die Umwandlung einer GmbH in eine KGaA (BayObLG OLG 22 24) und die Umwandlung einer KGaA in eine GmbH (KG OLG **9** 246).

[2]) Die Firma ist nach den Vorschriften über die Firma einer Aktiengesellschaft (vgl. oben § 47) zu bilden.

b) Die Zustimmung der sämtlichen persönlich haftenden Gesellschafter, die in dem über die Generalversammlung aufgenommenen Protokoll oder in einem Anhange zum Protokolle beurkundet sein muß. §§ 332 Abs. 2 und 327 Abs. 4 HGB.

c) Eine öffentlich beglaubigte Abschrift der Urkunden über die Bestellung der Mitglieder des Vorstandes. Jedoch bedarf es bei der Anmeldung zur Eintragung in das Handelsregister einer Zweigniederlassung der Beifügung dieser Abschrift nicht. § 333 Abs. 1 Satz 2 HGB.

d) Eine von der Generalversammlung genehmigte, für einen höchstens zwei Monate vor der Anmeldung liegenden Zeitpunkt aufgestellte Bilanz. Auf diese Bilanz finden die Vorschriften der §§ 261, 263 Abs. 1 u. 264 HGB Anwendung. § 333 Abs. 2 HGB.

5. Die Eintragung erfolgt gemäß § 198 HGB (§§ 332 Abs. 2 u. 277 Abs. 2 HGB); es ist also das einzutragen, was sich in den dort bezeichneten Punkten ändert, also die Firmenänderung, die etwaige Änderung des Gegenstandes des Unternehmens, der Tag der Feststellung des neuen Gesellschaftsvertrags, die Mitglieder des Vorstandes, die Tatsache der Umwandlung der Gesellschaft in eine Aktiengesellschaft und das Ausscheiden der persönlich haftenden Gesellschafter. Enthält der abgeänderte Gesellschaftsvertrag über die Zeitdauer der Gesellschaft oder über die Befugnis der Mitglieder des Vorstandes zur Vertretung der Gesellschaft besondere Bestimmungen, so sind auch diese einzutragen[1]). Im übrigen genügt die Bezugnahme auf die eingereichten Urkunden. §§ 332 Abs. 2 und 277 Abs. 2 HGB.

6. Die Wirkung der Eintragung besteht darin, daß mit ihr die persönlich haftenden Gesellschafter aus der Gesellschaft ausscheiden und die Gesellschaft von diesem Zeitpunkt an als Aktiengesellschaft fortbesteht. § 333 Abs. 3 HGB.

7. Die Bekanntmachung der Eintragung erfolgt gemäß § 277 Abs. 2 HGB. (§ 332 Abs. 2 HGB.)

D. Die Gesellschaft mit beschränkter Haftung.

§ 98. Begriff der Gesellschaft mit beschränkter Haftung

1. Das Gesetz bestimmt den Begriff der Gesellschaft mit beschränkter Haftung nicht. Sie nimmt eine Mittelstellung zwischen der individuell organisierten offenen Handelsgesellschaft und der reinen Kapitalgesellschaft (Aktiengesellschaft) ein (RG **80** 385; **121** 299). Sie gilt ebenso wie die Aktiengesellschaft als juristische Person (RG **59** 59; **64** 11; **114** 93; KGJ **23** A 107; **30** A 130; **31** A 183), hat also als Gesellschaft selbständig ihre Rechte und Pflichten, kann Eigentum und andere dingliche Rechte an Grundstücken erwerben und vor Gericht klagen und verklagt werden. Für ihre Verbindlichkeiten haftet ihren Gläubigern nur

[1]) Staub Anm. 5 zu § 333.

das Gesellschaftsvermögen. Sie gilt stets als Handelsgesellschaft im Sinne des Handelsgesetzbuchs. § 13 Ges. Sie ist also auch dann als Handelsgesellschaft zu behandeln, wenn sie nicht gewerbliche Zwecke, sondern Vereins-, Vergnügungs- oder Sportzwecke verfolgt oder gemeinnützige Unternehmungen zum Gegenstande hat. Nach § 1 Ges. kann sie nämlich zu jedem gesetzlich zulässigen Zweck errichtet werden[1][2]. Ebenso wie die Aktiengesellschaft besteht sie vor der Eintragung in das Handelsregister des Sitzes der Gesellschaft als Gesellschaft mit beschränkter Haftung nicht, § 11 Abs. 1 Ges., stellt vielmehr nur eine Gesellschaft des bürgerlichen Rechts dar[3] (RG **58** 55; **82** 289; **83** 373; **87** 249; KGJ **40** 68; **51** 130). Die Eintragung hat also auch bei ihr rechtsbegründende Wirkung.

Auch ist ähnlich wie bei der Aktiengesellschaft und im Gegensatze zu der offenen Handelsgesellschaft die Haftbarkeit ihrer Mitglieder beschränkt. Während die Haftung des Aktionärs aber auf die Einlage, auf seine Aktie beschränkt ist, haftet der Gesellschafter einer Gesellschaft mit beschränkter Haftung nicht nur für seine Einlage, sondern subsidiär auch für die aller übrigen Gesellschafter, und zwar sowohl auf das ursprüngliche Stammkapital als auch auf die nachträglichen Erhöhungen (RG **82** 116; **93** 251). Über die Einlage können sog. Anteilscheine ausgestellt werden; diese können aber nicht wie die Aktien als Wertpapiere frei gehandelt und auf jedermann übertragen werden; sie haben vielmehr nur die Bedeutung von Beweisurkunden. Die Abtretung von Geschäftsanteilen[4] durch die Gesellschafter kann nur durch gerichtlichen oder notariellen Vertrag erfolgen. § 15 Abs. 2 Ges. Dieser bedarf der Genehmigung der Gesellschaft. § 17 Abs. 1 Ges. Dem Dritten gegenüber reicht es jedoch aus, daß der Geschäftsführer diese Genehmigung erklärt. § 37 Abs. 2 Ges.; vgl. auch RG **64** 151.

---

[1]) Das Hypothekenbankgeschäft kann nicht in der Form einer Gesellschaft mit beschränkter Haftung betrieben werden (§ 2 des Ges. v. 13. Juli 1899, abg. durch die Gesetze vom 14. Juli 1923, 26. Januar 1926 u. 21. Dezember 1927); ebenso ist dieser Gesellschaft auch das Versicherungsgeschäft im weiten Umfange untersagt (vgl. Koenige, Ges. über die privaten Versicherungsunternehmungen, 3. Aufl., S. 161; Brodmann Anm. 4 zu § 1 GmbHG.).

[2]) Eine Religionsgesellschaft konnte früher in Preußen wegen Art. 13 der Preußischen Verfassungsurkunde in der Form einer Gesellschaft mit beschränkter Haftung nicht errichtet werden. KGJ **30** A 129; **31** A 183. Jetzt ist auch für politische Vereine und für Religionsgesellschaften die Form einer Gesellschaft mit beschränkter Haftung zulässig. Art. 124, 137 der RVerf. v. 11. August 1919.

[3]) Über die Frage, inwieweit die zukünftige Gesellschaft mit beschränkter Haftung aus Rechtsgeschäften, die in der Zeit zwischen dem Abschluß des Gründungsvertrages (der Gründung) und der Eintragung in das Handelsregister (der Entstehung der Gesellschaft mit beschränkter Haftung als solcher) für sie getätigt werden, berechtigt und verpflichtet wird, vgl. RG **105** 229.

[4]) Bei Einstimmigkeit der Beteiligten ist die Veräußerung von Geschäftsanteilen bereits im Gründungsstadium zulässig (KGJ **51** 130). In jedem Falle muß aber bei der Eintragung der Gesellschaft eine Mehrheit von Gesellschaftern vorhanden sein. Vgl. auch KG DNotVZ **1927** 261.

2. Die Anmeldung einer Gesellschaft mit beschränkter Haftung zum Register kann ebensowenig wie die einer Aktiengesellschaft im Ordnungsstrafverfahren erzwungen werden. § 79 Ges.

3. Die Gesellschaften mit beschränkter Haftung haben im Gegensatz zu den Aktiengesellschaften andauernd und in erheblichem Maße zugenommen. Sie sind sehr beliebt in Fällen, in denen ein neues Unternehmen oder eine neue Erfindung mit einem kleinen Kapital und unter Beschränkung der Haftbarkeit auf dieses auf ihre praktische und gewinnbringende Durchführbarkeit erprobt werden sollen[1]) und in denen eine engere Verbindung der Gesellschafter, als wie sie z. B. bei den Aktionären besteht, und die Verwendung ihrer Arbeitskraft als Geschäftsführer oder Angestellte der Gesellschaft beabsichtigt ist.

4. Es kann bei den Gesellschaften mit beschränkter Haftung auch bestimmt werden, daß die Gesellschafter nicht nur zur Zahlung der Stammeinlagen, sondern außerdem zu weiteren Zahlungen (Nachschüssen) — und zwar entweder in beschränkter oder unbeschränkter Weise — verpflichtet sind. § 26 Ges. Man spricht dann von Gesellschaften mit beschränkter Haftung mit beschränkter — oder unbeschränkter — Nachschußpflicht. Jedoch hat sich die Gesellschaft mit Nachschußpflicht wenig eingebürgert.

§ 99. Die Anmeldung der Gesellschaft mit beschränkter Haftung.

A. Die Gesellschaft[2]) ist bei dem Gericht, in dessen Bezirke sie ihren Sitz hat, von sämtlichen Geschäftsführern zur Eintragung in das Handelsregister anzumelden. §§ 7 Abs. 1, 78 Ges. Sind neben den Geschäftsführern auch Stellvertreter bestellt, so müssen auch diese bei der Anmeldung mitwirken (RG LZ **1914** 398[17]). Streitig ist, ob die Geschäftsführer sich bei der Anmeldung durch Bevollmächtigte vertreten lassen können; die herrschende Meinung[3]) hält dies mit Rücksicht auf die nach § 8 Abs. 2 Ges. abzugebende, für höchst persönlich erachtete Versicherung für unzulässig. Die Geschäftsführer haben ihre Unterschrift zur Aufbewahrung bei dem Gerichte zu zeichnen. § 8 Abs. 3 Ges. Die Firma der Gesellschaft zeichnen sie nicht.

---

[1]) Vgl. Liebmann DJZ **1902** 327.

[2]) Es brauchen also die Firma und die Geschäftsführer nicht angemeldet zu werden, da sie sich aus den beigefügten Schriftstücken ergeben. Jedoch werden sie trotzdem in der Regel mitangemeldet. Staub-Hachenburg Anm. 2 bis 4 zu § 7.

[3]) Liebmann-Saenger Anm. 3; Neukamp-Becker Anm. 3; Brodmann Anm. 3 zu § 7 u. KG RJA **5** 176; **a.M.** Staub-Hachenburg Anm. 7; Crüger-Crecelius Anm. 2 zu § 7. Ein Geschäftsführer kann einem Dritten im Namen der Gesellschaft rechtswirksam Generalvollmacht erteilen. Er verschafft dadurch dem Dritten nur die Vertretungsbefugnis und überträgt ihm damit nicht die gesamte Geschäftsführung. JFG **3** 272 im Gegensatz zu RG **86** 263 u. KGJ **48** 130.

B. Der Anmeldung müssen beigefügt sein folgende Schriftstücke und Urkunden:

1. Der Gesellschaftsvertrag in Ausfertigung oder in gerichtlich oder notariell beglaubigter Abschrift. Er bedarf des Abschlusses in gerichtlicher oder notarieller Form[1]). § 2 Abs. 1 Ges. Gerichtliche oder notarielle Beglaubigung der Unterschriften genügt nicht. Er ist von sämtlichen Gesellschaftern zu unterzeichnen; die Zahl der Gesellschafter ist nicht vorgeschrieben, es genügen daher zwei Gesellschafter. Die Unterzeichnung durch Bevollmächtigte ist nur auf Grund einer gerichtlich oder notariell errichteten oder beglaubigten Vollmacht zulässig. § 2 Abs. 2 Ges. Die Vollmacht muß zur Unterzeichnung des Gesellschaftsvertrages ermächtigen[2]); sie berechtigt dann auch zur Übernahme der Stammeinlage in Gemäßheit der Vertragsfestsetzung, auch wenn der Betrag oder Höchstbetrag dieser Stammeinlage in der Vollmachtsurkunde nicht angegeben ist (KGJ **19** 17). Es genügt aber auch eine Generalvollmacht. Jede der als Gesellschafter bezeichneten Personen muß zur Eingehung des Gesellschaftsvertrages an sich fähig sein[3]); Gesellschafter können auch juristische Personen jeder Art, z. B. Aktiengesellschaften, ferner auch die Gesellschaften des Handelsrechts, soweit sie nicht juristische Personen sind, wie die offenen Handelsgesellschaften und die Kommanditgesellschaften sein (JFG **1** 242; vgl. auch RG **104** 343 bezüglich der Kommanditgesellschaften). Für solche Gesellschafter erfolgt die Unterzeichnung des Vertrages durch ihre gesetzlichen Vertreter.

Die Beteiligungserklärung muß vorbehaltlos und unbedingt abgegeben werden (RG **33** 93; **78** 360; **83** 256).

Der Gesellschaftsvertrag muß nach § 3 Ges. enthalten[4]):

a) Die Firma und den Sitz der Gesellschaft. Über die einen wesentlichen Bestandteil der Gesellschaft mit beschränkter Haftung bildende (RG **85** 397; **107** 33) Firma vgl. oben § 49.

Der Sitz der Gesellschaft braucht nicht notwendig am Orte der Verwaltung zu sein. In der Wahl des Sitzes ist die Gesellschaft mit beschränkter Haftung vielmehr, wie es auch im Schrifttum und in der Rechtsprechung für die Aktiengesellschaft allgemein anerkannt wird, besonderen Beschränkungen nicht unterworfen. Sie kann zum Sitz jeden Ort des Deutschen

---

[1]) Auch Ergänzungen des Gesellschaftsvertrages bedürfen dieser Form (RG **82** 299; OLG **5** 282). Zur Frage der unheilbaren Nichtigkeit eines nicht in vorgeschriebener Form abgeschlossenen Gesellschaftsvertrages vgl. RG **102** 21; über die Frage, inwieweit der Vertrag einer Auslegung unterliegt, vgl. RG **101** 246.

[2]) Die nachträgliche Genehmigung hat die gleiche Kraft wie die im voraus erfolgte Bevollmächtigung. Staub-Hachenburg Anm. 18 zu § 2.

[3]) KGJ **21** A 256; für Minderjährige, Geisteskranke usw. tritt der gesetzliche Vertreter auf. Wegen etwaiger Genehmigung des Vormundschaftsgerichts s. oben § 9. Eine Gesellschaft bürgerlichen Rechts kann nicht Gesellschafter sein (RJA **8** 127).

[4]) Es genügt nicht, wenn sich die im § 3 Ges. vorgeschriebenen Angaben aus dem sonstigen Inhalt der Anmeldung ergeben (KGJ **51** 130).

Reiches wählen. Der so frei gewählte Ort gilt als die Stelle, in der sich der Mittelpunkt, ihre Verwaltung und ihre Hauptniederlassung befindet (KGJ **13** 42; **20** A 39; **22** A 93; **39** A 117; RG **7** 70; **59** 107[1])).

b) Den Gegenstand des Unternehmens. Daß der Gegenstand nicht in Handelsgeschäften zu bestehen braucht, sondern auch Vergnügung, Kunst usw. betreffen kann, ist schon oben § 98 hervorgehoben. Der Gegenstand des Unternehmens braucht im Gesellschaftsvertrage nur allgemein angedeutet, nicht aber spezialisiert zu werden (RG **62** 96; JW **1916** 745; OLG Dresden OLG **36** 286). Es wird dem Gesetz Genüge geleistet, wenn für den Gegenstand des Unternehmens im Gesellschaftsvertrage nur ein Rahmen entworfen wird, der seine Ausfüllung durch anderweite Festsetzungen empfängt (RG JW **1916** 745). Zulässig und vom Registerrichter nicht zu beanstanden sind daher Ausdrücke wie „Betrieb und Vermittelung von Handelsgeschäften jeder Art"[2]).

c) Den Betrag des Stammkapitals. Das Stammkapital muß mindestens[3]) 20000 RMark betragen. § 5 Ges. i. d. F. des Ges. vom 28. Juni 1926 (RGBl. I 315)[4]). Ein Höchstbetrag ist nicht vorgeschrieben.

---

[1]) Über das Verfahren bei der Verlegung des Sitzes s. unten § 103.

[2]) Staub-Hachenburg Anm. 9 zu § 3 und RG JW **1906** 70. Eine genauere Spezialisierung fordert das KG KGJ **34** A 149; vgl. auch KGJ **52** 95, wo das KG den Zusatz „und Vertrieb von anderen Gebrauchsgegenständen" bei nachträglicher Änderung des Gegenstandes nur mit Rücksicht auf die besonderen Verhältnisse des Falles und die Eigenart des Unternehmens für eine ausreichend bestimmte Gegenstandsbezeichnung erachtet hat.

[3]) Die Vorschriften über die Mindesthöhe des Stammkapitals und der Stammeinlagen gelten auch im Falle der Neugründung im Sinne des § 42 Abs. 1 der II. DurchfV zur GBV i. d. F. der VO vom 14. Juli 1926 (RGBl I 412).

[4]) Auf Gesellschaften, die vor dem Inkrafttreten dieses Gesetzes (1. Juli 1926) in das Handelsregister eingetragen oder zur Eintragung in das Handelsregister angemeldet sind, finden die bisherigen Vorschriften Anwendung, sofern vor diesem Zeitpunkt die Voraussetzungen erfüllt sind, an deren Nachweis die bisherigen Vorschriften die Eintragung knüpfen. Ändert jedoch die Gesellschaft die Verhältnisse wesentlich, nimmt sie insbesondere eine wesentliche Änderung des Gegenstandes des Unternehmens, ihrer Verfassung, der Zusammensetzung ihrer Organe, oder der Art ihres Geschäftsbetriebes vor, so sind diese Änderungen nur dann einzutragen, wenn die Vorschriften des Artikels I dieses Gesetzes bereits erfüllt sind oder gleichzeitig erfüllt werden (Art. II des Ges. vom 28. Juni 1926), insbesondere also das Stammkapital auf 20000 RMark gebracht ist oder wird. Als wesentliche Änderungen der wirtschaftlichen Verhältnisse sind nur solche anzusehen, die geeignet sein können, die Art der Geschäftsbetätigung des Unternehmens grundlegend zu verändern und damit die Gesellschaft zu etwas anderem umzuwandeln als sie bisher war (JFG **5** 253; Staub-Hachenburg GmbHG S. 525 Anm. 6; Becker ZBH **1928** 2). Für die nach dem Inkrafttreten der GBV v. 28. Dez. 1923 (30. Dez. 1923) neu gegründeten oder als neugegründet anzusehenden Gesellschaften mit beschränkter Haftung mußte das Stammkapital mindestens 5000 RMark (ursprünglich GMark) und die Stammeinlage jedes Gesellschafters mindestens 50 RMark betragen. Der Betrag der Stammeinlage mußte durch 50 teilbar sein (§ 17 Abs. 3 GBV; §§ 43, 45 II. DurchfV v. 28. März 1924;

d) Den Betrag der von jedem Gesellschafter auf das Stammkapital zu leistenden Einlage (Stammeinlage). Die Stammeinlage jedes Gesellschafters muß mindestens 500 RMark betragen. Kein Gesellschafter kann bei Errichtung der Gesellschaft mehrere Stammeinlagen übernehmen[1]). Der Betrag der Stammeinlagen kann für die einzelnen Gesellschafter verschieden bestimmt werden. Er muß in Reichsmark durch Hundert teilbar sein. Der Gesamtbetrag der Stammeinlagen muß mit dem Stammkapital übereinstimmen. § 5 Abs. 1 bis 3 Ges. Ein Höchstbetrag ist auch für die Stammeinlagen nicht vorgeschrieben.

Mehrere Bestimmungen bedürfen zu ihrer Gültigkeit und Wirksamkeit gegenüber der Gesellschaft (RG **82** 299; **118** 117; vgl. auch **114** 77) aber außerdem, wenn sie getroffen sind, der vollständigen Aufnahme in den Gesellschaftsvertrag[2]). Hierher gehören z. B.: die Beschränkung des Unternehmens auf eine bestimmte Zeit (§ 3 Abs. 2 Ges., vgl. auch RG **79** 418), Übernahme anderer Verpflichtungen außer der Leistung von Kapitaleinlagen durch die Gesellschafter (§ 3 Abs. 2 Ges.), worunter jede Art von Nebenverpflichtungen[3]) zu verstehen ist, nicht also bloß eine solche, die

---

§ 3 II. DurchfV zum Münzgesetz). Bei der Umstellung einer bereits vor dem 30. Dezember 1923 bestandenen Gesellschaft mit beschränkter Haftung betrug die Mindestgrenze des Stammkapitals 500 RMark und der Stammeinlage im Regelfall 50 RMark, während für diese in dem Falle des § 36 Abs. 1 II. DurchfV eine Mindestgrenze überhaupt nicht bestand (§ 10 Abs. 1 u. 3 GBV, § 36 Abs. 1 u. 2 II. DurchfV).

[1]) Ebensowenig kann bei Errichtung der Gesellschaft die Stammeinlage eines Gesellschafters durch mehrere Personen gemeinsam übernommen werden; dem steht nicht entgegen, daß später ein Geschäftsanteil nach § 18 Ges. mehreren Mitberechtigten ungeteilt zusteht. KGJ **22** D 22 [OLG Stuttgart]; KGJ **33** A 135; RJA **16** 102. Eine Verschmelzung (Zusammenlegung) mehrerer Geschäftsanteile eines Gesellschafters zu einem Geschäftsanteil ist unzulässig. RG **82** 116; JW **1926** 2902; KG RJA **13** 218 und JFG **3** 251; OLG München in JFG **3** 245; vgl. dagegen Becker ZBH **1927** 15, 57, 92. Ebenso kann, solange sich ein Geschäftsanteil im Eigentum eines Gesellschafters befindet, weder dieser Geschäftsanteil noch die ihm entsprechende Stammeinlage in mehrere Teile von rechtlicher Selbständigkeit zerlegt werden (KGJ **35** A 175); nur durch Teilveräußerung oder Vererbung kann ohne Vergrößerung des Stammkapitals die Zahl der Geschäftsanteile vermehrt werden (RG **71** 401; KGRecht **1927** 26[59]).

[2]) Als Beginn des ersten Geschäftsjahrs darf in dem Gesellschaftsvertrage ein Tag angegeben werden, der vor der Eintragung in das Handelsregister liegt (KGJ **38** A 171); das Geschäftsjahr darf nicht länger, wohl aber darf es kürzer als 12 Monate sein (OLG **7** 1; KGJ **53** 99).

[3]) Es kann im Gesellschaftsvertrag bedungen werden, daß die Gesellschafter unter gewissen Voraussetzungen verpflichtet sein sollen, ihre Geschäftsanteile Dritten zu übertragen, die ihnen bezeichnet werden (RG **121** 299). Eine an sich zulässige und bindende Vereinbarung, wonach ein Gesellschafter sich anderen Gesellschaftern gegenüber zur Stimmabgabe in bestimmter Richtung verpflichtet, legt dem Gesellschafter keine Verpflichtung gegenüber der Gesellschaft auf und bedarf daher nicht der Aufnahme in den Gesellschaftsvertrag (RG **112** 273; LZ **1928** 47).

nicht in Geld bestehende Leistungen zum Gegenstande hat (RG **83** 218), sowie eine Bestimmung, wonach von Gesellschaftern Einlagen, die nicht in Geld zu leisten sind, auf das Stammkapital gemacht, oder die Vergütung für Vermögensgegenstände, welche die Gesellschaft übernimmt, auf Stammeinlagen angerechnet werden sollen (§ 5 Abs. 4 Ges.). In letzterem Falle muß die Person des Gesellschafters, der Gegenstand der Einlage oder Übernahme, sowie der Geldwert, für den die Einlage angenommen wird, oder die für die übernommenen Gegenstände zu gewährende Vergütung im Gesellschaftsvertrage festgesetzt werden. § 5 Abs. 4 Ges.

Ob eine S a c h e i n l a g e im Sinne des § 5 Ges. vorliegt, ist vom Registerrichter zu prüfen (KGJ **44** 146; **45** 175; RJA **12** 58). Als Sacheinlage stellt sich jeder schon vorhandene selbständige Wertgegenstand dar, der dem Rechtsverkehr vom Gesetz nicht entzogen ist und als Aktivum in die Bilanz eingestellt werden kann (KGJ **44** 146). Es sind daher nicht nur körperliche Sachen, sondern auch Rechte, und zwar sowohl dingliche Rechte als auch persönliche Forderungen einlagefähig, vorausgesetzt, daß die Rechte nicht an die Person des Einbringenden gebunden sind, sondern auf die Gesellschaft übertragen werden können (RG Recht **1913** Nr. 3063; KG RJA **12** 58). Insbesondere sind auch solche Forderungen als Sacheinlagen zulässig, die der Gesellschafter zugunsten der Gesellschaft gegen sich selbst zum Zwecke der Einbringung erst begründet (KGJ **38** A 161; vgl. auch RG **86** 213). In dem Falle, daß die einzubringenden Gegenstände den Gesellschaftern noch nicht gehören, sondern erst erworben werden sollen, können sie von dem Dritten unmittelbar auf die Gesellschaft übertragen werden, ohne daß der Dritte, der nur die Leistung der den Gesellschaftern obliegenden Einlage bewirkt, als Einleger anzusehen wäre (KGJ **20** D 27 [OLG München]). Als im Augenblicke der Eintragung noch nicht vorhandene Rechte können z. B. Patente für noch zu machende Erfindungen nicht eingebracht werden (KGJ **38** A 161); dagegen sind noch nicht patentierte Erfindungen, sofern es sich nicht nur um ein Fabrikationsgeheimnis handelt, — als einen objektiven Vermögenswert darstellende Rechte — als geeignete Sacheinlagen anzusehen (RG JW **1893** 359; KGJ **45** 175). Der Gegenstand der Sacheinlage muß so bestimmt bezeichnet sein, daß über seine Identität kein Zweifel obwalten kann. Hierzu gehört bei mehreren gleichartigen Gegenständen stets die Angabe ihrer Zahl. Bei Einbringung einer Sachgesamtheit genügt eine zusammenfassende Bezeichnung (KGJ **38** A 161), jedoch reicht die allgemeine Bezeichnung: „Schiffe und Inventar" nicht aus (RJA **10** 128), ebenso nicht „Textilwaren, insbesondere Stoffe im Werte von 8000 RMark" (JFG **3** 202 [OLG Karlsruhe]). Das Gesetz verlangt für die Sacheinlage nicht eine Wertschätzung, sondern lediglich die im Gesellschaftsvertrage aufzunehmende Angabe, in welcher Höhe damit eine Stammeinlage beglichen ist (KGJ **38** A 161). In eine Prüfung des Wertes der Sacheinlage hat der Registerrichter nicht einzutreten (KGJ **44** 146; **45** 175; vgl. auch RG **54** 392).

Ist nach dem Gesellschaftsvertrag ein Aufsichtsrat zu bestellen, der an sich nicht erforderlich ist, so kann die Stellung des Aufsichtsrats in dem Vertrage frei geregelt werden; es kann also auch z. B. bestimmt werden, daß die Mitglieder des Aufsichtsrats Stellvertreter der Geschäftsführer sind (KGJ **20** A 49). Der einzige Geschäftsführer kann aber nicht zum Mitgliede des Aufsichtsrats bestellt werden, da dies mit dem Wesen des Aufsichtsrats unvereinbar ist (JFG **1** 238). Der Aufsichtsrat kann auch aus weniger als 3 Personen bestehen (RG **82** 386). Nur soweit nicht im Gesellschaftsvertrag etwas anderes bestimmt ist, finden gewisse den Aufsichtsrat einer Aktiengesellschaft betreffende Vorschriften entsprechende Anwendung. § 52 Abs. 1 Ges. (KGJ **20** A 49). In das Handelsregister wird der Aufsichtsrat nicht eingetragen, auch sind die etwaigen besonderen Urkunden über die Bestellung des Aufsichtsrats der Anmeldung nicht beizufügen. Der Registerrichter kann aber die Vorlegung der Urkunde über die Bestellung des 1. Aufsichtsrats verlangen, es sei denn, daß der Gesellschaftsvertrag etwas anderes bestimmt (KGJ **41** 142).

2. Für den Fall der Unterzeichnung des Gesellschaftsvertrages durch Bevollmächtigte die gerichtlich oder notariell aufgenommenen oder beglaubigten Vollmachten der Vertreter, die den Gesellschaftsvertrag unterzeichnet haben, oder eine beglaubigte[1]) Abschrift dieser Vollmachtsurkunden.

Haben gesetzliche Vertreter, z. B. der Vorstand einer Aktiengesellschaft, den Vertrag mit unterschrieben, so müssen diese ihre Vertretungsbefugnis durch Vorlegung von Auszügen aus dem Handelsregister, Bestallungen usw. nachweisen. Ebenso ist die etwa erforderliche Genehmigungserklärung, z. B. des Vormundschaftsgerichts (vgl. RG DJZ **1913** 1140), beizufügen.

3. Die Legitimation der Geschäftsführer, sofern sie nicht im Gesellschaftsvertrage bestellt sind. Die Legitimation der nicht im Gesellschaftsvertrage bestellten Geschäftsführer wird in dem Beschlusse der Gesellschafter (§ 46 Nr. 5 Ges.), der in Urschrift oder in beglaubigter Abschrift vorzulegen ist, bestehen. Jedoch werden auch schriftliche Zustimmungserklärungen sämtlicher Gesellschafter als Legitimation der Geschäftsführer ausreichen[2]). Es kann ein Geschäftsführer oder es können auch mehrere Geschäftsführer bestellt werden. Zu den Gesellschaftern brauchen sie nicht zu gehören. § 6 Abs. 1 und 2 Ges.

[1]) Es genügt hier die Beglaubigung durch jede zur Erteilung von Beglaubigungen befugte Urkundsperson. Staub-Hachenburg Anm. 2 zu § 8. Handelt jemand bei Abschluß des Gesellschaftsvertrages unter Beibringung einer der Form entsprechenden Vollmacht, aber unter Überschreitung seiner Vollmachtsbefugnisse, so genügt die nachträgliche formlose Genehmigung der Gesellschaft RG **102** 17.

[2]) Ähnlich Staub-Hachenburg Anm. 5 zu § 8.

4. Eine von den Anmeldenden, d. h. von sämtlichen Geschäftsführern unterschriebene Liste der Gesellschafter, aus der Name, Vorname[1]), Stand und Wohnort eines jeden, sowie der Betrag der von ihm übernommenen Stammeinlage[2]) ersichtlich ist. Die Beglaubigung der Unterschrift unter der Liste ist nicht erforderlich. Der Einzelkaufmann ist in der Liste nicht unter seiner Firma, sondern mit seinem bürgerlichen Namen aufzuführen (OLG Dresden RJA **15** 56; KGJ **49** 272). Sind offene Handelsgesellschaften und Kommanditgesellschaften Gesellschafter, so brauchen außer der Firma nicht auch Name, Stand und Wohnort der einzelnen Gesellschafter angegeben zu werden[3]). Bei juristischen Personen ist nur Firma und Sitz anzuführen. Letztere haben aber die Legitimation ihrer Vertreter, die den Gesellschaftsvertrag unterschrieben haben, beizubringen[4]).

5. Eine Bescheinigung des Finanzamts darüber, daß der Eintragung der Gesellschaft in das Handelsregister steuerliche Bedenken nicht entgegenstehen.

6. In dem Falle, daß der Gegenstand des Unternehmens der staatlichen Genehmigung bedarf, die Genehmigungsurkunde. Die Vorlage der Genehmigungsurkunde darf von dem Registerrichter nur dann verlangt werden, wenn feststeht, daß die Gesellschaft genehmigungspflichtige Geschäfte betreibt (RG **62** 98), nicht aber schon dann, wenn es infolge der Erstreckung des Gegenstandes des Unternehmens auf Handelsgeschäfte aller Art möglich ist, daß genehmigungspflichtige Geschäfte betrieben werden (JFG **2** 249 [OLG Karlsruhe]). Ob die Genehmigung erforderlich ist, entscheidet die zuständige staatliche Behörde und nicht der Registerrichter. Dieser muß sich also mit der Bescheinigung der zuständigen Behörde, daß eine Genehmigung nicht geboten sei, begnügen[5]).

C. In der Anmeldung ist ferner die Versicherung abzugeben, daß auf jede Stammeinlage, soweit nicht andere als in Geld zu leistende Einlagen auf das Stammkapital gemacht sind, ein Viertel, mindestens aber der Betrag von 250 RMark eingezahlt ist[6])[7]), und daß der Gegenstand der Leistungen sich in der freien Verfügung der Geschäftsführer befindet. § 8 Abs. 2 Ges.

---

[1]) Der Rufname genügt.

[2]) Ob es sich um Sach- oder Geldeinlagen handelt und wieviel darauf eingezahlt ist, braucht aus der Liste nicht hervorzugehen. KGJ **38** A 163.

[3]) Staub-Hachenburg Anm. 6 zu § 8 (bestr.).

[4]) Brodmann Anm. 4; Staub-Hachenburg Anm. 25 zu § 2; Cohn S. 443.

[5]) Staub-Hachenburg Anm. 8 zu § 8; Brodmann Anm. 3 zu § 8; RJA **9** 181. Die Genehmigung ist z. B. nötig, wenn die Gesellschaft ein in § 6 GewO von der allgemeinen Gewerbefreiheit ausgenommenes Unternehmen, z. B. Schankwirtschaft betreiben will. Brodmann Anm. 3 zu § 8.

[6]) Es muß eine wirkliche Einzahlung vorliegen, nicht eine bloße Scheinzahlung (RG Recht **1927** 350[1205]). Bare Einzahlung, die durch angenommenen Reichsbankscheck ersetzt wird (BRV vom 25. Mai 1917), ist nicht vorgeschrieben. Unter Umständen kann auch sonst ein Scheck, die Gutschrift als erfolgt vorausgesetzt,

Die Versicherung, die nicht gerade den Ausdruck „Versicherung" erfordert, erstreckt sich nicht nur auf die Geldeinlagen, sondern auch auf die Sacheinlagen[8]) (RG Recht **1906** Nr. 1698; RGSt. **38** 128; **40** 285; **43** 250 u. 430; **48** 153; KGJ **35** A 171; **38** A 161; KG JW **1926** 2096; a. M. OLG Hamburg KGJ **35** A 359). Es genügt aber nicht, wenn die Versicherung dahin abgegeben wird, daß gemäß § 7 Abs. 2 GmbHG auf die Stammeinlagen die gesetzlichen Mindestleistungen von den Gesellschaftern bewirkt sind, vielmehr muß im einzelnen angegeben werden, welcher Gesellschafter geleistet hat, sowie was und in welcher Weise er geleistet hat (KGJ **38** A 161). Bei Sacheinlagen hat die Versicherung dahin zu lauten, daß sie zur freien Verfügung der Gesellschaft stehen.

Beispiel:

Amtsgericht. Berlin, den 20. September 1927.

Es erschienen vor dem Unterzeichneten:

1. der Kaufmann Karl Langen in Berlin, Ritterstr. 12;

2. der Kaufmann Friedrich Reimer in Charlottenburg, Schillerstr. 23.

Sie sind dem Unterzeichneten von Person bekannt.

Sie überreichten:

1. eine Ausfertigung der notariellen Verhandlung vom 23. August 1927 über den Abschluß des Gesellschaftsvertrages;

2. drei notariell beglaubigte Vollmachten von Gesellschaftern;

3. Beschluß der Gesellschafter über Bestellung der Geschäftsführer;

4. die Liste der Gesellschafter;

5. die steuerliche Unbedenklichkeitsbescheinigung des Finanzamts.

Sie erklärten:

Am 23. August 1927 ist in Berlin eine Gesellschaft mit beschränkter Haftung unter der Firma „Terraingesellschaft Paulstraße, Gesellschaft mit beschränkter Haftung" gegründet worden. Der Gegenstand des Unternehmens ist der Erwerb und die Verwertung von Liegenschaften aller Art, insbesondere in Berlin an der Paulstraße und Umgebung. Wir, die Erschienenen, sind durch Beschluß der Gesellschafter zu Geschäftsführern der Gesellschaft bestellt worden; jeder von uns ist selbständig zur Vertretung der Gesellschaft befugt.

---

als Einzahlung genügen (RG **41** 122). Was die vertragsmäßige Aufrechnung (RG **54** 389) anlangt, so kann sie nur dann als Einzahlung der Stammeinlage gelten, „wenn sie materiell den entsprechenden in Geld umzusetzenden Vermögenswert für die Gesellschaft repräsentiert" (RG **72** 266), „wenn sie nur die Wirkung hat, ein zweckloses Hin- und Herschieben von Geldstücken zu ersparen" (RG **85** 354; RG Recht **1928** 590[2277]). Brodmann (Anm. 4 zu § 7) und Staub-Hachenburg (Anm. 20 zu § 7) nehmen an, daß die Aufrechnung den Anforderungen des Gesetzes nicht bei der ersten Einzahlung (der 25 vH), sondern erst bei den späteren Zahlungen genügt.

[7]) Die Nichtzahlung eines Vierteils der Stammeinlage eines Gesellschafters ist kein Nichtigkeitsgrund im Sinne des § 75 GmbHG (RG **58** 55; **82** 288).

[8]) Besteht die Stammeinlage eines Gesellschafters teils aus einer Geld-, teils aus einer Sacheinlage, so ist auf die Geldeinlage ein Vierteil, mindestens aber der Betrag von 250 RMark einzuzahlen, nicht auf die ganze Stammeinlage ein Vierteil gemindert um den Wert der Sacheinlage, mindestens aber 250 RMark (RG DJZ **1907** 1324; Recht **1907** Nr. 2663; RGSt **33** 252; **48** 159; KGJ **43** 107).

Das Stammkapital beträgt 800000 RMark. Von den Gesellschaftern bringen die Berliner Baugesellschaft Aktiengesellschaft in Berlin und der Bauunternehmer Karl Loewenthal in Berlin die im Grundbuche von der Königstadt Bd. III Bl. Nr. 45 auf den Namen der erstgenannten Gesellschafterin eingetragenen Grundstücke ein, wovon auf die Stammeinlage der Berliner Baugesellschaft 400000 RMark und auf die des Bauunternehmers Loewenthal 20000 RMark angerechnet werden.

Vorstehendes melden wir zur Eintragung in das Handelsregister an. Wir versichern, daß die baren Einzahlungen auf die Stammeinlagen in Höhe von 25 vom Hundert bewirkt sind, und daß sich die Sacheinlagen und die Bareinzahlungen in unserer freien Verfügung befinden.

Wir zeichnen unsere Unterschrift wie folgt:

Karl Langen. Friedrich Reimer.[1]

Die Geschäftsräume der Gesellschaft befinden sich ....

Das Gewerbekapital der Gesellschaft beträgt .... RMark; den jährlichen Gewerbeertrag schätzen wir auf .... RMark.

v. g. u.

Karl Langen. Friedrich Reimer.

Lehmann, Justizobersekretär

als Urkundsbeamter der Geschäftsstelle.

§ 100. Die Eintragung und Veröffentlichung einer angemeldeten Gesellschaft mit beschränkter Haftung.

1. Vor der Eintragung der angemeldeten Gesellschaft muß der Registerrichter prüfen, ob die Anmeldung dem Gesetz entspricht. Er hat aber auch hier, wie bei der Aktiengesellschaft (oben § 80), nicht die Wahrheit der behaupteten Tatsachen, insbesondere auch nicht der nach § 7 Abs. 2 Ges. gemachten Angaben über die Leistungen auf die Stammeinlagen (RG **54** 393), sondern nur die Gültigkeit der Erklärungen[2][3], die Vollständigkeit[4] und Gesetzmäßigkeit des Gesellschaftsvertrages, die Einreichung der erforderlichen Urkunden und die Abgabe der vorgeschriebenen Versicherung zu prüfen. Was insbesondere den Gesellschaftsvertrag betrifft, so kann er, wenn er den allgemeinen Anforderungen der §§ 3ff. GmbHG

---

[1]) Die Namensunterschrift muß natürlich handschriftlich erfolgen; die Zeichnung der Firma ist nicht erforderlich (KGJ **30** A 119).

[2]) Er muß daher auch z. B. prüfen, ob jede der als Gesellschafter bezeichneten Personen zur Eingehung des Gesellschaftsvertrages an sich fähig und ob im Falle der Mitwirkung von Vertretern bei dem Vertragsabschlusse die Vertretungsmacht nachgewiesen ist. KGJ **21** A 256.

[3]) Die Eintragung kann z. B. nicht schon deswegen abgelehnt werden, weil der bloße Verdacht besteht, daß den Gesellschaftern der Wille gefehlt habe, eine Gesellschaft zu begründen (JFG **2** 249 [OLG Karlsruhe]). Staub-Hachenburg (Anm. 1 zu § 10) meint, der Registerrichter müsse die Wahrheit nachprüfen, wenn er irgendwelchen begründeten Zweifel an der Wahrheit dessen, was erklärt sei, habe, und er könne stets, also auch wenn keine Zweifel vorlägen, die Richtigkeit der Erklärungen prüfen. Daß diese Ansicht zu weit geht, ist schon oben S. 14 u. 15 dargelegt.

[4]) Bloße redaktionelle Änderungen kann er nicht verlangen. Staub-Hachenburg Anm. 2 zu § 10 und OLG Hamburg OLG **11** 28.

entspricht, vom Registergericht in bezug auf die Rechtsverhältnisse der Gesellschaft und der Gesellschafter grundsätzlich nur für den Fall beanstandet werden, daß sein Inhalt gegen zwingende Normen des Gesetzes verstößt (KGJ **31** A 159; **35** A 172; **38** A 172). Es unterliegt z. B. nicht der Prüfung des Registerrichters, ob die Gesellschaft mit dem geringen Stammkapital den Gesellschaftszweck zu erreichen vermag (KG DNotVZ **1927** 462).

2. Ergeben sich keine Anstände, so verfügt der Richter die Eintragung.

Nach § 10 Abs. 1 Ges. sind bei der Eintragung stets anzugeben:

a) die Firma; vgl. oben § 49;
b) der Sitz; vgl. oben § 99 zu B 1a;
c) der Gegenstand des Unternehmens;
d) die Höhe des Stammkapitals[1]);
e) der Tag des Abschlusses des Gesellschaftsvertrages;
f) die Personen der Geschäftsführer (nach Vor- und Zunamen, Beruf und Wohnort).

Ferner sind nach § 10 Abs. 2 Ges. folgende Punkte einzutragen, falls der Gesellschaftsvertrag sie besonders behandelt:

a) Bestimmungen über die Zeitdauer der Gesellschaft, z. B.[2]):

> **„Die Dauer der Gesellschaft wird auf die Zeit bis zum 31. Dezember 1935 bestimmt. Wird die Gesellschaft nicht spätestens ein halbes Jahr vor dem Ablaufe des Gesellschaftsertrages gekündigt, so dauert sie für weitere 5 Jahre fort."**

b) Bestimmungen über die Befugnis der Geschäftsführer oder der Liquidatoren zur Vertretung der Gesellschaft. — Hierbei ist zu beachten, daß in Ermangelung anderweiter Festsetzungen im Gesellschaftsvertrage die Geschäftsführer und Liquidatoren nur gemeinsam zur Vertretung der Gesellschaft befugt sind (Kollektivvertretung). §§ 35 Abs. 2 Satz 2, 68 Abs. 1 Satz 2 Ges. Diese Bestimmungen sind nicht einzutragen, wenn sie mit den gesetzlichen Vorschriften übereinstimmen, wenn also z. B. in dem Vertrage bestimmt ist, daß sämtliche Geschäftsführer nur gemeinschaftlich die Gesellschaft vertreten sollen. Eine Bestimmung in dem Gesellschaftsvertrage, daß die Vertretung der Gesellschaft durch zwei Geschäftsführer oder durch einen Geschäftsführer in Gemeinschaft mit einem Prokuristen erfolgen soll, regelt nur die Frage der gesetzlichen Vertretung durch die Geschäftsführer. Es ist ihr aber nicht ohne weiteres zu entnehmen, daß auch der Prokurist nur zusammen mit einem Geschäftsführer die Gesellschaft vertreten könne. Sofern nicht ausdrücklich im Gesellschaftsvertrage

---

[1]) Die Stammeinlagen der Gesellschafter werden nicht eingetragen, auch nicht veröffentlicht (RG **78** 362). Wegen Veröffentlichung der Sacheinlagen vgl. unten 3b.

[2]) Soll die Gesellschaft auf unbestimmte Zeit bestehen, so wird dies nicht eingetragen. Staub-Hachenburg Anm. 7 zu § 10.

gesagt ist, daß nur die Erteilung einer Gesamtprokura zulässig sein solle, steht der Erteilung einer Einzelprokura nichts im Wege (JFG **4** 202). Es ist also nach dem Gesetz sehr wohl möglch, daß der Geschäftsführer nach dem Gesellschaftsvertrage, sofern er nicht mit einem zweiten Geschäftsführer handelt, an die Mitwirkung des Prokuristen gebunden, dieser dagegen zur Alleinvertretung im Rahmen seiner regelmäßigen Zuständigkeit berechtigt ist (OLG **43** 282).

Ist nur ein Geschäftsführer vorhanden, so kann in dem Gesellschaftsvertrage nicht bestimmt werden, daß zu verpflichtenden Firmenzeichnungen des Geschäftsführers die Mitzeichnung eines Prokuristen erforderlich sei; eine solche Bestimmung darf der Registerrichter nicht eintragen (KGJ **29** A 95). Wenn im Gesellschaftsvertrage bestimmt ist, daß die Gesellschaft durch zwei Geschäftsführer oder durch einen — von mehreren — Geschäftsführern in Gemeinschaft mit einem Prokuristen oder durch zwei Prokuristen vertreten werden solle, so kann die Eintragung der Worte „oder durch zwei Prokuristen" abgelehnt werden (KGJ **52** 98); jedenfalls kann diese Bestimmung nicht in Spalte 7 eingetragen werden. In der an sich zulässigen Bestellung zweier Prokuristen derart, daß sie beide gemeinschaftlich die Gesellschaft vertreten können, liegt nicht eine Regelung der gesetzlichen Vertretung der Gesellschaft, sondern die bloße Erteilung einer Gesamtprokura (JFG **5** 263).

3. Nach der Eintragung erfolgt die Veröffentlichung, durch welche die Eintragung bekannt gemacht wird. In die Veröffentlichung sind aufzunehmen:

a) Der Inhalt der Eintragung, also Firma, Sitz, Gegenstand des Unternehmens, Höhe des Stammkapitals, Tag des Abschlusses des Gesellschaftsvertrages, die Personen der Geschäftsführer und — falls diese Punkte besonders geregelt sind — Zeitdauer der Gesellschaft und Bestimmungen über die Vertretungsbefugnis der Geschäftsführer und der Liquidatoren.

b) Falls von Gesellschaftern Einlagen, die nicht in Geld zu leisten sind, auf das Stammkapital gemacht werden sollen, oder falls die Vergütung für Vermögensgegenstände, die die Gesellschaft übernimmt, auf Stammeinlagen angerechnet werden soll, die Person des Gesellschafters, der Gegenstand der Einlage oder Übernahme sowie der Geldwert, für den die Einlage angenommen wird, oder die für die übernommenen Gegenstände zu gewährende Vergütung.

c) Die etwa im Gesellschaftsvertrag enthaltenen besonderen Bestimmungen über die Form, in der öffentliche[1]) Bekanntmachungen der Gesellschaft erlassen werden.

---

[1]) Ist bestimmt, daß die Einladung der Gesellschafter durch eingeschriebene Briefe zu erfolgen hat, so ist dies nicht zu veröffentlichen. Staub-Hachenburg Anm. 18 zu § 10.

Beispiel:

Auf die Anmeldung vom 20. September 1927 (oben S. 293) wird verfügt:

1. **Einzutragen in das Handelsregister Abt. B: Nr. der Firma: 3212.**

Sp. 1. 1.

Sp. 2. Terraingesellschaft Paulstraße, Gesellschaft mit beschränkter Haftung, Berlin.

Sp. 3. Der Erwerb und die Verwertung von Liegenschaften aller Art, insbesondere in Berlin an der Paulstraße und Umgebung.

Sp. 4. 800000 RMark.

Sp. 5. Karl Langen, Kaufmann, Berlin;

Friedrich Reimer, Kaufmann, Charlottenburg.

Sp. 7. Gesellschaft mit beschränkter Haftung. Der Gesellschaftsvertrag ist am 23. August 1927 festgestellt.

Jeder Geschäftsführer ist allein zur Vertretung der Gesellschaft befugt.

Sp. 10. Der Gesellschaftsvertrag befindet sich Bl. 2 der Registerakten.

2. Ersuchen an den Deutschen Reichsanzeiger, die Berliner Börsenzeitung und die Vossische Zeitung um einmalige Veröffentlichung folgender

Bekanntmachung.

In unser Handelsregister Abt. B ist heute unter Nr. 3212 die Gesellschaft mit beschränkter Haftung unter der Firma „Terraingesellschaft Paulstraße, Gesellschaft mit beschränkter Haftung" und mit dem Sitz in Berlin eingetragen worden.

Der Gesellschaftsvertrag ist am 23. August 1927 festgestellt.

Gegenstand des Unternehmens ist der Erwerb und die Verwertung von Liegenschaften aller Art, insbesondere in Berlin an der Paulstraße und Umgebung.

Das Stammkapital beträgt 800000 RMark.

Geschäftsführer sind der Kaufmann Karl Langen in Berlin und der Kaufmann Friedrich Reimer in Charlottenburg; jeder Geschäftsführer ist allein zur Vertretung der Gesellschaft befugt.

Als nicht eingetragen wird bekanntgemacht:

Von den Gesellschaftern bringen die Berliner Baugesellschaft Aktiengesellschaft in Berlin und der Bauunternehmer Karl Loewenthal in Berlin die im Grundbuche von der Königstadt Bd. III Bl. Nr. 45 auf den Namen der erstgenannten Gesellschaft eingetragenen Grundstücke ein, wovon auf die Stammeinlage der Berliner Baugesellschaft 400000 RMark und auf die des Bauunternehmers Loewenthal 20000 RMark angerechnet werden.

Öffentliche Bekanntmachungen der Gesellschaft erfolgen im Deutschen Reichsanzeiger.

Berlin, den ... 1927.

Amtsgericht Berlin-Mitte.

3. Nachricht von der Eintragung erhalten:
a) die Geschäftsführer,
b) die Industrie- und Handelskammer durch die Liste,
c) das Finanzamt.

4. Am 1. Februar 1928 (wegen Einreichung der Liste der Gesellschafter)[1].

Berlin, 22. September 1927. Br.

---

[1]) S. unten § 104.

§ 101. Anmeldung, Eintragung und Veröffentlichung der Zweigniederlassung einer Gesellschaft mit beschränkter Haftung.

1. Über den Begriff und die rechtliche Bedeutung einer Zweigniederlassung vgl. oben §§ 54, 81[1])[2]).

2. Die Anmeldung der Zweigniederlassung einer Gesellschaft mit beschränkter Haftung erfolgt bei dem Gericht, in dessen Bezirke sich die Niederlassung befindet[3]). Die Anmeldung ist durch sämtliche Geschäftsführer zu bewirken. § 78 Ges. Die Anmeldung kann durch Ordnungsstrafen erzwungen werden. § 79 Ges. Die Geschäftsführer haben auch hier ihre Unterschrift zur Aufbewahrung bei dem Gerichte zu zeichnen.

Der Anmeldung ist nach § 12 Abs. 1 Ges. und § 13 Abs. 2 HGB nur beizufügen:

a) eine von dem Gerichte der Hauptniederlassung beglaubigte[4]) Abschrift des Gesellschaftsvertrages;

b) eine von demselben Gerichte beglaubigte Abschrift der Liste der Gesellschafter, die den derzeitigen Verhältnissen entsprechen muß, und nicht etwa stets nur eine Abschrift der ursprünglichen Gesellschafterliste darstellen darf;

c) zum Nachweise der Eintragung der Gesellschaft am Hauptsitz ein vom Gerichte der Hauptniederlassung zu beglaubigender Auszug über die dort erfolgte Gesellschaftseintragung.

Bei der Anmeldung ist im übrigen nur anzugeben, daß die Gesellschaft an dem zu bezeichnenden Ort eine Zweigniederlassung besitzt; auch ist eine gegen die Firma der Hauptniederlassung etwa geänderte Firma (vgl. oben § 53) mit anzumelden[5]).

3. Die Eintragung[6]) hat zu enthalten: die Firma und den Sitz der

---

[1]) Über inländische Zweigniederlassungen einer ausländischen Gesellschaft mit beschränkter Haftung vgl. Staub-Hachenburg Anm. 27 ff. zu § 12; Brodmann Anm. 3 zu § 12.

[2]) Eine selbständige Handelsniederlassung, die eine GmbH außerhalb des im Gesellschaftsvertrag als Sitz bestimmten Ortes errichtet, ist auch dann als Zweigniederlassung zu behandeln, wenn die Gesellschaft an dem Sitz eine Handelsniederlassung nicht hat. Es wird dann am Sitz der Gesellschaft das Bestehen der Hauptniederlassung fingiert (KGJ **22** A 93; **39** A 117).

[3]) Auch die Aufhebung der Zweigniederlassung ist zum Register der Zweigniederlassung, das dem Register der Hauptniederlassung von der Eintragung Mitteilung zu machen hat, anzumelden und einzutragen (KGJ **35** A 189).

[4]) Notarielle Beglaubigung oder Beglaubigung durch ein anderes Gericht genügt nicht. Staub-Hachenburg Anm. 19 zu § 12.

[5]) Staub-Hachenburg Anm. 18 zu § 12. Cohn S. 449 verlangt zu Unrecht, daß die Anmeldung alle diejenigen Angaben enthalte, die Gegenstand der Eintragung sind. Diese Angaben lassen sich vielmehr ohne weiteres den beigefügten Anlagen entnehmen.

[6]) Mehrere an verschiedenen Orten eines und desselben Gerichtsbezirks errichtete Zweigniederlassungen können natürlich nicht auf einem und demselben Registerblatt eingetragen werden.

Gesellschaft, den Gegenstand des Unternehmens, die Höhe des Stammkapitals, den Tag des Abschlusses des Gesellschaftsvertrages und die Personen der Geschäftsführer; enthält der Gesellschaftsvertrag besondere Bestimmungen über die Zeitdauer der Gesellschaft oder über die Befugnis der Geschäftsführer oder der Liquidatoren zur Vertretung der Gesellschaft, so sind auch diese Bestimmungen einzutragen. § 12 Abs. 2 Satz 1 Ges.

4. Das Gericht der Zweigniederlassung teilt die erfolgte Eintragung dem Gerichte der Hauptniederlassung von Amts wegen zur Eintragung mit. § 131 FGG.

5. In die Veröffentlichung, durch die die Eintragung bekanntgemacht wird, sind nach § 12 Abs. 2 Satz 2 Ges. aufzunehmen: der Inhalt der Eintragung (vgl. oben Nr. 3), etwaige besondere Bestimmungen des Gesellschaftsvertrages über die Form des Erlasses öffentlicher Bekanntmachungen der Gesellschaft und die nach § 5 Abs. 4 Ges. getroffenen Festsetzungen (über Sacheinlagen der Gesellschafter usw., jedoch nur wenn die Eintragung innerhalb der ersten zwei Jahre nach der Eintragung in das Handelsregister des Sitzes der Gesellschaft erfolgt).

Veränderungen bei Gesellschaften mit beschränkter Haftung.

§ 102. 1. Veränderungen in den Personen der Geschäftsführer.

1. Die Geschäftsführer vertreten die Gesellschaft mit beschränkter Haftung gerichtlich und außergerichtlich. § 35 Abs. 1 Ges. Schon oben im § 99 ist hervorgehoben, daß die ersten Geschäftsführer zusammen mit der Errichtung der Gesellschaft zum Handelsregister anzumelden sind. Die ersten Geschäftsführer werden entweder im Gesellschaftsvertrag oder in einem besonderen Beschlusse der Gesellschafter bezeichnet. Sie haben, wie gleichfalls oben § 99 bemerkt ist, ihre Namensunterschrift zur Aufbewahrung bei dem Gerichte zu zeichnen.

2. Nach § 39 Abs. 1 Ges. ist jede Änderuug in den Personen der Geschäftsführer sowie die Beendigung der Vertretungsbefugnis eines Geschäftsführers, wozu der richtigen Ansicht[1]) nach auch jede Änderung in der Vertretungsbefugnis der Geschäftsführer[2]) gehört, zur Eintragung anzumelden, und zwar sowohl bei dem Gerichte der Hauptniederlassung wie bei dem einer jeden Zweigniederlassung § 13 HGB. Neu bestellte Geschäftsführer haben, und zwar selbst dann, wenn sie bereits in ihrer Eigenschaft als Prokuristen gezeichnet haben (KGJ **37** A 138), ihre Unterschrift — nicht etwa auch die Firma — zur Aufbewahrung bei dem Gerichte zu zeichnen. § 39 Abs. 3 Ges. Diese Anmeldungen und Zeichnungen sind durch Ordnungsstrafen erzwingbar. § 79 Ges. Von der

[1]) Staub-Hachenburg Anm. 1 zu § 39; Brodmann Anm. 1 zu § 39.

[2]) Die Änderung in der Art der Vertretungsbefugnis kann und wird in der Regel eine Änderung des Gesellschaftsvertrags in sich schließen; es gilt dann das unten § 103 Gesagte.

Einreichung der Zeichnung der Unterschrift darf aber die Eintragung nicht abhängig gemacht werden (KGJ **37** A 138).

3. Änderungen in der Person der Geschäftsführer treten z. B. ein, wenn ein Geschäftsführer stirbt, sein Amt niederlegt oder abberufen wird. Wird einem Geschäftsführer ein Titel beigelegt, so ist dies nicht als Änderung in der Person anzusehen und daher nicht einzutragen (KGJ **20** A 269).

4. Bei der Anmeldung von Änderungen der Vertretungsbefugnis der Geschäftsführer ist zu beachten, daß in Ermangelung besonderer Vorschriften die Geschäftsführer nur gemeinsam zur Vertretung der Gesellschaft befugt sind. § 35 Abs. 2 Ges.[1]). Von der vom Gesetz als Regel aufgestellten Gesamtvertretungsbefugnis können durch den Gesellschaftsvertrag, und nur durch diesen selbst und unmittelbar durch ihn Ausnahmen gemacht werden (JFG **2** 262). Der Gesellschaftsvertrag kann also nicht bestimmen, daß der Aufsichtsrat oder die jeweilige Gesellschaftsversammlung oder ein Dritter diese Ausnahmen machen dürfen (RG **91** 69; KGJ **51** 134). Eine dem § 232 Abs. 2 HGB entsprechende Bestimmung ist in das GmbHG nicht aufgenommen. Als Ausnahme in der Gesamtvertretungsbefugnis kann für jeden einzelnen Geschäftsführer oder nur für einen oder einige von ihnen Einzelvertretungsbefugnis festgesetzt oder es kann bestimmt werden, daß mehrere Geschäftsführer gemeinsam oder einer von ihnen in Gemeinschaft mit einem Prokuristen die Gesellschaft vertreten darf (RJA **11** 213). Es kann auch angeordnet werden, daß von zwei Geschäftsführern der eine nur in Gemeinschaft mit dem anderen, der andere auch allein vertretungsberechtigt sein soll (OLG **27** 378). Unzulässig und nicht eintragungsfähig ist dagegen eine Bestimmung, daß ein Geschäftsführer, der die Gesellschaft in Gemeinschaft mit einem Prokuristen vertritt, in allen den Grundbuch- und Hypothekenverkehr betreffenden Angelegenheiten die Gesellschaft allein vertreten kann (KGJ **42** 170; vgl. auch KGJ **44** 137), desgleichen eine Bestimmung, wonach jeder Geschäftsführer, sofern er zugleich Gesellschafter ist, die Gesellschaft allein vertreten kann, während andernfalls nur Gesamtvertretung stattfinden soll (RJA **9** 112). Es kann auch nicht eingetragen werden, daß der einzige vorhandene Geschäftsführer, oder, wenn mehrere Geschäftsführer bestellt sind, jeder von ihnen nur in Gemeinschaft mit einem Prokuristen die Gesellschaft vertreten kann (KGJ **29** A 95), oder daß ein Geschäftsführer zusammen mit einem Handlungsbevollmächtigten vertretungsberechtigt ist.

---

[1]) Ein allgemeiner Satz des Inhalts, daß bei Verhinderung eines von zwei Gesamtgeschäftsführern der eine allein vertretungsberechtigt ist, ist nicht anzuerkennen (RG **103** 417). Eine Bestimmung des Gesellschaftsvertrages, daß die Gesellschaft durch einen oder mehrere Geschäftsführer mit der Maßgabe vertreten werde, daß bei Vorhandensein mehrerer Geschäftsführer immer zwei zusammen handeln sollen, kann aber dahin verstanden werden, daß auch dann, wenn die Geschäftsführer durch Tod oder sonstiges Ausscheiden bis auf einen wegfallen, Einzelvertretungsbefugnis gelten soll. RG DNotVZ **1928** 241.

Der Registerrichter muß berücksichtigen, daß nach § 37 Abs. 2 Ges. eine Beschränkung der Befugnis der Geschäftsführer die Gesellschaft zu vertreten, gegen dritte Personen keine rechtliche Wirkung hat, so daß z. B. nicht eingetragen werden kann, daß die Vertretung sich nur auf gewisse Geschäfte oder Arten von Geschäften erstreckt, oder nur unter gewissen Umständen oder für eine gewisse Zeit oder an einzelnen Orten stattfinden soll, oder daß die Zustimmung der Gesellschafter oder eines Organs der Gesellschaft für einzelne Geschäfte erfordert ist. § 37 Abs. 2 Satz 2 Ges. Es kann deshalb auch z. B. nicht eingetragen werden, daß die Geschäftsführer nur eine Zweigniederlassung der Gesellschaft zu vertreten haben sollen (KGJ **20** A 73; **53** 97).

5. Die Anmeldung der vorbezeichneten Änderungen (s. oben unter Nr. 2) ist nicht notwendig von allen, sondern nur durch die zur Vertretung der Gesellschaft erforderliche Zahl von Geschäftsführern zu bewirken. § 78 Ges. Der ausscheidende Geschäftsführer wirkt bei der Anmeldung nicht mit (KGJ **16** 25; **45** 329 [OLG Hamburg]). Da er nicht mehr Geschäftsführer, also nicht mehr in der Lage ist, rechtswirksame Erklärungen für die Gesellschaft abzugeben, so ist er auch nicht berechtigt, sein Ausscheiden zur Eintragung in das Handelsregister anzumelden (KGJ **14** 50). Sind noch andere Geschäftsführer in der zur Vertretung der Gesellschaft erforderlichen Zahl vorhanden, die die Anmeldung verweigern, so kann der ausgeschiedene Geschäftsführer bei dem Registergericht die Einleitung des Ordnungsstrafverfahrens gegen diese in Anregung bringen, oder wenn weitere Geschäftsführer nicht oder nicht mehr vorhanden sind, die Zwangsbestellung eines Geschäftsführers gemäß § 29 BGB bei dem Registergericht beantragen (RJA **12** 233 [OLG Hamburg]). Ist jedoch die Gesellschaft auf Klage des Geschäftsführers verurteilt, sein Ausscheiden anzumelden, so kann der Geschäftsführer auf Grund des § 894 ZPO seine Löschung als Geschäftsführer verlangen (RJA **10** 253). Der Anmeldung ist eine Abschrift[1]) der Urkunden über die Bestellung der Geschäftsführer oder über die Beendigung der Vertretungsbefugnis beizufügen. § 39 Abs. 2 Satz 1 Ges. Die Urkunde wird in der Regel der betreffende Beschluß der Gesellschafter oder des Aufsichtsrats[2]) sein[3]).

[1]) Beglaubigung der Abschrift ist nicht vorgeschrieben.

[2]) Hat ein Mitglied des Aufsichtsrats sein Amt niedergelegt, so kann seine Wiederbestellung als Aufsichtsratsmitglied nur durch einen neuen Beschluß der Gesellschaftsversammlung erfolgen. Dies muß der Registerrichter bei der Prüfung des ihm überreichten Beschlusses beachten. KGJ **29** A 98. Ob die Übertragung der Befugnis zur Bestellung der Geschäftsführer an den Aufsichtsrat zugleich das Recht zu ihrer Abberufung umfaßt, ist Auslegungsfrage. KGJ **30** A 133. Ein die bisherigen Geschäftsführer durch neue ersetzender Aufsichtsratsbeschluß ist nur gültig, wenn sich alle Aufsichtsratsmitglieder erklärt haben. KGJ **31** A 197.

[3]) Beim Tode des Geschäftsführers ist die Beifügung der Sterbeurkunde nicht unbedingt erforderlich; es genügt die Erklärung der Anmeldenden, daß der Geschäftsführer verstorben sei.

6. Das Registergericht ist berechtigt und verpflichtet, die eingereichten Urkunden dahin zu prüfen, ob sie die nachgesuchte Eintragung rechtfertigen oder nicht. Denn wenn der § 39 Abs. 2 GmbHG. vorschreibt, daß der Anmeldung die betreffende Urkunde in Abschrift beizufügen ist, so hat das natürlich nur den Zweck, dem Gerichte die Möglichkeit einer Nachprüfung daraufhin zu geben, ob aus ihnen hervorgeht, daß jene Änderung wirklich eingetreten ist, damit nichts Falsches in das Handelsregister eingetragen wird (KGJ **25** A 253; **31** A 197; RJA **10** 266). Es ist also z. B. festzustellen, ob der Beschluß ordnungsmäßig gefaßt ist. Zu beachten ist hierbei, daß ein Wechsel in der Person der Geschäftsführer auch dann, wenn der Gesellschaftsvertrag die als erste Geschäftsführer bestellten Personen bezeichnet, nicht als eine der gerichtlichen oder notariellen Beurkundung bedürftige Änderung des Gesellschaftsvertrages anzusehen ist, sofern nicht der Gesellschaftsvertrag ausdrücklich etwas anderes vorschreibt (RG **44** 95; RG Recht **1905** 587; KGJ **21** A 261; OLG **3** 64). Auch die Abberufung eines Geschäftsführers kann nach § 46 Nr. 5 Ges. durch formlosen Beschluß der Gesellschaftsversammlung erfolgen (KGJ **45** 180). Bei der Beschlußfassung über seine eigene Bestellung oder Abberufung als Geschäftsführer darf der betreffende Gesellschafter mitstimmen (KG KGJ **40** 73 unter Aufgabe seiner Entscheidung KGJ **25** A 253; vgl. auch RG **74** 276; **81** 37; **104** 186). Der einzige Gesellschafter kann sich selbst zum Geschäftsführer bestellen (RG **68** 179) und auch selbst als Geschäftsführer abberufen (KGJ **40** 73; **45** 180).

7. Bei der Anmeldung zum Handelsregister einer Zweigniederlassung ist die Beifügung der Urkunden nicht erforderlich. § 39 Abs. 2 Satz 2 Ges.

Beispiel:

Amtsgericht. Berlin, den 6. März 1927.

Es erschienen vor dem Unterzeichneten:

1. der Kaufmann Karl Langen in Berlin, Ritterstr. 12;

2. der Kaufmann Werner Herter in Berlin, Friedenstr. 44.

Sie sind dem Unterzeichneten von Person bekannt.

Sie erklärten unter Überreichung einer Abschrift des Beschlusses der Gesellschafter vom 22. Februar 1927:

Der bisherige Geschäftsführer Kaufmann Friedrich Reimer ist gestorben; an seiner Stelle bin ich, der Erschienene zu 2., zum Geschäftsführer der Gesellschaft bestellt, wie der in Abschrift überreichte Beschluß ergibt. Ich bin ebenso wie der Erschienene zu 1. nach dem Gesellschaftsvertrage selbständig zur Vertretung der Gesellschaft befugt. Wir melden diese Veränderungen zur Eintragung in das Handelsregister (Nr. 3212 Abt. B) an.

Ich, der Erschienene zu 2., zeichne meine Unterschrift wie folgt:

Werner Herter.

v. g. u.

Karl Langen. Werner Herter.

Lehmann, Justizobersekretär

als Urkundsbeamter der Geschäftsstelle.

Darauf wird verfügt:

1. Einzutragen in das Handelsregister Abt. B Nr. 3212:

Sp. 1. 2.

Sp. 5. Werner Herter, Kaufmann, Berlin.

Sp. 7. Der Geschäftsführer Friedrich Reimer ist gestorben; an seiner Stelle ist Werner Herter zum Geschäftsführer bestellt.

2. Bekanntmachung.

3. Der Eintragungsvermerk bezüglich des Friedrich Reimer ist in Sp. 5 rot zu unterstreichen.

4. Nachricht von der Eintragung den Geschäftsführern.

Berlin, 7. März 1927. Br.

§ 103. 2. Veränderungen des Gesellschaftsvertrages.

1. Jede Abänderung des Gesellschaftsvertrages[1]) ist zur Eintragung in das Handelsregister bei dem Gerichte der Haupt- und etwaiger Zweigniederlassungen anzumelden. § 54 Abs. 1 Ges.[2]). Die Anmeldung ist — abgesehen von dem Fall der Erhöhung und Herabsetzung des Stammkapitals — nur durch soviel Geschäftsführer zu bewirken, als zur Vertretung der Gesellschaft erforderlich sind. § 78 Ges. (KGJ **48** 130.) Sie kann zwar nach § 79 Ges., soweit es sich um die Anmeldung zum Handelsregister des Sitzes der Gesellschaft handelt, durch Ordnungsstrafen nicht erzwungen werden; doch liegt ein mittelbarer Zwang zur Anmeldung darin, daß die Abänderung nach § 54 Abs. 3 Ges. keine rechtliche Wirkung hat, bevor sie in das Handelsregister des Sitzes der Gesellschaft eingegetragen ist[3]).

Wenn die Gesellschaft sich nicht auf die Abänderung von Einzelheiten des im übrigen fortbestehenden Gesellschaftsvertrages beschränkt, so muß die Neufassung inhaltlich allen gesetzlichen Erfordernissen entsprechen, die an den ursprünglichen Gesellschaftsvertrag zu stellen sind (RJA **15**

---

[1]) Auch eine liquidierende Gesellschaft darf ihre Firma und auch sonst die Satzung ändern, aber nur, wenn und soweit es im Rahmen des Liquidationszweckes liegt (OLG Dresden OLG **14** 370; KG JFG **5** 227; RG **107** 32).

[2]) Im Wege der Abänderung des Gesellschaftsvertrages durch Mehrheitsbeschluß kann z. B. auch bestimmt werden, daß die Vertretung von Gesellschaftern in den Gesellschaftsversammlungen nur durch andere Gesellschafter erfolgen soll; ein solcher Beschluß kann aber nur dann von einer Mehrheit mit bindender Kraft für alle Gesellschafter gefaßt werden, wenn er alle Gesellschafter gleichmäßig trifft. KGJ **25** A 258.

[3]) Bestimmt z. B. der Gesellschaftsvertrag die Gesamtvertretung durch zwei Geschäftsführer und scheidet einer von ihnen aus, so bedarf es zur Anmeldung der Änderung des Gesellschaftsvertrages dahin, daß die Gesellschaft in Zukunft durch einen Geschäftsführer vertreten werden solle, noch der Anmeldung von zwei Geschäftsführern (KG DNotVZ **1925** Nr. 2). Ist ferner im Gesellschaftsvertrage bestimmt, das Geschäftsjahr laufe vom 1. April bis 31. März, und beschließen die Gesellschafter in Abänderung des Gesellschaftsvertrages, das Geschäftsjahr solle mit dem Kalenderjahr zusammenfallen, so wirkt dieser Beschluß erst für das laufende Geschäftsjahr, in dem die Eintragung stattfindet, nicht aber für die Vergangenheit (KGJ **53** 99).

206). Bei einer neuen Fassung des Gesellschaftsvertrages dürfen insbesondere die im ursprünglichen Vertrage festgesetzten Sacheinlagen[1]), wenn es bei ihnen verblieben ist, nicht einfach übergangen werden (OLG Dresden KGJ **20** D 23; KG KGJ **27** A 225). Es genügt aber, wenn der neue Gesellschaftsvertrag erkennen läßt, daß die Bestimmungen des alten Vertrages über die Sacheinlagen in Geltung geblieben sind (JFG **2** 257). Aus dem neuen Gesellschaftsvertrage muß ferner die Beteiligung eines Gesellschafters mit mehreren Stammeinlagen ersichtlich sein, wobei aber die gesonderte Aufführung der mehreren Stammeinlagen nicht erforderlich ist, vielmehr die Angabe des Gesamtbetrages der auf den Gesellschafter entfallenden Stammeinlagen genügt (KG DNotVZ **1925** Nr. 2). Der neugefaßte Gesellschaftsvertrag muß auch ersehen lassen, ob der Betrag des Stammkapitals schon bei der Gründung vorgesehen war oder auf einer Erhöhung oder Herabsetzung des ursprünglichen Stammkapitals beruht (JFG **2** 257).

2. Da eine Abänderung des Gesellschaftsvertrags nach § 53 Abs. 1 Ges. nur durch Beschluß der Gesellschafter erfolgen kann, so muß der Anmeldung der Beschluß der Gesellschafter in Ausfertigung oder beglaubigter Abschrift beigefügt werden. Der Gesellschafterbeschluß ist nicht nur erforderlich, sondern er genügt auch und es kann die Wirksamkeit der Änderung nicht durch eine Bestimmung des Gesellschaftsvertrages noch von der Zustimmung eines anderen Organs oder eines Dritten abhängig gemacht werden (OLG **42** 225; **44** 237; Recht **1929** Nr. 521).

Nach § 53 Abs. 2 Ges. muß der Beschluß gerichtlich oder notariell beurkundet werden.

Er bedarf nach § 53 Abs. 2 Ges. einer Mehrheit von drei Vierteilen der abgegebenen Stimmen, sofern nicht der Gesellschaftsvertrag noch andere Erfordernisse für die Art der Beschlußfassung (OLG **44** 237) aufstellt. Handelt es sich aber um eine Vermehrung der den Gesellschaftern nach dem Gesellschaftsvertrage obliegenden Leistungen, so ist die Zustimmung sämtlicher beteiligten Gesellschafter erforderlich. § 53 Abs. 3 Ges.[2])[3]).

---

[1]) Unzulässig ist der Ersatz nicht gezahlter Bareinlagen durch Sacheinlagen (KGJ **47** 108).

[2]) Die nicht im ursprünglichen Gesellschaftsvertrage vorgesehene Amortisation (Einziehung) von Geschäftsanteilen kann nachträglich nur mit Zustimmung aller Gesellschafter für zulässig erklärt werden, da die Amortisation unter Umständen eine Vermehrung der Leistungen zur Folge haben kann (KGJ **25** A 258).

[3]) Insoweit die Abänderung des Gesellschaftsvertrages nur durch übereinstimmende Entschließung aller Gesellschafter zustande kommen kann, darf das Registergericht dem Mehrheitsbeschlusse der Gesellschafter keine maßgebende Bedeutung einräumen. Dies gilt z. B., wenn der Beschluß einem Gesellschafter einen Anspruch entzieht oder allen Gesellschaftern gleichmäßig eine gesellschaftliche Mehrleistung auferlegt (KGJ **27** A 228), oder wenn die ein Sonderrecht für jeden Gesellschafter begründende Bestimmung des Gesellschaftsvertrages, daß die Veräußerung eines Geschäftsanteils nur mit Zustimmung aller Gesellschafter zulässig ist, abgeändert werden soll (KGJ **53** 101).

3. Wegen des Prüfungsrechts des Registerrichters s. das bei der Aktiengesellschaft zu § 84 Gesagte, das hier entsprechend gilt. Insbesondere kann der Richter keinen urkundlichen Nachweis der Ordnungsmäßigkeit der seit Beginn der Gesellschaft stattgehabten Übertragungen von Geschäftsanteilen verlangen, muß sich vielmehr im allgemeinen mit den vor dem Notar über die Legitimation der Inhaber der Geschäftsanteile und ihrer Vertreter in der über die Gesellschaftsversammlung aufgenommenen Urkunde getroffenen Feststellungen begnügen (KGJ **39** A 122).

4. Bei der Eintragung ist nach § 54 Abs. 2 Ges. folgendes zu beachten:

a) Betrifft die Abänderung die Firma, den Sitz der Gesellschaft, den Gegenstand des Unternehmens, die Höhe des Stammkapitals, den Tag des Abschlusses des Gesellschaftsvertrages, die Personen der Geschäftsführer, besondere Bestimmungen des Gesellschaftsvertrages über die Zeitdauer der Gesellschaft oder über die Befugnis der Geschäftsführer oder der Liquidatoren zur Vertretung der Gesellschaft, so sind die Abänderungen vollständig in das Register aufzunehmen.

b) Im übrigen genügt bei der Eintragung die Bezugnahme auf die bei dem Gericht eingereichten Urkunden über die Abänderung. Die Eintragung in Spalte 7 kann dann z. B. lauten:

„Durch den Gesellschafterbeschluß vom 6. Juni 1927 ist der Gesellschaftsvertrag in den §§ 5 (Veräußerung von Geschäftsanteilen) und 6 (Konkurrenzverbot) geändert."

5. Die öffentliche Bekanntmachung findet in betreff aller Bestimmungen statt, auf welche sich die für den Fall der ersten Anmeldung vorgeschriebenen Veröffentlichungen beim Register der Haupt- und der Zweigniederlassung (vgl. oben §§ 100, 101) beziehen. § 54 Abs. 2 Satz 2 Ges. Das Datum der Änderung des Gesellschaftsvertrages ist unter allen Umständen, also auch dann zu veröffentlichen, wenn sonst kein nach § 10 Abs. 3 Ges. bekanntmachungsbedürftiger Teil des Inhalts des Gesellschaftsvertrages von der Abänderung betroffen wird, da der Tag des Abschlusses des Gesellschaftsvertrages sich ändert, wenn der Gesellschaftsvertrag geändert wird (KGJ **46** 292).

6. Hervorzuheben ist die Änderung des Gesellschaftsvertrages, welche die Verlegung des Sitzes der Gesellschaft nach einem außerhalb des Bezirks des bisherigen Registergerichts befindlichen, im Inlande gelegenen Ort zum Gegenstande hat. Die Sitzverlegung muß, um wirksam zu werden, zunächst in das bisherige Register eingetragen werden. Nach dieser Eintragung, die die Voraussetzung für die Eintragung der Gesellschaft in das neue Register bildet (KGJ **21** A 269), wird das Registergericht des neuen Ortes, an das die Registerakten abzugeben sind (vgl. oben § 58), für die weitere Registerführung zuständig, während die Firma im alten Register zu löschen ist, ohne daß damit die Gesellschaft untergeht. Die Erfordernisse für die Eintragung in das neue Register sind daher von dem Standpunkte

aus zu stellen, daß es sich lediglich um einen Wechsel in der Registerführung[1]) bezüglich einer bereits eingetragenen Gesellschaft handelt und die beiden beteiligten Gerichte gewissermaßen eine einheitliche Anmeldestelle bilden[2]). Daraus folgt zunächst, daß es für die als Neueintragung sich nicht darstellende Übernahme der Gesellschaft in das neue Register nicht der formellen Anmeldung gemäß § 12 HGB, sondern nur eines formlosen Antrags bedarf[3]). Es muß die Gesellschaft ferner so, wie sie im ursprünglichen Register eingetragen war, in das neue Register übertragen werden, ohne daß dem neuen Registergericht das Recht der Nachprüfung zusteht, ob die im alten Register enthaltenen Eintragungen erfolgen konnten. Das Gericht des neuen Sitzes hat lediglich zu prüfen, ob der Sitz verlegt, die Übernahme in sein Register beantragt ist und die Firma nach § 30 HGB zulässig ist (OLG **46** 267). Die Löschung einer aus dem alten Register übernommenen, aber unzulässigen Eintragung kann erst nach erfolgter Übernahme in das neue Register im Wege des amtlichen Löschungsverfahrens gemäß §§ 141 ff. FGG herbeigeführt werden (KGJ **21** A 265; **44** 152; JFG **2** 253).

7. Besondere Vorschriften gelten für den Fall der Erhöhung und der Herabsetzung des Stammkapitals. Die Anmeldung des Erhöhungs- sowie des Herabsetzungsbeschlusses ist von sämtlichen Geschäftsführern zu bewirken. § 78 Ges. Der Erhöhungs- oder Herabsetzungsbeschluß ist der Anmeldung in Ausfertigung oder beglaubigter Abschrift beizufügen; er bedarf der gerichtlichen oder notariellen Beurkundung, da er eine Abänderung des Gesellschaftsvertrages enthält[4]). Die nur den Unterschriften nach notariell beglaubigten Beschlüsse können keine Grundlage für die Eintragung bilden (RJA **1** 116). Auch in diesen Fällen kann aber nach § 79 Ges. die Anmeldung, soweit es sich um die Anmeldung zum Register des Sitzes der Gesellschaft handelt, durch Ordnungsstrafen nicht erzwungen werden.

Im einzelnen ist folgendes hervorzuheben:

a) Die beschlossene Erhöhung des Stammkapitals[5])[6]) ist zur

[1]) Von einem bloßen Wechsel in der Registerführung kann nur bei Übernahme einer Eintragung aus einem deutschen in ein anderes deutsches Register gesprochen werden. Über die Verlegung des Sitzes einer ausländischen Gesellschaft (AG) in das Inland vgl. OLG **46** 267.

[2]) Brand Anm. 4 a bb zu § 182 HGB.

[3]) Das KG läßt es (OLG **46** 267) dahingestellt, ob es einer weiteren Tätigkeit der Gesellschaft zur Eintragung in das neue Register überhaupt noch bedarf, wenn die Sitzverlegung bei dem bisherigen Register angemeldet ist.

[4]) RG **77** 152. Auch ein Vorvertrag, gerichtet auf künftige Übernahme einer neuen Stammeinlage, bedarf der Form des § 55 Ges. (OLG **22** 19; **40** 198). Aus einem formlosen Vertrage, durch den sich jemand zur Übernahme einer neuen Stammeinlage verpflichtet, kann nicht auf Vollziehung der Form geklagt werden (RG **50** 47).

[5]) Ist die Erhöhung des Stammkapitals um einen bestimmten Betrag beschlossen, so kann nicht ein niedrigerer Betrag zur Eintragung in das Handelsregister angemeldet und eingetragen werden. Beschließt dagegen die Gesellschafterversammlung die Erhöhung nicht um einen bestimmten Betrag, sondern bis zu

Eintragung anzumelden, nachdem das erhöhte Kapital durch Übernahme von Stammeinlagen gedeckt ist. Es wird nicht wie bei Aktiengesellschaften (vgl. oben § 85) zuerst der Kapitalserhöhungsbeschluß und sodann seine Durchführung angemeldet. Die Kapitalserhöhung erfordert auch nicht (wie § 278 HGB) die volle Einzahlung des bisherigen Stammkapitals.

Der Anmeldung sind nach § 57 Abs. 3 Ges. außer dem Kapitalserhöhungsbeschlusse beizufügen:

α) Die gerichtlich oder notariell aufgenommenen oder beglaubigten[7]) Erklärungen (in Urschrift- oder beglaubigter Abschrift) derjenigen Personen, die die auf das erhöhte Kapital zu leistenden Stammeinlagen übernommen haben. Die Erklärungen, die der Annahme durch die gesetzlichen Vertreter der Gesellschaft bedürfen, können auch von Bevollmächtigten, aber nur auf Grund gerichtlich oder notariell errichteter oder beglaubigter Vollmachten abgegeben werden (KGJ **39** A 127). Wenn bei Vorhandensein mehrerer Gesellschafter nur einer, der zugleich Geschäftsführer ist, in der die Kapitalserhöhung beschließenden Gesellschafterversammlung erscheint, so kann dieser mit Rücksicht auf § 181 BGB, § 47 Abs. 4 GmbHG nicht für sich die auf das erhöhte Stammkapital zu leistende Einlage übernehmen (RG **109** 77). Auch kann bei der sog. Einmanngesellschaft der alleinige Geschäftsführer nicht mit sich selbst als einzigem Gesellschafter den Übernahmevertrag abschließen, es sei denn, daß es ihm gestattet ist (KG OLG **23** 377; Recht **1929** Nr. 524). Übernehmen andere Personen[8]) als die bisherigen Gesellschafter eine Stammeinlage, so müssen in dieser Erklärung außer dem Betrage der Stammeinlage auch sonstige Leistungen, zu denen der Übernehmer nach dem Gesellschaftsvertrage verpflichtet sein soll, ersichtlich gemacht werden. Auch hat der Registerrichter zu beachten, daß die auf das erhöhte Kapital zu leistenden Stammeinlagen mindestens 500 RMark betragen und in Reichsmark durch 100 teilbar sein müssen, sowie, daß niemand mehrere Stammeinlagen übernehmen, jedoch der Betrag der Stammeinlagen für die einzelnen Gesellschafter verschieden bestimmt werden kann. § 55 Abs. 1, 2 und 4 Ges. Soll auf das erhöhte Stammkapital eine Einlage gemacht werden, welche nicht in Geld zu leisten ist, oder

---

einer Höchstgrenze, so wird demnächst der übernommene Teil des Höchstbetrages in das Handelsregister eingetragen, der dann der endgültig beschlossene ist (RG **85** 207; vgl. auch KG KGJ **29** A 102; OLG Hamburg KGJ **29** A 266).

[6]) Die Erhöhung des Stammkapitals, die nur durch Schaffung neuer selbständiger Geschäftsanteile, nicht aber durch Erhöhung der bereits vorhandenen Geschäftsanteile erfolgen kann (KGJ **35** A 186), ist im Liquidationsstadium unzulässig (RJA **14** 152), ebenso im Falle des Konkurses (RG **77** 152).

[7]) Auch die Übernahmeerklärung der Körperschaften des öffentlichen Rechts bedarf der gerichtlichen oder notariellen Aufnahme oder Beglaubigung (KGJ **38** A 178).

[8]) Auch von der Gesellschaft selbst kann eine neue Stammeinlage aus dem über das bisherige Stammkapital hinaus vorhandenen Vermögen der Gesellschaft übernommen werden (JFG **1** 240).

soll eine Vergütung für Vermögensgegenstände, die die Gesellschaft übernimmt, auf eine Einlage angerechnet werden, so muß die Person desjenigen, der die Einlage zu leisten oder die Vermögensgegenstände zu überlassen hat, sowie der Gegenstand der Einlage oder Überlassung und der Geldwert, für den die Einlage angenommen wird, oder die für den überlassenen Gegenstand zu gewährende Vergütung — außer in dem Beschlusse auf Erhöhung des Stammkapitals — auch in der eingangs bezeichneten Erklärung angegeben werden. § 56 Abs. 1 Ges.

β) Eine von den Anmeldenden — also von sämtlichen Geschäftsführern — unterschriebene Liste der Personen[1]), welche die neuen Stammeinlagen übernommen haben; aus der Liste muß der Betrag der von jedem übernommenen Einlage[2]) ersichtlich sein.

γ) Die Unbedenklichkeitsbescheinigung des Finanzamts. § 11 KVAB. Die Geschäftsführer haben in der Anmeldung die Versicherung abzugeben[3]), daß auf jede neue Stammeinlage, soweit nicht andere als in Geld zu leistende Einlagen auf das Stammkapital gemacht sind, ein Vierteil, mindestens aber der Betrag von 250 RMark eingezahlt ist[4]), und daß der Gegenstand der Leistungen sich in der freien Verfügung der Geschäftsführer befindet. § 57 Abs. 2 Ges.

Die in Sp. 4 des Registers zu bewirkende Eintragung[5])[6]) lautet z. B.:

Das Stammkapital ist auf Grund des Beschlusses der Gesellschafterversammlung vom .... um 200000 RMark auf 1000000 RMark erhöht.

b) Der Beschluß, durch den das Stammkapital herabgesetzt wird, darf zur Eintragung in das Handelsregister angemeldet werden nicht vor Ablauf eines Jahres seit dem Tage, an dem die Gläubiger der Gesellschaft von den Geschäftsführern in den im Gesellschaftsvertrage für die Bekanntmachungen der Gesellschaft bestimmten öffentlichen Blättern und in Ermanglung solcher in den für die Bekanntmachungen aus dem Handelsregister bestimmten öffentlichen Blättern zum dritten Mal aufgefordert sind, sich bei der Gesellschaft zu melden. Dem Registergerichte müssen zum Nachweise, daß diese Aufforderungen ergangen sind, die Bekannt-

[1]) Mit Vor-, Zunamen, Stand und Wohnort. Staub-Hachenburg Anm. 6 zu § 57. Beglaubigung der Unterschriften der Anmeldenden unter dieser Liste ist nicht erforderlich.

[2]) Ob Geld- oder Sacheinlagen übernommen werden, braucht aus der Liste nicht hervorzugehen. Staub-Hachenburg Anm. 6 zu § 57.

[3]) Der Registerrichter hat nicht etwa zu prüfen, ob die Versicherung richtig ist. RG **54** 393.

[4]) Bare Einzahlung ist nicht vorgeschrieben. Vgl. oben § 99.

[5]) Wenn die Erhöhung des Stammkapitals in das Handelsregister eingetragen ist, so ist die Anfechtung der Übernahme einer Stammeinlage auf das erhöhte Stammkapital wegen Irrtums oder Betrugs wirkungslos. Unerheblich ist es auch, wenn die Anfechtungserklärung bereits vor der Eintragung abgegeben ist (RG **82** 375).

[6]) In Sp. 7 ist dann auch noch die Änderung des das Stammkapital betreffenden Paragraphen des Gesellschaftsvertrages einzutragen.

machungen, in denen außer der Aufforderung der Gläubiger auch der Beschluß auf Herabsetzung des Stammkapitals aufgenommen sein muß, eingereicht, also die bezüglichen Zeitungsblätter vorgelegt werden.

Zugleich haben die Geschäftsführer die Versicherung abzugeben, daß die Gläubiger, die sich bei der Gesellschaft gemeldet und der Herabsetzung nicht zugestimmt haben, befriedigt oder sichergestellt sind. § 58 Abs. 1 Ges. Es sind nur solche Gläubiger zu befriedigen oder sicherzustellen, deren Forderungen vor der letzten öffentlichen Aufforderung, sich bei der Gesellschaft zu melden, entstanden sind (KGJ **37** A 162). Entscheidend ist nicht die Fälligkeit des Anspruchs, sondern die alleinige Tatsache, daß er vor dem maßgebenden Zeitpunkt begründet worden ist (JFG **5** 261). Sofern die Gesellschaft eine bei ihr angemeldete Forderung bestreitet und deshalb ihre Tilgung oder Sicherstellung verweigert, haben die Geschäftsführer dem Registergericht eine Entscheidung des Prozeßgerichts beizubringen, nach der die Gesellschaft zur Tilgung oder Sicherstellung nicht verpflichtet ist (KGJ **34** A 172). Für den Registerrichter besteht keine Pflicht zur Prüfung, ob eine angemeldete Forderung begründet ist (JFG **5** 261).

Der Registerrichter hat zu beachten, daß durch den Herabsetzungsbeschluß das Stammkapital nicht unter 20000 RMark[1]) herabsinken und der verbleibende Betrag der Stammeinlagen nicht unter den im § 5 Abs. 1 und 3 Ges. bezeichneten Betrag herabgehen darf. § 58 Abs. 2 Ges.

Die in Sp. 4 des Registers zu bewirkende Eintragung wird z. B. lauten:

> **Das Stammkapital ist durch Beschluß der Gesellschafterversammlung vom ... um 300000 RMark herabgesetzt worden und beträgt daher jetzt nur noch 700000 RMark.**

c) Die Beschlüsse auf Erhöhung und Herabsetzung des Stammkapitals sind auch zum Register etwaiger Zweigniederlassungen anzumelden. Es braucht aber der Anmeldung des Erhöhungsbeschlusses nur die Liste der Personen, die die neuen Stammeinlagen übernommen haben, beigefügt zu werden; auch brauchen die Geschäftsführer die Versicherung über die vor der Anmeldung des Gesellschaftsvertrages zu leistende Einzahlung hier nicht noch einmal zu wiederholen. § 59 Ges. Bei der Anmeldung des Herabsetzungsbeschlusses sind weder die Bekanntmachungen einzureichen, noch die Versicherung über Befriedigung oder Sicherstellung der Gläubiger zu wiederholen. § 59 Ges.

§ 104. Die Einreichung der Liste der Gesellschafter und der Bekanntmachung der Bilanz zum Handelsregister.

1. Alljährlich im Monat Januar — also spätestens bis zum 31. Januar — haben die Geschäftsführer, nach Auflösung der Gesellschaft die Liquidatoren, eine von ihnen unterschriebene Liste der Gesell-

[1]) Vgl. jedoch oben § 99 B 1c Anm. 2.

schafter, aus der Name, Vorname, Stand und Wohnort der Gesellschafter sowie ihre Stammeinlagen zu entnehmen sind, zum Handelsregister einzureichen. §§ 40, 69 Ges.[1]). Die Unterzeichnung und Einreichung der Liste braucht nicht notwendig von allen Geschäftsführern, sondern nur von so vielen, als zur Vertretung der Gesellschaft erforderlich sind, zu erfolgen (KGJ **30** A 137). Sind seit Einreichung der letzten Liste keine Veränderungen in den Personen der Gesellschafter[2]) oder des Umfangs ihrer Beteiligung eingetreten, so genügt die Einreichung einer dementsprechenden Erklärung. § 40 Ges. Die Liste oder Erklärung ist auch beim Register der Zweigniederlassung einzureichen. Die Einreichung kann nach § 14 HGB durch Ordnungsstrafen erzwungen werden. Die Liste oder Erklärung nimmt der Registerrichter[3]) zu den Akten, nachdem er geprüft hat, ob die Liste inhaltlich den im § 40 Ges. gegebenen Bestimmungen entspricht, wobei er den Nachweis der Richtigkeit des Inhalts nicht verlangen kann (OLG **21** 50). Eine Eintragung oder Veröffentlichung erfolgt nicht.

2. Für Gesellschaften, bei denen der Gegenstand des Unternehmens im Betriebe von Bankgeschäften[4]), mag nun der Betrieb von Bankgeschäften von vornherein als Gegenstand des Unternehmens bezeichnet sein, oder mögen sie tatsächlich solche Bankgeschäfte betreiben, ohne daß eine Spezialisierung des Gegenstandes des Unternehmens in dieser Hinsicht stattgefunden hat (RG **62** 97), besteht, ist die Bilanz, nicht etwa auch die Gewinn- und Verlustrechnung, innerhalb der im § 41 Abs. 2 u. 3 Ges. bestimmten Fristen in den im § 30 Abs. 2 Ges. bestimmten öffentlichen Blättern durch die Geschäftsführer, im Liquidationszustande durch die Liquidatoren (KGJ **45** 181), bekanntzumachen. Die Bekanntmachung — also nicht etwa die Bilanz — ist zum Handelsregister einzureichen. § 41 Abs. 4. Die Einreichung der Belegsblätter, in denen die Bekanntmachung erfolgt ist, kann vom Registergericht im Ordnungsstrafverfahren erzwungen werden. § 14 HGB. Sie hat auch zum Zweigregister zu erfolgen. Die Bekanntmachung der Bilanz muß in deutscher Sprache erfolgen (KGJ **22** A 285). Über die Verpflichtung des Registerrichters zur Prüfung der Bilanz[5]) gilt das oben § 87 Gesagte auch hier.

---

[1]) Die Geschäftsführer bzw. Liquidatoren sind zur Einreichung der Gesellschafterliste verpflichtet, auch wenn die Gesellschaft sich in Konkurs befindet und der Konkursverwalter den Geschäftsführern bzw. Liquidatoren gekündigt hat und diese die Kündigung angenommen haben (KGJ **48** 136).

[2]) Staub-Hachenburg Anm. 6 zu § 40 u. Brodmann Anm. 1 zu § 40 verstehen hierunter nicht bloß den Wechsel in den Personen der Gesellschafter, sondern auch Änderungen des Namens, Standes und Wohnortes der Gesellschafter.

[3]) Vgl. § 31b der EntlVfg vom 1. März 1928.

[4]) Über den Begriff der Bankgeschäfte vgl. KGJ **22** A 285 und Staub-Hachenburg Anm. 38 zu § 41.

[5]) Wegen Anfechtung der Bilanz vgl. RG **101** 161.

§ 105. Die Auflösung der Gesellschaft mit beschränkter Haftung.

1. Die Auflösung der Gesellschaft ist außer dem Falle des Konkursverfahrens durch die Geschäftsführer oder Liquidatoren — nicht notwendig durch sämtliche Geschäftsführer oder Liquidatoren — zur Eintragung in das Handelsregister der Haupt- und etwaiger Zweigniederlassungen anzumelden. §§ 65 Abs. 1, 78 Ges.[1]).

Die Anmeldung kann durch Ordnungsstrafen erzwungen werden. § 79 Ges. Das Ordnungsstrafverfahren kann sich aber nur gegen die gesetzlichen Vertreter, nicht gegen die Gesellschafter als solche richten; es hat zur Voraussetzung, daß die Gesellschaft bereits aufgelöst ist (KGJ **45** 178).

2. Die Gesellschaft wird außer durch die Eröffnung des Konkursverfahrens aufgelöst u. a. durch Ablauf der im Gesellschaftsvertrage bestimmten Zeit, durch Beschluß der Gesellschafter[2]), der in Ermanglung anderweiter Bestimmungen einer Mehrheit von drei Vierteilen der abgegebenen Stimmen, nicht aber der in § 53 Abs. 2 Ges. für die Änderung des Gesellschaftsvertrages vorgeschriebenen Form (KGJ **45** 178; OLG **27** 389; RG **101** 78; vgl. aber RG **65** 264), bedarf, und durch rechtskräftiges (KGJ **41** 144) gerichtliches Urteil oder durch Entscheidung des Verwaltungsgerichts oder der Verwaltungsbehörde in den Fällen der §§ 61, 62 Ges. (bei Unmöglichkeit der Erreichung des Gesellschaftszweckes, Gefährdung des Gemeinwohls usw.) § 60 Ges. Die Vereinigung sämtlicher Geschäftsanteile in einer Hand[3]) hat die Auflösung der Gesellschaft nicht zur Folge (RG **68** 177; **104** 42; KGJ **45** 178). Auch ist die Einleitung des Vergleichsverfahrens auf den Bestand der Gesellschaft ohne Einfluß. Dagegen kann unter Umständen bei Fehlen jeglichen Aktivvermögens und endgültiger Einstellung des Gewerbebetriebes die Gesellschaft auch ohne Auflösungsbeschluß als aufgelöst gelten. Das oben § 89 unter Ziff. 2 bezüglich der Aktiengesellschaft hierüber Gesagte gilt auch hier[4]).

3. Regelmäßig erfolgt gleichzeitig mit der Anmeldung der Auflösung, bei der auch der Auflösungsgrund mitzuteilen ist, die Anmeldung der ersten Liquidatoren, die durch die Geschäftsführer bewirkt wird; vgl. Näheres unter 4.

---

[1]) Über die Verpflichtung der Liquidatoren zur Bekanntmachung der Auflösung und der Aufforderung der Gläubiger, sich zu melden, vgl. § 65 Abs. 2 GmbHG. Der § 7 der VO vom 14. Februar 1924 (RGBl I 119), wonach das Gericht die Liquidatoren unter gewissen Voraussetzungen von dieser Pflicht befreien konnte, ist durch die VO vom 28. März 1927 (RGBl I 89) aufgehoben.

[2]) Ein von allen Gesellschaftern geschlossener, die Auflösung aussprechender Prozeßvergleich ist beim Fehlen entgegenstehender Bestimmungen des Gesellschaftsvertrages dem Gesellschafterbeschluß gleichzuachten (KGJ **51** 136).

[3]) Über die Zulässigkeit der Einmanngesellschaft vgl. u. a. auch RG **84** 17; **120** 287.

[4]) Vgl. hierzu auch Becker RdschGmbH **1928** 288, 349.

Die Urkunde, aus der sich die Auflösung ergibt, braucht der Anmeldung nicht beigefügt zu werden; es genügt die Anmeldung der Auflösung und der Grund der letzteren. Die Wahrheit dieser angemeldeten Tatsache hat der Registerrichter nicht zu prüfen.

4. In den Fällen der Auflösung außer dem Falle des Konkursverfahrens erfolgt die Liquidation durch die Geschäftsführer, wenn sie nicht durch den Gesellschaftsvertrag oder durch den Beschluß der Gesellschafter anderen Personen übertragen wird[1])[2]). Aus wichtigen Gründen[3]) kann aber die Bestellung von Liquidatoren durch das Registergericht erfolgen, wenn dies von Gesellschaftern[4]), deren Geschäftsanteile zusammen mindestens dem zehnten Teile des Stammkapitals entsprechen, beantragt wird. § 66 Abs. 1 u. 2 Ges. Das Gericht kann bei der Bestellung darüber bestimmen, ob der Ernannte Gesamt- oder Einzelvertretungsbefugnis haben soll (§ 68 Abs. 1 Ges.); in Ermanglung einer solchen Bestimmung gilt Gesamtvertretungsbefugnis. Die Abberufung von Liquidatoren, auch der gerichtlich bestellten (RJA **16** 72), kann durch das Registergericht unter derselben Voraussetzung wie die Bestellung stattfinden. Das Verfahren richtet sich in diesen Fällen nach § 146 FGG, vgl. § 148 Abs. 1 FGG. Das Gericht hat also vor der Entscheidung, wenn tunlich, die Geschäftsführer zu hören[5]).

In dringenden Fällen können übrigens, soweit die erforderlichen Liquidatoren fehlen, für die Zeit bis zur Hebung des Mangels auf Antrag jedes Beteiligten, z. B. eines Gesellschaftsgläubigers, die Liquidatoren vom Registergericht ohne Einschränkung bestellt werden; die §§ 29, 48 BGB finden auch auf Gesellschaften mit beschränkter Haftung Anwendung, wenn jede Möglichkeit ausgeschlossen ist, auf dem im GmbHG. gewiesenen Wege zum Ziel zu kommen (KGJ **23** A 105, 110; **34** A 169; **46** 166; vgl. auch RG **57** 93; **68** 180; **116** 118). Die Bestellung der Liquidatoren erfolgt nur für die Zeit bis zur Hebung des Mangels. Die Gesellschaft kann daher durch eine dem Gesetz und dem Gesellschaftsvertrag entsprechende Ernennung die einstweiligen Vertreter in Fortfall bringen (KGJ **23** A 105).

Die Eintragung der gerichtlichen Ernennung oder Abberufung von Liquidatoren geschieht von Amts wegen, also ohne Anmeldung. § 67 Abs. 3

[1]) Die Bestimmung des § 66 Abs. 1 ist zwingender Natur, es kann daher im Gesellschaftsvertrage nicht bestimmt werden, daß die Ernennung der Liquidatoren dem Aufsichtsrat zusteht (RJA **12** 224 [OLG Hamburg]).

[2]) Im Gegensatz zu der herrschenden Meinung nimmt u. a. das OLG Karlsruhe (JFG **3** 210) an, daß auch eine juristische Person, z. B. eine Treuhand-Aktiengesellschaft, fähig ist, Liquidator zu sein.

[3]) Wichtig sind die Gründe dann, wenn die Liquidation durch die zunächst Berufenen das Gesellschaftsinteresse gefährden würde. Staub-Hachenburg Anm. 6 zu § 66.

[4]) Nicht auf Antrag der Gläubiger (KGJ **46** 161).

[5]) Es ist nicht erforderlich, auch die anderen Gesellschafter, gegen deren Widerspruch der Antrag gestellt wird, zu hören (RJA **11** 30).

Ges. Das Registergericht des Hauptsitzes wird die Gerichte etwaiger Zweigniederlassungen um die Eintragung zu ersuchen haben.

5. Die ersten Liquidatoren sind durch die Geschäftsführer, jede Änderung in den Personen der Liquidatoren sowie eine Beendigung ihrer Vertretungsbefugnis ist durch die Liquidatoren zur Eintragung in das Handelsregister, und zwar auch bei den Gerichten etwaiger Zweigniederlassungen anzumelden. § 67 Abs. 1 Ges. Mit der Bestellung der Liquidatoren ist zur Eintragung in das Handelsregister auch anzumelden die bei ihrer Bestellung getroffene Bestimmung über die Form, in welcher die Liquidatoren ihre Willenserklärungen kundzugeben und für die Gesellschaft zu zeichnen haben. § 68 Abs. 2 Ges. Der Registerrichter hat zu beachten, daß in Ermangelung besonderer Bestimmungen die Liquidatoren nur gemeinsam Erklärungen abgeben und zeichnen können. § 68 Abs. 1 Satz 2 Ges.[1]).

Der Anmeldung, die im Wege des Ordnungsstrafverfahrens gemäß § 132 ff. FGG erzwungen werden kann, ist eine Abschrift[2])[3]) der Urkunden über die Bestellung der Liquidatoren oder über die Änderung in den Personen beizufügen; diese Vorschrift findet auf die Anmeldung zum Handelsregister einer Zweigniederlassung keine Anwendung. § 67 Abs. 2 Ges.

Sämtliche Liquidatoren — auch die gerichtlich bestellten — haben ihre Unterschrift — nicht die Firma — zur Aufbewahrung bei dem Gerichte zu zeichnen. § 67 Abs. 4 Ges.

6. Nach der vollständigen Verteilung des Gesellschaftsvermögens ist das Erlöschen der Firma zur Eintragung in das Handelsregister der Haupt- und einer jeden Zweigniederlassung durch die für die Vertretung der Gesellschaft bestimmte Zahl von Liquidatoren, jedoch erst nach Ablauf des Sperrjahres anzumelden. § 73 Ges. Die Anmeldung kann durch Ordnungsstrafen erzwungen werden. Die Beendigung der Liquidation als solche ist nicht anzumelden. Außer dem Erlöschen der Firma bedarf es auch nicht

[1]) Die Liquidatoren dürfen nicht statt der Umsetzung des Vermögens der Gesellschaft in Geld die Umsetzung in andere Vermögensstücke vornehmen und nicht durch Abschluß eines Gesellschaftsvertrages das Gesellschaftsvermögen in einen Anteil an einer neugegründeten Gesellschaft mit beschränkter Haftung umwandeln. Sie können nur dann die aufgelöste Gesellschaft bei der Gründung einer neuen beteiligen, wenn diese Beteiligung zur Beendigung von schwebenden Geschäften dient, oder wenn die Liquidatoren von allen Gesellschaftern der aufgelösten Gesellschaft zu der Beteiligung ordnungsmäßig ermächtigt sind. Daß die Befugnis der Liquidatoren zum Abschlusse des betreffenden Gesellschaftsvertrages in dieser Weise begründet ist, muß dem Registergerichte, bei dem die neue Gesellschaft zur Eintragung angemeldet wird, nachgewiesen werden. KGJ **21** A 256. Der Liquidator ist nicht befugt, die Liquidationsgeschäfte in ihrer Gesamtheit auf einen anderen zu übertragen. KGJ **37** A 164.

[2]) Beglaubigung der Abschrift ist nicht vorgeschrieben.

[3]) Im Falle des Todes eines Liquidators ist die Beibringung der Sterbeurkunde nicht unbedingt erforderlich. Genügen muß die einfache Anmeldung des Sterbefalles. Staub-Hachenburg Anm. 5 zu § 67.

noch der Anmeldung der Beendigung der Vertretungsbefugnis der Liquidatoren (KGJ **35** A 189). Eine Verpflichtung des Registergerichts, die Anmeldung der Liquidatoren auf ihre Richtigkeit, namentlich daraufhin zu prüfen, ob das Sperrjahr abgelaufen ist, besteht nicht; nur wenn ihm Bedenken aufstoßen, hat es die Anmeldung zu beanstanden (KGJ **28** A 51). Zugleich mit der Eintragung des Erlöschens der Firma sind alle Eintragungen rot zu unterstreichen. Endlich wird die Weglegung der Akten und ihre Vernichtung nach 30 Jahren verfügt.

Trotz der erfolgten Eintragung des Erlöschens der Firma[1]), die nur kundmachende Wirkung hat (KGJ **31** A 267; **41** 139; **45** 184; OLG **14** 369 [OLG Hamburg]), besteht die Gesellschaft im Liquidationszustande so lange fort, als noch ungeteiltes Gesellschaftsvermögen vorhanden ist (RG **109** 391). Stellt sich, was glaubhaft zu machen ist, also nachträglich noch das Vorhandensein von Gesellschaftsvermögen heraus, das zugunsten der noch unbefriedigten Gesellschaftsgläubiger verwertet werden kann und muß, besteht z. B. ein Regreßanspruch der Gesellschaft gegenüber den Liquidatoren aus ordnungswidriger, gegen § 73 Ges. verstoßender Verteilung von Gesellschaftsvermögen an die Gesellschafter und daneben ein Bereicherungsanspruch der Liquidationsgesellschaft gegen die Gesellschafter, die aus einer solchen Verteilung Vermögensvorteile erlangt haben (RG **109** 392; vgl. auch RG **92** 84), so ist die Liquidation fortzusetzen bzw. wiederzueröffnen. Zu diesem Zwecke treten die früheren Liquidatoren, sofern sie noch vorhanden und zur Fortführung der Liquidation bereit sind, ohne weiteres wieder in Tätigkeit, so daß es mangels einer entsprechenden Anwendung des § 302 Abs. 4 HGB einer Neubestellung regelmäßig nicht bedarf (KGJ **45** 184; RJA **15** 57; RG **109** 391). Nur unter Umständen ist gemäß § 66 GmbHG oder gemäß §§ 29, 48 GBB beim Vorliegen der Voraussetzungen dieser Gesetzesvorschriften ein neuer Liquidator zu bestellen (KGJ **23** A 105; **34** A 169; **45** 184; RJA **14** 59; **15** 57; JFG **4** 210 [OLG München]). Voraussetzung für jede weitere Eintragung im Handelsregister bezüglich des Fortbestehens der Gesellschaft ist, daß der zu Unrecht eingetragene Vermerk über das Erlöschen der Firma im Wege des amtlichen Löschungsverfahrens wieder beseitigt wird (OLG **46** 287). Außer dieser Löschung wird man noch die weitere Eintragung dahin für statthaft und nötig erachten müssen, daß die Liquidation der Gesellschaft, deren Firma gelöscht war, fortgesetzt wird[2]).

7. Nach Beendigung der Liquidation sind die Bücher und Schriften der Gesellschaft für die Dauer von zehn Jahren einem der Gesell-

---

[1]) Wird das Geschäft mit der Firma veräußert, so erlischt die Gesellschaft nicht ohne weiteres (RG **107** 31; a.M. RG **85** 397).

[2]) Wie die Eintragung zu lauten hat und ob sie nicht überhaupt überflüssig und unzulässig ist, ist bestritten. Vgl. RJA **16** 94; JRdsch **1925** 495; Staub-Hachenburg Anm. 18; Brodmann Anm. 3 zu § 74; Staub HGB Anm. 20 zu § 302 HGB.

schafter oder einem Dritten in Verwahrung zu geben. Der Gesellschafter oder der Dritte wird in Ermanglung einer Bestimmung des Gesellschaftsvertrages oder eines Beschlusses der Gesellschafter durch das Registergericht, gegebenenfalls durch den Rechtspfleger bestimmt. § 74 Abs. 1 Ges. Während die Gesellschafter und deren Rechtsnachfolger zur Einsicht der Bücher und Schriften ohne weiteres berechtigt sind, können die Gläubiger der Gesellschaft von dem Registergerichte zur Einsicht ermächtigt werden. § 74 Abs. 2 Ges.; vgl. auch oben § 90.

8. Die Auflösung der Gesellschaft durch die Eröffnung des Konkursverfahrens wird nicht angemeldet, sondern auf die Mitteilung des Konkursgerichts (§ 112 KO) von Amts wegen eingetragen. § 32 HGB.

Wird das Konkursverfahren nach Abschluß eines Zwangsvergleichs aufgehoben oder auf Antrag des Gemeinschuldners eingestellt, so können die Gesellschafter die Fortsetzung der Gesellschaft beschließen. § 60 Nr. 4 Ges. Während für die offene Handelsgesellschaft und Kommanditgesellschaft anerkannt wird, daß die Abwicklungsgesellschaft unter Abstandnahme von der Auflösung wieder in eine produktive Gesellschaft zurückverwandelt werden kann (RG **106** 63; JFG **1** 243 [BayObLG]; **2** 263), wurde im Gegensatz hierzu fast allgemein angenommen, daß außer dem Falle des § 60 Nr. 4 Ges. die Wiederherstellung der Gesellschaft mit beschränkter Haftung ebenso wie der Aktiengesellschaft nach einmal eingetretener Auflösung nicht mehr möglich ist (KGJ **41** 144; JFG **1** 243 [BayObLG]). Im Gegensatz zu der herrschenden Meinung[1]) hat das Kammergericht (JFG **2** 263) unter ausdrücklicher Aufgabe seiner Entscheidungen in KGJ **32** A 154 und **34** A 166 die Fortsetzung der durch Fristablauf aufgelösten Gesellschaft mit beschränkter Haftung für zulässig und mit dem Wesen dieser Gesellschaft für vereinbar erachtet, wenn die tatsächlich nicht liquidierende Gesellschaft ihre Auflösung beim Fristablauf nicht gewollt und nur die rechtzeitige Beschlußfassung über die Fortsetzung unterlassen hat. (Vgl. auch JFG **4** 206 [OLG Dresden]). In einem weiteren Beschluß hat sich das KG nunmehr auf den Standpunkt gestellt, daß die Rückverwandlung der liquidierenden Gesellschaft mit beschränkter Haftung in eine werbende Gesellschaft grundsätzlich möglich ist, und das Reichsgericht ist dieser Auffassung beigetreten. (RG **118** 337). Hiernach kann, wie mit Recht angenommen wird, eine aufgelöste Gesellschaft mit beschränkter Haftung, solange die Liquidation noch nicht beendet ist, durch einstimmigen Beschluß der Gesellschafter wieder in eine werbende Gesellschaft umgewandelt werden, vorausgesetzt, daß das Stammkapital noch unversehrt geblieben ist, oder, soweit es schon ausbezahlt ist, wieder hereingebracht wird. Vor Eintragung der Rückverwandlung in das Handels-

[1]) Gegen diese waren bereits Bedenken erhoben von Brodmann Anm. 2; Hachenburg Anm. 3 zu § 60; vgl. auch JW **1925** 802.

register ist dem Registerrichter der Nachweis zu erbringen, daß die Liquidationsmaßnahme rückgängig gemacht worden ist (RG aaO)[1]. Die Fortsetzung ist von den Geschäftsführern — nicht notwendig von sämtlichen Geschäftsführern, vgl. § 78 Ges. — zur Eintragung in das Handelsregister anzumelden. § 65 Abs. 1 Satz 2 Ges.

9. Wegen der Eintragung der Nichtigkeit einer Gesellschaft mit beschränkter Haftung in das Handelsregister vgl. oben § 23. Über die Nichtigkeit und Löschung wegen Unterlassung der Umstellung vgl. die VO. v. 21. Mai 1926 (RGBl I 248 und Berichtigung RGBl I 254).

§ 106. Die Umwandlung einer Aktiengesellschaft in eine Gesellschaft mit beschränkter Haftung[2])[3]).

1. Unter gewissen Voraussetzungen kann die Liquidation der Aktiengesellschaft (vgl. oben § 90) unterbleiben, wenn sie zum Zwecke der Umwandlung in eine Gesellschaft mit beschränkter Haftung aufgelöst wird.

2. Die neue Gesellschaft muß spätestens binnen einem Monate nach der Auflösung der Aktiengesellschaft von sämtlichen Geschäftsführern zur Eintragung in das Handelsregister angemeldet werden; die Anmeldung zum Handelsregister des Sitzes der Gesellschaft kann aber durch Ordnungsstrafen nicht erzwungen werden. §§ 78, 79, 80 Abs. 5 Ges.

3. Die Eintragung der neuen Gesellschaft darf aber nur erfolgen, wenn folgende Vorschriften, deren Befolgung der Registerrichter zu prüfen hat, beobachtet sind:

a) Das Stammkapital der neuen Gesellschaft darf nicht geringer sein als das Grundkapital der aufgelösten Gesellschaft und jedenfalls nicht weniger als 20000 RMark betragen. § 80 Abs. 2, § 5 Ges.

b) Den Aktionären muß durch öffentliche Bekanntmachung oder in sonst geeigneter Weise z. B. durch eingeschriebene Briefe Gelegenheit gegeben sein, mit dem auf ihre Aktien entfallenden Anteil an dem Vermögen der aufgelösten Gesellschaft sich bei der neuen Gesellschaft zu beteiligen. § 80 Abs. 3 Ges.

c) Die Aktien der sich beteiligenden Mitglieder müssen mindestens drei Vierteile des Grundkapitals der aufgelösten Gesellschaft darstellen. § 80 Abs. 3 Ges.

---

[1]) Zustimmend Brodmann ZBH **1928** 135; vgl. ferner Trojan DNotVZ **1928** 243; Lifschütz u. Scholz JW **1928** 1539, 1543.

[2]) KGJ **19** 10. Wegen eines besonderen Falles der Umwandlung vgl. § 44 der **II.** DurchfV zur GBV.

[3]) Die Umwandlung einer GmbH in eine AG ist gesetzlich nicht besonders geregelt. Sie kann nur in der Weise erfolgen, daß die GmbH als Mitgründerin ihr Vermögen in eine neue AG einbringt. Sie selbst tritt dann in Liquidation und verteilt die ihr gewährten Aktien oder sonstigen Vermögenswerte an ihre Gesellschafter. Vgl. auch Staub Anm. 3 zu § 303 HGB.

d) Der auf jede Aktie entfallende Anteil an dem Vermögen der aufgelösten Gesellschaft muß auf Grund einer Bilanz[1]) berechnet werden sein, die der Generalversammlung der Aktionäre zur Genehmigung vorgelegt ist; der Beschluß, durch den die Genehmigung erfolgt, muß eine Mehrheit von drei Vierteilen des in der Generalversammlung vertretenen Grundkapitals aufweisen. § 80 Abs. 4 Ges.[2]).

Die Beobachtung aller dieser Vorschriften muß dem Registerrichter nachgewiesen werden.

4. Der Registerrichter muß ferner, da es sich um Anmeldung einer neuen Gesellschaft mit beschränkter Haftung handelt, auch prüfen, ob sonst alle Voraussetzungen für die Eintragung der neuen Gesellschaft (vgl. oben § 99) vorliegen, ob also insbesondere sämtliche Geschäftsführer bei der Anmeldung mitgewirkt und ihre Unterschrift zur Aufbewahrung bei dem Gerichte gezeichnet haben, sowie ob die erforderlichen Urkunden und Schriftstücke (Gesellschaftsvertrag in gerichtlicher oder notarieller Form, Vollmachten von Vertretern der Gesellschaft, Legitimation der Geschäftsführer, Liste der Gesellschafter usw.) eingereicht sind.

5. Endlich muß der Registerrichter prüfen:

a) Ob die Aktiengesellschaft aufgelöst ist. Es muß ihm also der — nach § 293 HGB zum Handelsregister anzumeldende — Beschluß der Generalversammlung der Aktiengesellschaft vorgelegt werden. Dieser — gerichtlich oder notariell zu beurkundende — Beschluß muß mit einer Mehrheit von mindestens drei Vierteln des bei der Beschlußfassung vertretenen Grundkapitals zustande gekommen sein und die Auflösung der Aktiengesellschaft zum Zwecke der Umwandlung in eine Gesellschaft mit beschränkter Haftung zum Gegenstande haben; vgl. im übrigen wegen der Prüfungspflicht des Registerrichters oben § 100.

b) Ob zwischen dem Zeitpunkte der Auflösung der Aktiengesellschaft und der Anmeldung der neuen Gesellschaft eine Frist von nicht mehr als einem Monate liegt. § 80 Abs. 5 Ges. Die Frist von einem Monate beginnt regelmäßig mit dem Tag, an welchem der Auflösungsbeschluß gefaßt ist; nur wenn letzterer zugleich eine Statutenänderung enthält, läuft sie erst von dem Tag ab, an dem die Eintragung des Beschlusses in das Handelsregister erfolgt ist. § 277 Abs. 3 HGB.

---

[1]) Die Bilanz ist sowohl für die Abfindung der ausscheidenden Aktionäre als auch für die Bewertung der Anteile am Gesellschaftsvermögen maßgebend, die von den der neuen Gesellschaft beitretenden Aktionären in diese eingebracht werden. Im Falle einer Unterbilanz muß der Fehlbetrag an dem Grundkapital der AG bei der neuen Gesellschaft anderweitig (durch weitere Stammeinlagen, Zuzahlungen oder Sacheinlagen auf die eingebrachten Anteile der Aktionäre) gedeckt werden, so daß die Deckung durch Aktien zum Nennbetrag ausgeschlossen ist. (KGJ **37** A 156).

[2]) Der Beschluß muß nach § 259 Abs. 5 HGB zum Handelsregister angemeldet werden.

6. Daß zunächst die Auflösung der Aktiengesellschaft und sodann nach Eintragung der neuen Gesellschaft mit beschränkter Haftung auch das Erlöschen der Firma der Aktiengesellschaft[1]) vom Vorstande zur Eintragung in das Handelsregister anzumelden ist, folgt aus den oben § 89 bei den Aktiengesellschaften abgehandelten Vorschriften. Hervorzuheben ist nur noch, daß bei der Eintragung der Auflösung der Aktiengesellschaft anzugeben sein wird, daß die Auflösung zum Zwecke der Umwandlung in eine Gesellschaft mit beschränkter Haftung erfolgt ist. Der bei der Aktiengesellschaft in Sp. 8 einzutragende Vermerk wird z. B. lauten:

Die Gesellschaft ist zum Zwecke der Umwandlung in eine Gesellschaft mit beschränkter Haftung aufgelöst worden.

In Sp. 10 wird auf die Stelle des Registers, an der die neue Gesellschaft mit beschränkter Haftung eingetragen ist, zu verweisen sein, z. B.:

Vgl. Nr. 237 der Abt. B des Handelsregisters.

Bei Eintragung der neubegründeten Gesellschaft mit beschränkter Haftung wird in Sp. 10 auf die Stelle des Registers zu verweisen sein, an der die Aktiengesellschaft eingetragen ist.

E. Die juristischen Personen.

§ 107. Anmeldung, Eintragung und Veröffentlichung.

1. Juristische Personen müssen entweder mit Rücksicht auf den Gegenstand (§ 1 Abs. 2 HGB) oder auf die Art und den Umfang ihres Gewerbebetriebes (§ 2 HGB) in das Handelsregister der Haupt- und der Zweigniederlassung eingetragen werden. § 33 Abs. 1 HGB. Als solche kaufmännische[2]) juristische Personen kommen nur diejenigen auf Grund staatlichen Aktes mit Rechtsfähigkeit ausgestatteten Vereine in Betracht, die wirtschaftliche Zwecke verfolgen und kaufmännischen Charakter haben, also Gewinn erzielen wollen[3]). Ferner sind zu nennen die Gewerkschaften, die unter Umständen als kaufmännische juristische Personen eintragungspflichtig sind (vgl. unten S. 319 Anm. 4).

Eine bevorzugte Stellung nehmen die gewerblichen Unternehmungen von juristischen Personen des öffentlichen Rechts, also die des Reichs, eines deutschen Landes oder eines inländischen Kommunalverbandes

---

[1]) So jetzt auch Staub-Hachenburg Anm. 44 zu § 80.

[2]) Nicht als solche kaufmännische juristische Person gilt z. B. ein Verein mit juristischer Persönlichkeit, dessen satzungsmäßiger Zweck die Pflege des kirchlichen Sinnes und Lebens ist, selbst wenn er satzungsgemäß auch eine Herberge für Handwerker mit Erzielung von Überschüssen der Einnahmen über die Ausgaben unterhält, sofern die Herberge bestimmt und geeignet ist, den kirchlich-sittlichen Sinn und Wandel der Besucher zu fördern, ohne daß die Erzielung von Gewinn beabsichtigt wird. KGJ **28** A 34 (s. auch oben § 38 Nr. 3bb).

[3]) Vgl. Brand Recht und Handel **1926** 747ff.

ein[1])[2]). Diese brauchen nämlich, selbst wenn sie ein Handelsgewerbe betreiben, in das Handelsregister nicht eingetragen zu werden. Sie **können** aber eingetragen werden. Erfolgt die Anmeldung[3]), die durch sämtliche Vorstandsmitglieder in der durch § 12 Abs. 1 HGB vorgeschriebenen Form zu geschehen hat (RJA **11** 24; JFG **1** 184), so ist die Eintragung auf die Angabe der Firma sowie des Sitzes und des Gegenstandes des Unternehmens zu beschränken. § 36 HGB. Sind die Unternehmen aber eingetragen, so können sie nicht ohne weiteres jederzeit lediglich auf ihren Wunsch gelöscht werden (KGJ **20** D 18 [OLG Jena]; KGJ **28** A 213).

2. Die eintragungspflichtige[4]) juristische Person muß von sämtlichen Mitgliedern des Vorstandes zur Eintragung angemeldet werden. § 33 Abs. 1 HGB. Die Anmeldung hat zum Handelsregister der Hauptniederlassung, also desjenigen Gerichts zu erfolgen, in dessen Bezirk das Unternehmen seinen kaufmännischen (nicht etwa technischen oder sonstigen gewerblichen) Mittelpunkt hat, während der statutarische Sitz demgegenüber für die Zuständigkeit des Gerichts nicht von Bedeutung ist (KGJ **44** 122; OLG **27** 304 [OLG Dresden]). Die Anmeldung kann durch Ordnungsstrafen erzwungen werden. § 14 HGB. Die Mitglieder des Vorstandes haben bei Vermeidung von Ordnungsstrafen ihre Unterschrift zur Aufbewahrung bei dem Gerichte zu zeichnen. § 35 HGB.

Der Anmeldung sind nach § 33 Abs. 2 HGB beizufügen:

a) Die **Satzung**[5]) der juristischen Person in Urschrift oder in öffentlich beglaubigter Abschrift.

b) Die **Urkunden über die Bestellung des Vorstandes** ebenfalls in Urschrift oder in öffentlich beglaubigter Abschrift. Die Bestellung

[1]) Als solche sind zu nennen u. a. die Reichsdruckerei, der Reichsanzeiger, die Preußische Staatsbank (Seehandlung), die staatlichen Bäder, die staatlichen Porzellanfabriken, Bernsteinwerke, Brauereien (z. B. das bayerische Hofbräuhaus) und die zahllosen Gewerbetriebe der Städte, Kreise und Provinzen, z. B. Straßenbahnen, Dampfschiffsbetriebe, Theater, Gas-, Wasser- und Elektrizitätswerke, Schlachthöfe u. dgl.

[2]) Eine besondere Stellung unter den juristischen Personen des öffentlichen Rechts nehmen die Reichspost, die Reichsbank, die Reichsbahngesellschaft und die Deutsche Rentenbank ein, die sämtlich auf Grund besonderer gesetzlicher Bestimmungen nicht registerpflichtig sind. (Vgl. **Brand** a. a. O. S. 756.)

[3]) Wenn das gemäß § 36 HGB bevorrechtigte Unternehmen von seinem Anmeldungsrecht Gebrauch macht, so hat es nicht nur seine Hauptniederlassung, sondern auch etwaige Zweigniederlassungen zur Eintragung anzumelden (JFG **1** 184).

[4]) Nur die juristischen Personen, die als Vollkaufleute gelten, sind einzutragen. Insbesondere ist den Gewerkschaften der Kaufmannscharakter nicht schlechthin zuerkannt, sondern nur, wenn das Bergwerksunternehmen nach Art und Umfang einen in kaufmännischer Weise eingerichteten Geschäftsbetrieb erfordert (OLG **27** 304 [OLG Dresden]). Als kaufmännische juristische Personen kamen früher besonders häufig die Kolonialgesellschaften vor.

[5]) Ist eine Satzung nicht vorhanden, was z. B. bei juristischen Personen aus früherer Zeit, insbesondere bei Gewerkschaften oft der Fall ist, so müssen alle einzutragenden Tatsachen (s. Text unter 3) in der Anmeldung angegeben werden.

des Vorstandes, der aus mehreren Personen bestehen kann, erfolgt durch Beschluß der Mitgliederversammlung. §§ 26, 27 BGB.

Endlich wird der Anmeldung zum Nachweise der juristischen Persönlichkeit die staatliche Verleihungsurkunde usw. beizufügen sein.

Bei der Anmeldung zum Handelsregister einer Zweigniederlassung, die ebenfalls bei Vermeidung von Ordnungsstrafen von sämtlichen Vorstandsmitgliedern zu bewirken ist, bedarf es der Beifügung der Urkunde über die Bestellung des Vorstandes nicht; § 33 Abs. 2 Satz 2 HGB; es genügt vielmehr die Beifügung der Satzung in Urschrift oder in öffentlich beglaubigter Abschrift.

3. Bei der Eintragung der juristischen Person sind die Firma[1]) und der Sitz, der Gegenstand des Unternehmens und die Mitglieder des Vorstandes nach Vor- und Zunamen, Stand und Wohnort anzugeben, sowie zu bemerken, daß es sich um eine juristische Person handelt. Etwaige besondere Bestimmungen der Satzung über die Befugnis des Vorstandes zur Vertretung der juristischen Person sind gleichfalls einzutragen. § 33 Abs. 3 HGB.

4. Die Eintragungen werden ihrem ganzen Inhalte nach veröffentlicht. § 10 Abs. 1 HGB.

Beispiel:

Amtsgericht. Duisburg, den 30. März 1927.

Es erschien vor dem Unterzeichneten, von Person bekannt, der Ingenieur Ernst Hase zu Duisburg, Prinzenstr. 10.

Er überreichte:

1. eine Ausfertigung des vom Oberbergamt in Dortmund bestätigten, notariell errichteten Gewerkschaftsstatuts vom 31. Januar 1927;

2. eine Ausfertigung des notariellen Gewerkenversammlungsprotokolls vom gleichen Tage über seine Bestellung zum Repräsentanten der Gewerkschaft;

3. eine Unbedenklichkeitsbescheinigung des Finanzamts.

Er erklärte:

Unter der Firma „Gewerkschaft Charlotte" besteht mit dem Sitz in Duisburg eine Gewerkschaft, deren gewerbliches Unternehmen nach Art und Umfang einen in kaufmännischer Weise eingerichteten Geschäftsbetrieb erfordert.

Der Gegenstand des Unternehmens ergibt sich aus § 2 des Statuts. In der Gewerkenversammlung vom 31. Januar 1927 bin ich zum Repräsentanten der Gewerkschaft gewählt worden.

Ich beantrage die Eintragung der Gewerkschaft in das Handelsregister. Ich zeichne meine Unterschrift wie folgt:

Ernst Hase.

Das Gewerbekapital gebe ich auf .... RMark und den Gewerbeertrag auf .... RMark an.

v. g. u.

Ernst Hase.

Müller, Justizobersekretär
als Urkundsbeamter der Geschäftsstelle.

---

[1]) Die kaufmännische juristische Person hat nicht das Recht der freien Firmenwahl, vielmehr ist in der Regel ihr Name auch ihre Firma (KGJ **17** 5; RG JW **1905** 721; Staub Anm. 10 zu § 33; Brand Recht und Handel **1926** 753).

Darauf wird verfügt:
1. Einzutragen in das Handelsregister Abt. B Nr. der Firma: 1500.
Sp. 1. 1.
Sp. 2. Gewerkschaft Charlotte, Duisburg.
Sp. 3. Der Betrieb und die Ausbeutung des der Gewerkschaft gehörigen im Kreise Kochem gelegenen Eisenerzbergwerks Charlotte und der Handel mit Bergwerks- und Hüttenprodukten[1]).
Sp. 5. Ernst Hase, Ingenieur, Duisburg.
Sp. 7. Juristische Person (Gewerkschaft).
Das Statut ist am 31. Januar 1927 festgestellt.
Sp. 10. Das Statut befindet sich Bl. 3 der Registerakten.
2. Öffentliche Bekanntmachung.
3. Nachricht von der Eintragung:
a) dem Repräsentanten,
b) der Industrie- und Handelskammer durch die Liste,
c) dem Finanzamt.
Duisburg, 31. März 1927. Schm.

§ 108. Änderungen und Auflösung.

1. Alle bei juristischen Personen während ihres Bestehens eintretenden Veränderungen, z. B. Änderung der Firma, Verlegung des Sitzes, Änderung des Gegenstandes des Unternehmens, der Mitglieder des Vorstandes, ihrer Vertretungsbefugnis sowie Abänderungen der Satzung sind bei Vermeidung von Ordnungsstrafen durch den Vorstand — nicht notwendig durch alle Vorstandsmitglieder — zur Eintragung in das Handelsregister der Haupt- und einer jeden Zweigniederlassung anzumelden. § 34 Abs. 1 und 3 HGB.

Bei der Eintragung einer Änderung der Satzung genügt, soweit nicht die Änderung die Firma, den Sitz, den Gegenstand des Unternehmens, die Mitglieder des Vorstandes, ihre Vertretungsbefugnis und die Zeitdauer des Unternehmens betrifft, die Bezugnahme auf die bei dem Gericht eingereichten Urkunden über die Änderung. § 34 Abs. 2 HGB.

Die Eintragung gerichtlich bestellter Vorstandsmitglieder geschieht von Amts wegen. § 34 Abs. 4 HGB.

2. Die Auflösung der juristischen Person, falls sie nicht die Folge der Eröffnung des Konkurses ist, sowie die Personen der Liquidatoren nach Vor-, Zunamen, Stand und Wohnort, sowie die besonderen Bestimmungen über ihre Vertretungsbefugnis sind sowohl zum Register der Haupt- wie der Zweigniederlassung bei Vermeidung von Ordnungsstrafen durch den Vorstand — nicht notwendig durch alle Vorstandsmitglieder — oder, sofern die Eintragung erst nach der Anmeldung der ersten Liquidatoren geschehen soll, durch die Liquidatoren anzumelden. § 34 Abs. 1 und 3 HGB.

[1]) Der Geschäftsbetrieb der Gewerkschaft braucht nicht auf bergbauliche Unternehmungen gerichtet zu sein (RG in der Zeitschrift für Bergrecht Bd. **43** 87 ff.; RG a. a. O. **48** 156 ff.). In diesem Falle bedarf es aber der Feststellung eines gerichtlich oder notariell zu errichtenden und vom Oberbergamt zu bestätigenden Statuts (RG a. a. O.).

Die Liquidatoren — auch die gerichtlich bestellten — haben ihre Unterschrift zur Aufbewahrung bei dem Gerichte zu zeichnen. § 35 HGB. Die Eintragung gerichtlich bestellter Liquidatoren geschieht von Amts wegen. § 34 Abs. 4 GHB.

Auf die Anmeldung wird die Tatsache der Auflösung und der Grund eingetragen; ebenso sind die Liquidatoren und etwaige besondere Bestimmungen über ihre Vertretungsbefugnis im Register zu vermerken.

Nach Beendigung der Liquidation ist die Löschung der Firma gemäß § 31 Abs. 2 HGB anzumelden.

3. Die Eintragung der Eröffnung des Konkursverfahrens über das Vermögen einer juristischen Person erfolgt von Amts wegen. Das gleiche gilt von der Aufhebung des Eröffnungsbeschlusses sowie von der Einstellung und Aufhebung des Konkurses. Eine öffentliche Bekanntmachung dieser Eintragungen findet nicht statt. § 34 Abs. 5, 32 HGB.

F. Die Versicherungsvereine auf Gegenseitigkeit[1]).

§ 109. Anmeldung, Eintragung und Veröffentlichung.

I. Ein Verein, welcher die Versicherung seiner Mitglieder nach dem Grundsatze der Gegenseitigkeit betreibt[2]) und durch die von der Aufsichtsbehörde erteilte Erlaubnis zum Geschäftsbetriebe als „Versicherungsverein auf Gegenseitigkeit" die Rechtsfähigkeit erlangt hat (§ 15 Privat-Vers.-G)[3]) ist bei dem Gericht, in dessen Bezirk er seinen Sitz hat, von sämtlichen Mitgliedern des Vorstandes und des Aufsichtsrats zur Eintragung in das Handelsregister[4]) anzumelden. § 30 Abs. 1 PrVG.

Die Mitglieder des Vorstandes — nicht etwa auch die Mitglieder des Aufsichtsrats — haben ihre Namensunterschrift — nicht auch die Firma

---

[1]) Das Gesetz über die Privatversicherungsunternehmungen vom 12. Mai 1901 (RGBl 139) ist durch die Gesetze vom 24. Oktober 1917 (RGBl 973), vom 29. April 1920 (RGBl 1433), vom 30. Dezember 1921 (RGBl 1922 S. 42) und vom 19. Juli 1923 (RGBl 684) geändert.

[2]) Nach § 1 Abs. 2 PrVG muß ein Rechtsanspruch der Mitglieder auf Gewährung von Unterstützung bestehen. Dies ist dann der Fall, wenn der Anspruch erzwingbar ist, gleichviel, ob im Rechtswege oder auf Grund eines schiedsgerichtlichen Verfahrens (KGJ **32 A** 164). Keine Versicherungsunternehmungen im Sinne des Gesetzes sind bloße Unterstützungsvereine und Hypothekenschutzbanken (§ 1 Abs. 2 und 3).

[3]) Privatversicherungsvereine auf Gegenseitigkeit, die bestimmungsgemäß ein sachlich, örtlich oder in Ansehung des Kreises der Mitglieder eng begrenztes Wirkungsgebiet haben — die sog. „kleineren" Vereine — werden nicht in das Handelsregister eingetragen. Darüber, ob ein Verein als kleinerer Verein anzusehen ist, entscheidet die Aufsichtsbehörde. § 53 Abs. 4 Ges.; vgl. KGJ **28 A** 63.

[4]) Der Rechtsform der Genossenschaft sind die Versicherungsvereine auf Gegenseitigkeit nicht zugänglich (KGJ **32 A** 164).

des Vereins — zur Aufbewahrung bei dem Gerichte zu zeichnen. § 31 Abs. 2 PrVG.

Der Anmeldung sind nach § 31 Abs. 1 PrVG beizufügen:

1. Die Urkunde über die von der Aufsichtsbehörde erteilte Erlaubnis zum Geschäftsbetriebe.

2. Die Satzung; sie bedarf der gerichtlichen oder notariellen Beurkundung. § 17 Abs. 2 PrVG. Gerichtliche oder notarielle Beglaubigung der Unterschriften genügt also nicht.

Die Satzung muß enthalten:

a) Den Namen (die Firma), den Sitz und Zweck des Vereins. § 18 Abs. 1, 21 Abs. 2 PrVG. Über die Firma vgl. oben § 44.

b) Die Bildung eines Gründungsfonds, der zur Deckung der Kosten der Errichtung des Vereins sowie als Garantie- und Betriebsfonds zu dienen hat. § 22 Abs. 1 PrVG. Jedoch kann unter gewissen Voraussetzungen die Aufsichtsbehörde gestatten, von der Bildung eines Gründungsfonds Abstand zu nehmen. § 23 Ges.

c) Bestimmungen darüber, ob die Deckung der Ausgaben erfolgen soll:

α) durch einmalige oder wiederkehrende Beiträge im voraus, und zwar mit Vorbehalt von Nachschüssen oder unter Ausschluß von Nachschüssen mit oder ohne Vorbehalt der Kürzung der Versicherungsansprüche;

β) durch Beiträge, die nach Maßgabe des eingetretenen Bedarfs umgelegt werden. § 24 Abs. 1 PrVG.

d) Die Form, in der die Bekanntmachungen des Vereins zu erfolgen haben. § 28 Abs. 1 Ges., vgl. auch § 28 Abs. 2 Ges. i. d. F. des Ges. vom 19. Juli 1923.

e) Bestimmungen über die Bildung eines Vorstandes, eines Aufsichtsrats und eines obersten Organs (Versammlung von Mitgliedern oder von Vertretern der Mitglieder). § 29 Abs. 1 Ges.

Außer diesen zwingenden Vorschriften soll die Satzung noch eine Reihe von weiteren Bestimmungen enthalten, so über den Beginn der Mitgliedschaft (§ 20 Ges.), über die Bedingungen, unter denen der Gründungsfonds dem Vereine zur Verfügung steht (§ 22 Ges.), über die Voraussetzungen, unter denen die Ausschreibung von Nachschüssen oder Umlagen zu erfolgen hat (§ 27 Abs. 1 Ges.), und darüber, in welcher Weise die Nachschüsse oder Umlagen ausgeschrieben und eingezogen werden (§ 27 Abs. 2 Ges.).

3. Die Urkunden über die Bestellung des Vorstandes und des Aufsichtsrats. Der Vorstand kann aus einer oder mehreren Personen bestehen.

4. Die Urkunden über die Bildung des Gründungsfonds nebst einer Erklärung des Vorstandes und des Aufsichtsrats darüber, inwieweit der Gründungsfonds durch Barzahlung gedeckt und in ihrem Besitz ist.

Die der Anmeldung beigefügten Schriftstücke werden bei dem Gericht in Urschrift oder in beglaubigter Abschrift aufbewahrt. § 31 Abs. 3 Ges.

Das Gericht hat nur zu prüfen, ob den formellen Anforderungen für die Anmeldung entsprochen ist. Es kann nicht etwa die Satzung als nicht gesetzmäßig beanstanden. Die Prüfung der Satzung einschließlich der Gesetzmäßigkeit der Firma hat die Aufsichtsbehörde[1]) in einer den Registerrichter bindenden Weise vorzunehmen (KGJ **26** A 69).

II. Nach § 32 Abs. 1 PrVG sind bei der Eintragung des Vereins in das Handelsregister anzugeben: die Firma und der Sitz des Vereins, die Versicherungszweige, auf die sich der Betrieb erstrecken soll, die Höhe des Gründungsfonds, der Tag, an dem die Erlaubnis zum Geschäftsbetrieb erteilt ist und die Mitglieder des Vorstandes. § 32 Ges. Der Verein wird unter entsprechender Anwendung der Vorschriften des § 32 der AV vom 7. November 1899 in die Abteilung B des Handelsregisters eingetragen. AV vom 20. Juni 1902 (JMBl 133). Enthält die Satzung besondere Bestimmungen über die Dauer des Vereins oder über die Befugnis der Mitglieder des Vorstandes oder der Liquidatoren zur Vertretung des Vereins, so sind auch diese Bestimmungen einzutragen. § 32 Abs. 2 Ges. Zu beachten ist, daß es in Ermangelung anderweiter Bestimmungen der Mitwirkung sämtlicher Vorstandsmitglieder zur Vertretung des Vereins bedarf. § 34 Ges., § 232 HGB.

III. In die Veröffentlichung, durch welche die Eintragung bekannt gemacht wird, sind nach § 33 Ges. außer dem Inhalte der Eintragung — also Firma, Sitz, Versicherungszweige, Höhe des Gründungsfonds, Tag der Erteilung der Erlaubnis zum Geschäftsbetriebe, Mitglieder des Vorstandes, sowie etwaige Bestimmungen der Satzung über die Dauer des Vereins und die Vertretungsbefugnis der Vorstandsmitglieder — aufzunehmen:

a) eine Angabe darüber, ob die Deckung der Ausgaben durch Beiträge im voraus oder im Umlageverfahren erfolgen soll, und im ersteren Fall, ob mit Ausschluß oder mit Vorbehalt von Nachschüssen, ob die Beitragspflicht beschränkt ist oder nicht, und ob eine Kürzung der Versicherungsansprüche vorbehalten ist;

b) die Bestimmungen über die Form, in der die Bekanntmachungen des Vereins zu erfolgen haben;

c) die Art der Bestellung und Zusammensetzung der Vereinsorgane;

d) Name, Stand und Wohnort der Mitglieder des ersten Aufsichtsrats;

e) die Form, in der die Berufung des obersten Organs erfolgt.

---

[1]) Als Aufsichtsbehörde, soweit sie als Landesbehörde in Tätigkeit tritt, gilt in Preußen der Regierungspräsident, in Berlin der Polizeipräsident, VO v. 30. Juni 1901 (GS 141).

Beispiel:

Amtsgericht. Berlin, den 9. Januar 1928.

Es erschienen vor dem Unterzeichneten:

1. der Direktor Robert Ortleb in Berlin, Ritterstr. 13;
2. der Kaufmann Oskar Garlieb in Berlin, Chausseestr. 83;
3. der Landwirt Karl Jürgens in Steglitz, Fichtestr. 5;
4. der Ziegeleibesitzer Johannes Korting in Werder a. H.;
5. der Rentner Wilhelm Marwitz in Schöneberg, Kolonnenstr. 27;
6. der Gutsbesitzer Karl Hahn in Teltow;
7. der Landwirt Christian Neubauer in Dahlwitz.

Die Persönlichkeit der Erschienenen wurde durch Vorlegung von Steuerquittungen festgestellt.

Sie überreichten:

1. eine Ausfertigung der notariell errichteten Satzung vom 13. September 1927;
2. Genehmigungsurkunde der Aufsichtsbehörde vom 22. November 1927;
3. Ausfertigung des notariellen Beschlusses der Mitgliederversammlung vom 10. Oktober 1927 über Bestellung des Vorstandes und des Aufsichtsrates;
4. Ausfertigung des notariellen Beschlusses der Mitgliederversammlung vom 12. Oktober 1927 über die Bestellung des Gründungsfonds;
5. Erklärung des Vorstandes und des Aufsichtsrates vom 15. Dezember 1927 darüber, daß der Gründungsfonds durch Barzahlung vollständig gedeckt und in ihrem Besitz ist.

Sie erklärten:

Durch die notariell errichtete Satzung vom 13. September 1927 ist die „Berliner Viehversicherungsgesellschaft auf Gegenseitigkeit in Berlin" gegründet worden. Der Gegenstand des Unternehmens besteht in der Versicherung der Mitglieder gegen Verluste in ihren Viehbeständen. Wir, die Erschienenen zu 1. und 2., sind Vorstandsmitglieder und wir, die Erschienenen zu 3. bis 7., bilden den ersten Aufsichtsrat. Wir melden die Gesellschaft zur Eintragung in das Handelsregister an.

Wir, die Erschienenen zu 1. und 2., zeichnen unsere Namensunterschrift wie folgt:

Robert Ortleb. Oskar Garlieb.

v. g. u.

Robert Ortleb. Oskar Garlieb. Karl Jürgens. Johannes Korting.
Wilhelm Marwitz. Karl Hahn. Christian Neubauer.
Lehmann, Justizobersekretär
als Urkundsbeamter der Geschäftsstelle.

Darauf wird verfügt:

1. Einzutragen in das Handelsregister Abt. B: Nr. der Firma: 5783.

Sp. 1. 1.

Sp. 2. Berliner Viehversicherungsgesellschaft auf Gegenseitigkeit in Berlin, Berlin.

Sp. 3. Versicherung der Mitglieder gegen Verluste in ihren Viehbeständen.

Sp. 5. Robert Ortleb, Direktor, Berlin. Oskar Garlieb, Kaufmann, Berlin.

Sp. 7. Privatversicherungsverein auf Gegenseitigkeit.

Der Gründungsfonds beträgt 100000 RMark. Die Erlaubnis zum Geschäftsbetrieb ist am 22. November 1927 erteilt. Jedem Mitgliede des

Vorstandes steht nach der Satzung die selbständige Vertretung der Gesellschaft zu.

2. Öffentliche Bekanntmachung.

3. Nachricht von der Eintragung den beiden Vorstandsmitgliedern.

Berlin, 9. Januar 1928. Br.

§ 110. Veränderungen.

1. Jede Änderung des Vorstandes oder der Vertretungsbefugnis eines Vorstandsmitgliedes ist durch den Vorstand zur Eintragung in das Handelsregister anzumelden. Es gilt in dieser Beziehung alles, was oben in § 82 vom Vorstande der Aktiengesellschaften gesagt ist. § 34 Ges.

2. Auch vom Aufsichtsrat gilt das oben in § 83 bei den Aktiengesellschaften Gesagte. § 35 Ges. Es ist also jede Änderung in den Personen der Mitglieder des Aufsichtsrats vom Vorstand unverzüglich bekannt zu machen und der Vorstand hat die Bekanntmachung zum Handelsregister einzureichen.

3. Die Änderung der Satzung ist von sämtlichen Mitgliedern des Vorstandes und des Aufsichtsrats[1]) zur Eintragung in das Handelsregister anzumelden. § 40 Abs. 1 Ges. (KGJ **50** 113). Da die Satzung nach § 39 Abs. 1 Ges. nur durch Beschluß des obersten Organs geändert werden kann[2]), so muß der Anmeldung der Beschluß des obersten Organs, durch den die Änderung herbeigeführt ist, beigefügt werden. § 36 Ges. Der Beschluß des obersten Organs bedarf, wenn durch ihn ein Versicherungszweig aufgegeben oder ein neuer eingeführt werden soll, einer Mehrheit von drei Vierteilen der abgegebenen Stimmen; die Satzung kann noch andere Erfordernisse aufstellen. Zu sonstigen Änderungsbeschlüssen bedarf es einer solchen Mehrheit nur dann, wenn die Satzung nicht andere Erfordernisse aufstellt. § 39 Abs. 4 Ges.

Der Anmeldung ist die Genehmigungsurkunde der Aufsichtsbehörde beizufügen. § 40 Abs. 1 Ges. Da die Aufsichtsbehörde über die Erfüllung der Anforderungen des Gesetzes bezüglich der Satzungsänderungen zu wachen hat, so hat der Registerrichter die Anmeldung nur in formeller Hinsicht zu prüfen, während er die Satzungsänderung als solche auf ihre Gesetzmäßigkeit nicht zu prüfen hat (KGJ **26** A 69).

Bei der Eintragung der Satzungsänderung genügt, soweit nicht die Änderung die im § 32 Ges. bezeichneten Angaben betrifft, die Bezugnahme auf die bei dem Gericht eingereichten Urkunden über die Änderung. Die Eintragung hat konstitutive Wirkung, da die Änderung erst mit der Eintragung rechtswirksam wird. § 40 Abs. 2 u. 3 Ges.

---

[1]) Koenige-Petersen (Anm. 1 zu § 40) sind der Ansicht, daß die Anmeldung ohne Mitwirkung des Aufsichtsrats durch den Vorstand, nicht durch alle Vorstandsmitglieder zu erfolgen habe.

[2]) Die Vornahme von Änderungen, die nur die Fassung betreffen, kann durch Beschluß des obersten Organs dem Aufsichtsrat übertragen werden. § 39 Abs. 2 Ges.

Die öffentliche Bekanntmachung der Satzungsänderung findet in betreff aller Bestimmungen statt, auf die sich die in § 33 Ges. (s. oben § 109) vorgeschriebenen Veröffentlichungen beziehen. § 40 Abs. 2 Ges.

§ 111. Tätigkeit des Registergerichts in besonderen Fällen.

1. Wie bei der Aktiengesellschaft hat auch hier der Vorstand die Bekanntmachung der Bilanz sowie der Gewinn- und Verlustrechnung und den den Vermögensstand und die Verhältnisse des Vereins entwickelnden Bericht nebst den Bemerkungen des Aufsichtsrats zum Handelsregister einzureichen. Zum Handelsregister einer Zweigniederlassung findet die Einreichung nicht statt. § 36 Abs. 1 PrVG, § 265 Abs. 2 HGB. Vgl. im übrigen oben § 87.

2. Der Bericht über das Ergebnis der Prüfung der Revisoren, die zur Prüfung der Bilanz oder der Geschäftsführung von dem obersten Organe bestellt sind, ist von den Revisoren unverzüglich dem Handelsregister einzureichen. Zum Handelsregister einer Zweigniederlassung findet die Einreichung des Berichtes nicht statt. § 36 Abs. 1 PrVG und § 267 Abs. 2 HGB.

3. Bezüglich der von der Minderheit bezeichneten Personen, die durch das Registergericht zur Führung gewisser Rechtsstreitigkeiten als Vertreter zu bestellen sind, gilt das oben § 88 Gesagte auch hier. § 36 Abs. 1 PrVG und § 268 Abs. 2 HGB.

§ 112. Die Auflösung.

1. Die Auflösung des Vereins ist außer dem Falle des Konkurses durch den Vorstand zur Eintragung in das Handelsregister anzumelden. § 45 Ges. Der Versicherungsverein wird außer durch Konkurseröffnung aufgelöst durch den Ablauf der in der Satzung bestimmten Zeit (§ 42 Ges.) und durch Beschluß des obersten Organs (§ 43 Abs. 1 Ges.). Letzterer Beschluß bedarf einer Mehrheit von drei Vierteilen der abgegebenen Stimmen, sofern nicht die Satzung andere Erfordernisse aufstellt. Der Beschluß bedarf außerdem der Genehmigung der Aufsichtsbehörde. Letztere hat dem Registergerichte von der Genehmigung Mitteilung zu machen. § 43 Abs. 2 u. 3 Ges.

Regelmäßig erfolgt gleichzeitig mit der Anmeldung der Auflösung auch die Anmeldung der ersten Liquidatoren, die ebenfalls durch den Vorstand bewirkt wird; vgl. unter 2[1]).

[1]) Wird das Vermögen eines Versicherungsvereins auf Gegenseitigkeit mit der Vereinbarung, daß die Liquidation unterbleibt, von einer Anstalt eines inländischen Kommunalverbandes übernommen, so findet Gesamtrechtsnachfolge statt (KGJ **47** 117). Vgl. im übrigen über die Auflösung durch Fusion die §§ 44, 14 Ges. i. d. F. vom 19. Juli 1923 (RGBl I 684).

2. Die ersten Liquidatoren — die regelmäßig mit den Mitgliedern des Vorstandes identisch sind, sofern nicht durch den Gesellschaftsvertrag oder durch Beschluß der Generalversammlung andere Personen dazu bestimmt werden (§ 47 Abs. 1 Ges. u. § 295 Abs. 1 HGB) — sind durch den Vorstand, jede Änderung in den Personen der Liquidatoren ist durch die Liquidatoren zur Eintragung in das Handelsregister anzumelden. Ist bei der Bestellung der Liquidatoren eine Bestimmung über ihre Vertretungsbefugnis getroffen, so ist auch diese Bestimmung zur Eintragung anzumelden. Der Anmeldung ist eine öffentlich beglaubigte Abschrift der Urkunden über die Bestellung oder Änderung beizufügen; diese Vorschrift findet auf die Anmeldung zum Handelsregister einer Zweigniederlassung keine Anwendung.

Die Liquidatoren haben die Firma nebst ihrer Namensunterschrift zur Aufbewahrung bei dem Gerichte zu zeichnen. § 47 Abs. 1 Ges. und § 296 HGB.

3. Ist die Liquidation beendigt und die Schlußrechnung gelegt, so haben die Liquidatoren das Erlöschen der Firma zur Eintragung in das Handelsregister anzumelden. § 47 Abs. 1 Ges. u. § 302 Abs. 1 HGB.

4. Auf Antrag des Aufsichtsrats oder einer in der Satzung zu bestimmenden Minderheit von Mitgliedern kann aus wichtigen Gründen die Ernennung von Liquidatoren durch das Gericht erfolgen, in dessen Bezirke der Verein seinen Sitz hat. Die Abberufung von Liquidatoren kann durch das Gericht unter denselben Voraussetzungen wie die Bestellung stattfinden. Die Vorschriften der §§ 145, 146 FGG finden entsprechende Anwendung. Das Registergericht hat also vor der Entscheidung, wenn tunlich, den Vorstand zu hören. § 47 Abs. 1 Ges.

5. Die Bücher und Papiere des Vereins sind nach beendeter Liquidation an einem vom Registergerichte zu bestimmenden sicheren Orte zur Aufbewahrung auf die Dauer von zehn Jahren zu hinterlegen. Die Mitglieder und die Gläubiger können vom Gerichte zur Einsicht der Bücher und Papiere ermächtigt werden. § 47 Abs. 1 Ges. und § 302 Abs. 2 und 3 HGB.

6. Stellt sich nachträglich noch weiteres der Verteilung unterliegendes Vermögen heraus, so hat auf Antrag eines Beteiligten das Registergericht die bisherigen Liquidatoren erneut zu bestellen oder andere Liquidatoren zu berufen. § 47 Abs. 1 Ges. und § 302 Abs. 4 HGB.

7. Die Auflösung des Vereins durch die Eröffnung des Konkursverfahrens wird nicht angemeldet, sondern auf die Mitteilung der Geschäftsstelle des Konkursgerichts (§ 112 KO) von Amts wegen eingetragen.

Das oberste Organ kann die Fortsetzung des Vereins beschließen, wenn der Konkurs nach Abschluß eines Zwangsvergleichs aufgehoben war oder auf Antrag des Gemeinschuldners eingestellt ist. Die Fortsetzung des Vereins ist von dem Vorstande zur Eintragung in das Handelsregister anzumelden. § 49 Ges. und § 307 Abs. 2 u. 3 HGB.

8. Die Untersagung des Geschäftsbetriebes durch die Aufsichtsbehörde (§ 67 Abs. 1 u. 2 Ges.) hat die Wirkung eines Auflösungsbeschlusses. Die Eintragung der Untersagung in das Handelsregister erfolgt auf Anzeige der Aufsichtsbehörde. § 67 Abs. 3 Ges.

Zweiter Abschnitt.

Das Genossenschaftsregister.

§ 113. Die Einrichtung des Genossenschaftsregisters[1]) und der Liste der Genossen.

1. Das Genossenschaftsregister ist nicht etwa ein Teil des Handelsregisters, sondern wird bei dem zur Führung des Handelsregisters zuständigen Gericht als selbständiges Register geführt. § 10 Abs. 2 GenG[2]).

Es wird in Preußen nach dem der AV vom 8. November 1899 (JMBl 344)[3]) beigefügten Formulare geführt. Jede Genossenschaft ist auf einem besondern Blatte des Registers einzutragen; die für spätere Eintragungen noch erforderlichen Blätter sind freizulassen. § 12 Abs. 2 VO [4]). Das Register trägt als Überschrift rechts oben die Nummer der Genossenschaft. Es zerfällt in neun Spalten. Es enthalten:

Spalte 1. Die Nummer der Eintragung.

Spalte 2. Die Firma (einschließlich der voll ausgeschriebenen zusätzlichen Bezeichnung über die Art der Haftung), den Sitz der Genossenschaft und die sich darauf beziehenden Änderungen. Hier finden auch die Vermerke über Zweigniederlassungen und über das Vorhandensein einer Hauptniederlassung ihren Platz.

Spalte 3. Den Gegenstand des Unternehmens und die darauf sich beziehenden Änderungen.

Spalte 4, die nur bei Genossenschaften mit beschränkter Haftpflicht ausgefüllt werden kann, die Höhe der Haftsumme und im Falle des § 134 GenG die höchste Zahl der Geschäftsanteile, auf die ein Ge-

---

[1]) Vgl. über die diesem Register mit den übrigen Registern gemeinsamen Einrichtungen oben den allgemeinen Teil.

[2]) Das Reichsgesetz, betreffend die Erwerbs- und Wirtschaftsgenossenschaften vom 1. Mai 1889 (RGBl 55) i. d. F. der Bek. vom 20. Mai 1898 (RGBl 810), abg. durch die Gesetze vom 1. Juli 1922 (RGBl I 567), 12. Mai 1923 (RGBl I 288), die VO vom 27. Dezember 1923 (RGBl I 1252) und die Gesetze vom 4. Februar 1925 (RGBl I 9) und 19. Januar 1926 (RGBl I 91).

[3]) Der Art. 4 dieser AV ist einstweilen außer Kraft gesetzt durch die AV vom 11. Dezember 1923 (JMBl 753).

[4]) Verordnung über das Genossenschaftsregister vom 22. November 1923 (RGBl I 1123).

nosse sich beteiligen kann; auch eine Erhöhung oder Herabsetzung ist hier einzutragen.

Spalte 5. Die Mitglieder des Vorstandes und deren Stellvertreter unter Angabe des Familiennamens, Vornamens, Berufs und Wohnorts. Dort sind in gleicher Weise die Liquidatoren unter der Bezeichnung als solche einzutragen.

Spalte 6. a) Das Datum des Statuts.

b) Die Form, in der die von der Genossenschaft ausgehenden Bekanntmachungen erfolgen, sowie die öffentlichen Blätter, in die sie aufzunehmen sind.

c) Die Zeitdauer der Genossenschaft, falls sie auf eine bestimmte Zeit beschränkt ist.

d) Das Geschäftsjahr, falls es, abgesehen von dem ersten, auf ein mit dem Kalenderjahre nicht zusammenfallendes Jahr oder auf eine kürzere Dauer als auf ein Jahr bemessen ist.

e) Die etwaige Bestimmung des Statuts über die Form, in der der Vorstand seine Willenserklärung kundgibt und für die Genossenschaft zeichnet, sowie die bei der Bestellung von Liquidatoren getroffene Bestimmung über die Form der Willenserklärung und die Zeichnung, desgleichen etwaige Änderungen dieser Bestimmungen.

f) Jede Änderung in den Personen des Vorstandes oder der Liquidatoren, sowie die Beendigung der Vertretungsbefugnis des Vorstandes oder der Liquidatoren.

In Spalte 6 gehört ferner jede Änderung des Statuts, soweit sie nicht die in den Spalten 2 bis 4 eingetragenen Angaben betrifft.

Jeder Eintragung in Sp. 6 ist derjenige kleine lateinische Buchstabe voranzustellen, mit dem vorstehend sowie in der Überschrift der Spalte der Gegenstand bezeichnet ist, auf den die Änderung sich bezieht.

Spalte 7. Die Auflösung; die Eröffnung, Einstellung und Aufhebung des Konkursverfahrens sowie die Aufhebung des Eröffnungsbeschlusses; die Fortsetzung und die Nichtigkeit der Genossenschaft.

Spalte 8. Die Verweisung auf die Registerakten, Angabe des Tages der Eintragung und Unterschrift des Registerführers.

Spalte 9. Etwaige Verweisung auf spätere Eintragungen. Diesen Verweisungen ist, wenn in keiner andern Spalte gleichzeitig eine Eintragung erfolgt, das Datum und die Unterschrift des Registerführers beizufügen.

Art. 3 AV vom 8. November 1899 (JMBl 334).

2. Eine besondere Beilage zum Genossenschaftsregister bildet die Liste der Genossen. Sie wird für jede in das Register eingetragene Genossenschaft nach dem der Verordnung vom 22. November 1923 (RGBl I 1123) beigefügten Formulare geführt. § 27 Abs. 1 VO.

Auf dem Titelblatte der Liste sind die Firma und der Sitz der Genossenschaft, sowie Beginn und Ende des Geschäftsjahrs anzugeben. § 27 Abs. 2 VO. Die Liste selbst zerfällt in 10 Spalten. Es enthalten:

Spalte 1. Die laufende Nummer der Eintragung.
Spalte 2. Den Tag der Eintragung der Genossen.
Spalte 3. Namen und Beruf der Genossen.
Spalte 4. Wohnort der Genossen.
Spalte 5. Tag der Eintragung weiterer Geschäftsanteile.
Spalte 6. Zahl der weiteren Geschäftsanteile.
Spalte 7. Tag der Eintragung des Ausscheidens.
Spalte 8. Grund des Ausscheidens.
Spalte 9. Tag des Ausscheidens.
Spalte 10. Bemerkungen.

Bei jeder Eintragung in die Liste ist der Tag der Eintragung anzugeben; eine Unterzeichnung der Eintragung ist nicht erforderlich. § 27 Abs. 3 VO.

§ 114. Begriff der Genossenschaften.

I. Unter Genossenschaften, die in das Genossenschaftsregister eingetragen werden können, versteht man Gesellschaften von nichtgeschlossener Mitgliederzahl, die die Förderung des Erwerbes oder der Wirtschaft ihrer Mitglieder mittels gemeinschaftlichen Geschäftsbetriebes bezwecken. § 1 GenG.

II. Die Besonderheiten der Genossenschaften sind hiernach: der stets mögliche Wechsel in dem Bestande der Mitglieder, der auf Förderung des Erwerbes oder der Wirtschaft der Mitglieder gerichtete Zweck und der gemeinschaftliche Geschäftsbetrieb[1]).

III. Hierher gehören nach § 1 GenG namentlich[2]):

1. Vorschuß- und Kreditvereine, die regelmäßig durch Kreditgewährung oder Kreditvermittlung ihren Mitgliedern die zu ihrem Gewerbebetrieb erforderlichen Gelder verschaffen.

2. Rohstoffvereine, die die im Gewerbe oder in der Landwirtschaft nötigen Rohstoffe im großen und demgemäß billiger für ihre Mitglieder einkaufen.

3. Vereine zum gemeinschaftlichen Verkaufe landwirtschaftlicher oder gewerblicher Erzeugnisse (Absatzgenossenschaften, Magazinvereine). Die Absatzgenossenschaften vermitteln den direkten Ver-

[1]) Es genügt nicht, wenn durch den Geschäftsbetrieb, der an sich mit dem Erwerb und der Wirtschaft der Mitglieder nichts zu tun hat, ein selbständiger Vermögenserwerb erstrebt wird; es ist vielmehr erforderlich, daß unmittelbar durch den gemeinschaftlichen Geschäftsbetrieb als solchen die Förderung des Erwerbs oder der Wirtschaft ihrer Mitglieder bezweckt wird (KGJ **18** 27; **37** A 168).

[2]) Das Gesetz zählt nur Beispiele auf. Auf dem Gebiete des Wasserrechts ist die Bildung von Genossenschaften im Sinne der eingetragenen Genossenschaften möglich (KGJ **46** 166).

kauf der Produkte ihrer Mitglieder an das Publikum, während die Magazinvereine die Erzeugnisse ihrer Mitglieder in gemeinsamen Verkaufsräumen zum Verkaufe stellen.

4. Vereine zur Herstellung von Gegenständen und zum Verkaufe dieser auf gemeinschaftliche Rechnung (Produktivgenossenschaften). Hierher gehören z. B. Molkereigenossenschaften, Mühlengenossenschaften, Winzervereine u. dgl.

5. Vereine zum gemeinschaftlichen Einkaufe von Lebens- oder Wirtschaftsbedürfnissen im großen und Ablaß im kleinen (Konsumvereine).

6. Vereine zur Beschaffung von Gegenständen des landwirtschaftlichen oder gewerblichen Betriebes und zur Benutzung — also nur zum Gebrauche, nicht zum Verbrauche — dieser Gegenstände auf gemeinschaftliche Rechnung.

7. Vereine zur Herstellung von Wohnungen.

IV. Es gibt nach der Verschiedenheit der Art, wie, und des Umfanges, in welchem die Genossen für die Verbindlichkeiten der Genossenschaft haften, drei verschiedene Arten von Genossenschaften. Sie können nach § 2 GenG errichtet werden:

1. dergestalt, daß die einzelnen Mitglieder (Genossen) für die Verbindlichkeiten der Genossenschaft dieser sowie unmittelbar den Gläubigern mit ihrem ganzen Vermögen haften (eingetragene Genossenschaft mit unbeschränkter Haftpflicht);

2. dergestalt, daß die Genossen zwar mit ihrem ganzen Vermögen, aber nicht unmittelbar den Gläubigern der Genossenschaft verhaftet, vielmehr nur verpflichtet sind, der letzteren die zur Befriedigung der Gläubiger erforderlichen Nachschüsse zu leisten (eingetragene Genossenschaft mit unbeschränkter Nachschußpflicht);

3. dergestalt, daß die Haftpflicht der Genossen für die Verbindlichkeiten der Genossenschaft sowohl dieser wie unmittelbar den Gläubigern gegenüber im voraus auf eine bestimmte Summe beschränkt ist (eingetragene Genossenschaft mit beschränkter Haftpflicht).

§ 115. Die Anmeldung der Genossenschaft.

I. Die Anmeldung der Genossenschaft zur Eintragung in das Genossenschaftsregister ist von sämtlichen Mitgliedern des Vorstandes[1]) persönlich zu bewirken oder in beglaubigter Form einzureichen. §§ 11,

[1]) Es müssen alle diejenigen Mitglieder mitwirken, die nach den für die Genossenschaft maßgebenden Bestimmungen (Gesetz und Statut) den Vorstand in seiner vollständigen Besetzung bilden. Ist also eine Stelle infolge Ausscheidens oder Tod augenblicklich nicht besetzt, so kann die Anmeldung erst nach ihrer Wiederbesetzung erfolgen (KGJ **35** A 364 [OLG Jena]; KG Recht **1915** Nr. 654 und DNotVZ **1920** 65).

157 Abs. 1 GenG; § 6 VO. Die Anmeldung durch einen Bevollmächtigten ist ausgeschlossen. § 6 Abs. 3 VO. Bei der Einreichung der Anmeldung in beglaubigter Form genügt die Beglaubigung der Unterschriften; die Beglaubigung kann außer durch die Amtsgerichte, Notare und die sonst zuständigen Behörden und Beamten auch durch den Gemeindevorsteher oder die Polizeibehörde erfolgen. § 8 Abs. 1 VO.

Sämtliche Mitglieder des Vorstandes haben bei der Anmeldung ihre Unterschrift — nicht etwa die Firma der Genossenschaft — vor dem Gerichte zu zeichnen oder die Zeichnung in beglaubigter Form einzureichen. § 11 Abs. 3 GenG.

II. Der Anmeldung sind folgende Schriftstücke und Urkunden beizufügen:

1. Das Original des Statuts, das von den Genossen unterzeichnet sein muß, und eine einfache — nicht beglaubigte — Abschrift des Statuts. Das Statut und die Abschrift brauchen nicht notwendig geschrieben zu sein; sie können auch auf andere Weise, z. B. durch Druck, hergestellt sein[1]).

Das Statut muß mit dem Datum versehen sein und bedarf nach § 5 GenG der schriftlichen Form, d. h. die Gründer müssen das Statut, das, wie bemerkt, nicht gerade geschrieben sein muß, unterzeichnen und dürfen sich nicht darauf beschränken, sich zu ihm in einem besondern Protokolle zu bekennen. Wird das Statut als Anlage des Protokolls genommen, so muß es ebenso wie das Protokoll unterzeichnet sein[1]). Irgendeiner Beglaubigung bedürfen die Unterschriften der Gründer nicht. Da die Zahl der Genossen nach § 4 GenG mindestens sieben betragen muß, so muß auch das Statut mindestens sieben Unterschriften aufweisen. Die Unterzeichnung des Statuts durch Bevollmächtigte ist unzulässig.

Ist ein zur Eintragung angemeldetes Statut infolge von Beanstandungen des Registergerichts vor der Eintragung abgeändert und soll nunmehr die Eintragung des Statuts unter Berücksichtigung der Abänderung erfolgen, so muß das abgeänderte Statut dem Registergericht ebenfalls in einem von den Genossen unterzeichneten Exemplar und in einer Abschrift vorliegen; es genügt also nicht, wenn nur das ursprüngliche Statut im Originale mit den Unterschriften der Genossen und in einer Abschrift vorgelegt wird. Wenn für die Abänderungsbestimmungen die Unterschrift aller Personen, die das ursprüngliche Statut gezeichnet haben, nicht zu erzielen ist, so kann der Registerrichter ein vollständiges, von allen nunmehrigen ersten Genossen unterzeichnetes Statut verlangen (KGJ **25** A 263).

Jede der als Genossen bezeichneten Personen muß zur Eingehung eines Gesellschaftsvertrages an sich fähig sein (KGJ **21** A 256); für Minder-

---

[1]) Parisius-Crüger Anm. 9 zu § 5 u. Anm. 14 zu § 10.

jährige, Geisteskranke usw. tritt der gesetzliche Vertreter auf. Auch nichtphysische Personen können Mitglieder der Genossenschaft sein (RG **60** 411; JFG **2** 269 [OLG Dresden] z. B. ein Landgemeindeverband (KGJ **34** A 193), nicht dagegen ein nicht rechtsfähiger Verein (KGJ **36** A 134) und eine bereits aufgelöste Handelsgesellschaft (RG **87** 408; JFG **2** 269 [OLG Dresden]). Wegen etwaiger Genehmigung des Vormundschaftsgerichts s. oben § 9.

Das Statut muß nach den §§ 6, 7 GenG enthalten:

a) Die Firma und den Sitz der Genossenschaft.

Die Firma der Genossenschaft muß vom Gegenstande des Unternehmens entlehnt sein und entsprechend der im § 2 GenG vorgesehenen Art der Genossenschaft die daselbst bestimmte zusätzliche Bezeichnung „eingetragene Genossenschaft mit unbeschränkter Haftpflicht" oder „eingetragene Genossenschaft mit unbeschränkter Nachschußpflicht" oder „eingetragene Genossenschaft mit beschränkter Haftpflicht" enthalten. § 3 Abs. 1 GenG. Der Zusatz über die Haftungsart muß voll ausgeschrieben sein (KG Recht **1923** Nr. 1037; DNotVZ **1925** 59) und den Schluß der Firma bilden. Der Name von Genossen oder andern Personen darf in die Firma nicht aufgenommen werden. § 3 Abs. 2 Satz 1 GenG.

Der § 3 Abs. 1 GenG schreibt nur eine Entlehnung von dem Gegenstande des Unternehmens, nicht aber seine genauere und erschöpfende Bezeichnung vor (KGJ **30** A 145)[1]). Ein allgemeiner Gattungsbegriff wie „Bank" ist zur Bildung der Firma aber nicht ausreichend, es bedarf vielmehr eines individualisierenden Zusatzes wie „Volksbank", „Gewerbebank" usw. (KGJ **37** A 172)[2]). Zusätze zur Bezeichnung des Sitzes der Genossenschaft oder ihres Wirkungskreises sind häufig, z. B. „Schlesischer Beamten-Kreditverein, eingetragene Genossenschaft mit beschränkter Haftpflicht in Breslau". Jede neue Firma muß sich von allen an demselben Ort oder in derselben Gemeinde bereits bestehenden Firmen eingetragener Genossenschaften deutlich unterscheiden. § 3 Abs. 2 Satz 2 GenG.

Die Genossenschaft hat ihren Sitz am Orte der Niederlassung, bei mehreren Niederlassungen an dem der Hauptniederlassung. Die Niederlassung bestimmt sich nach der Stelle, von der aus der Vorstand den Betrieb leitet und an der sich die Kasse und die Buchführung befinden; dagegen ist der Ort, wo sich die Werkstätten oder Verkaufslager vorfinden, regelmäßig ohne rechtliche Bedeutung[3]). Der Sitz muß sich in Deutschland befinden.

---

[1]) KGJ **30** A 145 hält nicht für erforderlich, daß außer dem Gegenstande des Geschäftsbetriebes auch die Betriebsart angegeben wird; die Firma „Maschinengenossenschaft, eingetragene Genossenschaft mit beschränkter Haftpflicht" ist daher zulässig, obwohl sie nicht ersehen läßt, ob der Handel mit Maschinen oder deren Benutzung bezweckt wird.

[2]) Die Bezeichnung „Sparkasse" in der Firma ist zulässig (RG **91** 210).

[3]) Parisius-Crüger Anm. 7 zu § 6; ROHG **21** 37.

Über den Fall der Verlegung des Sitzes einer eingetragenen Genossenschaft nach einem außerhalb des Bezirkes des bisherigen Registergerichts befindlichen Orte vgl. unten § 122.

b) Den Gegenstand des Unternehmens.

Als Gegenstand des Unternehmens darf nicht ein allgemeiner unbestimmter und unbestimmbarer Zweck angegeben werden[1]).

Beispiele[2]) für den Gegenstand des Unternehmens:

Für Vorschußvereine:

„Betrieb eines Bankgeschäfts zur gegenseitigen Beschaffung der im Gewerbe oder Wirtschaft nötigen Geldmittel auf gemeinschaftlichen Kredit" oder „Betrieb von Bankgeschäften zur Beschaffung der in Gewerbe und Wirtschaft der Mitglieder nötigen Geldmittel."

Für Konsumvereine:

„Gemeinschaftlicher Einkauf von Lebens- und Wirtschaftsbedürfnissen im großen und Ablaß im kleinen an die Mitglieder."

Für Rohstoffvereine:

„Einkauf der zum Betriebe des Müllergewerbes erforderlichen Rohstoffe, Werkzeuge und Geräte für gemeinschaftliche Rechnung und ihr Verkauf an die Mitglieder."

Für Magazinvereine:

„Verkauf der von den einzelnen Mitgliedern für eigene Rechnung gelieferten landwirtschaftlichen Erzeugnisse in einem zu diesem Zweck eingerichteten gemeinschaftlichen Magazine."

c) Bestimmungen über die Form für die Berufung der Generalversammlung der Genossen sowie für die Beurkundung ihrer Beschlüsse und über den Vorsitz in der Versammlung.

Die Form der Berufung der Generalversammlung kann von den Genossen beliebig bestimmt werden; in der Regel wird Bekanntmachung durch Zeitungen gewählt, bei sehr kleinen Genossenschaften mitunter auch schriftliche Benachrichtigung. Nach § 47 GenG sind die Beschlüsse der Generalversammlung in ein Protokollbuch einzutragen; das Statut hat zu bestimmen, in welcher Form die Eintragung erfolgen, insbesondere, wer sie unterzeichnen soll[3]). Gerichtliche oder notarielle Beurkundung der Beschlüsse ist nicht vorgeschrieben, könnte aber im Statut bestimmt werden, was freilich selten geschieht.

Die Vorschriften des Statuts über die Beurkundung der Beschlüsse sind in der Regel insofern zwingender Natur, als von ihrer Beobachtung die Rechtswirksamkeit der Protokolle gegenüber dem Registergericht und somit die Eintragungsfähigkeit der in dieser enthaltenen Beschlüsse abhängt. Ausnahmsweise können besondere Umstände die Auffassung ein-

[1]) Parisius-Crüger Anm. 32 zu § 1 u. Anm. 8 zu § 6.
[2]) Parisius-Crüger Anm. 33 zu § 1.
[3]) Parisius-Crüger Anm. 10 zu § 6.

zelner statutarischer Bestimmungen als bloße Ordnungsvorschriften rechtfertigen, so daß deren Einhaltung vom Registergericht nicht zu prüfen ist (KGJ **35** A 190).

Den Vorsitz wird das Statut regelmäßig einem Mitgliede des Vorstandes oder des Aufsichtsrats übertragen.

Häufig wird auch im Statut die Beschlußfähigkeit der Generalversammlung von der Anwesenheit einer bestimmten Anzahl von Genossen abhängig gemacht. Durch solche Bestimmung können Schwierigkeiten entstehen, da möglicherweise in mehreren Generalversammlungen die Anwesenheitsziffer nicht erreicht wird. Zweckmäßig wird daher für solche Fälle im Statute besondere Vorkehrung zu treffen sein; notwendig ist aber eine solche Bestimmung nicht (KGJ **26** A 228).

Die Vorschriften des Gesetzes und des Statuts über die Generalversammlung finden auf die Vertreterversammlung entsprechende Anwendung. Bei Genossenschaften mit mehr als 3000 Mitgliedern besteht nämlich nach § 43a GenG in der Fassung der Gesetze vom 1. Juli 1922 (RGBl I 567)[1]) und 19. Januar 1926 (RGBl I 91) die Generalversammlung aus gewählten Vertretern der Genossen (Vertreterversammlung)[2]). Für den Fall, daß die Mitgliederzahl mehr als 1500 beträgt, kann das Statut bestimmen, daß die Generalversammlung aus Vertretern bestehen soll. Die Vertreter müssen Genossen sein. Das Statut trifft die näheren Bestimmungen über die Zahl der Vertreter, die Voraussetzungen der Wählbarkeit, die Durchführung der Wahl (vgl. hierzu RG **119** 339) sowie den Nachweis und die Dauer der Vertretungsbefugnis[3]).

d) Bestimmungen über die Form, in der die von der Genossenschaft ausgehenden Bekanntmachungen erfolgen, sowie über die öffentlichen Blätter, in die sie aufzunehmen sind.

Die in deutscher Sprache (KGJ **4** 42) zu bewirkenden Bekanntmachungen der Genossenschaft ergehen nach den meisten Statuten unter der Firma der Genossenschaft und sind von so vielen Vorstandsmitgliedern zu unterzeichnen, wie zur Vertretung der Genossenschaft nach dem Statute bestimmt sind. Die vom Aufsichtsrat ausgehenden Einladungen zu den General-

---

[1]) Vgl. auch die hierzu ergangene VO vom 24. Oktober 1922 (RGBl I 807) und Ruth ZBH **1927** 81.

[2]) Die Frage, ob die Vorstands- und Aufsichtsratsmitglieder schon in dieser ihrer Eigenschaft, also gewissermaßen geborene Mitglieder der Vertreterversammlung sind, wird von Citron JW **1926** 2893 bejaht. Das KG vertritt (JFG **4** 232) demgegenüber die Ansicht, daß die Aufsichtsratsmitglieder nur, wie jeder andere Genosse, durch besondere Bestellung Vertreter werden können, hält aber eine Satzungsbestimmung, daß Vertreter die besonders zu wählenden Genossen und die Mitglieder des Aufsichtsrats seien, für zulässig.

[3]) Wird von der Vertreterversammlung durch Statutenänderung die Wahlperiode verlängert, so findet diese neue Bestimmung auf die derzeitigen Vertreter keine Anwendung, vielmehr endet deren Vertretungsbefugnis mit dem Ablauf der Zeit, für die sie gewählt wurden (RG **119** 247).

versammlungen erläßt regelmäßig der Aufsichtsrat unter Zeichnung seines Vorsitzenden[1]).

Die Bekanntmachungen der Genossenschaft — mit Ausnahme der Berufung der Generalversammlung (vgl. unter c) — müssen durch öffentliche Blätter erfolgen. Das Statut hat die öffentlichen Blätter namentlich zu bezeichnen, in denen die Genossenschaft ihre Bekanntmachungen erläßt, und es ist unzulässig, die Auswahl der Blätter dem Vorstande zu überlassen.

e) Die Bestimmung, ob die Genossen der unbeschränkten Haftpflicht oder nur der unbeschränkten Nachschußpflicht oder der beschränkten Haftpflicht unterliegen sollen.

Ist beschränkte Haftpflicht gewählt, so muß nach § 131 Abs. 2 Satz 1 GenG auch die Haftsumme[2]) durch das Statut bestimmt werden; die Haftsumme darf nicht niedriger als der Geschäftsanteil sein. § 131 Abs. 1 GenG.

f) Den Betrag, bis zu dem sich die einzelnen Genossen mit Einlagen beteiligen können (Geschäftsanteil), sowie die Einzahlungen auf den Geschäftsanteil, zu denen jeder Genosse verpflichtet ist.

Die Einzahlungen müssen bis zu einem Gesamtbetrage von mindestens einem Zehnteile des Geschäftsanteils nach Betrag und Zeit bestimmt sein. § 7 Ziff. 2 GenG. Die Genossen sind verpflichtet, diese Einzahlungen auf den Mindestbetrag zu entrichten. Darüber hinaus braucht das Statut eine Verpflichtung zu Einzahlungen nicht festzusetzen; es muß nur den Genossen die Möglichkeit gewähren, den Geschäftsanteil zu erreichen[3])[4]). Soweit das Statut die Genossen zu Einzahlungen auf den Geschäftsanteil verpflichtet, unterliegt die Festsetzung der weiteren Einzahlungen, die satzungsmäßig nicht auf Grund des § 7 Ziff. 2 GenG nach Betrag und Zeit bestimmt

---

[1]) Parisius-Crüger Anm. 11 zu § 6.

[2]) Die Haftsumme hat auf Reichsmark zu lauten. II. DVO zum Münzgesetz vom 12. Dezember 1924 (RGBl I 775). Vgl. auch AV vom 22. Dezember 1924 (JMBl **1925** 14) über Berichtigung der auf Goldmark oder Rentenmark lautenden Registereintragungen. Dazu Gutachten des KG JMBl **1925** 159.

[3]) KGJ **26** A 228. Sind also z. B. in einem Statute der Geschäftsanteil auf 500 RMark und die darauf von jedem Genossen zu leistenden Einzahlungen auf jährlich mindestens 3 RMark bestimmt, so ist dies zulässig, weil die Möglichkeit der Beteiligung bis zur Höhe des Geschäftsanteils vorhanden ist, indem auch höhere Einzahlungen als 3 RMark geleistet werden dürfen; auch wird der zehnte Teil des Geschäftsanteils mit 50 RMark durch die statutenmäßigen Beiträge von 3 RMark in 17 Jahren erreicht. Die Erreichung ist also unter Berücksichtigung der der Lebensdauer der Menschen gesetzten Grenzen regelmäßig möglich. Daher ist die Statutsbestimmung gültig. KGJ **26** A 228.

[4]) Die Mitglieder einer eingetragenen Genossenschaft mit beschränkter Haftpflicht können, wenn sie ihre Geschäftsanteile voll eingezahlt haben, gegen ihren Willen zu weiteren Einzahlungen auf diese Geschäftsanteile auch im Falle einer Verringerung des Geschäftsguthabens durch Verluste der Genossenschaft weder ohne weiteres noch auf Grund eines Mehrheitsbeschlusses der Generalversammlung angehalten werden (RG **68** 93; **106** 404; vgl. auch RG **119** 343).

sind, der Beschlußfassung der Generalversammlung. § 50 GenG. Eine Übertragung der Festsetzung auf andere Organe der Genossenschaft ist unzulässig und eine dies anordnende Satzungsbestimmung nichtig. (RG **118** 222). Der Geschäftsanteil muß im Statute seiner Höhe nach ziffernmäßig bestimmt und für alle Genossen gleich sein[1]). Bei Genossenschaften mit unbeschränkter Haftpflicht und unbeschränkter Nachschußpflicht darf ein Genosse nicht auf mehr als einen Geschäftsanteil beteiligt sein. §§ 119, 126 GenG. Bei Genossenschaften mit beschränkter Haftpflicht kann die Beteiligung des Genossen auf mehrere Geschäftsanteile unter Festsetzung ihrer höchsten Zahl[2]) im Statute gestattet werden. § 134 Abs. 1 GenG. Es ist auch die satzungsmäßige Verpflichtung der Genossen zum Erwerb einer Mehrheit von Geschäftsanteilen zulässig (RG **62** 303; **73** 403; **117** 116; **118** 221).

Beispiel für eine Statutsbestimmung[3]):

„Der Geschäftsanteil beträgt 100 RMark; die Mitglieder sind verpflichtet, bis zur Erreichung eines Geschäftsguthabens von 50 RMark bare Einzahlungen zu leisten. Bis zur Erreichung eines Geschäftsguthabens von 10 RMark haben die Mitglieder monatlich 1 RMark einzuzahlen."

g) Die Grundsätze für die Aufstellung und die Prüfung der Bilanz.

Sie werden regelmäßig den §§ 39 bis 41 HGB entsprechen (vgl. KGJ **14** 38).

h) Die Bildung eines Reservefonds, der zur Deckung eines aus der Bilanz sich ergebenden Verlustes zu dienen hat, sowie die Art der Bildung, insbesondere den Teil des jährlichen Reingewinns, der in den Reservefonds einzustellen ist, und den Mindestbetrag des letzteren, bis zu dessen Erreichung die Einstellung zu erfolgen hat.

Der Mindestbetrag des Reservefonds kann im Statut auch durch Prozente von andern beweglichen Summen, so von dem Werte des Warenlagers der Genossenschaft, ihren Liegenschaften usw. bestimmt werden (KGJ **15** 50ff.), dagegen ist die Bestimmung nicht ausreichend, daß der Reservefonds so lange anzusammeln sei, bis er als Betriebskapital der Genossenschaft genüge (KGJ **17** 16). Von dem Erfordernis der statutarischen Festsetzung des Mindestbetrages des Reservefonds darf nur dann abgesehen werden, wenn der Gewinn ganz und dauernd dem Reservefonds überwiesen wird (KGJ **17** 21).

Eine Reihe von Bestimmungen bedürfen außerdem, wenn sie getroffen

---

[1]) Parisius-Crüger Anm. 5 zu § 7; RG JW **1901** 83; RG **62** 308; **64** 187.

[2]) Diese Zahl ist eine feste Grenze, deren Erweiterung dem Genossen unter allen Umständen versagt ist. Es kann daher z. B. bei einer aus Genossenschaften zusammengesetzten Genossenschaft nicht bestimmt werden, daß die einzelnen Genossenschaften je nach ihrer eigenen Mitgliederzahl eine satzungsmäßig nicht begrenzte Anzahl weiterer Geschäftsanteile erwerben können (RJA **15** 310).

[3]) Parisius-Crüger Anm. 17 zu § 7.

sind, der Aufnahme in das Statut[1]); hierher gehören z. B. gemäß § 8 GenG Vorschriften, nach denen:

a) die Genossenschaft auf eine bestimmte Zeit beschränkt wird; regelmäßig werden aber die Genossenschaften auf unbestimmte Zeit errichtet;

b) Erwerb und Fortdauer der Mitgliedschaft an den Wohnsitz innerhalb eines bestimmten Bezirks geknüpft wird;

c) das Geschäftsjahr, insbesondere das erste, auf ein mit dem Kalenderjahr nicht zusammenfallendes Jahr oder auf eine kürzere Dauer als auf ein Jahr bemessen wird. Kürzere sog. Geschäftsjahre, z. B. von drei Monaten, sind bei vielen Genossenschaften, namentlich bei Konsumvereinen, üblich;

d) über gewisse Gegenstände die Generalversammlung nicht durch einfache Stimmenmehrheit, sondern nur durch eine größere Stimmenmehrheit oder nach andern Erfordernissen[2]) Beschluß fassen kann. Übrigens ist für die wichtigsten Angelegenheiten schon im Gesetz (§§ 16, 36, 78, 132, 144 GenG) eine größere Mehrheit vorgesehen;

e) die Ausdehnung des Geschäftsbetriebes[3]) auf Personen, die nicht Mitglieder der Genossenschaft sind, zugelassen wird. Genossenschaften, bei denen die Gewährung von Darlehen[4]) Zweck des Unternehmens ist, dürfen ihren Geschäftsbetrieb, soweit er in einer diesen Zweck verfolgenden Darlehnsgewährung besteht, nicht auf andere Personen außer den Mitgliedern ausdehnen. Ebenso dürfen Konsumvereine im regelmäßigen Geschäftsverkehre Waren nur an ihre Mitglieder oder deren Vertreter verkaufen; diese Beschränkung findet aber auf landwirtschaftliche Konsumvereine, die ohne Haltung eines offenen Ladens die Vermittlung des Bezuges von ihrer Natur nach ausschließlich für den landwirtschaftlichen

---

[1]) Im Statut darf nicht vorgeschrieben werden, daß Gewinnanteile der Genossen über ihre Geschäftsanteile hinaus einzubehalten oder von den Genossen unkündbare Kapitaleinlagen, die nicht unter ihre Geschäftsanteile fallen, zu leisten sind (KGJ 34 A 175). Unzulässig ist ferner eine Satzungsbestimmung, durch die der Vorstand ermächtigt wird, den Genossen im Laufe des Geschäftsjahres Abschlagdividenden auf den zu erwartenden Jahresgewinn auszuzahlen (KGJ 36 A 142).

[2]) Z. B. Anwesenheit einer bestimmten Anzahl Mitglieder oder Anwesenheit und einhellige Zustimmung aller Mitglieder (RG 76 171). Unzulässig ist eine Satzungsbestimmung, wonach zur Gültigkeit der Beschlüsse über Abänderung und Ergänzung des Statuts außer einer Mehrheit von $^3/_4$ der erschienenen Genossen erforderlich ist, daß die vorgeschriebene Stimmenmehrheit $^3/_4$ des Gesamtbetrags der Haftsumme in sich vereinigt, da hierdurch der Grundsatz des § 43 Abs. 2 GenG, wonach jeder Genosse eine Stimme hat, verletzt wird. Dagegen schafft das Erfordernis der Einstimmigkeit kein ungleiches Stimmrecht (JFG 1 246).

[3]) Als eine solche Ausdehnung des Geschäftsbetriebes gilt nicht der Abschluß von Geschäften mit Personen, die bereits die Erklärung des Beitritts zur Genossenschaft unterzeichnet haben und von ihr zugelassen sind. § 8 Abs. 3 GenG.

[4]) Darlehnsgewährungen, die nur die Anlegung von Geldbeständen bezwecken, fallen nicht unter dieses Verbot. § 8 Abs. 2 GenG.

Betrieb bestimmten Waren besorgen, hinsichtlich dieser Waren keine Anwendung. § 8 Abs. 2 und 4 GenG.

Das Verbot der Darlehnsgewährung an Nichtmitglieder in Vorschußvereinen hat der Registerrichter durch gegen den Vorstand gerichtete Ordnungsstrafen zur Geltung zu bringen. § 160 Abs. 1 GenG.

Ferner gehören hierher die Bestimmungen des § 36 Abs. 1 Satz 2 GenG, wonach die zu einer Beschlußfassung erforderliche Zahl der Aufsichtsratsmitglieder durch das Statut zu bestimmen ist und des § 131 Abs. 2 Satz 1 GenG, wonach bei der Errichtung einer Genossenschaft mit beschränkter Haftpflicht die Haftsumme durch das Statut bestimmt werden muß.

2. Eine Liste der Genossen. In der einzureichenden Mitgliederliste sind nur diejenigen Genossen aufzuführen, die das Statut unterzeichnet haben; denn wer das Statut nicht unterschrieben hat, kann nur in den Formen des § 15 GenG Mitglied werden[1]) (JFG **2** 269 [OLG Dresden]). Ein bestimmtes Formular und eine besondere Gruppierung der Genossen (etwa nach dem Alphabet) ist für die Liste nicht vorgesehen. Dagegen sind für die vom Gerichte zu führende Liste der Genossen besondere Vorschriften getroffen (vgl. oben § 113 und unten §§ 118ff.). Zu beachten ist, daß auch nichtphysische Personen, z. B. Handelsgesellschaften, Genossenschaften usw. Mitglieder der Genossenschaft sein können[2]), dagegen nicht die nicht rechtsfähigen Vereine (RJA **9** 234). Ein Einzelkaufmann kann in die Liste nur mit seinem bürgerlichen Vor- und Zunamen, nicht mit seiner Firma eingetragen werden (KGJ **13** 51). Die Genossenliste dient vornehmlich dem Zwecke, die Kreditwürdigkeit der Genossenschaft klarzustellen[2]).

3. Eine einfache Abschrift der Urkunden über die Bestellung des Vorstandes und des Aufsichtsrats. Der erste Vorstand und der erste Aufsichtsrat werden in Ermanglung einer Generalversammlung von einer Versammlung derjenigen Personen, die das Statut unterzeichnet haben, mit einfacher Stimmenmehrheit zu wählen sein. Eine bestimmte Form für die Beurkundung der Wahl ist nicht vorgeschrieben. Nur Mitglieder der Genossenschaft können den Vorstand und den Aufsichtsrat bilden. Der Vorstand besteht mindestens aus zwei, der Aufsichtsrat mindestens aus drei Mitgliedern. §§ 24, 36 GenG[3]).

III. Von den eingereichten Schriftstücken werden die Urschrift des Statuts[4]), die Liste der Genossen und die Abschrift der Urkunden über die Bestellung des Vorstandes und des Aufsichtsrats bei dem Gericht auf-

---

[1]) Parisius-Crüger Anm. 4 zu § 11.

[2]) KG JMBl **93** 331; RG **60** 411. Die Vererblichkeit der Mitgliedschaft kann im Statute nicht bestimmt werden, da die Unvererblichkeit zwingendes Recht ist. KGJ **30 A** 153.

[3]) Es genügt, daß im Statut die Mindestzahl der Mitglieder des Aufsichtsrats festgesetzt wird (KGJ **34 A** 175).

[4]) Diese ist nach § 15 Abs. 3 VO zu den Akten zu nehmen.

bewahrt; die Abschrift des Statuts dagegen wird von dem Gerichte beglaubigt und, mit der Bescheinigung der erfolgten Eintragung versehen, zurückgegeben. § 11 Abs. 4 GenG.

Beispiel:

Amtsgericht. Bernau, den 25. September 1927.

Es erschienen vor dem Unterzeichneten:

1. der Buchdruckereibesitzer Karl Schramm,
2. der Kaufmann Friedrich Hegermann,
3. der Ackerbürger Karl Cunow,

sämtlich aus Bernau und dem Unterzeichneten von Person bekannt.

Sie überreichten:

1. das Statut vom 12. August 1927;
2. eine einfache Abschrift des Statuts;
3. eine Liste der Genossen;
4. eine einfache Abschrift der Verhandlung vom 25. August 1927 über die Bestellung des Vorstandes und des Aufsichtsrates.

Sie erklärten:

Am 12./25. August 1927 ist in Bernau eine Genossenschaft unter der Firma „Spar- und Darlehnskasse, eingetragene Genossenschaft mit unbeschränkter Haftpflicht in Bernau" errichtet worden. Der Gegenstand des Unternehmens ist der Betrieb eines Spar- und Darlehnskassengeschäfts zum Zwecke der Gewährung von Darlehen an die Genossen für ihren Geschäfts- und Wirtschaftsbetrieb, sowie die Erleichterung der Geldanlage und Förderung des Sparsinns. Als Mitglieder des Vorstandes melden wir die Genossenschaft zur Eintragung in das Genossenschaftsregister an. Wir zeichnen unsere Unterschrift wie folgt:

Karl Schramm.
Friedrich Hegermann.
Karl Cunow.

Das Geschäftslokal der Genossenschaft befindet sich ....

v. g. u.

Karl Schramm. Friedrich Hegermann.
Karl Cunow.
Richard, Justizobersekretär
als Urkundsbeamter der Geschäftsstelle.

§ 116. Die Eintragung und Veröffentlichung einer angemeldeten Genossenschaft.

1. Vor der Eintragung der angemeldeten Genossenschaft muß der Registerrichter prüfen, ob die Anmeldung dem Gesetz entspricht, insbesondere also, ob die Anmeldenden Mitglieder der Genossenschaft sind, ob der Anmeldung die erforderlichen Urkunden beigefügt sind, ob diese Urkunden die vorgeschriebene Form haben, ob das Statut gesetzmäßig ist, also die vorgeschriebenen Bestimmungen (vgl. oben § 115) und keine dem Gesetze zuwiderlaufende Vorschriften enthält usw. Dagegen hat er auch hier, wie bei der Aktiengesellschaft (oben § 80) und bei der Gesellschaft mit beschränkter Haftung (oben § 100) nicht die Wahrheit der angemeldeten

Tatsachen zu prüfen[1]). Auch hat er nicht etwa zu untersuchen, ob die Bestimmungen des Statuts zweckmäßig und korrekt gefaßt sind[1]). Hiermit stimmt auch § 15 Abs. 1 VO überein, wonach das Gericht vor der Eintragung des Statuts zu prüfen hat, „ob das Statut den Vorschriften des Gesetzes genügt, insbesondere, ob die in dem Statute bezeichneten Zwecke der Genossenschaft den Voraussetzungen des § 1 des Gesetzes entsprechen und ob das Statut die erforderlichen Bestimmungen (Ges. §§ 6, 7, 36 Abs. 1 Satz 2, 131 Abs. 2 Satz 1) enthält".

Der Richter hat auch stets zu prüfen, ob die Unterzeichner des Statuts in der mit der Anmeldung eingereichten Genossenliste aufgeführt sind. § 29 Abs. 3 VO.

2. Ergeben sich keine Anstände, so verfügt der Richter die Eintragung. Die Eintragung des Statuts in das Register erfolgt durch Aufnahme eines Auszuges. Der Auszug hat nach § 15 Abs. 2 bis 5 VO zu enthalten:

a) das Datum des Statuts;

b) die Firma und den Sitz der Genossenschaft;

c) den Gegenstand des Unternehmens;

d) die Zeitdauer der Genossenschaft, falls sie auf eine bestimmte Zeit beschränkt ist;

e) die Form, in der die von der Genossenschaft (vom Vorstand) ausgehenden Bekanntmachungen erfolgen, sowie die öffentlichen Blätter, in die sie aufzunehmen sind;

f) das Geschäftsjahr, falls es, abgesehen von dem ersten, auf ein mit dem Kalenderjahre nicht zusammenfallendes Jahr oder auf eine kürzere Dauer als auf ein Jahr bemessen ist;

g) die Namen und den Wohnort der Mitglieder des Vorstandes[2]);

h) die Bestimmung, in welcher Form der Vorstand seine Willenserklärungen kundgibt und für die Genossenschaft zeichnet, vorausgesetzt, daß hierüber im Statut etwas bestimmt ist;

i) bei Genossenschaften mit beschränkter Haftpflicht die Höhe der Haftsumme;

k) bei Genossenschaften mit beschränkter Haftpflicht die höchste Zahl der Geschäftsanteile, auf die ein Genosse sich beteiligen kann, falls das Statut die Beteiligung der Genossen auf mehrere Geschäftsanteile gestattet.

Die Urschrift des Statuts ist zu den Akten zu nehmen[3]).

Außerdem ist im Register auf die Stelle der Akten, wo das Statut sich befindet, zu verweisen. § 15 Abs. 6 VO.

---

[1]) So auch Parisius-Crüger Anm. 15 u. 16 zu § 10. Der Registerrichter hat z. B. nicht zu prüfen, ob die in einer ordnungsmäßig ausgestellten Urkunde als Mitglied des Aufsichtsrats bezeichnete Person wirklich dem Aufsichtsrat angehört (KGJ 18 A 36).

[2]) Die Mitglieder des Aufsichtsrats werden in das Register nicht eingetragen.

[3]) Wegen Behandlung der übrigen Urkunden s. oben § 115 III.

Der Eintragung ist endlich außer der Angabe des Tages der Eintragung und der Unterschrift des Registerführers eine Verweisung auf die Stelle der Registerakten beizufügen, wo sich die ihr zugrunde liegende gerichtliche Verfügung befindet. § 14 VO.

Mit der Eintragung in das Genossenschaftsregister erlangt die Genossenschaft die Rechte einer eingetragenen Genossenschaft. § 13 GenG. Bei der Eintragung der Genossenschaft hat der Richter gleichzeitig zu verfügen, daß eine Liste der Genossen (vgl. oben § 113) anzulegen sei und in diese Liste als erste Mitglieder die Unterzeichner des Statuts einzutragen seien. § 29 Abs. 2 VO. Die Mitglieder sind unter laufenden Nummern nach Familiennamen, Vornamen, Beruf und Wohnort in die Sp. 1 bis 4 einzutragen. § 29 Abs. 1 VO.

3. Nach der Eintragung ist das Statut von dem Gericht im Auszuge zu veröffentlichen[1]). Die Veröffentlichung muß enthalten die unter 2a bis d aufgeführten Punkte. §§ 12, 156 Abs. 1 Satz 2 GenG. Mehr darf der Richter bei Vermeidung der Haftung für die höheren Einrückungsgebühren[2]) nicht veröffentlichen; wegen der Auswahl der Blätter, in denen die Bekanntmachungen erfolgen, vgl. oben § 27.

Beispiel:

Auf die Anmeldung vom 25. September 1927 (oben S. 341) wird verfügt:

1. Einzutragen in das Genossenschaftsregister: Nr. der Genossenschaft: 6.

Sp. 1. 1.

Sp. 2. Spar- und Darlehnskasse, eingetragene Genossenschaft mit unbeschränkter Haftpflicht in Bernau, Bernau.

Sp. 3. Betrieb eines Spar- und Darlehnskassengeschäfts zum Zwecke der Gewährung von Darlehen an die Genossen für ihren Geschäfts- und Wirtschaftsbetrieb sowie die Erleichterung der Geldanlage und Förderung des Sparsinns.

**Sp. 5. Karl Schramm, Buchdruckereibesitzer
Friedrich Hegermann, Kaufmann
Karl Cunow, Ackerbürger } Bernau.**

Sp. 6.

a) Statut vom 12. August 1927.

b) Bekanntmachungen erfolgen unter der Firma, gezeichnet von zwei Vorstandsmitgliedern, in der Bernauer Zeitung.

c) Die Willenserklärungen des Vorstandes erfolgen durch mindestens

---

[1]) Vgl. über die Art der Veröffentlichungen im allgemeinen oben § 27. Eine gerichtliche Bekanntmachung von Eintragungen findet nach § 156 GenG nur gemäß §§ 12, 16 Abs. 3, § 51 Abs. 5, sowie in den Fällen der § 82 Abs. 1, §§ 93a, 97 und der Umwandlung einer Genossenschaft statt.

[2]) KG JMBl **1893** 111. Auf die Beachtung der Vorschriften der Novelle zum GenG vom 12. Mai 1923 (RGBl I 288), durch die u. a. die gerichtlichen Bekanntmachungen wesentlich eingeschränkt sind (vgl. §§ 12, 16, 29, 33, 131, 134, 139, 156 d. Ges.) ist durch AV vom 12. Dezember 1923 (JMBl 753) und vom 9. August 1928 (JMBl 375) besonders hingewiesen.

zwei Mitglieder; die Zeichnung geschieht, indem zwei Mitglieder der Firma ihre Namensunterschrift beifügen[1]).

Sp. 9. Das Statut befindet sich Bl. 2 der Registerakten[2]).

2. Einzutragen in die neu anzulegende Liste der Genossen die 44 Mitglieder aus der eingereichten Liste.

3. Ersuchen an den Deutschen Reichsanzeiger um einmalige Veröffentlichung folgender

Bekanntmachung.

In unser Genossenschaftsregister ist heute unter Nr. 6 die Genossenschaft unter der Firma „Spar- und Darlehnskasse eingetragene Genossenschaft mit unbeschränkter Haftpflicht in Bernau" mit dem Sitz in Bernau eingetragen worden.

Das Statut ist am 12. August 1927 festgestellt. Gegenstand des Unternehmens ist der Betrieb eines Spar- und Darlehnskassengeschäfts zum Zwecke der Gewährung von Darlehen an die Genossen für ihren Geschäfts- und Wirtschaftsbetrieb sowie die Erleichterung der Geldanlage und Förderung des Sparsinns.

Bernau, den ...

Amtsgericht.

4. Auf die Abschrift des eingereichten Statuts ist folgendes zu setzen: Es wird hiermit bescheinigt, daß die vorstehende Abschrift mit der Urschrift des Statuts vom 12. August 1927 übereinstimmt, und daß die Eintragung der Genossenschaft in das Register am ... erfolgt ist.

Bernau, den ....

Amtsgericht.

5. Nachricht von der Eintragung an:

a) den Vorstand z. H. des Buchdruckereibesitzers Schramm unter Rückgabe der beglaubigten Abschrift des Statuts,

b) das Finanzamt unter Übersendung einer Ausfertigung des für die Veröffentlichung im Reichsanzeiger bestimmten Auszugs.

6. Die übrigen Urkunden zu den Akten.

7. Vorzulegen 6 Monate nach Ablauf des Geschäftsjahres (wegen Einreichung der Bekanntmachung der Bilanz usw.)[3]).

8. Nach 2 Jahren (Revisionsbescheinigung)[4]).

Bernau, 27. September 1927. Z.

§ 117. Anmeldung, Eintragung und Veröffentlichung der Zweigniederlassung einer Genossenschaft sowie ihrer Aufhebung.

1. Über den Begriff und die rechtliche Bedeutung einer Zweigniederlassung vgl. oben § 54.

2. Jede Zweigniederlassung, die außerhalb des Gerichtsbezirkes der Hauptniederlassung errichtet wird, ist bei dem Gericht, in dessen Bezirke

---

[1]) Die Satzungsbestimmung, daß die Willenserklärung und Zeichnung der Vorstandsmitglieder nur dann verbindlich ist, wenn dabei der Genossenschaftsvorsteher oder dessen Stellvertreter mitwirkt, ist zulässig. Die genannten Amtseigenschaften der Vorstandsmitglieder sind in das Genossenschaftsregister einzutragen (RG 85 138; a.M. RG 22 70 u. KGJ 44 154).

[2]) Bei Genossenschaften mit beschränkter Haftpflicht ist ferner in Sp. 4 die Haftsumme und die höchste Zahl der Geschäftsanteile einzutragen, z. B. „100 RM. 5 Geschäftsanteile".

[3]) S. unter § 123. [4]) S. unter § 124.

sie sich befindet, zur Eintragung in das Genossenschaftsregister anzumelden. § 14 Abs. 1 GenG; § 19 Abs. 1 VO. Die Anmeldung ist von sämtlichen Mitgliedern des Vorstandes bei Vermeidung von Ordnungsstrafen persönlich oder in beglaubigter Form[1]) zu bewirken. §§ 157 Abs. 1 und 160 Abs. 1 GenG; § 6 VO. Die Anmeldung hat die im § 12 GenG vorgeschriebenen Angaben zu enthalten. Ihr sind zwei beglaubigte[2]) Abschriften des Statuts und eine durch das Gericht der Hauptniederlassung beglaubigte Abschrift der Liste der Genossen beizufügen.

Bei der Anmeldung haben ferner die Mitglieder des Vorstandes ihre Unterschrift zu zeichnen oder die Zeichnung in beglaubigter Form einzureichen. § 14 Abs. 2 GenG.

Endlich ist nachzuweisen, daß die Genossenschaft in das Register der Hauptniederlassung eingetragen ist, § 19 Abs. 1 Satz 2 VO; es wird dieser Nachweis durch einen vom Gerichte der Hauptniederlassung zu beglaubigenden Auszug über die dort erfolgte Eintragung zu erbringen sein.

3. Der Registerrichter hat nur zu prüfen, ob die Anmeldungen und die Zeichnungen dem Gesetz entsprechen, sowie ob die erforderlichen Urkunden in der vorgeschriebenen Form beigebracht und die Eintragung der Genossenschaft in das Register der Hauptniederlassung nachgewiesen ist (KGJ **27** A 210; **33** A 117). Dagegen braucht er nicht zu prüfen, ob tatsächlich eine Zweigniederlassung vorhanden ist (KGJ **13** 45)[3]).

4. In das Register der Zweigniederlassung sind dieselben Angaben einzutragen, die in das Register der Hauptniederlassung aufgenommen sind. In Sp. 2 ist neben dem Sitze der Zweigniederlassung zu vermerken, daß die Hauptniederlassung sich in .... befindet. Art. 3 AV vom 8. November 1899.

5. Das Gericht hat die eine Abschrift des Statuts, mit der Bescheinigung der erfolgten Eintragung versehen, dem Vorstande zurückzugeben. § 14 Abs 3 GenG.

6. Von der Eintragung ist außer dem Vorstand auch dem Gerichte der Hauptniederlassung Mitteilung zu machen. § 14 Abs. 3 GenG. Auf Grund dieser Mitteilung wird die Errichtung der Zweigniederlassung im Register der Hauptniederlassung, und zwar in Sp. 2 vermerkt. § 19 Abs. 2 VO, Art. 3 Nr. 2 AV vom 8. November 1899.

7. Die Eintragung in das Register der Zweigniederlassung ist in demselben Umfange zu veröffentlichen, wie die im Register der Hauptniederlassung bewirkte Eintragung. Über die Veröffentlichung der Eintragungen

---

[1]) Die Beglaubigung können außer den Gerichten und Notaren auch die Polizeibehörden und Gemeindevorsteher bewirken.

[2]) Die Beglaubigung dieser Abschriften hat nach § 8 Abs. 2 VO durch einen Notar oder eine zuständige Behörde oder einen zuständigen Beamten zu erfolgen. Nach Art. 35 PrFGG ist als zuständiger Beamter auch der Urkundsbeamte der Geschäftsstelle anzusehen.

[3]) So auch Parisius-Crüger Anm. 11 zu § 14.

in das Register der Zweigniederlassung durch das Gericht der Hauptniederlassung vgl. § 5 Abs. 4 VO und unten § 122 Ziff. 4.

8. Eine Liste der Genossen wird auch bei jedem Gericht einer Zweigniederlassung geführt. Die Eintragungen in diese Liste erfolgen nicht auf Grund unmittelbarer Anzeigen oder Anträge der Beteiligten, sondern auf Grund der von dem Gerichte der Hauptniederlassung dem Gerichte der Zweigniederlassung gemachten Mitteilungen über die in der Hauptliste bewirkten Eintragungen. § 158 Abs. 1 GenG; § 28 VO.

9. Die bei dem Gerichte der Hauptniederlassung zu bewirkenden Anmeldungen und Einreichungen zum Genossenschaftsregister haben mit Ausnahme des Falles der Auflösung der Genossenschaft in der gleichen Weise auch bei dem Gerichte jeder Zweigniederlassung zu erfolgen. § 19 Abs. 3 VO. Über den Fall der Auflösung der Genossenschaft vgl. unten § 126.

10. Wird abgesehen von den Fällen der Auflösung und der Nichtigkeit der Genossenschaft (s. unten § 126) eine Zweigniederlassung aufgehoben, so ist dies in der gleichen Weise wie die Errichtung von sämtlichen Mitgliedern des Vorstandes persönlich oder in beglaubigter Form bei dem Gerichte der Zweigniederlassung zur Eintragung anzumelden und auf Grund der Mitteilung dieses Gerichts über die bewirkte Eintragung im Register der Hauptniederlassung zu vermerken. §§ 131, 147 FGG; §§ 6 Abs. 2, 19 Abs. 5 VO.

11. Wird eine Zweigniederlassung in dem Gerichtsbezirk errichtet, dem die Hauptniederlassung angehört, so ist nur die Errichtung und der Ort der Zweigniederlassung durch den Vorstand anzumelden und in dem Register bei der Hauptniederlassung einzutragen. Diese Vorschrift findet im Falle der Aufhebung entsprechende Anwendung. § 19 Abs. 6 VO.

Veränderungen bei Genossenschaften.

§ 118. a) Beitritt von Genossen nach der Anmeldung.

1. Nach der Anmeldung des Statuts zum Genossenschaftsregister bedarf es zum Erwerbe der Mitgliedschaft einer von dem Beitretenden zu unterzeichnenden, unbedingten Erklärung des Beitritts. § 15 Abs. 1 GenG. Einfache Schriftform genügt; eine Beglaubigung ist nicht erforderlich. Datierung ist nicht vorgeschrieben (KG JMBl **99** 53). In der Regel ist die zu unterschreibende Erklärung ein gedrucktes Formular. Die Unterzeichnung muß mit ausgeschriebenem Vor- und Zunamen[1]), dem

[1]) Das KG läßt (KGJ **41** 147) dahingestellt, ob die Beitrittserklärung auch miit dem Vornamen unterzeichnet werden muß.

Findet im Laufe der Mitgliedschaft eine Änderung im Namen des Mitglieds statt, z. B. wenn ein weibliches Mitglied sich verheiratet, so hat dies der Vorstand zur Berichtigung der Genossenliste dem Registergericht anzuzeigen. Ist eine offene Handelsgesellschaft Mitglied, so ist ein Wechsel in den Personen der Gesellschafter für die Genossenliste belanglos. Parisius-Crüger Anm. 12 zu § 15.

Familiennamen, dessen sich der Unterschreibende im bürgerlichen Geschäftsverkehr zu bedienen pflegt (KGJ **31** A 110; **38** A 159; **39** A 38, 115), erfolgen (KGJ **41** 147); Einzelkaufleute haben nicht mit ihrer Firma, sondern mit ihrem bürgerlichen Vor- und Zunamen, mit dem allein sie in die Liste der Genossen eingetragen werden können, zu unterzeichnen (KG JMBl **93** 331; KGJ **13** 51). Die Beitrittserklärung braucht weder bei der Unterschrift noch sonst den Beruf und Wohnort[1]) des Beitretenden zu enthalten, auch brauchen Ehefrauen[2]) und Witwen ihre Beitrittserklärung nur mit ihrem Familiennamen, nicht auch mit ihrem Geburtsnamen zu unterzeichnen. Es muß dem Registergericht genügen, daß ihm die zur Vervollständigung der Eintragung (nach § 29 Abs. 1 VO) nötigen Angaben über den Beruf und Wohnort vom Vorstand der Genossenschaft bei der Einreichung der Beitrittserklärung gemacht werden (KGJ **41** 147)[3]). Für Geschäftsunfähige und in der Geschäftsfähigkeit Beschränkte zeichnet der gesetzliche Vertreter; der Vater, die Mutter oder der Vormund bedürfen der Genehmigung des Vormundschaftsgerichts gemäß §§ 1643 und 1822 Nr. 10 BGB (KGJ **30** A 149). Schreibensunkundige müssen ihr Handzeichen gerichtlich oder notariell beglaubigen lassen. Gesellschaften oder Genossenschaften[4]) unterzeichnen mit der Firma und in der Form, in der sie ihre Willenserklärungen zu verlautbaren haben[5])[6]). Unterzeichnung durch einen Bevollmächtigten ist zulässig; es genügt also, wenn der Beitritt eines neuen Mitglieds in dessen Namen durch seinen Bevollmächtigten schriftlich erklärt und die Erklärung mit der Vollmacht des Vertreters vom Vorstande dem Registergericht eingereicht wird[7]).

Bei Genossenschaften mit unbeschränkter Haftpflicht oder mit unbeschränkter Nachschußpflicht muß die Beitrittserklärung die aus-

---

[1]) Die Änderung des Wohnsitzes eines Genossen bedarf nicht der Eintragung (KGJ **50** 117).

[2]) Der Genehmigung des Ehemannes wird es in der Regel nicht bedürfen. Parisius-Crüger Anm. 5 zu § 15.

[3]) A. M. Parisius-Crüger Anm. 4 zu § 15.

[4]) Der Beitritt eines Testamentsvollstreckers, einer Nachlaßverwaltung oder einer Erbengemeinschaft zu einer eingetragenen Genossenschaft ist unzulässig (KGJ **52** 101; OLG **40** 200), ebenso der Beitritt eines nicht rechtsfähigen Vereins (KGJ **36** A 134) und einer aufgelösten Handelsgesellschaft (OLG Dresden JFG **2** 267).

[5]) Parisius-Crüger Anm. 4 zu § 15; RJA **1** 152 (KG).

[6]) Es genügt, wenn der durch Stempeldruck hergestellten Firma die Namen der Vorstandsmitglieder, Geschäftsführer usw. handschriftlich hinzugefügt werden (KGJ **28** A 241).

[7]) KGJ **24** A 74. Auch eine Beitrittserklärung, die durch einen mündlich beauftragten Stellvertreter abgegeben wird, ist gültig. RG JW **06** 39; **13** 127. Der mündliche Auftrag muß aber dem Registerrichter dargetan werden. Wegen der Anfechtung einer Beitrittserklärung vgl. RG **57** 292; **68** 90. Nach erfolgter Eintragung des Genossen in die Liste ist sie ausgeschlossen. Vgl. auch LG Stuttgart JW **1929** 681 und Saenger daselbst.

drückliche Bemerkung enthalten, daß „die einzelnen Genossen für die Verbindlichkeiten der Genossenschaft dieser sowie unmittelbar ihren Gläubigern nach Maßgabe des Gesetzes mit ihrem ganzen Vermögen haften" oder daß „die einzelnen Genossen mit ihrem ganzen Vermögen verpflichtet sind, der Genossenschaft die zur Befriedigung ihrer Gläubiger erforderlichen Nachschüsse nach Maßgabe des Gesetzes zu leisten". §§ 120, 127 GenG[1]).

2. Der Vorstand — und zwar in der für seine Willenserklärungen vorgeschriebenen Form, insbesondere unter Mitwirkung der hiernach erforderlichen Zahl von Vorstandsmitgliedern, § 7 Abs. 2 VO — hat die Erklärung im Falle der Zulassung des Beitretenden zur Eintragung in die Liste der Genossen dem Gericht einzureichen. Ein besonderer Antrag auf Eintragung des Beitritts braucht nicht gestellt zu werden; in der Einreichung der Beitrittserklärung liegt vielmehr der Antrag[2]). Auch eine Bescheinigung des Vorstandes auf der Beitrittserklärung, daß der Beigetretene zugelassen sei, ist nicht erforderlich (RG **60** 412). Die Wirksamkeit der Beitrittserklärung und ihre Einreichung ist nicht von dem Zustandekommen oder Fortbestehen eines Aufnahmevertrages zwischen der Genossenschaft und dem Genossen abhängig (RG **68** 351; **119** 102). Die Beitrittserklärung verliert aber ihre Wirkung, wenn sie von dem Vorstande nicht innerhalb eines nach den Umständen des Falles angemessenen Zeitraumes nach der Unterzeichnung und Aushändigung an den Vorstand dem Registergericht eingereicht wird (JFG **5** 275)[3]).

3. Die Eintragung des Beitretenden in die Liste der Genossen hat das Gericht unverzüglich in Sp. 1 bis 4 vorzunehmen. § 15 Abs. 2 GenG. Vor der Eintragung hat es zu prüfen, ob die Beitrittserklärung die Unterschrift des Genossen bzw. eines durch eine Vollmacht legitimierten Vertreters (KGJ **24** A 74) trägt, eine unbedingte ist und bei Genossenschaften mit unbeschränkter Haftpflicht oder unbeschränkter Nachschußpflicht die oben unter 1 erwähnte Bemerkung enthält, sowie ob die Einreichung ordnungsmäßig durch den Vorstand erfolgt ist. § 29 Abs. 3 VO. Auf die Echtheit der Unterschrift und die Wirksamkeit der Beitrittserklärung, insbesondere auf die Zulassung des Beitritts (RG **119** 102), erstreckt sich die Prüfung des Gerichts nicht; vielmehr bleibt es im allgemeinen den Beteiligten über-

---

[1]) Fehlt es an der nach §§ 120, 127 GenG erforderlichen Erklärung, so wird weder der Erwerb der Mitgliedschaft herbeigeführt, noch für den Beitretenden die Verpflichtung begründet, eine vorschriftsmäßige Beitrittserklärung abzugeben. Der Mangel der Schriftform wird auch nicht dadurch geheilt, daß auf Grund der unvorschriftsmäßigen Beitrittserklärung und deren Einreichung beim Registergericht die Eintragung in die Liste der Genossen erfolgt ist. Unerheblich ist es auch, ob der Beitrittserklärende jahrelang die Rechte eines Genossen ausgeübt und dessen Pflichten erfüllt hat (RG **97** 307). In einem solchen Falle kann das Registergericht die Eintragung nach §§ 147, 142 FGG zur Löschung bringen (DNotVZ **1920** 68).

[2]) Parisius-Crüger Anm. 11 zu § 15.

[3]) Zustimmend Saenger JW **1929** 673.

lassen, Mängel in dieser Richtung im Wege der Klage geltend zu machen. Eine Ablehnung der Eintragung aus solchen Gründen ist jedoch nicht ausgeschlossen, wenn die Unwirksamkeit der Beitrittserklärung, ohne daß es weiterer Ermittlungen bedarf, aus den dem Gerichte bekannten Tatsachen sich als zweifellos ergibt. § 29 Abs. 4 VO. (Vgl. auch KGJ **24** A 74; **28** A 242; **32** A 163; **34** A 189.) Der Registerrichter darf also z. B. bei der Beitrittserklärung einer Genossenschaft nicht neben der Unterschrift auch noch die Legitimation der Unterschreibenden als Vorstand durch eine Bescheinigung gemäß § 26 GenG, daß die betreffenden Personen den Vorstand bilden, verlangen (RJA **1** 152); ebenso hat er die Legitimation derjenigen Personen, die die Beitrittserklärung namens einer Gesellschaft mit beschränkter Haftung in der für Willenserklärungen von Geschäftsführern üblichen Form unterzeichnet haben, nicht zu prüfen (KGJ **28** A 241). Dagegen hat er z. B. die Eintragung abzulehnen, wenn die Anmeldung erkennen läßt, daß der durch seinen Vater vertretene Unmündige der Genossenschaft ohne die gemäß §§ 1643 und 1822 Nr. 10 BGB erforderliche Genehmigung des Vormundschaftsgerichts (s. oben § 9) beigetreten ist (RJA **6** 132; KGJ **30** A 150).

4. Durch die Eintragung, die auf Grund der Erklärung und deren Einreichung stattfindet, entsteht die Mitgliedschaft des Beitretenden. § 15 Abs. 3 GenG[1]). Die Eintragung in die Liste begründet aber nur die Vermutung, daß der Eingetragene Genosse ist, eine Vermutung, die der Eingetragene jederzeit durch den Nachweis entkräften kann, daß es an den gesetzlichen formellen Voraussetzungen für die Eintragung gefehlt hat (RG **68** 90; **97** 307; **117** 102).

5. Von der Eintragung hat das Gericht den Genossen und den Vorstand unter Mitteilung der laufenden Nummer, unter der die Eintragung bewirkt ist, sowie das Gericht einer etwaigen Zweigniederlassung zu benachrichtigen. § 15 Abs. 4 GenG, § 29 Abs. 5 VO.

6. Die Beitrittserklärung wird in Urschrift bei dem Gericht aufbewahrt. § 15 Abs. 4 GenG.

7. Wird die Eintragung versagt[2]), so hat das Gericht hiervon den Antragsteller unter Rückgabe der Beitrittserklärung und den Vorstand in Kenntnis zu setzen. § 15 Abs. 4 GenG.

---

[1]) Dies gilt auch dann, wenn der Vorstand die Grenzen seiner Befugnisse bei der Zulassung des neuen Mitgliedes überschritten haben sollte (RG **60** 413), wenn z. B. die durch die Satzung vorgeschriebene Zustimmung des Aufsichtsrats nicht vorgelegen hat, da das Gesetz den Erwerb der Mitgliedschaft auf die Einreichung der Beitrittserklärung durch den Vorstand abstellt und die Aufnahme des Mitglieds in der Einreichung der Beitrittserklärung selbst zu finden ist (RG **119** 102).

[2]) Nach Eintritt des Konkurses der Genossenschaft kann die Eintragung eines Genossen in die Liste nicht mehr erfolgen (RG **50** 130). Ebenso kann auch eine durch Beschluß der Generalversammlung aufgelöste Genossenschaft keine neuen Mitglieder erwerben (RG **117** 119; JFG **4** 250).

Beispiel:

Am 27. September 1928 geht beim Amtsgericht in Bernau folgendes Schreiben ein:

Bernau, den 26. September 1928.

Wir überreichen anbei eine Beitrittserklärung des Ackerbürgers Ernst Collin in Bernau vom 21. September 1928 mit der Bitte, den Ackerbürger Collin in die Liste der Genossen einzutragen.

Spar- und Darlehnskasse,
eingetragene Genossenschaft mit unbeschränkter Haftpflicht in Bernau.
Karl Schramm. Friedrich Hegermann.

Die Beitrittserklärung lautet:

Ich trete hiermit der Spar- und Darlehnskasse, eingetragenen Genossenschaft mit unbeschränkter Haftpflicht in Bernau bei und verpflichte mich, für die Verbindlichkeiten der Genossenschaft dieser sowie unmittelbar ihren Gläubigern nach Maßgabe des Gesetzes mit meinem ganzen Vermögen zu haften.

Bernau, den 21. September 1928[1]**.**

Ernst Collin,
Ackerbürger in Bernau.

Darauf wird verfügt:

1. Einzutragen in die Liste der Genossen.
Sp. 1. 45.
Sp. 2. 28. September 1928.
Sp. 3. Collin, Ernst, Ackerbürger.
Sp. 4. Bernau.
2. Nachricht dem Vorstand und dem Collin unter Angabe der Nr. (45) der Liste[2]**.**
3. Beitrittserklärung zu den Akten.
Bernau, 28. September 1928. 3.

§ 119. b) Beteiligung eines Genossen auf mehrere Geschäftsanteile.

1. Bei Genossenschaften mit unbeschränkter Haftpflicht und bei Genossenschaften mit unbeschränkter Nachschußpflicht darf ein Genosse nicht auf mehr als einen Geschäftsanteil beteiligt sein. §§ 119, 126 GenG.

2. Bei Genossenschaften mit beschränkter Haftpflicht kann durch das Statut die Beteiligung des Genossen auf mehrere Geschäftsanteile[3], unter Festsetzung ihrer höchsten Zahl, gestattet werden. § 134 Abs. 1 GenG. Es darf aber die Beteiligung des Genossen auf einen zweiten Geschäftsanteil von der Genossenschaft nicht zugelassen werden, bevor der erste Geschäftsanteil erreicht ist. Das gleiche gilt von der Zulassung zu jedem weiteren Geschäftsanteile. § 136 GenG.

---

[1]) Das Datum ist nicht unbedingt erforderlich, vgl. oben unter Nr. 1.

[2]) Auf die Bekanntmachung kann gemäß §§ 130, 147 FGG verzichtet werden, was vielfach üblich und worauf hinzuwirken ist. AV v. 10. Mai 1921 (JMBl 307).

[3]) Durch Generalversammlungsbeschluß können mehrere Geschäftsanteile zusammengelegt werden. § 30 Abs. 5 VO; JFG 2 271 [OLG München] u. 276 (KG).

3. Ein Genosse, der auf einen weiteren Geschäftsanteil beteiligt sein will, hat darüber eine von ihm zu unterzeichnende unbedingte Erklärung abzugeben. § 137 Abs. 1 GenG. Bezüglich dieser Erklärung gilt das oben in § 118 für die Beitrittserklärung Gesagte.

4. Hat der Vorstand der Genossenschaft den Genossen zu dem weiteren Geschäftsanteile zugelassen, so ist die Erklärung im Originale von dem Vorstande zur Eintragung des weiteren Geschäftsanteils in die Liste der Genossen dem Gericht einzureichen. Zugleich hat der Vorstand schriftlich zu versichern, daß die übrigen Geschäftsanteile des Genossen erreicht seien. § 137 Abs. 2 GenG; vgl. hierzu die Strafbestimmung des § 147 GenG.

5. Die Einreichung und Versicherung müssen in der für die Willenserklärungen des Vorstandes vorgeschriebenen Form, insbesondere unter Mitwirkung der hiernach erforderlichen Zahl von Vorstandsmitgliedern bewirkt werden. § 7 Abs. 2 VO.

Bei der Einreichung der Urkunden hat der Vorstand die Nummer, unter der der Genosse in die Liste eingetragen ist, anzugeben. § 30 Abs. 3 VO.

6. Von der Prüfung der Urkunden gilt entsprechend das oben § 118 Gesagte. Jedoch wird hier der Richter noch prüfen müssen, ob es sich um eine Genossenschaft mit beschränkter Haftpflicht handelt, bei der das Statut eine Beteiligung des Genossen auf mehrere Geschäftsanteile zuläßt, und ob die Höchstzahl der zulässigen Anteile nicht überschritten ist.

7. Die weiteren Geschäftsanteile werden in den Sp. 5 und 6 der Liste eingetragen; der erste Geschäftsanteil wird nicht eingetragen. § 30 Abs. 1 VO.

Die Eintragung lautet z. B.:

Sp. 5. 17. März 1928.
Sp. 6. 1.

Würde derselbe Genosse noch einen weiteren Geschäftsanteil erwerben, so wäre unter vorstehender Eintragung zu vermerken:

Sp. 5. 22. Juni 1928.
Sp. 6. $\frac{1}{2}$.

8. Von der Eintragung wird der Genosse und der Vorstand sowie das Gericht einer etwaigen Zweigniederlassung benachrichtigt. § 158 Abs. 1 GenG.

9. Die Beteiligung auf den weiteren Geschäftsanteil tritt mit der Eintragung in Kraft. § 137 Abs. 3 GenG. Die Wirksamkeit der Eintragung ist von der erfolgten Einzahlung der bisherigen Geschäftsanteile und der Versicherung des Vorstandes, daß die übrigen Geschäftsanteile erreicht seien, nicht abhängig. Die Übernahme weiterer Geschäftsanteile, die in der Liste der Genossen eingetragen ist, kann also nicht deshalb angefochten werden, weil auf die Geschäftsanteile nichts eingezahlt sei (RG JW **1927** 268). Die Ein-

tragung ist nach Auflösung der Genossenschaft nicht mehr möglich (RG **117** 120).

10. In der Regel wird der Erwerber eines weiteren Geschäftsanteils bereits in der Liste der Genossen eingetragen sein; es ist aber auch zulässig, daß sowohl ein neu beitretender als auch ein bereits eingetragener Genosse gleichzeitig zur Beteiligung auf mehrere weitere Geschäftsanteile zugelassen werden kann, sofern sämtliche in Betracht kommende Geschäftsanteile, mit Ausnahme des letzten, voll bezahlt sind (KGJ **20** A 53; **30** A 309 [OLG München]; **50** 122; RG **62** 309; **73** 402)[1]. Die Eintragung darf auch hier nur erfolgen, wenn der Vorstand schriftlich versichert, daß die dem letzten Geschäftsanteile vorangehenden Anteile des neu beitretenden oder des bereits eingetragenen Genossen erreicht seien. Dasselbe gilt, wenn ein neuer Genosse das Geschäftsguthaben eines ausscheidenden Genossen, der bereits auf mehrere Geschäftsanteile beteiligt war, erwirbt (KGJ **30** A 309 [OLG München]). Zulässig ist auch eine satzungsmäßige Verpflichtung der Genossen zum gleichzeitigen Erwerb mehrerer Geschäftsanteile, deren Zahl sich nach bestimmten objektiven Merkmalen der wirtschaftlichen Verhältnisse der Genossen richtet (RG **62** 309; **73** 402; **117** 118; JFG **5** 279). Die Verpflichtung eines Genossen, sich mit mehreren Geschäftsanteilen eintragen zu lassen, also eine dem § 137 GenG. entsprechende Erklärung abzugeben, erlischt aber durch die Auflösung der Genossenschaft (RG **117** 116 ff).

§ 120. c) Ausscheiden einzelner Genossen.

1. Das Ausscheiden eines Genossen aus der Genossenschaft kann erfolgen:

a) durch Aufkündigung eines Genossen oder des Gläubigers eines solchen;

b) durch Aufgabe des Wohnsitzes eines Genossen bei Genossenschaften, deren Statut die Mitgliedschaft an den Wohnsitz innerhalb eines bestimmten Bezirkes knüpft;

c) durch Ausschließung eines Genossen;

d) durch Übertragung des Geschäftsguthabens;

e) durch Tod.

Nur diese Tatsachen bewirken das Ausscheiden eines Genossen. Andere Ausscheidungsgründe gibt es nicht und können deshalb auch statutarisch nicht festgesetzt werden (KGJ **11** 45; **34** A 209; **43** 115).

2. Ausscheiden durch Aufkündigung.

[1] Die Ansicht des KG (KGJ **50** 122), das die Verbindung der Beitrittserklärung mit der Erklärung der Beteiligung auf weitere Geschäftsanteile für unzulässig hält und zwei gesonderte Erklärungen erfordert, dürfte als zu formalistisch abzulehnen sein.

Jeder Genosse hat das Recht, durch Aufkündigung seinen Austritt aus der Genossenschaft zu erklären. Die Aufkündigung findet nur zum Schluß eines Geschäftsjahres statt. Sie ist an die Genossenschaft oder deren Vorstand zu richten. Sie muß mindestens drei Monate vorher schriftlich in deutscher Sprache (KGJ **39** A 133) erfolgen[1]). § 65 Abs. 1 und 2 GenG. Die Kündigungserklärung braucht nicht den Zeitpunkt anzugeben, für den die Kündigung erfolgt; es genügt, wenn aus der vom Vorstand abzugebenden schriftlichen Versicherung (s. unten) hervorgeht, daß die Kündigung rechtzeitig[2]) erfolgt ist (KGJ **23** A 112). Es genügt daher z. B. folgende Kündigungserklärung:

Bernau, den 27. August 1928.

An die Spar- und Darlehnskasse
hier.

Ich erkläre hiermit meinen Austritt aus Ihrer Genossenschaft.

Ernst Collin, Ackerbürger.

Der Vorstand muß dann schriftlich versichern, daß die Aufkündigung des Ernst Collin rechtzeitig zum 31. Dezember 1928 erfolgt ist, und muß beantragen, das Ausscheiden des Genossen in der Liste zu vermerken.

Der Genosse kann seinen Austritt aus der Genossenschaft mittels Aufkündigung auch durch einen Bevollmächtigten erklären; es bedarf dann nur die Aufkündigung, nicht auch die Vollmacht zu ihr der Schriftform (KGJ **27** A 67). Frauen können auch bei bestehendem Verwaltungsrechte des Mannes ohne dessen Genehmigung kündigen[3]). Während des Konkurses eines Mitglieds hat nicht dieses, sondern der Konkursverwalter das Kündigungsrecht[4]).

Auch der Gläubiger eines Genossen kann unter Umständen an Stelle des Genossen dessen Kündigungsrecht ausüben. Vorausgesetzt ist hierbei, daß der Gläubiger, nachdem innerhalb der letzten sechs Monate eine

---

[1]) Durch das Statut kann eine längere, jedoch höchstens zweijährige, bei einer ausschließlich oder überwiegend aus eingetragenen Genossenschaften bestehenden Genossenschaft fünfjährige Kündigungsfrist festgesetzt werden. Ein diesen Bestimmungen zuwiderlaufendes Abkommen ist ohne rechtliche Wirkung. § 65 Abs. 2, 3 GenG. Eine Erschwernis der Kündigung über § 65 hinaus ist unzulässig. Eine solche unzulässige Beschränkung des Kündigungsrechts ist eine statutarische Festsetzung eines Austrittsgeldes (RG **33** 36; **42** 81), eine vertragliche Verpflichtung des Genossen zu einer Leistung über die in § 65 vorgesehene Frist hinaus (RG **71** 391), ein Verbot des Wettbewerbs während des ersten Jahres nach dem Ausscheiden (RG **85** 304). Dagegen läuft die Satzungsbestimmung, daß eine die Gewährung von Darlehen an die Genossen bezweckende Genossenschaft im Falle des Ausscheidens eines Genossen zur Kündigung des ihm gegebenen Darlehens berechtigt ist, dem § 65 nicht zuwider (RG **91** 335).

[2]) Eine durch die Satzung eingeführte Verlängerung der Kündigungsfrist hat keinen Einfluß auf die Rechte der Mitglieder, die vor der Änderung auf Grund der früheren Bestimmung gekündigt haben (RJA **14** 160).

[3]) OLG Rostock OLG **42** 217; Parisius-Crüger Anm. 6 zu § 65; Schlegelberger Anm. 9 zu § 147 FGG.

[4]) Parisius-Crüger Anm. 6 zu § 65.

Zwangsvollstreckung in das Vermögen des Genossen fruchtlos versucht ist, die Pfändung und Überweisung des ihm bei der Auseinandersetzung mit der Genossenschaft zukommenden Guthabens erwirkt hat, und daß der Schuldtitel nicht bloß vorläufig vollstreckbar ist. Auch muß der Gläubiger der Aufkündigung eine beglaubigte Abschrift[1]) des Schuldtitels und der Urkunden über die fruchtlose Zwangsvollstreckung beifügen. § 66 GenG. Anstatt nach § 66 vorzugehen, kann der Gläubiger des Genossen nicht eine Pfändung und Überweisung des Kündigungsrechts erwirken und dieses an Stelle des Genossen gegenüber der Genossenschaft ausüben (KGJ **34** A 208).

Der Vorstand ist in der für seine Willenserklärungen vorgeschriebenen Form, insbesondere unter Mitwirkung der hiernach erforderlichen Zahl von Vorstandsmitgliedern (§ 7 Abs. 2 VO) verpflichtet, die Aufkündigung des Genossen oder des Gläubigers in Urschrift mindestens sechs Wochen vor dem Ende des Geschäftsjahres, zu dessen Schlusse sie stattgefunden hat, dem Gerichte zur Liste der Genossen einzureichen[2]). Er hat ferner beizufügen:

a) im Falle der Aufkündigung eines Genossen außer der Kündigungserklärung eine schriftliche, von ihm (dem Vorstand) unterzeichnete Versicherung, daß die Aufkündigung rechtzeitig erfolgt sei[3]);

b) im Falle der Aufkündigung des Gläubigers eines Genossen außer der schriftlichen Kündigungserklärung die Versicherung des Vorstandes, daß die Aufkündigung rechtzeitig erfolgt sei; außerdem eine beglaubigte Abschrift[4]) des rechtskräftigen Urteils oder sonstigen Schuldtitels und eine beglaubigte Abschrift[4]) des Beschlusses, durch den das Geschäftsguthaben des Genossen für den Gläubiger gepfändet und diesem überwiesen ist, sowie des Protokolls des Gerichtsvollziehers oder der sonstigen Urkunden, aus denen sich die Fruchtlosigkeit einer innerhalb der letzten sechs Monate vor der Pfändung und Überweisung des Geschäftsguthabens gegen den Genossen versuchten Zwangsvollstreckung ergibt.

§ 69 Abs. 1 GenG; § 31 Nr. 1 und 2 VO.

Bei der Einreichung der Urkunden ist die Nummer, unter der der ausscheidende Genosse in die Liste eingetragen ist, anzugeben. § 32 Abs. 4 VO.

---

[1]) Diese beglaubigte Abschrift kann nicht durch die der Genossenschaft behufs Verwirklichung des Pfändungs- und Überweisungsbeschlusses zugestellte, nur zum Zwecke der Zustellung beglaubigte Abschrift ersetzt werden (KGJ **37** A 173).

[2]) Die Einreichung der im Laufe des Geschäftsjahres erfolgten Aufkündigungen kann bis zu dem bezeichneten Zeitpunkt aufgeschoben und zusammen bewirkt werden. § 32 Abs. 1 VO.

[3]) Die Versicherung ist keine empfangsbedürftige Willenserklärung; § 130 Abs. 3 BGB findet auf sie keine Anwendung. KG Recht **06** 46.

[4]) Die Beglaubigung muß durch eine zuständige Behörde oder einen zuständigen Beamten oder Notar erfolgen. § 8 Abs. 2 VO. Nach Art. 35 PrFGG ist als zuständiger Beamter auch der Urkundsbeamte der Geschäftsstelle anzusehen. Vgl. auch RJA **10** 31.

Das Gericht hat nur die äußerliche Rechtsbeständigkeit der Kündigung, also insbesondere die vorschriftsmäßige Beschaffenheit und Vollständigkeit der erforderlichen Urkunden zu prüfen (KGJ **23** A 112; **27** A 67). Auf die Echtheit der Unterschrift des Aufkündigenden und die Wirksamkeit und Rechtzeitigkeit der Kündigung (OLG **4** 309 [OLG Colmar]) erstreckt sich die Prüfung des Gerichts nicht; vielmehr bleibt es im allgemeinen den Beteiligten überlassen, Mängel in dieser Richtung im Wege der Klage geltend zu machen[1]). Eine Ablehnung der Eintragung aus solchen Gründen ist jedoch nicht ausgeschlossen, falls die Unwirksamkeit der Kündigungserklärung, ohne daß es weiterer Ermittlungen bedarf, aus den dem Gerichte bekannten Tatsachen sich als zweifellos[2]) ergibt. §§ 32 Abs. 5, 29 Abs. 3, 4 VO.

Das Ausscheiden des Genossen wird in den Sp. 7 und 9 der Liste eingetragen, und zwar enthalten:

Sp. 7. den Tag der Eintragung;

Sp. 8. die das Ausscheiden begründende Tatsache, d. h. die Aufkündigung und zugleich den Jahresschluß, zu dem die Aufkündigung erfolgt ist;

Sp. 9. den Tag des Ausscheidens. Da regelmäßig das Ausscheiden nur zum Schlusse eines Geschäftsjahrs und nur nach erfolgter Eintragung wirksam wird, so kann als Zeitpunkt des Ausscheidens regelmäßig nur der letzte Tag des Geschäftsjahrs, in dem die Eintragung stattfindet, eingetragen werden.

§ 70 Abs. 1 GenG; § 33 Abs. 1 und 2, 34 Abs. 1 VO.

Soll nach den eingereichten Urkunden das Ausscheiden nicht zum Schlusse des laufenden, sondern eines späteren Geschäftsjahrs stattfinden, so ist dieser spätere Zeitpunkt einzutragen. § 34 Abs. 2 VO.

Wird die Einreichung der Urkunden oder die Eintragung selbst erst nach dem Jahresschlusse, mit dem das Ausscheiden stattfinden sollte, bewirkt, so kann das Ausscheiden erst mit dem nächsten Jahresschlusse wirksam werden; in diesem Falle ist deshalb der letztere Zeitpunkt als Tag des Ausscheidens in die Liste einzutragen. § 34 Abs. 3 VO.

Die Eintragungsverfügung lautet z. B.:

1. Einzutragen in die Liste der Genossen zu Nr. 45.
Sp. 7. 2. September 1928.
Sp. 8. Aufkündigung für den 31. Dezember 1928.
Sp. 9. 31. Dezember 1928.

---

[1]) Die Beseitigung der Eintragung ist übrigens nur dann geboten, wenn die eingetragene Tatsache unrichtig, wenn also insbesondere keine rechtsgültige Aufkündigung erfolgt ist. Dagegen kann die Eintragung auf Verlangen eines Beteiligten oder von Amts wegen nicht etwa dann beseitigt werden, wenn nur die urkundlichen Nachweisungen mangelhaft waren und trotzdem das Ausscheiden des Genossen in die Liste eingetragen ist. KGJ **27** A 67.

[2]) Bloße Zweifel an der Rechtswirksamkeit der Erklärung können also nicht zur Ablehnung der Eintragung führen. KGJ **23** A 112.

Von der Eintragung ist der Genosse oder der Gläubiger, der Vorstand und das Gericht einer etwaigen Zweigniederlassung zu benachrichtigen. § 72 Abs. 1 und § 158 Abs. 1 GenG. Die behufs der Eintragung eingereichten Urkunden bleiben in der Verwahrung des Gerichts. § 72 Abs. 2 GenG. — Infolge der Eintragung scheidet der Genosse mit dem in der Liste vermerkten Jahresschlusse, wenn jedoch die Eintragung erst im Laufe eines späteren Geschäftsjahres bewirkt wird, mit dem Schlusse des letzteren aus der Genossenschaft aus. § 70 Abs. 2 GenG. Diese Vorschrift gilt auch bei ungebührlicher Verzögerung der Eintragung oder unrichtiger Eintragung des Zeitpunkts des Ausscheidens (JFG 1 250 [BayObLG]). Sie gilt nicht nur gegenüber den Gläubigern, sondern auch im Verhältnis zur Genossenschaft und bezweckt, allen Beteiligten volle Klarheit über den Mitgliederbestand zu verschaffen (vgl. RG **49** 29; **57** 292; **69** 366)[1]).

Besonderheiten gelten im Falle der Einleitung des Vergleichsverfahrens. Hat nämlich ein Genosse seinen Austritt aus der Genossenschaft erklärt oder der Gläubiger eines Genossen das Kündigungsrecht ausgeübt, so scheidet der Genosse nicht vor dem Schlusse des Geschäftsjahrs aus, in dem das Vergleichsverfahren endet oder, wenn in einem Vergleich eine Stundung bewilligt wird, die Stundung abläuft. Die Erklärung des Genossen oder des Gläubigers über den Austritt oder die Kündigung ist spätestens sechs Wochen vor dem Ende des Geschäftsjahrs, mit dessen Schlusse der Genosse ausscheidet, oder, wenn das Vergleichsverfahren innerhalb der letzten sechs Wochen dieses Jahres endet, unverzüglich zu der Liste der Genossen einzureichen. Der Jahresschluß, zu dem der Genosse ausscheidet, ist erst nach Beendigung des Vergleichsverfahrens in die Liste der Genossen einzutragen; ist er bereits früher eingetragen, so ist nachträglich zu vermerken, daß ein Vergleichsverfahren eröffnet worden ist. § 91 Nr. 6. Vgl. VO vom 5. Juli 1927.

3. Ausscheiden durch Aufgabe des Wohnsitzes.

Ist durch das Statut die Mitgliedschaft an den Wohnsitz innerhalb eines bestimmten Bezirks geknüpft, so kann ein Genosse, der den Wohnsitz in dem Bezirk aufgibt, zum Schlusse des Geschäftsjahres seinen Austritt schriftlich erklären. Ebenso kann die Genossenschaft dem Genossen schriftlich erklären, daß er zum Schlusse des Geschäftsjahres auszuscheiden habe. § 67 Abs. 1 und 2 GenG. Der § 67 ist nicht ausdehnend auszulegen. Unter Wohnsitz im Sinne dieses Paragraphen ist nur der Wohnsitz gemäß § 7 BGB, nicht auch die bloße Betriebsstätte zu verstehen (KGJ **43** 113).

Der Vorstand hat dem Gericht einzureichen: die Austrittserklä-

---

[1]) Es ist deshalb ein etwa erfolgtes vertragsmäßiges Anerkenntnis des Vorstandes, wonach der Austritt schon früher erfolgt ist, unbeachtlich (RG LZ **1913** 616). Nach bewirkter Eintragung der Kündigung in der Liste ist auch die Zurücknahme der Kündigung im Einverständnis mit der Genossenschaft unzulässig (KGJ **50** 120).

rung des Genossen oder eine Abschrift[1]) der an den Genossen gerichteten Erklärung, mit der die Genossenschaft das Ausscheiden des Genossen verlangt hat, sowie eine Bescheinigung der Polizei- oder Gemeindebehörde über den Wegzug aus dem Bezirke. §§ 67 Abs. 3, 69 GenG. Die Einreichung muß spätestens sechs Wochen vor dem Schlusse des Geschäftsjahrs erfolgen. Es kann aber auch hier wieder die Einreichung der im Laufe des Geschäftsjahrs abgegebenen Erklärungen bis zu dem bezeichneten Zeitpunkt aufgeschoben und zusammen bewirkt werden. Sind die Erklärungen erst in den letzten sechs Wochen des Geschäftsjahrs abgegeben, so sind sie unverzüglich einzureichen. § 32 Abs. 2 VO. Auch hier wieder ist bei der Einreichung der Urkunden die Nummer, unter der der ausscheidende Genosse eingetragen ist, anzugeben. § 32 Abs. 4 VO.

Im übrigen gilt das unter 2 Gesagte auch hier.

Die Eintragung in Sp. 8 der Liste wird z. B. lauten:

Wegen Aufgabe des Wohnsitzes im Bezirk ausgetreten zum 31. Dezember 1928.

4. Ausscheiden durch Ausschließung.

Ein Genosse kann wegen des Verlustes der bürgerlichen Ehrenrechte sowie wegen der Mitgliedschaft in einer andern Genossenschaft, die an demselben Ort ein gleichartiges Geschäft betreibt, zum Schlusse des Geschäftsjahrs aus der Genossenschaft ausgeschlossen[2]) werden. Aus Vorschuß- und Kreditvereinen kann die Ausschließung wegen der Mitgliedschaft in einer andern solchen Genossenschaft auch dann erfolgen, wenn die letztere ihr Geschäft nicht an demselben Orte betreibt. Durch das Statut können sonstige Gründe der Ausschließung festgesetzt werden. § 68 Abs. 1 und 2 GenG.

Die Ausschließung erfolgt in Ermangelung statutarischer Vorschriften durch den Vorstand. Das Statut kann mehrere Genossenschaftsorgane nebeneinander für zuständig erklären (KGJ **36** A 264 [OLG München]).

Der Vorstand ist verpflichtet, mindestens sechs Wochen vor dem Ende des Geschäftsjahrs[3]) Abschrift[1]) des Ausschließungsbeschlusses dem Gericht einzureichen. § 69 Abs. 2 Satz 1 GenG. Des Nachweises der Behändigung des Beschlusses an den ausgeschlossenen Genossen bedarf es nicht, da die Prüfung der Rechtswirksamkeit des Ausschlusses im übrigen nicht

---

[1]) Einfache Abschrift genügt. § 8 Abs. 2 VO.

[2]) Der Ausschluß kann nach Erschöpfung der statutarischen Instanzen (OLG **34** 352) im Wege der Klage angefochten werden (KGJ **32** A 303; RG **51** 89). Der Ausschluß des Rechtsweges ist unzulässig (RG **57** 154). Trotz Anfechtung kann aber die Eintragung erfolgen (KGJ **15** 59); das Registergericht kann aber auch die Entscheidung nach § 127 FGG aussetzen.

[3]) Erfolgt der Beschluß später, so ist die Einreichung ohne Verzug zu bewirken. § 69 Abs. 2 Satz 2 GenG.

dem Registergericht, sondern dem Prozeßgericht zusteht (KG RJA **11** 103; OLG Kiel OLG **43** 322).

Bei der Eintragung ist außer der Tatsache der Ausschließung in Sp. 8 auch der Jahresschluß, zu dem die Ausschließung erfolgt ist, zu vermerken. § 33 Abs. 2 VO.

Die Eintragung in Sp. 8 lautet z. B.:

Ausschließung zum 31. Dezember 1928.

Im übrigen vgl. das oben zu 2 Gesagte.

5. Ausscheiden durch Übertragung des Geschäftsguthabens.

Ein Genosse[1]) kann zu jeder Zeit, auch im Laufe des Geschäftsjahrs, sein Geschäftsguthaben mittels schriftlicher Übereinkunft einem andern übertragen[2]) und hierdurch aus der Genossenschaft ohne Auseinandersetzung mit ihr austreten[3]), sofern der Erwerber an seiner Stelle Genosse wird, oder sofern dieser schon Genosse ist und dessen bisheriges Guthaben mit dem ihm zuzuschreibenden Betrage den Geschäftsanteil nicht übersteigt. § 76 Abs. 1 GenG. Es genügt nicht, daß der, der sein Guthaben übertragen will, dies schriftlich erklärt, und der angebliche Erwerber schriftlich seinen Beitritt zu der Genossenschaft erklärt; der Erwerber muß vielmehr die Erklärung des Übertragenden ausdrücklich schriftlich annehmen (KGJ **21** D 15 [OLG München]).

Der Vorstand hat unverzüglich einzureichen:

a) in allen Fällen die zwischen dem Ausscheidenden und dem Erwerber des Guthabens wegen der Übertragung geschlossene Übereinkunft (KGJ **21** D 15 [OLG München]) oder eine beglaubigte Abschrift[4]) der Übereinkunft und außerdem:

b) falls der Erwerber bereits Mitglied der Genossenschaft ist, die schriftliche Versicherung des Vorstandes[5]), daß das bisherige Geschäftsguthaben des Erwerbers mit dem ihm zuzuschreibenden Betrage den Geschäftsanteil oder — bei Genossenschaften mit beschränkter Haftpflicht, bei denen das Statut die Beteiligung des Genossen auf mehrere Geschäfts-

---

[1]) Die Frage, ob eine Übertragung des Geschäftsguthabens nach § 76 GenG auch durch die Erben des Genossen erfolgen kann, ist bestritten. Das KG (JFG **4** 238) bejaht die Frage im Gegensatz zu Parisius-Crüger Anm. 7 zu § 76.

[2]) Das Statut kann eine solche Übertragung ausschließen oder an weitere Voraussetzungen knüpfen. § 76 Abs. 1 Satz 2 GenG.

[3]) Ein Genosse kann aber nicht mit einem oder einigen Geschäftsanteilen ausscheiden und mit den übrigen Mitglied bleiben (KGJ **15** 58; OLG **19** 361).

[4]) Die Beglaubigung hat durch eine zuständige Behörde oder einen zuständigen Beamten oder Notar zu erfolgen. § 8 Abs. 2 VO.

[5]) Diese Versicherung hat der Vorstand in der für seine Willenserklärungen vorgeschriebenen Form, insbesondere unter Mitwirkung der hiernach erforderlichen Zahl von Mitgliedern abzugeben. § 7 Abs. 2 VO.

anteile zuläßt — die der höchsten Zahl der Geschäftsanteile entsprechende Gesamtsumme nicht übersteigt[1]);

c) falls der Erwerber des Guthabens noch nicht Mitglied der Genossenschaft ist, die vorschriftsmäßige schriftliche Beitrittserklärung (vgl. oben § 118). § 76 Abs. 2 GenG; § 31 Nr. 5 VO.

Auch hier ist wieder bei Einreichung der Urkunden die Nummer, unter der der ausscheidende Genosse in die Liste eingetragen ist, anzugeben. § 32 Abs. 4 VO.

Im übrigen gilt das oben unter 2 Gesagte.

Was insbesondere die Prüfungspflicht des Registergerichts anlangt, so ist nur die zwischen dem Ausscheidenden und dem Erwerber des Guthabens wegen der Übertragung geschlossene Übereinkunft und die Beitrittserklärung des Erwerbers sowie die Einreichung dieser Urkunden durch den Vorstand auf ihre Ordnungsmäßigkeit zu prüfen. Dagegen hat das Registergericht die Echtheit der Unterschrift und die Wirksamkeit der in der Urkunde enthaltenen Erklärungen nicht nachzuprüfen und kann z. B. nicht verlangen, daß die nach dem Statut zur Übertragung des Geschäftsguthabens erforderliche Genehmigung des Aufsichtsrats beigebracht wird, es sei denn, daß die Unwirksamkeit der Erklärung und die Nichtgenehmigung des Aufsichtsrats, ohne daß es weiterer Ermittlungen bedarf, aus den dem Gericht bekannten Tatsachen sich als zweifellos ergibt (KGJ **40** 79).

Bei der Eintragung sind in Sp. 8 außer der Übertragung die Person des Erwerbers und die laufende Nummer, unter der er in die Liste eingetragen ist oder eingetragen wird, anzugeben. Ist der Erwerber noch nicht Genosse, so darf die Übertragung nur gleichzeitig mit dem Beitritte des Erwerbers eingetragen werden. § 33 Abs. 3 VO.

Das Ausscheiden des Genossen wird in diesem Fall unmittelbar durch die Eintragung wirksam (KGJ **21** D 15 [OLG München]); der Tag der letzteren ist deshalb auch der Zeitpunkt des Ausscheidens und als solcher in der Liste zu vermerken. § 34 Abs. 4 VO.

Die Eintragung lautet z. B.:

Sp. 7. 6. Juni 1928.
Sp. 8. Übertragung des Guthabens an den Kaufmann Ernst Krause (Nr. 37).
Sp. 9. 6. Juni 1928.

6. Ausscheiden durch den Tod.

---

[1]) Außerdem muß im letztern Falle, wie oben § 119 erwähnt, eingereicht werden:

a) eine von dem Genossen zu unterzeichnende unbedingte Erklärung über die Beteiligung auf einen weiteren Geschäftsanteil;

b) die schriftliche Versicherung des Vorstandes, daß die übrigen Geschäftsanteile des Genossen erreicht seien.

Ein Genosse gilt im Falle seines Todes[1]) mit dem Schlusse des Geschäftsjahrs, in dem der Tod erfolgt ist, als ausgeschieden. § 77 Abs. 1 GenG. Der Tod eines Genossen bewirkt also sein Ausscheiden nicht mit sofortiger Wirkung, sondern erst mit Wirkung zu dem angegebenen Zeitpunkt. Bis dahin setzen die Erben die Mitgliedschaft, die im übrigen nach zwingendem Recht unvererblich ist (KGJ **30** A 153), fort (JFG **4** 240).

Der Vorstand hat eine Anzeige von dem Tode des Genossen ohne Verzug dem Gerichte zur Liste der Genossen einzureichen. § 77 Abs. 2 GenG. Die Einreichung hat in der für die Willenserklärungen des Vorstandes vorgeschriebenen Form, insbesondere unter Mitwirkung der hiernach erforderlichen Zahl von Vorstandsmitgliedern zu erfolgen. § 7 Abs. 2 VO. Als Anzeige genügt eine von den Angehörigen des Verstorbenen veröffentlichte oder der Gesellschaft erstattete Anzeige und mangels einer solchen die Erklärung des Vorstandes, daß der Todesfall eingetreten sei. § 31 Nr. 6 VO.

Bei der Einreichung ist auch hier wieder die Nummer, unter der der gestorbene Genosse in die Liste eingetragen ist, anzugeben. § 32 Abs. 4 VO. Die Erben brauchen bei der Anmeldung nicht namhaft gemacht zu werden; jedenfalls ist der Vorstand zur Angabe der Erben nicht verpflichtet[2]).

Bei der Eintragung ist in Sp. 8 der Zeitpunkt des Todes[3]) zu vermerken. § 33 Abs. 4 VO. Als Zeitpunkt des Ausscheidens des verstorbenen Genossen ist auch bei verspäteter Einreichung der Todesanzeige der letzte Tag desjenigen Geschäftsjahrs, in dem der Todesfall eingetreten ist, einzutragen. § 34 Abs. 3 VO. Dies ist erforderlich, weil nach § 77 Abs. 1 GenG die Erben die Mitgliedschaft des Verstorbenen nur bis zum Schlusse des Geschäftsjahrs, in dem der Tod erfolgt ist, fortsetzen[4]).

Beispiel einer Eintragung:

Sp. 7. 10. August 1929.
Sp. 8. Gestorben am 28. Juli 1929.
Sp. 9. 31. Dezember 1929.

---

[1]) Bestritten ist die Frage, ob die Auflösung eines der Genossenschaft als Mitglied angehörenden Personenvereins, z. B. einer offenen Handelsgesellschaft, die Genosse ist, wie der Tod eines Genossen wirkt. Sie wird vom Reichsgericht (RG **87** 408; JW **1929** 661), neuerdings auch vom Kammergericht (JFG **4** 245; a. M. KGJ **14** 53; OLG **32** 134) und vom OLG Dresden (JFG 2 267) bejaht. Die Auflösung bewirkt also, daß ein solcher Genosse mit dem Schlusse des Geschäftsjahres, in dem die Auflösung erfolgt ist, als ausgeschieden gilt.

[2]) Parisius-Crüger Anm. 10 zu § 77.

[3]) Dieser Zeitpunkt muß also aus der Anmeldung des Vorstandes oder der eingereichten Anzeige hervorgehen.

[4]) Die Aufnahme einer Vorschrift in das Statut des Inhalts, daß das Geschäftsguthaben des verstorbenen Genossen der Genossenschaft verbleibt, ist unzulässig, da die Auseinandersetzung ausgeschiedener Genossen, im Falle ihres Todes auch ihrer Erben, mit der Genossenschaft in den §§ 73, 77 GenG in erschöpfender Weise geregelt ist (KGJ **34** A 186).

Im übrigen gilt auch hier das oben unter 2 Gesagte.

7. Das Gesetz kennt auch Vormerkungen zur Sicherung des Ausscheidens, um dem Genossen ein Mittel zu gewähren, in Fällen, in denen der Vorstand die Einreichung unterläßt oder verzögert, das Recht auf Ausscheiden selbständig zu wahren. Auf Antrag des Genossen nämlich, der das Ausscheiden beansprucht, im Falle des § 66 GenG auf Antrag des Gläubigers des Genossen, hat das Gericht die Tatsache, auf Grund deren das Ausscheiden, und den Jahresschluß, zu dem es beansprucht wird, ohne Verzug in der Liste vorzumerken. § 71 Abs. 1 GenG. Der schriftlich oder zum Protokoll der Geschäftsstelle zu stellende Antrag bedarf keiner Beglaubigung. Die Tatsachen, auf die der Anspruch gegründet wird (rechtzeitig bewirkte Aufkündigung, Übertragung des Geschäftsguthabens, Tod des Erblassers usw.) sind anzugeben; des Nachweises oder der Glaubhaftmachung bedarf es nicht § 35 Abs. 1 VO. Jedoch kann das Gericht die Eintragung deshalb ablehnen, weil die vorgebrachten Tatsachen das Ausscheiden nicht begründen (KGJ **43** 114).

Die Vormerkungen werden in den Sp. 7 und 8 eingetragen. In Sp. 7 wird der Tag der Vormerkung, in Sp. 8 die Tatsache, auf die der Anspruch gegründet wird, z. B. Aufkündigung, Tod usw., und außerdem der Zeitpunkt, zu dem das Ausscheiden beansprucht wird, angegeben. Dieser Zeitpunkt bestimmt sich nach den Grundsätzen, die maßgebend sein würden, wenn statt der Vormerkung das Ausscheiden selbst einzutragen wäre. § 35 Abs. 2 VO. Erkennt der Vorstand in der für seine Willenserklärungen vorgeschriebenen Weise, insbesondere unter Mitwirkung der hiernach erforderlichen Zahl von Vorstandsmitgliedern (§ 7 Abs. 2 VO) den Anspruch in beglaubigter Form[1])[2]) an, oder wird er zur Anerkennung rechtskräftig verurteilt, so ist dies bei Einreichung des Anerkenntnisses oder Urteils der Vormerkung hinzuzufügen. Infolgedessen gilt der Austritt oder die Ausschließung als am Tage der Vormerkung eingetragen. § 71 Abs. 2 GenG. In der Sp. 9 wird nunmehr der Zeitpunkt des Ausscheidens eingetragen. § 35 Abs. 2 VO.

Von der Eintragung der Vormerkung hat das Gericht den Vorstand und den Genossen, im Falle des § 66 GenG auch den Gläubiger, und außerdem stets das Gericht einer etwaigen Zweigniederlassung zu benachrichtigen. §§ 72 Abs. 1 und 158 Abs. 1 GenG.

---

[1]) Außer den Notaren und den sonst zuständigen Behörden und Beamten können auch der Gemeindevorsteher sowie die Polizeibehörde die Beglaubigung der Unterschriften bewirken. § 8 Abs. 1 VO.

[2]) Hat das Registergericht die Anerkennung des vorgemerkten Anspruchs infolge einer entsprechenden Erklärung des Vorstandes in die Liste der Genossen eingetragen, so kann diese Eintragung nicht nachträglich von Amts wegen deshalb gelöscht werden, weil die Anerkennungserklärung nicht in beglaubigter Form abgegeben ist (KGJ **35** A 366 [OLG München]).

Die behufs der Vormerkung eingereichten Urkunden bleiben in der Verwahrung des Gerichts. § 72 Abs. 2 GenG.

Beispiel einer Vormerkung:

Sp. 7. 12. August 1929.

Sp. 8. Vorgemerkt Kündigung zum 31. Dezember 1929.

Nach Anerkennung der rechtzeitigen Kündigung durch den Vorstand und Einreichung des Anerkenntnisses wird in Sp. 8 hinzugefügt:

Anerkannt.

Gleichzeitig wird in Sp. 9 vermerkt:

31. Dezember 1929.

§ 121. d) Veränderungen im Vorstande[1]).

1. Der Vorstand besteht aus zwei Mitgliedern und wird von der Generalversammlung gewählt. Durch das Statut kann aber eine höhere Mitgliederzahl sowie eine andere Art der Bestellung festgesetzt werden. § 24 Abs. 2 GenG. Es braucht aber im Statut nicht eine bestimmte Zahl angegeben zu sein (KGJ **34** A 176). Zu Vorstandsmitgliedern können nur Genossen gewählt werden; sie brauchen aber nicht schon zur Zeit der Wahl sondern erst bei der Anmeldung Genossen zu sein (KGJ **18** 32). Erst mit der Eintragung des Vorstandsmitgliedes in die Liste der Genossen wird in diesem Fall die Wahl wirksam. Gehören der Genossenschaft einzelne eingetragene Genossenschaften als Mitglieder an, oder besteht die Genossenschaft ausschließlich aus solchen, so können Mitglieder der letzteren in den Vorstand berufen werden. § 9 Abs. 2 GenG. Die Mitglieder einer der Genossenschaft als Mitglied angehörenden Körperschaft anderer Art, z. B. eines eingetragenen Vereins, können dagegen nicht zu Mitgliedern des Vorstandes der Genossenschaft bestellt werden (KG DNotVZ **1928** 244).

2. Die Mitglieder des ersten Genossenschaftsvorstandes werden mit dem Beginn ihres Amtes zusammen mit der Genossenschaft angemeldet. Dasselbe gilt für den Fall der Bestellung von Stellvertretern behinderter Vorstandsmitglieder. § 35 GenG; § 18 Abs. 1 VO. Auch jede Änderung des Vorstandes[2]) sowie die Beendigung der Vertretungsbefugnis[3]) eines Vorstandsmitgliedes sind bei Vermeidung von Ordnungsstrafen durch sämtliche Mitglieder des Vorstandes[4]) persönlich oder in beglaubigter Form[5]) zur Eintragung anzumelden. §§ 28, 157 Abs. 1, 160 Abs. 1 GenG;

---

[1]) Veränderungen im Aufsichtsrate werden nicht zum Register angemeldet.

[2]) Unter Änderung des Vorstandes versteht man den Fall, daß andere Personen in den Vorstand kommen, oder daß die Zahl der Vorstandsmitglieder verringert wird. Parisius-Crüger Anm. 1 zu § 28.

[3]) Als Beendigung der Vertretungsbefugnis gilt auch eine vorläufige Enthebung durch den Aufsichtsrat. § 40 GenG; § 18 Abs. 2 VO.

[4]) Die ausgeschiedenen Vorstandsmitglieder wirken nicht mit.

[5]) Die Beglaubigung können auch die Gemeindevorsteher und Polizeibehörden bewirken. § 8 Abs. 1 VO.

§ 6 VO. Daß bei der Anmeldung des ersten Vorstandes sämtliche Mitglieder ihre Unterschrift — nicht etwa die Firma — vor dem Gerichte zu zeichnen oder die Zeichnung in beglaubigter Form einzureichen haben, ist schon oben § 115 hervorgehoben. Bei Veränderungen im Vorstande haben die neuen Mitglieder diese Zeichnung zu bewirken. § 28 Abs. 2 GenG.

3. Der Anmeldung ist eine einfache Abschrift der Urkunden über die Bestellung oder über die Beendigung der Vertretungsbefugnis eines Vorstandsmitgliedes beizufügen. Die Abschrift wird bei dem Gericht aufbewahrt. § 28 Abs. 1 GenG; § 8 Abs. 2 VO.

4. Die Anmeldungen und Einreichungen müssen auch zu dem Register einer jeden Zweigniederlassung erfolgen. § 157 Abs. 2 GenG.

5. Vor der Eintragung hat das Registergericht in eine Prüfung der überreichten Urkunde z. B. über die Bestellung von Vorstandsmitgliedern daraufhin einzutreten, ob sie an sich ordnungsmäßig und vollständig ist, insbesondere auch in bezug auf die Unterzeichnung des Protokolls (KGJ **35** A 190) und ob sie ihrem Inhalt nach den gesetzlichen und statutarischen Vorschriften über die Beurkundung der Beschlüsse des den Vorstand bestellenden Organs entspricht und die nachgesuchte Eintragung rechtfertigt. In dem Regelfall, daß die Vorstandswahl durch die Generalversammlung erfolgt, braucht die Urkunde nach dem Gesetz nur das Wahlergebnis, nicht aber die Art der Wahl und der Einberufung der Generalversammlung zu enthalten (KGJ **34** A 200; vgl. auch **35** A 190). Die Eintragung der angemeldeten Veränderungen erfolgt in Sp. 6 des Registers unter Voranstellung eines kleinen lateinischen „f". Art. 3 Nr. 6 AV vom 8. November 1899. Die Vorstandsmitglieder sind hierbei in Sp. 5 nach Familiennamen, Vornamen, Beruf und Wohnort anzugeben. § 18 Abs. 1 VO. Eine Beschränkung der Vertretungsbefugnis des Vorstandes kann nicht eingetragen werden, weil eine Beschränkung der Befugnis des Vorstandes, die Genossenschaft zu vertreten, gegen dritte Personen keine rechtliche Wirkung hat. § 18 Abs. 3 VO, § 27 Abs. 2 GenG.

Die Eintragung[1]) in Sp. 6 lautet z. B.:

f) Der Ackerbürger Friedrich Lehmann ist aus dem Vorstand ausgetreten und an seiner Stelle der Gastwirt Max Braun in den Vorstand gewählt.

§ 122. e) Abänderungen des Statuts.

1. Der Beschluß der Generalversammlung, durch den eine Abänderung des Statuts beschlossen wird[2]), ist von sämtlichen Mitgliedern des Vor-

[1]) Eine öffentliche Bekanntmachung der Eintragung erfolgt nach der Novelle vom 12. Mai 1923 nicht mehr, dagegen ist dem Finanzamt Mitteilung zu machen. AV d. JM v. 30. Oktober 1926 (JMBl 387).

[2]) Auch im Liquidationszustande kann die Genossenschaft noch Satzungsänderungen beschließen mit Ausnahme von solchen, die dem Zweck und Wesen der Liquidation widersprechen (RG **121** 253; a. M. Parisius-Crüger Anm. 34 zu § 7 und Anm. 3 zu § 83).

standes persönlich oder in beglaubigter Form[1]) zum Register der Haupt- und einer jeden Zweigniederlassung anzumelden. §§ 16 Abs. 3, 157 GenG, § 6 VO. Die Anmeldung kann durch Ordnungsstrafen nicht erzwungen werden; vgl. § 160 Abs. 1 GenG. Ein mittelbarer Zwang zur Anmeldung liegt aber darin, daß nach § 16 Abs. 4 GenG der Beschluß keine rechtliche Wirkung hat, bevor er in das Genossenschaftsregister des Sitzes der Genossenschaft eingetragen ist.

Da nach § 16 Abs. 1 GenG eine Abänderung des Statuts nur durch die Generalversammlung beschlossen werden kann, so muß der Anmeldung der Beschluß der Generalversammlung[2]) in zwei einfachen Abschriften beigefügt werden. § 16 Abs. 3 GenG. Besteht die Satzungsänderung in der Bestimmung eines neuen Gegenstandes des Unternehmens, z. B. von Versicherungsgeschäften, so muß auch noch die Urkunde über die wegen des Gegenstandes des Unternehmens etwa erforderliche staatliche Genehmigung verlangt werden (KGJ **24** A 203).

2. Der Registerrichter hat bezüglich des Beschlusses nur zu prüfen[3]), ob er wegen Verstoßes gegen zwingende Vorschriften des Gesetzes oder des Status nichtig ist (KGJ **34** A 196; **41** 151; RJA **9** 34; **10** 259; **14** 51). Er hat daher die Eintragung einer Satzungsänderung, die nach dem Statut die Anwesenheit aller Mitglieder bei der Beschlußfassung erfordert, oder die nur mit Zustimmung aller Genossen[4]) beschlossen werden kann, abzulehnen, wenn der Beschluß gegen diese Bestimmung verstößt, da die Verletzung dieser Vorschriften ohne weiteres die Nichtigkeit, nicht etwa nur eine im Wege der Klage gemäß § 51 GenG geltend zu machende Anfechtbarkeit des Beschlusses bewirkt (RG **76** 170; RJA **11** 100; KGJ **41** 151). Nichtig ist auch ein Beschluß einer Generalversammlung, wenn in

---

[1]) Außer Gerichten, Notaren usw. können auch die Gemeindevorsteher und Polizeibehörden die Beglaubigung bewirken. § 8 Abs. 1 VO.

[2]) Eine Form für den Beschluß ist nicht vorgeschrieben. Es genügt daher einfache Schriftform, falls das Statut nicht gerichtliche oder notarielle Beurkundung vorschreibt.

[3]) Wie weit das Prüfungsrecht und die Prüfungspflicht des Richters in dieser Beziehung gehen, ist sehr bestritten; vgl. Parisius-Crüger Anm. 12 ff. zu § 16.

[4]) Diese ist z. B. erforderlich, wenn den Genossen im Wege der Satzungsänderung Leistungspflichten auferlegt werden sollen, die weder im Gesetz noch in der Satzung vorgesehen sind (RG **96** 403), oder wenn ein durch die bisherige Satzung gewährleistetes Sonderrecht jedes einzelnen Genossen in Frage steht (KGJ **41** 151). Durch Satzungsänderung kann nicht an Stelle der bisher für alle Genossen gleichmäßig festgesetzten Einzahlungspflicht eine Abstufung der Einzahlungspflicht z. B. nach der Größe des Grundbesitzes der Genossen ohne Zustimmung aller betroffenen Genossen eingeführt werden, da hierdurch der Grundsatz der genossenschaftlichen Gleichberechtigung verletzt würde (JFG **5** 277). Aus diesem Gesichtspunkte ist auch die nachträgliche Begründung des Zwanges zu mehrfacher Beteiligung für nicht angängig erklärt, wenn nicht schon das ursprüngliche Statut die Bedingungen bestimmt, unter denen eine Verpflichtung zur Übernahme mehrerer Geschäftsanteile festgesetzt werden kann (RG **47** 153; **62** 308).

dieser nicht die in der Satzung bestimmte Anzahl aller Mitglieder anwesend gewesen ist (RJA **13** 227; **14** 50). Der Grund für die Nichtigkeit kann auch in dem Inhalt eines Beschlusses gefunden werden und insbesondere darin liegen, daß dieser den Machtbereich der Generalversammlung überschreitet oder gegen die guten Sitten verstößt (RG Recht **1915** Nr. 1395). Wegen Überschreitung der Grenze der Mehrheitsherrschaft unheilbar nichtig ist z. B. ein Generalversammlungsbeschluß auf Erhöhung des Geschäftsanteils und der Haftsumme, die zu einer untragbaren, jedes vernünftige Maß übersteigenden Belastung der Genossen oder eines Teils derselben führt (RG LZ **1928** 543). Die Nichtigkeit eines früheren Generalversammlungsbeschlusses kann die Nichtigkeit eines späteren, äußerlich selbständigen Beschlusses zur Folge haben, wenn der spätere Beschluß innerlich mit dem früheren zusammenhängt, sachlich sich an ihn anschließt und seine Gültigkeit voraussetzt (KG Recht **1928** 13[45]).

Ein Beschluß, der nicht mit der zu seiner Gültigkeit erforderlichen Mehrheit der erschienenen oder vertretenen Genossen gefaßt ist, ist nur anfechtbar (RG **60** 413; **111** 227; KG RJA **14** 52 [unter Aufgabe seiner Entscheidung KGJ **34** A 196]; OLG Dresden JFG **3** 220). Ein die Anfechtbarkeit begründender Mangel liegt auch dann vor, wenn die Generalversammlung nicht vorschriftsmäßig berufen (OLG **34** 348), oder der Gegenstand der Beschlußfassung nicht angekündigt ist (KGJ **41** 151). Ein anfechtbarer Beschluß erlangt Rechtswirksamkeit, wenn er vom Vorsitzenden als gültig gefaßter Beschluß verkündet und nicht rechtzeitig gemäß § 51 GenG angefochten ist (RG **60** 409; **72** 236; **106** 403; **116** 87). Wegen eines Mangels, der einen Generalversammlungsbeschluß nicht nichtig, sondern nur anfechtbar macht, darf daher der Registerrichter die Eintragung jedenfalls dann nicht versagen, wenn die Anfechtungsfrist fruchtlos verstrichen ist; denn er ist nicht befugt, „Personen zu schützen, die weder seines Schutzes bedürfen, noch ihn begehren" (KGJ **34** A 141). Läuft die Frist noch, so hat er aus dem gleichen Grunde zwar weder das Recht noch die Pflicht, derartigen Mängeln nachzuspüren und seine Ermittlungen auf Vorgänge auszudehnen, die der Vorstand ihm nicht kraft ausdrücklicher Gesetzesvorschrift offenzulegen hat; kommt aber ein die Anfechtung begründender Mangel durch die Anmeldung selbst zu seiner Kenntnis, ergibt er sich unmittelbar aus dem Inhalt der mit der Anmeldung eingereichten Beschlußabschriften, so wird es von den Umständen des Einzelfalls abhängen, ob der Anmeldung stattzugeben ist oder nicht. Hat in der Generalversammlung mit Rücksicht auf die Formwidrigkeit ein Genosse Widerspruch erhoben und ist daher zweifellos die Anfechtung zu erwarten, so wird das Gericht unter Umständen die Eintragung nicht vor Ablauf der Anfechtungsfrist bewirken und im Falle der Anfechtung das Verfahren unter Umständen gemäß § 127 FGG aussetzen, falls es nicht auf Grund eigener Prüfung nunmehr ohne weiteres zu der Überzeugung gelangt, daß die Eintragung abzulehnen ist (OLG **34**

348). Ob die angemeldeten Tatsachen wahr sind und ob der Generalversammlungsbeschluß zweckmäßig und klar gefaßt ist, hat der Registerrichter nicht zu prüfen.

3. Die Beschlüsse auf Abänderung des Statuts werden, wenn sie die im § 12 Abs. 2 und 4 GenG enthaltenen Angaben, z. B. Firma und Sitz der Genossenschaft, Gegenstand des Unternehmens usw., oder die Fortsetzung einer auf bestimmte Zeit beschränkten Genossenschaft betreffen, ihrem ganzen Inhalte nach, dagegen Beschlüsse, die eine sonstige Abänderung des Statuts betreffen, nur unter allgemeiner Bezeichnung des Gegenstandes eingetragen. § 16 Abs. 1 VO. Die Eintragungen erfolgen: in Sp. 2, wenn die Änderung sich auf die Firma oder den Sitz der Genossenschaft bezieht, in Sp. 3, wenn der Gegenstand des Unternehmens geändert wird, in Sp. 4, wenn die Haftsumme geändert wird[1]), in Sp. 6, wenn sonstige Statutenänderungen in Frage stehen. Art. 3 AV vom 8. November 1899.

Die eine der mit der Anmeldung eingereichten Abschriften des Beschlusses ist zu den Akten zu nehmen; in dem Register ist auf die Stelle der Akten, wo die Abschrift sich befindet, zu verweisen. § 16 Abs. 2 VO. Die andere Beschlußabschrift wird mit der Bescheinigung der erfolgten Eintragung versehen und dem Vorstande zurückgegeben. §§ 16 Abs. 3, 11 Abs. 4 GenG. Von der Eintragung ist der Vorstand zu benachrichtigen. § 3 Abs. 1 GenG.

4. Die Veröffentlichung des Beschlusses findet nur insoweit statt, als er eine der im § 12 Abs. 2 GenG bezeichneten Bestimmungen zum Gegenstande hat, also wenn er das Datum des Statuts, die Firma und den Sitz der Genossenschaft, den Gegenstand des Unternehmens und die Zeitdauer betrifft. § 16 Abs. 3 Satz 2 GenG. Es muß sich aber stets um Abänderung von Statutenbestimmungen handeln; Beschlüsse, die bereits bestehende Bestimmungen des Statuts wiederholen, sind nicht zu veröffentlichen[2]). Die Eintragungen, die im Genossenschaftsregister sowohl der Hauptniederlassung als auch der Zweigniederlassung zu erfolgen haben, sind, soweit eine Veröffentlichung vorgeschrieben ist, durch das Gericht der Hauptniederlassung bekanntzumachen, sobald ihm die Mitteilungen über die Eintragungen im Genossenschaftsregister der Zweigniederlassungen von den Registergerichten sämtlicher Zweigniederlassungen zugegangen sind. § 5 Abs. 4 VO.

5. Hervorzuheben ist die Statutenänderung, die die Verlegung des Sitzes einer Genossenschaft nach einem außerhalb des Bezirks des bisherigen Registergerichts befindlichen Orte zum Gegenstande hat. Hier muß zunächst die Eintragung der Verlegung des

---

[1]) Vgl. auch KGJ **50** 124; RG **99** 136.

[2]) Parisius-Crüger Anm. 16 zu § 16.

Sitzes in das Register des alten Sitzes erfolgen; erst durch diese Eintragung tritt die Verlegung in Kraft. § 16 Abs. 4 GenG. Nach dieser Eintragung wird das Registergericht des neuen Ortes für die weitere Registerführung zuständig, während das alte Registerblatt für weitere Eintragungen geschlossen wird. Eine Eintragung der Verlegung des Sitzes in das Register des neuen Ortes findet nicht statt. Bei diesem Register bedarf es nicht einer Anmeldung der Genossenschaft zur Eintragung, sondern nur eines formlosen Antrages auf Übernahme der Genossenschaft in dieses Register. Der Antrag braucht nicht von allen Vorstandsmitgliedern, sondern nur von so vielen gestellt zu werden, als für die Willenserklärungen des Vorstandes erforderlich sind. Wegen der Beschaffung der Unterlagen, des Inhalts des bisherigen Registers, der Genossenliste, des Statuts sowie dessen Abänderungen muß sich das Registergericht des neuen Sitzes mit dem des alten in Verbindung setzen (KGJ **21** A 265) und dieses um die Abgabe der Registerakten nebst Beilagen ersuchen (RVfg vom 14. Oktober 1921 I 1835).

6. Besonderheiten gelten auch, wenn der Beschluß eine Umwandlung einer Genossenschaft mit unbeschränkter Haftpflicht in eine solche mit unbeschränkter Nachschußpflicht, oder eine Umwandlung einer Genossenschaft mit unbeschränkter Haftpflicht oder mit unbeschränkter Nachschußpflicht in eine solche mit beschränkter Haftpflicht, oder bei Genossenschaften mit beschränkter Haftpflicht eine Herabsetzung der Haftsumme zum Gegenstande hat. Die Anmeldung des Beschlusses darf erst erfolgen[1]), wenn ein Jahr seit dem Tage vergangen ist, an dem die Aufforderung an die Gläubiger, sich bei der Genossenschaft zu melden, in den hierzu bestimmten Blättern zum dritten Male erfolgt ist. §§ 133 Abs. 2, 143 Abs. 3 GenG.

In diesen Fällen sind mit der Anmeldung des Beschlusses die Belege über die vorgeschriebenen Bekanntmachungen des Beschlusses einzureichen; zugleich haben die sämtlichen Mitglieder des Vorstandes die schriftliche Versicherung abzugeben, daß die Gläubiger, die sich bei der Genossenschaft gemeldet und der Umwandlung oder Herabsetzung nicht zugestimmt haben, befriedigt oder sichergestellt sind. §§ 133 Abs. 2, 143 Abs. 3 GenG; § 17 Abs. 2 VO. Die Eintragung darf nur stattfinden, wenn zwischen der letzten der bezeichneten Bekanntmachungen und der Anmeldung ein Jahr verstrichen ist. § 17 Abs. 2 VO. Im Falle der Umwandlung einer Genossenschaft ist außer dem Umwandlungsbeschluß auch die durch den Beschluß bedingte Änderung der Firma und bei der Umwandlung in eine Genossenschaft mit beschränkter Haftpflicht die Höhe der Haftsumme sowie

[1]) Die Umwandlung muß vor der Bekanntmachung beschlossen sein; dagegen ist es nicht erforderlich, daß zugleich mit dem Umwandlungsbeschlusse die daraus sich ergebenden Änderungen des Statuts festgesetzt werden; es kann z. B. die Beschlußfassung über die Höhe der Haftsumme u. a. einer späteren Generalversammlung vorbehalten bleiben. KGJ **20** A 271.

im Falle des § 134 GenG die höchste Zahl der Geschäftsanteile, auf die ein Genosse sich beteiligen kann, einzutragen. § 17 Abs. 1 VO. Vor der Eintragung muß hier der Richter prüfen, ob die Bekanntmachungen an die Gläubiger formgerecht bewirkt sind[1]), sowie ob die Frist von einem Jahre verstrichen und die Versicherung des Vorstandes abgegeben ist. Dagegen hat er nicht festzustellen, ob die Versicherung der Wahrheit entspricht.

Wird eine Anfechtungsklage[2]) gemäß § 51 Abs. 1 bis 3 GenG durch rechtskräftiges Urteil ein in das Genossenschaftsregister eingetragener Beschluß für nichtig erklärt, so hat der Vorstand bei Vermeidung von Ordnungsstrafen dem Registergericht, und zwar auch dem der Zweigniederlassung, das Urteil zur Eintragung einzureichen. §§ 51 Abs. 5, 157 Abs. 2 GenG. Die Löschung des Beschlusses erfolgt durch Eintragung eines Vermerkes, der den Beschluß als nichtig bezeichnet. § 23 Satz 2 VO. Der Vermerk wird in derselben Spalte eingetragen, in der der Beschluß eingetragen ist. Art. 3 Nr. 10 AV vom 8. November 1899; vgl. auch oben § 23. Ist z. B. bei einer Genossenschaft mit beschränkter Haftpflicht durch Beschluß der Generalversammlung vom 24. April 1928 die nach dem Statut 300 RMark betragende Haftsumme auf 600 RMark erhöht worden und ist dieser Beschluß durch das rechtskräftige Urteil des Landgerichts II in Berlin vom 20. September 1928 für nichtig erklärt worden, so lautet die in Sp. 4 zu bewirkende Eintragung:

> **„Der Generalversammlungsbeschluß vom 24. April 1928 ist durch das rechtskräftige Urteil des Landgerichts II in Berlin vom 20. September 1928 für nichtig erklärt; die Haftsumme beträgt sonach nur 300 RMark.**

Die öffentliche Bekanntmachung der Eintragung erfolgt, soweit der eingetragene Beschluß veröffentlicht war. § 51 Abs. 5 Satz 3 GenG.

Tätigkeit des Registergerichts in besonderen Fällen.

§ 123. a) Einreichung der Bekanntmachung zum Register nach Aufstellung der Jahresbilanz.

Der Vorstand muß binnen sechs Monaten nach Ablauf jedes Geschäftsjahres die nach § 48 GenG ordnungsmäßig zustande gekommene, d. h. von der Generalversammlung genehmigte (KG DNotVZ **1928** 245) Bilanz, die Zahl der im Laufe des Jahres eingetretenen oder ausgeschiedenen,

[1]) Es genügt eine Bekanntmachung, die erkennen läßt, daß die Gläubiger zur Meldung bei der Genossenschaft aufgefordert werden, auch wenn dabei nicht genau dem Gesetz entsprechende Worte gebraucht sind. KGJ **20** A 271.

[2]) Die Erhebung der Klage sowie der Termin zur mündlichen Verhandlung sind bei Vermeidung von Ordnungsstrafen ohne Verzug vom Vorstand in den für die Bekanntmachungen der Genossenschaft bestimmten Blättern zu veröffentlichen. §§ 51 Abs. 4, 160 GenG.

sowie die Zahl der am Jahresschlusse der Genossenschaft angehörigen[1]) Genossen veröffentlichen. Bei Genossenschaften mit beschränkter Haftpflicht ist auch der Gesamtbetrag, um welchen in dem Geschäftsjahre die Geschäftsguthaben, sowie die Haftsummen der Genossen sich vermehrt oder vermindert haben, und der Betrag der Haftsummen zu veröffentlichen, für welche am Jahresschluß alle Genossen zusammen aufzukommen haben. Bei kleineren Genossenschaften[2]) findet eine Veröffentlichung nicht statt. Im übrigen kann das Gericht, falls nicht nach besonderen Umständen des Falles die Veröffentlichung geboten erscheint, den Vorstand auf seinen Antrag von der Verpflichtung zur Veröffentlichung befreien, sofern glaubhaft gemacht wird, daß die Kosten der Veröffentlichung in offenbarem Mißverhältnisse zu der Vermögenslage der Genossenschaft stehen würden. Die Bekanntmachung oder, falls eine Veröffentlichung nicht stattfindet, eine Abschrift der Bilanz sowie eine Erklärung über die Zahl der Genossen, bei Genossenschaften mit beschränkter Haftpflicht auch über die Geschäftsguthaben sowie die Haftsummen, sind bei Vermeidung von Ordnungsstrafen[3]) vom Vorstande — nicht etwa von sämtlichen Vorstandsmitgliedern — zum Genossenschaftsregister der Haupt- und einer jeden Zweigniederlassung einzureichen. §§ 33 Abs. 2, 139, 157 Abs. 2, 160 Abs. 1 GenG; § 7 Abs. 1, 4 VO. Nach der Auflösung der Genossenschaft liegen diese Verpflichtungen den Liquidatoren ob (KGJ **29** A 226).

Das Registergericht ist zur Prüfung berechtigt und verpflichtet, ob die Bekanntmachung eine Bilanz im Sinne des § 39 HGB enthält[4]). (KG **20** A 60; **24** A 200.) Die Bilanz darf nicht aus einer bloßen Gegenüberstellung des Wertes des Aktivvermögens und des Betrages der Passiven in je einer einzigen Summe mit Angabe des Gewinnes oder Verlustes bestehen, muß vielmehr die einzelnen Arten der Aktiva (z. B. Kassen-

[1]) Bei den am Jahresschlusse der Genossenschaft angehörigen Genossen sind die Mitglieder nicht mitzuzählen, die im abgelaufenen Jahre gestorben sind oder deren Ausscheiden sonst erst zum Schlusse des Geschäftsjahres erfolgt ist. RG **56** 425; KGJ **34** A 205.

[2]) Bei der Entscheidung darüber, ob eine Genossenschaft zu den kleineren zu rechnen ist, hat das Registergericht die Zahl der Mitglieder, die Größe des Genossenschaftsvermögens sowie die Art und den Umfang des Geschäftsbetriebs zu berücksichtigen. § 7 Abs. 4 VO. Die Beurteilung kann aber nicht schon aus den Verhältnissen der Genossenschaft allein, sondern nur aus einem Vergleich zwischen diesen und denen anderer Genossenschaften entnommen werden, so daß die Stellung der Genossenschaft in ihrem Verhältnis zu den gesamten deutschen Genossenschaften gleicher Art zu prüfen ist (Beschluß des KG vom 25. Juni 1925 [JMBl 359]; JFG **3** 213).

[3]) Das Ordnungsstrafverfahren ist nicht gegen den Vorstand als solchen, sondern gegen die einzelnen Mitglieder des Vorstandes zu richten. RG **56** 430.

[4]) Die Ansicht von Parisius-Crüger Anm. 38 zu § 33, wonach das Gericht nicht berechtigt sein soll, die Bilanz auf ihre Ordnungsmäßigkeit zu prüfen, ist unzutreffend.

bestand am Jahresschluß, Bestand an Wertpapieren, die nach Gattungen einzeln aufzuführen sind, Wert der Immobilien, Wert der Mobilien und Geschäftsausstände nach ihren verschiedenen Arten) und Passiva (z. B. Geschäftsschulden nach ihren verschiedenen Arten, Geschäftsguthaben der Mitglieder, Reservefonds usw.) in einer die Übersicht des Vermögensstandes ermöglichenden Weise ersehen lassen (KGJ **20** A 60). Es ist auch nicht ordnungsmäßig, wenn die Guthaben der Mitglieder nicht gesondert von den anderweiten Passivposten der Bilanz angeführt werden (KGJ 24 A 200). Eine diesen Erfordernissen nicht entsprechende Bekanntmachung der Bilanz berechtigt das Registergericht zum Einschreiten mit Ordnungsstrafen (KGJ **20** A 60).

§ 124. b) Bestellung von Revisoren.

1. Die Einrichtungen der Genossenschaft und ihre Geschäftsführung in allen Zweigen der Verwaltung sind mindestens in jedem zweiten Jahre der Prüfung durch einen der Genossenschaft nicht angehörigen sachverständigen Revisor zu unterwerfen[1][2]. § 53 GenG. Die Frist läuft zunächst von der Eintragung der Genossenschaft ab, dann von Revision zu Revision (KGJ **46** 169)[3].

2. Dieser Revisor wird für Genossenschaften, die keinem Revisionsverbande (§§ 55—57 GenG) angehören, durch das Registergericht der Hauptniederlassung bestellt. § 61 Abs. 1 GenG. Der Vorstand der Genossenschaft hat die Bestellung zu beantragen und ist hierzu durch das Registergericht durch Ordnungsstrafen anzuhalten. §§ 61 Abs. 2, 160 Abs. 1 GenG. Das Registergericht hat über die Person des — in der Regel vom Vorstande vorgeschlagenen — Revisors die höhere Verwaltungsbehörde[4]) zu hören. Erklärt sich diese Behörde mit der von der Genossenschaft vorgeschlagenen Person einverstanden, so ist diese zum Revisor zu bestellen. § 61 Abs. 3 GenG. Ist die Behörde nicht einverstanden, so kann

---

[1]) Durch die VO vom 3. Dezember 1927 (RGBl I 335) sind die einschränkenden Bestimmungen der Bek. betr. die Revision der eingetragenen Genossenschaften vom 8. September 1914 und Art. I der VO vom 27. Dezember 1923, wonach u. a. die Revisionsfrist bei den einem Revisionsverbande angeschlossenen Genossenschaften 3 Jahre betrug und auf Antrag des Revisionsverbandes noch um ein weiteres Jahr verlängert werden konnte, mit Wirkung vom 1. Januar 1928 außer Kraft gesetzt.

[2]) Die aufgelöste Genossenschaft unterliegt der Revision nicht. Parisius-Crüger Anm. 6 zu § 53.

[3]) Die Frage, ob neben den zweijährigen Revisionen häufigere Revisionen durch den Registerrichter erzwungen werden können, wenn das Verbandsstatut einjährige oder kürzere Revisionen anordnet, ist bestritten. Sie wird von Lang (GenBl **1928** 510) und Cohn (Die Wirtschaft und das Recht **1929** 133) bejaht, von Meyer (JW **1928** 2600) dagegen verneint.

[4]) Die höhere Verwaltungsbehörde ist der Regierungspräsident (der Polizeipräsident in Berlin). JMV v. 18. Dezember 1889.

das Registergericht frei wählen, muß aber, wenn es eine andere, als die von der Genossenschaft vorgeschlagene Person[1]) bestellen will, erst wieder die Behörde und, wenn tunlich, auch den Vorstand der Genossenschaft hören. § 61 Abs. 3 GenG, §§ 148 Abs. 1, 146 Abs. 1 FGG. Gegen die Verfügung, durch die ein Revisor bestellt wird, haben der Vorstand der Genossenschaft und die höhere Verwaltungsbehörde das Recht der sofortigen Beschwerde. §§ 148 Abs. 1, 146 Abs. 2 FGG.

Dem vom Gerichte bestellten Revisor werden in Ermangelung einer Einigung die Auslagen und die Vergütung durch das Gericht festgesetzt; die Vorschriften der §§ 104 Abs. 2, 105, 794 Nr. 3 ZPO finden Anwendung. § 62 Abs. 2 GenG.

3. Für Genossenschaften, die einem den Anforderungen der §§ 55 ff. GenG genügenden Verbande angehören, hat der Verband das Recht der Bestellung eines Revisors. § 54 GenG.

Der Verbandsvorstand hat das Statut des Verbandes mit einer beglaubigten[2]) Abschrift der Verleihungsurkunde[3]) sowie alljährlich im Monat Januar ein Verzeichnis der dem Verband angehörigen Genossenschaften den Gerichten, in deren Bezirke diese ihren Sitz haben, einzureichen. § 58 GenG. Die Gerichte sollen hierdurch darüber vergewissert werden, ob sie die Bestellung eines Revisors zu unterlassen haben, weil die Genossenschaft zu einem Revisionsverbande gehört, oder ob sie sich dieser Bestellung unterziehen müssen. Diese alljährliche Einreichung des Verzeichnisses der Genossenschaften ist dahin zu verstehen, daß jedem einzelnen Registergerichte die Verbandsgenossenschaften seines Bezirks, nicht etwa auch die dem Verband angehörigen Genossenschaften anderer Registerbezirke mitzuteilen sind. Denn nur in bezug auf die Genossenschaften seines Bezirks hat jedes einzelne Gericht zu prüfen, ob sie von einem Verbandsrevisor oder von einem gerichtlich bestellten Revisor zu kontrollieren sind (KGJ 22 A 117).

4. Der Vorstand einer jeden Genossenschaft, mag sie einem Revisionsverbande angehören oder nicht, hat bei Vermeidung von Ordnungsstrafen eine Bescheinigung des Revisors, daß die Revision stattgefunden hat, zum Genossenschaftsregister der Haupt- sowie einer jeden Zweigniederlassung einzureichen. §§ 63 Abs. 2, 157 Abs. 2 und 160 Abs. 1 GenG. Die Einreichung geschieht formlos und nicht notwendig durch sämtliche Vorstandsmitglieder. § 7 Abs. 1 VO. Der Vorstand ist dafür verantwortlich, daß die von ihm eingereichte Bescheinigung auch

[1]) Das Gericht wird natürlich nur eine kaufmännisch wenigstens rechnerisch geschulte und genossenschaftlich erfahrene Person zum Revisor bestellen. Parisius-Crüger Anm. 8 zu § 53.

[2]) Vgl. § 8 Abs. 2 Satz 2 VO.

[3]) Das Recht zur Bestellung eines Revisors wird dem Verbande, wenn sich sein Bezirk über mehrere Länder erstreckt, durch den Reichsrat, sonst durch die Zentralbehörde des Landes verliehen. § 57 Abs. 1 GenG.

tatsächlich von dem vom Registergericht oder vom Verbande bestellten Revisor ausgestellt ist. Diese Verantwortlichkeit des Vorstandes enthebt den Richter einer weiteren Prüfung der Legitimation des Revisors (RJA 2 181). Es genügt z. B. folgende vom Vorstand eingereichte Bescheinigung:

Der unterzeichnete, von dem Provinzialverbande märkischer landwirtschaftlicher Genossenschaften bestellte Revisor bescheinigt, daß die gesetzlich vorgeschriebene Revision der Spar- und Darlehnskasse, eingetragenen Genossenschaft mit unbeschränkter Haftpflicht in Bernau stattgefunden hat.
Berlin, den 12. November 1920.

Richard Paulke,
Verbandsrevisor.

Das Amtsgericht kann keine Bescheinigung verlangen, daß der als Revisor aufgetretene Paulke als solcher vom Verbande bestellt ist (RJA 2 181)[1].

§ 125. c) Verschiedene Einzelbefugnisse des Registergerichts.

1. Das Registergericht der Hauptniederlassung hat darüber zu wachen, daß Genossenschaften, bei denen die Gewährung von Darlehen Zweck des Unternehmens ist, ihren Geschäftsbetrieb, soweit er in einer diesen Zweck verfolgenden Darlehnsgewährung besteht, nicht auf andere Personen außer den Mitgliedern ausdehnen. In Zuwiderhandlungsfällen hat das Gericht mit Ordnungsstrafen gegen die Mitglieder des Vorstandes vorzugehen. §§ 8 Abs. 2, 160 Abs. 1 GenG[2]). Es hat aber hierbei zu beachten, daß Darlehnsgewährungen, die nur die Anlegung von Geldbeständen bezwecken, nicht unter dieses Verbot fallen und daß als Ausdehnung des Geschäftsbetriebes nicht der Abschluß von Geschäften mit Personen gilt, die bereits die Erklärung des Beitritts zur Genossenschaft unterzeichnet haben und von ihr zugelassen sind. § 8 Abs. 2 Satz 2 und Abs. 3 GenG.

2. Die Mitglieder des Vorstandes sind vom Registergerichte der Hauptniederlassung durch Ordnungsstrafen dazu anzuhalten, daß sie ihrer Verpflichtung, ein Verzeichnis der Genossen zu führen und dieses mit der Liste der Genossen in Übereinstimmung zu halten, nachkommen. §§ 30, 160 Abs. 1 GenG. Das Gericht wird sich aber nicht etwa regelmäßig das Verzeichnis vorlegen lassen, sondern nur dann Anlaß nehmen, einzuschreiten, wenn es überzeugt ist, daß der Vorstand seiner Pflicht zur Führung des Verzeichnisses nicht nachkommt[3]).

3. Das Registergericht der Hauptniederlassung hat ferner unter Anwendung von Ordnungsstrafen gegen die Vorstandsmitglieder darüber zu wachen, daß die Beschlüsse der Generalversammlung in ein Protokoll-

---

[1]) Vgl. auch Parisius-Crüger Anm. 6 zu § 54 u. Anm. 5 zu § 56.
[2]) Schlegelberger (Anm. 12 zu § 147 FGG) will in diesem Falle das Verfahren des § 140 FGG entsprechend anwenden.
[3]) Parisius-Crüger Anm. zu § 30.

buch eingetragen werden, dessen Einsicht[1]) jedem Genossen[2]) und der Staatsbehörde[3]) zu gestatten ist. §§ 47, 160 Abs. 1 GenG. Der Vorstand braucht das Protokollbuch nicht selbst zu führen; regelmäßig wird die Führung des Buches einem besonderen Schriftführer übertragen sein[4]). — Der Richter kann nicht beliebig Vorlage des Buches verlangen, sondern wird erst einschreiten können, wenn er Kenntnis von Unregelmäßigkeiten erhalten hat[5]).

4. Ferner hat das Gericht die Mitglieder des Vorstandes durch Ordnungsstrafen anzuhalten, daß die Bilanz sowie eine den Gewinn und den Verlust des Jahres zusammenstellende Berechnung (Jahresrechnung) mindestens eine Woche vor der Generalversammlung im Geschäftslokale der Genossenschaft oder an einer anderen, durch den Vorstand bekannt zu machenden, geeigneten Stelle zur Einsicht der Genossen ausgelegt oder ihnen sonst zur Kenntnis gebracht werden. §§ 48 Abs. 2, 160 Abs. 1 GenG.

5. Endlich tritt das Registergericht noch in Tätigkeit[6]), wenn der zehnte Teil oder der im Statut hierfür bezeichnete geringere Teil der Genossen in einer von ihnen unterschriebenen Eingabe unter Anführung des Zwecks und der Gründe die Berufung der Generalversammlung oder die Ankündigung von Gegenständen zur Beschlußfassung einer Generalversammlung verlangt und dem Verlangen nicht entsprochen wird. In diesen Fällen kann nämlich das Gericht die Genossen, die das Verlangen gestellt haben, zur Berufung der Generalversammlung oder zur Ankündigung des Gegenstandes ermächtigen. § 45 GenG.

Der Ermächtigungsantrag ist vom Gericht daraufhin zu prüfen, ob nicht ein offenbar gesetz- oder satzungswidriges oder gar unsittliches Verlangen der Minderheit vorliegt. Der Antrag ist daher z. B. dann abzulehnen, wenn der Gegenstand, über den die Generalversammlung beschließen soll, überhaupt nicht zu deren Zuständigkeit gehört. Eine Entscheidung darüber, ob das Interesse der Antragsteller den Interessen der Genossenschaft oder denen der Mehrheit der Genossen widerstreitet, und eine Prüfung dahin, ob eine begründete Aussicht auf Erreichung des er-

---

1) Das Recht auf Einsicht des Protokollbuchs umfaßt auch die Befugnis, Notizen und Abschriften aus dem Buch zu entnehmen (KGJ **7** 99; **44** 91; RJA **14** 143).

2) Der Genosse kann das Protokollbuch auch durch einen Bevollmächtigten einsehen lassen. KGJ **31** A 201.

3) Auch die Staatsbehörde hat das Protokollbuch der Genossenschaft in deren Geschäftslokal einzusehen, sie kann nicht verlangen, daß ihr das Buch zur Einsichtnahme übersandt wird (KGJ **41** 154).

4) Wegen der Beweiskraft des Protokolls unter den Genossen s. RG **8** 12.

5) Parisius-Crüger Anm. 3 zu § 47.

6) Unter Umständen hat das Registergericht gemäß §§ 29, 48 BGB wegen Bestellung eines Vorstandes oder Liquidators in Tätigkeit zu treten.

strebten Zweckes besteht, steht dem Registergericht nicht zu. Eine Glaubhaftmachung des sachlichen Vorbringens kann nicht verlangt werden (JFG **1** 248 [BayObLG]). Der Antrag kann mangels Dringlichkeit im Hinblick auf die nächste ordentliche Generalversammlung abgelehnt werden, sofern die Verschiebung nicht das Interesse der Antragsteller gefährdet (KGJ **28** A 216; **32** A 141; JFG **1** 248 [BayObLG]).

§ 126. Die Auflösung der Genossenschaft.

1. Die freiwillige Auflösung der Genossenschaft ist von sämtlichen Mitgliedern des Vorstandes persönlich oder in beglaubigter Form[1]) bei Vermeidung von Ordnungsstrafen zum Register der Hauptniederlassung — nicht auch dem einer Zweigniederlassung — ohne Verzug anzumelden. § 78 Abs. 2 GenG; § 6 VO. Die freiwillige Auflösung erfolgt durch Beschluß der Generalversammlung[2])[3]) oder durch Ablauf der für die Dauer der Genossenschaft bestimmten Zeit. §§ 78 Abs. 1 und 79 Abs. 1 GenG. Dieser Grund der Auflösung ist bei der Anmeldung anzugeben; die Wahrheit der Angabe hat der Richter nicht nachzuprüfen. Auch kann er die Vorlegung einer Abschrift des Auflösungsbeschlusses nicht verlangen. Zu beachten ist, daß die beschlossene Auflösung mit dem Zeitpunkt der Beschlußfassung eintritt und ihr Wirksamwerden von der vorgeschriebenen Eintragung nicht abhängig ist (JFG **4** 251).

Was die Frage der Nichtigkeit und Anfechtbarkeit der Auflösungsbeschlüsse anlangt, so sei hier nur erwähnt, daß beispielsweise ein Generalversammlungsbeschluß nichtig ist, wenn die nach dem Statut dafür vorgeschriebene Mindestzahl aller Mitglieder bei der Beschlußfassung über die Auflösung nicht anwesend war (JFG **4** 249), während ein gegen die guten Sitten verstoßendes Handeln der für die Auflösung stimmenden Mehrheit die

---

[1]) Die Beglaubigung kann auch durch die Gemeindevorsteher und Polizeibehörden erfolgen. § 8 Abs. 1 VO.

[2]) Besonderheiten gelten im Falle der Auflösung eines Vorschuß- und Kreditvereins, (vgl. hierzu auch JFG **3** 224 [OLG Dresden]), die nur von einer ausschließlich zu diesem Zwecke berufenen Generalversammlung und nicht ohne Anhörung des Revisionsverbandes beschlossen werden kann (§§ 78a, 78b GenG), ferner im Falle der Verschmelzung einer Genossenschaft mit einer andern von gleicher Haftform (§ 93a, 93b, 93c, 93d). Der Verschmelzungsvertrag bedarf nach der herrschenden Ansicht gemäß § 311 BGB der gerichtlichen oder notariellen Beurkundung (JFG **3** 220 [OLG München]; OLG **46** 283 [KG]). Zustimmend Citron (JW **1929** 620), der aber annimmt, daß die Eintragung den Mangel der Form heilt, während Gilbert (JW **1928** 2597) nur Schriftform für erforderlich hält. Über die Verschmelzung vgl. ferner Citron GenBl **1928** 577, 610 und Cohn Recht und Handel **1927** 751.

[3]) Unter Umständen hat der Beschluß der Generalversammlung, das Vermögen der Genossenschaft im ganzen zu veräußern, die Auflösung der Genossenschaft zur Folge. Dies würde z. B. dann anzunehmen sein, wenn die Genossenschaft für das veräußerte Geschäft nicht einen für ihren Fortbestand in Betracht kommenden Gegenwert erhalten hat (RG **111** 227).

Anfechtung des Beschlusses begründet (RG **119** 104). Vgl. im übrigen oben § 122 Ziff. 2.

Die Eintragung der Auflösung ist zu dem Genossenschaftsregister einer jeden Zweigniederlassung mitzuteilen. § 158 Abs. 2 GenG.

2. Die zwangsweise Auflösung der Genossenschaft wird von Amts wegen eingetragen. § 20 Nr. 2 VO.

Die zwangsweise Auflösung erfolgt:

a) Wenn die Zahl der Genossen weniger als sieben beträgt. In diesem Falle hat das Registergericht auf Antrag des Vorstandes und, wenn der Antrag nicht binnen 6 Monaten erfolgt, vom Amts wegen nach Anhörung des Vorstandes die Auflösung der Genossenschaft auszusprechen. Der Beschluß ist der Genossenschaft zuzustellen. Gegen diesen steht ihr die sofortige Beschwerde nach Maßgabe der Zivilprozeßordnung zu. Die Auflösung tritt mit der Rechtskraft des Beschlusses in Wirksamkeit. § 80 Abs. 1 und 2 GenG. Erst nach Eintritt der Rechtskraft des Beschlusses erfolgt die Eintragung. § 20 Nr. 2 VO.

b) Wenn eine Genossenschaft sich gesetzwidriger Handlungen oder Unterlassungen schuldig macht, durch die das Gemeinwohl gefährdet wird, oder wenn sie andere als die im § 1 GenG bezeichneten geschäftlichen Zwecke verfolgt. In diesem Falle erfolgt die Auflösung im Verwaltungsstreitverfahren. Von der rechtskräftigen Entscheidung, durch die die Auflösung ausgesprochen ist, hat die zuständige Verwaltungsgerichts- oder Verwaltungsbehörde erster Instanz dem Registergerichte Mitteilung zu machen. Daraufhin erfolgt die Eintragung der Auflösung. § 81 GenG; § 20 Nr. 2 VO.

c) Durch Eröffnung des Konkursverfahrens[1]). In diesem Falle erfolgt die Eintragung unverzüglich auf Grund der Mitteilung der Geschäftsstelle des Konkursgerichts. § 112 KO, § 102 GenG, § 21 Nr. 2 VO. Die Eintragung ist nach § 158 Abs. 2 GenG dem Gerichte der Zweigniederlassung mitzuteilen.

3. Die Eintragung der Auflösung unter Angabe des Grundes erfolgt in Sp. 7 des Registers. § 82 Abs. 1 GenG, Art. 3 Nr. 7 AV vom 8. November 1899. Sie lautet z. B.:

Die Genossenschaft ist durch Beschluß der Generalversammlung vom 22. Juni 1931 aufgelöst.

Von der Eintragung ist, auch wenn sie im Falle der Konkurseröffnung erfolgt, außer dem Vorstand oder den Liquidatoren unverzüglich dem

[1]) Die Konkurseröffnung löst die Genossenschaft endgültig auf, wenngleich ihre bisherigen Organe (Vorstand, Aufsichtsrat und Generalversammlung) neben dem Konkursverwalter bestehen und in gewissem Umfange in Tätigkeit bleiben (§§ 104, 117 GenG). Sie kann also nicht auf Grund des Beschlusses der Generalversammlung fortgesetzt werden, vielmehr nur im Wege der Neugründung wieder aufleben (KGJ **39** A 135; **47** 249).

Gericht einer jeden Zweigniederlassung Mitteilung zu machen[1]); auf Grund dieser Mitteilung wird die Auflösung im Register der Zweigniederlassung vermerkt. § 19 Abs. 4 VO. Dasselbe gilt auch im Fall einer von Amts wegen im Register der Hauptniederlassung bewirkten Löschung. § 19 Abs. 4 VO; vgl. auch oben § 23.

4. Die Eintragung der Auflösung ist vom Gerichte bekanntzumachen[2]). § 82 Abs. 1, § 156 Abs. 1 GenG. Die Eintragung der Eröffnung des Konkursverfahrens wird nicht bekanntgemacht. § 102 Satz 2 GenG.

5. Regelmäßig erfolgt gleichzeitig mit der Anmeldung der Auflösung auch die Anmeldung der ersten Liquidatoren, die ebenfalls durch den Vorstand bewirkt wird; vgl. näheres unten § 127.

Beispiel:

Amtsgericht. Bernau, den 24. April 1931.
Es erschienen vor dem Unterzeichneten:
1. der Buchdruckereibesitzer Karl Schramm,
2. der Kaufmann Friedrich Hegermann,
3. der Ackerbürger Karl Cunow,
sämtlich aus Bernau und von Person bekannt.
Sie erklärten:

Durch Beschluß der Generalversammlung vom 20. April 1931[3]) ist die unter Nr. 6 des hiesigen Genossenschaftsregisters eingetragene Genossenschaft in Firma „Spar- und Darlehnskasse, eingetragene Genossenschaft mit unbeschränkter Haftpflicht in Bernau“ aufgelöst worden. Die Liquidation erfolgt durch uns, die bisherigen Vorstandsmitglieder als Liquidatoren. Wir sind nur gemeinsam befugt, unsere Willenserklärung kundzugeben und für die Genossenschaft zu zeichnen. Wir melden das Vorstehende zur Eintragung in das Genossenschaftsregister an und zeichnen unsere Unterschrift wie folgt:

Karl Schramm. Friedrich Hegermann.
Karl Cunow.
v. g. u.
Karl Schramm. Friedrich Hegermann. Karl Cunow.
Richard, Justizobersekretär
als Urkundsbeamter der Geschäftsstelle.

Darauf wird verfügt:

1. Einzutragen in das Genossenschaftsregister: Nr. d. Gen. 6.
Sp. 1. 4.
Sp. 5. Die bisherigen Vorstandsmitglieder sind Liquidatoren.

---

[1]) Auch die Eintragung der Verschmelzung von Genossenschaften ist zu dem Genossenschaftsregister einer jeden Zweigniederlassung mitzuteilen. § 158 Abs. 2 GenG.

[2]) Über die Bekanntmachung der Auflösung und der Aufforderung der Gläubiger, sich bei der Genossenschaft zu melden, durch die Liquidatoren vgl. § 82 Abs. 2 GenG. Die Vorschrift des § 7 der VO vom 14. Februar 1924 (RGBl I 120), wonach das Gericht die Liquidatoren auf ihren Antrag von der Verpflichtung der Bekanntmachung befreien konnte, ist durch die VO. vom 28. März 1927 (RGBl I 89) wieder aufgehoben.

[3]) Der Beschluß braucht nicht eingereicht zu werden; s. oben unter Nr. 1.

Sp. 7. Die Genossenschaft ist durch Beschluß der Generalversammlung vom 20. April 1931 aufgelöst.

Sp. 9. Der Beschluß befindet sich Blatt 20 der Akten.

2. Öffentliche Bekanntmachung der Eintragung in Sp. 7.

3. Nachricht

a) den Liquidatoren,

b) dem Finanzamt unter Übersendung einer Ausfertigung des für die Veröffentlichung im Reichsanzeiger bestimmten Auszugs.

4. Nach 1 Monat (Einreichung der Bekanntmachung der Bilanz).

Bernau, 24. April 1931. Z.

§ 127. Die Liquidation der Genossenschaft.

1. Die Liquidation findet nach der Auflösung der Genossenschaft statt[1]); sie erfolgt durch den Vorstand, wenn sie nicht durch das Statut oder durch Beschluß der Generalversammlung anderen Personen übertragen wird. Es sind wenigstens zwei Liquidatoren zu bestellen. § 83 Abs. 1 und 2 GenG.

2. Auf Antrag des Aufsichtsrats[2]) oder mindestens des zehnten Teils der Genossen kann die Ernennung von Liquidatoren durch das Gericht erfolgen. § 83 Abs. 3 GenG. Das Gericht wird dem Antrage nur Folge geben, wenn wichtige Gründe vorliegen. Der Richter kann bei der Ernennung bestimmen, daß — abweichend von der Regel des § 85 Abs. 1 Satz 2 GenG, wonach sämtliche Liquidatoren nur zusammen handeln können — jeder Liquidator allein die Genossenschaft zu vertreten befugt ist.

Die Abberufung der Liquidatoren kann durch das Gericht unter denselben Voraussetzungen wie die Bestellung erfolgen. § 83 Abs. 4 GenG.

Das Verfahren richtet sich in diesen Fällen nach § 146 FGG; vgl. § 148 Abs. 1 FGG. Das Gericht hat also vor der Entscheidung den Vorstand oder die Liquidatoren zu hören.

Die Eintragung der gerichtlichen Ernennung oder Abberufung von Liquidatoren geschieht von Amts wegen, also ohne Anmeldung. § 84 Abs. 2 GenG; § 20 Abs. 2 Satz 3 VO. Das Gericht der Hauptniederlassung hat die Gerichte etwaiger Zweigniederlassungen um die Eintragung zu ersuchen.

3. Die ersten Liquidatoren sind in allen Fällen der Auflösung, außer dem Falle der Eröffnung des Konkursverfahrens, durch sämtliche Mitglieder des Vorstandes, jede Änderung in den Personen der Liquidatoren sowie eine Beendigung ihrer Vertretungsbefugnis durch sämtliche

---

[1]) Im Falle der Verschmelzung einer Genossenschaft mit einer andern findet eine Liquidation der aufgelösten Genossenschaft nicht statt. § 93b GenG.

[2]) Der Aufsichtsrat ist auch befugt, gemäß §§ 40, 89 GenG die Liquidatoren vorläufig ihres Amtes zu entheben (RJA 15 311).

Liquidatoren[1]) persönlich oder in beglaubigter Form[2]) bei Vermeidung von Ordnungsstrafen zum Register der Haupt- und einer jeden Zweigniederlassung anzumelden. Die Anmeldung muß auch dann erfolgen, wenn die Liquidation durch die Mitglieder des Vorstandes als Liquidatoren erfolgt. Ist über die Form, in der die Liquidatoren ihre Willenserklärungen kundzugeben und für die Genossenschaft zu zeichnen haben, insbesondere über die Zahl der Liquidatoren, die dabei mitwirken müssen, eine Bestimmung getroffen[3]), so ist auch diese anzumelden und einzutragen. §§ 84 Abs. 1, 85 Abs. 1 und 2, 157 und 160 Abs. 1 GenG; §§ 6, 20 Abs. 2 bis 4 VO.

Der Anmeldung ist eine einfache Abschrift der Urkunden über die Bestellung der Liquidatoren oder über die Änderung in ihren Personen beizufügen und wird bei dem Gericht aufbewahrt. § 84 Satz 2 GenG.

Die Liquidatoren — auch die gerichtlich bestellten — haben bei Vermeidung von Ordnungsstrafen ihre Unterschrift persönlich vor dem Gerichte zu zeichnen oder die Zeichnung in beglaubigter Form einzureichen. §§ 84 Abs. 3, 160 Abs. 1 GenG. Streitig ist, ob die Zeichnung auch erforderlich ist, wenn die Vorstandsmitglieder die Liquidation selbst bewirken. Der richtigen Ansicht nach ist bei dem Wortlaute des Gesetzes die Zeichnung stets erforderlich, obwohl die Unterschrift der zu Liquidatoren bestellten Vorstandsmitglieder schon bekannt ist[4]).

Bei der Eintragung, die in Sp. 6 erfolgt, sind die Liquidatoren in Sp. 5 nach Familiennamen, Vornamen, Beruf und Wohnort anzugeben. Eine Beschränkung der Vertretungsbefugnis der Liquidatoren kann nicht eingetragen werden.

4. Die Liquidatoren haben sofort bei Beginn der Liquidation und demnächst in jedem Jahr eine Bilanz aufzustellen. Die erste[5]) Bilanz ist ohne Angabe über die Mitgliederbewegung, den Gesamtbetrag der Geschäftsguthaben und der Haftsummen (KGJ **38** A 314 [OLG Darmstadt]) zu veröffentlichen[6]); die Bekanntmachung ist zu dem Genossenschaftsregister einzureichen. § 89 Satz 2 und 3 GenG. Die Einreichung geschieht formlos und nicht notwendig durch sämtliche Liquidatoren. § 7

[1]) Ausgeschiedene Liquidatoren wirken bei der Anmeldung nicht mit. KGJ **14** 27.

[2]) Die Beglaubigung kann auch durch die Gemeindevorsteher und Polizeibehörden erfolgen. § 8 Abs. 1 VO.

[3]) Ist keine Bestimmung hierüber getroffen, so erfolgen Willenserklärungen und Zeichnungen durch sämtliche Liquidatoren; eine bezügliche Anmeldung erübrigt sich dann. § 85 Abs. 1 Satz 2 GenG.

[4]) A. M. Parisius-Crüger Anm. 4 zu § 84.

[5]) Die ferneren Bilanzen sind der Generalversammlung vorzulegen, aber nicht zu veröffentlichen.

[6]) Eine Ausnahme von der Bekanntmachung und eine Befreiungsmöglichkeit durch Verfügung des Registergerichts ist hier wie im § 33 Abs. 2 GenG nicht vorgesehen.

Abs. 1 VO. Zur Befolgung dieser Vorschriften sind die Liquidatoren durch Ordnungsstrafen anzuhalten. § 160 Abs. 1 GenG. Über die Beschaffenheit einer vorschriftsmäßigen Bilanz s. oben § 123.

5. Sobald mit der vollständigen Verteilung des Genossenschaftsvermögens, die nicht vor Tilgung oder Deckung der Schulden und nicht vor Ablauf des Sperrjahres erfolgen darf, die Liquidation beendigt ist, haben die Liquidatoren — in der für ihre Willenserklärungen vorgeschriebenen Form, insbesondere also unter Mitwirkung der erforderlichen Zahl — die Beendigung der Vertretungsbefugnis bei Vermeidung von Ordnungsstrafen beim Gerichte der Haupt- und einer etwaigen Zweigniederlassung zur Eintragung anzumelden. §§ 84, 157 Abs. 2 und 160 Abs. 1 GenG; § 21 Abs. 1 VO. Die Beendigung der Liquidation als solche ist nicht einzutragen[1]).

Die Beendigung der Vertretungsbefugnis wird in Sp. 6 unter f des Registers unter gleichzeitiger Löschung der Firma eingetragen[2]).

Der Eintragungsvermerk lautet z. B.:

Sp. 6 f. Die Vertretungsbefugnis der Liquidatoren ist beendet.

Es ist dann auch die Weglegung der Akten und ihre Vernichtung nach 30 Jahren zu verfügen.

6. Nach Beendigung der Liquidation sind die Bücher und Schriften der aufgelösten Genossenschaft für die Dauer von 10 Jahren einem der gewesenen Genossen oder einem Dritten in Verwahrung zu geben. Der Genosse oder der Dritte wird in Ermangelung einer Bestimmung des Statuts oder eines Beschlusses der Generalversammlung durch das Registergericht bestimmt. Dieses kann die Genossen und deren Rechtsnachfolger, sowie die Gläubiger der Genossenschaft zur Einsicht der Bücher und Schriften ermächtigen. § 93 GenG; vgl. auch oben § 90 unter 8.

7. Wegen der Eintragung der Nichtigkeit einer Genossenschaft in das Genossenschaftsregister vgl. oben § 23. Über die Nichtigkeit und Löschung der Genossenschaften wegen Unterlassung der Umstellung vgl. VO. vom 21. Mai 1926 (RGBl I 248, 254).

Dritter Abschnitt.

Das Vereinsregister.

§ 128. Die Einrichtung des Vereinsregisters[3]).

Das Vereinsregister wird als selbständiges Register nach dem der Bekanntmachung des Reichskanzlers vom 12. November 1898 (ZBl f. fr. Ger.

[1]) Parisius-Crüger Anm. 12 zu § 91.
[2]) Vgl. auch § 31e 3, 5 AV vom 1. März 1928 (JMBl 140).
[3]) Vgl. über die allgemeinen Vorschriften den allgemeinen Teil dieses Buches.

438) beigefügten Formulare geführt. Für die einen Verein betreffenden Eintragungen sind zwei gegenüberstehende Seiten des Registers zu verwenden, auch sind geeignetenfalls für spätere Eintragungen die erforderlichen Seiten freizulassen. § 8 Bek., Art. 16 AV vom 6. November 1899 (JMBl 302).

Das Register ist mit fortlaufenden Seitenzahlen zu versehen (§ 6 Bek.) und zerfällt in sechs Spalten.

Es sind einzutragen nach § 9 Bek.:

1. In der ersten Spalte die laufende Nummer der Eintragung.

2. In der zweiten Spalte neben dem Namen und dem Sitze des Vereins die darauf sich beziehenden Änderungen (vgl. §§ 57, 64, 71 BGB).

3. In der dritten Spalte:

a) der Tag der Errichtung der Satzung;

b) solche Bestimmungen der Satzung, die den Umfang der Vertretungsmacht des Vorstandes beschränken oder die Beschlußfassung des Vorstandes und der Liquidatoren abweichend von den Vorschriften der §§ 28 Abs. 1 und 48 Abs. 3 BGB regeln (vgl. §§ 64, 76 Abs. 1 Satz 2 BGB);

c) der Tag einer Änderung der Satzung und, sofern die Änderung eine der vorbezeichneten Bestimmungen betrifft, der Inhalt, andernfalls aber nur eine allgemeine Bezeichnung des Gegenstandes der Änderung (vgl. § 71 BGB).

4. In der vierten Spalte die Mitglieder des Vorstandes nach Familiennamen, Vornamen, Beruf und Wohnort, sowie die Änderungen des Vorstandes und die erneute Bestellung eines Vorstandsmitgliedes (vgl. §§ 64, 67 BGB).

5. In der fünften Spalte:

a) die Auflösung, die Entziehung der Rechtsfähigkeit, die Eröffnung des Konkurses und die Aufhebung des Eröffnungsbeschlusses;

b) die Personen der Liquidatoren und die sie betreffenden Änderungen unter Angabe des Familiennamens, Vornamens, Berufs und Wohnorts;

c) Bestimmungen, die die Beschlußfassung der Liquidatoren abweichend von der Vorschrift des § 48 Abs. 3 BGB regeln und nicht schon in der Satzung enthalten sind (vgl. §§ 74 — 76 BGB).

6. In der sechsten Spalte etwaige Verweisungen auf spätere Eintragungen, insbesondere für den Fall, daß der Inhalt einer Eintragung durch eine spätere Eintragung nur teilweise geändert wird und deshalb seine Bedeutung nicht verliert.

§ 129. Begriff der eintragungsfähigen Vereine.

Der Zweck eines Vereins, der in das Vereinsregister eingetragen werden soll, darf nicht auf einen wirtschaftlichen Geschäftsbetrieb gerichtet sein. § 21 BGB. Ist der Zweck ein wirtschaftlicher, also darauf gerichtet, ein Geschäft wirtschaftlicher Art zu betreiben, so darf die Eintragung nicht erfolgen. Hierbei kommt es nicht auf den sog. inneren Geschäftsbetrieb an, insbesondere die Führung der laufenden Geschäfte durch die Vereinsleitung, deren Verkehr mit den Mitgliedern, die Ausübung der Mitgliedschaftsrechte und die Erfüllung der Mitgliederpflichten, sondern darauf, ob sich die nach außen gerichtete Tätigkeit des Vereins im Verkehr mit Dritten als Geschäftsbetrieb, als auf Erlangung wirtschaftlicher Vorteile irgendwelcher Art für den Verein oder dessen Mitglieder unmittelbar gerichtete Geschäftstätigkeit kennzeichnet (KG DNotVZ **1928** 247). Entscheidend ist also, ob der Verein nach seinem Zweck mit eigenen wirtschaftlichen Mitteln eine auf Produktion oder Umsatz von Gütern gerichtete gewerbsmäßige Tätigkeit entfaltet und mit dritten Personen Rechte und Verbindlichkeiten erzeugende Rechtsgeschäfte abschließt (KG OLG **20** 25; KGJ **36** A 146)[1]). Von einem solchen Geschäftsbetrieb kann nicht nur bei eigentlichen kaufmännischen, gewerblichen oder landwirtschaftlichen Unternehmungen gesprochen werden; er liegt aber jedenfalls dann nicht vor, wenn bei ihm von vornherein jedes — dem Verein selbst, oder unmittelbar seinen Mitgliedern zufließende — Entgelt für die im Zweck des Unternehmens liegende Güterentäußerung oder entfaltete Arbeitstätigkeit ausgeschlossen ist (RG **83** 233ff.)[2])[3]).

Es sind eintragungsfähig die Vereine mit „idealen" Bestrebungen, z. B. solche, zu wohltätigen, gemeinnützigen[4]), religiösen[5]), geselligen, politischen, wissenschaftlichen und künstlerischen Zwecken. Es kommen also in Frage z. B. Kunstvereine, Bildungsvereine, Kriegervereine, Schützenvereine, Vergnügungsvereine, Wohltätigkeitsvereine, Turnvereine, Sportvereine, Verschönerungsvereine u. dgl. Auch die Förderung wirtschaftlicher Interessen eines bestimmten Personenkreises kann, sofern sie selbstlos ausgeübt wird, einen idealen Zweck erfüllen (KG DNotVZ **1928** 247).

Zweifelhaft ist, ob Vereine eintragungsfähig sind, die mit „idealen" Zwecken auch einen wirtschaftlichen Geschäftsbetrieb verbinden, z. B. wenn ein Schützenverein nebenher eine Restauration beim Schützenhause für

---

[1]) Vgl. auch Schlegelberger Anm. 2 zu § 159 FGG.

[2]) Darüber, wann der Zweck eines Vereins auf einen wirtschaftlichen Geschäftsbetrieb gerichtet ist, gehen die Ansichten in der Rechtslehre und in der Rechtsprechung nicht unerheblich auseinander. Vgl. die Übersicht bei Staudinger Anm. V zu § 21; ferner KGJ **44** 158; JFG **3** 261.

[3]) Ob der Verein mit dem Geschäftsbetrieb einen Gewinn bezweckt, ist nicht entscheidend (RG **83** 235).

[4]) Vgl. KGJ **36** A 146.

[5]) Auch religiöse Vereine und Gesellschaften erwerben die Rechtsfähigkeit nach den Vorschriften des bürgerlichen Rechts (Art. 124 RV), also als Vereine mit idealen Tendenzen durch Eintragung in das Vereinsregister. Dasselbe gilt von den „Religionsgesellschaften" (Art. 137 RV), soweit sie nicht als Körperschaften des öffentlichen Rechts schon juristische Personen (des öffentlichen Rechts) sind. Staudinger Anm. V zu § 61 BGB.

seine Mitglieder und auch für andere Personen betreibt. Ausschlaggebend wird in solchen Fällen sein, welcher Zweck der überwiegende, der Hauptzweck ist (RG **83** 237; KGJ **44** 158). Überwiegt keiner der beiden Zwecke, so wird man sich für Ablehnung der Eintragung zu entscheiden haben.

Bei der Eintragung hat der Richter sich über den Zweck des Vereins aus den Statuten zu unterrichten; später kann ihm außerdem auch die äußere Tätigkeit des Vereins Aufschluß über den Zweck geben.

Es kann nicht jeder Verein, dessen Zweck nicht auf einen wirtschaftlichen Geschäftsbetrieb gerichtet ist, Aufnahme in das Vereinsregister finden. Es müssen vielmehr bestimmte in den §§ 56 bis 59 BGB enthaltene Bedingungen erfüllt sein, damit dem Antrag auf Eintragung stattgegeben werden kann.

§ 130. **Anmeldung, Eintragung und Veröffentlichung eines Vereins.**

Ein Zwang zur Anmeldung eines Vereins zum Vereinsregister besteht nicht. Ein Verein, dessen Zweck nicht auf einen wirtschaftlichen Geschäftsbetrieb gerichtet ist, erlangt aber nur durch Eintragung in das Vereinsregister Rechtsfähigkeit. § 21 BGB. Für die Eintragung gelten die folgenden Vorschriften.

I. Die sämtlichen Mitglieder des Vorstandes[1]) haben den Verein zur Eintragung in das Vereinsregister desjenigen Amtsgerichts anzumelden, in dessen Bezirke der Verein seinen Sitz hat. §§ 59 Abs. 1 und 55 BGB.

Die Anmeldung muß mittels öffentlich beglaubigter Erklärung bewirkt werden. § 77 BGB. Zur Beglaubigung sind regelmäßig die Amtsgerichte und Notare berufen (s. oben § 10). Die Anmeldung kann aber auch zum Protokolle der Geschäftsstelle des Registergerichts erfolgen. §§ 159, 128 FGG.

Die Anmeldung kann auch durch Bevollmächtigte bewirkt werden; die Vollmacht zur Anmeldung bedarf aber der öffentlichen Beglaubigung (KGJ **26** A 232). Es ist grundsätzlich hierbei aber nicht erforderlich, daß der Inhalt der Einzelanmeldung in der Vollmacht konkret bezeichnet ist, es genügt vielmehr regelmäßig eine öffentlich beglaubigte Vollmacht, deren Inhalt allgemein Anmeldungen zum Vereinsregister umfaßt (KGJ **33** A 143; RJA **9** 47).

---

[1]) Bei den Anmeldungen zum Vereinsregister müssen selbst dann alle Vorstandsmitglieder mitwirken, wenn nach der Satzung der Verein nach außen in anderer Weise als durch sämtliche Vorstandsmitglieder gemeinschaftlich vertreten wird. KGJ **21** A 271; **33** A 143; RJA **9** 47; BayObLG Recht **1909** Nr. 1092; a.M. RJA **11** 265. Im übrigen ist die als gesetzliche Regel aufgestellte Mitwirkung sämtlicher Vorstandsmitglieder nicht erforderlich, wenn der Vorstand des Vereins nach außen satzungsgemäß durch einzelne Vorstandsmitglieder vertreten wird. RJA **6** 205.

Der Anmeldung sind **beizufügen:**

1. die Satzung in Urschrift und Abschrift (§ 59 Abs. 2 Nr. 1).

Die Satzung muß nach § 57 Abs. 1 BGB enthalten:

a) den **Zweck** des Vereins. Daß dieser nicht auf einen wirtschaftlichen Geschäftsbetrieb gerichtet sein darf, ist schon oben im § 129 hervorgehoben;

b) den **Namen** des Vereins. Er soll sich nach § 57 Abs. 2 BGB von den Namen der an demselben Ort oder in derselben Gemeinde bestehenden eingetragenen Vereine deutlich unterscheiden. Im übrigen kann ein beliebiger Name gewählt werden; jedoch ist der firmenrechtliche Grundsatz, daß die Firma nicht zu Täuschungen Anlaß geben darf, entsprechend auch auf den Namen des eingetragenen Vereins anzuwenden (JFG **3** 259)[1]. Nach § 65 BGB erhält mit der Eintragung der Name des Vereins ohne weiteres den — voll auszuschreibenden — Zusatz „eingetragener Verein". Personennamen in Vereinen sind zulässig, kommen aber selten vor. Regelmäßig werden Sachbezeichnungen gewählt, z. B. „Schützenverein Altenbrack", „Krieger- und Landwehrverein Segefeldt", „Privattheaterverein Karlshafen", „Klub von Hoppegarten" u. a.;

c) den **Sitz** des Vereins. Als Sitz gilt, wenn nicht etwas anderes bestimmt ist, der Ort, an dem die Verwaltung geführt wird. § 24 BGB.

Die Satzung **muß** ferner ergeben, daß der Verein eingetragen werden soll.

Die Satzung **soll** ferner nach § 58 BGB Bestimmungen enthalten:

a) über den Eintritt und Austritt der Mitglieder[2];

b) darüber, ob und welche Beiträge[3] von den Mitgliedern zu leisten sind;

---

[1] Um den Nachteilen vorzubeugen, welche auf Täuschung abzielende Vereinsnamen für die Allgemeinheit mit sich bringen, empfiehlt es sich, daß die Registergerichte in geeigneten Fällen bei den von Amts wegen vorzunehmenden Ermittlungen eine Äußerung der zuständigen Industrie- und Handelskammer herbeiführen. AV d. JM v. 26. November 1925 (JMBl 411). Durch die AV vom 18. Mai 1928 (JMBl 281) über die Namensführung der von Studenten gebildeten rechtsfähigen Vereine sind die Registergerichte besonders darauf hingewiesen, zu prüfen, ob die Namen privater Vereinigungen von Studenten zu Verwechselungen mit den in der VO vom 23. September 1927 vorgesehenen, staatlich anerkannten Studentenschaften Anlaß geben. Vgl. auch RV v. 15. März 1926 (IIIc 60 7b) betr. Eintragung von Vereinen mit ausländischer Namensbezeichnung. Lediglich gesetzlich vorgeschriebene Zusätze, wie „eingetragener Verein", sind stets in deutscher Sprache zu führen. Siehe auch KGJ **8** 23.

[2] Durch die Satzung kann nicht rechtswirksam vorgeschrieben werden, daß die von der Mitgliederversammlung beschlossene Ausschließung eines Mitgliedes gerichtlich nicht anfechtbar sei (RG **80** 189; vgl. auch RG **107** 386; Recht **1927** 487[1630]).

[3] Die Höhe der Beiträge braucht nicht ziffernmäßig bestimmt zu sein, es kann hierfür in der Satzung auf einen Beschluß eines Vereinsorgans und den jeweiligen Bedarf des Vereins verwiesen werden. Staudinger Anm. II 2 zu § 58.

c) über die Bildung des Vorstandes[1]);

d) über die Voraussetzungen, unter denen die Mitgliederversammlung zu berufen ist, über die Form der Berufung und über die Beurkundung der Beschlüsse.

Die Satzung soll endlich von mindestens sieben Mitgliedern unterzeichnet sein[2]) und die Angabe des Tages der Errichtung enthalten.

2. eine einfache Abschrift der Urkunden über die Bestellung des Vorstandes. Die Bestellung des Vorstandes erfolgt nach § 27 Abs. 1 BGB durch Beschluß der Mitgliederversammlung; es wird also eine Abschrift dieses Beschlusses beizubringen sein. Eine bestimmte Form für den Beschluß ist gesetzlich nicht vorgesehen; sie wird sich daher nach der Bestimmung des Statuts richten. Der Umfang der Vertretungsmacht des Vorstandes kann durch die Satzung mit Wirkung gegen Dritte beschränkt werden, § 26 BGB; vgl. auch das unten angeführte Beispiel. Der Vorstand kann aus einer oder mehreren Personen, die nicht unbedingt Mitglieder sein müssen (JFG **5** 285 [OLG München]), bestehen. § 26 Abs. 1 BGB.

Ein Verzeichnis der Vereinsmitglieder braucht nicht geführt und bei der Anmeldung nicht eingereicht zu werden; der Vorstand hat aber dem Registergericht auf Verlangen jederzeit eine von ihm vollzogene Bescheinigung über die Zahl der Vereinsmitglieder einzureichen und kann hierzu durch Ordnungsstrafen angehalten werden. § 72 BGB i. d. F. des § 22 RVG[3]), § 78 BGB.

II. Nach der Anmeldung hat der Registerrichter zu prüfen, ob den vorstehenden Erfordernissen genügt ist (JFG **1** 273 [OLG München]). Er hat also u. a. besonders zu prüfen, ob der Vereinszweck auf einen nicht wirtschaftlichen Geschäftsbetrieb gerichtet ist, ob die Zahl der Mitglieder mindestens sieben beträgt, ob die Satzung den gesetzlich vorgeschriebenen (unter I. erörterten) Inhalt hat, ob die erforderlichen Urkunden eingereicht sind, ob alle Vorstandsmitglieder[4]) bei der Anmeldung mitgewirkt haben,

---

[1]) Zum Wesen des Vereinsvorstandes gehört nicht, daß ihm die laufende Geschäftsführung zufällt. Diese kann dem Vorstande abgenommen und einem andern Vereinsorgan übertragen werden (OLG **42** 196 [KG]). Es ist sehr wohl denkbar (RJA **11** 265), daß ein Verein sich zwei „Vorstände" mit verschiedenen Zweckbestimmungen schafft, einen zur Leitung der inneren Vereinsangelegenheiten und einen zweiten zur Erfüllung der Vorschrift des § 26 Abs. 1 BGB. Nur der letztere kommt dem Registergericht gegenüber in Betracht. BayObLG Recht **1916** Nr. 188; vgl. auch KG Recht **1912** Nr. 2626.

[2]) Nach § 56 BGB soll die Eintragung des Vereins nur erfolgen, wenn die Zahl der Mitglieder mindestens sieben beträgt.

[3]) Reichsvereinsgesetz v. 19. April 1908 (RGBl 151) § 22 [abg. d. RG v. 26. Juni 1916 (RGBl 635) u. 16. April 1917 (RGBl 361)].

[4]) Ob der Vorstand gehörig bestellt ist, braucht der Registerrichter regelmäßig nur insofern zu prüfen, als er etwaige Mängel, die sich aus der Abschrift der Bestellungsurkunde ergeben, zu berücksichtigen hat. RGRKomm Anm. 3 zu § 59; vgl. auch KGJ **41** 157.

ob diese in der vorgeschriebenen Form bewirkt ist[1]), ob etwaige Bevollmächtigte der Vorstandsmitglieder ordnungsmäßig legitimiert sind (KGJ **26** A 237; **33** A 143) usw.

III. Wird die Anmeldung zugelassen[2]), so hat das Amtsgericht sie der zuständigen Verwaltungsbehörde, d. h. in Preußen dem Landrat, in Stadtkreisen der Ortspolizeibehörde, mitzuteilen. § 61 Abs. 1 BGB; Art. 3 VO vom 16. November 1899 (GS 562). Die Verfügung auf die Anmeldung eines Vereins kann also niemals, wie sonst regelmäßig bei unbeanstandeten Registeranmeldungen, in der Eintragungsanordnung bestehen, sondern muß z. B. lauten:

1. Die Anmeldung ist der Polizeiverwaltung hier mitzuteilen.
2. Nach 6 Wochen.
Bernau, 12. Dezember 1926. Z.

Die Verwaltungsbehörde kann gegen die Eintragung Einspruch erheben, wenn der Verein nach dem öffentlichen Vereinsrecht unerlaubt ist oder verboten werden kann, wenn also sein Zweck den Strafgesetzen zuwiderläuft. § 61 Abs. 2 BGB, RVG § 2, Art. 124 Abs. 1 RV[3]).

Der Einspruch ist kein Rechtsmittel gegen die Eintragungsverfügung des Amtsgerichts; er kann also z. B. nicht darauf gestützt werden, daß der Verein, da er einen wirtschaftlichen Geschäftsbetrieb bezwecke, nicht eintragungsfähig sei (KGJ **44** 163; RJA **12** 240). Der Einspruch dient vielmehr dazu, das im Staatsinteresse auszuübende Verbotsrecht gegen die Eintragung solcher Vereine zur Geltung zu bringen, die an sich nach den Vorschriften des BGB eintragungsfähig sind und als solche vom Amtsgericht anerkannt werden (KGJ **28** A 63).

Erhebt die Verwaltungsbehörde Einspruch, so darf der Registerrichter die Eintragung nicht vornehmen; er hat vielmehr den Einspruch dem Vorstande des Vereins mitzuteilen. § 62 Abs. 1 BGB. Der Einspruch kann von dem Vereine — nicht etwa auch von dem Register-

---

[1]) Eine Eintragung, die in Widerspruch mit diesen Vorschriften, etwa ohne Anmeldung des wirklichen Vorstandes infolge einer Täuschung des Registerrichters über die den Vorstand bildenden Personen erfolgt ist, leidet an dem Mangel einer nach den §§ 59, 60 BGB wesentlichen Voraussetzung, ist daher als unzulässig im Sinne der §§ 159, 142 FGG zu erachten und bietet daher Anlaß zur Einleitung des amtlichen Löschungsverfahrens gemäß §§ 142, 143 FGG (JFG **1** 273 [OLG München]). Eine solche Löschung kommt hauptsächlich in Betracht, wenn der Zweck des Vereins dem § 21 BGB nicht entspricht, oder der Verein sonst nicht eintragungsfähig ist (KGJ **27** A 75) oder einen die Öffentlichkeit täuschenden Namen führt (KG JW **1925** 2013).

[2]) Über die Beschwerde gegen Verfügungen des Richters, die die Eintragungen ablehnen, vgl. oben §§ 33ff.

[3]) Nach Art. 124 Abs. 2 RV, der den § 61 Abs. 2 BGB aufhebt, darf der Erwerb der Rechtsfähigkeit einem Verein nicht aus dem Grunde versagt werden, daß er einen politischen, sozialpolitischen oder religiösen Zweck verfolgt. Auf diesen Grund kann die Verwaltungsbehörde ihr Einspruchsrecht also nicht mehr stützen.

gericht — im Wege des Verwaltungsstreitverfahrens angefochten werden. § 62 Abs. 2 BGB. In Preußen entscheiden Bezirksausschuß und OVGericht.

IV. Der Registerrichter darf die Eintragung nach § 63 BGB nur bewirken:

a) wenn die Verwaltungsbehörde ihm mitteilt, daß Einspruch nicht erhoben werde;

b) wenn seit der Mitteilung der Anmeldung an die Verwaltungsbehörde sechs Wochen verstrichen sind und Einspruch nicht erhoben ist[1]). Es wird deshalb der Richter bei Mitteilung der Anmeldung eine Frist von sechs Wochen zu verfügen haben;

c) wenn der erhobene Einspruch endgültig beseitigt, d. h. unter Ausschluß von Rechtsmitteln aufgehoben oder zurückgenommen ist.

V. Bei der Eintragung sind nach § 64 BGB und § 9 Bek. vom 12. November 1898 anzugeben:

1. der Name und Sitz des Vereins in Sp. 2;
2. der Tag der Errichtung der Satzung in Sp. 3;
3. die Mitglieder des Vorstandes in Sp. 4 nach Familiennamen, Vornamen, Beruf und Wohnort. Beruf ist gleichbedeutend mit „Stand", „Lebensstellung". Es genügt daher z. B. die Angabe „Geh. Sanitätsrat Dr. med." oder „Rektor";
4. falls hierüber im Statute Bestimmungen getroffen sind:

a) Beschränkung des Umfangs der Vertretungsmacht des Vorstandes in Sp. 3[2]);

b) Abweichung von der Regel des § 28 Abs. 1 BGB über die Beschlußfassung des Vorstandes in Sp. 3.

VI. Mit der Eintragung erlangt der Verein Rechtsfähigkeit und sein Name erhält den Zusatz „eingetragener Verein". § 65 BGB[3]).

---

[1]) Der Einspruch ist an die sechswöchige Frist, die keine Ausschlußfrist ist, nicht gebunden; wird also nach Ablauf der sechs Wochen Einspruch erhoben und hat der Richter die Eintragung noch nicht verfügt, so muß er nunmehr die Eintragung auch unterlassen. So die herrschende Ansicht, vgl. Staudinger Anm. 1 zu § 63 BGB; Schlegelberger Anm. 10 zu § 159 FGG.

[2]) Das KG nimmt entgegen der im Schrifttum herrschenden Meinung (RGR Komm., Staudinger, Plank Anm. 1 zu § 67 BGB) an, daß die neben dem Vorstande für gewisse Geschäfte gemäß § 30 BGB bestellten besonderen Vertreter des Vereins ebenso wie die Vorstandsmitglieder im Vereinsregister anzugeben sind (JFG **2** 280); es ist ferner der Ansicht, daß die Satzungsbestimmung, daß der Verein gerichtlich und außergerichtlich durch zwei von mehreren Vorstandsmitgliedern rechtsgültig vertreten werde, miteinzutragen ist. KGJ **31** A 220; OLG **44** 115.

[3]) Der Verein besteht schon vor der Eintragung, nur nicht als „eingetragener Verein". OLG **2** 462. Im Falle der Eintragung eines bisher nicht eingetragenen Vereins ist das neue Rechtssubjekt als Fortsetzung des schon vorher vorhanden gewesenen Rechtsgebildes anzusehen. RG **85** 256; **119** 187. Einem eingetragenen Verein steht bis zur Löschung Rechtsfähigkeit zu, auch wenn wesentliche Vorbedingungen der Eintragung nicht erfüllt sind. Der Prozeßrichter hat die Rechtsfähigkeit eines eingetragenen Vereins nicht nachzuprüfen. RG **81** 206.

VII. Von der Eintragung ist der Vorstand zu benachrichtigen. §§ 159, 130 Abs. 2 FGG.

VIII. Die Urschrift der Satzung ist mit der Bescheinigung der Eintragung zu versehen und dem Vorstande zurückzugeben. Die Abschrift wird von dem Amtsgericht beglaubigt und mit den übrigen Schriftstücken aufbewahrt. § 66 Abs. 2 BGB.

IX. Zu veröffentlichen[1]) ist nach § 66 Abs. 1 BGB nur die Tatsache der Eintragung des Vereins unter Bezeichnung des Namens und des Sitzes, während der weitere Inhalt der Eintragung nicht bekanntzumachen ist (RV vom 22. November 1900 I 6369 und vom 7. Februar 1901 I 430)[2]).

Beispiel:

Amtsgericht. Bernau, den 12. Mai 1927.

Es erschienen vor dem Unterzeichneten:

1. der Ackerbürger Friedrich Krause;
2. der Sattlermeister Otto Johow;
3. der Schneidermeister Richard Wiechmann;
4. der Privatmann Siegfried Karbe;
5. der Landwirt Robert Gotzmann.

Die Erschienenen sind sämtlich in Bernau wohnhaft und dem Unterzeichneten von Person bekannt.

Sie erklärten:

Wir melden hiermit als Vorstandsmitglieder den unter dem Namen „Krieger- und Landwehrverein Bernau" mit dem Sitz in Bernau neu errichteten Verein zur Eintragung in das Vereinsregister an[3]). Wir überreichen:

1. die Satzung vom 5. Mai 1927 in Urschrift und Abschrift;
2. Abschrift des Beschlusses der Mitgliederversammlung vom 5. Mai 1927 über die Bestellung des Vorstandes.

Den Wert des Gegenstandes der Verhandlung geben wir auf 3000 RMark an. Die Bekanntmachung und die Kostenrechnung bitten wir dem Vorstande zu Händen des Erschienenen zu 1. zugehen zu lassen.

v. g. u.

Friedrich Krause. Otto Johow. Richard Wiechmann.
Siegfried Karbe. Robert Gotzmann.
Reinhardt, Justizobersekretär
als Urkundsbeamter der Geschäftsstelle.

Darauf wird verfügt:

1. Die Anmeldung ist der Polizeiverwaltung hier mitzuteilen. (Behändigung gegen Empfangsschein oder Posteinschreiben gegen Rückschein.)
2. Nach 6 Wochen.

Bernau, 12. Mai 1927. Z.

---

[1]) Vgl. oben § 27.

[2]) Vgl. auch Staudinger u. Plank Anm. 1 zu § 66 BGB; a.M. Cohn S. 688; Schlegelberger Anm. 6 zu § 159 FGG.

[3]) Weizsäcker-Lorenz S. 228 Bem. 5 empfehlen, falls der Verein eine sog. Geschäftsstelle hat, von der aus die Leitung des Vereins geschieht, diese bei der Anmeldung des Vereins nach Straße und Hausnummer genau angeben zu lassen. Befindet sich der Verein in einem kleinen Orte, so ist diese Angabe natürlich überflüssig.

Erfolgt innerhalb der sechs Wochen kein Einspruch, so wird weiter folgendes verfügt:

1. Einzutragen in das Vereinsregister unter Nr. 7.

Sp. 1. 1.

Sp. 2. 2. Krieger- und Landwehrverein Bernau[1]). Bernau.

Sp. 3. Die Satzung ist am 5. Mai 1927 errichtet. Der Vorstand kann Grundstücke nur mit Genehmigung der Mitgliederversammlung erwerben, veräußern oder belasten. Zur Beschlußfassung des Vorstandes ist erforderlich, daß einschließlich des Vorsitzenden oder seines Stellvertreters mindestens 3 Vorstandsmitglieder anwesend sind. (Bl. . . . d. A.)

Sp. 4. Ackerbürger Friedrich Krause, Sattlermeister Otto Johow, Schneidermeister Richard Wiechmann, Privatmann Siegfried Karbe und Landwirt Robert Gotzmann, sämtlich in Bernau. (Bl. . . . d. A.)

2. Öffentliche Bekanntmachung der Eintragung in Sp. 2 im öffentlichen Anzeiger zum Regierungsamtsblatt in Potsdam[2]).

3. Nachricht an:

a) den Vorstand z. H. des Krause,

b) das Finanzamt durch Übersendung einer Ausfertigung des für die Veröffentlichung bestimmten Auszugs[3]).

4. Die Urschrift der Satzung ist mit der Bescheinigung der Eintragung zu versehen und dem Vorstande zurückzugeben.

5. Die Abschrift der Satzung ist zu beglaubigen und zu den Akten zu nehmen.

6. Der Wert des Gegenstandes wird auf 3000 RMark[4]) festgesetzt.

Bernau, 26. Juni 1927. Z.

§ 131. Veränderungen.

1. Jede Änderung des Vorstandes sowie die erneute Bestellung eines Vorstandsmitgliedes ist von sämtlichen Mitgliedern des Vorstandes[5]) mittels öffentlich beglaubigter Erklärung (vgl. oben § 10) bei Vermeidung von Ordnungsstrafen zur Eintragung in das Vereinsregister anzumelden. §§ 67 Abs. 1, 77 und 78 Abs. 1 BGB. Bei der Anmeldung haben die neu hinzugetretenen, nicht aber die ausgeschiedenen Mitglieder des Vorstandes mitzuwirken. Der Anmeldung ist eine Abschrift der Urkunde über die Änderung oder die erneute Bestellung beizufügen. § 67 Abs. 1 Satz 2 BGB. Das Registergericht hat die überreichte Urkunde daraufhin zu prüfen, ob durch ihren Inhalt die nachgesuchte Eintragung gerechtfertigt wird (KGJ **19** 28; **25** A 255; **31** A 160; **34** A 201; **41** 157). Nur, wenn Bedenken gegen die materielle Richtigkeit des Anmeldungs-

[1]) Der Zusatz „eingetragener Verein" ist bei der Eintragung neben dem Namen des Vereins nicht mit anzugeben. RV d. JM v. 4. November 1901 I 6743.

[2]) Vgl. oben § 27.

[3]) Vgl. AV d. JM v. 30. Oktober 1926 (JMBl 387); vgl. oben § 26.

[4]) Grundsätzlich kommt der Regelwert von 3000 RMark in Betracht. Die unterste Wertgrenze beträgt 200 RM. Nach feststehender Rechtsprechung des KG ist für die Wertermittlung nach § 22 Abs. 1 PrGKG auf das Vermögen, den Zweck des Vereins und den Umfang seiner Wirksamkeit Rücksicht zu nehmen.

[5]) Vgl. oben § 130.

inhalts bestehen, hat es ein Nachprüfungsrecht (KGJ **49** 277 [OLG Hamburg]). Im übrigen hat es sich regelmäßig mit der ordnungsmäßigen, vollständigen Urkunde zu begnügen und braucht nicht solchen Mängeln bei der Bestellung der Vorstandsmitglieder nachzugehen, die sich nicht aus der überreichten Urkunde ergeben, hat also insbesondere nicht nachzuprüfen, ob die Mitgliederversammlung, in der die Vorstandsmitglieder gewählt sind, vorschriftsmäßig berufen oder die bei der Einberufung mitgeteilte Tagesordnung mit der erforderlichen Deutlichkeit und Vollständigkeit bezeichnet ist (KGJ **41** 157).

Soweit die erforderlichen Mitglieder des Vorstandes fehlen[1]), sind sie in dringenden Fällen für die Zeit bis zur Hebung des Mangels auf formlosen Antrag eines Beteiligten, der auch eine dritte Person sein kann (KGJ **34** A 69), durch das Registergericht zu bestellen. § 29 BGB. Die Eintragung solcher gerichtlich bestellten Vorstandsmitglieder erfolgt von Amts wegen. § 67 Abs. 2 BGB.

Anzumelden ist auch eine Beschränkung der Vertretungsmacht und eine von der Vorschrift des § 28 Abs. 1 BGB abweichende Regelung der Beschlußfassung des Vorstandes. Diese Anmeldungen können durch Ordnungsstrafen erzwungen werden[2]).

Die Änderungen sind in Sp. 4 einzutragen; die Eintragungen[3]) lauten z. B.:

> **Siegfried Karbe ist ausgeschieden; statt seiner ist der Rentner Fritz Salman in Bernau bestellt (Bl. . . . d. A.).**

2. Jede Änderung der Satzung ist von sämtlichen Mitgliedern des Vorstandes[4]) mittels öffentlich beglaubigter Erklärung (vgl. oben § 10) bei Vermeidung von Ordnungsstrafen zur Eintragung in das Vereinsregister anzumelden. §§ 71 Abs. 1, 77 und 78 Abs. 1 BGB[5]).

Der Anmeldung ist der die Änderung enthaltende Beschluß in Urschrift und Abschrift beizufügen. § 71 Abs. 1 Satz 2 BGB. Eine bestimmte Form ist für die Beschlüsse nicht vorgeschrieben. Es genügt daher einfache Schriftlichkeit, sofern nicht das Statut gerichtliche oder notarielle Beurkundung vorschreibt. § 58 Nr. 4 BGB.

Über die Prüfung der angemeldeten Satzungsänderungen gilt dasselbe, was oben § 103 bei den Gesellschaften mit beschränkter Haftung angeführt ist.

---

[1]) Z. B. wenn für eine Beschlußfassung die satzungsgemäß zur Beschlußfähigkeit erforderliche Zahl von Vorstandsmitgliedern nicht vorhanden ist.

[2]) Cohn S. 713.

[3]) Die Eintragung wird nicht veröffentlicht. Wegen Mitteilung an das Finanzamt vgl. AV d. JM v. 30. Oktober 1926 (JMBl 387).

[4]) Vgl. oben § 130.

[5]) Die Wirksamkeit der Satzungsänderung ist durch die Eintragung bedingt, und zwar nicht nur nach außen, sondern auch im Verhältnis zu den Mitgliedern (RG Recht **1924** Nr. 589).

Läßt der Richter die Anmeldung der Änderung zu, so hat er sie zunächst der zuständigen Verwaltungsbehörde mitzuteilen. Das weitere Verfahren regelt sich nach den oben § 130 für die Anmeldung des Vereins angeführten Bestimmungen. Der Einspruch der Verwaltungsbehörde hindert also die Eintragung.

Bei der Eintragung der Satzungsänderung, die in Sp. 3 erfolgt, ist stets der Tag der Satzungsänderung und, sofern die Änderung eine der in den Spalten 1 bis 3 eingetragenen Bestimmungen (Name, Sitz des Vereins[1]), Vertretungsmacht des Vorstandes, Beschlußfassung des Vorstandes) betrifft, der Inhalt der Änderung, sonst aber nur eine allgemeine Bezeichnung des Gegenstandes der Änderung einzutragen. Die früheren Eintragungen, die ihre Bedeutung verloren haben, sind nach Maßgabe der Anordnung des Richters rot zu unterstreichen.

Beispiele solcher Eintragungen in Spalte 3:

Nach Beschluß der Mitgliederversammlung vom 10. Oktober 1928 kann der Vorstand Rechtsgeschäfte, deren Gegenstand im Einzelfalle mehr als 50 RMark beträgt, nur auf Grund eines Beschlusses der Mitgliederversammlung vornehmen (Bl. . . . d. A.).

Durch Beschluß der Mitgliederversammlung vom 20. September 1928 sind die Bestimmungen über die Aufnahme neuer Mitglieder geändert (Bl. . . . d. A.).

Nach der Eintragung ist die Urschrift des Beschlusses mit der Bescheinigung der Eintragung zu versehen und dem Vorstande zurückzugeben. Die Abschrift wird von dem Registergerichte beglaubigt und mit den übrigen Schriftstücken bei den Akten aufbewahrt. §§ 71 Abs. 2, 66 Abs. 2 BGB. Die Veröffentlichung der Eintragung der Satzungsänderung ist nicht vorgeschrieben (vgl. § 66 Abs. 1 BGB).

§ 132. Tätigkeit des Registergerichts in besonderen Fällen.

1. Daß das Registergericht den Vereinsvorstand jederzeit zur Einreichung einer Bescheinigung über die Zahl der Vereinsmitglieder durch Ordnungsstrafen anhalten kann, ist schon oben § 130 hervorgehoben.

2. Wenn der durch die Satzung bestimmte Teil oder in Ermangelung einer Bestimmung der zehnte Teil der Mitglieder die Berufung der Mitgliederversammlung schriftlich unter Angabe des Zweckes und der Gründe verlangt hat und dem Verlangen nicht entsprochen worden ist, so kann das Amtsgericht, in dessen Bezirke der Verein seinen Sitz hat, die Mit-

---

[1]) Wird der Sitz in einen anderen Gerichtsbezirk verlegt, so muß die Übertragung in das Vereinsregister des neuen Bezirks, dessen Gericht nunmehr zuständig wird (KGJ 21 A 205), erfolgen. Dies geschieht nicht von Amts wegen, sondern auf Antrag. Das Gericht des neuen Bezirks hat die Rechtsfähigkeit des Vereins nicht von neuem zu prüfen, vielmehr seine Prüfung auf die formellen Erfordernisse der Anmeldung zu beschränken. Cohn S. 709.

glieder, die das Verlangen gestellt haben, zur Berufung der Versammlung ermächtigen und über die Führung des Vorsitzes in der Versammlung Bestimmung treffen. § 37 Abs. 1 und 2 BGB. Vor seiner Anordnung hat das Registergericht, soweit tunlich, den Vereinsvorstand zu hören. Gegen die Verfügung des Gerichts ist die sofortige Beschwerde gegeben. § 160 FGG.

3. Wegen der Befugnis des Gerichts, in besonderen Fällen Vorstandsmitglieder und Liquidatoren zu bestellen, s. oben § 131 Nr. 1 und unten § 133 Nr. 4.

§ 133. Die Auflösung des Vereins.

1. Der Verein wird aufgelöst:

a) durch Beschluß der Mitgliederversammlung. Der Beschluß bedarf einer Mehrheit von drei Vierteilen der erschienenen Mitglieder, wenn nicht die Satzung etwas anderes bestimmt. § 41 BGB;

b) durch den Ablauf der für die Dauer des Vereins bestimmten Zeit;

c) auf Grund des öffentlichen Vereinsrechts[1]).

2. In den Fällen zu a) und b) haben sämtliche Mitglieder des Vorstandes bei Vermeidung von Ordnungsstrafen mittels öffentlich beglaubigter Erklärung die Auflösung zur Eintragung anzumelden. Der Anmeldung ist im Falle zu a) eine einfache Abschrift des Auflösungsbeschlusses beizufügen. § 74 Abs. 2 BGB.

Im Falle zu c) erfolgt die Eintragung der Auflösung auf Anzeige der zuständigen Behörde. § 74 Abs. 3 BGB.

Regelmäßig geschieht in den Fällen zu a) und b) gleichzeitig mit der Anmeldung der Auflösung auch die Anmeldung der Liquidatoren; s. unter 3.

Die Eintragung der Auflösung[2]) erfolgt in Sp. 5 des Registers. Sie lautet z. B.:

Der Verein ist durch Beschluß der Mitgliederversammlung vom 22. März 1928 aufgelöst. Zu Liquidatoren sind die ... und .... bestellt (Bl. ... d. A.).

3. In den Fällen, in denen das Vereinsvermögen nicht an den Fiskus fällt, muß eine Liquidation stattfinden. § 47 BGB. Die Liquidation erfolgt durch den Vorstand; es können aber auch andere Personen zu Liquidatoren bestellt werden. § 48 Abs. 1 BGB.

Die ersten Liquidatoren sind durch sämtliche Mitglieder des Vorstandes[3]) bei Vermeidung von Ordnungsstrafen zum Register anzumelden.

---

[1]) Auf Grund des § 2 RVG, und zwar durch Beschluß der zuständigen Verwaltungsbehörde oder des zuständigen Verwaltungsgerichts.

[2]) Von der Auflösung und Liquidation ist dem Finanzamt Mitteilung zu machen. AV d. JM v. 30. Oktober 1926 (JMBl 387).

[3]) Vgl. oben § 130.

Spätere Änderungen sind durch die sämtlichen Liquidatoren, die ebenfalls durch Ordnungsstrafen hierzu angehalten werden können, anzumelden.

Endlich sind auch bei Vermeidung von Ordnungsstrafen Bestimmungen anzumelden, die die Beschlußfassung der Liquidatoren abweichend von der Vorschrift des § 48 Abs. 3 BGB — wonach für Beschlüsse mehrerer Liquidatoren Übereinstimmung aller erforderlich ist — regeln. Die Anmeldungen bedürfen der öffentlich beglaubigten Form. §§ 76 Abs. 1 und 2, 77, 78 BGB.

Der Anmeldung der durch Beschluß der Mitgliederversammlung bestellten Liquidatoren ist eine einfache Abschrift des Beschlusses, der Anmeldung einer Bestimmung über die Beschlußfassung der Liquidatoren eine Abschrift der die Bestimmung enthaltenden Urkunde beizufügen. § 76 Abs. 2 BGB.

4. Soweit die erforderlichen Liquidatoren fehlen, sind sie in dringenden Fällen für die Zeit bis zur Hebung des Mangels auf Antrag eines Beteiligten vom Registergerichte zu ernennen. §§ 48 Abs. 1, 29 BGB. Die Eintragung gerichtlich bestellter Liquidatoren geschieht von Amts wegen. § 76 Abs. 3 BGB.

5. Die Personen der Liquidatoren werden unter Angabe des Familiennamens, Vornamens, Berufs und Wohnortes in Sp. 5 des Registers eingetragen. Dort finden auch ihren Platz die sie betreffenden Änderungen und die Bestimmungen, die die Beschlußfassung der Liquidatoren abweichend von der Vorschrift des § 48 Abs. 3 BGB regeln und nicht schon in der Satzung enthalten sind. § 9 Bek. vom 12. November 1898.

§ 134. Entziehung und Verlust der Rechtsfähigkeit.

1. Dem eingetragenen Vereine kann nach § 43 BGB[1]) im Verwaltungsstreitverfahren (§ 44 BGB) die Rechtsfähigkeit entzogen werden:

a) wenn er durch einen gesetzwidrigen Beschluß der Mitgliederversammlung oder durch gesetzwidriges Verhalten des Vorstandes das Gemeinwohl gefährdet;

b) wenn er, dessen Zweck nach der Satzung nicht auf einen wirtschaftlichen Geschäftsbetrieb gerichtet ist, einen solchen Zweck verfolgt.

2. Die Eintragung der Entziehung der Rechtsfähigkeit erfolgt in Sp. 5 des Registers; § 9 Bek. vom 12. November 1898. Sie ist auf Anzeige der zuständigen Behörde zu bewirken. Sie lautet z. B.:

Dem Verein ist durch die Entscheidung des Bezirksausschusses in Potsdam vom 22. September 1929 die Rechtsfähigkeit entzogen worden (Bl. .. d. A.).

3. Sinkt die Zahl der Vereinsmitglieder unter drei herab, so hat das Registergericht auf Antrag des Vorstandes und, wenn der

[1]) Die Bestimmung des § 43 Abs. 3 BGB hat durch Art. 124 Abs. 2 RV ihre Bedeutung verloren.

Antrag nicht binnen drei Monaten gestellt wird, von Amts wegen nach Anhörung des Vorstandes dem Vereine die Rechtsfähigkeit zu entziehen. Der Beschluß ist dem Vereine zu Händen des Vorstandes zuzustellen. Gegen den Beschluß findet die sofortige Beschwerde nach der ZPO statt. Der Verein verliert die Rechtsfähigkeit mit der Rechtskraft des Beschlusses. § 73 BGB. Den Verlust der Rechtsfähigkeit hat der Registerrichter von Amts wegen in Sp. 5 des Registers einzutragen. § 74 Abs. 1 BGB, § 9 Bek.

4. Der Verein verliert die Rechtsfähigkeit durch die Eröffnung des Konkurses. § 42 Abs. 1 BGB. In diesem Fall ist nicht der Verlust der Rechtsfähigkeit, sondern die Eröffnung des Konkurses — und zwar von Amts wegen auf Grund der Mitteilung der Geschäftsstelle des Konkursgerichts — in das Register, Sp. 5 einzutragen. §§ 74 Abs. 1 Satz 2 und 75 Satz 1 BGB, § 9 Bek. Ebenso wird die Aufhebung des Eröffnungsbeschlusses auf Grund der Mitteilung der Geschäftsstelle des Konkursgerichts in Sp. 5 des Registers von Amts wegen eingetragen. § 75 Satz 2 BGB, § 9 Bek. Eine Bekanntmachung der Eintragung findet hier nicht statt, da diese schon vom Konkursgerichte veranlaßt ist.

Vierter Abschnitt.

Das Güterrechtsregister.

§ 135. Die Einrichtung des Güterrechtsregisters.

Das Güterrechtsregister wird als selbständiges Register nach dem der Bekanntmachung des Reichskanzlers vom 12. November 1898 (Z.Bl. f. fr. Ger. S. 438) beigefügten Formulare geführt. Es ist nach § 6 Bek. mit fortlaufenden Seitenzahlen zu versehen. Nötigt der Umfang des Registers zur Anlegung mehrerer Registerbände, so muß die Zählung der Seiten durch die Bände fortlaufen. RVfg des JM vom 3. Oktober 1902, I 6373[1]).

Für die ein Ehepaar betreffenden Eintragungen war früher eine Seite des Registers zu verwenden. § 12 Bek. Nunmehr ist jede Seite für zwei Ehepaare bestimmt (JMV vom 25. Februar 1924 [JMBl 85]). Vgl. oben § 20. Reicht eine Seite (Halbseite) nicht aus, so gehört die Fortsetzung der dasselbe Ehepaar betreffenden Eintragungen auf die nächste freie Seite (Halbseite) des Registers, die mit der ihr nach der laufenden Nummernfolge zukommenden Zahl zu versehen ist, und es ist ferner am Schlusse der die früheren Eintragungen enthaltenden Seite auf die für die Fortsetzung verwendete Seite sowie entsprechend am Anfange der letzteren auf die erstere Seite zu verweisen. RVfg des JM vom 14. Januar 1903, I 6[1]).

---

[1]) Weizsäcker-Lorenz S. 235 Bemerk. 3 Abs. 3.

Über den drei Spalten des Formulars sind die Ehegatten nach Familiennamen und Vornamen, der Mann unter Bezeichnung seines Berufes und Wohnsitzes, die Frau unter Beifügung ihres Geburtsnamens, anzugeben. Ist bei dem Gericht offenkundig, daß sich am Wohnorte des Ehemannes mehrere Personen mit gleichem Vornamen und Familiennamen und von gleichem Berufe befinden, so ist die Bezeichnung des Mannes durch die Angabe der Zeit und des Ortes seiner Geburt oder durch die Angabe seiner Eltern oder in sonstiger Weise[1]) zu ergänzen. § 13 Abs. 1 Bek.

Das Register zerfällt in drei Spalten.

Es sind nach §§ 13 Abs. 2ff., 14 Bek. einzutragen:

1. In der ersten Spalte die laufende Nummer der Eintragung.

2. In der zweiten Spalte:

a) die Beschränkung oder Ausschließung des der Frau nach § 1357 BGB zustehenden Rechts[2]) sowie die Aufhebung einer solchen Beschränkung oder Ausschließung;

b) die Ausschließung oder Änderung der Verwaltung und Nutznießung des Mannes sowie die Aufhebung oder Änderung einer in dem Güterrechtsregister eingetragenen Regelung der güterrechtlichen Verhältnisse (§§ 1371, 1431, 1435, 1441, 1470, 1526, 1545, 1548, 1549, 1587 BGB);

c) der Einspruch des Mannes gegen den selbständigen Betrieb eines Erwerbsgeschäftes der Frau oder der Widerruf seiner Einwilligung sowie die Zurücknahme des Einspruchs oder des Widerrufs (§§ 1405, 1452, 1519 Abs. 2, 1525 Abs. 2, 1549 BGB; Art. 16, 36 I EGBGB).

3. In der dritten Spalte:

a) etwaige Verweisungen auf spätere Eintragungen;

b) die Erteilung der beglaubigten Abschrift einer Eintragung zum Zwecke der Wiederholung der Eintragung in das Register eines andern Bezirkes nach Aufhebung des bisherigen Wohnsitzes des Mannes (§ 1561 Abs. 3 Nr. 2 BGB);

c) bei einer Eintragung in das Register eines andern als des für den Wohnsitz des Mannes zuständigen Gerichts der Grund dieser Eintragung (Betreiben eines Handelsgewerbes oder eines sonstigen Gewerbes durch einen der Ehegatten im Bezirke des anderen Gerichts, vgl. Art. 4 EGHGB, Art. 36 I EGBGB).

Das Güterrechtsregister dient endlich in Preußen auch zur Aufnahme derjenigen Eintragungen, die nach Art. 59 § 9 Abs. 2, 61 § 3, 62 Abs. 1 u. 63—65 AGBGB in Ansehung der zur Zeit des Inkrafttretens des BGB bestehenden Ehen zu erfolgen haben. Art. 19 AV vom 6. November 1899.

---

[1]) Z. B. durch die Angabe der Straße und Hausnummer seiner Wohnung, die in diesem Falle auch mit zu veröffentlichen ist. JMV vom 19. Mai 1926 (JMBl A 200).

[2]) Es handelt sich um die Schlüsselgewalt der Frau.

§ 136. Die Anmeldungen zum Güterrechtsregister.

1. Eine Eintragung in das Güterrechtsregister soll nur auf Antrag und nur insoweit erfolgen, als sie beantragt ist. § 1560 Satz 1 BGB. Ein Zwang zur Anmeldung zum Güterrechtsregister besteht nicht. Der Registerrichter kann also Anmeldungen zu diesem Register nicht etwa durch Ordnungsstrafen erzwingen. Es ist vielmehr den Ehegatten freigestellt, ob und inwieweit sie die Eintragung gewisser Tatsachen oder Rechtsverhältnisse in das Güterrechtsregister herbeiführen wollen. Es soll ihnen durch die Eintragung die Möglichkeit gegeben sein, sich gegen die für sie aus dem guten Glauben Dritter ergebenden Nachteile zu schützen (KGJ **21** A 88; **29** A 267 [OLG Colmar]). Die Eheleute können aber nicht unbeschränkt ihre güterrechtlichen Verhältnisse zur Eintragung bringen; vielmehr sind nur die vom Gesetz selbst als eintragungsbedürftig bezeichneten Tatsachen auch eintragungsfähig (KGJ **24** A 78; **29** A 267 [OLG Colmar]; **32** A 176; **37** A 206; **45** 187, 192); auch ist ein gegenstandsloser Vorgang der Eintragung in das Güterrechtsregister nicht zugänglich (KGJ **30** A 158). Es sind daher auch nur eintragungsfähig die im § 13 Abs. 2 ff. Bek. u. Art. 19 AV angeführten Rechtsverhältnisse; vgl. oben § 135. Das Güterrechtsregister ist auch nicht etwa allgemein dafür bestimmt, Dritten als Beweis für die güterrechtlichen Verhältnisse zu dienen[1]) (KGJ **24** A 78; **29** A 267 [OLG Colmar]).

Es können auch Eintragungen nicht erfolgen, wenn die Unterlagen, z. B. der Ehevertrag, in sich widerspruchsvoll sind und den Willen der Ehegatten nicht klar erkennen lassen (KGJ **27** A 80; **30** A 313 [OLG Colmar])[2]).

2. Der Antrag auf Eintragung ist regelmäßig von beiden Ehegatten zu stellen. § 1561 Abs. 2 BGB.

Der Antrag des Ehemannes allein genügt nach § 1561 Abs. 1 BGB:

a) bei Beschränkung oder Ausschließung der Schlüsselgewalt der Frau; § 1357 Abs. 2 BGB;

b) beim Einspruche gegen den selbständigen Betrieb eines Erwerbsgeschäftes der Frau oder beim Widerrufe der Einwilligung zum Betriebe eines solchen Geschäfts. § 1405 Abs. 3 BGB.

Der Antrag eines der Ehegatten genügt nach § 1561 Abs. 5 BGB:

a) zur Eintragung des Ehevertrages oder einer auf gerichtlicher Entscheidung beruhenden Änderung der güterrechtlichen Verhältnisse der Ehe-

---

[1]) U. a. ist das Güterrechtsregister nicht bestimmt zur Widerlegung der praesumtio Mutiana im Interesse der Ehefrau, so daß bei Gütertrennung das im Ehevertrage als gegenwärtig vorhanden angegebene Vermögen der Ehefrau nicht in das Register einzutragen ist (KGJ **32** A 176).

[2]) So kann z. B. der Ehevertrag, durch den „Gütertrennung mit Errungenschaftsgemeinschaft" vereinbart ist, wegen seines inneren Widerspruchs nicht eingetragen werden (KGJ **30** A 313 [OLG Colmar]).

gatten, wenn mit dem Antrage der Ehevertrag oder die mit dem Zeugnisse der Rechtskraft versehene Entscheidung vorgelegt wird[1]);

b) zur Wiederholung einer Eintragung in das Register eines andern Bezirkes, wenn mit dem Antrag eine nach der Aufhebung des bisherigen Wohnsitzes erteilte, öffentlich beglaubigte Abschrift der früheren Eintragung vorgelegt wird.

Ist der Antrag nur von einem Ehegatten gestellt und das der Eintragung zugrunde liegende Rechtsverhältnis, z. B. der Abschluß eines rechtswirksamen Ehevertrags, streitig, so kann der Registerrichter die Verfügung aussetzen, bis über das Rechtsverhältnis im Wege des Rechtsstreits entschieden ist; er kann, wenn ein solcher nicht anhängig ist, einem Ehegatten eine Frist zur Erhebung der Klage bestimmen. §§ 161, 127 FGG.

3. Der Antrag zum Güterrechtsregister ist in öffentlich beglaubigter Form zu stellen. § 1560 Satz 2 BGB. Er kann auch zum Protokoll der Geschäftsstelle des Registergerichts gestellt werden. Der Antrag kann auch von einem Bevollmächtigten angebracht werden, dessen Vollmachtsurkunde ebenfalls die öffentlich beglaubigte Form aufweisen muß. Auch für den durch § 129 FGG als Bevollmächtigten legitimierten Notar gilt § 1560 Satz 2 BGB (RJA **1** 153). Er muß also, wenn er die Eintragung eines Ehevertrages in das Güterrechtsregister nachsucht, dem Registergerichte den von ihm beurkundeten oder beglaubigten, diese Eintragung betreffenden Antrag der beiden Ehegatten oder eines der Ehegatten und den Ehevertrag beibringen. Es genügt also nicht, wenn der Notar in der Eingabe an das Registergericht bemerkt, es hätten die Eheleute X und Y durch notariellen Vertrag vom .... die Gütertrennung des BGB unter Ausschließung der Verwaltung und Nutznießung des Ehemannes eingeführt; beide hätten beantragt, dies für sie zum Register anzumelden, und er beantrage gemäß § 129 FGG die Eintragung (KGJ **21** A 88; OLG **3** 368 [OLG Rostock]; **6** 286 [KG]; **17** 368 [OLG Colmar]). Denn der Notar muß durch die Urkunden nachweisen, daß er kraft gesetzlicher Ermächtigung gemäß §§ 129, 161 FGG ohne besondere Vollmacht für die Beteiligten die Eintragung beantragen kann. Haben aber andrerseits die Eheleute in dem notariell beurkundeten Ehevertrag erklärt, daß der Notar den Antrag auf Eintragung des Ehevertrages in das Güterrechtsregister

---

[1]) Das Erfordernis der Rechtskraft besteht auch für die anderen Entscheidungen außer den Urteilen, die als Grundlage des von nur einem der beiden Ehegatten gestellten Antrages auf Eintragung dienen sollen. Eine durch Beschluß erlassene einstweilige Verfügung ist keine der formellen Rechtskraft fähige Entscheidung (KGJ **37** A 206); auf eine solche kann also der Antrag eines der Ehegatten nicht gestützt werden. Dagegen gibt es Beschlüsse oder Verfügungen des Konkurs- und Vormundschaftsrichters (§§ 1419, 1543, 1357 Abs. 2 BGB), auf die der Begriff der Rechtskraft anzuwenden und deren Inhalt in das Güterrechtsregister einzutragen ist (KGJ **24** D 13 [OLG Darmstadt]).

für sie stellen solle, so liegt schon ein Antrag auf Eintragung in der gesetzlichen Form vor (RJA 1 153).

4. Der Registerrichter[1]) muß, ehe er die Eintragung verfügt, prüfen, ob der Antrag den gesetzlichen Erfordernissen entspricht, ob die Eintragung inhaltlich zulässig ist (KGJ **32** A 76; **45** 187), und ob die erforderlichen Urkunden in der vorgeschriebenen Form beigefügt sind (KGJ **24** D 13 [OLG Darmstadt])[2]). Wird von einem der Ehegatten die Eintragung einer auf gerichtlicher Entscheidung beruhenden Änderung der güterrechtlichen Verhältnisse beantragt, so hat der Registerrichter nicht nur das Vorliegen einer mit dem Zeugnisse der Rechtskraft versehenen Entscheidung, sondern auch die Eintragungsfähigkeit der durch die Entscheidung vorgenommenen Änderung zu prüfen (KGJ **37** A 206). Auch muß er beachten, daß die Eintragungen in das Güterrechtsregister nur erfolgen können, wenn die Ehe zwischen den Personen, deren Güterstand geregelt werden soll, bereits geschlossen ist[3]). Wird daher der Antrag beim Gerichte schon vor der Eheschließung eingereicht, so wird der Antragsteller zu bedeuten sein, daß dem Antrag erst entsprochen werden könne, wenn durch Einreichung der Heiratsurkunde die Eheschließung nachgewiesen sei (KG **20** A 65). Werden von dem Notar bei der Beurkundung des Ehevertrages die Vertragschließenden als Eheleute bezeichnet, so ist damit für die Eintragung in das Güterrechtsregister der Nachweis der Eheschließung erbracht, und es bedarf nicht noch der Beibringung der Heiratsurkunde (KGJ **45** 187).

Endlich hat der Richter auch seine Zuständigkeit zu prüfen (KGJ **45** 187). Nach § 1558 Abs. 1 BGB haben die Eintragungen in das Güterrechtsregister bei dem Amtsgerichte zu geschehen, in dessen Bezirke der Mann seinen Wohnsitz hat. Ist aber ein Ehegatte Kaufmann und befindet sich seine Handelsniederlassung nicht in dem Bezirke des für den Wohnsitz des Ehemannes zuständigen Registergerichts, so muß[4]) die Eintragung auch in das Güterrechtsregister des für den Ort der Handelsniederlassung zuständigen Gerichts erfolgen; bei mehreren Niederlassungen genügt die Eintragung in das Register des Ortes der Hauptniederlassung. Art. 4 Abs. 1 EGHGB.

---

[1]) Die Bearbeitung von Anträgen auf Eintragung in das Güterrechtsregister, soweit es sich nicht um altrechtliche Güterstände oder um ausländische Ehegatten handelt, kann dem Urkundsbeamten der Geschäftsstelle als Rechtspfleger übertragen werden. § 31 g der EntlVfg vom 1. März 1928.

[2]) Die Anweisung des Prozeßgerichts, eine Eintragung zu bewirken, ist für das Registergericht nicht bindend (KGJ **24** D 13 [OLG Darmstadt]; **24** A 78; **37** A 206; OLG **6** 278 [OLG Colmar]).

[3]) Die Frage, ob die Eintragungen schon vor Eingehung der Ehe zulässig sind, ist bestritten. Wie oben Planck Anm. 3a zu § 1561 BGB und Schlegelberger Anm. 5 zu § 161 FGG; a.M. Staudinger Anm. 3 zu § 1558 BGB.

[4]) Sonst treten die mit der Registereintragung verbundenen Wirkungen in Ansehung der auf den Betrieb des Handelsgewerbes sich beziehenden Rechtsverhältnisse nicht ein.

Der Richter hat natürlich nicht zu prüfen, ob die Anmeldungen der Wahrheit entsprechen (KGJ **45** 187).

5. Über die Bekanntmachung der Eintragungen vgl. oben § 27. Hier ist noch hervorzuheben, daß sich bei der Eintragung einer Änderung des Güterstandes die Bekanntmachung auf die Bezeichnung des Güterstandes und, wenn dieser abweichend von dem Gesetze geregelt ist, auf eine allgemeine Bezeichnung der Abweichung zu beschränken hat. § 1562 Abs. 2 BGB.

6. Verlegt der Mann nach der Eintragung seinen Wohnsitz in einen andern Bezirk, so muß die Eintragung im Register dieses Bezirks wiederholt werden. § 1559 Satz 1 BGB. Dasselbe gilt, wenn die Eintragung außer in das Register des für den Wohnsitz des Ehemannes zuständigen Gerichts auch in das Register des für den Ort der Handelsniederlassung zuständigen Gerichts erfolgt ist und die Niederlassung verlegt wird. Art. 4 EGHGB. Dem Registerrichter des neuen Bezirks wird eine öffentlich beglaubigte Abschrift der früheren Eintragung, die aber erst nach der Aufhebung des bisherigen Wohnsitzes erteilt sein muß, vorzulegen sein. Es genügt dann der Antrag eines der Ehegatten. § 1561 Abs. 3 Nr. 2 BGB.

Der Registerrichter des alten Bezirks hat die Erteilung der beglaubigten Abschrift in der dritten Spalte seines Registers zu vermerken. § 14 Bek. vom 12. November 1898. Es ist deshalb in den Akten besonders zu notieren, wenn zu diesem Zwecke die Erteilung einer beglaubigten Abschrift beantragt wird. Der Aufnahme eines förmlichen Protokolls über einen solchen Antrag bedarf es nicht; es genügt ein kurzer Vermerk des Richters oder des Urkundsbeamten der Geschäftsstelle, der den Antrag entgegengenommen hat; für einen solchen Vermerk dient in Preußen das Formular RS Nr. 12[1]).

Verlegt der Mann den Wohnsitz in den früheren Bezirk zurück, so gilt die frühere Eintragung als von neuem erfolgt. § 1559 Satz 2 BGB.

§ 137. Einzelfälle.

Von den zur Anmeldung kommenden güterrechtlichen Verhältnissen sind folgende hervorzuheben:

1. Nach § 1357 Abs. 1 BGB ist die Frau berechtigt, innerhalb ihres häuslichen Wirkungskreises die Geschäfte des Mannes für ihn zu besorgen und ihn zu vertreten. Es ist dies ihre sogenannte Schlüsselgewalt. Nach § 1357 Abs. 2 BGB kann der Mann dieses Recht der Frau beschränken oder ausschließen. Dies kann rechtswirksam nur durch eine entsprechende empfangsbedürftige Erklärung des Mannes der Frau

---

[1]) Weizsäcker-Lorenz S. 243 Bem. 1 Abs. 2.

gegenüber geschehen (KGJ **32** A 35; **45** 192)[1]). Dritte Personen brauchen aber eine solche durch den Mann veranlaßte Abweichung von dem gesetzlichen Zustande nur dann gegen sich gelten zu lassen, wenn sie die Abweichung gekannt haben oder wenn diese in das Güterrechtsregister eingetragen worden ist. Der Mann wird also gut tun, die Abweichung baldmöglichst in das Register eintragen zu lassen. Es genügt nach § 1561 Abs. 1 BGB sein einseitiger Antrag. Der Antrag ist nach § 1560 Satz 2 BGB in öffentlich beglaubigter Form zu stellen; doch genügt auch die Erklärung des Antrages zu Protokoll der Geschäftsstelle des zuständigen Registergerichts. §§ 161, 128 FGG.

Beispiel:

Amtsgericht. Berlin, den 12. November 1927.

Es erschien vor dem Unterzeichneten der Kaufmann Karl Hamburger in Berlin, Schadowstr. 7.

Die Persönlichkeit des Erschienenen wurde durch einen auf seinen Namen lautenden polizeilichen Anmeldeschein festgestellt.

Er erklärte:

Ich habe das Recht meiner Frau Amalie geb. Freundlich, innerhalb ihres häuslichen Wirkungskreises meine Geschäfte für mich zu besorgen und mich zu vertreten, ausgeschlossen.

Ich beantrage dies in das Güterrechtsregister einzutragen.

Den Wert des Gegenstandes der Verhandlung gebe ich auf 3000 RMark an.

v. g. u.

Karl Hamburger.

Reinhardt, Justizobersekretär
als Urkundsbeamter der Geschäftsstelle.

Darauf verfügt der Richter bzw. der Rechtspfleger[2]):

1. Einzutragen in das Güterrechtsregister Seite 784.

Bez. der Eheg.: Hamburger, Karl, Kaufmann in Berlin, und Amalie geb. Freundlich.

Sp. 1. 1.

Sp. 2. Der Mann hat das Recht der Frau, innerhalb ihres häuslichen Wirkungskreises seine Geschäfte für ihn zu besorgen und ihn zu vertreten, ausgeschlossen (Bl. . . . . d. A.).

2. Nachricht an beide Ehegatten[3]).

3. Öffentliche Bekanntmachung)[4].

4. Der Wert des Gegenstandes wird auf 3000 RMark festgesetzt.

Berlin, 12. November 1927. Br.

---

[1]) Ein zeitweiliges Getrenntleben der Eheleute steht der Ausschließung der Schlüsselgewalt der Frau durch den Mann nicht entgegen; denn die Aufhebung der häuslichen Gemeinschaft hat an sich niemals den Rechtsverlust der Schlüsselgewalt, sondern nur ein Ruhen dieses Rechts zur Folge (KGJ **45** 192; vgl. auch RG **60** 15 und Staudinger Anm. 2b zu § 1357 BGB).

[2]) Zuvor hat er die Formalien des Eintragungsantrags, den Nachweis einer formell gültigen Ehe (durch die Heiratsurkunde! KGJ **20** A 65) und den Nachweis der rechtsgültigen Ausschließung der Schlüsselgewalt (durch empfangsbedürftige Erklärung des Mannes der Frau gegenüber! KGJ **32** A 34) zu prüfen (KGJ **45** 192).

[3]) Vgl. § 161 Abs. 2 FGG.

[4]) Im öffentlichen Anzeiger zum Regierungsamtsblatt. Vgl. oben § 27.

Wird die Schlüsselgewalt der Frau nicht vollständig ausgeschlossen, sondern nur beschränkt, so lautet die ebenfalls in Sp. 2 aufzunehmende Eintragung z. B.:

„Der Mann hat das Recht der Frau, ihn innerhalb ihres häuslichen Wirkungskreises zu vertreten und seine Geschäfte für ihn zu besorgen, insoweit beschränkt, als sie nicht befugt sein soll, Waren auf seinen Namen auf Kredit zu kaufen, Darlehen aufzunehmen und Bestellungen irgendwelcher Art zu machen."

Will der Mann die Aufhebung oder Beschränkung des Rechts seiner Frau wieder aufheben, so muß er einen dahingehenden Antrag auf Eintragung in das Register stellen. Die Eintragung wird etwa lauten:

„Die Ausschließung" — oder „die Beschränkung" — „des Rechts der Frau, innerhalb ihres häuslichen Wirkungskreises die Geschäfte ihres Mannes für ihn zu besorgen und ihn zu vertreten, ist aufgehoben."

2. Seit dem Inkrafttreten des BGB, d. h. seit dem 1. Januar 1900, gilt in Ermangelung vertragsmäßiger Bestimmung als gesetzliches Güterrecht das Recht der Verwaltung und Nutznießung des Mannes an dem Vermögen der Frau; nur das Vorbehaltsgut der Frau ist der Verwaltung und Nutznießung des Mannes nicht unterworfen. §§ 1363, 1365 ff. BGB.

Wollen die Ehegatten das gesetzliche Güterrecht ändern, wollen sie also insbesondere die Verwaltung und Nutznießung des Mannes ausschließen oder abändern, so müssen sie diese Tatsachen in das Register eintragen lassen, da sie sich sonst der Gefahr aussetzen, daß gutgläubige Dritte die Abweichungen vom gesetzlichen Güterstande nicht gegen sich gelten zu lassen brauchen. § 1435 BGB.

3. In der Praxis am häufigsten ist der Ausschluß der Verwaltung und Nutznießung des Mannes, ohne daß ein besonderer Güterstand daneben vereinbart wird. Es tritt dann vollständige Gütertrennung ein, und man spricht in solchem Falle auch nicht von einem vertraglichen Güterstande.

Der Ehevertrag, durch den Gütertrennung eingeführt werden soll, kann vor oder nach der Eingehung der Ehe geschlossen werden. Er muß bei gleichzeitiger Anwesenheit beider Teile vor Gericht oder vor einem Notar geschlossen werden. § 1434 BGB. Der Vertrag muß von einem Richter oder Notar beurkundet werden; Beglaubigung der Unterschriften der Ehegatten genügt nicht. Bevollmächtigung ist zugelassen, da persönliche Anwesenheit der Gatten nicht vorgeschrieben ist[1]). Auch die Gütertrennung ist dem gutgläubigen Dritten gegenüber nur wirksam, wenn sie aus dem Güterrechtsregister ersichtlich ist. § 1431 Abs. 1 BGB.

---

[1]) Eine besondere Form für die Vollmacht ist nicht vorgeschrieben; vgl. § 167 Abs. 2 BGB. Es kann auch der eine Ehegatte als Bevollmächtigter des andern mit sich selbst einen Ehevertrag abschließen, wenn er durch die Vollmacht ausdrücklich dazu ermächtigt ist. RG **79** 282; JFG **3** 188 (OLG München).

Beispiel:

Amtsgericht. Berlin, den 22. August 1927.

Es erschienen vor dem unterzeichneten Richter[1]):

1. der Schlossermeister Karl Rambow in Berlin, Naunynstr. 33;

2. Fräulein Klara Beisert in Berlin, Fennstr. 3, 25 Jahre alt.

Die Persönlichkeit der Erschienenen wurde durch Vorlegung ihrer Geburtsurkunden festgestellt.

Sie erklärten:

Wir beabsichtigen, miteinander die Ehe einzugehen. Wir schließen für diese Ehe die Verwaltung und Nutznießung des Mannes an dem Vermögen der Frau aus[2]). Wir beantragen dies in das Güterrechtsregister des hiesigen Amtsgerichts Berlin-Mitte einzutragen, in dessen Bezirk ich, der Erschienene zu 1., auch nach dem Eheschlusse meinen Wohnsitz haben werde. Wir bitten, eine Ausfertigung dieser Verhandlung der zuständigen Registerabteilung zu übermitteln, und bemerken, daß wir dieser unsere Heiratsurkunde binnen 2 Wochen einreichen werden.

Den Wert des Gegenstandes der Verhandlung geben wir auf 10000 RMark an.

Die Kosten übernehme ich, der Erschienene zu 1.

v. g. u.

Karl Rambow. Klara Beisert.

Dr. Schmidt,

Amtsgerichtsrat.

Der zuständige Registerrichter bzw. Rechtspfleger verfügt nach dem Eingange der Ausfertigung der vorstehenden Verhandlung eine Frist von 2 Wochen, da er die Eintragung nicht eher verfügen darf, als bis die Heiratsurkunde eingereicht ist; vgl. oben § 136.

Nach Eingang der Heiratsurkunde verfügt er:

1. Einzutragen in das Güterrechtsregister Seite 982.

Bez. der Eheg.: Rambow, Karl, Schlossermeister in Berlin, und Klara geb. Beisert.

Sp. 1. 1.

Sp. 2. Die Verwaltung und Nutznießung des Mannes an dem Vermögen der Ehefrau ist durch gerichtlichen Vertrag vom 22. August 1927 ausgeschlossen (Bl. . . . d. A.).

2. Nachricht an beide Ehegatten.

3. Öffentliche Bekanntmachung im Amtsblatte der Regierung in Potsdam.

4. Der Wert des Gegenstandes der Verhandlung wird auf 10000 RMark festgesetzt.

Berlin, 12. September 1927. Br.

---

[1]) Der Richter wird bei größeren Amtsgerichten regelmäßig nicht derselbe sein, wie der Registerrichter; vielmehr liegt die Beurkundung der Eheverträge dem Richter der freiwilligen Gerichtsbarkeit ob.

[2]) Häufig finden sich noch in solchen Verträgen Vermerke wie: „Wir erkennen an, daß zurzeit die in dem anliegenden Verzeichnis aufgeführten Gegenstände zum Vermögen der Braut gehören.“ Besondere Kosten entstehen durch solche Vermerke nicht. § 39 Abs. 1 PrGKG. Ein solches Anerkenntnis ist auch stempelfrei. RVfg des JM vom 28. März 1903 I 2093 bei Weizsäcker-Lorenz S. 242 Bem. 2. Das dem Vertrag etwa beiliegende Verzeichnis bildet nach § 176 Abs. 2 FGG einen Teil des den Ehevertrag enthaltenden Protokolls und ist daher mit vorzulesen und mit auszufertigen. Weizsäcker-Lorenz S. 242 Bem. 5.

Überflüssig ist es, bei der Eintragung, wie dies häufig geschieht, noch hinzuzusetzen, daß Gütertrennung vereinbart ist. Denn wenn das Verwaltungs- und Nutznießungsrecht des Mannes ausgeschlossen ist, so folgt daraus nach § 1436 BGB ohne weiteres, daß Gütertrennung eintritt.

Es ist nicht zulässig, Veränderungen in das Güterrechtsregister aufzunehmen, durch die die gesetzlichen Vorschriften über die Gütertrennung (§§ 1426 ff. BGB) abgeändert werden, da das Register, wie oben in § 136 hervorgehoben ist, keineswegs dazu bestimmt ist, alle güterrechtlichen Verhältnisse allgemein bekannt zu machen. Es kann also z. B. die Vertragsbestimmung, wonach die in Gütertrennung lebende Ehefrau der Bestimmung des § 1427 Abs. 2 BGB zuwider zur Leistung eines Beitrags zur Bestreitung des ehelichen Aufwandes nicht verpflichtet ist, nicht eingetragen werden.

Es finden sich auch häufig im Güterrechtsregister neben der Eintragung des Ausschlusses der Verwaltung und Nutznießung des Mannes Vermerke wie:

> **„Die Ehefrau soll auch in der Verwendung ihrer Arbeitskraft vollständige Freiheit haben und von der Zustimmung ihres Ehemannes hierbei unabhängig sein; insbesondere soll sie berechtigt sein, ohne Zustimmung des Ehemannes Verträge aller Art zu schließen, durch die sie sich zu einer von ihr in Person zu bewirkenden Leistung verpflichtet."**

Solche Vermerke sind unzulässig, da sie das Register mit Eintragungen belasten, deren Inhalt zum Teil ohne weiteres aus den Vorschriften über Gütertrennung folgt und zum Teil nicht eintragungsfähig ist; vgl. oben § 136.

Die Gütertrennung tritt in zahlreichen Fällen nicht infolge Vertrages, sondern kraft Gesetzes ein[1]), so z. B., wenn der Mann die Ehe mit einer in der Geschäftsfähigkeit beschränkten Frau ohne Einwilligung ihres gesetzlichen Vertreters eingeht (§ 1364 BGB), wenn die Verwaltung und Nutznießung des Mannes auf die Klage der Frau durch rechtskräftiges Urteil aufgehoben (§ 1418 BGB) oder mit der Rechtskraft des Beschlusses auf Eröffnung des Konkurses über das Vermögen des Ehemannes oder durch seine Todeserklärung beendet ist (§ 1419, 1420 BGB), und endlich, wenn die allgemeine Gütergemeinschaft, Fahrnisgemeinschaft oder Errungenschaftsgemeinschaft auf die Klage eines Ehegatten durch rechtskräftiges Urteil aufgehoben ist. §§ 1470, 1468, 1469, 1542, 1545 BGB. In allen diesen Fällen muß die Eintragung der Gütertrennung

---

[1]) Es gibt im BGB zwei gesetzliche Güterrechtssysteme: das der Verwaltung und Nutznießung des Mannes und das der Gütertrennung. Wird daher z. B. von Eheleuten die bestehende allgemeine Gütergemeinschaft ausgeschlossen und vereinbart, es solle zwischen ihnen das „gesetzliche Güterrecht des Bürgerlichen Gesetzbuches" eintreten, so hat der Richter die Eintragung dieser Vereinbarung abzulehnen, weil sich nicht mit Bestimmtheit ergibt, welches der beiden gesetzlichen Güterrechtssysteme gemeint ist. KGJ 27 A 80.

in das Güterrechtsregister erfolgen, damit sie Dritten gegenüber wirksam werden kann. § 1431 Abs. 1 BGB. Das gleiche gilt im Falle des § 1425 BGB von der Wiederherstellung der Verwaltung und Nutznießung des Mannes, jedoch natürlich nur dann, wenn die Aufhebung dieser Rechte des Mannes in das Register eingetragen war. § 1431 Abs. 2 BGB.

Die Eintragung in Spalte 2 würde bei Ausschließung der Rechte des Mannes durch Urteil z. B. lauten:

Die Verwaltung und Nutznießung des Mannes ist durch rechtskräftiges Urteil vom 6. März 1928 aufgehoben (Bl.... d. A.).

Wird die Verwaltung und Nutznießung durch Urteil wiederhergestellt, so lautet der Vermerk:

Die Verwaltung und Nutznießung des Mannes ist durch rechtskräftiges Urteil vom 10. November 1930 wiederhergestellt.

4. Neben der vollständigen Ausschließung der Verwaltung und Nutznießung des Mannes kommen zahlreiche, verschiedenartige Änderungen des gesetzlichen Güterstandes vor. Auch alle diese Änderungen können nur in Form eines Ehevertrages bewirkt werden, der ebenfalls bei gleichzeitiger Anwesenheit beider Teile vor Gericht oder vor einem Notar geschlossen werden muß; vgl. näheres unter 3. Auch hier wieder ist die Eintragung in das zuständige Güterrechtsregister erforderlich, wenn die Ehegatten sich dem gutgläubigen Dritten gegenüber decken wollen. § 1435 Abs. 1 BGB. Dasselbe gilt, wenn eine in dem Güterrechtsregister eingetragene Regelung der güterrechtlichen Verhältnisse durch Ehevertrag aufgehoben oder geändert wird. § 1435 Abs. 2 BGB.

Folgende Fälle sind hervorzuheben[1]):

a) Nach den §§ 1366, 1367 BGB gehören zum Vorbehaltsgute der Frau, woran nach § 1365 BGB dem Manne Verwaltung und Nutznießung nicht zusteht: die ausschließlich zu ihrem persönlichen Gebrauche bestimmten Sachen, insbesondere Kleider, Schmucksachen und Arbeitsgeräte und ferner alles, was die Frau durch ihre Arbeit oder durch den selbständigen Betrieb eines Erwerbsgeschäfts erwirbt. Außerdem können nach § 1368 BGB einzelne sonstige zum Frauengute gehörigen Gegenstände für Vorbehaltsgut erklärt werden. Endlich gilt nach § 1369 BGB auch das als Vorbehaltsgut, was die Frau durch Erbfolge, durch Vermächtnis oder als Pflichtteil erwirbt oder was ihr unter Lebenden von einem Dritten unentgeltlich zugewendet wird, wenn der Erblasser durch letzwillige Verfügung, der Dritte bei der Zuwendung bestimmt hat, daß der Erwerb Vorbehaltsgut sein soll.

In allen diesen Fällen — auch wenn es sich um gesetzliches Vorbehaltsgut handelt — braucht der gutgläubige Dritte sich die Vorbehaltseigenschaft nur entgegenhalten zu lassen, wenn sie aus dem Güterrechtsregister

---

[1]) Vgl. außerdem noch die §§ 1470, 1545, 1548, 1549, 1587 BGB.

ersichtlich ist. §§ 1371, 1431 Abs. 1 u. 1435 Abs. 1 BGB. Es kommen deshalb Anträge auf Eintragung der Vorbehaltseigenschaft gewisser Sachen sehr häufig vor. In der Regel wird es sich nur um Sachen handeln, die nicht schon kraft Gesetzes dem Vorbehaltsgute der Frau zugehören[1]). Dem Antrage wird regelmäßig Ausfertigung des Ehevertrags oder in den Fällen des § 1369 BGB des Testaments, Erbvertrags oder der Schenkungsurkunde beigefügt sein.

Beispiele für solche Eintragungen:

Durch notariellen Ehevertrag vom 22. September 1928 ist das der Frau gehörige, in Berlin, Luisenstr. 73, belegene, im Grundbuche des Amtsgerichts Berlin-Mitte von der Luisenstadt Band III Bl. Nr. 577 verzeichnete Hausgrundstück zum Vorbehaltsgute der Frau erklärt.

Oder:

Durch Testament der Witwe Amalie Funke geb. Gerber vom 14. Januar 1927 ist die Verwaltung und Nutznießung des Mannes an demjenigen, was die Frau von der Erblasserin auf Grund des Testaments ererbt hat, ausgeschlossen.

Hierzu gehörten insbesondere:

1. das Guthaben bei der Firma Braun & Co. in Berlin, Schützenstr. 3;

2. der Anteil an dem in Breslau belegenen, im Grundbuche des Amtsgerichts in Breslau Bd. XII Bl. Nr. 583 verzeichneten Grundstücke.

Bei der Eintragung von Vorbehaltsgut kann nach § 13 Bek. vom 12. November 1898 zur näheren Bezeichnung der einzelnen dazu gehörenden Gegenstände auf ein bei den Registerakten befindliches Verzeichnis Bezug genommen werden.

Ist das gesamte (gegenwärtige und zukünftige) Frauenvermögen für Vorbehaltsgut erklärt, so ist der Vertrag so auszulegen, daß Gütertrennung eintreten soll[2]). Es kommt dann also das unter 3. Gesagte zur Anwendung.

b) Die Eintragung in das Güterrechtsregister muß zur Abwendung von Nachteilen gegenüber gutgläubigen Dritten auch dann erfolgen, wenn durch Ehevertrag ein vertraglicher Güterstand, also allgemeine Gütergemeinschaft, Errungenschaftsgemeinschaft[3]) oder Fahrnisgemeinschaft eingeführt wird. Denn in allen diesen Fällen treten Abweichungen von dem gesetzlichen Verwaltungs- und Nutznießungsrechte des Mannes ein, so daß auch hier wieder § 1435 Abs. 1 BGB Platz greift. Sollen bei Einführung eines dieser vertraglichen Güterstände Vermögens-

[1]) Denn bei dem gesetzlichen Vorbehaltsgute der Frau wird der Dritte selten im guten Glauben sein, vielmehr meist wissen, daß es sich um vorbehaltenes Vermögen der Frau handelt.

[2]) RGRKomm. u. Staudinger Anm. 1 zu § 1368; OLG **2** 485ff.

[3]) Ist in einem nach Eingehung der Ehe geschlossenen Ehevertrage die Errungenschaftsgemeinschaft mit der Maßgabe vereinbart, daß sie vom Zeitpunkte der Eheschließung ab gelten soll, so kann die Eintragung mit dem Vermerke der Rückwirkung in das Güterrechtsregister nicht erfolgen. KGJ **29** A 267.

stücke zum Vorbehaltsgut eines der Gatten[1]) erklärt werden, so muß diese Vorbehaltseigenschaft[2]) bei der Eintragung besonders hervorgehoben werden, wenn sie gegenüber gutgläubigen Dritten wirksam sein sollen. §§ 1441, 1526 Abs. 3, 1549 BGB.

Beispiele für solche Eintragungen:

Durch notariellen Vertrag vom 1. April 1927 ist allgemeine Gütergemeinschaft vereinbart worden (Bl. . . . d. A.). Dabei sind für Vorbehaltsgut[3]) der Frau erklärt:

a) **die für sie im Grundbuche von Stettin Band III Bl. Nr. 53 Abt. III Nr. 22 eingetragene Hypothek von 30000 RMark;**

b) **8000 RMark Schuldverschreibungen der $3\frac{1}{2}$- vormals 4prozentigen konsolidierten Preußischen Staatsanleihe, eingetragen im Staatsschuldbuche Konto I C 1718.**

Oder:

Durch gerichtlichen Ehevertrag vom 22. Oktober 1927 ist die Errungenschaftsgemeinschaft vereinbart und die im Vertrage (Bl. 3 d. A.) verzeichnete Fahrnis zum Vorbehaltsgute der Frau erklärt.

c) Wie vorher bemerkt, muß zur Abwendung von Nachteilen gegenüber gutgläubigen Dritten eine Eintragung in das Güterrechtsregister auch dann erfolgen, wenn eine in dem Register eingetragene Regelung der güterrechtlichen Verhältnisse durch Ehevertrag aufgehoben oder geändert wird. § 1435 Abs. 2 BGB. Dies gilt selbst dann, wenn das gesetzliche Güterrecht wieder eingeführt werden soll, wenn also z. B. an Stelle der eingetragenen Gütergemeinschaft das gesetzliche Verwaltungs- und Nutznießungsrecht Platz greifen soll.

Beispiel für eine solche Eintragung:

Durch notariellen Vertrag vom 2. März 1928 ist die allgemeine Gütergemeinschaft aufgehoben und an ihre Stelle der gesetzliche Güterstand der Verwaltung und Nutznießung vereinbart (Bl. . . . d. A.). Als Vorbehaltsgut der Frau sind die ausschließlich zu ihrem Gebrauche bestimmten Sachen erklärt.

---

[1]) Nur bei der allgemeinen Gütergemeinschaft, nicht auch bei der Fahrnis- und Errungenschaftsgemeinschaft gibt es auch Vorbehaltsgut des Mannes. §§ 1440 Abs. 2, 1526 Abs. 2, 1555 BGB.

[2]) Die zum Vorbehalte bestimmten Sachen können auch lediglich nach Gruppen, namentlich nach dem Erwerbsgrund, bestimmt werden. Auch zukünftiges Vermögen kann zum Vorbehaltsgut erklärt werden. Es können daher auch alle künftigen Schenkungen aus dem Vorbehaltsgute für vorbehaltenes Vermögen erklärt werden. Dagegen ist eine Bestimmung, daß dasjenige, was ein Ehegatte dem andern aus dem Gesamtgut in Zukunft schenken wird, Vorbehaltsgut sein soll, rechtsunwirksam. KGJ **30** A 156. Über die Zulässigkeit der Erkläıung eines Inbegriffs von Gegenständen als Vorbehaltsgut vgl. Staudinger Anm. 1 zu § 1368 u. RG JW **1916** 834.

[3]) Auch hier kann bei der Eintragung von Vorbehaltsgut zur näheren Bezeichnung der einzelnen dazu gehörigen Sachen auf ein bei den Registerakten befindliches Verzeichnis Bezug genommen werden. § 13 Bek. vom 12. November 1898.

d) Die vorstehenden Vorschriften gelten nur für die Ehen, die nach dem 1. Januar 1900 geschlossen sind. Für die früher geschlossenen Ehen bleiben nach Art. 200 EGBGB die bisherigen Gesetze maßgebend. In Preußen sind aber für die vor dem 1. Januar 1900 geschlossenen Ehen gemäß Art. 45—64 AGBGB die Vorschriften des BGB mit gewissen Maßgaben in Kraft getreten. Die Einführung des neuen Rechts nötigt die Ehegatten nicht ohne weiteres zur Eintragung ihres Güterstandes in das Register. Art. 59 § 9 Abs. 1 AGBGB. Eine solche Eintragung ist für diese Ehen, um volle Wirkung gegen gutgläubige Dritte zu erzielen, nur vorgeschrieben[1]):

aa) bei einer späteren Änderung des Güterstandes. Art. 59 § 9 Abs. 2 AGBGB;

bb) bei einem nach dem 1. Januar 1900 erhobenen Einspruche des Mannes gegen den selbständigen Betrieb eines Erwerbsgeschäfts durch die Frau, und bei einem nach jener Zeit erklärten Widerrufe der Einwilligung des Mannes zu dem Betriebe. S. Näheres unten unter Nr. 5;

cc) im Falle der Verlegung des Wohnsitzes des Mannes nach dem 1. Januar 1900 bei jeder Abweichung von dem gesetzlichen Güterrechte des BGB.

Der Fall zu cc) bedarf näherer Erörterung. Wird nämlich in einer vor dem 1. Januar 1900 geschlossenen Ehe der Wohnsitz des Mannes nach dem 1. Januar 1900 verlegt, so müssen die Ehegatten ihre güterrechtlichen Verhältnisse zur Vermeidung von Nachteilen gegenüber gutgläubigen Dritten in das zuständige Güterrechtsregister eintragen lassen, vorausgesetzt, daß ihr Güterstand von dem gesetzlichen Güterstande des BGB (Verwaltungs- und Nutznießungsrecht des Mannes) abweicht (KGJ **24** A 78). Dies gilt auch dann, wenn die Gatten bisher nach einem gesetzlichen Güterstande gelebt haben. Art. 63 AGBGB. Verlegt also z. B. ein Ehepaar, das im Jahre 1896 geheiratet und in Posen nach dem dort damals geltenden gesetzlichen Güterstande der allgemeinen Gütergemeinschaft gelebt hat, seinen Wohnsitz im Jahre 1930 nach Berlin, so muß es, falls es sich nicht dem gesetzlichen Güterstande des Verwaltungs- und Nutznießungsrechtes des Ehemannes unterwerfen will, in das Güterrechtsregister des zuständigen Berliner Amtsgerichts eintragen lassen, daß für die Ehe die allgemeine Gütergemeinschaft gilt (KGJ **24** A 78).

Die Eintragung in Sp. 2 wird dann etwa lauten:

Es gilt für die Ehe der Güterstand der allgemeinen Gütergemeinschaft nach Maßgabe der Vorschriften des Art. 47 AGBGB[2]).

[1]) Weizsäcker-Lorenz S. 234 Bem. 2.

[2]) Nach Art. 47 § 1 AGBGB treten für Ehen mit dem gesetzlichen Güterstande der allgemeinen Gütergemeinschaft nach dem Allgemeinen Landrecht an die Stelle der bisherigen Gesetze die Vorschriften des BGB über die allgemeine Gütergemeinschaft; es bleiben jedoch gewisse in den §§ 2 bis 4 Art. 47 a. a. O. näher bezeichnete Vorschriften des ALR in Kraft.

e) Über ausländische Ehegatten oder Ehegatten, die nach Eingehung der Ehe die Reichsangehörigkeit erwerben und ihren Wohnsitz im Inlande haben, vgl. Art. 16 EGBGB.

5. Hat der Mann gemäß § 1405 Abs. 1 BGB seiner Frau die Einwilligung zum selbständigen Betriebe eines Erwerbsgeschäfts gegeben, oder betreibt die Frau mit Wissen und ohne Einspruch des Mannes das Erwerbsgeschäft (§ 1405 Abs. 2 BGB), so ist gutgläubigen Dritten gegenüber ein Einspruch des Mannes und der Widerruf der Einwilligung nur wirksam, wenn der Einspruch oder der Widerruf in das Güterrechtsregister des zuständigen Amtsgerichts eingetragen ist. § 1405 Abs. 3 BGB; §§ 1452, 1519 Abs. 2, 1525 Abs. 2, 1549 BGB; Art. 16 Satz 2 und Art. 36 Nr. I EGBGB.

Die Eintragung erfolgt auf den einseitigen Antrag des Mannes. § 1561 Abs. 1 BGB.

Wegen der Form des Antrags gilt das unter 1. Gesagte.

Die Eintragung in Sp. 2 lautet z. B.:

Der Mann hat gegen den Geschäftsbetrieb der Frau Einspruch erhoben. (Bl. . . . d. A.).

Fünfter Abschnitt.

Das Musterregister.

§ 138. Zweck des Musterregisters[1]).

1. Das Musterregister dient dem Urheber eines Musters oder Modells und dessen Erben zum Schutze gegen Nachbildung. Der Urheber genießt nach § 7 RG vom 11. Januar 1876 (RGBl 11) den Schutz gegen Nachbildung nur dann, wenn er das Muster oder Modell zur Eintragung in das Musterregister angemeldet und ein Exemplar oder eine Abbildung des Musters oder Modells bei dem Registergerichte niedergelegt hat. Hat er die Anmeldung und Niederlegung bewirkt, so gilt er nach § 13 RG vom 11. Januar 1876 bis zum Gegenbeweis als Urheber. Ein Zwang zur Anmeldung besteht natürlich nicht. Der Registerrichter kann nicht etwa durch Ordnungsstrafen den Urheber zur Anmeldung veranlassen.

2. Für das Musterregister kommen nur Geschmacksmuster, d. h. Vorbilder für die Gestaltung von Industrieerzeugnissen in Betracht, sofern sie zur Befriedigung des Geschmacks, des Formensinns, des ästhetischen Gefühls bestimmt und geeignet sind (KGJ **32** B 3; RG **40** 101; **45** 59; **49** 176; **65** 123). Das Modell ist nur eine Unterart des Musters; es bezeichnet dasjenige Muster, welches nicht auf den Industrieerzeugnissen angebracht wird, sondern in der Gestalt der Ware selbst verkörpert werden

[1]) Vgl. Pinzger „Die Reform des Geschmacksmusterrechts", LZ **1927** 688.

soll, also das plastische Muster (KG JMBl **1919** 282). Das Geschmacksmuster hat also Schöpfungen zum Gegenstande, die auf das ästhetische Empfinden einwirken sollen, also wesentlich durch Form oder Farbe, sei es in plastischer Form, sei es als Flächenmuster; es bezieht sich nur auf solche ästhetische Eindrücke, die durch das Auge vermittelt werden (RG **121** 391; vgl. auch **61** 45). Als für das Musterregister nicht in Frage kommend scheiden aus und unterstehen dem Patentschutze die bloßen Gebrauchs- oder Nützlichkeitsmuster, d. h. solche, die nicht durch ihre Form an sich, sondern nur durch ihren praktischen Nutzeffekt neu sind (ROHG **24** 109; RG **4** 109). Das Gebrauchsmuster entspricht also dem Nützlichkeitsgedanken, das Geschmacksmuster dem des Gefälligen; beide schließen einander bei einem und demselben Gegenstande aber keineswegs notwendigerweise aus (RG **107** 102).

3. Die Muster und Modelle, die zur Eintragung in das Musterregister angemeldet werden sollen, müssen neue und eigentümliche Erzeugnisse sein. § 1 Abs. 2 Ges. Ein Geschmacksmuster ist dann neu und eigentümlich, wenn es in seiner Gesamterscheinung bisher im Verkehr noch nicht vorhanden als Ergebnis eigenpersönlicher formschöpferischer Tätigkeit gegenüber alten Formen geeignet ist, eine neue ästhetische (aber darum nicht notwendig das Schönheitsgefühl befriedigende) Wirkung auszuüben (RG **14** 57; **40** 105; **45** 61; **49** 179; **61** 178; **72** 162; **76** 340; **87** 369; **120** 99; **121** 391; RG LZ **1928** 402). Die neue Zutat oder Änderung darf aber, wenn sie gegenüber dem schon Bekannten zum Musterschutz berechtigen soll, nicht so gering sein, daß sie gegenüber der bekannten Gestaltung wirkungslos bleibt (RG LZ **1928** 255, 545). Doch hat der Registerrichter das Vorliegen dieser Voraussetzungen nicht zu prüfen.

4. Der Schutz gegen Nachbildung bezieht sich auf alle Muster und Modelle inländischer Urheber, sofern die nach den Mustern oder Modellen hergestellten Erzeugnisse im Inlande verfertigt sind, gleichviel, ob sie im Inland oder Auslande verbreitet werden. § 16 Abs. 2 Ges.

5. Eine Ausdehnung hat das Musterregister erfahren durch das Reichsgesetz betr. den Schutz von Erfindungen, Mustern und Warenzeichen auf Ausstellungen vom 18. März 1904 (RGBl 141). Der Schutz dieses Gesetzes besteht in der Sicherung des Ausstellers und seiner Rechtsnachfolger gegen die Gefahr, daß die Schaustellung selbst oder die ihr folgende Veröffentlichung oder Wiedergabe oder Benutzung der Muster usw. dem Erwerbe des gesetzlichen Schutzrechts durch Eintragung usw. demnächst hinderlich ist[1]). Um sich diesen Schutz zu sichern, muß der Aussteller das Muster innerhalb sechs Monaten nach der Eröffnung der Ausstellung zum zuständigen Musterregister anmelden. Diese Vorschriften be-

[1]) Vgl. Damme, DJZ **1904** 384.

ziehen sich aber nur auf Ausstellungen, die vom Reichskanzler im Reichsgesetzblatt als unter das eingangs erwähnte Gesetz fallend bezeichnet sind.

§ 139. Einrichtung des Musterregisters[1]).

Das Musterregister wird als selbständiges Register nach dem der Bekanntmachung vom 29. Februar 1876 (JMBl 194) beigefügten Formulare geführt Es enthält neun Spalten. Es sind einzutragen in:

Sp. 1. die laufende Nummer der Eintragung;
Sp. 2. Name und Firma des Anmeldenden;
Sp. 3. Tag und Stunde der Anmeldung;
Sp. 4. Bezeichnung des angemeldeten Musters oder Modells;
Sp. 5. Angabe, ob das Muster für Flächenerzeugnisse oder für plastische Erzeugnisse bestimmt ist;
Sp. 6. Schutzfrist;
Sp. 7. Verlängerung der Schutzfrist;
Sp. 8. Akten über das Musterregister;
Sp. 9. Bemerkungen.

Über das zu dem Register anzulegende Verzeichnis und die Registerakten vgl. oben § 30.

Im Musterregister erhält jedes Muster oder Modell, das einzeln niedergelegt wird, und jedes niedergelegte Paket mit Mustern usw. bei der Eintragung der Schutzfrist eine besondere Nummer. Bek. vom 23. Dezember 1886 (JMBl **1891** 121).

Die Eingaben und Verhandlungen, in denen ein Antrag auf Eintragung in das Musterregister enthalten ist, müssen mit dem Tag und der Stunde des Eingangs versehen werden. §§ 2, 3 Bek. vom 29. Febraur 1876 (JMBl 194), § 5 Ziff. 13 GeschO.

Wegen der Form der Anmeldungen, des Rechtes der Einsichtnahme in das Register usw. vgl. oben §§ 10, 32.

§ 140. Die Anmeldung, Eintragung und Veröffentlichung eines Musters oder Modells.

1. Der Urheber hat die Anmeldung und Niederlegung des Musters oder Modells bei dem Registergerichte seiner Hauptniederlassung, und falls er eine eingetragene Firma nicht besitzt, bei dem Registergerichte seines Wohnortes zu bewirken. § 9 Abs. 2 Ges. Urheber, die im Inlande weder eine Niederlassung noch einen Wohnsitz haben, müssen die Anmeldung und Niederlegung bei dem „Handelsgericht" in Leipzig bewirken. § 9 Abs. 3 Ges.

Die Anmeldung und Niederlegung muß erfolgen, bevor ein nach dem Muster oder Modelle gefertigtes Erzeugnis verbreitet wird. § 7 Abs. 2 Ges.

---

[1]) Vgl. auch oben den allgemeinen Teil.

vom 11. Januar 1876. Zur Vermeidung nichtiger Eintragungen ist daher der Anmeldende hierüber zu befragen[1]).

Bei der Anmeldung ist mindestens ein Exemplar oder eine Abbildung des Musters oder Modells bei dem Registergerichte niederzulegen. § 7 Ges. Die Muster oder Modelle können offen oder versiegelt, einzeln oder in Paketen niedergelegt werden. Die Pakete dürfen jedoch nicht mehr als 50 Muster oder Modelle enthalten und nicht mehr als 10 Kilogramm wiegen. § 9 Abs. 4 Ges.[2]). Geht bei dem Gericht ein Paket ein, das mehr als 10 Kilogramm wiegt, oder das — nach der Aufschrift oder dem Anschreiben — mehr als 50 Muster oder Modelle enthält, so ist es zurückzusenden und die Eintragung abzulehnen. Auf den Paketen muß äußerlich angegeben sein, wieviel Muster oder Modelle sie enthalten. Außerdem müssen an jedem Muster oder an jedem Pakete mit Mustern die Fabrik- oder die Geschäftsnummer[3]), unter denen die Muster in die Geschäftsbücher des Urhebers oder seines Rechtsnachfolgers eingetragen sind, angegeben sein. § 7 Bek. vom 29. Februar 1876.

Bei der Anmeldung muß angegeben werden, ob das Muster oder Modell, dessen Eintragung gewünscht wird, für Flächenerzeugnisse oder für plastische Erzeugnisse bestimmt ist, da das Muster oder Modell nur nach Maßgabe der Anmeldung geschützt wird. Der Anmeldende, der eine solche Angabe unterlassen hat, ist zur Nachholung mit dem Bemerken aufzufordern, daß die Eintragung vor Abgabe der Erklärung nicht erfolgen könne. Wird die fehlende Angabe nicht nachgeholt, so ist die Anmeldung zurückzuweisen. Die Anmeldung eines und desselben Musters oder Modells für Flächenerzeugnisse und für plastische Erzeugnisse ist unzulässig. § 6 Bek. vom 29. Februar 1876.

2. Die Eintragungen in das Musterregister werden bewirkt, ohne daß eine zuvorige Prüfung der Berechtigung des Antragstellers oder der Richtigkeit der zur Eintragung angemeldeten Tatsachen stattfindet. § 10 Ges. Das Registergericht hat daher nur die formellen Erfordernisse der Anmeldung zu prüfen, also insbesondere festzustellen, ob das Gesuch formgerecht und bei dem zuständigen Gericht angebracht ist. Dagegen hat es nicht etwa die materiellen Voraussetzungen der Anmeldung zu untersuchen. Es ist also nicht seine Aufgabe, zu ermitteln, ob die angemeldeten Muster oder Modelle neue und eigentümliche Erzeugnisse sind. Vielmehr muß es den Beteiligten überlassen bleiben, etwaige Streitigkeiten nach dieser Richtung im Rechtsweg auszutragen (KGJ **25** A 266; vgl. KGJ **4** 46; **12** 41). Ebensowenig hat der Richter zu prüfen, ob der Anmeldende

[1]) Weizsäcker-Lorenz S. 269 Bem. 10.

[2]) Wegen der Kostenberechnung, besonders bei Niederlegung von Paketen s. oben § 29.

[3]) Unter Fabrik- oder Geschäftsnummern sind nur Zahlen, nicht andere Bezeichnungen z. B. Phantasienamen zu verstehen (KGJ **46** 160).

auch wirklich der Urheber ist; vielmehr gilt ohne weiteres nach § 13 Ges. der Anmeldende bis zum Gegenbeweise als Urheber.

3. Die Eintragung des Musters oder Modells erfolgt in den Spalten 1 bis 6 des Registers.

4. Die Exemplare und Abbildungen der Muster und Modelle sind nach der Eintragung in einem besondern, leicht zugänglichen Behältnisse sicher aufzubewahren und mit einem Papierstreifen zu versehen, auf dem das betreffende Blatt des Musterregisters und der Akten anzugeben ist. § 4 Bek. vom 29. Februar 1876.

5. Der Schutz gegen Nachbildung wird dem Urheber des Musters oder Modells nach seiner Wahl ein bis drei Jahre lang, vom Tage der Anmeldung ab, gewährt. Der Urheber ist berechtigt, gegen Zahlung der im § 12 Abs. 3 Ges.[1]) bestimmten Gebühr eine Ausdehnung der Schutzfrist bis auf höchstens 15 Jahre zu verlangen (RG **46** 93). Dieses Recht kann er außer bei der Anmeldung auch bei Ablauf der dreijährigen und der zehnjährigen Schutzfrist ausüben. § 8 Ges. Die Verlängerung der Schutzfrist wird in Sp. 7 eingetragen. War ursprünglich eine kürzere als die dreijährige Frist begehrt, so kann sich eine gewünschte Verlängerung zunächst nur bis zum Ablaufe des dritten Jahres erstrecken.

6. Über die Bekanntmachungen der Eintragung und Verlängerung der Schutzfrist im Deutschen Reichsanzeiger vgl. oben § 26. Die Bekanntmachungen erfolgen monatlich. Der Registerrichter hat am Schlusse eines jeden Monats ein Verzeichnis der von ihm im Laufe des verflossenen Monats bewirkten Eintragungen an die Geschäftsstelle des Deutschen Reichsanzeigers einzusenden. Eine Bekanntmachung in anderen Blättern erfolgt nicht. § 10 Abs. 1 Bek. vom 29. Februar 1876. Ein Muster für die Bekanntmachung enthält § 10 Abs. 3 Bek. vom 29. Februar 1876.

7. Die durch die Eintragung entstehenden Kosten werden, wenn eine Schutzfrist von nicht mehr als drei Jahren verlangt wird, regelmäßig erst nach der Eintragung erfordert. Die Eintragung der Verlängerung der Schutzfrist über drei Jahre hinaus kann aber von der Zahlung der Gebühr des § 12 Abs. 3 Ges. abhängig gemacht werden. RVfg d. JM. vom 21. Februar 1900, I 976. § 16 Nr. 8 der Kassenordnung ist zu beachten.

Beispiel:

Eingegangen am 23. März 1927, vormittags 11 Uhr 20 Minuten.

Reinhardt.

Amtsgericht. Berlin, den 23. März 1927.

Es erschien vor dem Unterzeichneten:

der Fabrikant August Schmidt in Berlin, Fehrbelliner Str. 33.

Er wurde der Person nach durch den persönlich bekannten Rechtsanwalt und Notar Paul Heimbach von hier anerkannt, wie dieser durch seine Unterschrift bezeugt.

Paul Heimbach.

[1]) § 12 MSchG in der Fassung des Gesetzes vom 21. Oktober 1922 (RGBl II 774) und der VO vom 21. Dezember 1923 (RGBl II 494).

Der Erschienene erklärte:

Ich betreibe im hiesigen Gerichtsbezirk, und zwar Kommandantenstr. 97, unter der im Handelsregister des Amtsgerichts Berlin-Mitte in Abt. A Nr. 25736 eingetragenen Firma August Schmidt eine Fahnenhandlung. Ich melde als Urheber 10 Muster für Flächenerzeugnisse an, und zwar für Fahnen, die im Inland angefertigt werden sollen.

Die Schutzfrist soll 3 Jahre betragen.

Ich lege 10 Exemplare dieser Muster in einem zweimal mit meinem Geschäftssiegelabdrucke verschlossenen Paket, auf dem die Zahl der darin enthaltenen Muster angegeben ist, bei dem Gerichte nieder.

Die Zahl der in dem Paket enthaltenen Muster beträgt 10.

An jedem Muster und an dem Pakete sind die Fabriknummern angegeben, unter denen die Muster in meinen Geschäftsbüchern eingetragen sind.

Ich versichere, daß ein nach den Mustern gefertigtes Erzeugnis noch nicht verbreitet ist.

Ich beantrage:

die Eintragung der Muster in das Musterregister.

v. g. u.

August Schmidt.

Reinhardt, Justizobersekretär
als Urkundsbeamter der Geschäftsstelle.

Nachdem der Registerführer den Eingangsvermerk auf das Protokoll gesetzt hat, verfügt der Richter bzw. Rechtspfleger folgendes:

1. Einzutragen in das Musterregister:

Sp. 1. 587.

Sp. 2. Fabrikant August Schmidt, in Firma August Schmidt, in Berlin.

Sp. 3. 23. März 1927, vormittags 11 Uhr 20 Minuten.

Sp. 4. 1 Paket mit 10 Mustern für Fahnen. Versiegelt. Fabriknummern 6522 bis 6531.

Sp. 5. Flächenerzeugnisse.

Sp. 6. 3 Jahre.

Sp. 8. MR 587.

2. In die am 31. März 1927 an die Geschäftsstelle des Deutschen Reichsanzeigers abgehende Bekanntmachungsliste ist folgendes aufzunehmen:

Bekanntmachung.

In unser Musterregister ist unter Nr. 587 bei der Firma August Schmidt, Fahnenfabrik in Berlin, eingetragen:

1 versiegeltes Paket mit 10 Mustern für Fahnen; Flächenmuster; Fabriknummern 6522 bis 6531; Schutzfrist 3 Jahre. Angemeldet am 23. März 1927, vormittags 11 Uhr 20 Minuten.

Berlin, den ...

Amtsgericht Berlin-Mitte.

3. Nachricht von der Eintragung an Schmidt.

4. Die niedergelegten Muster sind aufzubewahren und mit einem das Blatt des Musterregisters und der Akten enthaltenden Papierstreifen zu versehen.

5. Amtliche Eröffnung am 24. März 1930. Entsprechender Vermerk in das Verzeichnis der versiegelt niedergelegten Muster einzutragen[1]).

Berlin, 24. März 1927. Br.

---

[1]) Bei einer offenen Niederlegung ist nur eine Wiedervorlegung nach dem Ablaufe der Schutzfrist zu verfügen, und zwar behufs der Anordnung der weiteren vierjährigen Verwahrung. Weizsäcker-Lorenz S. 270 Bem. 5; wegen des Verzeichnisses s. unten § 141.

Wird eine Verlängerung der Schutzfrist beantragt[1]) z. B. auf weitere fünf Jahre, so lautet der in Spalte 7 einzutragende Vermerk:

Die Verlängerung der Schutzfrist ist am 21. März 1930 vorm. 10 Uhr auf weitere fünf Jahre angemeldet.

Auch nach Eintragung der Verlängerung erfolgt die öffentliche Bekanntmachung im Reichsanzeiger am Monatsschlusse; daneben ist natürlich auch wieder der Antragsteller von der Eintragung zu benachrichtigen. § 9 Bek. vom 29. Februar 1876.

§ 141. Eröffnung, Vernichtung und Löschung der Muster oder Modelle.

1. Die versiegelt niedergelegten Muster und Modelle werden drei Jahre nach der Anmeldung oder, wenn die Schutzfrist eine kürzere ist, nach Ablauf der Frist von Amts wegen geöffnet und können dann von jedermann eingesehen werden. § 9 Abs. 5 Ges. u. § 11 Bek. vom 29. Februar 1876.

Zur Erzielung der rechtzeitigen Eröffnung ist über die versiegelt niedergelegten Muster und Modelle ein besonderes Verzeichnis zu führen, in dem der Tag der vorzunehmenden Eröffnung[2]) vermerkt wird.

Das versiegelte Paket kann von dem Registergericht auch in Streitfällen darüber, ob ein Muster oder Modell gegen Nachbildung geschützt ist, geöffnet werden. Die Öffnung erfolgt auf Antrag des Urhebers oder auf Ersuchen eines Gerichts. § 11 Ges.

Ferner kann der Urheber, da er die Wahl hat, ob das Muster oder Modell offen oder versiegelt niedergelegt sein soll, jederzeit unter Verzicht auf die Geheimhaltung die Eröffnung eines versiegelt niedergelegten Musters oder Modells verlangen[3]).

Über die erfolgte Öffnung ist eine bei den Akten verbleibende kurze Verhandlung aufzunehmen. § 11 Bek. vom 29. Februar 1876.

Beispiel:

Amtsgericht. Berlin, den 24. März 1930.

Heute wurde das zu Nr. 587 des Musterregisters laut Anmeldung vom 23. März 1927 von dem Fabrikanten August Schmidt, in Firma August Schmidt hier, versiegelt niedergelegte Paket, dessen Siegelverschluß unversehrt war, nach Ablauf der Schutzfrist von drei Jahren von Amts wegen geöffnet. Es wurden darin die in der Aufschrift bezeichneten Fahnenmuster vorgefunden.

Reinhardt, Justizobersekretär
als Urkundsbeamter der Geschäftsstelle.

---

[1]) Der Antrag auf Verlängerung der Schutzfrist bedurfte auch schon vor dem Inkrafttreten der VO vom 7. Februar 1923 (vgl. oben § 10) nicht der Beglaubigung (KGJ 42 173).

[2]) Nach der Eröffnung muß das Muster oder Modell in diesem Verzeichnisse gestrichen werden. Auch in dem alphabetischen Verzeichnisse (s. oben § 30) ist das Muster oder Modell im Falle der Eröffnung wegen Ablaufs der Schutzfrist zu streichen. Weizsäcker-Lorenz S. 272 Bem. 5.

[3]) Weizsäcker-Lorenz S. 272 Bem. 1.

Darauf wird verfügt:

1. Einzutragen in das Musterregister zu Nr. 587.

Sp. 9. Das Paket ist nach dem Ablaufe der Schutzfrist von Amts wegen geöffnet worden.

Berlin, den ... März 1930[1]).

2. In Sp. 4 ist das Wort „versiegelt" rot zu unterstreichen.

3. Die entsiegelten Muster sind wieder in Verwahrung zu nehmen.

4. In dem Verzeichnisse der versiegelt niedergelegten Muster und in dem alphabetischen Verzeichnisse zu streichen.

5. Am 24. März 1934, d. h. vier Jahre nach Ablauf der Schutzfrist, wieder vorzulegen (wegen Rückgabe der Muster).

Berlin, 24. März 1930. Br.

2. Die niedergelegten Muster und Modelle sowie deren Abbildungen werden vier Jahre nach Ablauf der Schutzfrist aufbewahrt. Demnächst ist der Urheber oder sein Rechtsnachfolger aufzufordern[2]), die Muster oder Modelle binnen vier Wochen wieder in Empfang zu nehmen, widrigenfalls über sie anderweitig verfügt werden würde. Nimmt der Urheber oder sein Rechtsnachfolger die Muster usw. innerhalb der Frist nicht in Empfang, so werden sie verkauft oder, wenn sie keinen Wert haben, vernichtet. §12 Bek. vom 29. Februar 1876. RVfg vom 26. Juni 1886, I 2298.

Die Rückgabe kann durch den Richter oder den Registerführer erfolgen.

Beispiel:

Amtsgericht. Berlin, den 3. April 1934.

Es erschien der Fabrikant Karl Reinke in Berlin, Lothringer Str. 53.

Seine Persönlichkeit wurde durch Vorlegung eines polizeilichen Anmeldescheins ausgewiesen.

Dem Erschienenen wurde das zu Nr. 1267 des Musterregisters niedergelegte Muster zurückgegeben; er bescheinigte den Empfang durch Namensunterschrift.

Karl Reinke.

Reinhardt, Justizobersekretär
als Urkundsbeamter der Geschäftsstelle.

Darauf wird vom Richter bzw. Rechtspfleger die Weglegung der Blattsammlung verfügt.

3. Eine Löschung der Muster kann auch, abgesehen vom Ablaufe der Schutzfrist, eintreten, z. B. wenn der Urheber auf einen weiteren Schutz verzichtet[3]) oder wenn ein auf Löschung gerichtetes rechtskräftiges Urteil vorgelegt wird.

---

[1]) Das Erlöschen des Musterrechts wird in das Register nicht eingetragen; ebensowenig wird das Erlöschen oder die Eröffnung der versiegelt niedergelegten Pakete bekannt gemacht. Weizsäcker-Lorenz S. 272 Anm. 2.

[2]) Die Aufforderung gilt mit der Aufgabe zur Post als bewirkt, selbst wenn sie als unbestellbar zurückkommt. § 12 Bek.

[3]) Daß ein solcher Verzicht zulässig ist, erkennt an KG RJA **6** 122. Auch teilweise kann auf den Schutz verzichtet werden. Es sind dann auch die gezahlten Gebühren teilweise zurückzuzahlen. RJA **6** 122.

Die Eintragungen, die in diesen Fällen in Sp. 9 (Bemerkungen) zu bewirken sein werden, lauten z. B.:

Die Eintragung wird gelöscht, weil am 22. Oktober 1929 nachmittags 3 Uhr angezeigt ist, daß für das Muster kein Schutz mehr beansprucht wird.

Oder:

Das Muster ist auf Grund des rechtskräftigen Urteils des Landgerichts I in Berlin, 10. Kammer für Handelssachen, vom 12. April 1927 gelöscht.

Sechster Abschnitt.

Das Schiffsregister.

§ 142. Allgemeines.

1. Das Schiffsregister zerfällt in zwei Teile:

a) das Seeschiffsregister,

b) das Binnenschiffsregister.

2. In das Seeschiffsregister werden die zum Erwerbe durch die Seefahrt (§ 1 Bek. vom 10. Nov. 1899, JMBl 741) bestimmten Schiffe (Kauffahrteischiffe) mit Einschluß der Lotsen-, Hochseefischerei-, Bergungs- und Schleppfahrzeuge eingetragen. §§ 1, 4 des Reichsgesetzes, betreffend das Flaggenrecht der Kauffahrteischiffe vom 22. Juni 1899 (RGBl 319). Die Eintragung dieser Schiffe in das Seeschiffsregister ist von großer Bedeutung, da das Recht zur Führung der Reichsflagge[1]) erst ausgeübt werden darf, wenn das betreffende Schiff in das Register eingetragen und über die Eintragung das sog. Schiffszertifikat ausgestellt ist. §§ 10, 11 a. a. O. Diese Vorschriften finden auch Anwendung auf seegehende Lustjachten, auf ausschließlich zur Ausbildung von Seeleuten bestimmte Fahrzeuge (Schulschiffe), sowie auf solche Seefahrzeuge, die für Rechnung auswärtiger Staaten oder deren Angehöriger im Inlande erbaut sind. Wenn also solche Fahrzeuge vom Rechte zur Führung der Reichsflagge Gebrauch machen wollen, so unterliegen sie ebenfalls dem Eintragungszwange. § 26 Abs. 1 a. a. O.[2]). Dagegen sind Schiffe von nicht mehr als 50 Kubikmeter Brutto-Rauminhalt auch ohne Eintragung in das Schiffsregister und Erteilung des Schiffszertifikats befugt, das Recht zur Führung der Reichsflagge auszuüben. § 16 a. a. O.

3. In das Binnenschiffsregister werden eingetragen Dampfschiffe und andere Schiffe mit eigener Triebkraft, deren Tragfähigkeit mehr als 15000 Kilogramm beträgt, sowie sonstige Schiffe mit einer Tragfähigkeit von mehr als 20000 Kilogramm, sofern diese Schiffe zur Schiffahrt auf Flüssen oder sonstigen Binnengewässern bestimmt und verwendet werden.

---

[1]) VO über die deutschen Flaggen vom 11. April 1921 (RGBl 483) und 5. Mai 1926 (RGBl I 217).

[2]) Der § 26 beruht in seiner jetzigen Fassung auf dem RG vom 29. Mai 1901 (RGBl 184).

§§ 1, 119 BSchG; vgl. auch RG **102** 45. Die Landesregierungen können bestimmen, daß auch Schiffe von einer geringeren Tragfähigkeit in das Schiffsregister einzutragen sind. § 128 BSchG. Für Preußen ist durch VO vom 31. Oktober 1910 (GS 312) angeordnet, daß auf Antrag des Schiffseigners Dampfschiffe und andere Schiffe mit eigener Triebkraft, deren Tragfähigkeit 5000 bis 15000 kg beträgt, in das Schiffsregister einzutragen sind.

4. Während das Seeschiffsregister einen doppelten Zweck verfolgt, nämlich einmal die Feststellung der Voraussetzungen zur Führung der Reichsflagge und zum andern die Gewährung eines zuverlässigen und allgemein zugänglichen Mittels zur Auskunft über die tatsächlichen und rechtlichen Verhältnisse der einzelnen Schiffe, verfolgt das Binnenschiffsregister nur den letztgedachten Zweck (Begründung S. 127; JFG 1 269).

5. Die Eintragung eines Schiffes in das Seeschiffsregister kann vom Registerrichter nicht durch Ordnungsstrafen erzwungen werden; doch liegt auch für diese Schiffe ein mittelbarer Zwang zur Registrierung vor, da sie ohne Eintragung die Reichsflagge nicht führen dürfen. Ist aber ein Schiff in das Seeschiffsregister einmal eingetragen und treten Veränderungen in den eingetragenen Tatsachen oder Rechtsverhältnissen ein, oder ergibt sich die Notwendigkeit der Löschung des Schiffes im Register, oder wird der Heimatshafen aus dem Registerbezirk verlegt, so werden die zur Eintragung erforderlichen Anmeldungen zwar nicht durch den Registerrichter, wohl aber durch den Strafrichter erzwungen. Wer nämlich die ihm obliegende Verpflichtung zur Anzeige und Glaubhaftmachung jener Tatsachen und Rechtsverhältnisse nicht erfüllt, wird mit Geldstrafe von 3 bis 10000 RMark oder mit Haft bestraft. Wer demgemäß verurteilt ist, und seiner Verpflichtung nicht binnen sechs Wochen nach dem Eintritt der Rechtskraft des Urteils genügt, wird mit Geldstrafe von 3 bis 10000 RMark oder mit Gefängnis bis zu zwei Monaten bestraft. Die gleiche Strafe tritt ein, wenn im Fall einer weiteren Verurteilung die Verpflichtung nicht binnen der bezeichneten Frist erfüllt wird. § 20 FlaggG, Art. XIV der VO vom 6. Februar 1924 (RGBl I 44) in Verb. mit § 2 Abs. 1 der II. DurchfVO zum Münzgesetz vom 12. Dezember 1924 (RGBl I 775). Daneben ist die Ordnungsstrafgewalt des Registerrichters vorgesehen. Das Registergericht kann nämlich zwar die Anmeldungen selbst nicht erzwingen, wohl aber die Beteiligten zur Einreichung der erforderlichen Urkunden (Schiffszertifikat, Auszug aus dem Schiffszertifikate) durch Ordnungsstrafen anhalten. § 15 Abs. 2 FlaggG. Auf das Verfahren finden die §§ 132ff. FGG entsprechende Anwendung; vgl. oben § 14.

6. Die Eintragungen in das Binnenschiffsregister werden nicht vom Strafrichter, sondern nur vom Registerrichter im Ordnungsstrafverfahren erzwungen; auch hier kommen die §§ 132ff. FGG zur Anwendung; vgl. oben § 14. Zu beachten ist, daß beim Binnenschiffsregister

im Gegensatze zum Seeschiffsregister auch die erste Eintragung des Schiffes durch Ordnungsstrafen erzwungen werden kann. § 127 BSchG.

7. Die Verpflichtung zur Anmeldung liegt beim Seeschiffsregister dem Reeder oder in gewissen Fällen dessen Vertreter, bei einer Reederei dem Mitreeder oder dem Korrespondentreeder, bei juristischen Personen, eingetragenen Genossenschaften und solchen Handelsgesellschaften, die keine persönlich haftenden Gesellschafter haben, den gesetzlichen Vertretern, im Fall eines Eigentumswechsels auch dem neuen Erwerber des Schiffes oder der Schiffspart ob. § 14 Abs. 2 FlaggG. Bei dem Binnenschiffsregister liegt die in §§ 122, 126 BSchG vorgeschriebene Anmeldepflicht ob dem Eigentümer des Schiffes und, wenn mehrere Miteigentümer vorhanden sind, einem jeden von ihnen, bei einer offenen Handelsgesellschaft, einer Kommanditgesellschaft oder einer Aktienkommanditgesellschaft den persönlich haftenden Gesellschaftern, bei einer juristischen Person, einer Aktiengesellschaft, einer Gesellschaft mit beschränkter Haftung oder einer eingetragenen Genossenschaft den gesetzlichen Vertretern. § 123 Abs. 1 u. 2 BSchG[1]).

Sind mehrere Verpflichtete vorhanden, so genügt die Anmeldung durch einen von ihnen; dies gilt für beide Arten des Schiffsregisters. § 14 Abs. 4 FlaggG; § 123 Abs. 3 BSchG.

8. Während für das Binnenschiffsregister keine Frist zur Bewirkung der Anmeldung bestimmt ist, diese also unverzüglich zu erfolgen hat, schreibt § 14 Abs. 3 FlaggG für das Seeschiffsregister vor, daß die Anzeige von dem Verpflichteten binnen sechs Wochen nach dem Ablaufe des Tages zu bewirken ist, an dem er von der einzutragenden Tatsache Kenntnis erlangt hat.

9. Über die örtliche Zuständigkeit der Seeschiffsregistergerichte vgl. oben § 4.

§ 143. Die Einrichtung des Seeschiffsregisters.

Das Seeschiffsregister ist nach dem der AV vom 11. Dezember 1899 (JMBl 753)[2]) beigegebenen Formular eingerichtet.

Es besteht aus zwölf Spalten.

In Spalte 1 ist der Name des Schiffes und das Unterscheidungssignal[3]) einzutragen. Dort ist außer dem Namen, den das Schiff zur Zeit der Eintragung führt, auch der etwaige frühere Name anzugeben, wenn das Schiff unter diesem Namen vorher in das Register einer deutschen

---

[1]) Die Anmeldungen können natürlich auch durch Bevollmächtigte der Verpflichteten erfolgen; vgl. § 13 FGG.

[2]) Die AV vom 11. Dezember 1899 ist abgeändert durch die AV vom 9. März 1907 (JMBl 58), 23. März 1914 (JMBl 471), 9. November 1926 (JMBl 392).

[3]) Vgl. die AV vom 21. Oktober 1901 (JMBl 255), betreffend die Unterscheidungssignale usw.

Registerbehörde eingetragen war. Erhält das Schiff nach seiner Eintragung einen andern Namen, so ist auch dieser Name in Sp. 1 zu vermerken. — Die das Unterscheidungssignal bildenden vier Buchstaben sind unmittelbar unter dem Wort „Unterscheidungssignal" einzutragen.

Beispiel:

Deutschland. H. J. L. M.

In Spalte 2 ist die Gattung des Schiffes mit den für die Bezeichnung üblichen Ausdrücken anzugeben.

Beispiel:

Eisernes Schraubenschiff, als Schoner getakelt.

Erfährt die Gattung des Schiffes eine Veränderung, so ist auch die neue Gattung in Spalte 2 zu vermerken.

In Spalte 3 sind die Ergebnisse der amtlichen Vermessung auf Grund des Schiffsmeßbriefs nach Maßgabe des § 2 der Bekanntmachung des Reichskanzlers vom 10. November 1899, betreffend die Ausführungsbestimmungen zum § 25 des Flaggengesetzes (JMBl 741) einzutragen. Das Datum des Meßbriefs und die Behörde, die ihn ausgestellt hat, sind anzugeben.

Beispiel für eine Eintragung:

Die Hauptmaße sind laut Meßbriefs des Reichskommissariats für Schiffsvermessung vom 22. Oktober 1926: Länge = 84,39 m; Breite = 10,53 m; Tiefe = 7,69 m; größte Länge des Maschinenraums = 12,20 m.

Die Vermessung ist auf Grund der Schiffsvermessungsordnung[1]) nach dem vollständigen Verfahren erfolgt und beträgt:

a) **der Bruttoraumgehalt des Schiffes: 5276,3 Kubikmeter und 1862,53 Registertons;**

b) **der Nettoraumgehalt des Schiffes: 3338,5 Kubikmeter und 1178,49 Registertons.**

Zu b) In Worten: dreitausend dreihundert acht und dreißig, fünf Zehntel Kubikmeter, gleich eintausend einhundert acht und siebzig, neun und vierzig Hundertstel Registertons.

Hat die Vermessung im Inlande noch nicht stattfinden können, so ist das Wort „amtlichen" in der Spaltenüberschrift zu streichen. Wird das Schiff demnächst einer amtlichen Vermessung im Inlande unterzogen, so ist auf ihr in Spalte 10 einzutragendes Ergebnis durch einen Vermerk in Spalte 3 hinzuweisen. Ein entsprechender Vermerk ist in Spalte 3 aufzunehmen, wenn eine wiederholte amtliche Vermessung zu einem von der früheren amtlichen Vermessung abweichenden Ergebnisse geführt hat.

In Spalte 4 sind Zeit und Ort der Erbauung, daneben auch die Werft, auf der das Schiff erbaut ist, anzugeben.

---

[1]) Die Schiffsvermessungsordnung vom 1. März 1895 (RGB 153, 161) ist geändert durch die Bekanntmachung vom 22. Mai 1899 (RGBl 310), 12. April 1908 (RGBl 149) und 11. Dezember 1913 (RGBl 780).

Beispiel:

1926 auf der Werft der Aktiengesellschaft Vulkan in Bredow bei Stettin.

Sind Zeit und Ort der Erbauung nicht ohne unverhältnismäßige Weiterungen zu ermitteln, so genügt eine allgemeine Angabe mit der Bemerkung, daß die betreffende Tatsache nicht festgestellt sei.

In Spalte 5 ist der Hafen einzutragen, von dem aus, als dem Heimatshafen, die Seefahrt mit dem Schiffe betrieben werden soll.

Beispiel:

Stralsund

Erhält das Schiff später einen andern im Bezirke des Registergerichts belegenen Heimatshafen, so ist auch dieser in Sp. 5 einzutragen. Die frühere Eintragung wird dann rot unterstrichen.

Beispiel:

Wird der Heimatshafen von Stralsund nach Saßnitz verlegt, so wird in Spalte 5 Stralsund rot unterstrichen und daneben vermerkt:

Saßnitz.

Außerdem muß die Verlegung in Spalte 10 eingetragen werden; s. unten.

Liegt der neue Heimatshafen in einem andern Registerbezirke, wird also z. B. das Schiff von Saßnitz nach Stettin verlegt, so ist bei der neuen — von Amts wegen zu bewirkenden — Eintragung auch der frühere Heimatshafen in Spalte 5 zu vermerken.

In die Spalte 6 wird der Korrespondentreeder nach Vornamen, Familiennamen, Stand oder Beruf und Wohnort angegeben.

Beispiel:

Friedrich Krause, Kaufmann, Stralsund.

Ist kein Korrespondentreeder vorhanden, so ist der obere Teil der Spalte durch einen wagerechten Strich auszufüllen. Wird später ein Korrespondentreeder bestellt, so ist er in dem untern Teile der Spalte einzutragen. Tritt ein Wechsel in der Person des Korrespondentreeders ein oder erfahren die zur Bezeichnung des Korrespondentreeders eingetragenen Angaben eine Veränderung, so ist ein entsprechender Vermerk in Spalte 6 aufzunehmen. In diesem Falle muß aber, was oft übersehen wird, stets die Veränderung auch in Spalte 10 vermerkt werden.

Die Spalte 7 ist außer zur Angabe des Tages der Eintragung auch zur Aufnahme der Verweisung auf die Registerakten bei der Eintragung des Schiffes bestimmt.

Beispiel:

20. Oktober 1927. $\frac{\text{2 SSR 130}}{1}$

War das Schiff schon vorher in das Register einer deutschen Registerbehörde eingetragen, so ist in Sp. 7 auch die frühere Eintragung zu vermerken.

Die Spalte 8 enthält die Eigentumsverhältnisse, und zwar so, wie sie zur Zeit der Eintragung des Schiffes vorhanden sind. Sie zerfällt in vier Unterspalten a bis d.

a) enthält die laufende Nummer;

b) enthält den Namen und die nähere Bezeichnung der Reeder sowie die Unterschriften des Richters[1]) und des Registerführers bei der Eintragung des Schiffes;

c) enthält die Schiffsparten;

d) enthält den Erwerbsgrund.

Die Unterspalte a ist nur auszufüllen, wenn eine Reederei besteht. In diesem Fall erhält jeder Mitreeder eine fortlaufende Nummer. Gehören zu den Mitreedern offene Handelsgesellschaften, Kommanditgesellschaften oder Kommanditgesellschaften auf Aktien, so ist den Namen der persönlich haftenden Gesellschafter eine bestimmte Nummer nicht beizufügen. In Unterspalte b sind der Name und die nähere Bezeichnung der Reeder einzutragen: bei natürlichen Personen sind der Name (Vorname, Familienname), der Stand, der Beruf sowie der Wohnort und, soweit diese Angaben nicht tunlich oder nicht ausreichend sind, andere die Reeder deutlich kennzeichnende Merkmale anzugeben und dem Namen die Bezeichnung als „Deutscher Reichsangehöriger" beizufügen; bei Handelsgesellschaften, eingetragenen Genossenschaften und juristischen Personen anderer Art sind die Firma oder der Name und der Sitz, bei offenen Handelsgesellschaften außerdem der Name und die nähere Bezeichnung sämtlicher Gesellschafter, bei Kommanditgesellschaften und Kommanditgesellschaften auf Aktien der Name und die nähere Bezeichnung sämtlicher persönlich haftenden Gesellschafter, bei einer Reederei endlich der Name und die nähere Bezeichnung sämtlicher Mitreeder anzugeben.

In Unterspalte c ist bei einer Reederei die Größe der den einzelnen Mitreedern gehörenden Schiffsparten in Form eines Bruches zu vermerken. Verringert sich später die Größe einer Schiffspart, so ist unter der bisherigen Eintragung[2]) die dem Mitreeder noch gehörende Schiffspart anzugeben.

In Unterspalte d ist der Rechtsgrund, auf dem die Erwerbung des Schiffes beruht, und bei einer Reederei neben der in der Unterspalte b erfolgten Bezeichnung jedes Mitreeders der Rechtsgrund, auf dem die Erwerbung seiner Schiffspart beruht, unter Bezeichnung der darüber beigebrachten Urkunden einzutragen.

---

[1]) Vollzieht der Rechtspfleger statt des Richters die Unterschriften unter der Eintragung im Schiffsregister und unter den beglaubigten Abschriften, Briefen und Vermerken, so unterzeichnet als Registerführer ein zweiter Bürobeamter oder ein vom Behördenvorstand ermächtigter Büroangestellter oder Kanzleibeamter. §§ 25, 32 der EntlVfg vom 1. März 1928 (JMBl 140). Selbstverständlich kann die Kanzlei auch hier zu Eintragungen in das Schiffsregister — aber ohne Unterschriftleistung — gemäß § 38 Abs. 1 Ziff. 3 BuKo herangezogen werden.

[2]) Die bisherige Eintragung ist rot zu unterstreichen.

Beispiel:

Spalte 8.

a	b	c	d
1.	**Friedrich Ritter, Kaufmann, Stralsund, deutscher Reichsangehöriger.**	$^{3}/_{4}$	**Hat das Schiff für seine Rechnung erbauen lassen.**
2.	**Wilhelm Krüger, Schiffsführer, Altefähre, deutscher Reichsangehöriger.**	$^{1}/_{8}$	**Haben die Parten von dem Kaufmann Friedrich Ritter in Stralsund durch notariellen Vertrag vom 10. November 1927 gekauft.**
3.	**Hinrichs & Co., offene Handelsgesellschaft, Stralsund. Die persönlich haftenden Gesellschafter sind: Arthur Hinrichs, Ingenieur, Bergen a. R., deutscher Reichsangehöriger; Albert Kortwig, Stralsund, deutscher Reichsangehöriger.**	$^{1}/_{8}$	
	Schmidt. Lehmann.		

In Spalte 9 sind die Veränderungen in den Eigentumsverhältnissen einzutragen.

Die Spalte 9 hat fünf Unterabteilungen a bis e.

Unterspalte a enthält die fortlaufende Nummer, die jede Eintragung erhält.

In Unterspalte b — überschrieben „zu Spalte" — ist auf die Stelle der durch die Änderung betroffenen früheren Eintragung hinzuweisen. Würde also z. B. der in Spalte 8 unter Nr. 1 eingetragene Mitreeder Kaufmann Friedrich Ritter von seinem Schiffsanteil von $^{3}/_{4}$ $^{1}/_{4}$ an den Kaufmann Ernst Büttner in Stralsund veräußern, so würde in der Unterspalte b zu vermerken sein:

„8^{1}."

Die Unterspalte c enthält den Namen und die nähere Bezeichnung der Reeder, die Unterspalte d die Schiffsparten und die Unterspalte e den Erwerbsgrund. Diese drei Unterspalten werden ausgefüllt beim Übergange des Eigentums an einem Schiff oder an einer Schiffspart nach den Vorschriften über die Ausfüllung der Spalte 8.

Es wird also eingetragen z. B.:

In Unterspalte c:

Ernst Büttner, Kaufmann, Stralsund, deutscher Reichsangehöriger.

In Unterspalte d:

$^{1}/_{4}$.

In Unterspalte e:

hat die Part von dem Kaufmann Friedrich Ritter in Stralsund durch notariellen Vertrag vom 2. November 1928 gekauft.

$$\frac{2\,S\,S\,R\;130}{5}$$

7. November 1928.

Schmidt. Lehmann.

Andere Änderungen in den die Eigentumsverhältnisse betreffenden eingetragenen Tatsachen, z. B. Änderungen des Namens oder des Wohnortes eines Reeders, sind in Unterspalte c einzutragen.

Die Spalte 9 dient endlich noch in besonderen Fällen zur Eintragung. Wenn nämlich der Alleineigentümer des Schiffes die Reichsangehörigkeit verliert oder wenn eine Schiffspart an einen Ausländer durch „Veräußerung" übergeht, so verliert das Schiff das Recht zur Führung der Reichsflagge und muß im Register gelöscht werden. §§ 3 Abs. 1, 13 Abs. 2 FlaggG[1]). Wenn aber der Eigentümer einer Schiffspart die Reichsangehörigkeit verliert oder wenn eine im Eigentum eines Reichsangehörigen stehende Schiffspart in anderer Weise als durch Veräußerung, also z. B. durch Erbgang, auf einen Ausländer übergeht, so behält das Schiff noch bis zum Ablauf eines Jahres das Recht zur Führung der Reichsflagge, und der Registerrichter kann nach Ablauf von sechs Monaten seit dem Verluste der Reichsangehörigkeit oder dem in anderer Weise als durch Veräußerung bewirkten Übergange der Schiffspart die übrigen Mitreeder auf ihren Antrag zur öffentlichen Versteigerung der Schiffspart für Rechnung des Eigentümers ermächtigen; diese Vorschriften gelten aber nur, wenn die Schiffsparten der übrigen Mitreeder wenigstens zwei Dritteile des Schiffes umfassen[2]). § 3 FlaggG. In diesen Fällen sind der Zeitpunkt des Verlustes der Reichsangehörigkeit oder des Überganges der Schiffspart sowie die nunmehrige Staatsangehörigkeit des Eigentümers der Schiffspart in Spalte 9 bei der Eintragung der Veränderung zu vermerken.

Hat also z. B. eine deutsche Reichsangehörige, die als Mitreederin $^1/_8$ Schiffspart eines im Seeschiffsregister eingetragenen Schiffes besitzt, durch Heirat mit einem Ausländer die deutsche Reichsangehörigkeit verloren, so wird der in Spalte 9c einzutragende Vermerk etwa lauten:

Fräulein Elisabeth Schultze in Stralsund hat sich am 23. März 1929 mit dem Kaufmann James Chamberlain in London verheiratet und dadurch die englische Staatsangehörigkeit erworben.

$\frac{2\,SSR\,130}{17}$

5. April 1929.

Schmidt. **Lehmann.**

Würde dann später auf Grund der Ermächtigung des Registergerichts die öffentliche Versteigerung der Schiffspart der Frau Chamberlain vorgenommen, so würde der neue Erwerber, der nach § 3 Abs. 2 Satz 3 FlaggG. Reichsangehöriger sein muß, in Spalte 9 einzutragen sein.

Die bezüglichen Vermerke würden lauten:

---

[1]) Die VO betr. die Veräußerung von Kauffahrteischiffen ins Ausland vom 17. Januar 1918 (RGBl 39) ist durch die VO vom 11. Januar 1927 (RGBl II 13) mit Wirkung vom 1. Februar 1927 aufgehoben.

[2]) Sonst geht das Flaggenrecht auch hier unter, so daß die Löschung des Schiffes erfolgen muß.

In Unterspalte c:

Hermann Schöne, Kaufmann, Stralsund, deutscher Reichsangehöriger.

In Unterspalte d:

$^1/_8$.

In Unterspalte e:

Hat die Part der Frau des Kaufmanns Chamberlain, Elisabeth geb. Schultze in London laut des Versteigerungsprotokolls vom 22. Dezember 1929 gekauft.

$$\frac{2\,SSR\,130}{21}$$

29. Dezember 1929.
Schmidt. Lehmann.

In Spalte 10 sind die Veränderungen in den eingetragenen Tatsachen mit Ausschluß der Eigentumsveränderungen, also die Veränderungen der in den Spalte 1 bis 3, 5 und 6 eingetragenen Tatsachen einzutragen. Besonders hervorzuheben ist, daß die Eintragung in Spalte 10 auch zu erfolgen hat, wenn die Veränderungen in den Spalte 1 bis 3, 5 und 6 vermerkt werden; hiergegen wird in der Praxis oft gefehlt.

Wird also z. B. der Heimatshafen eines Schiffes von Stralsund nach Saßnitz verlegt, so ist nicht nur in Spalte 5 das Wort „Saßnitz" neben das rot zu unterstreichende Wort „Stralsund" zu setzen, sondern es ist auch in Spalte 10c zu vermerken:

Der Heimatshafen ist nach Saßnitz verlegt.

Jede Eintragung in Spalte 10 erhält eine fortlaufende Nummer. Die Spalte hat drei Unterspalten.

Unterspalte a enthält die laufende Nummer.

In Unterspalte b — überschrieben „zu Spalte" — ist auf die Stelle der durch die Änderung betroffenen früheren Eintragung hinzuweisen.

Unterspalte c gibt den Inhalt der Veränderung an und enthält neben dem Tage der Eintragung den Hinweis auf die Registerakten und die Unterschrift des Registerbeamten, z. B.:

Der Name des Schiffes ist in „Deutschland" geändert.

$$\frac{2\,SSR\,130}{4}$$

6. März 1928.
Schmidt. Lehmann.

In Spalte 11 ist die Löschung des Schiffes zu vermerken; dabei ist auch der Grund der Löschung anzugeben, z. B.:

Das Schiff ist untergegangen und deshalb gelöscht.

$$\frac{2\,SSR\,130}{39}$$

10. Juni 1930.
Schmidt. Lehmann.

In Spalte 1 ist ferner bei Verlegung des Heimathafens aus dem Registerbezirk außer der Verlegung ein Vermerk, durch den das Registerblatt geschlossen wird, einzutragen; z. B.:

Der Heimatshafen ist nach Stettin verlegt. Das Registerblatt ist geschlossen.

$$\frac{2\,SSR\,130}{37}$$

5. April 1928.

Schmidt. Lehmann.

Besonderes gilt für die Löschung des Schiffes, wenn Pfandrechte eingetragen sind, s. unten § 150.

In Spalte 12 werden die Pfandrechte an dem Schiffe eingetragen. Die Spalte 12 hat fünf Unterspalten.

Unterspalte a enthält die laufende Nummer, Unterspalte b den Betrag des Pfandrechts, Unterspalte c den Inhalt der Eintragungen, die Bezugnahme auf die Akten, den Tag der Eintragung und die Unterschrift der Registerbeamten, Unterspalte d die Veränderungen und Unterspalte e die Löschungen. Die Vorschriften über die Eintragungen in die dritte Abteilung des Grundbuchs finden entsprechende Anwendung.

In Unterspalte c ist, wenn eine Reederei besteht, bei jeder Eintragung anzugeben, ob sich das Pfandrecht auf das ganze Schiff oder nur auf eine Schiffspart erstreckt; im letzteren Falle ist die Schiffspart zu bezeichnen.

In Unterspalte d ist auch die Löschung der eingetragenen Veränderungen durch Eintragung eines entsprechenden Vermerkes zu bewirken. Über jeder Eintragung in den Unterspalten d und e ist anzugeben, auf welche andere Eintragung sie sich bezieht.

Die Unterspalte c dient auch zur Eintragung des Versteigerungsvermerkes, die Unterspalte e auch zur Löschung dieses Vermerkes.

Beispiele über Eintragungen in Spalte 12 s. unten § 152.

Die vorstehenden Vorschriften über die in das Seeschiffsregister zu bewirkenden Eintragungen sind enthalten in § 7 FlaggG. und §§ 20 bis 31 AV vom 11. Dezember 1899.

Die Oberlandesgerichtspräsidenten bestimmen für die Registergerichte des Oberlandesgerichtsbezirkes, wie viele Seiten bei der Einrichtung des Seeschiffsregisters je für die Spalte 8, 9, 10, 11 und 12 des Registers zu verwenden sind. § 32 AV vom 11. Dezember 1899.

Auf Antrag des Reeders kann, wenn gleichzeitig eine Veränderung in den Spalten 9 oder 10 des Registers eingetragen werden soll, das Schiff auf ein anderes Blatt unter einer neuen Ordnungsnummer übertragen werden. Die Übertragung ist von Amts wegen zu bewirken, wenn das bisherige Registerblatt unübersichtlich geworden ist. Sie darf immer nur erfolgen, wenn das Schiffszertifikat eingereicht oder die Einreichung zur Ausstellung eines neuen Zertifikats nicht erforderlich ist. § 33 Abs. 1

BV vom 11. Dezember 1899. Das Verfahren bei diesen Übertragungen ist in § 33 Abs. 2 und 3 der AV vom 11. Dezember 1899 näher geregelt. Es ist in diesen Fällen ein neues Zertifikat und gegebenenfalls ein neuer Auszug aus dem Schiffszertifikat auszustellen. Die Erteilung dieser neuen Urkunden ist auf dem Deckel der Registerakten unter Hinweis auf die betreffende Stelle der Akten zu vermerken. § 43 Abs. 3 und 4 AV vom 11. Dezember 1899.

§ 144. Die Einrichtung des Binnenschiffsregisters.

Das Binnenschiffsregister wird nach dem der AV vom 11. Dezember 1899 (JMBl 753) beigegebenen Formulare geführt.

Es besteht aus 10 Spalten.

In Spalte 1 sind der Name, die Nummer oder sonstige Merkmale des Schiffs sowie dessen Gattung und Material einzutragen, z. B. Ida XII 82 Stevenkahn aus Eichenholz mit eisernen Knien, mit einem Mast und ohne festes Deck.

In Spalte 1 ist außer dem Namen, den das Schiff zur Zeit der Eintragung führt, auch der etwaige frühere Name anzugeben, wenn das Schiff unter diesem Namen vorher in das Register einer deutschen Registerbehörde eingetragen war. Erhält das Schiff nach seiner Eintragung einen andern Namen, so ist auch dieser in Spalte 1 zu vermerken.

Die Eintragung des Namens ist nur für den Fall vorgeschrieben, daß das Schiff einen solchen führt; eine Verpflichtung zur Beilegung eines Namens besteht nicht.

Die Gattung des Schiffes ist mit den für die Bezeichnung üblichen Ausdrücken anzugeben. Erfährt sie eine Änderung, so ist auch die neue Gattung in Spalte 1 zu vermerken.

In Spalte 2 sind die Tragfähigkeit des Schiffes und bei Dampfschiffen und sonstigen Schiffen mit eigener Triebkraft die Stärke des Motors einzutragen. Der Inhalt der Eintragung ist aus den bei der Anmeldung des Schiffes glaubhaft zu machenden Angaben der Beteiligten, insbesondere aus den Meßbriefen, Eichscheinen, Schiffsuntersuchungsattesten oder Dampfkesselrevisionsattesten sowie aus sonstigen Bescheinigungen der zuständigen Behörden oder auch der Erbauer zu entnehmen. Bei der Eintragung ist auf die ihr zugrunde liegende Urkunde unter Angabe ihres Ausstellers, des Tages ihrer Ausstellung und gegebenenfalls ihrer Nummer[1]) Bezug zu nehmen.

Beispiel:

Vermessen auf 220 Tonnen laut Eichscheins des Wasserbauamts in Zehdenick vom 23. August 1927.

---

[1]) AV vom 9. November 1926 (JMBl 392).

Bei Veränderungen in der Tragfähigkeit des Schiffes oder in der Stärke des Motors ist durch einen Vermerk in Spalte 2 auf die betreffende Eintragung in Spalte 8 hinzuweisen.

Beispiel:

Das Schiff ist neu vermessen (vgl. Spalte 8 Nr. 4).

Es ist also nicht richtig, daß — was man in der Praxis oft findet — in Spalte 2 auch das Ergebnis der Neuvermessung unter Bezugnahme auf die ihr zugrunde liegende Urkunde unter Angabe ihres Ausstellers und ihres Datums eingetragen wird.

In Spalte 3 sind Zeit und Ort der Erbauung sowie die Werft, auf der das Schiff gebaut ist, anzugeben.

Beispiel:

1926 auf der Werft von Friedrich Müller in Lychen.

Sind Zeit und Ort der Erbauung nicht ohne unverhältnismäßige Weiterungen zu ermitteln, so genügt eine allgemeine Angabe mit der Bemerkung, daß die betreffende Tatsache nicht festgestellt sei.

In Spalte 4 ist der Heimatsort, d. h. der Ort einzutragen, von dem aus die Schiffahrt mit dem Schiffe betrieben wird, z. B.:

Bredereiche.

Erhält das Schiff später einen andern im Bezirke des Registergerichts belegenen Heimatsort, so ist auch dieser in Spalte 4 einzutragen. Die frühere Eintragung ist dann rot zu unterstreichen.

Beispiel:

Wird der Heimatsort von Bredereiche nach Lychen verlegt, so wird in Spalte 4 Bredereiche rot unterstrichen und daneben vermerkt:

Lychen.

Außerdem muß die Verlegung in Spalte 8 eingetragen werden.

Liegt der neue Heimatsort in einem andern Registerbezirke, so ist bei der neuen — von Amts wegen zu bewirkenden — Eintragung auch der frühere Heimatsort in Spalte 4 zu vermerken.

Beispiel:

Zehdenick; früher Bredereiche (Amtgerichtsbezirk Lychen).

Die Spalte 5 ist außer zur Angabe des Tages der Eintragung auch zur Aufnahme der Verweisung auf die Registerakten bei der Eintragung des Schiffes bestimmt.

Beispiel:

9. Januar 1928. $\frac{\text{B S R 45}}{1}$

War das Schiff schon vorher in das Register einer deutschen Registerbehörde eingetragen, so ist in Spalte 5 auch die frühere Eintragung zu vermerken. Es ist dann z. B. hinter die vorstehende Eintragung zu setzen:

Das Schiff war früher unter Nr. 783 des Schiffsregisters des Amtsgerichts in Lychen eingetragen.

Der letztgedachte Vermerk gehört also in Spalte 5, nicht in Spalte 4, wo man ihn in der Praxis häufig findet.

Die Spalte 6 dient zur Darstellung der zur Zeit der Eintragung des Schiffes vorhandenen Eigentumsverhältnisse. Sie zerfällt in vier Unterspalten a bis d:

a enthält die laufende Nummer;

b enthält die Namen und nähere Bezeichnung der Eigentümer sowie die Unterschriften des Richters[1]) und des Registerführers;

c enthält die Anteile der Miteigentümer;

d enthält den Erwerbsgrund.

Die Unterspalte a ist nur auszufüllen, wenn eine Reederei besteht; in diesem Falle erhält jeder Mitreeder eine fortlaufende Nummer. Da die Binnenschiffe in den meisten Fällen im Eigentum einer natürlichen Person stehen, so bleibt die Unterspalte a in der Praxis meist leer.

In Unterspalte b sind anzugeben: bei natürlichen Personen der Vor- und Zuname, der Stand, der Beruf sowie der Wohnort und, soweit diese Angaben nicht tunlich oder nicht ausreichend sind, andere die Eigentümer deutlich kennzeichnende Merkmale und bei Handelsgesellschaften, eingetragenen Genossenschaften und juristischen Personen anderer Art die Firma oder der Name und der Sitz.

In Unterspalte c ist bei einem Miteigentum die Größe der den einzelnen Miteigentümern gehörenden Anteile in Form eines Bruches zu vermerken. Verringert sich später die Größe des Anteils, so ist unter der bisherigen Eintragung der dem Miteigentümer noch gehörende Anteil anzugeben. Da Miteigentumsverhältnisse bei Binnenschiffen selten sind, so bleibt die Unterspalte c meist frei. Es ist nicht richtig und jedenfalls überflüssig, die Spalte bei Schiffen, die im Alleineigentum einer Person stehen, durch $^1/_1$ auszufüllen.

In Unterspalte d ist der Rechtsgrund, auf dem die Erwerbung des Schiffes beruht, und bei mehreren Miteigentümern neben der in der Unterspalte b erfolgten Bezeichnung jedes Miteigentümers der Rechtsgrund, auf dem die Erwerbung seines Anteils beruht, unter Bezeichnung der darüber beigebrachten Urkunden einzutragen.

Beispiel:

Hat das Schiff für seine Rechnung erbauen lassen.

In Spalte 7 sind die Veränderungen in den Eigentumsverhältnissen einzutragen.

Die Spalte 7 hat fünf Unterspalten.

---

[1]) Vgl. jedoch §§ 2ff.; 25, 32 der EntlVfg vom 1. März 1928 (JMBl 140), siehe oben S. 420 Anm. 1.

Unterspalte a enthält die fortlaufende Nummer, die jede Eintragung erhält.

In Unterspalte b — überschrieben „zu Spalte" — ist auf die Stelle der durch die Änderung betroffenen früheren Eintragung hinzuweisen.

Die Unterspalte c enthält den Namen und die nähere Bezeichnung der Eigentümer, die Unterspalte d die Anteile der Miteigentümer und die Unterspalte e den Erwerbsgrund[1]).

Die Unterspalten c—e werden ausgefüllt bei dem Übergange des Eigentums an einem Schiff oder einem Schiffsanteile nach den Vorschriften über die Ausfüllung der Spalte 6. Auch hier wieder kommt es nur selten zur Ausfüllung der Unterspalte d.

Die Eintragungen in den Unterspalten c und e lauten z. B.:

Karl Gerber, Schiffseigner, Lychen.
hat das Schiff durch mündlichen Vertrag vom 22. Oktober 1927 gekauft.

$$\frac{\text{BSR } 47}{2}$$

30. Oktober 1927.
Schmidt. Lehmann.

Andere Änderungen in den die Eigentumsverhältnisse betreffenden eingetragenen Tatsachen, z. B. Änderungen des Namens oder des Wohnortes des Eigentümers sind in Unterspalte c einzutragen.

In Spalte 8 sind die Veränderungen in den eingetragenen Tatsachen mit Ausschluß der Eigentumsveränderungen, also die Veränderungen der in den Spalte 1, 2 und 4 eingetragenen Tatsachen einzutragen. Die Eintragung hat in Spalte 8 auch zu erfolgen, wenn die Veränderungen in den Spalte 1, 2 und 4 vermerkt werden; hiergegen wird in der Praxis nicht selten verstoßen.

Wird also z. B. ein Schiff neu vermessen, so ist in Spalte 8c zu vermerken:

Das Schiff ist laut Eichscheins Nr. 784 der Schiffseichbehörde in Zehdenick vom 22. September 1929 neu vermessen auf 225 Tonnen Tragfähigkeit.

$$\frac{\text{BSR } 47}{12}$$

10. Oktober 1929.
Schmidt. Lehmann.

Gleichzeitig ist in Spalte 2 einzutragen:

Das Schiff ist neu vermessen (vgl. Spalte 8 Nr. 2).

Jede Eintragung in Spalte 8 erhält eine fortlaufende Nummer. Die Spalte 8 hat drei Unterspalten:

Unterspalte a enthält eine fortlaufende Nummer.

---

[1]) Vgl. auch die AV vom 21. April 1921 über die Durchführung der Enteignung von Binnenschiffen auf Grund des Friedensvertrages (JMBl 260).

In Unterspalte b — überschrieben „zu Spalte" — ist auf die Stelle der durch die Änderung betroffenen früheren Eintragung hinzuweisen.

Unterspalte c gibt den Inhalt der Veränderungen an und enthält neben dem Tage der Eintragung und dem Hinweis auf die Registerakten die Unterschrift der Registerbeamten; vgl. das vorangeführte Beispiel.

In Spalte 9 ist die Löschung des Schiffes zu vermerken; dabei ist auch der Grund der Löschung anzugeben; z. B.:

Das Schiff ist zerschlagen und deshalb gelöscht.

BSR 47 / 14

12. November 1930.

Schmidt. Lehmann.

In Spalte 9 ist ferner bei der Verlegung des Heimatsortes aus dem Registerbezirk außer der Verlegung ein Vermerk, durch den das Registerblatt geschlossen wird, einzutragen, z. B.:

Der Heimatsort ist nach Zehdenick verlegt; das Registerblatt ist geschlossen.

BSR 48 / 22

5. Mai 1930.

Schmidt. Lehmann.

Besonderes gilt für die Löschung des Schiffes, wenn Pfandrechte eingetragen sind, s. unten § 151.

In Spalte 10 werden die Pfandrechte an dem Schiff eingetragen. Es gilt hier dasselbe, was beim Seeschiffsregister für die Spalte 12 gesagt ist; vgl. daher oben § 143.

Die vorstehenden Vorschriften über die in das Binnenschiffsregister zu bewirkenden Eintragungen sind enthalten in den §§ 125 Abs. 2, 124 BSchG und §§ 34 bis 40 AV vom 11. Dezember 1899[1]).

Die Oberlandesgerichtspräsidenten bestimmen für die Registergerichte des Oberlandesgerichtsbezirks, wie viele Seiten bei der Einrichtung des Binnenschiffsregisters je für die Spalten 6 bis 10 des Registers zu verwenden sind. § 41 AV vom 11. Dezember 1899.

Auf die Übertragung des Schiffes auf ein anderes Blatt finden die für das Seeschiffsregister gegebenen Vorschriften entsprechende Anwendung. §§ 40, 33 AV vom 11. Dezember 1899 und oben § 143. Es

[1]) Wegen der Eintragungen in die Spalten 3 bis 10 des Binnenschiffsregisters ist in der AV vom 11. Dezember 1899 nur kurz auf die „entsprechenden" für das Seeschiffsregister geltenden Vorschriften verwiesen; dies hat in der Praxis zu Unzuträglichkeiten geführt, da die Spalten beider Register in vielen Punkten nicht übereinstimmen und es oft an Zeit mangelt, die für das Binnenschiffsregister „entsprechend" anwendbaren Vorschriften des Seeschiffsregisterwesens im einzelnen festzustellen. Die vielen Unrichtigkeiten, denen man gerade in Binnenschiffsregistern oft begegnet, sind hauptsächlich auf die unübersichtliche Fassung der §§ 37 bis 40 der AV zurückzuführen.

ist in diesem Falle ein neuer Schiffsbrief, in dem nur die zur Zeit der Ausfertigung vorhandenen tatsächlichen und rechtlichen Verhältnisse darzustellen sind, auszufertigen; die Erteilung des neuen Schiffsbriefs ist auf dem Deckel der Registerakten unter Hinweis auf die betreffende Stelle der Akten zu vermerken. § 43 Abs. 2 und 3 AV vom 11. Dezember 1899.

§ 145. Die Anmeldung und Eintragung eines Seeschiffes.

1. Schon oben im § 142 ist hervorgehoben, daß eine Verpflichtung zur Anmeldung eines Schiffes zwecks Eintragung in das Seeschiffsregister nicht besteht. Nur der Umstand, daß die Schiffe ohne Eintragung die Reichsflagge nicht führen dürfen, wird die Anmeldung regelmäßig herbeiführen. Die Anmeldung[1]) erfolgt durch den Reeder oder dessen Vertreter, bei einer Reederei durch den Mitreeder und den Korrespondentreeder, bei juristischen Personen usw. durch die gesetzlichen Vertreter. Sind mehrere Anmeldeberechtigte vorhanden, so genügt die Anmeldung durch einen von ihnen. § 14 Abs. 2 und 4 FlaggG.

2. Anzumelden sind alle die Tatsachen, die der Eintragung in das Register bedürfen, also insbesondere der Name, die Gattung, das Unterscheidungssignal des Schiffes, die Ergebnisse der amtlichen Vermessung[2]), die Zeit und der Ort der Erbauung, der Heimatshafen, der Name und die nähere Bezeichnung des Reeders und der Rechtsgrund, auf dem die Erwerbung des Schiffes oder der einzelnen Schiffsparten beruht; vgl. näheres oben § 143.

3. Alle diese Angaben sind glaubhaft zu machen. § 8 Abs. 1 FlaggG. Die Glaubhaftmachung erfolgt regelmäßig durch Vorlegung von Meßbriefen, sogenannten Bauscheinen (Bescheinigungen der Werft) und ähnlichen Urkunden und auch durch eidesstattliche Versicherungen; vgl. § 294 ZPO; § 15 Abs. 2 FGG.

Es ist ferner eine Bescheinigung der Registerbehörde des inländischen Erbauungsortes darüber vorzulegen, ob und mit welchen Pfandrechten das Schiff in das Pfandrechtsregister für Schiffsbauwerke eingetragen ist. § 4 PfRSchG; vgl. auch unten § 157.

4. Der Registerrichter hat zu beachten, daß nach § 2 Abs. 1 FlaggG. die

---

[1]) Von jedem Eingang eines Antrags auf Eintragung eines Schiffes in das Seeschiffsregister hat der Registerführer unter Angabe des Schiffes, des Reeders und gegebenenfalls des Liegeplatzes unverzüglich der Seeberufsgenossenschaft in Hamburg, Zippelhaus 18, schriftlich oder telegraphisch Mitteilung zu machen. AV vom 11. Februar 1925 (JMBl 61).

[2]) Solange die amtliche Vermessung im Inlande noch nicht hat stattfinden können, dürfen die Ergebnisse der Vermessung auf Grund der Vermessungsurkunde einer ausländischen Behörde oder eines sonstigen glaubhaften Nachweises eingetragen werden. § 8 Abs. 2 FlaggG. Dies ist bestimmt, um die Eintragung der im Ausland erbauten oder von Ausländern auf Reichsangehörige übergegangenen Schiffe zu ermöglichen. Knitschky-Rudorff S. 82.

Kauffahrteischiffe usw. zur Führung der Reichsflagge nur dann berechtigt sind, wenn sie im ausschließlichen Eigentume von Reichsangehörigen stehen. Es muß daher bei der Anmeldung auch angegeben und glaubhaft gemacht werden, daß in Ansehung der Reichsangehörigkeit der Beteiligten die gesetzlichen Anforderungen erfüllt sind. § 7 Nr. 6 FlaggG. Hierbei ist § 2 Abs. 2 FlaggG im Auge zu behalten; nach dieser Vorschrift werden nämlich den Reichsangehörigen gleich geachtet: offene Handelsgesellschaften und Kommanditgesellschaften, wenn die persönlich haftenden Gesellschafter sämtlich Reichsangehörige sind; andere Handelsgesellschaften, eingetragene Genossenschaften und juristische Personen, wenn sie im Inland ihren Sitz haben, Kommanditgesellschaften auf Aktien jedoch nur dann, wenn die persönlich haftenden Gesellschafter sämtlich Reichsangehörige sind.

5. Erst wenn der Registerrichter das Recht des Schiffes zur Führung der Reichsflagge und alle anderen vorbezeichneten Tatsachen und Rechtsverhältnisse für glaubhaft gemacht erachtet, darf er die Eintragung verfügen. § 8 Abs. 1 FlaggG.

6. Ist der Reeder zugleich Angehöriger eines fremden Staates, so hat er auf Verlangen des Registergerichts glaubhaft zu machen, daß das Schiff nicht in ein Schiffsregister dieses Staates eingetragen ist. Wird festgestellt, daß eine solche Eintragung besteht, so darf das Schiff nicht in ein inländisches Schiffsregister eingetragen werden. § 9 FlaggG.

7. Die Eintragung des Schiffes erfolgt in den Spalten 1 bis 8; das Nähere s. oben § 143.

8. Über die Eintragung des Schiffes in das Seeschiffsregister wird von dem Registergericht eine mit dem Inhalte der Eintragung übereinstimmende Urkunde, das sogenannte Schiffszertifikat, ausgestellt. § 10 Abs. 1 FlaggG. Die Einrichtung des Schiffszertifikats ergibt sich aus dem Muster, das der Bekanntmachung des Reichskanzlers, betreffend die Ausführungsbestimmungen zum § 25 FlaggG vom 10. November 1899 (Z.Bl. f. fr. Ger. S. 380) beigefügt ist. Das Zertifikat ist unter dem Siegel oder dem Stempel des Amtsgerichts und unter der Unterschrift des Richters auszufertigen; Lack ist zu dem Siegel nicht zu verwenden. Werden mehrere Bogen zu einem Schiffszertifikat verwendet, so sind sie mit Seide zu heften und die Enden sind mit dem Ausfertigungssiegel festzulegen. § 42 Abs. 1 und 3 AV vom 11. Dezember 1899.

Nur durch das Schiffszertifikat wird das Recht des Schiffes zur Führung der Reichsflagge nachgewiesen. § 11 Abs. 1 FlaggG.

9. Auf Antrag des Reeders oder des Schiffers hat ferner das Registergericht, das das Schiffszertifikat ausgestellt hat, einen beglaubigten Auszug aus dem Schiffszertifikate zu erteilen. Ein Muster für einen solchen beglaubigten Auszug ist ebenfalls der vorangeführten Bekanntmachung des Reichskanzlers vom 10. November 1899 beigegeben. Auch

dieser Auszug ist unter dem Siegel oder dem Stempel des Amtsgerichts und unter der Unterschrift des Richters auszufertigen. § 42 Abs. 3 AV vom 11. Dezember 1899. Der beglaubigte Auszug vertritt vielfach die Stelle des Schiffszertifikats selbst. Nach § 11 Abs. 3 FlaggG genügt es nämlich auch, wenn statt des Schiffszertifikats ein solcher beglaubigter Auszug während der Reise an Bord des Schiffes mitgeführt wird[1]).

10. Unter Umständen kann das Registergericht auch in die Lage kommen, ein sogenanntes Flaggenzeugnis, das das Schiffszertifikat ersetzen soll[2]), ausstellen zu müssen. Es kann nämlich das Registergericht des deutschen Erbauungshafens ein solches Flaggenzeugnis behufs der ersten Überführung eines neuen Schiffes in einen andern Hafen ausstellen; dies Zeugnis hat aber nur für die Dauer der Überführung Gültigkeit. § 12 Abs. 2 FlaggG. Von der Ausstellung des Zeugnisses hat das ausstellende Registergericht, wenn ein deutscher Hafen zum Heimatshafen des Schiffes bestimmt ist, dem Registergerichte dieses Hafens Anzeige zu machen. § 12 Abs. 3 FlaggG. Muster für Flaggenzeugnisse sind ebenfalls der vorangeführten Bekanntmachung des Reichskanzlers vom 10. November 1899 beigegeben. Das vom Registergericht auszustellende Flaggenzeugnis ist unter dem Siegel oder dem Stempel des Amtsgerichts und unter der Unterschrift des Richters auszufertigen[3]). § 42 Abs. 3 AV vom 11. Dezember 1899.

11. Endlich hat der Registerrichter sich noch mit den eingereichten Schiffsmeßbriefen näher zu befassen. Das Reichskommissariat für Schiffsvermessung fertigt nämlich die Meßbriefe in zwei Exemplaren, einem für den Reeder bestimmten Original und einer für das Registergericht bestimmten beglaubigten Abschrift an und sendet sie bei registrierten oder zu registrierenden Schiffen an das Registergericht. Dieses prüft die

[1]) Ein neues Schiffszertifikat oder ein neuer Auszug aus dem Schiffszertifikate darf außer im Falle des § 15 Abs. 3 FlaggG nur dann ausgestellt werden, wenn das frühere Zertifikat oder der frühere Auszug eingereicht oder der Verlust glaubhaft gemacht ist. Die eingereichten Urkunden sind unbrauchbar zu machen; der Verlust ist bei der Erteilung des neuen Zertifikats oder des neuen Auszuges in dem Ausfertigungsvermerke kurz zu erwähnen. In den neu auszustellenden Urkunden sind nur die zur Zeit der Ausfertigung vorhandenen tatsächlichen und rechtlichen Verhältnisse darzustellen. § 43 Abs. 1 und 2 AV vom 11. Dezember 1899.

[2]) Im übrigen wird das Flaggenzeugnis, das das Schiffszertifikat ersetzen soll und nur eine zeitlich beschränkte Wirksamkeit hat, von dem zuständigen deutschen Konsul für ein Schiff ausgestellt, das sich im Auslande befindet und durch Übergang in das Eigentum eines Reichsangehörigen das Recht zur Führung der Reichsflagge erlangt. § 21 Abs. 1 FlaggG. Von der Ausstellung des Zeugnisses hat der Konsul, wenn ein deutscher Hafen zum Heimatshafen des Schiffes bestimmt ist, dem Registergerichte dieses Hafens Anzeige zu machen. § 12 Abs. 3 FlaggG.

[3]) Das vom Konsul auszustellende Flaggenzeugnis wird natürlich von diesem unterschrieben.

Übereinstimmung des Originals mit der beglaubigten Abschrift und, falls die Übereinstimmung fehlt, tritt es je nach der Verschiedenheit der Fälle entweder mit dem Reichskommissariat für Seeschiffsvermessung in Verbindung oder versieht selbst die Abschrift mit einem Berichtigungsvermerk. Das Registergericht hat auf dem Originale des Meßbriefs die Eintragung des Schiffes in das Register zu bescheinigen und hierbei außer der Ordnungsnummer und dem Datum der Eintragung das Unterscheidungssignal und den Heimatshafen anzugeben. Die Bescheinigung ist vom Richter zu unterschreiben; der Unterschrift ist der Stempel des Amtsgerichts beizufügen. Sodann ist das Original dem Reeder oder dessen Vertreter auszuhändigen. §§ 45, 46 AV vom 11. Dezember 1899 und AV vom 7. Februar 1898 (JMBl 34).

Beispiel für eine Anmeldung und Eintragung[1]):

Amtsgericht. Stettin, den 20. Januar 1927.

Es erschienen vor dem Unterzeichneten:

1. der Kaufmann Friedrich Scholz in Stettin, Breite Str. 6,

2. der Schiffskapitän Wilhelm Müller in Jasenitz,

3. der Kommerzienrat Alfred Krüger in Stettin, Swinemünder Str. 16,

4. der Konsul Albert Marten in Stettin, Greifswalder Str. 23.

Die Erschienenen nahmen Bezug auf den bei dem Gericht im Original und in beglaubigter Abschrift befindlichen Meßbrief Nr. 811 des Reichskommissariats für Seeschiffsvermessung zu Berlin vom 10. Januar 1927, sowie eine Bescheinigung des Amtsgerichts darüber, daß das Schiff in das Pfandrechtsregister für Schiffsbauwerke nicht eingetragen ist, und erklärten:

Wir melden das nachbezeichnete Schiff, mit dem Seefahrt zum Zwecke des Erwerbes betrieben werden soll, zur Eintragung in das Seeschiffsregister an.

Das Schiff hat den Namen „Germania" und führt das Unterscheidungssignal J. G. B. C. Es ist ein eisernes Schraubendampfschiff, als Schoner getakelt.

Das Schiff ist nach dem Meßbrief amtlich vermessen auf 84,39 m Länge; 10,53 m Breite; 7,69 m Tiefe; 12,20 m größte Länge des Maschinenraums.

Die Vermessung ist auf Grund der Schiffsvermessungsordnung vom 1. März 1895 nach dem vollständigen Verfahren erfolgt, und es beträgt:

a) der Bruttoraumgehalt des Schiffes 5276,3 Kubikmeter = 1862,53 Registertons,

b) der Nettoraumgehalt des Schiffes 3338,5 Kubikmeter = 1178,49 Registertons.

Das Schiff ist gebaut im Jahre 1926 auf der Werft der Aktiengesellschaft Vulcan in Bredow bei Stettin.

Der Heimatshafen des Schiffes ist Stettin.

Eigentümer des Schiffes sind:

a) der Erschienene Friedrich Scholz zu $^3/_4$,

b) der Erschienene Wilhelm Müller zu $^1/_8$,

---

[1]) Das Beispiel ist der Anlage 1 der AV vom 11. Dezember 1899 und dem Formularbuche von Weizsäcker-Lorenz 2. Aufl. 260 ff. — jedoch mit einigen Änderungen — entnommen.

c) die Kommanditgesellschaft Krüger & Marten in Stettin, deren persönlich haftende Gesellschafter die Erschienenen Alfred Krüger und Albert Marten sind, zu 1/8.

Die Eigentümer haben das Eigentum an dem Schiffe dadurch erworben, daß Friedrich Scholz das Schiff für seine Rechnung hat erbauen lassen und die Miteigentümer zu b) und c) die Parten von Friedrich Scholz durch notariellen Vertrag vom 10. Januar 1927 gekauft haben.

Korrespondentreeder des Schiffes ist der Erschienene Friedrich Scholz.

Um die vorstehenden Angaben, insbesondere die Eigentumsverhältnisse, sowie die Reichsangehörigkeit der Eigentümer glaubhaft zu machen, versichern wir die Richtigkeit unserer Angaben an Eidesstatt, nehmen auf den Meßbrief Bezug und überreichen ferner:

a) den Bauschein der Werft der Aktiengesellschaft Vulcan,

b) den Reisepaß des Friedrich Scholz,

c) das Kapitänspatent des Wilhelm Müller,

d) einen die Kommanditgesellschaft Krüger & Marten betreffenden neuesten Auszug aus dem hiesigen Handelsregister.

Die Urkunden zu b) bis d) erbitten wir zurück.

Wir nehmen Bezug darauf, daß die Reichsangehörigkeit des Kommerzienrats Alfred Krüger und des Konsuls Albert Marten gerichtsbekannt ist.

Der Wert des Schiffes beträgt 400000 RMark. Das Schiffszertifikat, einen beglaubigten Auszug aus dem Schiffszertifikat, sowie den Meßbrief bitten wir zu senden an den Erschienen Friedrich Scholz.

v. g. u.

Friedrich Scholz. Wilhelm Müller.
Alfred Krüger. Albert Marten.
Reinhardt, Justizobersekretär
als Urkundsbeamter der Geschäftsstelle.

Darauf wird verfügt[1]):

1. Einzutragen in das Seeschiffsregister Nr. 125:

Sp. 1. Germania. JGBC

Sp. 2. Eisernes Schraubendampfschiff, als Schoner getakelt.

Sp. 3. Die nach § 25 Nr. 1 der Schiffsvermessungsordnung aufgenommenen Hauptmaße sind laut Meßbriefs des Reichskommissariats für Seeschiffsvermessung zu Berlin vom 10. Januar 1927: Länge = 84,39 m; Breite = 10,53 m; Tiefe = 7,69 m; größte Länge des Maschinenraums 12,20 m.

Die Vermessung ist auf Grund der Schiffsvermessungsordnung vom 1. März 1895 (RGBl 1895 S. 161) nach dem vollständigen Verfahren erfolgt, und es beträgt:

	Kubikmeter	Registertons
a) der Bruttoraumgehalt des Schiffes	5276,3	1862,53
b) der Nettoraumgehalt des Schiffes	3338,5	1178,49

Zu b) in Worten: dreitausend dreihundert acht und dreißig, fünf Zehntel Kubikmeter, gleich eintausend einhundert acht und siebzig, neun und vierzig Hundertstel Registertons.

Sp. 4 1926 auf der Werft der Aktiengesellschaft Vulcan in Bredow bei Stettin.

Sp. 5. Stettin.

---

[1]) Wegen Anlegung einer Tabelle zum Seeschiffsregister siehe oben § 30, Nr. 11.

Sp. 6. Friedrich Scholz, Kaufmann, Stettin.
Sp. 7. .... Januar 1927. 2 S S R 125 / 1

Sp. 8. Unterspalte a bis c.
1.
Friedrich Scholz, Kaufmann, Stettin, deutscher Reichsangehöriger.
3/4.
2.
Wilhelm Müller, Schiffskapitän, Jasenitz, deutscher Reichsangehöriger.
1/8.
3.
Krüger & Marten, Kommanditgesellschaft, Stettin.
Die persönlich haftenden Gesellschafter sind:
Alfred Krüger, Kommerzienrat, Stettin, deutscher Reichsangehöriger,
Albert Marten, Konsul, Stettin, deutscher Reichsangehöriger.
1/8.
Unterspalte d.
Zu 1: hat das Schiff auf seine Rechnung erbauen lassen.
Zu 2 und 3: haben die Parten von dem Kaufmann Friedrich Scholz in Stettin durch notariellen Vertrag vom 10. Januar 1927 gekauft.

2. Ein Schiffszertifikat und ein beglaubigter Zertifikatsauszug auszustellen und samt dem Meßbrief, auf dem die Eintragung in das Register zu bescheinigen, dem Miteigentümer Friedrich Scholz auszuhändigen.

3. Bekanntmachung der Eintragung[1]) an die drei Miteigentümer unter Rücksendung des Reisepasses, des Kapitänspatentes und des Handelsregisterauszugs.

Stettin, 20. Januar 1927. Schm.

§ 146. Die Anmeldung und Eintragung eines Binnenschiffes.

1. Die Anmeldung eines Binnenschiffes kann, wie schon oben § 142 hervorgehoben ist, im Ordnungsstrafverfahren erzwungen werden. Die Verpflichtung zur Anmeldung des Schiffes liegt dem Eigentümer und, wenn mehrere Eigentümer vorhanden sind, einem jeden von ihnen ob. Wer bei Gesellschaften, juristischen Personen usw. zur Anmeldung verpflichtet ist, ist oben § 142 hervorgehoben. Sind mehrere Verpflichtete vorhanden, so genügt die Anmeldung durch einen von ihnen. § 123 BSchG.

2. Anzumelden sind alle die Tatsachen, die der Eintragung in das Register bedürfen, also die Gattung, das Material, der Name, die Nummer, und sonstigen Merkzeichen des Schiffes, die Tragfähigkeit oder die Stärke des Motors, die Zeit und der Ort der Erbauung, der Heimatsort, der Name und die nähere Bezeichnung des Eigentümers oder der Miteigentümer, sowie der Größe des Anteils dieser, endlich der Erwerbsgrund. § 124 Abs. 1 BSchG. Vgl. näheres oben § 144.

3. Alle diese Angaben sind glaubhaft zu machen. § 124 Abs. 2 BSchG. Auch hier erfolgt die Glaubhaftmachung regelmäßig durch Vorlegung von Eichscheinen, Meßbriefen, Schiffspatenten, Bauscheinen und

[1]) War das Schiffsbauwerk eingetragen, so ist auch zu dem Pfandrechtsregister für Schiffsbauwerke Mitteilung zu machen. § 4 II PfRSchG.

ähnlichen Urkunden, sowie durch eidesstattliche Versicherungen; vgl. § 294 ZPO und § 15 Abs. 2 FGG.

Es ist ferner eine Bescheinigung der Registerbehörde des inländischen Erbauungsortes darüber vorzulegen, ob und mit welchen Pfandrechten das Schiff in das Pfandrechtsregister für Schiffsbauwerke eingetragen ist. § 4 PfRSchG; vgl. auch unten § 157.

4. Die Eintragung des Schiffes erfolgt in den Spalten 1 bis 6; das Nähere s. oben § 144.

5. Über die Eintragung des Schiffes in das Binnenschiffsregister wird von dem Registergericht eine Urkunde, der sog. Schiffsbrief erteilt, in die der vollständige Inhalt der Eintragung aufzunehmen ist. § 125 Abs. 3 BSchG. Die Einrichtung des Schiffsbriefs ergibt sich aus dem der AV vom 11. Dezember 1899 beigefügten Formulare. Der Schiffsbrief ist unter dem Siegel oder dem Stempel des Amtsgerichts und unter der Unterschrift des Richters auszufertigen; Lack ist zu dem Siegel nicht zu verwenden. § 42 Abs. 3 AV vom 11. Dezember 1899[1]).

6. Endlich hat der Registerrichter auf den von den Beteiligten eingereichten Eichscheinen oder Meßbriefen vor der Aushändigung der Urkunden die Eintragung des Schiffes in das Register zu bescheinigen. In der vom Richter zu unterschreibenden und mit dem Stempel des Amtsgerichts zu versehenden Bescheinigung ist außer der Ordnungsnummer und dem Datum der Eintragung auch der Heimatsort anzugeben. § 46 Abs. 1 und 2 AV vom 11. Dezember 1899.

Beispiel für eine Anmeldung und Eintragung:

Amtsgericht. Lychen, den 16. November 1927.

Es erschien vor dem Unterzeichneten:

der Schiffseigner Richard Foge aus Bredereiche.

Die Persönlichkeit des Erschienenen wurde durch Vorlegung des Meßbriefs Nr. 722 des Wasserbauamts in Zehdenick vom 22. September 1927 festgestellt.

Er überreichte mit der Bitte um alsbaldige Rückgabe den vorbezeichneten Meßbrief sowie eine Bescheinigung des Amtsgerichts darüber, daß das Schiff in das Pfandrechtsregister für Schiffsbauwerke nicht eingetragen ist, und erklärte:

Ich melde das nachbezeichnete Schiff zur Eintragung in das Binnenschiffsregister an.

Das Schiff hat keinen Namen, trägt die Nummer XX 783, ist eine Stevenzille aus Tannenholz mit einem Mast und ohne festes Deck.

Es ist nach dem überreichten Meßbrief vermessen auf 220 Tonnen Tragfähigkeit; es ist gebaut im Jahre 1927 auf der Werft von Heinrich Müller in Lychen.

[1]) Ein neuer Schiffsbrief darf nur dann ausgestellt werden, wenn der frühere Schiffsbrief eingereicht oder der Verlust glaubhaft gemacht ist. Der eingereichte Schiffsbrief ist unbrauchbar zu machen; der Verlust ist bei der Erteilung des neuen Schiffsbriefes in dem Ausfertigungsvermerke kurz zu erwähnen. In dem neuen Schiffsbriefe sind nur die zur Zeit der Ausfertigung vorhandenen tatsächlichen und rechtlichen Verhältnisse darzustellen. § 43 Abs. 1 und 2 AV vom 11. Dezember 1899.

Der Heimatsort des Schiffes ist Bredereiche.

Eigentümer des Schiffes bin ich. Ich habe das Eigentum an dem Schiffe dadurch erworben, daß ich es für meine Rechnung habe erbauen lassen.

Der Wert des Schiffes beträgt 20000 RMark[1]).

Die Richtigkeit meiner vorstehenden Angaben versichere ich an Eides Statt.

Den Schiffsbrief und den Meßbrief bitte ich an mich zu senden.

Die Kosten übernehme ich.

v. g. u.
Richard Foge.
Kretschmann, Justizobersekretär
als Urkundsbeamter der Geschäftsstelle.

Darauf wird verfügt[2]):

1. Einzutragen in das Binnenschiffsregister Nr. 927:

Sp. 1. XX 783, Stevenkahn aus Tannenholz gebaut, mit einem Mast und ohne festes Deck.

Sp. 2. Vermessen auf 220 Tonnen Tragfähigkeit laut Meßbriefs des Wasserbauamts in Zehdenick vom 22. September 1927.

Sp. 3. 1927 auf der Werft von Heinrich Müller in Lychen.

Sp. 4. Bredereiche.

Sp. 5. ... November 1927. $\frac{\text{B S R } 927}{1}$

Sp. 6. Richard Foge, Schiffseigner, Bredereiche.

Hat das Schiff für seine Rechnung erbauen lassen.

2. Auf dem Meßbrief die Eintragung des Schiffes in das Register zu bescheinigen; der Brief an Foge auszuhändigen.

3. Ein Schiffsbrief zu erteilen und an Foge auszuhändigen.

4. Bekanntmachung der Eintragung des Schiffes[3])

a) an Foge,

b) an das Statistische Reichsamt (Binnenschiffsregister)[4]).

§ 147. Die Anmeldung und Eintragung von Veränderungen in bezug auf das Seeschiffsregister.

1. Die in den eingetragenen Tatsachen oder Rechtsverhältnissen eingetretenen Veränderungen sind dem Registergericht anzumelden und glaubhaft zu machen. Die Anmeldung dieser Veränderungen wird vom Strafrichter erzwungen, vgl. oben § 142. Dort ist auch bemerkt, welche Personen zur Anmeldung verpflichtet sind. Auch ist dort hervorgehoben, daß die Anmeldung von dem Verpflichteten binnen sechs Wochen

---

[1]) Münzgesetz vom 30. August 1924 (RGBl II 254) und die DurchfVO vom 10. Oktober 1924 (RGBl II 383), 12. Dezember 1924 (RGBl I 775) und 6. Februar 1926 (RGBl I 99).

[2]) Wegen Anlegung einer Tabelle zum Binnenschiffsregister siehe oben § 30 Nr. 11.

[3]) War das Schiffsbauwerk eingetragen, so ist auch zum Pfandrechtsregister für Schiffsbauwerke Mitteilung zu machen. § 4 II PfRSchG.

[4]) Von allen Eintragungen in den Spalten 1 bis 9 des Binnenschiffsregisters ist dem Statistischen Reichsamt (Binnenschiffsregister) Mitteilung zu machen. Darüber, wann und wie diese Mitteilung zu erstatten ist, vgl. AV vom 9. November 1926 (JMBl 392) und vom 7. Dezember 1928 (JMBl 461).

nach dem Ablaufe des Tages zu bewirken ist, an dem er von der einzutragenden Tatsache Kenntnis erlangt hat. § 14 FlaggG.

2. Zu beachten ist, daß die Änderung des Namens des Schiffes der Genehmigung des Reichsverkehrsministers bedarf. § 13 Abs. 1 Satz 3 FlaggG. Der Antrag auf Änderung des Namens eines in das Seeschiffsregister eingetragenen Schiffes ist an das Registergericht zu richten, das den Antrag mit begutachtendem Berichte dem Reichsverkehrsminister vorlegt. § 6 Abs. 2 Bek. vom 10. November 1899.

3. Die angemeldeten Veränderungen sind in das Seeschiffsregister einzutragen; vgl. näheres oben § 143. Auch ist jede in den Spalten 9, 10 oder 12 erfolgte Eintragung baldtunlichst in dem Schiffszertifikat auf den darin für diese Eintragungen freigelassenen Seiten unter dem Siegel oder dem Stempel des Amtsgerichts und unter der Unterschrift des Richters zu vermerken; die Vermerke sind hintereinander in der Weise einzutragen, daß die Urkunde nirgends eine Lücke aufweist. § 13 Abs. 1 FlaggG.; § 42 Abs. 4 AV vom 11. Dezember 1899. In den beglaubigten Auszug aus dem Schiffszertifikat dürfen die Veränderungen nicht eingetragen werden; vielmehr ist in solchen Fällen der Auszug vom Registergerichte zurückzubehalten und zu vernichten. Es ist aber auf Antrag des Reeders oder des Schiffers ein neuer, den veränderten Eintragungen im Schiffszertifikat entsprechender Auszug zu erteilen. § 4 Satz 3 und 4 Bek. vom 10. November 1899.

4. Damit die Eintragungen in das Schiffszertifikat und die Vernichtung des beglaubigten Auszuges des Zertifikats erfolgen können, müssen die Beteiligten bei Vermeidung von Ordnungsstrafen (vgl. oben § 142) diese Urkunden bei Veränderungen dem Registergericht einreichen. Zur Einreichung ist außer den im § 14 FlaggG. bezeichneten Personen (oben § 142) auch der Schiffer verpflichtet, sobald sich das Schiff in dem Hafen befindet, in dessen Register es eingetragen ist. § 15 Abs. 1 und 2 FlaggG. Es empfiehlt sich aber, beide Urkunden (Zertifikat und Auszug aus dem Zertifikat) nicht gleichzeitig von den Beteiligten zu erfordern, sondern mit der Einforderung des Auszugs zu warten, bis das Zertifikat wieder ausgehändigt ist. § 47 AV vom 11. Dezember 1899.

5. Befindet sich das Schiff im Auslande, so hat auf Antrag das Registergericht ein neues Schiffszertifikat auszustellen und es dem Schiffer gegen Rückgabe des alten Zertifikats und des alten Auszugs aus dem Zertifikat durch Vermittlung einer deutschen Behörde aushändigen zu lassen. § 15 Abs. 3 FlaggG. Auf diese Weise bleibt der Schiffer stets im Besitz eines Zertifikats.

Beispiel:

Wenn der Kaufmann Ernst Becker in Swinemünde von dem Kaufmann Friedrich Scholz in Stettin $^1/_4$ von dessen sich auf $^3/_4$ belaufenden Schiffspart (vgl. das Beispiel oben § 145) durch notariellen Vertrag vom 20. März

1928 erworben hat, so muß diese Veränderung von dem Veräußerer Scholz und dem Erwerber Becker zum Seeschiffsregister des Amtsgerichts in Stettin angemeldet und durch Vorlegung des notariellen Vertrages glaubhaft gemacht werden; die Anmeldung muß bei Vermeidung von Strafen bis zum 1. Mai 1928 bewirkt werden. Der Anmeldung sind beizufügen das Zertifikat und der beglaubigte Auszug aus dem Zertifikate; die Einreichung der beiden Urkunden kann aber auch zu verschiedenen Zeiten erfolgen.

Es ist dann einzutragen:

a) in Spalte 8:
Unterspalte c unter $^3/_4 - ^1/_2$; $^3/_4$ ist rot zu unterstreichen.

b) in Spalte 9:
Unterspalte a. 1.
Unterspalte b. 8[1].
Unterspalte c. Ernst Becker, Kaufmann, Swinemünde, deutscher Reichsangehöriger.
Unterspalte d. $^1/_4$.
Unterspalte e. Hat die Part von dem Kaufmann Friedrich Scholz in Stettin durch notariellen Vertrag vom 20. März 1928 gekauft.

$$\frac{2\,S\,S\,R\;125}{4}$$

... März 1928.

Die Unterspalte e haben der Richter und Registerführer zu unterschreiben.

Der Richter verfügt außer der Eintragung noch den Vermerk der Eintragung auf dem Schiffszertifikat und Vernichtung des beglaubigten Auszuges aus dem Zertifikate. Da Scholz die Erteilung eines neuen Auszuges beantragt hatte, so verfügt der Richter auch noch die Erteilung eines neuen, die Eigentumsänderung berücksichtigenden Auszuges.

§ 148. Die Anmeldung und Eintragung von Veränderungen in bezug auf das Binnenschiffsregister.

1. Wenn Veränderungen in den in das Binnenschiffsregister eingetragenen Tatsachen oder Rechtsverhältnissen eintreten, so ist dies bei Vermeidung von Ordnungsstrafen zur Eintragung in das Register anzumelden und glaubhaft zu machen. § 126 BSchG. Wer zur Anmeldung verpflichtet ist, ist oben im § 142 mitgeteilt. Hervorzuheben ist nur noch, daß zur Anmeldung der Veräußerung des Schiffes oder eines Anteils an diesem der Erwerber[1]) verpflichtet ist. § 126 Abs. 2 BSchG.

[1]) Die Veräußerung oder Verlegung des Heimatsorts von Binnenschiffen ins Ausland bedarf der Genehmigung des Reichsverkehrsministeriums (Abteilung für Wasserstraßen). VO betr. die Veräußerung von Binnenschiffen ins Ausland vom 17. Januar 1918 (RGBl 40), z. T. außer Kraft gesetzt durch die VO über die Freigabe des Binnenschiffsbaus für ausländische Rechnung und über die Erleichterung der Vercharterung von Binnenschiffen ins Ausland vom 15. Oktober 1926 (RGBl II 619); Ges. vom 4. März 1919 (RGBl 285), AV vom 30. August 1920 (JMBl 459), Erlaß vom 1. April 1921 (RGBl 481), AV vom 6. November 1923 (JMBl 712), Schreiben des RVerkM vom 10. Dezember 1924 (JMBl 431). Die Registergerichte sind verpflichtet, zu ihrer Kenntnis gelangte Zuwiderhand-

2. Mit der Anmeldung der Veränderungen ist stets der Schiffsbrief einzureichen. § 126 Abs. 3 BSchG.

3. Die angemeldeten Veränderungen sind in den Sp. 7, 8 oder 10 des Binnenschiffsregisters einzutragen; vgl. näheres oben § 144. Die erfolgten Eintragungen sind in dem Schiffsbrief auf den darin für die Eintragungen freigelassenen Seiten unter dem Siegel oder dem Stempel des Amtsgerichts oder unter der Unterschrift des Richters zu vermerken; die Vermerke sind hintereinander in der Weise einzutragen, daß der Schiffsbrief nirgends eine Lücke aufweist. § 126 Abs. 3 BSchG; § 42 Abs. 4 AV vom 11. Dezember 1899.

Beispiel:

Amtsgericht. Lychen, den 21. November 1929.

Es erschien vor dem Unterzeichneten der Schiffseigner Richard Foge aus Bredereiche.

Er ist dem Unterzeichneten von Person bekannt.

Er überreichte Schiffsbrief vom 16. November 1927 und Eichschein Nr. 1023 des Schiffseichamts in Zehdenick vom 14. Oktober 1929 und erklärte:

Mein im Schiffsregister des Amtsgerichts in Lychen unter Nr. 927 eingetragenes Schiff ist, wie der überreichte Eichschein ergibt, neu vermessen [1]). Seine Tragfähigkeit beträgt jetzt 212 Tonnen. Ich beantrage, diese Veränderung in das Binnenschiffsregister einzutragen. Den Schiffsbrief und Eichschein bitte ich mir bald wieder nach Bredereiche zurückzusenden.

v. g. u.

Richard Foge.

Kretschmann, Justizobersekretär
als Urkundsbeamter der Geschäftsstelle.

Darauf wird verfügt:

1. Einzutragen in das Binnenschiffsregister Nr. 927:

Sp. 2. Das Schiff ist neu vermessen (vgl. Sp. 8 Nr. 2).

Sp. 8.

Untersp. a. 2.

Untersp. b. 2.

Untersp. c. Das Schiff ist laut Eichscheins Nr. 1023 des Schiffseichamts in Zehdenick vom 14. Oktober 1929 neu vermessen auf 212 Tonnen Tragfähigkeit.

$$\frac{\text{B S R 927}}{2}$$

... November 1929.

---

lungen gegen die VO vom 17. Januar 1918 der Strafverfolgungsbehörde mitzuteilen. AV vom 6. November 1923.

[1]) Über die Mitteilungspflicht der Eichbehörden vgl. oben § 14 unter Nr. 3. Nach der am 1. Juli 1928 in Kraft getretenen Eichordnung für Binnenschiffe auf deutschen Wasserstraßen vom 23. März 1928 (Reichsministerialblatt 169) werden zur Eichung und Nacheichung von Schiffen besondere Schiffsämter bestellt. Für jedes geeichte Schiff wird ein Eichschein nach dem der Eichordnung (S. 179) beigefügten Muster ausgefertigt. Technische Aufsichtsbehörde über die Schiffseichämter ist das Reichskommissariat für Seeschiffsvermessung in Berlin.

2. Die bisherigen Eintragungen in Sp. 2 sind rot zu unterstreichen.
3. Die Eintragungen sind auf dem Schiffsbriefe zu vermerken; auch dort ist der frühere Vermerk in Sp. 2 rot zu unterstreichen.
4. Auf dem Eichschein ist die Eintragung des Schiffes zu vermerken.
5. Bekanntmachung der Eintragung an Foge und das Statistische Reichsamt.
6. Schiffsbrief und Eichschein an Foge zurücksenden.
7. Der Wert des Gegenstandes wird auf 200 RMark festgesetzt.

Lychen, 21. November. Sch.

§ 149. Verlegung des Heimatshafens oder des Heimatsortes aus dem Registerbezirk in Ansehung eines Seeschiffes oder eines Binnenschiffes.

Im Falle der Verlegung des Heimatshafens oder des Heimatsortes aus dem Bezirke des Registergerichts gilt das in den §§ 147, 148 Gesagte, da es sich auch in diesen Fällen um eine Veränderung einer eingetragenen Tatsache handelt[1]). Es muß aber ferner bei einer solchen Verlegung das Registergericht nach Vollziehung der Eintragung das Schiffszertifikat oder den Schiffsbrief mit einer beglaubigten Abschrift des Registerinhalts dem neuen Registergerichte zur Bewirkung der Eintragung übersenden. § 13 Abs. 3 FlaggG; § 126 Abs. 4 BSchG[2]). Außerdem sind die Registerakten beizufügen. § 11 Abs. 1 AV vom 11. Dezember 1899. Das neue Registergericht hat die erforderlichen Eintragungen von Amts wegen zu bewirken; es hat nur zu prüfen, ob das frühere Registergericht die ihm obliegenden Eintragungen vorgenommen hat und ob diese Eintragungen seine Zuständigkeit ergeben. Dagegen kann es die Übernahme in sein Register nicht deshalb ablehnen, weil es die seine Zuständigkeit begründenden Eintragungen für sachlich ungerechtfertigt erachtet, z. B. die Verlegung des Heimatsortes als nicht glaubhaft gemacht ansieht (KGJ **26** B 7; **28** A 243; OLG **10** 355; **14** 389).

Häufig ist mit der Verlegung des Heimatshafens oder Heimatsortes ein Eigentumswechsel verbunden; es ist dann der neue Eigentümer zunächst in das alte Register einzutragen und diese Eintragung ist nicht dem neuen Registergerichte zu überlassen. § 11 Abs. 2 AV vom 11. Dezember 1899. Ist aber, was in der Praxis ebenfalls oft vorkommt, bei der durch einen Eigentumswechsel bedingten Verlegung noch ein Schiffspfandrecht

[1]) Dem Antrag auf Eintragung der Verlegung des Heimatsortes kann nur stattgegeben werden, wenn feststeht, daß der Anmeldende zur Zeit der Eigentümer ist und damit zugleich derjenige, dem die Bestimmung über die Verlegung des Heimatsortes zusteht. RJA **4** 221 (KG).

[2]) Die Vorschrift des § 126 Abs. 4 BSchG hat nur inländische Behörden im Auge. Wenn daher der Heimatsort des Schiffes vom Auslande (Polen) nach Deutschland verlegt wird, so kann die Eintragung in das Schiffsregister des neuen Heimatsortes nicht deshalb abgelehnt werden, weil die ausländische Registerbehörde sich weigert, nach § 126 Abs. 4 zu verfahren. JFG **1** 269.

einzutragen, so wird dies nicht etwa erst in dem alten Register, wo es ja sofort wieder gelöscht werden müßte, vermerkt, sondern es wird erst vom Registerrichter des neuen Heimatshafens oder Heimatsortes in das Register eingetragen[1]).

Das alte Zertifikat und der frühere Auszug aus diesem oder der frühere Schiffsbrief sind dem Registergerichte des bisherigen Heimatshafens oder Heimatsortes einzureichen; das Zertifikat oder der Schiffsbrief werden mit den neu eingetragenen Vermerken versehen, während die unrichtig gewordenen Eintragungen auf diesen Urkunden rot unterstrichen werden. Die Urkunden werden dann mit den Registerakten usw. dem neuen Registergericht übersandt. Dieses veranlaßt die Unbrauchbarmachung der Urkunden (Zertifikat, Auszug aus diesem, Schiffsbrief) in der Weise, daß die Urkunden mit Einschnitten versehen werden, und verfügt die Neuausstellung eines Zertifikats (auf Antrag auch eines Zertifikatsauszuges) oder eines Schiffsbriefes. In die neuen Urkunden sind nur die zur Zeit der Ausfertigung vorhandenen tatsächlichen und rechtlichen Verhältnisse zur Darstellung zu bringen. Die Erteilung eines neuen Zertifikats oder Schiffsbriefs und die Erteilung eines Auszugs aus dem Zertifikat sind auf dem Deckel der Registerakten unter Hinweis auf die betreffende Stelle der Akten zu vermerken. Die unbrauchbar gemachten Urkunden sind bei den Registerakten aufzubewahren. § 43 Abs. 1, 2 und 4 und §§ 44 AV vom 11. Dezember 1899.

Über die Eintragungen im Register s. oben §§ 143, 144.

Beispiel:

Amtsgericht. Lychen, den 6. März 1930.

Es erschienen vor dem Unterzeichneten:

1. der Schiffseigner Richard Foge aus Bredereiche;

2. der Schiffseigner Karl Gellert aus Zehdenick.

Sie sind dem Unterzeichneten von Person bekannt.

Sie überreichten einen Schiffsbrief vom 16. November 1927 und erklärten:

Der Erschienene zu 1. hat sein im Schiffsregister des Amtsgerichts in Lychen unter Nr. 927 eingetragenes Schiff durch mündlichen[2]) Vertrag vom heutigen Tage an den Erschienenen zu 2. für 10000 RMark verkauft. Infolge dieses Verkaufs ist der Heimatsort des Schiffes nach Zehdenick verlegt, wo der Erschienene zu 2. seinen Wohnsitz hat.

Die Richtigkeit unserer vorstehenden Angaben versichern wir an Eides Statt.

---

[1]) A. M. Weizsäcker-Lorenz S. 256 Anm. 6.

[2]) Die Annahme von Weizsäcker-Lorenz S. 256 Bem. 3, daß der Kaufvertrag über ein Schiff, für den besondere Formvorschriften nicht bestehen, regelmäßig, damit der Eigentumswechsel glaubhaft gemacht werde, schriftlich oder auch, falls etwa gleichzeitig ein Schiffspfandrecht bestellt werde, gerichtlich oder notariell geschlossen werde, ist nicht zutreffend. Es werden vielmehr die Kaufverträge über Binnenschiffe in der Praxis fast in allen Fällen, um den Stempel zu sparen, mündlich abgeschlossen. Zur Glaubhaftmachung des Eigentumswechsels genügt die in der Praxis ganz allgemein gebräuchliche eidesstattliche Versicherung.

Wir beantragen, die eingetragenen Änderungen in das Schiffsregister einzutragen und wegen der Neueintragung des Schiffes im Register des neuen Heimatsortes das Erforderliche zu veranlassen.

Die Kosten übernehme ich, der Erschienene zu 2.

Den neuen Schiffsbrief bitten wir dem Erschienenen zu 2. nach Zehdenick zuzusenden.

v. g. u.
Richard Foge. Karl Gellert.
Kretschmann, Justizobersekretär
als Urkundsbeamter der Geschäftsstelle.

Darauf wird verfügt:

1. Einzutragen in das Binnenschiffsregister Nr. 927:

Sp. 7.

Untersp. a. 1.

Untersp. b. 6[1].

Untersp. c. Karl Gellert, Schiffseigner, Zehdenick.

Untersp. d. —

Untersp. e. Hat das Schiff durch mündlichen Vertrag vom 6. März 1930 gekauft.

Sp. 9. Der Heimatsort ist nach Zehdenick verlegt. Das Registerblatt ist geschlossen[1]).

2. Die früheren Eintragungen in den Spalten 4 und 6 sind rot zu unterstreichen.

3. Eine beglaubigte Abschrift des Registerinhalts ist zu fertigen.

4. Die Eintragung ist auf dem Schiffsbrief zu vermerken.

5. Bekanntmachung der Eintragungen an den alten und neuen Eigentümer und das Statistische Reichsamt.

6. Urschriftlich mit dem Schiffsbriefe, der beglaubigten Abschrift des Registerinhalts und den Registerakten

an das Amtsgericht
Einschreiben! in
Zehdenick

zur weiteren Veranlassung mit dem Ersuchen um Eingangsbescheinigung.

Lychen, den 6. März 1930.

Amtsgericht.
Schmidt.

Der Versendungsbeleg ist wieder vorzulegen am 6. April 1930.

Lychen, 6. März 1930. Sch.

Nach Empfang der Eingangsbescheinigung verfügt das Amtsgericht Lychen, daß die Bescheinigung nebst dem Versendungsbelege zu den Sammelakten zu nehmen ist.

Das Amtsgericht Zehdenick verfügt nach Eingang des Schreibens des Amtsgerichts Lychen nebst Anlagen die Eintragung des Schiffes in sein Register (vgl. oben § 146). Es hat hierbei zu beachten, daß in Spalte 4 auch

---

[1]) Das Kammergericht (KGJ 28 A 246) erachtet für erforderlich, daß die Verlegung des Heimatsortes außer in Spalte 9 auch in Spalte 8 eingetragen werde. Diese Ansicht dürfte nicht zutreffen. Sie würde zu einer Überlastung des Registers mit zwei völlig gleichlautenden Eintragungen führen. Auch verfährt die Praxis und das amtliche Formular so, wie im Text angegeben.

der frühere Heimatsort einzutragen ist; es lautet also die Eintragung in Spalte 4:

Zehdenick; früher Bredereiche (Amtsgerichtsbezirk Lychen).

In Sp. 5 ist auch die frühere Eintragung zu vermerken; die Eintragung in Sp. 5 lautet also:

. . . März 1930.

BSR 1437
1

Das Schiff war früher unter Nr. 927 des Schiffsregisters des Amtsgerichts in Lychen eingetragen.

In Spalte 6 wird natürlich nur der neue Eigentümer eingetragen.

Endlich verfügt das Amtsgericht Zehdenick, daß der alte Schiffsbrief unbrauchbar zu machen und zu den Akten zu nehmen ist, sowie daß ein neuer Schiffsbrief auszustellen und dem Gellert zuzusenden ist[1]). Auch ist dem Amtsgericht Lychen der Eingang der Akten usw. zu bescheinigen.

Der Registerführer des Amtsgerichts in Zehdenick hat schließlich die Erteilung des neuen Schiffsbriefs unter Hinweis auf die betreffende Stelle der Akten auf dem Deckel der Registerakten zu vermerken.

§ 150. Löschung eines Schiffes im Seeschiffsregister.

1. Geht ein im Seeschiffsregister eingetragenes Schiff unter oder wird es als reparaturunfähig kondemniert oder verliert es — z. B. durch Verkauf ins Ausland — das Recht zur Führung der Reichsflagge[2]) oder ist der Reeder zugleich Angehöriger eines fremden Staates und ergibt sich, daß das Schiff in ein Schiffsregister dieses Staates eingetragen ist, so sind auch diese Tatsachen und Rechtsverhältnisse dem Registergericht anzuzeigen und glaubhaft zu machen. Über die Frage, welche Personen zur Anmeldung verpflichtet sind, wann die Anmeldung zu bewirken ist und in welcher Weise sie erzwungen wird, ist das im § 142 Gesagte, das auch hier gilt, zu vergleichen.

In den gedachten Fällen ist das Schiff im Register zu löschen. §§ 13 Abs. 2 und 14 Abs. 1 FlaggG.

---

[1]) Es ist also nicht zutreffend, daß — wie es in der Praxis öfter geschieht — der alte Schiffsbrief weiter benutzt und von dem neuen Registergerichte nur mit entsprechenden Vermerken versehen wird.

[2]) Das KG hat in seinem Beschlusse vom 24. Sept. 1915 (KGJ **48** 137) die Ansicht vertreten, daß ein Kauffahrteischiff, wenn es in ein Kriegsschiff umgewandelt und damit seiner Bestimmung, dem Erwerb durch die Seefahrt zu dienen, auf nicht absehbare Zeit entzogen wurde, das Flaggenrecht und damit die Eintragungsfähigkeit verliere und daher im Seeschiffsregister zu löschen sei. Die VO vom 16. Mai 1917 (RGBl 411) hat sich auf einen anderen Standpunkt gestellt, indem sie bestimmt hat, daß alle Eintragungen, die zur Zeit der Löschung hinsichtlich des Schiffs und der an ihm begründeten Rechte bestanden, wieder herzustellen sind. Vgl. Schlegelberger Vorbem. 1 vor § 100 FGG und Schaps JW **1917** 647.

Die Löschung ist in Sp. 11 zu vermerken; dabei ist auch der Grund der Löschung anzugeben. § 30 Abs. 1 Satz 1 AV vom 11. Dezember 1899.

Es lautet der Vermerk z. B.:

Das Schiff ist untergegangen und deshalb gelöscht.

2. Sind Pfandrechte eingetragen, so darf die Löschung nicht ohne weiteres erfolgen. Es sind vielmehr die Pfandgläubiger, deren Aufenthalt bekannt ist, von der beabsichtigten Löschung unter Bestimmung einer angemessenen Frist zur Geltendmachung eines Widerspruchs zu benachrichtigen. Die Löschung darf erst nach dem Ablaufe der Frist erfolgen. § 30 Abs. 2 AV vom 11. Dezember 1899.

3. Nach der Löschung des Schiffes sind das Schiffszertifikat und der Auszug aus diesem vom Registergericht in der Weise unbrauchbar zu machen, daß die Urkunden mit Einschnitten versehen werden. § 13 Abs. 2 Satz 1 FlaggG; § 44 Abs. 1 AV vom 11. Dezember 1899. Die unbrauchbar gemachten Urkunden sind bei den Registerakten aufzubewahren. § 44 Abs. 2 AV vom 11. Dezember 1899. Die Urkunden sind bei Vermeidung von Ordnungsstrafen dem Registergericht einzureichen. § 15 FlaggG und oben § 142.

Endlich ist nach der Löschung des Schiffes zu verfügen, daß die Registerakten weggelegt und nach 30 Jahren vernichtet werden.

§ 151. Löschung eines Schiffes im Binnenschiffsregister.

1. Geht ein im Binnenschiffsregister eingetragenes Schiff zugrunde oder wird es reparaturunfähig, so ist dies bei Vermeidung von Ordnungsstrafen dem Registergericht anzuzeigen und glaubhaft zu machen. § 126 Abs. 1 BSchG. In bezug auf die Verpflichtung zur Anmeldung gilt das oben im § 142 Gesagte auch hier. § 126 Abs. 2 BSchG. Mit der Anmeldung ist stets der Schiffsbrief einzureichen.

2. Das Schiff ist in solchen Fällen im Register zu löschen[1]). Die Löschung ist in Sp. 9 einzutragen; dabei ist auch der Grund der Löschung zu vermerken. §§ 40 30 Abs. 1 AV vom 11. Dezember 1899. Der Vermerk lautet also z. B.:

Das Schiff ist zerschlagen und deshalb gelöscht.

3. Sind Pfandrechte eingetragen, so darf die Löschung nicht ohne weiteres erfolgen. Es sind vielmehr auch hier die Pfandgläubiger, deren Aufenthalt bekannt ist, von der beabsichtigten Löschung unter Bestimmung einer angemessenen Frist zur Geltendmachung eines Widerspruches zu benachrichtigen. Die Löschung darf erst nach dem Ablaufe dieser Frist erfolgen. §§ 40, 30 Abs. 2 AV vom 11. Dezember 1899.

---

[1]) Eine Löschung von Amts wegen kommt nicht in Frage. Makower-Loewe Anm. zu § 126 **BSchG. Vgl.** auch Lazar: „Die Vereinigung des Binnenschiffsregisters" in JurRdsch **1926** 558ff.

4. Nach der Löschung des Schiffes ist der Schiffsbrief in der Weise unbrauchbar zu machen daß er mit Einschnitten versehen wird. Er ist dann bei den Registerakten aufzubewahren. §§ 43 Abs. 5 und 44 AV vom 11. Dezember 1899. Von der Eintragung ist dem Eigentümer, etwaigen Pfandgläubigern und dem Statistischen Reichsamt Mitteilung zu machen.

Endlich ist zu verfügen daß die Registerakten weggelegt und nach 30 Jahren vernichtet werden.

§ 152. Das Schiffspfandrecht[1]).

Für das Pfandrecht an einem im See- oder Binnenschiffsregister eingetragenen Schiffe gelten in materieller Hinsicht die §§ 1259 bis 1272 BGB. Diese Vorschriften entsprechen den für die Hypotheken gegebenen Bestimmungen des BGB.

Das Schiffsregister hat keinen öffentlichen Glauben wie das Grundbuch (RG **74** 408; **77** 4; KGJ **38** 183; **45** 358)[2]). Es wird daher der Mangel des Eigentums des Verpfänders durch den guten Glauben des Pfandgläubigers an die Richtigkeit der Registereintragung nicht beseitigt.

Das Verfahren bei der Eintragung des Schiffspfandrechts ist durch die §§ 100 bis 124 FGG, die den für die Eintragung der Hypotheken geltenden Vorschriften der Grundbuchordnung entsprechen, geregelt.

Eine eingehende Darstellung des Schiffspfandrechts würde den Rahmen des vorliegenden Buches überschreiten. Es kann daher nur das für den Registerrichter besonders Wichtige hervorgehoben werden[3]).

I. 1. Nach § 1260 BGB ist zur Bestellung des Pfandrechts an einem Schiffe die Einigung des Eigentümers und des Gläubigers darüber, daß dem Gläubiger das Pfandrecht zustehen soll, und die Eintragung des Pfandrechts in das Schiffsregister erforderlich. Die Eintragung in das Schiffsregister macht also das Pfandrecht erst rechtswirksam, während im übrigen die Eintragungen im Schiffsregister für die Schaffung von Rechtsverhältnissen an den Schiffen keine rechtsbegründende Wirkung haben (RG **74** 408; KGJ **45** 358). Bei dieser Rechtslage veranlassen stets die Beteiligten die Eintragung des Pfandrechts in das Register. Das Registergericht kann die Eintragung eines Pfandrechts nicht etwa durch Ordnungsstrafen erzwingen. Die Eintragungen in Ansehung eines Schiffspfandrechts erfolgen, soweit nicht das Gesetz aus-

---

[1]) Vgl. den Aufsatz von Knitschky über das vertragsmäßige Schiffspfandrecht bei Gruchot **45** 782ff.

[2]) Vgl. hierzu Schlegelberger Vorbem. 1 vor § 100 und Anm. 2 zu § 111 FGG.

[3]) Es ist auch zu vergleichen Brand-Schnitzler „Die Grundbuchsachen in der gerichtlichen Praxis", 4. Auflage 1928.

drücklich etwas anderes[1]) vorschreibt, nur auf Antrag und nicht von Amts wegen. Dem Registergerichte braucht die nach materiellem Recht erforderliche Einigung des Eigentümers und des Gläubigers nicht nachgewiesen zu werden. Es genügt vielmehr die Bewilligung des Eigentümers und der Antrag des Gläubigers oder des Eigentümers. §§ 100, 101 FGG.

2. In der Regel verbindet der Eigentümer mit der Bewilligung den Antrag auf Eintragung des Pfandrechts und läßt die Schuldurkunde über die dem Pfandrecht zugrunde liegende Forderung der Pfandbestellung vorangehen.

3. Die Eintragungsbewilligung[2]) muß zum mindesten alles enthalten, was in das Schiffsregister aufzunehmen ist, also nach § 1260 Abs. 2 BGB den Gläubiger[3]), den Geldbetrag der Forderung grundsätzlich in Reichswährung d. i. in Reichsmark[4]) und, wenn die Forderung verzinslich ist, den Zinssatz; außerdem muß sie sich auch über die Verzinsungs- und Zahlungsbedingungen auslassen. Endlich muß die Eintragungsbewilligung den Namen und die Ordnungsnummer, unter der das Schiff im Schiffsregister eingetragen ist, angeben. § 106 FGG; MünzG vom 30. August 1924 und DurchfVOn.

4. Die Eintragungsbewilligungen oder die sonstigen zu der Eintragung erforderlichen Erklärungen müssen vor dem Registerrichter zu Protokoll gegeben oder durch öffentliche oder öffentlich beglaubigte Urkunden nachgewiesen werden. Fehlen diese Formerfordernisse, so soll die Eintragung nicht erfolgen. § 107 Abs. 1 FGG[5]). Es werden daher die das Schiffspfandrecht betreffenden Erklärungen regelmäßig in gerichtlichen oder notariellen Urkunden enthalten sein.

---

[1]) Vgl. die Aufzählung der verschiedenen Fälle der Eintragung von Amts wegen oder auf Ersuchen einer Behörde bei Schlegelberger Anm. 2 zu § 100 FGG.

[2]) Der Eigentümer ist nicht berechtigt, sich in einer vollstreckbaren Urkunde in Ansehung des Pfandrechts der sofortigen Zwangsvollstreckung in der Weise zu unterwerfen, daß die Zwangsvollstreckung aus der Urkunde gegen den jeweiligen Eigentümer oder Eigenbesitzer des Schiffes zulässig sein soll. Die Eintragung der Unterwerfungsklausel des § 800 ZPO in das Schiffsregister ist daher unzulässig (KGJ **38** A 186).

[3]) Als Gläubiger kann nicht eine Reederei als solche eingetragen werden; die Eintragung kann vielmehr nur für die einzelnen Mitreeder unter Angabe der Größe ihrer nach dem auf sie entfallenden Miteigentumsbruchteil an dem Schiff, nicht nach ihrem Wert zu bezeichnenden Schiffsparten erfolgen (KGJ **40** 89).

[4]) Vgl. jedoch unten § 153. Wegen der Aufwertung vgl. § 32 AufwG.

[5]) Der Formzwang des § 107 Abs. 1 FGG gilt nach § 109 FGG auch für die Zurücknahme eines Eintragungsantrags und den Vollmachtswiderruf, und zwar auch dann, wenn Antrag und Vollmacht nach § 108 FGG nicht formbedürftig waren. OLG **25** 381 (OLG Rostock). Auch der Notar kann einen von ihm gestellten Antrag nur unter Beobachtung der Form des § 107 Abs. 1 FGG zurücknehmen. Vgl. RG **60** 396; KGJ **28** A 88; OLG **10** 438 und Schlegelberger Anm. 1 zu § 109 FGG.

5. Andere Voraussetzungen der Eintragung bedürfen, soweit sie nicht bei der Registerbehörde offenkundig sind, des Nachweises durch öffentliche Urkunden. Die §§ 33 bis 38 GBO finden entsprechende Anwendung. § 107 Abs. 2 FGG. Insbesondere muß daher eine Vollmacht in öffentlicher oder öffentlich beglaubigter Form vorgelegt werden. Vgl. aber die Ausnahmevorschrift des § 108 FGG.

6. Die Eintragung des Pfandrechts erfolgt bei Seeschiffen in Spalte 12, bei Binnenschiffen in Spalte 10. Jede Eintragung soll den Tag, an dem sie erfolgt ist, angeben und mit der Unterschrift des Richters (oder des Rechtspflegers) und des Registerführers versehen werden. § 113 FGG; § 32, 23a, 25 AV vom 1. März 1928.

7. Die Eintragungen erhalten diejenige Reihenfolge, die der Zeitfolge der Anträge entspricht; sind die Anträge gleichzeitig gestellt, so ist, wenn unter den Eintragungen ein Rangverhältnis besteht, im Schiffsregister zu vermerken, daß die Eintragungen gleichen Rang haben. § 114 Abs. 1 FGG[1]). Mit Rücksicht auf diese Vorschriften ist in § 100 Abs. 1 Satz 2 FGG bestimmt, daß der Zeitpunkt, in dem der Antrag bei dem Registergericht eingeht, auf den Antrage genau, d. h. nach Tag, Stunde und Minute, vermerkt werden soll. Dieser Vermerk darf nur von den mit der Führung des Registers über das betreffende Schiff beauftragten Beamten, und zwar entweder durch den Richter oder durch den Registerführer beurkundet werden, und ist von diesem Beamten mit vollem Namen zu unterschreiben. § 4 Abs. 1 AV vom 11. Dezember 1899[2]); § 5 Ziffer 12 GeschO.

8. Über die Eintragung des Pfandrechts wird nicht, wie bei den Hypotheken, eine besondere Urkunde erteilt. Es wird vielmehr die Eintragung nur baldtunlichst[3]) auf dem Schiffszertifikat oder dem Schiffsbriefe vermerkt. Wird eine Urkunde über die Pfandforderung, z. B. die Ausfertigung einer Notariatsurkunde vorgelegt, so ist die Eintragung auch auf dieser Urkunde unter kurzer Bezeichnung des Inhalts der Eintragungen, die dem Pfandrecht im Range vorgehen oder gleichstehen, zu vermerken. Der Vermerk ist mit dem Siegel zu versehen und von dem Richter (oder Rechtspfleger) und dem Registerführer zu unterschreiben. § 120 FGG; § 5 AV vom 11. Dezember 1899; §§ 32, 23a AV vom 1. März 1928.

9. Jede Eintragung soll dem Antragsteller und dem eingetragenen Eigentümer sowie im übrigen allen aus dem Schiffsregister ersichtlichen Per-

[1]) Die Vorschriften finden insoweit keine Anwendung, als das Rangverhältnis von den Antragstellern abweichend bestimmt ist. § 114 Abs. 2 FGG.

[2]) Bezieht sich der Antrag auf mehrere Schiffe, in Ansehung deren die Führung des Registers verschiedenen Beamten obliegt, so kann die Beurkundung des Zeitpunkts des Eingangs durch jeden dieser Beamten erfolgen. § 4 Abs. 2 AV vom 11. Dezember 1899.

[3]) Unbedingt notwendig ist also die Einreichung der Schiffsurkunden zwecks Vermerks der Verpfändung nicht.

sonen bekannt gemacht werden, zu deren Gunsten die Eintragung erfolgt ist, oder deren Recht durch sie betroffen wird. § 121 FGG. Vgl. im übrigen wegen der Bekanntmachungen oben § 26.

Beispiel:

Lychen, den 22. November 1929.

Es erschien vor dem unterzeichneten Richter[1]):

der Schiffseigner Richard Foge aus Bredereiche.

Er ist dem Richter von Person bekannt.

Er erklärte unter Überreichung des Schiffsbriefes vom 16. November 1927:

Ich bekenne, von dem Kaufmann Karl Gundlach in Bredereiche 1000 RMark als Darlehn empfangen zu haben. Dieses Kapital soll vom 1. April 1929 an mit jährlich fünf vom Hundert verzinst werden. Das Kapital soll in zwei Teilbeträgen von je 500 RMark am 1. April und 1. Oktober 1930 zusammen mit den bis dahin jedesmal aufgelaufenen Zinsen zurückgezahlt werden. Für diese Forderung bestelle ich dem Gläubiger ein Pfandrecht an dem im Binnenschiffsregister des Amtsgericht in Lychen unter Nr. 927 für mich eingetragenen Schiffe. Zugleich bewillige und beantrage ich die Eintragung des Pfandrechts in das Binnenschiffsregister.

Ferner beantrage ich:

diese Verhandlung auszufertigen und die Ausfertigung, nachdem die Eintragung des Pfandrechts auf ihr vermerkt worden ist, dem Gläubiger auszuhändigen.

Den Schiffsbrief bitte ich mit der Eintragung des Pfandrechts zu versehen und mir wieder zuzusenden.

Die Kosten übernehme ich.

v. g. u.

Richard Foge.

Schmidt, Amtsgerichtsrat.

Der Richter versieht die Verhandlung sodann mit dem Vermerk:

Eingegangen am 22. November 1929 vormittags 9 Uhr 35 Minuten.

Schmidt.

und verfügt sodann:

1. Einzutragen in das Binnenschiffsregister Nr. 927:

Sp. 10:

Untersp. a. **1.**

Untersp. b. **1000.**

Untersp. c. **Eintausend Reichsmark Darlehn, mit fünf vom Hundert jährlich seit dem 1. April 1929 verzinslich und in zwei Teilbeträgen von je 500 RMark am 1. April und 1. Oktober 1930 zusammen mit den bis dahin jedesmal aufgelaufenen Zinsen rückzahlbar, für den Kaufmann Karl Gundlach in Bredereiche eingetragen auf dem ganzen Schiffe.**

$$\frac{\text{BSR 927}}{3}$$

...November 1929.

[1]) Vgl. § 3 Abs. 3 AV vom 11. Dezember 1899. Die Aufnahme des Protokolls kann nach §§ 32, 23b AV vom 1. März 1928 (JMBl 140) auch dem Urkundsbeamten der Geschäftsstelle als Rechtspfleger übertragen werden, desgleichen nach §§ 32, 24 daselbst auch die Entscheidung auf den Eintragungsantrag.

2. Die Eintragung des Pfandrechts ist auf dem Schiffsbriefe zu ververmerken; dieser ist sodann an Foge auszuhändigen.

3. Die Verhandlung vom 22. November 1929 auszufertigen; auf der Ausfertigung die Eintragung des Pfandrechts zu vermerken; die Ausfertigung sodann dem Gundlach auszuhändigen.

4. Bekanntmachung der Eintragung des Pfandrechts an Foge und Gundlach.

Lychen, 22. November 1929. Schm.

Der Registerführer bewirkt dann die Eintragung und setzt unter die Verfügung folgenden Vermerk:

Zu 1. eingetragen am 22. November 1929.
Kretschmann.

II. Soll die Übertragung einer Forderung, für die ein Pfandrecht am Schiff eingetragen ist, oder für die ein solches Pfandrecht als Pfand haftet, eingetragen werden, so ist eine Eintragsbewilligung des abtretenden Gläubigers nicht erforderlich; es genügt vielmehr die Vorlegung einer Abtretungserklärung. § 104 Abs. 1 FGG. Ebenso bedarf es keiner Eintragsbewilligung, sondern nur einer Belastungserklärung, wenn eine Belastung der Forderung eingetragen werden soll. § 104 Abs. 2 FGG.

Bei Teilabtretungen haben die Teile gleichen Rang, wenn über das Rangverhältnis der Teilpfandrechte untereinander nichts bestimmt ist. Wird aber bei der Teilung dem einen Teile, z. B. dem bei dem bisherigen Gläubiger zurückbleibenden, der Vorrang vor dem abgetretenen eingeräumt, so ist hierzu die Bestimmung des Eigentümers des Schiffes nicht erforderlich. §§ 1261, 1151 BGB.

Die Eintragung der Abtretungen und Belastungen erfolgt in der Unterspalte e der Spalten 12 oder 10. Der Vermerk lautet z. B.:

Zu Nr. 1. Fünftausend Reichsmark mit dem Vorrange vor dem Reste nebst Zinsen seit dem 1. Oktober 1929 abgetreten an den Schiffshändler Ferdinand Runge in Berlin.

$\frac{\text{B S R 537}}{3}$ **... Oktober 1929.**

Die Eintragungen werden auf dem Schiffszertifikat oder dem Schiffsbrief und der etwa ausgestellten Verpfändungsurkunde vermerkt; das Zertifikat oder den Schiffsbrief erhält der Eigentümer zurück. Die Verpfändungsurkunde wird bei Abtretungen usw. der ganzen Forderung regelmäßig dem neuen Gläubiger übersandt werden; bei Teilabtretungen wird sie in Ermangelung anderweiter übereinstimmender Erklärungen der Beteiligten dem bisherigen Gläubiger zurückzugeben sein.

III. Zur Löschung eines Schiffspfandrechts ist die Löschungsbewilligung des Gläubigers und die Zustimmung des eingetragenen Eigentümers erforderlich. §§ 101, 105 FGG. Die Löschung erfolgt durch Eintragung eines Löschungsvermerkes. § 115 FGG. Der Vermerk wird in Unterspalte e der Spalten 12 oder 10 eingetragen; außerdem ist bei Teillöschungen der gelöschte Betrag in Unterspalte b abzuschreiben. Soll also z. B. von einem

Pfandrechte von 10000 RMark, das im Binnenschiffsregister in Spalte 10 unter Nr. 1 eingetragen ist, ein Teilbetrag von 5000 RMark gelöscht werden, so ist einzutragen:

in Unterspalte e:
Zu Nr. 1. Fünftausend Reichsmark gelöscht.
$\frac{\text{BSR 889}}{12}$ ... **Oktober 1931.**

in Unterspalte b unter die Zahl „10000"
—5000
5000

Die Löschungen werden auf dem Zertifikat oder dem Schiffsbrief und der etwa ausgestellten Verpfändungsurkunde vermerkt; auch sind auf diesen Urkunden die Eintragungsvermerke hinsichtlich der gelöschten Post rot zu unterstreichen. Die Urkunden erhält dann der Schiffseigentümer zurück. Im Schiffsregister sind die Vermerke zu der gelöschten Post rot zu unterstreichen. § 14 Abs. 2 AV vom 11. Dezember 1899.

IV. Steht der Inhalt des Schiffsregisters in Ansehung eines Pfandrechts mit der wirklichen Rechtslage nicht im Einklange, so kann die Berichtigung des Registers nach den für die Berichtigung des Grundbuchs geltenden Vorschriften der §§ 894, 895, 897, 898 BGB verlangt werden. § 1263 Abs. 1 BGB. Zur Berichtigung bedarf es der Bewilligung desjenigen, dessen Recht von der Berichtigung betroffen wird, nicht, wenn die Unrichtigkeit nachgewiesen wird; dies gilt insbesondere für die Eintragung oder Löschung einer Verfügungsbeschränkung. § 102 FGG[1]). Über den Fall der zu Unrecht erfolgten Löschung eines Schiffspfandrechts vgl. auch § 1263 Abs. 2 BGB und § 103 FGG.

V. Auch Vormerkungen können in das Schiffsregister eingetragen werden, z. B. um den Anspruch auf Belastung des Schiffes mit einem Pfandrecht oder den Anspruch auf Abtretung oder Verpfändung sowie auf Löschung eines Pfandrechts zu sichern. Die Vormerkungen werden in den Unterspalten a bis c der Spalte 12 oder 10 eingetragen, wenn die Sicherung des Anspruchs auf Eintragung eines Pfandrechts, und in der Unterspalte d dort, wenn die Sicherung des Anspruchs auf Abtretung, Verpfändung und Löschung des Pfandrechts vorgemerkt werden soll; die Unterspalte c wird, wie beim Grundbuche, nur zur Hälfte ausgefüllt.

Die Eintragung lautet z. B.:

Sp. 12 des Seeschiffsregisters.
Untersp. a. 5.

---

[1]) Der § 102 FGG bezieht sich auch auf zu Unrecht erfolgte Löschungen, dagegen nicht auf die in § 119 FGG erwähnten Unrichtigkeiten des Registers und auch nicht auf die jederzeit von Amts wegen zu beseitigenden bloßen Ungenauigkeiten oder Unklarheiten der Fassung und offenbaren Schreibfehler. Vgl. Schlegelberger Anm. 1 zu § 102 FGG.

Untersp. b. 1000.

Untersp. c. Vormerkung zur Sicherung des Anspruchs auf Einräumung eines Pfandrechts im Betrage von eintausend Reichsmark für den Rentner Karl Liebert in Stettin unter Bezugnahme auf die einstweilige Verfügung des Landgerichts in Stettin vom 1. Juni 1930 eingetragen auf dem ganzen Schiffe. $\frac{2\ \text{SSR}\ 112}{37}$

16. Juni 1930.
Schmidt. Lehmann.

Auch Widersprüche können zur Eintragung in das Schiffsregister gelangen. Es kann z. B. ein Widerspruch gegen die Richtigkeit des Schiffsregisters nach § 899 Abs. 2 BGB eingetragen werden, wenn ein Pfandrecht zu Unrecht gelöscht ist. § 1263 Abs. 2 BGB.

Ferner ist von Amts wegen ein Widerspruch einzutragen, wenn sich ergibt, daß das Registergericht unter Verletzung gesetzlicher Vorschriften eine Eintragung vorgenommen hat, durch die das Schiffsregister unrichtig geworden ist. § 119 FGG[1]).

Ist eine Vormerkung oder ein Widerspruch auf Grund einer einstweiligen Verfügung eingetragen, so bedarf es zur Löschung nicht der Bewilligung des Berechtigten, wenn die einstweilige Verfügung durch eine vollstreckbare Entscheidung aufgehoben ist. Dasselbe gilt entsprechend, wenn auf Grund eines vorläufig vollstreckbaren Urteils nach der ZPO eine Vormerkung oder ein Widerspruch eingetragen ist. § 103 FGG.

VI. Das Schiffspfandrecht kann auch in der Weise bestellt werden, daß nur der Höchstbetrag, bis zu dem das Schiff haften soll, bestimmt, im übrigen die Feststellung der Forderungen vorbehalten wird. § 1271 BGB. Dies Pfandrecht entspricht der sog. Höchstbetrags- oder Kautionshypothek[2]). Der Höchstbetrag muß in das Schiffsregister eingetragen werden. Ist die Forderung verzinslich, so werden die Zinsen in den Höchstbetrag eingerechnet. § 1271 BGB.

Die Eintragung lautet z. B.:

Ein Pfandrecht zum Höchstbetrage von viertausend Reichsmark für den Schiffsbaumeister Gotthold Lehmann in Stettin eingetragen auf der $^1/_4$ Part des Kaufmanns Ernst Becker in Swinemünde. $\frac{\text{SSR}\ 123}{28}$

20. März 1929.
Schmidt. Lehmann.

---

[1]) Eine inhaltlich unzulässige Eintragung ist von Amts wegen zu löschen. § 119 Satz 2 FGG.

[2]) Die Eintragung eines Schiffspfandrechts im Wege der Zwangsvollstreckung, entsprechend der Sicherungshypothek der §§ 866ff. ZPO, ist unzulässig. § 870 Abs. 2 ZPO. Die gesetzlichen Pfandrechte (§§ 102ff. BSchG) und die Pfändungspfandrechte sind nicht eintragungsbedürftig. Vgl. auch RG **108** 166.

VII. Auch ein Gesamtpfandrecht nach Art der Gesamthypothek kommt vor, wenn mehrere Schiffe mit einem Pfandrechte belastet werden. Es ist dann auf dem Blatte jedes Schiffes die Mitbelastung der übrigen von Amts wegen erkennbar zu machen. Das gleiche gilt, wenn mit einem an einem Schiffe bestehenden Pfandrechte nachträglich noch ein anderes Schiff belastet wird. Soweit eine Mitbelastung erlischt, ist dies von Amts wegen zu vermerken. § 116 FGG.

VIII. Über die Schiffspfandrechte für Forderungen aus einer Schuldverschreibung auf den Inhaber, aus Teilschuldverschreibungen auf den Inhaber, aus einem Wechsel oder einem andern Papiere, das durch Indossament übertragen werden kann, vgl. § 1270 BGB und §§ 112 und 117 FGG.

IX. Die vorstehenden Vorschriften gelten auch für das Pfandrecht an einer Schiffspart. § 1272 BGB.

X. Besonderes gilt für Beschwerden in Schiffspfandsachen. Neben den allgemeinen Vorschriften (vgl. oben § 33ff.) kommt folgendes in Betracht:

Die Beschwerde gegen die Eintragung ist unzulässig. Es kann aber im Wege der Beschwerde verlangt werden, daß das Registergericht angewiesen wird, nach § 119 FGG (s. auch oben unter V) einen Widerspruch einzutragen oder eine Löschung vorzunehmen. § 122 FGG. Das Beschwerdegericht kann ferner vor der Entscheidung durch eine einstweilige Anordnung dem Registergericht aufgeben, eine Vormerkung oder einen Widerspruch einzutragen. Die Vormerkung oder der Widerspruch werden von Amts wegen gelöscht, wenn die Beschwerde zurückgenommen oder zurückgewiesen wird. § 123 FGG.

§ 153. Schiffspfandrechte in ausländischer Währung und wertbeständige Schiffspfandrechte.

1. Die Eintragung von Schiffspfandrechten in ausländischer Währung beruht auf den Gesetzen vom 26. Januar 1923 und 29. März 1923 (RGBl I 90, 232). Wird für eine Forderung, die in ausländischer Währung zu zahlen ist, ein Schiffspfandrecht in das Schiffsregister eingetragen, so kann mit Einwilligung der obersten Landesbehörde der Geldbetrag der Forderung und etwaiger Nebenleistungen oder der Höchstbetrag, bis zu dem das Schiff haften soll, in ausländischer Währung angegeben werden. Entsprechendes gilt für die Umwandlung der Währung eines eingetragenen Schiffspfandrechts in eine ausländische Währung. Die Umwandlung bedarf der Zustimmung der im Range gleich- oder nachstehenden Berechtigten. Die oberste Landesbehörde kann die Einwilligung auch allgemein oder für den Fall erteilen, daß gewisse, näher von ihr zu bezeichnende Bedingungen erfüllt sind. Soweit es sich um Schiffe handelt, die in das Binnenschiffsregister eingetragen sind, soll die Einwilligung

nur im Einvernehmen mit der Reichsbank erteilt werden. Die Einwilligung ist im Schiffsregister zu vermerken (§ 1 Ges. vom 29. März 1923).

War ein aus Anlaß des Krieges verlorenes oder auf Grund des Versailler Vertrages den alliierten Regierungen übertragenes Schiff mit einem Schiffspfandrechte für eine in ausländischer Währung zu zahlende Forderung belastet und wird als Ersatz für dieses Recht ein Pfandrecht auf einem andern Schiff in das Schiffsregister eingetragen, so kann mit Einwilligung der Landeszentralbehörde der Geldbetrag der Forderung und etwaiger Nebenleistungen in ausländischer Währung eingetragen werden. Der Nachweis, daß es sich um ein solches Pfandrecht handelt, wird durch eine Bescheinigung des Reichsministeriums für Wiederaufbau geführt (§ 5 a. a. O.). Im übrigen[1]) sind die §§ 2 bis 10, 12 der VO über die Eintragung von Hypotheken in ausländischer Währung vom 13. Februar 1920 (RGBl 231) für entsprechend anwendbar erklärt (§ 2 a. a. O.). Es ist demnach auch zu einer Änderung des Inhalts des in ausländischer Währung eingetragenen Schiffspfandrechts die Einwilligung der obersten Landesbehörde erforderlich. Ferner müssen Gläubiger, die im Ausland wohnen, bei Schiffspfandrechten in ausländischer Währung einen im Inland wohnenden Zustellungsbevollmächtigten ernennen. Nach dem 31. Dezember 1929 dürfen neue Eintragungen auf Grund des § 1 des Gesetzes vom 29. März 1923 nicht mehr vorgenommen werden (§ 4 a. a. O. und Ges. vom 17. Dezember 1928 (RGBl I 405).

2. VO über wertbeständige Schiffspfandrechte vom 12. Februar 1924 (RGBl I 65). Ein Pfandrecht an einem im Schiffsregister eingetragenen Schiff kann in der Weise bestellt werden, daß die Höhe der Geldsumme, für welche das Schiff haftet, durch einen der für wertbeständige Hypotheken zugelassenen Maßstäbe bestimmt wird (wertbeständiges Schiffspfandrecht). Auf dieses Pfandrecht finden die Vorschriften der §§ 2 bis 6 des Gesetzes über wertbeständige Hypotheken vom 23. Juni 1923 (RGBl I 407)[2]) entsprechende Anwendung. Das Pfandrecht kann hiernach in der Weise bestellt werden, daß die Höhe der Geldsumme, für die das Schiff haftet, durch den amtlich festgestellten oder festgesetzten Preis einer bestimmten Menge von Roggen, Weizen oder Feingold bestimmt wird. Die Reichsregierung kann mit Zustimmung des Reichsrats auch den in gleicher Weise festgestellten oder festgesetzten Preis einer bestimmten Menge von Kohle, Kali oder anderen Waren oder von Leistungen als Maßstab zulassen. Die Höhe der Geldsumme kann auch in der Weise bestimmt werden, daß,

[1]) Mit Zustimmung des Reichsministers der Justiz und des Reichsministers der Finanzen können die Landesjustizverwaltungen zur Ausführung des Gesetzes insbesondere über die Feststellung der Kurse Ausführungsbestimmungen zu diesem Gesetz erlassen; vgl. § 3 Ges. und die dazu erlassene AV vom 12. Mai 1923 (JMBl 373).

[2]) Vgl. auch das 2. Gesetz über wertbeständige Hypotheken vom 2. Februar 1928 (RGBl I 11).

falls der als Maßstab gewählte Preis einer Ware oder Leistung den einer anderen Ware oder anderen Leistung nicht erreicht oder überschreitet, dieser letztere Preis maßgebend sein soll.

Die Entwicklung der Währungsverhältnisse infolge der Inflation hatte zu dieser Form der Belastung geführt, die den Gläubiger gegen die Entwertung seiner Forderung schützte, indem die Geldsumme, für die das Schiff haftet, nicht in einem festen Betrage, sondern wertbeständig, also in wechselnder Summe, bestimmt wird.

Diese wertbeständigen Schiffspfandrechte haben jetzt nach der Festigung der Währung ihre Bedeutung verloren. Nur das Feingoldschiffspfandrecht wird auch heute noch zur Unterlage des Realkredits viel gewählt. Bei der Eintragung im Schiffsregister ist der Geldbetrag durch Art und Menge der Ware oder Leistungen zu bezeichnen, deren Preis als Maßstab bezeichnet ist. Auf Feingold lautende Schiffspfandrechte können als Goldmarkschiffspfandrechte eingetragen werden. Dabei entspricht eine Goldmark dem Preise von $^1/_{2790}$ kg Feingold (DurchfVO vom 17. April 1924; RGBl I 415).

Siebenter Abschnitt.

Das Pfandrechtsregister für Schiffsbauwerke[1]).

§ 154. Allgemeines.

Nach bisherigem Reichsrecht[2]) konnte durch Eintragung in ein öffentliches Register ein Pfandrecht nur an in das Schiffsregister eingetragenen, also zur Verwendung fertigen, nicht an im Bau befindlichen Schiffen begründet werden. An letzteren konnte reichsrechtlich bisher ein Pfandrecht nur nach allgemeinen Grundsätzen über die Verpfändung beweglicher Sachen (durch Besitzübertragung) erworben werden. Durch das Gesetz über die Bestellung von Pfandrechten an im Bau befindlichen Schiffen vom 4. Juli 1926 (RGBl I 367) ist das Registerpfandrecht auch auf die Schiffsbauwerke ausgedehnt und (in § 3) bestimmt worden, daß „die Vorschriften des Reichs- und Landesrechts[3]) über das Schiffspfandrecht und das Schiffsregister auch auf das Pfandrecht an im Bau befindlichen Schiffen entsprechende Anwendung finden, soweit sich nicht aus diesem Gesetz ein anderes ergibt".

---

[1]) Vgl. den Aufsatz von Pick über „Das Schiffsbauwerkspfandrecht" JRdsch **1926** 794ff. und Zschucke DJZ **1926** 1090.

[2]) Landesrechtlich bestand schon früher ein Registerpfandrecht für Schiffsbauwerke in Bremen, Oldenburg und Hamburg. Vgl. Pick und Zschucke a. a. O.

[3]) Auch der § 32 der EntlVfg vom 1. März 1928 findet auf das Pfandrechtsregister für Schiffsbauwerke Anwendung. Erlaß des JM vom 1. Oktober 1928 I 1447.

Gegenstand des Pfandrechts ist ein auf einer Schiffswerft im Bau befindliches Schiff. Das Pfandrecht erstreckt sich auf dieses Schiff in seinem jeweiligen Bauzustande.

Die Bestellung des Pfandrechts, die nur durch Einigung des Eigentümers und des Gläubigers über den Erwerb des Pfandrechts und durch seine Eintragung in das Pfandrechtsregister für Schiffsbauwerke erfolgen kann, ist zulässig, sobald der Kiel gelegt und das Schiffsbauwerk durch Namen oder Nummer an einer bis nach dem Stapellauf des Schiffes sichtbar bleibenden Stelle deutlich und dauernd gekennzeichnet ist (§ 1 Abs. 1 Satz 1 und 2).

Schiffe, die nach Vollendung nicht mehr als 50 Kubikmeter Bruttoraumgehalt haben, oder nicht die durch Reichs- oder Landesrecht für die Eintragung in das Binnenschiffsregister vorgeschriebene Tragfähigkeit besitzen (vgl. oben § 142), können aber nicht in das Schiffsbauwerksregister eingetragen werden (§ 6). Aber auch bezüglich der unter das Gesetz fallenden Schiffe besteht keine Verpflichtung zur Herbeiführung der Eintragung. Eine Anmeldungsverpflichtung ist vom Gesetz, das nur freiwillige Eintragungen im Auge hat, nicht vorgesehen (§ 3 Satz 2). Die Anlegung des Schiffsbauwerksregisters erfolgt also nur für den Bedarfsfall, wenn sie zum Zwecke der Pfandbestellung nötig wird. Über die örtliche Zuständigkeit der Registergerichte s. oben § 4.

§ 155. Die Einrichtung des Pfandrechtsregisters für Schiffsbauwerke.

Das Register ist nach dem der AV vom 10. Juli 1926 (JMBl 257; 338) als Anlage beigefügten Muster eingerichtet.

Es besteht aus elf Spalten.

In Spalte 1 ist die laufende Nummer der Eintragung anzugeben.

In Spalte 2 sind der Name oder die Nummer und die Gattung des Schiffes einzutragen, z. B. „Sirius" Seeschiffsschraubendampfer.

In Spalte 3 sind der Name und Wohnort des Eigentümers anzugeben.

In Spalte 4 ist die bauende Schiffswerft zu bezeichnen.

Beispiel:

G. Seebeck, Aktiengesellschaft, Schiffswerft in Wesermünde.

Spalte 5 dient zur Bezeichnung des Ausstellers sowie zur Angabe von Ort und Tag der Ausstellung der Urkunde über die Zulässigkeit der Pfandbestellung und den Eigentumsnachweis.

Beispiel:

1. Die Zulässigkeit der Pfandbestellung ist durch eine von dem Notar Schneider am 1. Juli 1926 in Wesermünde ausgestellte Urkunde dargetan.

2. Der Eigentumsnachweis ist durch eine von dem Notar Schneider am 1. Juli 1926 in Wesermünde ausgestellte Bescheinigung erbracht.

Die Spalte 6 ist außer zur Angabe des Tages der Eintragung und der Unterschrift der Registerbeamten auch zur Aufnahme der Verweisung auf die Registerakten bei der Eintragung bestimmt.

Beispiel:

3. Juli 1926
gez. Hemold, gez. Cordes
2 Pf RSch. **Nr. 6**

3

In Spalte 7 bis 11 werden die Pfandrechte eingetragen und zwar entsprechend der Eintragung der Pfandrechte in den fünf Unterspalten der Spalte 12 des Seeschiffsregisters (s. oben § 152).

Änderungen des Inhalts der in den Spalten 2 bis 5 enthaltenen Eintragungen sowie Löschungen dieser Eintragungen sind unter einer neuen laufenden Nummer in diejenige Spalte einzutragen, in welcher sich die zu ändernde oder zu löschende Eintragung befindet.

Die Löschung des Schiffsbauwerks im Register ist unter Angabe des Grundes in den Spalten 1 bis 6 einzutragen.

Beispiel:

3. Gelöscht auf Grund der Mitteilung des Amtsgerichts in Harburg vom 10. August 1927, daß das Schiffsbauwerk in dem dortigen Seeschiffsregister unter Nr. 637 eingetragen worden ist.

Die vorstehenden Vorschriften über das Schiffsbauwerksregister sind enthalten in § 2 des Ges. vom 4. Juli 1926 und § 6 der AV vom 10. Juli 1926. Die Oberlandesgerichtspräsidenten bestimmen für die Registergerichte des Oberlandesgerichtsbezirks, wie viele Seiten bei der Einrichtung des Registers je für die Spalten 1 bis 6 und 7 bis 11 zu verwenden sind (§ 7 AV). Ist das bisherige Registerblatt unübersichtlich geworden, so ist es auf ein anderes Blatt unter neuer Ordnungsnummer zu übertragen. Die Vorschriften des § 33 Abs. 2 und 3 der AV vom 11. Dezember 1899 gelten entsprechend; der Schließungsvermerk ist in den Spalten 1 bis 6 des alten Blattes, die Verweisung auf die frühere Eintragung und die Bescheinigung sind in Spalte 6 des neuen Blattes einzutragen.

§ 156. Die Anmeldung und Eintragung des Schiffsbauwerks und das Pfandrecht.

1. Es ist bereits oben § 154 hervorgehoben, daß im Gegensatz zum Schiffsregisterrecht (§§ 14ff. FlaggG; §§ 122ff. BSchG) keine Verpflichtung zur Anmeldung besteht (§ 3 Satz 2).

Wegen der Personen, die zur Anmeldung berechtigt sind, vgl. oben §§ 145, 146 und unten Ziffer 3.

2. Anzumelden sind alle Tatsachen, die der Eintragung bedürfen, also der Name oder die Nummer und die Gattung des Schiffes, der Name

und Wohnort des Eigentümers, die bauende Schiffswerft, der Aussteller sowie der Ort und Tag der Ausstellung des Zulassungs- und Eigentumsnachweises (§ 2 Abs. 1).

3. Alle diese Angaben sind glaubhaft zu machen (§ 3; FlaggG § 58, BSchG § 124 Abs. 2). Insbesondere ist nachzuweisen, daß die Voraussetzungen für die Pfandbestellung gegeben sind und der Verpfänder Eigentümer des Schiffsbauwerks ist. Die Zulässigkeit der Pfandbestellung muß, sofern sie nicht bei dem Registergericht offenkundig ist, durch eine gerichtliche oder notarielle Urkunde dargetan werden. Der Eigentumsnachweis wird erbracht durch eine gerichtliche oder notarielle Bescheinigung, daß die dem Aussteller der Bescheinigung als Erbauer des Schiffes bekannte Person sich selbst oder den sonstigen Verpfänder als Eigentümer bezeichnet hat (§ 1 Abs. 2).

Bei der Anmeldung ist ferner glaubhaft zu machen, daß das Schiffsbauwerk nicht bereits bei einer anderen Schiffsregisterbehörde eingetragen ist.

4. Die Eintragung des Schiffsbauwerks erfolgt in den Spalten 1 bis 6, die Eintragung des Pfandrechts, die formell einen Antrag und die Bewilligung zu Protokoll des Registergerichts oder in öffentlich beglaubigter Urkunde erfordert, in den Spalten 7 bis 11. Das Nähere s. oben §§ 152, 155.

5. Schiffszertifikate oder Schiffsbriefe (vgl. § 70 FlaggG, 121 Abs. 3 BSchG) werden nicht ausgestellt, Schiffsmeßbriefe nicht ausgehändigt (§ 3 AV vom 10. Juli 1926).

§ 157. Die Anmeldung und Eintragung von Veränderungen; Löschung des Schiffsbauwerks, Umwandlung des Pfandrechts.

Veränderungen in den eingetragenen Tatsachen oder Rechtsverhältnissen des in Bau befindlichen Schiffes werden gleichfalls eingetragen (§ 3 Ges.; § 13 FlaggG; § 126 BSchG). Eine Verpflichtung zur Anmeldung besteht aber nicht (§ 3 Satz 2).

An Besonderheiten seien hier noch folgende hervorgehoben:

a) Im Falle der Verlegung des Erbauungsortes aus dem Registerbezirk bleibt die bisherige Schiffsregisterbehörde, bei der das Schiffsbauwerk eingetragen ist oder war, für die Führung des Registers zuständig (§ 2 Abs. 2). Die Verlegung wird in Spalte 4 unter einer neuen Nummer eingetragen, wobei gleichzeitig die frühere Eintragung daselbst rot zu unterstreichen ist.

Die Eintragung lautet z. B.:

Der Bau des Schiffes erfolgt jetzt durch die Firma Hans Losser, Schiffswerft in Bremerhaven.

b) Ist das Schiff fertiggestellt und in das (See- oder Binnen-) Schiffsregister eingetragen, so ist dies dem Amtsgericht des Registers, in dem das Schiffsbauwerk eingetragen ist, mitzuteilen. Auf diese Mitteilung wird die Eintragung im Pfandrechtsregister für Schiffsbauwerke von Amts wegen gelöscht (§ 4 Abs. 2). Vgl. die entsprechende Eintragung oben § 155.

c) Mit der Eintragung des fertigen Schiffes in das Schiffsregister werden die im Schiffsbauwerksregister eingetragenen bestehenden Pfandrechte von selbst Schiffspfandrechte und sind als solche mit dem bisherigen Rang in das Schiffsregister zu übertragen. Ein nicht übertragenes Pfandrecht gilt als gelöscht. Besteht es noch, so gilt es als zu Unrecht gelöscht im Sinne der §§ 1262 Abs. 2 1263 Abs. 2 BGB (§ 4 Abs. 1 Satz 2, 3).

Im übrigen wird auf das Schiffsregister und Schiffspfandrecht verwiesen.

Muster für das Handels-

1	2	3	4	5
Nr. der Eintragung.	Firma; Ort der Niederlassung; Sitz der Gesellschaft.	Bezeichnung des Einzelkaufmanns oder der persönlich haftenden Gesellschafter.	Prokura.	Rechtsverhältnisse bei Einzelkaufleuten.
1	Johann Müller, Stettin.	Johann Christian Müller, Kaufmann, Stettin.		
2	In Heringsdorf ist eine Zweigniederlassung errichtet.			
3	Die Firma ist in: Johann Christian Müller geändert.			
4		Anton Bolte, Kaufmann, Stettin.		Der Übergang der in dem Betriebe des Geschäfts begründeten Forderungen ist bei dem Erwerbe des Geschäfts durch Anton Bolte ausgeschlossen.
5		Georg Danz, Kaufmann, Stettin.		
6		Hermann Franke, Kaufmann, Stettin.	Dem Engelbert Kleine und dem Ferdinand Lampe, beide in Stettin, ist Gesamtprokura erteilt. Ein jeder von ihnen ist auch in Gemeinschaft mit einem der Gesellschafter Danz u. Franke zur Vertretung der Gesellschaft ermächtigt.	
7			Die Prokura des Engelbert Kleine und des Ferdinand Lampe ist erloschen.	

6	7	8
Rechtsverhältnisse bei Handelsgesellschaften.	Geschäftsnummer; Tag der Eintragung; Unterschrift.	Bemerkungen.
	2 HRA 1 / 1 2. Januar 1900. N. N.	
	2 HRA 1 / 3 3. April 1900. N. N.	
	2 HRA 1 / 6 10. Juli 1900. N. N.	
	2 HRA 1 / 10 31. Januar 1901. N. N.	
Offene Handelsgesellschaft. Georg Danz ist in das Geschäft als persönlich haftender Gesellschafter eingetreten. Die Gesellschaft hat am 6. März 1901 begonnen.	2 HRA 1 / 11 7. März 1901. N. N.	
Hermann Franke ist in die Gesellschaft als persönlich haftender Gesellschafter eingetreten. Er und der Gesellschafter Georg Danz sind nur in Gemeinschaft oder in Gemeinschaft mit einem Prokuristen zur Vertretung der Gesellschaft ermächtigt.	2 HRA 1 / 15 2. April 1902. N. N.	
Kommanditgesellschaft. Die Kaufleute Anton Gabriel in Berlin und Adolf Otto in Stettin sind in die Gesellschaft als Kommanditisten mit einer Einlage von je 50000 Mark eingetreten. Georg Danz und Hermann Franke sind unbeschränkt zur Vertretung der Gesellschaft ermächtigt.	2 HRA 1 / 20 3. Juli 1904. N. N.	

1	2	3	4	5	6
Nr. der Eintragung.	Firma und Sitz.	Gegenstand des Unternehmens.	Grund- oder Stammkapital.	Vorstand; persönlich haftende Gesellschafter; Geschäftsführer; Liquidatoren.	Prokura.
1	Gas- und Elektrizitätswerke Hannover, Aktiengesellschaft, Hannover.	Die Erbauung und der Betrieb von Gas- und Elektrizitätsanstalten innerhalb des Deutschen Reiches.	1000000 Mark.	Albert Merten, Kommerzienrat, Hannover. Ernst Kluge, Fabrikant, Linden. Johannes Wilke, Techniker, Hannover.	
2					Dem Herm Werner i Hannover Prokura ert
3		Nach dem Beschlusse der Generalversammlung vom 28. Mai 1905 ist auch die Erbauung u. der Betrieb von Gas- und Elektrizitätsanstalten außerhalb des Deutschen Reichs Gegenstand des Unternehmens.			
4			Nach dem Beschlusse der Generalversammlung vom 2. Mai 1906 soll das Grundkapital um 300000 Mk. erhöht werden.		
5			Das Grundkapital ist um 300000 Mk. erhöht und beträgt jetzt 1300000 Mk.	Wilhelm Krüger, Fabrikant, Hannover.	
6				Die bisherigen Vorstandsmitglieder sind Liquidatoren.	Die Proku des Herma Werner ist loschen.

7	8	9	10
...sellschaftsvertrag oder Satzung; Vertretungsbefugnis.	Auflösung; Konkurs; Fortsetzung; Nichtigkeit; Erlöschen der Firma.	Geschäftsnummer; Tag der Eintragung; Unterschrift.	Bemerkungen.
Aktiengesellschaft. ...r Gesellschaftsvertrag ist am ...Januar 1900 festgestellt. Jedem ...tgliede des Vorstandes steht ...h dem Gesellschaftsvertrage die ...ständige Vertretung der Gesellschaft zu.		2 HRB 6 / 1 1. März 1900. N. N.	
		2 HRB 6 / 4 4. April 1902. N. N.	
...rch den Beschluß der General...sammlung vom 28. Mai 1905 ...die Form, in der die von der ...ellschaft ausgehenden Bekannt...chungen erfolgen, geändert.		2 HRB 6 / 10 26. Juni 1905. N. N.	Das über die Generalversammlung vom 28. Mai 1905 aufgenommene Protokoll befindet sich Bl. 66 der Registerakten.
		2 HRB 6 / 15 20. Mai 1906. N. N.	
...st Kluge ist aus dem Vorstand ...geschieden und an seiner Stelle ...helm Krüger zum Vorstandsmitgliede bestellt.		2 HRB 6 / 16 6. Oktober 1906. N. N.	
... Gesellschaft wird durch je ...wei Liquidatoren vertreten.	Durch den Beschluß der Generalversammlung vom 12. Mai 1910 ist die Gesellschaft aufgelöst.	2 HRB 6 / 26 10. August 1910. N. N.	

Muster für die Liste

	Genossen.			Weitere Geschäftsanteile.	
Lfd. Nr.	Tag der Eintragung.	Name und Beruf.	Wohnort.	Tag der Eintragung.	Zahl der weiteren Geschäftsanteile.
1	2	3	4	5	6
1	4. Februar 1900.	Meier, Wilhelm, Schlossermeister.	Merseburg.		
2	4. Februar 1900.	Böttcher, Hermann, Tischlermeister.	"		
3	15. März 1900.	Kraus, Philipp Kaufmann.	"	15. Dezember 1900. 1. Juni 1901.	1 ½
4	15. März 1900.	Himmelreich, Anton, Klempnermeister.	"		
5	15. März 1900.	Kannegießer, Adolf, Auslaufer.	"		
6	15. März 1900.	Müller, Hans, Landwirt.	Bolzhausen.	1. Mai 1901.	1
7	2. April 1900.	Schulz, Eduard, Gastwirt.	Merseburg.		
8	2. April 1900.	Becker, Matthias, Maurermeister.	"		

der Genossen.

Ausscheiden.			
Tag der Eintragung.	Grund des Ausscheidens.	Tag des Ausscheidens.	Bemerkungen.
7	8	9	10
18. Nov. 1902.	Aufkündigung zum 31. Dezember 1902.	31. Dezember 1902.	
			Die Eintragung des Beitritts ist durch rechtskräftiges Urteil für unwirksam erklärt. Eingetragen am 6. Juli 1901.
7. August 1902.	Gestorben am 30. Juli 1902.	31. Dezember 1902.	
5. Juni 1901.	Übertragung des Guthabens an . . . . (Nr. . .).	5. Juni 1901.	
25. Januar 1903.	Ausschließung zum 31. Dezember 1903.	31. Dezember 1903.	
20. Dezbr. 1903. 4. März 1904.	Vorgemerkt Kündigung zum 31. Dezember 1903. Anerkannt.	31. Dezember 1903.	
20. Dezbr. 1902.	Wegen Aufgabe des Wohnsitzes im Bezirk ausgetreten zum 31. Dezember 1902.	31. Dezember 1902.	

1	2	3	4	5
Nr. der Eintragung.	Firma und Sitz.	Gegenstand des Unternehmens.	Bei Genossenschaften mit beschränkter Haftpflicht: Haftsumme; höchste Zahl der Geschäftsanteile.	Vorstand; Liquidatoren.
1	Vorschußverein, eingetragene Genossenschaft mit beschränkter Haftpflicht, Hermannsdorf.	Betrieb von Bankgeschäften zum Zwecke der Beschaffung der im Gewerbe und in der Wirtschaft der Mitglieder nötigen Geldmittel.	300 Mark 10 Geschäftsanteile.	Karl Schulze, Bauer; Wilhelm Müller, Gastwirt; Friedrich Schmidt, Lehrer;
2			Die Haftsumme ist auf 600 Mark erhöht durch Beschluß der Generalversammlung vom 20. Dezember 1900.	
3				Friedrich Brau[n], Bauer, Hermannsd[orf]
4			Der Generalversammlungsbeschluß vom 20. Dezember 1900 ist durch rechtskräftiges Urteil des Landgerichts in Brieg vom 15. Juli 1901 für nichtig erklärt; die Haftsumme beträgt sonach nur 300 Mark.	
5				Die bisherigen V[or]standsmitglieder si[nd] Liquidatoren.
6				Friedrich Weiß, Schmiedemeister, H[er]mannsdorf, ist Liq[ui]dator.

6	7	8	9
Statut; Form der Bekanntmachungen; Zeitdauer; Geschäftsjahr; Form für die Willenserklärungen des Vorstandes u. der Liquidatoren; Vertretungsbefugnis.	Auflösung; Konkurs; Fortsetzung; Nichtigkeit.	Geschäftsnummer; Tag der Eintragung; Unterschrift des Urkundsbeamten der Geschäftsstelle.	Bemerkungen.
Statut vom 17. Juli 1900. Bekanntmachungen erfolgen unter der Firma im Buchhainer Kreisblatt und der Schlesischen Zeitung. Die Willenserklärungen des Vorstandes erfolgen durch mindestens zwei Mitglieder; die Zeichnung geschieht, indem zwei Mitglieder der Firma ihre Namensunterschrift beifügen.		2 Gn R 4 / 1 20. Juli 1900. N. N.	Das Statut befindet sich Bl. 2 der Registerakten.
		2 Gn R 4 / 7 27. Dez. 1900. N. N.	Der Generalversammlungsbeschluß befindet sich Bl. 6 der Registerakten.
Der Bauer Karl Schulze ist aus dem Vorstand ausgetreten und an seine Stelle der Bauer Friedrich Braun in den Vorstand gewählt.		2 Gn R 4 / 8 5. Jan. 1901. N. N.	
		2 Gn R 4 / 17 1. Aug. 1901. N. N.	
	Die Genossenschaft ist durch Beschluß der Generalversammlung v. 1. Sept. 1901 aufgelöst.	2 Gn R 4 / 21 3. Sept. 1901. N. N.	Der Beschluß befindet sich Bl. 15 der Registerakten.
Der Gastwirt Wilhelm Müller ist durch Verfügung des Amtsgerichts in Buchhain vom 10. Dezember 1901 abberufen und an seiner Stelle der Schmiedemeister Friedrich Weiß zum Liquidator bestellt.		2 Gn R 4 / 25 12. Dez. 1901. N. N.	

Muster für das

1	2	3
Nummer der Eintragung.	Name und Sitz des Vereins.	Satzung.
1	Concordia. Berlin.	Die Satzung ist am 1. Mai 1900 errichtet. Der Vorstand kann Grundstücke nur auf Grund eines Beschlusses der Mitgliederversammlung veräußern. Zur Beschlußfassung des Vorstandes ist Einstimmigkeit erforderlich. (Bl. oder Nr. d. A.) 1. Juli (Name des
2		Durch Beschluß der Mitgliederversammlung vom 20. September 1900 sind die Bestimmungen über die Aufnahme neuer Mitglieder geändert. (Bl. oder Nr. d. A.) 1. Oktober 1900. (Name des Registerführers)
3		
4		Nach Beschluß der Mitgliederversammlung vom 25. November 1900 kann der Vorstand Darlehen von mehr als dreihundert Mark nur auf Grund eines Beschlusses der Mitgliederversammlung aufnehmen. (Bl. oder Nr. d. A.) 2. Januar 1902. (Name des Registerführers)
5		

4	5	6
Vorstand.	Auflösung; Entziehung der Rechtsfähigkeit; Konkurs; Liquidatoren.	Bemerkungen.
Kaufmann Johann Neumann und Fabrikant Heinrich Schmidt, beide in Berlin, Kaufmann Fritz Freudenberg in Charlottenburg. (Bl. oder Nr. d. A.) 1900. Registerführers)		
Johann Neumann ist ausgeschieden; statt seiner ist der Rentner Karl Kohler in Berlin bestellt. (Bl. oder Nr. d. A.) 1. Oktober 1901. (Name des Registerführers)		
	Der Verein ist durch Beschluß der Mitgliederversammlung vom 13. Februar 1902 aufgelöst. Zu Liquidatoren sind bestellt der Kaufmann Hermann Meyer und der Fabrikant Georg Kohn, beide in Berlin. (Bl. oder Nr. d. A.) 15. Februar 1902. (Name des Registerführers)	

Muster für das Güterrechtsregister.

Bezeichnung der Ehegatten: Lehmann, Heinrich Karl, Kaufmann zu Berlin, und Anna geb. Müller.

Nummer der Eintragung.	Rechtsverhältnis.	Bemerkung
1	Die Verwaltung und Nutznießung des Mannes ist durch Urteil vom 1. März 1901 aufgehoben. (Bl. oder Nr. d. A.) 1. Mai 1901. (Name des Registerführers)	
2	Der Mann hat das Recht der Frau, innerhalb ihres häuslichen Wirkungskreises seine Geschäfte für ihn zu besorgen und ihn zu vertreten, ausgeschlossen. (Bl. oder Nr. d. A.) 15. Juni 1902. (Name des Registerführers)	
3	Die Verwaltung und Nutznießung des Mannes ist durch Urteil vom 1. April 1903 wiederhergestellt. (Bl. oder Nr. d. A.) 15. Juni 1903. (Name des Registerführers)	
4	Der Mann hat gegen den Geschäftsbetrieb der Frau Einspruch erhoben. (Bl. oder Nr. d. A.) 1. Juli 1904. (Name des Registerführers)	
5	Durch Vertrag vom 1. Juli 1905 ist allgemeine Gütergemeinschaft vereinbart unter Ausschließung der fortgesetzten Gütergemeinschaft. Dabei sind für Vorbehaltsgut der Frau erklärt: die für sie in dem Grundbuche von Halle a. S. Bd. 1 Blatt 50 Abt. III Nr. 9 eingetragene Hypothek von 20000 Mk. 5000 Mk. $3^1/_2$ prozentige Pfandbriefe der Preußischen Hypotheken-Aktienbank in Berlin Serie XIII Nr. 125 bis 129 zu je 1000 Mk. (Bl. oder Nr. d. A.) 1. Juli 1905. (Name des Registerführers)	

Muster für das Musterregister.

Nr.	Name bzw. Firma des Anmeldenden.	Tag und Stunde der Anmeldung.	Bezeichnung des angemeldeten Musters oder Modells.	Angabe, ob das Muster für Flächenerzeugnisse oder für plastische Erzeugnisse bestimmt ist.	Schutzfrist.	Verlängerung der Schutzfrist.	Akten über das Musterregister.	Bemerkungen.
1	2	3	4	5	6	7	8	9
1	Firma Schmidt u. Comp. in Leipzig.	1. April 1876 Vorm. 10 Uhr.	1 Muster für Teppiche, offen, Fabriknummer 100.	Flächenerzeugnisse.	1 Jahr.		Bd. 1 S. 1	
2	Fabrikant Schulz in Leipzig.	2. April 1876 Vorm. 10 Uhr.	1 versiegeltes Paket mit 20 Mustern für Tapeten, Fabriknummer 10—29.	Flächenerzeugnisse.	3 Jahre.			

Muster für das Binnenschiffsregister.

Nr. 150.

Spalte 1. Name, Nummer oder sonstige Merkzeichen des Schiffes, Gattung und Material.

Maria XIII 75, Oderkahn, aus Eichenholz gebaut, mit buchenem Kiel, mit einem Mast und ohne festes Deck.

Spalte 2. Tragfähigkeit und bei Dampfschiffen oder sonstigen Schiffen mit eigener Triebkraft die Stärke des Motors.

Vermessen auf 40 Tonnen zu 1000 Kilogramm Tragfähigkeit laut Meßbriefs der Wasserbauinspektion zu Stettin vom 15. Dezember 1899.

Das Schiff ist neu vermessen (vgl. Sp. 8 Nr. 3).

Spalte 3. Zeit und Ort der Erbauung.

1899 auf der Werft von Georg Danz in Stettin.

Spalte 4. Heimatsort.

Stettin. Gotzlow.

Spalte 5. Tag der Eintragung des Schiffes.

6. Januar 1900. $\frac{2 \text{ B S R } 150}{1}$

Spalte 6. Eigentumsverhältnisse.

Laufende Nr.	Name und nähere Bezeichnung der Eigentümer.	Anteile der Miteigentümer.	Erwerbsgrund.
a	b	c	d
1	Christian Schubert, Schiffer, Stettin.	1/3	haben das Schiff für ihre Rechnung erbauen lassen.
2	Friedrich Schubert, Kaufmann, Stettin.	1/3	
3	Karoline Scholz geb. Schubert, Witwe des Maklers Friedrich Scholz, Stettin.	1/3	
	Fischer. Neumann.		

Spalte 7. Veränderungen in den Eigentumsverhältnissen.

Laufende Nr.	Zu Spalte	Name und nähere Bezeichnung der Eigentümer.	Anteile der Miteigentümer.	Erwerbsgrund.
a	b	c	d	e
1	6^1	Christian Meyer, Schiffer, Stettin.	1/3	hat den Anteil des Schiffers Christian Schubert in Stettin durch gerichtlichen Vertrag vom 31. Januar 1900 gekauft. $\frac{2\ \text{B S R}\ 150}{2}$ 2. Februar 1900 Fischer. Neumann.
2	6^2	Wilhelm Schulz, Kaufmann, Stettin.	1/3	hat den Anteil des Kaufmanns Friedrich Schubert in Stettin durch notariellen Vertrag vom 10. Februar 1900 gekauft. $\frac{2\ \text{B S R}\ 150}{3}$ 15. Februar 1900 Fischer. Neumann.

Spalte 8. Veränderungen in den eingetragenen Tatsachen mit Ausschluß der Eigentumsveränderungen.			Spalte 9. Löschung des Schiffes.
Laufende Nr.	Zu Spalte	Veränderungen.	
a	b	c	
1	4	Der Heimatsort ist nach Gotzlow (Amtsgerichtsbezirk Stettin) verlegt. 2 B S R 150 / 10 12. Dezember 1900 Fischer. Neumann.	
2	1	Das Schiff ist im Sommer 1901 auf der Werft von Georg Danz in Stettin umgebaut; es hat zwei Aufbauten erhalten. 2 B S R 150 / 15 3. Oktober 1901. Fischer. Neumann.	
3	2	Das Schiff ist laut Meßbriefs der Wasserbauinspektion in Stettin vom 8. Juli 1902 neu vermessen auf 42 Tonnen zu 1000 Kilogramm Tragfähigkeit. 2 B S R 150 / 30 3. September 1902. Fischer. Neumann.	

Spalte 10. Pfandrechte.

Laufende Nr.	Betrag Mk.	Eintragungen.	Veränderungen.	Löschungen.
a	b	c	d	e
1	5000.	Fünftausend Mark rückständiges Baugeld mit fünf vom Hundert jährlich seit dem 1. Dezember 1899 verzinslich und drei Monate nach Kündigung rückzahlbar für den Schiffsbauer Georg Danz in Stettin eingetragen auf dem ganzen Schiffe. 2 B S R 150 / 1 6. Januar 1900. Fischer. Neumann.	Zu Nr. 1. Zweitausendfünfhundert Mark mit dem Vorrange vor dem Reste nebst den Zinsen seit dem 1. Oktober 1904 abgetreten an den Kaufmann Anton Bolte in Stettin. 2 B S R 150 / 23 24. Oktober 1904. Fischer. Neumann.	

Muster für das Seeschiffsregister.

Nr. 125.

Spalte 1. Name des Schiffes. Unterscheidungssignal.

Germania. Deutschland. J G B C.

Spalte 2. Gattung des Schiffes.

Eisernes Schraubendampfschiff, als Schoner getakelt.

Spalte 3. Ergebnisse der amtlichen Vermessung.

Die nach § 25 Nr. 1 der Schiffsvermessungsordnung aufgenommenen Hauptmaße sind laut Meßbriefs des Schiffsvermessungsamts vom 10. Januar 1900: Länge = 84,39 m; Breite = 10,53 m; Tiefe = 7,69 m; größte Länge des Maschinenraums = 12,20 m.

Die Vermessung ist auf Grund der Schiffsvermessung vom 1. März 1895 (Reichs-Gesetzbl. 1895 S. 161) nach dem vollständigen Verfahren erfolgt und es beträgt:

	Kubikmeter.	Registertons.
a) der Bruttoraumgehalt des Schiffes .	5276,3	1862,53
b) der Nettoraumgehalt des Schiffes . .	3338,5	1178,49

Zu b) in Worten: dreitausend dreihundert acht und dreißig, fünf Zehntel Kubikmeter, gleich eintausend einhundert acht und siebzig, neun und vierzig Hundertstel Registertons.

Spalte 4. Zeit und Ort der Erbauung.

1899 auf der Werft der Aktiengesellschaft Vulkan in Bredow bei Stettin.

Spalte 5. Heimatshafen.

Stettin. Swinemünde.

Spalte 6. Korrespondentreeder.

Friedrich Scholz, Kaufmann, Stettin.

Ernst Becker, Kaufmann, Swinemünde.

Spalte 7. Tag der Eintragung des Schiffes.

20. Januar 1900. $\frac{2\ \text{SSR}\ 125}{1}$

Spalte 8. Eigentumsverhältnisse.

Laufende Nr.	Name und nähere Bezeichnung der Reeder.	Schiffsparten.	Erwerbsgrund.
a	b	c	d
1	Friedrich Scholz, Kaufmann, Stettin, deutscher Reichsangehöriger.	$^{3}/_{4}$ $^{1}/_{2}$	hat das Schiff für seine Rechnung erbauen lassen.
2	Wilhelm Müller, Schiffskapitän, Jasenitz, deutscher Reichsangehöriger.	$^{1}/_{8}$	haben die Parten von dem Kaufmann Friedrich Scholz in Stettin durch notariellen Vertrag vom 10. Januar 1900 gekauft.
3	Krüger & Marten, Kommanditgesellschaft, Stettin. Die persönlich haftenden Gesellschafter sind: Alfred Krüger, Kommerzienrat, Stettin, deutscher Reichsangehöriger; Albert Marten, Konsul, Stettin, deutscher Reichsangehöriger. Fischer. Neumann.	$^{1}/_{8}$	

Spalte 9. Veränderungen in den Eigentumsverhältnissen.

Laufende Nr.	Zu Spalte	Name und nähere Bezeichnung der Reeder.	Schiffsparten.	Erwerbsgrund.
a	b	c	d	e
1	8[1]	Ernst Becker, Kaufmann, Swinemünde, deutscher Reichsangehöriger.	1/4	hat die Part von dem Kaufmann Friedrich Scholz in Stettin durch notariellen Vertrag vom 20. März 1900 gekauft. $\frac{\text{2 SSR 125}}{4}$ 25. März 1900. Fischer. Neumann.
2	8[2]	Fräulein Elsbeth Müller, Stettin, deutsche Reichsangehörige.		hat die Part des Schiffskapitäns Wilhelm Müller in Jasenitz auf Grund des Testaments vom 15. Dez. 1899 geerbt. $\frac{\text{2 SSR 125}}{6}$ 20. Februar 1901. Fischer. Neumann.
3	9[3]	Elsbeth Müller hat sich am 5. März 1900 mit dem Schiffskapitän Paul Chambeau in Brüssel verheiratet und dadurch die belgische Staatsangehörigkeit erworben. $\frac{\text{2 SSR 125}}{36}$ Fischer. Neumann.		
4	9[2,3]	Hermann Franke, Kaufmann, Stettin, deutscher Reichsangehöriger.	1/4	hat die Part der Frau Schiffskapitän Chambeau geb. Müller in Brüssel laut Versteigerungsprotokoll vom 12. Dezember 1905 gekauft. $\frac{\text{2 SSR 125}}{9}$ 16. Dezember 1905. Fischer. Neumann.

Spalte 10. Veränderungen in den eingetragenen Tatsachen mit Ausschluß der Eigentumsveränderungen.			Spalte 11. Löschung des Schiffes.
Laufende Nr.	Zu Spalte	Veränderungen.	
a	b	c	
1	1	Der Name des Schiffes ist in „Deutschland" geändert. 2 SSR 125 / 3 20. März 1900. Fischer. Neumann.	
2	6	Zum Korrespondentreeder ist der Kaufmann Ernst Becker in Swinemünde bestellt. 2 SSR 125 / 4 25. März 1900. Fischer. Neumann.	
3	5	Der Heimatshafen ist nach Swinemünde verlegt. 2 SSR 125 / 5 10. April 1900. Fischer. Neumann.	

Spalte 12. Pfandrechte.

Lfd. Nr.	Betrag Mk.	Eintragungen.	Veränderungen.	Löschungen.
a	b	c	d	e
1	9000 – 4000 5000	Neuntausend Mark Darlehn mit fünf vom Hundert jährlich seit dem 1. Januar 1900 verzinslich und sechs Monate nach Kündigung rückzahlbar für den Gastwirt Wilhelm Peters in Stettin eingetragen auf dem ganzen Schiffe. 2 S S R 125 / 2 26. Januar 1900. Fischer. Neumann.	Zu Nr. 1. Fünftausend Mark mit dem Vorrange vor dem Reste nebst den Zinsen seit dem 1. Oktober 1901 abgetreten an den Schmied Heinrich Stark in Hannover. 2 S S R 125 / 12 24. Okt. 1901. Fischer. Neumann.	Zu Nr. 1. Viertausend Mark Restforderung des Wilhelm Peters gelöscht. 2 S S R 125 / 20 1. Okt. 1902. Fischer. Neumann.
2	3000 – 2000 1000	Arrestpfandrecht zum Höchstbetrage von dreitausend Mark für den Zimmermeister Hermann Zander in Bredow bei Stettin eingetragen auf der 1/8 Part der Kommanditgesellschaft Krüger & Marten in Stettin. 2 S S R 125 / 28 10. Februar 1904. Fischer. Neumann.		Zu Nr. 2. Zweitausend Mark gelöscht. 2 S S R 125 / 30 1. März 1904. Fischer. Neumann.
3	500	Vormerkung zur Sicherung des Anspruchs auf Einräumung eines Pfandrechts im Betrage v. fünfhundert Mark f. den Rentier Friedrich Klein in Greifenhagen unter Bezugnahme auf die einstweilige Verfügung des Landgerichts in Stettin vom 1. März 1905 eingetragen auf dem ganzen Schiffe. 2 S S R 125 / 35 3. März 1905. Fischer. Neumann.		

Laufende Nummer der Eintragungen.	Name oder Nummer und die Gattung des im Bau befindlichen Schiffes.	Name und Wohnort des Eigentümers.	Bezeichnung der Schiffswerft, auf der das Schiff im Bau ist.	Bezeichnung des Ausstellers sowie Angabe von Ort und Tag der Ausstellung der Urkunden über die Zulässigkeit der Pfandbestellung und den Eigentumsnachweis.	Tag der Eintragung.
1	2	3	4	5	6
1	„Sirius" Seeschiffsschraubendampfer.	Müller, Martin, Reeder in Wesermünde.	G. Seebeck, Aktiengesellschaft, Schiffswerft in Wesermünde.	1. Die Zulässigkeit der Pfandbestellung ist durch eine von dem Notar Schneider am 1. 7. 1926 in Wesermünde ausgestellte Urkunde dargetan. 2. Der Eigentumsnachweis ist durch eine von dem Notar Schneider am 1. 7. 1926 in Wesermünde ausgestellte Bescheinigung erbracht.	3. 7. 1926 gez. Hemol gez. Cordes 2 Pf R Sch Nr. / 3
2			Der Bau des Schiffes erfolgt jetzt durch die Firma Hans Losser, Schiffswerft in Bremerhaven.		11. 9. 1926 gez. Hemol gez. Cordes 2 Pf R Sch Nr. / 14
3	Gelöscht auf Grund der Mitteilung des Amtsgerichts in Harburg vom 10. 8. 1927, daß das Schiffsbauwerk in dem dortigen Seeschiffsregister unter Nr. 637 eingetragen worden ist.				15. 8. 1927 gez. Hemol gez. Cordes 2 Pf R Sch Nr. / 16

für Schiffsbauwerke.

Pfandrechte.

Lfd. Nr. des Pfandrechts.	Betrag.	Eintragung.	Veränderungen.	Löschungen.
7	8	9	10	11
1	20000 RMark.	Zwanzigtausend Reichsmark Darlehn, verzinslich mit jährlich 10 vom Hundert in halbjährlichen Raten am 1. 4. und 1. 10., rückzahlbar drei Monate nach Kündigung. Eingetragen für den Rentner Albert Reich in Wesermünde am 3. 7. 1926. gez. Hemol, Cordes.	Zu Nr. 1. Diese 20000 Reichsmark gehen dem Pfandrecht Nr. 2 im Range nach. Eingetragen am 1. 8. 1926. gez. Hemol. gez. Cordes. 2 Pf R Sch Nr.6 / 10	
2	40000 RMark.	Vierzigtausend Reichsmark Werkunternehmerforderung, verzinslich mit 10 vom Hundert ab 1. 10. 1926 und ohne Kündigung fällig an demselben Tage. Eingetragen mit dem Range vor dem Pfandrecht Nr. 1 von 20000 Reichsmark für die G. Seebeck Aktiengesellschaft Schiffswerft in Wesermünde am 1. 8. 1926. gez. Hemol, Cordes.		

Sachverzeichnis.

(Die Zahlen bedeuten die Seiten des Buches.)

A.

F.

G.

H.

J.

K.

N.

O.

P.

T.

Die Grundbuchsachen
in der gerichtlichen Praxis
einschließlich Aufwertung der Grundstückspfandrechte

Von

Dr. A. Brand und Dr. L. Schnitzler
Landgerichtspräsident Ministerialdirektor

Vierte, verbesserte und vermehrte Auflage
XII, 539 Seiten. 1928. Gebunden RM 29.—

Aus den Besprechungen:

Das Buch will allen mit Grundbuchsachen befaßten Behörden, Beamten und Privatpersonen ein Hilfsmittel für die Praxis des täglichen Lebens sein. Der jüngere Praktiker wird durch die knappe Darstellung einen schnellen Überblick gewinnen über den in zahllosen Gesetzen, Verordnungen und Verfügungen zerstreuten Stoff. Auch wird er durch die mannigfaltigen, eingeflochtenen Beispiele von Anträgen, Verhandlungen und Verfügungsentwürfen dem Verständnis der schwierigen Materie nähergebracht werden. Allen wird die eingehende Berücksichtigung der Entscheidungen der obersten Gerichtshöfe willkommen sein; die gerade auf dem Gebiete des Grundbuchrechtes gewaltig angewachsene oberstrichterliche Rechtsprechung, besonders die des Kammergerichts, ist bis in die neueste Zeit mit tunlichster Vollständigkeit verarbeitet. Bei der Bearbeitung der neuen Auflage sind zahlreiche Abschnitte durch inzwischen ergangene Gesetze, Verordnungen und Entscheidungen geändert worden. Der Abschnitt über das Kosten- und Stempelwesen ist erheblich ausführlicher als bisher behandelt worden.

„Mitteilungen des Preußischen Richtervereins".

Freiwillige Gerichtsbarkeit. Von Dr. **Friedrich Lent,** Professor an der Universität Erlangen. („Enzyklopädie der Rechts- und Staatswissenschaft", Band 19.) Zweite Auflage. V, 24 Seiten. 1928. RM 2.80

Aus den Besprechungen:

Das rühmlich bekannte Werk bildet den 19. Band der Enzyklopädie der Rechts- und Staatswissenschaft und ist einzeln käuflich. In knappster Form und wissenschaftlicher Darstellung ist erstaunlich viel geboten. Der Zweck, eine klare Übersicht zu bieten und zum Nach- und Weiterdenken anzuregen, ist erreicht.

„Zeitschrift für freiwillige Gerichtsbarkeit".

Juristische Blätter. Herausgeber: Hofrat Prof. Dr. **Heinrich Klang** und Rechtsanwalt Dr. **Otto Zimbler.** Mit der systematischen Übersicht aller veröffentlichten Entscheidungen des Obersten Gerichtshofes in Wien als Quartalsbeilage.

Der Inhalt gliedert sich in folgende Rubriken: Abhandlungen. — Gesetzgebung. — Rechtsprechung (Entscheidungen). — Berichte der Wiener Juristischen Gesellschaft. — Buchbesprechungen. — Korrespondenzen (Mitteilungen von Rechtsfällen aus der Praxis). — Kleine Mitteilungen. — Amtliches. — Konkurse.

Die „Juristischen Blätter" erscheinen vierzehntägig.
Bezugspreis halbjährlich RM 10.80; Einzelnummer RM 1.40
Verlag von Julius Springer, Wien.

Handelsrecht mit Wechsel- und Scheckrecht. Von Dr. **Karl Heinsheimer,** Geh. Hofrat, Professor an der Universität Heidelberg. („Enzyklopädie der Rechts- und Staatswissenschaft", Band 12.) Zweite, erweiterte Auflage. VIII, 160 Seiten. 1927. RM 7.50

Konkursrecht. Von Geh. Hofrat Dr. jur. **Ernst Jaeger,** Professor an der Universität Leipzig. („Enzyklopädie der Rechts- und Staatswissenschaft", Band 18.) 170 Seiten. 1924. Zweite, von Prof. Dr. H. Dölle bearbeitete Auflage in Vorbereitung.

Die neue Vergleichsordnung. Gesetz über den Vergleich zur Abwendung des Konkurses vom 5. Juli 1927. Mit Einleitung, allen wesentlichen Teilen der amtlichen Begründung und Kommentar von **Hermann Lucas,** Ministerialrat im Preußischen Justizministerium. VIII, 218 Seiten. 1927. Gebunden RM 9.60

Die Gefahrtragung beim Kaufvertrag in rechtsvergleichender Darstellung. Von Dr. jur. **Georg Eisser,** Gerichtsassessor, Privatdozent an der Universität Gießen. („Rechtsvergleichende Abhandlungen", Band IV.) III, 61 Seiten. 1927. RM 4.50

Die Verwaltungsaktie. Herrschafts- und Vorratsaktie. Ihre rechtlichen und wirtschaftlichen Grundlagen von Dr. jur. **Maximilian Schmulewitz.** („Rechtsvergleichende Abhandlungen", Band III.) VII, 189 Seiten. 1927. RM 15.—

Der internationale Rechtsschutz der Patente, Muster, Warenzeichen und des Wettbewerbes. Mit Erläuterungen von Dr. **Albert Marck,** Patentanwalt in Berlin. VIII, 130 Seiten. 1924. RM 4.80

Warenzeichen und unlauterer Wettbewerb in ihrer Fortbildung durch die Rechtsprechung. Von Dr. jur. **Eugen Ulmer,** Privatdozent an der Universität Tübingen. („Rechtsvergleichende Abhandlungen", Band V.) III, 120 Seiten. 1929. RM 10.50

Das neue deutsche Wirtschaftsrecht. Eine systematische Übersicht über die Entwicklung des Privatrechts und der benachbarten Rechtsgebiete seit Ausbruch des Weltkrieges. Von Dr. **Arthur Nußbaum,** Professor an der Universität Berlin. Zweite, völlig umgearbeitete Auflage. VII, 132 Seiten. 1922. RM 3.—

GPSR Compliance

The European Union's (EU) General Product Safety Regulation (GPSR) is a set of rules that requires consumer products to be safe and our obligations to ensure this.

If you have any concerns about our products, you can contact us on ProductSafety@springernature.com

In case Publisher is established outside the EU, the EU authorized representative is:

Springer Nature Customer Service Center GmbH
Europaplatz 3
69115 Heidelberg, Germany

Batch number: 10844627

Printed by Printforce, the Netherlands